내 가 알 고 싶 은
애프터이펙트의
모　　　든　　　것

내 가 알 고 싶 은
애프터이펙트의
모   든   것

| 만든 사람들 |
기획 IT · CG기획부 | **진행** 유명한 | **집필** 현수진 | **편집 · 표지디자인** 신정은

| 책 내용 문의 |
도서 내용에 대해 궁금한 사항이 있으시면
저자의 홈페이지나 디지털북스 홈페이지의 게시판을 통해서 해결하실 수 있습니다.
디지털북스 홈페이지 www.digitalbooks.co.kr
디지털북스 페이스북 www.facebook.com/ithinkbook
디지털북스 카페 cafe.naver.com/digitalbooks1999
디지털북스 이메일 digital@digitalbooks.co.kr
저자 블로그 blog.naver.com/aestation
저자 이메일 aestation@naver.com

| 각종 문의 |
영업관련 hi@digitalbooks.co.kr
기획관련 digital@digitalbooks.co.kr
전화번호 (02) 447-3157~8

대학에서 학생들을 가르치며 만들었던 CS6 버전의 강의노트가 CC 2015라는 새 옷을 입고 이렇게 책으로 나오게 되었습니다. 덕분에 CS6에서 CC 2015까지 어떻게 달라졌는지를 비교해가며 고스란히 책에도 담을 수 있었습니다.

영상그래픽에 대한 호기심으로 처음 애프터 이펙트를 접하는 초급자들,
어깨 너머로 배워 체계적이지 못한 신입들,
늘 쓰던 기능만 쓰고 잘못된 습관이 들어버린 중급자들,
쉴 틈 없는 업무에 버전업을 고민하는 상급자들

에게 이 책이 도움이 될 수 있도록 유용한 기능들을 꼼꼼히 따져보았으며, 자칫 지루할 수 있는 매뉴얼 학습에 쉽게 접근할 수 있도록 따라하기 방식으로 수십 개의 학습예제를 곳곳에 배치하였습니다. 또한 활용예제를 통해 좀 더 기능의 쓰임새에 익숙해지도록 하였습니다. 풍부한 이미지들은 기능의 이해와 기억을 도울 것이며, 애프터 이펙트가 자랑하는 기본 이펙트들에 대한 알찬 설명은 화려한 이펙트에 대한 초급자들의 호기심과 좀 더 세부적인 기능들을 알고 싶어하는 유저들을 만족시켜 줄 것입니다.

강의를 하고 책을 쓰면서 저 역시 더불어 공부하고 궁금해 했던 많은 것을 배울 수 있었습니다. 학생들을 가르치면서 학습에 대한 순서를 이해하였고, 그런 교육 경험을 바탕으로 총 15강에 걸쳐 짜임새 있고 명쾌한 내용들로 구성하였습니다. 학생들을 이끌고자 하는 여러 교강사분들께도 좋은 강의 자료로 활용될 수 있기를 진심으로 희망합니다.

본업을 뒤로하고 많은 시간을 투자하면서 책을 마무리한 지금, 어쩌면 살면서 제일 잘한 일이 이 책을 낸 일이 되지 않을까 하는 생각도 해봅니다. 시작이 반이라는데 늘 생각만 하고 차마 엄두를 못 냈던 저술을 시작할 수 있도록 기회를 만들어준 김유재 미디어소울 대표에게 먼저 고맙단 인사를 전합니다. 책을 낼 수 있도록 장을 마련해주신 디지털북스의 양종엽 차장님, 원고가 욕심난다는 말씀 기뻤습니다. 오랜 기간 일정을 진행해주시고 여러모로 맘 고생도 하셨을 유명한 대리님, 많은 양의 원고에 힘드셨을 편집디자이너 신정은님께 책이 나오기까지 애써주신 점 감사 드린다 말씀 드리고 싶습니다.

이렇게 지면으로 고마움을 표시할 수 있을 때 인사 드리고 싶은 분들이 있습니다. 영상그래픽 디자이너로 살면서 인연을 맺은 감독, PD, 동료 분들께 감사함을 더합니다. 죽을 듯이 밤을 샌 나날들이었지만 그 분들의 채찍질이 결과적으로 좋은 밑거름이 되었다 생각합니다. 또한 삼성이라는 첫 직장 입사 후부터 프리랜서로 오랜 기간 활동하면서까지 끊임없이 제 편이 되어주고 곁에서 도움을 준 전승호 선배에게도 감사하단 말씀 전합니다. 일로 지친 일상에 비타민이었던 재욱씨와 아프락사스 식구들도 기념으로 남깁니다. 애프터 이펙트가 뭔지도 모르면서 무조건 첫 번째 독자가 되겠다고 해준 혜란아, 고맙다. 아인이와 하준에게도 이 책이 기념이 되었으면 좋겠구나. 마지막으로 엄마, 아프지 마시고 오래오래 건강하세요.

영상그래픽 디자이너로 사는 일이 비록 힘들어도 한편으로 굉장한 즐거움이 되는 행운이 이 책을 보는 독자들에게 깃들기를 바랍니다.

2016년 여름 **현수진**

CONTENTS

CONTENTS

부록 CD 추가 PDF 강의

LECTURE Plus 알아두면 좋은 기능들

+ CD에는 본문 예제파일이 포함되어 있습니다.

LECTURE
01

애프터 이펙트
시작하기

Lesson 1 After Effects CC 2015 살펴보기

Study 1 | After Effects CC 2015에서 추가된 기능

■ **Creative Cloud Libraries**를 통해 다른 어도비 제품군(프리미어 프로, 포토샵, 일러스트레이터 등)에서 작업하거나 어도비 모바일 앱(Capture CC 등)에서 캡처한 이미지/그래픽 등의 에셋(Assets)을 공유하고 애프터 이펙트의 Project/Comp/Timeline 패널에 즉시 드래그 & 드롭 가능

■ **Adobe Stock**에서 고품질 이미지/그래픽/동영상을 자유롭게 다운로드하고 **Creative Cloud Libraries**에 저장하여 Libraries 패널에서 직접 라이선스를 획득하면 워터마크 없이 즉시 사용 가능

■ 프리뷰가 진행되는 도중에도 컴포지션에서 속성을 조절하거나 패널을 조정하는 등의 작업이 가능하고, 재생하기 전에 프레임을 캐시할 수 있는 기능, 재생 중지 시 단축키를 통한 중지 옵션 기능 추가

■ 워크스페이스 바(Workspace Bar)를 통해 원하는 작업환경으로 손쉽게 변경 가능

■ Stacked Panel Group 형태로 패널그룹이 간소화되어 좀 더 신속하게 다른 패널로 이동 가능

■ 얼굴 추적(Face Tracking) 기능이 추가되어 눈/코/입을 간단하게 추적하여 **Adobe Character Animator**로 데이터 전송 가능

■ **CINEMA 4D(R17 SP2)**와 타임라인(Timeline) 동기화

Study 2 | 시스템 요구사항

■ Windows

　　64비트 지원 Intel Core2 Duo 또는 AMD Phenom® II Processor

　　Microsoft Windows 7 서비스팩1, Windows 8, Windows 8.1, Windows 10

　　4GB RAM (8GB 권장)

　　설치를 위한 5GB 이상 여유 공간의 하드디스크

　　디스크 캐시용 10GB 추가 디스크 공간

　　1280x1080 디스플레이

　　OpenGL 2.0 지원

　　QuickTime 7.6.6 이상 설치

　　Ray-trayced 3D Renderer용 Adobe 인증 GPU 카드 (선택사항)

　　▶ **Ray-trayced 3D Renderer** : 텍스트나 쉐이프 레이어에 두께 적용할 때 사용 (P401 참고)

■ Mac OS

　　Multicore Intel Processor (64비트 지원)

　　Mac OS X v10.9, v10.10, v10.11

　　4GB RAM (8GB 권장)

　　설치를 위한 6GB 이상 여유 공간의 하드디스크

　　디스크 캐시용 10GB 추가 디스크 공간

　　1440x900 디스플레이

　　OpenGL 2.0 지원

　　QuickTime 7.6.6 이상 설치

　　Ray-trayced 3D Renderer용 Adobe 인증 GPU 카드 (선택사항)

▶ 이 책에 첨부된 애프터 이펙트 인터페이스는 한글 Windows 10과 Internet Explorer 11, 영문 Adobe After Effects CC 2015.2를 사용하였다.

Study 3 | After Effects CC 2015 설치하기

어도비 웹사이트(http://www.adobe.com/kr)에서 Adobe After Effects CC 2015 30일 시험판 제공

▶ 아래의 설치방법은 Adobe사의 정책에 따라 바뀔 수 있다.
▶ 낮은 버전의 웹 브라우저에서는 어도비 사이트가 제대로 보이지 않을 수 있으므로 최신 버전의 웹 브라우저에서 설치를 진행하도록 한다.

01 어도비 웹사이트에서 우상단의 버튼 ☰ 메뉴 Q 검색 👤 로그인 중 "**로그인**"을 클릭한다.

→ 기존 Adobe 회원은 가입한 이메일 주소와 암호 입력 후 **[로그인]** 버튼 클릭

→ 비회원인 경우는 "**Adobe ID 얻기**"를 클릭하고 이름, 이메일 주소, 암호 등을 입력하여 회원 가입

02 가입한 이름으로 자동 로그인된 상태에서 다시 ☰ 메뉴 Q 검색 👤 님 🅐 Adobe 중 "**메뉴**"를 클릭한다.

03 다음 진행화면에서 "**After Effects**" 아이콘을 클릭한다.

04 다음 진행화면에서 "**무료 시험버전**"을 클릭한다.

05 다음 진행화면에서 본인의 의도에 맞게 적당한 단계를 선택한 다음 **[계속]** 버튼을 클릭한다.

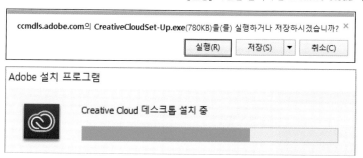

06 소프트웨어를 설치하라는 메시지에서 **[실행]** 버튼을 클릭하면 Creative Cloud 자동 설치를 시작한다.

07 Creative Cloud 설치가 끝나면 대화창에서 가입한 Adobe ID로 로그인하고, 다음 창에서 **[계속]** 버튼을 클릭한다.

08 자동으로 **After Effects CC (2015)**와 **Media Encoder CC (2015)**의 시험버전이 설치되기 시작하면 언어 설정을 바꾸기 위해 % 진행 슬라이드바 우측의 ⊗ 버튼을 각각 눌러 설치를 취소한다.

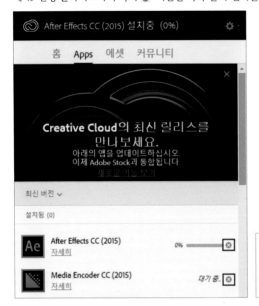

→ 우상단의 설정 버튼 █ 에서 "**환경 설정**"을 클릭한다.

09 "**Creative Cloud**"항목에서 "**앱 언어**"를 디폴트인 "**한국어**"에서 "**English**"로 바꾼다.

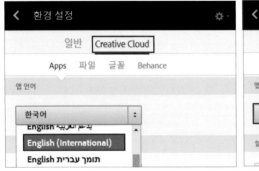 

→ 좌상단의 ◀를 눌러 설치화면으로 돌아간 후 스크롤을 내려 **After Effects CC (2015)**의 **[시험 사용]** 버튼을 클릭한다.

▶ 언어를 바꾼 후 추가로 설치되는 모든 Adobe 어플리케이션은 영어로 설치된다.

10 **After Effects CC (2015)**와 **Media Encoder CC (2015)** 시험판이 영어버전으로 설치된다.

→ 설치가 끝나면 **After Effects CC (2015)** 오른쪽의 **[시험사용]** 버튼을 클릭한다.

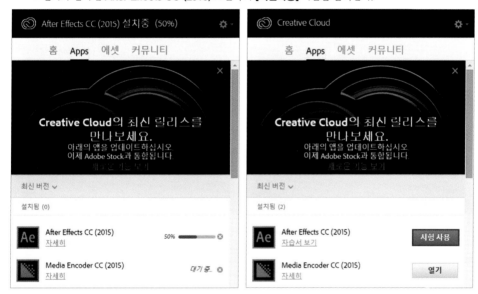

11 애프터 이펙트가 실행되고 다음 창이 뜨면 **[Continue Trial]** 버튼을 눌러 시험판으로 애프터 이펙트를 시작한다.

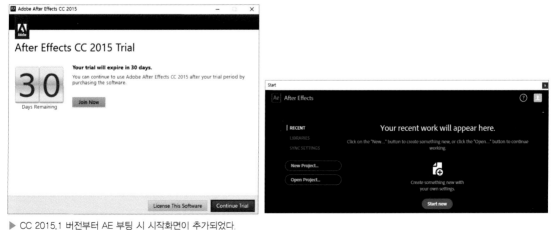

▶ CC 2015.1 버전부터 AE 부팅 시 시작화면이 추가되었다.

(최근에 사용한 프로젝트 및 Creative Cloud Libraries의 라이브러리 목록, Sync Setting에 쉽고 빠르게 접근할 수 있도록 한다.) P 28 참고

TIP

시작화면 설정은 애프터 이펙트 인터페이스의 **메뉴>Edit>preferences>General**에서 다음 항목의 체크 여부로 표시하거나 숨길 수 있다.

✓ Show Start Screen at Startup ⟶ 애프터 이펙트 실행 시 시작화면 보기

Show Start Screen when Opening a Project ⟶ 프로젝트를 열 때 시작화면 보기

12 CC 2015.1 버전부터 약간의 인터페이스가 변경되었다.

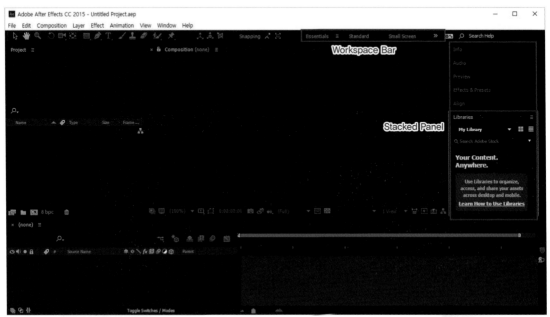

CC 2015.1 버전부터 바뀐 인터페이스

참고사항 1

Adobe 인증 GPU 카드가 장착되지 않은 컴퓨터에서는 이를 확인하라는 알림메시지가 뜬다.
– GPU 카드가 장착되지 않아도 애프터 이펙트를 사용하는데 큰 무리는 없으므로 **[OK]** 버튼 클릭

참고사항 2

퀵타임(QuickTime) 프로그램이 사전에 설치되지 않았을 경우에 알림메시지가 뜬다.
– 프리웨어이므로 포털 사이트 등에서 검색하여 다운받아 설치한다. (버전 7.6.6 이상)

▶ Adobe 사이트에서 매월/매년 비용을 지불하여 정식으로 어도비 제품군을 구매하면, 계약 기간 동안 수시로 기능이 추가되는 최신 버전의 제품을 사용할 수 있다. (하나의 라이선스로 두 대의 컴퓨터에 설치 가능)

Study 4 | Creative Cloud Libraries ▸ After CC

Creative Cloud 계정에 자동으로 동기화되는 공용 라이브러리

Creative Cloud Libraries의 기능

Adobe Stock에 업로드된 이미지/그래픽/동영상이나 어도비 데스크탑 제품군에서 직접 제작한 이미지/그래픽/동영상, 어도비 모바일 제품군에서 캡처하여 가공한 색상/브러시/텍스트 스타일 등 자주 사용하는 에셋(Assets)을 Creative Cloud Libraries에 업로드하고, 이를 다시 다양한 어도비 데스크탑/모바일 제품군에서 쉽게 다운로드하여 여러 프로젝트에 재사용 가능 (오프라인 상태에서도 데스크탑과 모바일 제품군에서 이용 가능)

▶ Adobe 모바일 앱을 이용하여 제작한 에셋을 Creative Cloud Libraries에 저장하면 데스크탑에서 이용 가능한 포맷으로 자동 변환된다.

Libraries 패널

인터페이스 우측에 기타 패널들과 함께 배치되어 있다. ▸ CC 2015

→ 기타 패널들이 쌓여있는(Stacked) 상태인 경우 '**Libraries**' 스택을 클릭하면 자동으로 펼쳐진다.

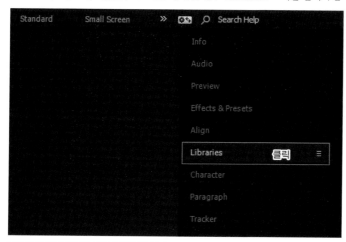

TIP _ Libraries 패널 열기

Libraries 패널이 보이지 않는다면 인터페이스 상단 메뉴에서
- 방법 1 : 메뉴〉Window〉Libraries
- 방법 2 : 메뉴〉File〉Import〉From Libraries

■ 라이브러리 새로 만들기

→ "My Library(내 라이브러리)" 오른쪽의 ▼을 클릭하여 "**+Create New Library**" 선택

→ 새로 생성할 라이브러리의 이름 입력 후 [**Create**] 버튼 클릭

→ Libraries 패널에 새로운 이름의 라이브러리가 자동으로 지정된다.

> **TIP**
>
> Libraries 패널 탭에서 **마우스 오른쪽 버튼**(또는 **패널 메뉴 ☰**)〉Create New Library로도 새 라이브러리 생성 가능
>
>

■ 프로젝트에 사용할 에셋(Assets) 찾기

　→ 검색창 우측의 ▼를 클릭하여 "Adobe Stock/Current Library/All Libraries" 중 검색을 원하는 곳 선택

　→ 검색창에 검색어를 입력하면 자동으로 검색하여 Libraries 패널에 해당 에셋들이 표시된다.

　　▶ Adobe Stock의 에셋들은 라이선스 획득 전까지는 워터마크가 오버레이된 상태로 표시된다.

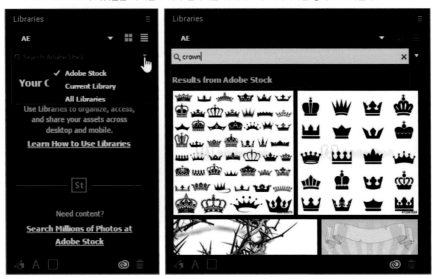

　→ 원하는 에셋을 찾으면 프로젝트에 적합한지 임시로 사용해보기 위해 에셋 위에 나타나는 두 아이콘 중 오른쪽 아이콘 (**Save Preview to AE**)을 클릭하여 워터마크가 있는 채로 현재 라이브러리로 지정되어 있는 **"AE"** 라이브러리에 저장

　　▶ 왼쪽 아이콘을 클릭하면 즉시 구매하여 워터마크가 없는 원본을 라이브러리에 저장할 수 있다.

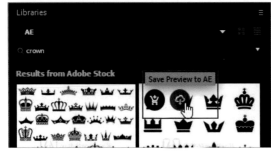
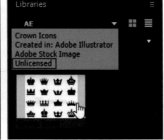

■ 직접 제작하거나 보유하고 있는 에셋들을 자신의 라이브러리에 업로드하기

→ Photoshop이나 Illustrator 등에서 제작한 그래픽 요소나 스타일 등을 선택하여 각 제품군의 인터페이스에 위치한 Libraries 패널 하단의 'Add' 아이콘들을 클릭하거나 Libraries 패널 중앙으로 드래그 & 드롭

▶ Libraries 패널에 업로드 전 항상 어떤 라이브러리가 열려있는 상태인지 확인 후 'Add' 한다.

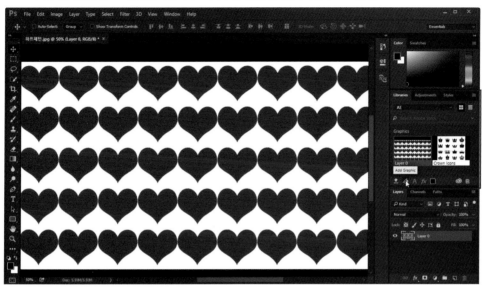

Adobe Photoshop에서 제작한 에셋을 Libraries 패널에 업로드하기

Adobe Illustrator에서 제작한 에셋을 Libraries 패널에 업로드하기

→ 업로드하면 이미 열려있는 모든 어도비 제품군의 Libraries 패널에 자동으로 업데이트되어 라이브러리에 저장된 에셋들을 다른 어도비 제품군에서 언제든 프로젝트에 이용 가능

▶ 에셋 위에 커서를 올리면 어떤 제품군에서 제작되었는지 표시된다.

■ 라이브러리의 에셋 사용하기

에셋이 디자인 범주별로 **Color, Graphics, Character Styles, Layer Styles** 등으로 자동으로 구별되어 저장되므로 사용하고자 하는 타입을 쉽게 검색할 수 있다.

→ AE에서는 **'Graphics'** 범주의 에셋들만 Project/Comp/Timeline 패널로 드래그 & 드롭하여 사용 가능 **P 41 참고**

라이브러리를 최신 상태로 자동 업데이트

에셋 삭제 : 패널에서 에셋을 선택 후 '**Delete 🗑** ' 아이콘을 클릭하거나 아이콘으로 드래그 & 드롭

→ 모든 어도비 제품군의 동일 라이브러리에서 동시 삭제

■ 다른 작업자와 라이브러리 공유하기

→ Libraries 패널 탭에서 **마우스 오른쪽 버튼**(또는 **패널 메뉴 ☰**)>**Collaborate** 선택

→ 에셋 사이트(https://assets.adobe.com)가 자동 오픈되면 공동 작업자의 이메일 주소를 입력하여 라이브러리를 다른 유저들과 공유 가능

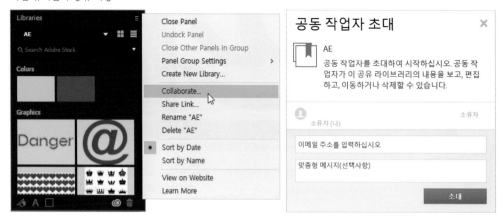

Lesson 2 AE 인터페이스(Interface)

애프터 이펙트의 얼굴이라 할 수 있으며, 메뉴와 툴바, 패널들로 구성되어 있다.

▶ CC 2015.1에서 "**Essentials**" 워크스페이스(디폴트)가 도입되고 다소 인터페이스가 변경되었으나 "**Standard**" 워크스페이스를 선택하여 기존 버전과 유사한 작업환경에서 작업할 수 있다.

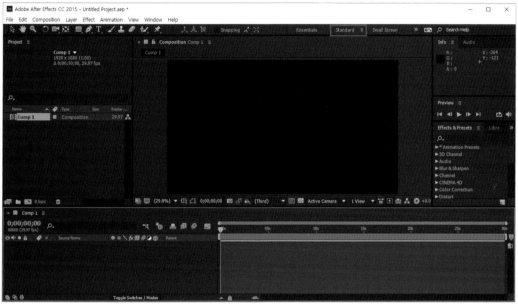

"Standard" 워크스페이스 (이전 버전까지의 디폴트 워크스페이스)

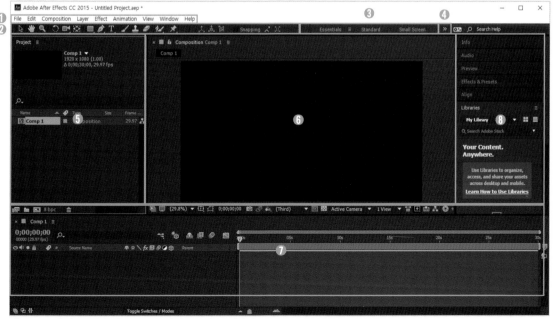

"Essentials" 워크스페이스 (CC 2015.2의 디폴트 워크스페이스)

❶ **메뉴** : 전반적인 명령 리스트

❷ **툴바(Toolbar)** : 유용한 툴 모음

❸ **워크스페이스 바(Workspace Bar)** : 프로젝트를 쉽게 수행하도록 다양한 작업환경을 빠르게 선택 가능 ▶ **CC 2015.1**

❹ **Sync Settings** : Creative Cloud와 동기화 ▶ **After CC**

❺ **Project 패널** : 프로젝트에 사용할 소스 파일과 AE에서 제작한 솔리드 레이어, 컴포지션 등을 모아놓고 관리

❻ **Comp(Composition) 패널** : 레이어들을 직관적으로 보면서 작업하고, 최종 작업상태를 확인

❼ **Timeline 패널** : 레이어와 컴포지션들을 배치하여 다양한 움직임, 효과 등의 변화를 키프레임을 통해 만들어낸다.

❽ **기타 패널** : "Essentials" 워크스페이스에서 위아래로 패널 탭들이 쌓이는 형태로 바뀌었으며 패널 탭을 클릭하면 각 패널의
세부옵션이 확장되고, 다시 클릭하면 패널 탭 형태로 전환

▶ 추가로 필요한 패널은 **메뉴>Window**에서 체크하여 추가 가능

▶ 커서로 클릭하여 파란색 테두리가 보이는 패널이 작업하기 위해 활성화된 패널이다.

참고사항 _ 인터페이스의 밝기 변경하기

메뉴>Edit>Preferences>Appearance

→ 각 슬라이드바를 조절 ([Default] 버튼으로 초기 상태 복귀 가능)

　　Affects Label Colors : 'Brightness'를 조절함에 따라 라벨 색상도 저절로 변경 (디폴트는 Off)

　　Highlight Color : 파란색 강조 색상의 밝기 조절 ▶ **CC 2015**

　　　　▶ CC 2014년 6월 이전 버전까지는 주황색으로 하이라이트 표시

Lesson 3

워크스페이스(Workspace): 작업공간 설정하기

Study 1 | 워크스페이스 프리셋(Workspace Presets)

작업유형에 맞게 사용자가 자주 사용하는 패널들을 모아 워크스페이스를 미리 세팅하여 제공

메뉴〉Window〉Workspace에서 선택하기

All Panels	→ AE가 가진 모든 패널을 표시
Animation	→ Motion Sketch/Smoother/Wiggler 등 애니메이션 패널들 표시
Effects	→ Effect Controls/Effects & Presets 등 이펙트 패널들 표시
✓ Essentials Shift+F10	→ 자주 쓰는 패널들을 탭으로 쌓아 간략하게 표시 ▶ CC 2015.1
Minimal	→ Comp/Timeline 패널만 표시
Motion Tracking	→ Tracker 패널 표시
Paint	→ Paragraph/Character/Brushes/Paint 패널 등 표시
Small Screen Shift+F12	→ 기타 패널을 최소한으로 표시 ▶ CC 2015.1
Standard Shift+F11	→ CC 2015.1 이전 버전의 디폴트 워크스페이스로 표시
Text	→ Character/Paragraph 패널 등 표시
Undocked Panels	→ 모든 기타 패널들을 새 창으로 분리하여 표시

▶ "Small Screen" 워크스페이스는 해상도가 제한적인 태블릿PC 등의 터치스크린에서 활용하기 좋다.

→ 작업 유형에 맞는 워크스페이스를 기본적으로 선택 후 추가할 기타 패널은 언제든지 **메뉴〉Window**에서 선택하여 체크하면 인터페이스에 표시된다.

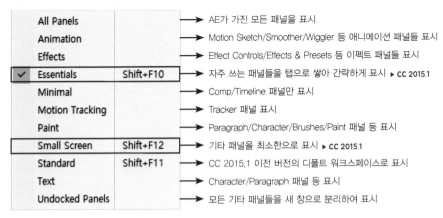

✓ Align	
✓ Audio	Ctrl+4
Brushes	Ctrl+9
✓ Character	Ctrl+6
Effects & Presets	Ctrl+5
✓ Info	Ctrl+2
✓ Libraries	
Mask Interpolation	
Media Browser	
Metadata	
Motion Sketch	
Paint	Ctrl+8
✓ Paragraph	Ctrl+7
✓ Preview	Ctrl+3
Progress Panel	
Smoother	
✓ Tools	Ctrl+1
✓ Tracker	
Wiggler	
✓ Composition: (none)	
Effect Controls: (none)	
Flowchart: (none)	
Footage: (none)	
Layer: (none)	
✓ Project	Ctrl+0
Render Queue	Ctrl+Alt+0
✓ Timeline: (none)	

워크스페이스 바(Workspace Bar)에서 빠른 클릭 ▶ CC 2015.1

→ 툴바 우측에 위치하여 Essentials (디폴트)/Standard/Small Screen처럼 자주 쓰는 워크스페이스 타입을 클릭 한 번으로 교체

▶ 이전 버전까지는 **Workspace: Standard** 의 형태로 **"Standard"** 워크스페이스가 디폴트로 선택되어 있다.

→ 바 우측의 **'Overflow Menu ≫'**에서 다른 워크스페이스 타입으로 빠르게 변경 가능

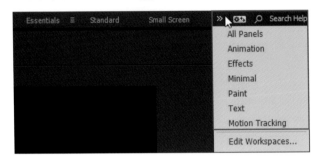

변경된 워크스페이스 프리셋을 디폴트 상태로 초기화하기

방법 특정 워크스페이스의 **패널 메뉴 ≡** (또는 **메뉴〉Window〉Workspace)〉Reset to Saved Layout**

Study 2 | **워크스페이스 조절하기**

패널 크기 조절하기

패널과 패널 사이의 경계에서 커서가 ◈ 또는 ◈로 바뀌었을 때, 세 패널 사이의 경계에서 커서가 ◈로 바뀌었을 때 클릭 & 드래그하여 패널 크기 변경

패널 위치 변경하기

- 패널 이동하기
  - → 각 패널의 탭(Tab) 부분을 클릭 후 커서가 ▶▫ 로 바뀌었을 때 다른 패널 그룹이나 다른 블럭 위치로 드래그

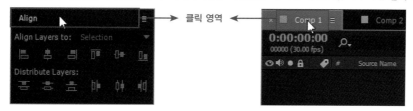

  - → 패널을 놓을만한 위치가 자동으로 파란 블럭으로 제시되면 원하는 위치에 드롭

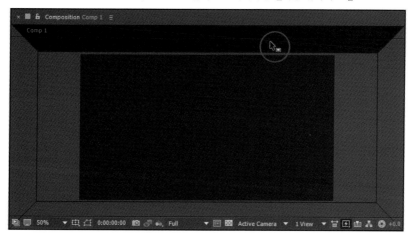

- 기타 패널의 쌓인 순서 변경하기
  - → 패널 탭을 클릭하여 위아래로 드래그 후 원하는 위치에 드롭

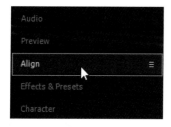

- 툴바(Toolbar)의 위치 변경하기
  - → 툴바 좌측의 점선 무늬 클릭 후 다른 패널 그룹 위치로 드래그 & 드롭

  - → 툴 패널 형태로 사용 가능

  - ▶ 툴 패널 형태로 사용하는 경우 워크스페이스 바도 팝업 메뉴 형태로 바뀐다.

패널 그룹(Panel Group)

한 블럭에 여러 개의 패널을 모아놓은 것　▶ CS6 버전은 패널 그룹 대신 'Frame'이라는 명칭을 사용

■ 겹친 패널 보기

→ 패널 탭 중 하나를 클릭하면 해당 패널의 테두리가 파란색으로 하이라이트 되면서 활성화

→ 겹친 패널이 너무 많아 화면에 다 안 보일 때 뒤에 가려진 패널을 활성화 하려면

방법 1 패널 그룹 중 하나의 패널 탭 위에 커서를 놓고 마우스 휠 드래그

방법 2 패널 그룹 우측의 'Overflow Menu ≫'를 클릭하여 활성화시킬 패널 선택　▶ CC 2015

■ 패널 그룹 만들기

→ 패널 탭을 드래그하여 다른 패널 블록의 중앙 위치나 패널 탭 위치에 드롭

패널 메뉴(Panel Menu)

해당 패널만의 추가 옵션 명령어 모음

방법 1 패널 탭 오른쪽에 위치한 ▤ 클릭　▶ CS6버전은 ▤ 모양 클릭

방법 2 패널 탭 위에서 **마우스 오른쪽 버튼** ▶

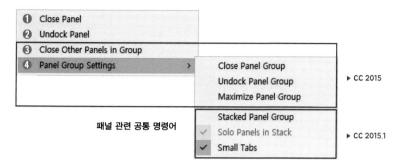

패널 관련 공통 명령어

❶ Close Panel

선택한 패널 닫기

방법1 활성화된 패널 탭의 좌측 'x' 클릭 ▶ CS6 버전은 패널 탭의 우측에 위치

방법2 패널 선택 후 **메뉴〉File〉Close** (= Ctrl + W)

❷ Undock Panel

선택한 패널을 새 창으로 분리

다른방법 패널 탭을 애프터 이펙트 인터페이스 밖으로 드래그 & 드롭

❸ Close Other Panels In Group

패널 그룹에 속한 패널 중 선택된 패널을 제외한 나머지 패널들 닫기

❹ Panel Group Settings

패널 그룹 관련 옵션

Close Panel Group : 선택한 패널이 속한 패널 그룹 전체를 닫기

Undock Panel Group : 선택한 패널이 속해있는 패널 그룹을 새 창으로 분리

→ 새 창으로 분리된 패널/패널 그룹을 다시 워크스페이스의 특정한 위치에 포함시키려면, 분리된 새 창의 패널 탭(중 하나)을 클릭하여 워크스페이스의 원하는 블럭 위치로 드래그 & 드롭

Maximize Panel Group / Restore Panel Group Size : 선택한 패널이 있는 패널 그룹을 전체 화면 보기 및 원래 크기로 보기 전환(Toggle)

다른방법 커서를 원하는 패널 그룹 위에 놓고 ` 키 토글

Stacked Panel Group : 패널 그룹을 위아래로 쌓는 방식(체크)과 앞뒤로 쌓는 방식(체크 해제)

Solo Panels in Stack : 기타 패널 그룹에서 선택한 패널 내용만 확장하여 표시(체크)하거나 여러 패널을 동시에 확장하여 표시(체크 해제)하는 방식 중 선택

Small Tabs : 패널 탭의 세로 폭을 좁히거나(체크) 넓힌다(체크 해제).

→ 태블릿PC 등의 터치스크린 사용 시 체크 해제하여 넓은 패널 탭 사용

Study 3 │ 나만의 워크스페이스 만들기

01 패널 크기 및 패널 위치 등을 조절한 후 워크스페이스 바의 **패널 메뉴 ▤**(또는 **메뉴〉Window〉Workspace**)〉**Save as New Workspace**

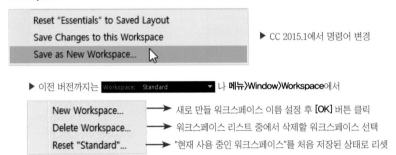

▶ CC 2015.1에서 명령어 변경

02 〈**New Workspace**〉 대화창에서 새로 만들 워크스페이스 이름 지정 후 **[OK]** 버튼 클릭

03 새로운 워크스페이스가 만들어지면 워크스페이스 바의 **Overflow Menu ≫**나 **메뉴〉Window〉Workspace** 리스트에 자동으로 포함된다.

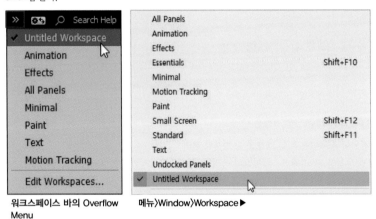

워크스페이스 바의 Overflow   메뉴〉Window〉Workspace ▶
Menu

참고사항 _ 변경사항을 현재 워크스페이스에 저장하기

워크스페이스 바의 **패널 메뉴 ▤** (또는 **메뉴〉Window〉Workspace**)〉**Save Changes to this Workspace**

Reset "Untitled Workspace" to Saved Layout
Save Changes to this Workspace
Save as New Workspace...

LECTURE

02

AE 프로젝트와
패널 특성

Lesson 1 AE 프로젝트 시작과 저장

포토샵, 일러스트, 프리미어 프로, 촬영, 모바일앱 캡처, 다운로드 등으로 소스 파일이 준비된 상태에서 애프터 이펙트를 실행시킨 후 다음 순서로 작업을 진행하는 것이 순조롭다.

Study 1 | 프로젝트 생성하기

새 프로젝트 만들기

방법 1 메뉴)File)New)New Project (= Ctrl + Alt + N)
방법 2 시작화면에서 [New Project] 클릭 ▶ CC 2015.1

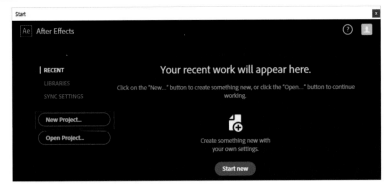

기존에 작업했던 프로젝트 열기

방법 1 메뉴)File)Open Project (= Ctrl + O)
방법 2 시작화면에서 [Open Project] 클릭 ▶ CC 2015.1

최근에 작업한 프로젝트 열기

방법1 메뉴〉File〉Open Recent ▶ : 나열된 리스트에서 오픈할 프로젝트 선택

방법2 시작화면에서 [RECENT] 클릭 후 우측의 리스트에서 오픈할 프로젝트 선택 ▶ CC 2015.1

▷ 가장 최근에 작업한 프로젝트 파일 오픈 = Ctrl + Alt + Shift + P

Study 2 | 프로젝트 설정하기 : Project Settings

방법1 Project 패널 하단의 8 bpc 클릭

방법2 메뉴〉File〉Project Settings (= Ctrl + Alt + Shift + K)

→ 〈Project Settings〉 대화창 자동 오픈

❶ Time Display Style

프로젝트 내에서 시간 표기 방식(Timecode/Frames) 선택

Timecode : 타임코드(0;00;00;00 = 시;분;초;프레임) 형태로 표기

> ▷ Drop Frame은 세미콜론(;)으로, Non-Drop Frame은 콜론(:)으로 시간구분을 표기 (P43참고)

- **Footage Start Time ▼** : 미디어에 기록된 시간대로 시작 시간을 표기(Use Media Source)하거나, 00:00:00:00에서 시작

- **Default Base** : 초당 몇 프레임으로 재생될 지 설정 (Frame Rate, Frames per second)

Frames : 프레임 수 형태로 표기

- **Use Feet + Frames** : 필름 길이(16mm/35mm)와 프레임 수 방식을 병행 표기

- **Frame Count ▼** : 몇 프레임부터 시작 시간을 표기할지 Start at 0 (디폴트) / Start at 1 / Timecode Conversion 중 선택

❷ Color Settings

장치에 따른 이미지의 색상 변화를 방지하기 위해 색상 관리

Depth ▼ : 프로젝트의 색심도(Color Depth) 선택 (디폴트는 8 bpc)

→ 색심도에 따라 적용할 수 있는 이펙트가 제한적이므로 고품질의 작업이 아닌 경우 보통 8 bpc로 작업

> ▷ HDRI(High Dynamic Range Image, 높은 계조의 이미지)는 32 bpc를 설정한다.

참고사항 _ 색심도(Color Depth)

Red/Green/Blue 각 채널당 비트 수(Bits per channel)를 정의하며 색심도가 높을수록 픽셀이 더 많은 색상 정보를 가진다.

- **8 bpc** : 채널당 0~255(2^8) bits
- **16 bpc** : 채널당 0~32,768(2^{16}) bits
- **32 bpc** : 채널당 0~4,294,967,296 (2^{32}) bits

Working Space ▼ : 모니터마다 색상을 해석하는 방법이 다양하므로 모니터와 상관없이 이미지가 동일하게 보이도록 AE는 표준 ICC 컬러 프로파일을 사용하여 작업 컬러 스페이스 간에 변환을 수행한다.

- **None** : 프로젝트에 색상관리를 사용하지 않음

- **HDTV (Rec. 709)** : 고화질 TV용 영상의 경우 선택

- **SDTV NTSC** : DVD용 영상의 경우 선택

- **ProPhoto RGB** : 디지털 시네마의 경우 선택

- **sRGB IEC61966-2.1** : 웹이나 카툰의 경우 선택

> ▷ AE에서 사용할 수 있는 작업 컬러 스페이스는 컴퓨터에 설치된 컬러 스페이스에 따라 다르다.

참고사항 _ ICC(International Color Consortium) 컬러 프로파일 (파일 형식으로 표준화 됨. 확장자는 ".icc")

C:₩Program Files₩Common Files₩Adobe₩Color₩Profiles 위치에 다수의 ".icc" 컬러 프로파일 제공

---

❸ Audio Settings

Audio Sample Rate 설정 (디폴트는 "48.000kHz") (P243참고)

→ AE에서 고품질의 오디오 작업을 하는 경우는 많지 않으므로 보통 디폴트로 작업

Study 3 | 프로젝트 저장하기

AE의 프로젝트 파일은 ".aep"로 저장되고, 현재 작업 중인 프로젝트 이름은 메뉴 위에 표기된다.

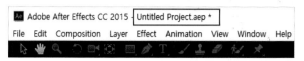

▶ 이름 뒤에 '*' 표시는 수정 후 프로젝트가 저장되지 않은 상태임을 표시

메뉴〉File에서 저장하기

❶ Save	Ctrl+S		
❷ Save As	▶	Save As...	Ctrl+Shift+S
❸ Increment and Save	Ctrl+Alt+Shift+S	Save a Copy...	
❹ Revert		Save a Copy As XML...	
		Save a Copy As CC (12)...	

❶ Save (= Ctrl + S)

"이름.aep"로 덮어쓰기 저장

❷ Save As

Save As (= Ctrl + Shift + S) : 다른 이름으로 저장 후 그 프로젝트를 오픈

Save a Copy : "이름 copy.aep"로 사본을 저장하고 현 프로젝트 오픈 상태를 유지
    ▶ CS6 버전은 "Copy of 이름.aep"로 사본을 생성

Save a Copy As XML : "이름 copy.aepx"로 저장
    ▶ CS6버전은 "이름.aepx"로 저장

Save Copy As CC (12) : 이전 버전인 CC Ver.12("이름 copy (CC (12)).aep")로 저장

> **참고사항** _ XML 프로젝트 파일
>
> 서로 다른 프로그램 간의 데이터 연동 시 이해하기 쉽도록 프로젝트 세부 정보를 텍스트로 표시
> (텍스트 편집기로 오픈하여 일부 프로젝트 정보 편집 가능)
>
> → AE에서 일반 프로젝트 파일처럼 오픈 가능하며, 모든 작업상태가 일반 프로젝트 파일을 오픈 했을 때와 동일하게 유지된다.

❸ Increment and Save (= Ctrl + Alt + Shift + S)

저장할 때마다 "이름 #(넘버).aep"로 오름차순의 번호가 붙으며 저장

❹ Revert

마지막으로 저장된 작업상황으로 복구

자동 저장하기

방법 메뉴〉Edit〉Preferences〉Auto-Save에서 설정

→ "이름 auto-save #.aep"로 오름차순의 번호가 붙으며 저장

> **TIP**
>
> AE는 복잡한 명령 수행 중 프로그램이 자주 다운되는 소프트웨어이므로, 수시로 프로젝트를 저장하는 습관이 되어 있지 않다면, 몇 분 간격으로 자동 저장되도록 설정하는 것이 좋다.

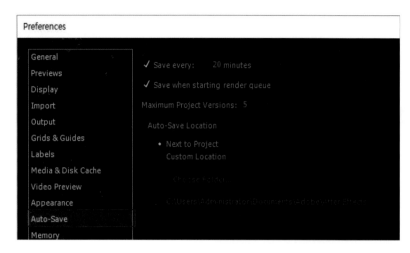

Save every : 체크된 상태(디폴트)에서 몇 분 간격으로 자동 저장할지 설정
- ▶ CS6버전은 디폴트로 자동 저장하지 않는다.

Save when starting render queue : 렌더링하기 위해 Render Queue 패널을 오픈하면 프로젝트를 자동 저장

Maximum Project Versions : 자동 저장되는 파일의 최대 개수 지정
- → 최대 파일 개수에 도달하면 오래된 파일부터 덮어씌우면서 계속 저장

Auto–Save Location : 자동 저장 프로젝트 파일의 저장 위치 설정
- **Next to Project** : 프로젝트 파일이 저장된 폴더 아래의 "Adobe After Effects Auto-Save" 폴더 안에 저장
- **Custom Location** : [Choose Folder] 버튼을 클릭하여 저장 위치 직접 설정

Study 4 | 프로젝트 닫기

방법 1 메뉴〉File〉Close Project
방법 2 Project 패널 클릭 후 메뉴〉File〉Close (= Ctrl + W)

▶ 메뉴〉File〉Open Project 또는 Open Recent를 실행하거나, 파일 탐색기에서 프로젝트 파일을 더블클릭함으로써 다른 프로젝트를 오픈하면 현재 열려있는 프로젝트를 자동으로 닫는다. (저장되지 않은 상태라면 저장여부를 묻는 대화창 오픈)

TIP _ 메뉴 〉 File 〉 Close

- 작업 중인 Comp 패널이나 Timeline 패널의 작업 컴포지션을 선택하고 실행하면, 선택한 컴포지션을 닫는다.
  (Project 패널에 있는 작업 컴포지션 유지)
  → Timeline 패널에 컴포지션이 하나만 열려있다면 빈(none) 컴포지션 상태로 만든다.
- 빈 Comp/Timeline 패널, 기타 패널이 선택된 상태로 실행하면 패널을 닫는다.
  (패널이 있던 블럭이 사라져 워크스페이스 형태에 영향을 미칠 수 있다.)
- Project 패널이 선택된 상태에서 실행하면 작업 중인 전체 프로젝트를 닫는다.

Lesson

2 푸티지(Footage) 생성과 관리

작업에 사용하기 위해 불러들인 모든 소스 파일들을 "푸티지(Footage)"라 한다. 푸티지는 원본 소스 파일과 링크된 형태로, 푸티지를 지워도 특정 저장소(하드 디스크 등)에 위치한 원본 소스 파일은 지워지지 않는다.

Study1 | 푸티지 생성하기 : Import

작업할 소스 파일 불러들이기

메뉴〉File〉Import

Import	>	❶ File...	Ctrl+I
Import Recent Footage	>	❷ Multiple Files...	Ctrl+Alt+I
		❸ From Libraries...	
		Adobe Premiere Pro Project...	
		Pro Import After Effects...	
		Vanishing Point (.vpe)...	
		❹ Placeholder...	
		❺ Solid...	

학습예제 "예제₩Lec02" 폴더에서 다양한 포맷의 파일들을 임포트 해보도록 한다.

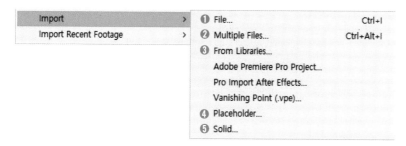

떡국   danger.psd   glocalization.tga   우산소녀.aep   우산소녀.mp4   우산소녀.png   클로버.ai   하트패턴.jpg

▶ 불러온 푸티지 특성에 따라 푸티지 이름 앞에 붙는 아이콘의 모양이 다르다.
(컴퓨터에 자동으로 파일을 연결하도록 설정된 이미지나 동영상 뷰어에 따라 아이콘 모양이 다를 수 있다.)

❶ **File** (= Ctrl + I)

원하는 소스 파일(들)을 선택하여 불러들이기
→ 〈**Import File**〉 대화창이 오픈되면 파일(들) 선택 후 **[Import]** 버튼 클릭

다른방법1 Project 패널 빈 공간 더블클릭

다른방법2 Project 패널의 빈 공간에서 **마우스 오른쪽 버튼〉Import〉File**

다른방법3 파일 탐색기에서 파일(들) 선택 후 Project 패널로 드래그 & 드롭

다른방법4 Adobe Bridge를 오픈(= **메뉴〉File〉Browse in Bridge** = Ctrl + Alt + Shift + O)하여 파일을 더블클릭하거나 파일(들)을 Project 패널로 드래그 & 드롭

▶ Comp/Timeline 패널로 드래그 & 드롭 해도 Project 패널에 먼저 푸티지로 임포트된다.

TIP _ 폴더째로 가져오기

방법 1 〈Import File〉 대화창에서 폴더 선택 후 하단의 **[Import Folder]** 버튼 클릭

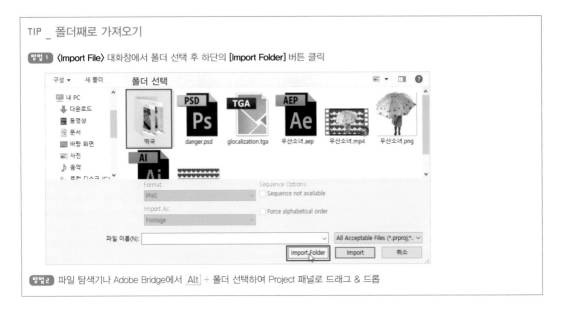

방법 2 파일 탐색기나 Adobe Bridge에서 Alt + 폴더 선택하여 Project 패널로 드래그 & 드롭

■ PSD 파일 불러오기

다중 레이어가 포함된 포토샵 파일

▶ CS6 버전에서는 포토샵에서 CMYK로 저장된 이미지는 임포트되지 않을 수 있다.

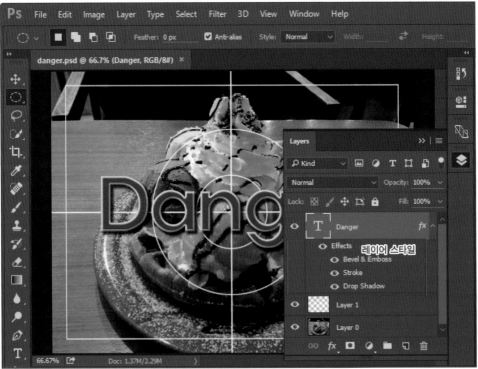

3개의 레이어를 가진 포토샵 PSD 파일 "danger.psd"

■ **Import Kind ▼ - Footage** : 한 장의 이미지 형태로 들어온다. (디폴트)

Merged Layers : PSD 파일 안의 레이어들이 하나로 합쳐져(Merge) 임포트 (이미지 크기는 PSD 파일의 도큐먼트 크기로 불러와짐)

Choose Layer ▼ : PSD 파일의 여러 레이어 중 하나만 임포트
  - **Merge Layer Styles into Footage** : 레이어 스타일을 각 레이어에 결합하여 임포트
  - **Ignore Layer Styles** : 레이어 스타일은 제거되고 임포트

Footage Dimensions ▼ : 'Choose Layer' 선택 시 활성화
  - **Layer Size** : 선택한 레이어의 본래 크기대로 임포트
  - **Document Size** : 레이어의 크기가 작업한 파일 도큐먼트와 동일한 크기로 임포트

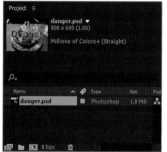

Merged Layers

Choose Layer ▼-Danger
Merge Layer Styles into Footage
Layer Size

Choose Layer ▼-Danger
Ignore Layer Styles
Document Size

■ **Import Kind ▼ - Composition** : PSD 파일의 레이어들을 각각의 이름과 쌓인 순서까지 보존하되, 모든 레이어의 크기는 도큐먼트의 크기와 동일하게 임포트 (각 레이어의 앵커포인트는 도큐먼트 크기의 중앙에 위치)
  - **Composition-Retain Layer Sizes** : 각 레이어 이름과 쌓인 순서, 자신의 크기를 보존 (앵커포인트가 레이어 각각의 크기에 따라 개별적으로 정중앙에 위치)

▶ 'Composition' 선택 시 포토샵 도큐먼트 크기를 벗어나는 부분은 잘려서 임포트
  'Composition-Retain Layer Sizes' 선택 시 포토샵 도큐먼트를 벗어나는 부분도 모두 임포트

▶ **앵커포인트(Anchor Point)** : AE에서 레이어에 변형을 주기 위한 작업 기준점

Editable Layer Styles : 포토샵에서 작업한 레이어 스타일을 AE에서 편집 가능

Merge Layer Styles into Footage : 레이어 스타일을 레이어에 결합하여 임포트 (레이어 스타일은 P 193 참고)

→ 'Composition'이나 'Composition-Retain Layer Sizes'로 임포트 한 경우 PSD 파일의 이름으로 하나의 컴포지션이 생성되며, PSD 파일의 레이어들은 폴더 안에 배치된다.

Composition 또는
Composition-Retain Layer Sizes

Composition-Retain Layer Sizes

TIP

'Import Kind ▼-Footage'를 선택하여 한 장의 이미지로 임포트한 PSD 파일을 'Composition-Retain Layer Sizes'로 불러들인 것처럼 레이어들을 다시 분리하여 사용할 수 있다.

→ Project 패널에서 해당 푸티지 선택 후 **마우스 오른쪽 버튼**(또는 **메뉴**)File)〉Replace Footage〉With Layered Comp ▶ After CC

■ AI 파일 불러오기

다중 레이어가 포함된 일러스트레이터 파일

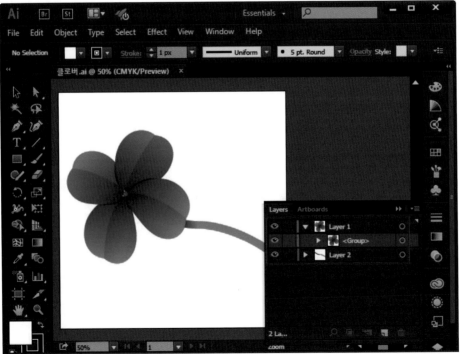

2개의 레이어를 가진 일러스트 AI 파일 "클로버.ai"

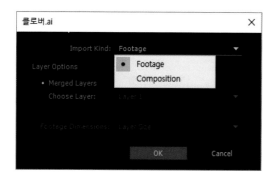

Import Kind ▼

- **Footage** : 한 장의 이미지 형태로 임포트
- **Composition** : AI 파일의 레이어들을 각각의 이름과 쌓인 순서까지 보존하여 임포트
  - ▶ 개별 오브젝트 각각에 대해 임포트되는 것은 아니다.

Import Kind ▼−Footage

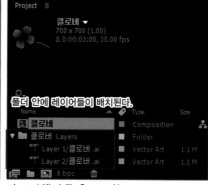

Import Kind ▼−Composition

■ 시퀀스(Sequence) 파일 불러오기

순차적으로 연결된 이미지 파일 묶음

■ 〈Import File〉 대화창에서 부르기

→ 시퀀스 파일 중 하나 클릭한 후 하단의 '**Sequence Options**'에서 '**확장자 Sequence**' 항목 체크

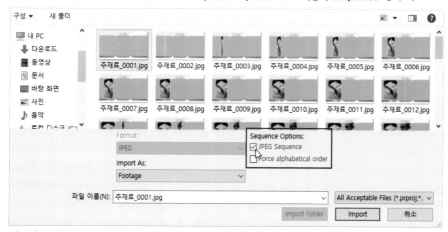

"떡국" 폴더 안에 32장의 연속 이미지로 저장된 시퀀스 파일 "주재료_####.jpg"

▶ 'Force alphabetical order'를 체크하면 중간에 번호가 빠진 시퀀스의 경우 번호가 빠진 부분에서 Seq1, Seq2, Seq3⋯ 식으로 시퀀스를 분리하여 임포트 (체크하지 않으면 하나의 시퀀스로 들어오되 빠진 프레임들은 Placeholder(컬러바)로 대체)

- **파일 탐색기/Adobe Bridge에서 가져오기**
  → 여러 장의 이미지가 들어있는 폴더를 Project 패널로 드래그 & 드롭

001부터 032까지 넘버링이 된 시퀀스 파일 임포트

  ▷ 폴더 안의 파일들이 모두 다른 이름을 가진 경우에는 하나의 시퀀스 파일로 묶되, 폴더 이름으로 임포트된다.

■ 알파 채널(Alpha Channel)이 포함된 파일 불러오기

알파 채널이 'Straight' 또는 'Premultiplied' 방식으로 색상 채널과 함께 저장된 파일

> **참고사항 _ 알파 채널(Alpha Channel)**
>
> 영상의 투명도에 대한 정보를 Grayscale로 표현하여, 흰색 부분에서 영상이 100% 보이고, 검정 부분에서 영상이 전혀 보이지 않으며, 회색 부분은 영상이 반투명으로 보이는 영역을 나타낸다.
>
> ▷ RGB 채널 x 각 채널당 8비트(2^8=256계조(0~255단계의 명암)) = 24비트에 알파 채널이 있는 이미지는 8비트를 더하여 32비트 이미지가 된다.

알파 채널이 'Premultiplied' 방식으로 렌더링 된 TGA 32비트 파일 "glocalization.tga"

→ ⟨Interpret Footage⟩ 대화창이 오픈된다.

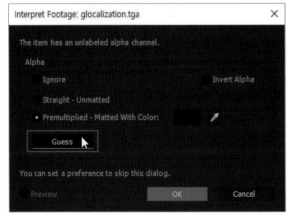
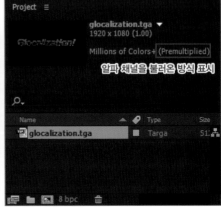

Ignore : 알파 채널을 무시하고 투명 부분을 블랙으로 채워 임포트

Straight – Unmatted : Straight(Unmatted)로 투명 정보가 알파 채널에만 저장된 파일을 불러들일 때, 알파 채널의 화이트 부분에 이미지를 나타내고, 블랙 부분은 투명하게 임포트

Premultiplied – Matted With Color : Premultiplied(Matted)로 투명 정보가 알파 채널과 RGB 채널에 모두 저장된 파일을 불러들일 때, 경계선 같은 반투명 부분은 배경색이 묻어나는데 이러한 색상 찌꺼기를 제거 (오른쪽 컬러박스를 클릭하여 제 거할 색상 지정)

[Guess] 버튼 : 알파 채널에 대한 정보를 자동으로 인식하여 '**Straight – Unmatted**'와 '**Premultiplied – Matted With Color**' 중에서 자동 선택

▷ 파일 탐색기나 Adobe Bridge에서 알파 채널이 포함된 파일을 Project 패널로 드래그 & 드롭하는 경우, 〈Interpret Footage〉 대화창이 뜨지 않고 파일의 알파 채널을 분석하여 '**Straight – Unmatted**'와 '**Premultiplied – Matted With Color**' 중에서 자동 결정되어 임포트 한다.

TIP

알파 채널이 저장된 방식을 잘 모를 경우 **[Guess]** 버튼을 클릭하여 임포트하는 것이 좋다.

Invert Alpha : 알파 채널의 흰색 영역과 검정색 영역을 반전시켜 임포트

Ignore

Straight–Unmatted (예시)

Premultiplied로 저장된 파일을 Straight로 임포트

Premultiplied로 저장된 파일을 Remultiplied–Matted With Black으로 임포트

TIP

Premultiplied 채널을 'Straight – Unmatted'로 임포트하면 이미지의 경계면에 배경색이 묻어난다.

→ **메뉴〉Effect〉Channel〉Remove Color Matting**으로 경계면의 찌꺼기 제거 가능 (P448 참고)

■ AEP 파일을 푸티지로 불러오기

애프터 이펙트에서 작업한 프로젝트 파일

▶ 일반 소스 파일 불러오기 방식과 동일

'CC Rainfall' 이펙트가 적용된 AE 프로젝트 파일 "우산소녀.aep"

→ "파일이름.aep"라는 폴더 형태로 임포트된다. (프로젝트에 사용된 모든 푸티지와 폴더, 레이어, 컴포지션 포함)

❷ Multiple Files (= Ctrl + Alt + I)

파일들을 연속해서 임포트 (각 파일 특성에 따라 임포트 옵션을 개별적으로 지정 가능)

다른방법 Project 패널의 빈 공간에서 **마우스 오른쪽 버튼〉Import〉Multiple Files**

01 〈Import Multiple Files〉 대화창에서 파일을 선택하여 **[Import]** 버튼 클릭

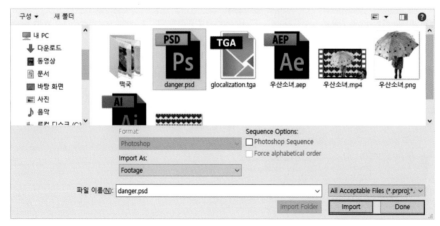

02 파일 형식에 따라 옵션을 지정할 수 있는 대화창이 자동 오픈되면 설정 후 **[OK]** 버튼 클릭

03 해당 파일이 Project 패널에 임포트되면 다음 파일을 연속해서 선택할 수 있도록 **〈Import Multiple Files〉** 대화창이 자동으로 다시 오픈된다.

04 **[Done]** 버튼을 클릭할 때까지 계속 다음 파일을 임포트할 수 있도록 대화창이 오픈된다.

❸ From Libraries

Adobe Creative Cloud에 싱크된 중앙 라이브러리에서 이미지/그래픽/동영상 에셋을 임포트하여 푸티지로 사용
(AE는 '**Graphics**' 카테고리의 에셋들만 사용 가능) ▶ CC 2015   (Adobe Creative Cloud Libraries에 대한 설명은 P 15 참고)

다른방법1 Libraries 패널에서 클릭하여 Project/Comp/Timeline 패널로 드래그
   ▶ 에셋을 Comp/Timeline 패널로 즉시 드래그 & 드롭하는 것은 CC 2015.1 추가사항으로 열린 컴포지션이 있는 경우 에셋(들)은 즉시 레이어로 배치되고, 컴포지션이 없으면 Project 파일에 푸티지로 놓인다.

다른방법2 Libraries 패널의 에셋 위에서 **마우스 오른쪽 버튼**〉Import

   ▶ 라이브러리에서 에셋의 이름을 변경하면 변경된 이름대로 Project 패널로 임포트된다.
   ▶ 라이브러리에서 AE에 임포트한 에셋들은 C:₩Users₩사용자이름₩Documents₩Adobe₩After Effects CC 2015₩User Libraries₩에 파일이 복사된다.

❹ Placeholder

Project 패널에 임시 푸티지로 쓰일 컬러바 생성
      ▶ 소스가 아직 준비되지 않은 상황에서 임시로 사용할 경우 유용

다른방법 Project 패널의 빈 공간에서 **마우스 오른쪽 버튼**〉Import〉Placeholder

→ **〈New Placeholder〉** 대화창 자동 오픈

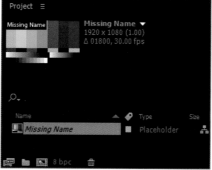

▪ Project 패널에서 **Placeholder** 🖳를 더블클릭하거나, 선택 후 **마우스 오른쪽 버튼**(또는 **메뉴**〉File)〉Replace Footage〉File
   → **〈Replace Footage File〉** 대화창 열리면 다른 소스 파일을 선택하여 컬러바를 대체할 수 있다.

▪ Project 패널에서 소스가 있는 푸티지 선택 후 **마우스 오른쪽 버튼**〉Replace Footage〉Placeholder
   → 푸티지가 **〈New Placeholder〉** 대화창에서 설정한 크기와 길이(Duration)의 컬러바로 대체된다.

⑤ Solid

Project 패널에 단색 푸티지 생성

다른방법 Project 패널의 빈 공간에서 **마우스 오른쪽 버튼〉Import〉Solid**

→ 〈**Solid Settings**〉 대화창이 열리면 사용할 단색 푸티지의 크기, 색상 등 설정

┌───┐
│ 〈**Preferences**〉 대화창의 '**Import**' 항목 설정하기 │
└───┘

소스 파일을 불러들일 때의 옵션 설정

→ **메뉴〉Edit〉Preferences〉Import**

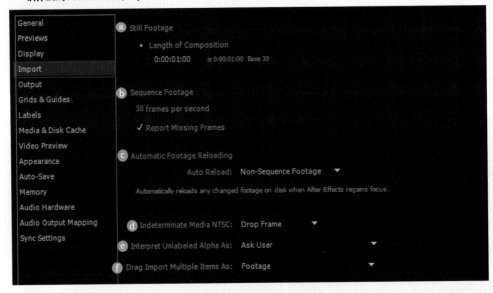

ⓐ Still Footage

스틸 푸티지(한 장의 이미지)를 현재 컴포지션에 레이어로 배치할 경우 Duration 설정

Length of Composition : 배치되는 컴포지션 길이(재생시간)만큼 설정 (디폴트)

▶ 컴포지션 길이는 〈Composition Settings〉(= Ctrl + K) 대화창에서 '**Duration**' 설정을 따른다.

`0:00:01:00` : 초당 30프레임의 재생속도(Frame Rate)로 1초 길이만큼 설정

▷ **재생속도(Frame Rate)** : 초당 전송하는 프레임 수 (단위는 fps = frames per second)

→ 타임코드 입력 필드를 클릭하여 `0:00:08:00` 등으로 Duration을 직접 입력하여 설정 가능

▷ **'Still Footage'** 설정을 변경한 다음에 Project 패널의 스틸 푸티지들을 레이어로 배치하면 새로 설정된 길이로 변경되어 놓인다.
(이미 배치된 스틸 레이어의 Duration은 그대로 유지)

> **TIP**
>
> **'Still Footage'** 설정과 상관없이 Timeline 패널에 놓인 스틸 레이어의 Duration은 레이어바의 양 끝에서 커서가 ↔ 형태로 바뀌었을 때 좌우 드래그하여 자유롭게 길이 조절 가능

ⓑ Sequence Footage

시퀀스 푸티지를 임포트할 때 초당 몇 프레임으로 불러올지 재생속도(fps)설정

ⓒ Automatic Footage Reloading

푸티지로 사용 중인 원본 소스 파일이 변경되었을 경우 AE에서 해당 파일의 푸티지를 자동으로 업데이트 ▸ **After CC**

Auto Reload ▼ : 어떤 푸티지 타입에 적용할 것인지 선택

– All Footage Types / Non-Sequence Footage (디폴트) / Off

ⓓ Indeterminate Media NTSC

NTSC 영상이나 시퀀스 파일을 푸티지로 임포트할 경우 Drop Frame (디폴트) / Non-Drop Frame 중 불러오는 방식 선택

> **참고사항 _ Drop Frame(DF) / Non-Drop Frame(NDF)**
>
> NTSC 방식의 영상에서 타임코드와 실시간의 불일치를 맞추기 위해 보정하는 방식
>
> → NTSC 컬러TV의 신호는 초당 29.97프레임이므로 초당 30프레임 기준으로 볼 때 한 시간에 108프레임의 오차가 생긴다. 따라서 분 단위로 변경 시마다 매 분의 시작지점에서 2프레임씩 제거하면(29프레임에서 02프레임으로 건너뜀) 한 시간 동안 총 120프레임이 삭제되므로, 매 10분 단위(00, 10, 20, 30, 40, 50분)에서는 다시 프레임 삭제를 하지 않음으로써 타임코드와 실제 주행시간을 맞추게 된다. 이렇게 보정된 것을 'Drop Frame Timecode'라 하고, 보정하지 않고 타임코드의 연속성을 이어가며 카운트하는 방식을 'Non-Drop Frame Timecode'라 한다. (방송용 동영상은 'Drop Frame' 방식 사용)

ⓔ Interpret Unlabeled Alpha As ▼

알파가 있는 이미지를 어떻게 불러들일지 설정

Ask User → 불러올 때마다 〈Interpret Footage〉 대화창 오픈 (디폴트)

Guess

Ignore Alpha

Straight (Unmatted)

Premultiplied (Matted With Black) → 이미지 가장자리의 블랙 색상 찌꺼기 제거

Premultiplied (Matted With White) → 이미지 가장자리의 화이트 색상 찌꺼기 제거

ⓕ Drag Import Multiple Items As ▼

파일 탐색기에서 특성이 다른 여러 파일을 다중 선택 후 Project 패널로 드래그할 경우, 또는 Libraries 패널에서 에셋들을 드래그하여 Project 패널에 푸티지로 놓을 때 어떤 형태로 임포트할지 선택

– Footage (디폴트) / Composition / Composition-Retain Layer Sizes

Study 2 | 프로젝트 패널(Project Panel)

푸티지/컴포지션/폴더를 생성하고 관리하는 패널

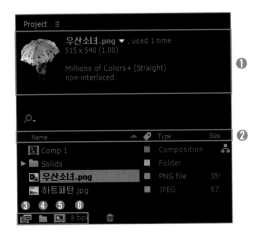

❶ 썸네일 이미지와 푸티지 속성

하나의 푸티지를 클릭하면 표시된다.

→ '파일이름 ▼'을 클릭하면 푸티지가 어느 컴포지션, 몇 번 레이어로 사용되고 있는지 보여준다.

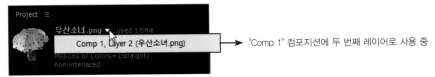

"Comp 1" 컴포지션에 두 번째 레이어로 사용 중

▶ 썸네일의 가로세로 화면비율은 원본 푸티지의 비율에 맞게 자동 맞춤된다. ▶ After CC
▶ Caps Lock 키가 On 상태이면 썸네일 이미지가 보이지 않는다.

❷ 컬럼(Columns)

푸티지의 속성을 보여주고, 푸티지들을 컬럼 항목에 따라 오름차순/내림차순으로 정렬
(컬럼 항목을 연속 클릭하면 오름차순/내림차순 전환)

→ 컬럼 위에서 **마우스 오른쪽 버튼>Columns** ▶에서 다른 항목 추가(체크)/삭제(체크 해제)

❸ Interpret Footage 🖼

〈**Interpret Footage**〉 대화창 오픈 (P 46 참고)

❹ Create a new Folder

푸티지가 너무 많은 경우 Project 패널에 폴더를 생성하여 관리

> **다른방법** Project 패널의 빈 공간에서 **마우스 오른쪽 버튼**(또는 **메뉴〉File〉New)〉New Folder** (= Ctrl + Alt + Shift + N)

→ 새 폴더를 생성한 다음 푸티지들을 선택하여 폴더 위로 드래그 & 드롭

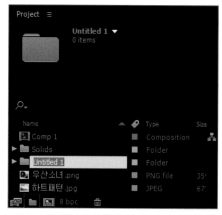

▶ Project 패널에서 푸티지들을 폴더로 드래그하여 넣을 때는 자동으로 폴더가 ▼로 확장되면서 폴더 안의 푸티지들을 표시하고, 푸티지들을 폴더 안에 넣고 나면 열렸던 폴더가 다시 ▶로 접힌다. ▶ After CC

❺ Create a New Composition

새로운 컴포지션 생성 (P50 참고)

❻ 8/16/32 bpc(bits per channel)

〈**Project Settings**〉 대화창이 자동 오픈되면 색심도(Color Depth) 설정 가능 (색심도에 대한 설명은 P30 참고)

▶ Alt + 클릭하면 8/16/32 bpc가 번갈아 가며 설정된다.

Study 3 | 푸티지 패널(Footage Panel)

알파 채널, 동영상 길이 등 선택한 푸티지의 특성을 보여주는 패널

> **방법1** Project 패널에서 푸티지 이름이나 푸티지 아이콘, 또는 썸네일 이미지 더블클릭
> **방법2** Project 패널에서 푸티지 선택 후 **메뉴〉Window〉Footage : 푸티지 이름**

스틸 푸티지의 경우

동영상/시퀀스 푸티지의 경우

▶ CS6 버전은 Footage 패널 탭이 "Footage:컴포지션 이름/푸티지 이름"으로 표시된다.

(Footage 패널의 아이콘들은 P56 참고)

Study 4 | 푸티지 속성과 관리

Project 패널에서 푸티지 선택 후 **마우스 오른쪽 버튼**(또는 **메뉴〉File**) ▶

→ 마우스 오른쪽 버튼 클릭 시에만 표시되는 명령

❶ Interpret Footage

푸티지 속성 설정

ⓐ Main : 임포트한 푸티지의 속성 확인 및 변경

다른방법 Project 패널 하단의 'Interpret Footage 📧' 아이콘 클릭

→ 〈**Interpret Footage**〉 대화창 자동 오픈

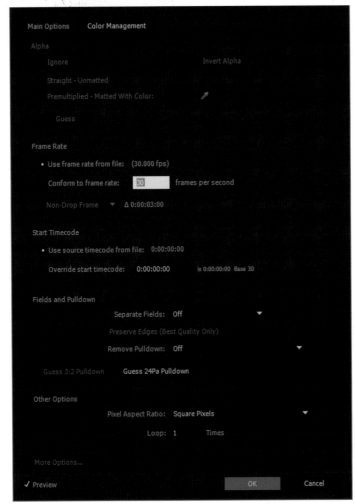

Alpha : 푸티지의 알파 채널 인식 방법 확인 및 변경

Frame Rate : 동영상 푸티지의 경우 초당 프레임 수 확인 및 변경

Start Timecode : 동영상 푸티지의 시작 타임코드 확인 및 변경

Field and Pulldown : 텔레시네를 거친 동영상 푸티지의 3:2 또는 24Pa 풀다운을 제거하여, 필름의 원래 프레임 속도와 AE에서의 작업이 일치되도록 설정

Other Options : 픽셀 종횡비(Pixel Aspect Ratio) 및 동영상 푸티지의 반복재생(Loop) 횟수 확인 및 변경

참고사항 _ Pulldown [Field 및 Pulldown에 대한 자세한 설명은 P238-239 참고]

24fps로 촬영되는 영화 필름 영상을 29.97fps인 NTSC 비디오 신호로 바꾸는 텔레시네(Telecine) 작업 시 필름 프레임을 비디오 필드에 복사하는 방식

- **3:2 Pulldown** : 필름의 네 프레임을 3:2:3:2로 필드를 쪼개어 비디오의 다섯 프레임에 걸쳐 분배하는 방식
- **24Pa(24P Advance) Pulldown** : Panasonic DVX100 24P DV캠코더로 촬영한 영상의 프레임을 2:3:3:2로 비디오 필드에 분배하는 방식

ⓑ Proxy : 푸티지에 프록시가 설정된 경우 이 명령으로 푸티지 설정 변경 [프록시에 대한 자세한 설명은 P248 참고]

ⓒ Remember Interpretation : '**Main**'에서 설정한 푸티지의 속성들을 복사

ⓓ Apply Interpretation : '**Main**'에서 복사한 푸티지 설정들을 다른 푸티지(들)에 적용

❷ Replace Footage ▼

선택한 푸티지를 다른 소스 파일이나 Comp 레이어, 컬러바, 솔리드 푸티지로 교체

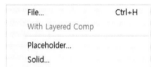

File...	Ctrl+H
With Layered Comp	
Placeholder...	
Solid...	

❸ Reload Footage

AE가 실행 중인 상태에서 소스 파일이 수정된 경우, AE의 Project 패널에서 해당 소스 파일의 푸티지를 선택하고 이 명령을 적용하면 변경사항을 즉시 반영

❹ Reveal in Explorer

푸티지가 저장된 위치를 파일 탐색기로 오픈

❺ Reveal in Bridge

푸티지가 저장된 위치를 Adobe Bridge로 오픈

❻ Reveal in Composition

푸티지가 어느 컴포지션의 어느 레이어에서 사용되고 있는지 "**컴포지션 이름, Layer # (푸티지 이름)**" 형태로 보여주고, Comp/Timeline 패널에서 해당 레이어를 활성화시킨다.

Reveal in Composition	>	Comp 1, Layer 2 (우산소녀.png)

❼ Rename

다른방법 푸티지/컴포지션을 선택하고 Enter 키 누른 후 새 이름 입력

TIP

'**Rename**(= Enter 키)' 명령은 레이어나 레이어 속성, 이펙트 등의 이름을 바꿀 때도 사용된다.

Study 5 | 누락된 푸티지 찾기 : Missing Footage

푸티지 찾기

Project 패널에서 검색창  클릭(= **메뉴)File)Find** = Ctrl + F) 후 푸티지의 이름에 포함된 문자/알파벳 입력

→ 해당 문자가 포함된 푸티지 리스트만 패널에 남고 나머지 푸티지들은 숨긴다.

→ 검색창 우측의 ☒ 를 클릭해야 다시 Project 패널에 모든 푸티지가 보인다.

누락된 푸티지 찾기

원본 소스 파일의 저장 경로를 바꾸거나 삭제한 후 AE에서 해당 파일을 푸티지로 사용한 프로젝트 파일을 오픈하면, 원본파일 위치를 감지하지 못해 경고 메시지가 뜨면서 푸티지 아이콘이 ▦ 로 바뀌고 푸티지 이름도 *이탤릭체* 로 바뀐다.

방법1 **메뉴)File)Dependencies)Find Missing Footage** : 누락된 푸티지만 Project 패널에서 확인 ▶ After CC

방법2 **메뉴)File)Find** (= Ctrl + F)로 검색창이 활성화되면 커서를 검색창으로 가져가 나타나는 목록 중 **"Missing Footage"** 선택 ▶ After CC

→ 검색창에 **"Missing Footage"**가 표시되고 컬러바 상태인 푸티지들만 Project 패널에 표시한다.

→ 누락된 푸티지 선택 후 **마우스 오른쪽 버튼**(또는 **메뉴)File**)**)Replace Footage)File**로 새로운 경로에 저장된 소스 파일을 찾거나 다른 파일로 대체 가능

Study 6 | 푸티지 삭제하기

선택한 푸티지 삭제하기

Project 패널에서 제거할 푸티지(혹은 컴포지션)를 (다중)선택 후

방법1 Delete 키 (Delete 키 대신 BackSpace 키 사용 가능)

방법2 Project 패널 하단의 '**Delete selected project items 🗑**' 아이콘을 클릭하거나 아이콘 위로 드래그 & 드롭

TIP

Ctrl 또는 Shift 로 푸티지 다중 선택, Ctrl + A 로 Project 패널의 모든 푸티지 선택 가능

불필요한 푸티지 정리하기

메뉴〉File〉Dependencies

① Consolidate All Footage
② Remove Unused Footage
③ Reduce Project

▶ CS6 버전에서는 명령어들이 **메뉴〉File** 바로 아래 위치

❶ Consolidate All Footage

특성과 이름이 같은 중복된 푸티지를 삭제 (동일한 소스 파일을 여러 번 임포트한 경우에 사용)

❷ Remove Unused Footage

어떤 컴포지션에서도 사용되지 않은 푸티지를 삭제

❸ Reduce Project

→ Project 패널에서 컴포지션(들)을 선택 후 명령을 적용하면, 선택한 컴포지션(들)에서 사용한 Pre-composition과 푸티지들을 제외한 모든 컴포지션/푸티지 삭제

→ Project 패널에서 푸티지(들)를 선택 후 명령을 적용하면, 해당 푸티지를 제외한 모든 컴포지션/푸티지 삭제
  (선택한 푸티지를 사용한 컴포지션도 삭제)

Lesson 3

컴포지션(Composition) 생성과 관리

Study1 | 컴포지션 생성하기

빈(none) 컴포지션 생성하기

방법1 Project 패널 하단의 'Create a new Composition' 클릭

방법2 메뉴〉Composition〉New Composition (= Ctrl + N)

방법3 Project 패널의 빈 공간에서 **마우스 오른쪽 버튼**〉New Composition

→ 〈**Composition Settings**〉 대화창 자동 오픈

푸티지와 동일한 해상도와 재생시간(Duration)을 가진 컴포지션 생성하기

Project 패널에서 푸티지 선택 후

방법1 하단의 'Create a new Composition'으로 드래그 & 드롭

방법2 빈(none) Comp 패널 위로 드래그 & 드롭

방법3 **마우스 오른쪽 버튼**(또는 메뉴)File〉New Comp from Selection (= Alt + ＼)

▶ Alt + ＼ 단축키는 CC 2015.2 버전부터 가능

여러 푸티지로 동시에 컴포지션 생성하기

Project 패널에서 여러 푸티지를 선택한 후 위에서 설명한 컴포지션 생성 방법 중 하나를 사용하면

→ 〈**New Comp from Selection**〉 대화창 자동 오픈

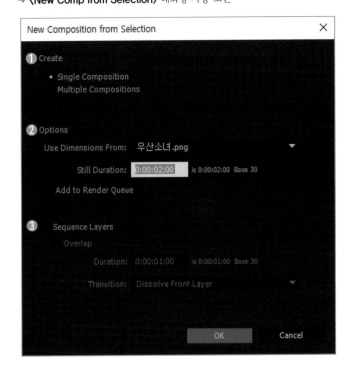

❶ Create

Single Composition : 한 컴포지션에 선택한 푸티지들을 모두 넣는다.

　→ 푸티지를 클릭한 순서대로 Timeline 패널에 1번 레이어(Layer 1)부터 쌓인다.

Multiple Composition : 푸티지마다 각각 새로운 컴포지션을 생성

❷ Options

Use Dimensions From ▼ : 'Single Composition'을 체크한 경우 선택한 여러 푸티지 중 어떤 푸티지의 이름과 해상도를 기준으로 컴포지션을 만들지 선택

Still Duration : 선택된 푸티지들 중 스틸 푸티지가 있을 경우 설정 (동영상은 자신의 재생시간(Duration)대로 들어옴)

❸ Sequence Layers

푸티지들을 하나의 컴포지션 내에서 줄줄이 연결된 시퀀스 레이어로 배치할 경우 체크　〔 시퀀스 레이어에 대한 자세한 설명은 P 111 참고 〕

Study 2 | 컴포지션 설정하기 : Composition Settings

[방법1] 메뉴>Composition>Composition Settings (= Ctrl + K)
[방법2] Project 패널에서 컴포지션 선택 후 **마우스 오른쪽 버튼**>Composition Settings
[방법3] Comp/Timeline 패널의 패널 탭에서 **마우스 오른쪽 버튼**(또는 **패널 메뉴 ≡**)>Composition Settings
[방법4] Comp/Timeline 패널의 빈 공간에서 **마우스 오른쪽 버튼**>Composition Settings

→ 《**Composition Settings**》 대화창 자동 오픈

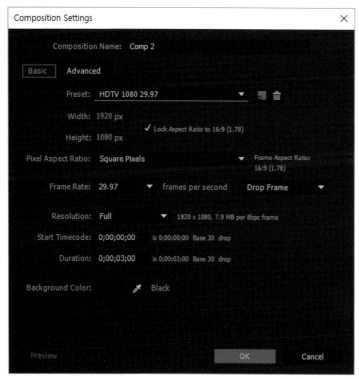

Preset ▼ : 많이 쓰이는 비디오 포맷을 사전 제공하므로 이 중에서 선택하면 자동으로 아래 옵션들이 세팅된다. (옵션 변경 가능)

　→ HD 비디오 영상을 제작하려면 "**HDTV 1080 29.97**"을 선택

Width/Height : 화면의 가로/세로 크기를 직접 설정 가능 (pixel 단위)

→ '**Lock Aspect Ratio**'를 체크하면 가로 크기 변경 시 비율에 맞게 세로 크기 자동 변경

▶ SD영상은 화면종횡비가 4:3(1.33:1), HD영상은 16:9(1.78:1)

TIP _ 컴포지션의 크기 조정하기

〈**Composition Settings**〉 대화창의 **Advanced** 탭에서

Anchor : 컴포지션의 어느 위치를 기준으로 크기를 확대/축소할지 결정

Pixel Aspect Ratio(픽셀 종횡비) ▼ : 한 픽셀의 가로/세로 크기 비율

→ HD나 웹용 영상작업 시에는 "**Square Pixels**(정사각형 픽셀)" 선택

Frame Rate(재생속도) ▼ : HD 방송용 영상 제작 시에는 29.97 fps, 인터넷 등 컴퓨터 영상이나 그래픽 소스용 영상 제작 시에는 30 fps 주로 사용

Resolution(해상도) ▼ : '**Width/Height**'에서 설정한 가로 세로 크기 대비 화면에 보여지는 해상도 설정

– Full(100%)/Half/Third/Quarter/Custom 중 선택하면 우측에 설정 해상도가 표시된다.

Start Timecode : 컴포지션의 시작 시간 설정

Duration : 컴포지션의 전체 길이 설정 (입력창을 클릭하여 직접 입력 가능)

Background Color : 컴포지션의 기본 바탕은 투명한 상태이나, 레이어들이 잘 보이도록 또는 배경 솔리드 레이어 대신으로 색상을 설정하여 사용

→ 렌더링 시 알파 채널 사용을 설정하지 않으면 이 색상으로 배경을 채워 렌더링 된다.

Lesson 4

레이어(Layer) 생성과 관리

Study 1 | 레이어 설정하기

푸티지에 어떤 변형이나 효과를 주고 렌더링을 하려면 먼저 레이어로 설정해야 한다.

빈(none) 컴포지션에 레이어 배치하기

Project 패널에서 푸티지/컴포지션을 클릭 & 드래그하여 빈(none) Comp 패널 또는 Timeline 패널의 빈(none) 컴포지션에 드롭

"예제₩Lec02" 폴더에서 "하트패턴.jpg" 푸티지를 드래그 & 드롭

→ 푸티지와 동일한 크기, 동일한 이름의 컴포지션이 생성되며 레이어로 배치된다.

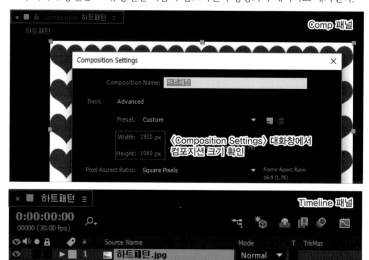

"하트패턴" 컴포지션과 "하트패턴.jpg" 레이어 생성

현재 컴포지션에 레이어 배치하기

Project 패널에서 푸티지/컴포지션을 클릭 & 드래그하여 ("예제₩Lec02" 폴더에서 "우산소녀.png" 푸티지를 활용)

■ Timeline 패널에 열려있는 컴포지션에 드롭하면, 컴포지션의 정중앙에 레이어의 중심이 놓인다.

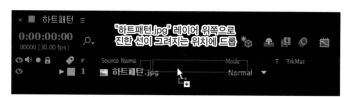

▶ 레이어는 Timeline 패널에서 위아래로 쌓이며 위에 배치된 레이어에 가려져 하위 레이어의 일부 또는 전체가 뷰어에서 표시되지 않을 수 있다.

▶ 레이어 이름(Layer Name)은 'Rename(= Enter 키)' 명령을 사용하여 변경하기 전까지는 푸티지 이름(Source Name)과 동일

■ Comp 패널에 바로 드롭하면, 드롭한 위치에 레이어의 중심이 놓인다.

메뉴〉File〉Add Footage to Comp (= Ctrl + ∕)

→ Project 패널에서 푸티지/컴포지션을 선택하고 명령을 적용하면 현재 컴포지션의 정중앙에 레이어의 중심이 놓인다.

▶ CS6 버전에서는 단축키 Ctrl + ∕ 사용 시, 어떤 컴포지션도 만들어 지지 않은 상태에서도 파일 해상도와 동일한 크기의 새 컴포지션을 만들면서 레이어를 생성하였으나, CC 버전부터는 어떠한 컴포지션도 만들어지지 않은 상태에서는 명령어가 비활성화된다

Study 2 │ 레이어바(Duration Bar)

레이어는 푸티지의 재생시간(Duration)만큼 레이어바(Duration Bar) 형태로 표시된다.

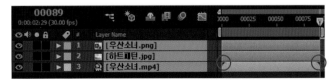

▶ 동영상/시퀀스/오디오 레이어는 레이어바의 시작점과 끝점에 삼각형 표시가 있다.

▶ 스틸 푸티지의 레이어바 길이는 〈Preferences〉(= Ctrl + Alt + ;) 대화창의 'Import' 카테고리에서 'Still Footage'의 설정을 따른다. (P 42 참고)

▷ 위 옵션이 체크(디폴트)되어 있으면 레이어 생성 시 컴포지션의 시작 시간부터 푸티지의 Duration 길이만큼 레이어바가 배치된다.

→ 레이어 생성 시 CTI(Current Time Indicator)가 위치한 곳에서부터 레이어바가 시작되도록 배치하려면 옵션 체크 해제

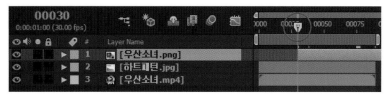

▷ Timeline에서 레이어바의 길이(Duration)나 위치 등을 마우스 드래그로 쉽게 조절 가능하므로 굳이 해당 옵션을 체크 해제하지 않아도 된다.

Study 3 | 컴포지션 패널(Comp Panel)

- **Comp 패널** : 레이어들을 작업공간에 배치(Layout)하고 레이어의 위치와 형태를 보면서 직접 변형 및 애니메이션 수행
- **뷰어(Viewer)** : Footage/Layer/Comp 패널에서 해상도(Resolution)에 따라 이미지가 보이는 영역으로 실제 렌더링되는 영역
  (Comp 패널에서는 《Composition Settings》(= Ctrl + K) 대화창에서 설정된 **Background Color**(디폴트 검정색)'로 투명한 배경을 채워 표시)

▷ 패널 하단의 아이콘 중 On/Off 아이콘의 경우 파란색으로 표시되면 "On(적용)" 상태

❶ Viewer Lock 🔒

　잠그면 Timeline 패널에 열린 컴포지션 중 다른 컴포지션을 선택해도 잠금 설정한 Comp 패널이 화면에 보이도록 유지된다.

　　▷ Project 패널에서 다른 컴포지션을 더블클릭하면, 잠긴 Comp 패널 탭 옆에 더블클릭 한 Comp 패널 탭이 추가된다.

❷ Composition Navigator

　커서를 올려놓고 ▼ 클릭하면 Mini-Flowchart 오픈　(Mini-Flowchart에 대한 자세한 설명은 CD의 PDF 파일 참고)

❸ Always Preview This View

다른 컴포지션 작업 중이라도 프리뷰를 하면 이 아이콘을 체크한 Comp 패널을 프리뷰   `P135 참고`

▶ CC 2014 버전까지는 아이콘을 █로 표시

❹ Primary Viewer █

오디오와 외부 비디오를 프리뷰할 때 이 아이콘을 체크한 Comp 패널을 사용 ▶ **CC 2015** `P135 참고`

❺ Magnification ratio `100% ▼`

뷰어 크기 조절 (1.5~6400%)

`다른방법1` Comp 패널에서 **마우스 휠 드래그**

`다른방법2` 축소 `,`키 / 확대 `.` 키 (한 번 클릭 시마다 1/2배 축소, 2배 확대)

→ Comp 패널 크기가 아무리 크고 작게 변해도 지정한 뷰어의 크기 유지

– **Fit** : Comp 패널 크기가 아무리 크고 작게 변해도 패널 크기에 딱 맞게 자동으로 뷰어 크기 조절

– **Fit up to 100%** : Comp 패널 크기가 100%보다 작으면 패널 크기에 맞춰 뷰어 크기가 작아지나
패널 크기를 키울 경우는 최대 100% 크기를 유지

▶ 'Resolution/Down Sample Factor `(Full) ▼`'가 'Auto'로 설정된 경우 서로 연동되어 변한다.

❻ Grid and guide options █

레이어의 레이아웃을 도와주는 보조선 표시

ⓐ	Title/Action Safe	Show Rulers	Ctrl+R
ⓑ	Proportional Grid	✓ Show Guides	Ctrl+;
		✓ Snap to Guides	Ctrl+Shift+;
ⓒ	Grid	Lock Guides	Ctrl+Alt+Shift+;
ⓓ ✓	Guides	Clear Guides	
ⓔ	Rulers	Show Grid	Ctrl+'
	3D Reference Axes	Snap to Grid	Ctrl+Shift+'

Grid and guide options   메뉴〉View

ⓐ Title/Action Safe

화면 잘림 현상 방지선 표시

`다른방법` `'` 키

→ 모니터에서 오버스캔으로 실제 작업한 화면이 100% 보이지 않는 부분이 발생한다. 이를 방지하기 위해 AE 작업 시
화면이 잘릴 것을 예상하여 반드시 화면에서 보여져야 할 이미지나 글씨를 가상의 안전선(safe-line) 안쪽으로 배치한
다.

▶ **Center-cut Action-safe / Center-cut Title-safe** : 작업 중인 컴포지션 종횡비가 16:9인 경우 4:3모니터에서 디스플레이될 때 잘려나갈 수 있는 영역 표시

> **TIP**
>
> 배경으로 사용할 이미지를 포토샵 등에서 미리 만들어 올 경우, 화면에 꼭 보여져야 할 중요한 이미지 영역은 Image Safe 영역에, 텍스트는 Title Safe 영역에 위치하도록 제작하여 가져온다.

ⓑ Proportional Grid

컴포지션의 가로/세로 크기 비율에 딱 맞추어 분할

ⓒ Grid

다른방법 메뉴〉View〉Show Grid (= Ctrl + ')

> **TIP _ 그리드에 스냅 적용하기**
>
> 메뉴〉View〉Snap to Grid (= Ctrl + Shift + ')

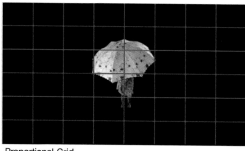
Proportional Grid

Grid

ⓓ Guides

다른방법 메뉴〉View〉Show Guides (= Ctrl + ;)

→ Ruler 위에서 커서가 ↔나 ↕로 바뀌었을 때 클릭 후 안쪽으로 드래그하여 가이드선 생성

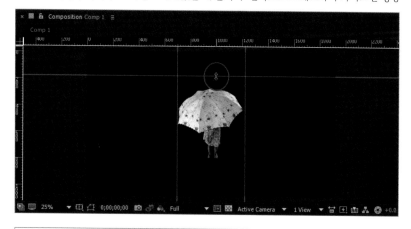

> **TIP _ 가이드의 기타 명령들**
>
> 메뉴〉View〉Snap to Guides (= Ctrl + Shift + ;) : 가이드에 스냅 적용
>
> 〉Lock Guides (= Ctrl + Alt + Shift + ;) : 가이드 고정
>
> 〉Clear Guides : 생성한 가이드선을 모두 지움 (가이드선을 패널 밖으로 드래그해도 사라진다.)

ⓔ Rulers

다른방법 메뉴〉View〉Show Rulers (= Ctrl + R)

참고사항 _ 〈Preferences〉 대화창의 'Grids & Guides' 카테고리에서 세부 옵션 설정

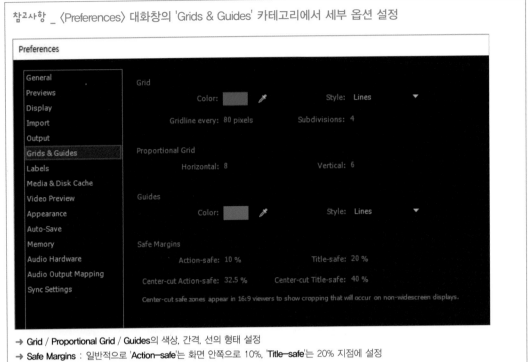

→ **Grid / Proportional Grid / Guides**의 색상, 간격, 선의 형태 설정

→ **Safe Margins** : 일반적으로 'Action-safe'는 화면 안쪽으로 10%, 'Title-safe'는 20% 지점에 설정

---

❼ Mask and Shape Path Visibility 🔳

마스크나 쉐이프의 패스(Path)를 뷰어에서 보이게 또는 보이지 않게 설정

❽ Preview Time

CTI가 위치한 현재 시간(프레임 `00000` / 타임코드 `0;00;00;00`) 표시

→ 클릭하여 〈**Go to Time**〉 대화창에 원하는 시간대를 직접 입력하면 해당 위치로 CTI가 이동하면서 뷰어에 해당 시간대의 화면이 나타난다.

❾ Take Snapshot 📷

컴포지션 내에서 다른 시간대의 두 화면을 비교하거나, 다른 Comp/Layer/Footage 패널에서의 화면과 비교하기 위해 CTI 가 위치한 현재 시간대의 뷰어 화면을 한 장 캡처하여 메모리에 임시 저장

→ 아이콘을 클릭하면 F5 키에 저장

→ Shift + F5 ~ F8 키를 클릭하면 F5 ~ F8 키에 각기 다른 캡처화면 저장

❿ Show Snapshot 🔳

F5 키에 저장된 캡처화면을 아이콘을 누르는 동안만 일시적으로 뷰어에 표시

→ F5 ~ F8 키 : 각 키를 누르는 동안만 일시적으로 각각 저장된 캡처 보기

▶ 캡처화면의 크기나 화면비(Aspect Ratio)가 뷰어와 다를 경우 뷰어에 맞게 재조정된다.

TIP _ 스냅샷 지우기

[방법1] Ctrl + Shift + F5 ~ F8 키

[방법2] 메뉴〉Edit〉Purge〉Snapshot : 저장된 모든 캡처화면 삭제

⑪ Channel and Color Management Settings

선택한 채널로 이미지를 화면에 표시

ⓐ 특정 채널 보기

뷰어에 나타난 영상을 RGB /Red /Green /Blue /Alpha /RGB Straight 채널 보기 상태로 전환
(채널 보기 상태에 따라 아이콘 변경됨)

▶ **RGB Straight** : 알파 채널을 적용하기 전의 이미지 상태를 모두 표시 (알파 채널의 블랙영역으로 인해 보이지 않았던 부분까지 RGB
채널로 보여줌)

ⓑ Set Project Working Space

모니터 컬러 보정을 사용하여 화면 표시

→ 〈**Project Settings**〉 대화창이 자동 오픈되면 '**Color Settings**' 항목의 '**Working Space**'를 "**None**" 이외의 것으로 선
택 (P30 참고)

→ "**Use Display Color Management**"가 체크상태로 활성화되고 아이콘 모양이 로 바뀐다.

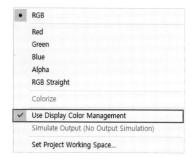

⑫ Resolution/Down Sample Factor (Full) ▼

뷰어에 표시되는 화면 해상도 (최종 렌더링과 무관)

- **Half**(1/2)/**Third**(1/3)/**Quarter**(1/4)로 화면 해상도를 줄여 작업속도를 높인다. (〈**Composition Settings**〉 대화창에서 설
정한 '**Resolution**'과 동일)

▶ Full 해상도가 HD(1920x1080 px)인 경우 Half는 960x540 px, Third는 640x360 px, Quarter는 480x270 px

- **Auto** : '**Magnification ratio** 100% ▼ '와 연동하여 뷰어 크기에 따라 자동으로 해상도가 조절된다. (Comp 패널에서만 설
정 가능)

→ "**Auto**"로 설정된 경우 괄호 안에 변동 해상도 표시

▶ 〈Composition Settings〉(= Ctrl + K) 대화창의 'Advanced' 탭에서 'Preserve resolution when nested(종속된 컴포지션의 원래 해
상도를 유지하는 옵션)'가 체크된 컴포지션은 "Auto"가 적용되지 않는다.

❸ Region of Interest 🔲

용량이 큰 작업을 할 때 화면의 일부분만 보면서 작업 (최종 렌더링과 무관)

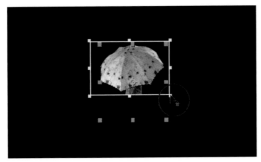

→ 아이콘 클릭 후 뷰어 위에서 보고 싶은 영역을 ✛ 커서 상태에서 박스 드래그 〔 자세한 설정 방법은 P 137 참고 〕

❹ Transparency Grid 🏁

뷰어의 배경을 투명하게 표시

❺ 3D View 〔 Active Camera ▼ 〕

3D 작업 시 카메라뷰 설정 〔 P 373 참고 〕

❻ View layout 〔 1 View ▼ 〕

뷰어를 2등분/4등분으로 화면분할 (주로 3D 작업 시 사용) 〔 P 375 참고 〕

❼ Pixel Aspect Ratio Correction ↔

레이어의 픽셀종횡비가 정사각형(Square pixel)이 아닐 때 모니터상에서 늘어나 보이는 것을 방지 (최종 렌더링과 무관)

〔 다른방법 〕 메뉴〉View〉View Options의 〈View Options〉 대화창에서 'View' 항목의 'Pixel Aspect Ratio Correction' 체크

❽ Fast Previews ⚡

그래픽카드 성능에 따라 프리뷰(Preview) 성능 설정 〔 P 135, P 404 참고 〕

❾ Timeline ▥

현재 작업 중인 컴포지션이 Timeline 패널에서 활성화(파란선 테두리) 상태로 전환

TIP

Comp 패널과 Timeline 패널 간 선택 전환(Toggle) = ₩ 키

---

❿ Composition Flowchart ▦

현재 컴포지션의 Flowchart 패널 오픈 〔 CD의 PDF 파일 참고 〕

㉑ Exposure ⬡ +0.0

레이어가 너무 밝거나 어두울 경우, 작업하기 용이하도록 뷰어의 밝기 조절 (최종 렌더링과 무관)

→ 우측 속성값 클릭 후 수치를 입력하거나 속성값 위에서 커서로 클릭 & 좌우 드래그

→ 원상태로 리셋하려면 좌측 아이콘 클릭

TIP _ 'Exposure' 이펙트

노출값을 재설정하여 최종 렌더링에 영향을 미치려면 '**Exposure**' 이펙트를 사용한다.

[방법] **메뉴〉Effect〉Color Correction〉Exposure** (P455 참고)

Study 4 ┃ AE의 기타 레이어들

솔리드(Solid) 레이어 만들기

단색의 레이어 생성

[방법] Comp/Timeline 패널 선택 후 **마우스 오른쪽 버튼**(또는 **메뉴〉Layer**)**〉New〉Solid Layer** (= Ctrl + Y)

→ 〈**Solid Settings**〉 대화창이 자동 오픈되면 색상 등 설정 후 [**OK**] 버튼 클릭

→ Project 패널에 "Solids" 폴더가 만들어지면서 그 안에 솔리드가 생성된다.

→ 자동으로 Timeline 패널에 최상위 레이어로 배치된다.

참고사항 1

Project 패널에서 **마우스 오른쪽 버튼**(또는 **메뉴〉File**)**〉Import〉Solid**로 솔리드 푸티지를 생성하면
- 〈Solid Settings〉 대화창에서 [Make Comp Size] 버튼을 사용할 수 없다.
- "Solids" 폴더 밖에 생성된다.
- 자동으로 Timeline 패널에 레이어로 배치되지 않는다.

참고사항 2 _ Solid Settings

솔리드 레이어를 생성하거나 기존에 만든 솔리드 레이어의 색상/크기 등 수정 시 설정
  ▶ 두 개 이상의 솔리드 레이어를 동시 선택하여 세팅값 변경 불가

[방법1] 솔리드 레이어 선택 후 **메뉴〉Layer〉Solid Settings** (= Ctrl + Shift + Y)
[방법2] Project 패널에서 솔리드 푸티지 선택 후 **메뉴〉Layer〉Solid Settings**

→ 〈Solid Settings〉 대화창 자동 오픈

ⓐ **Make Comp Size**

솔리드 레이어의 크기를 현재 컴포지션의 크기와 동일하게 설정

▷ Project 패널에서 솔리드를 선택하여 〈Solid Settings〉 대화창을 열 경우 [Make Comp Size] 버튼은 비활성화

ⓑ **Affect all layers that use this solid**

Project 패널에 생성된 하나의 솔리드를 이용하여 Timeline 패널에서 솔리드 레이어를 복제(= Ctrl + D)하는 등 여러 개의 솔리드 레이어로 사용한 경우, 〈Solid Settings〉 대화창을 열었을 때 활성화

→ 체크한 후 색상, 크기 등 세팅값 변경하고 [OK] 버튼 누르면 원본 솔리드 레이어 포함, 원본을 복제한 동일 설정값의 모든 솔리드 레이어가 새로운 세팅값으로 변경

▷ Project 패널에서 "Solids" 폴더 안의 솔리드를 복제(= Ctrl + D)한 경우에는 폴더 안의 원본/복제 솔리드의 세팅값을 바꿔도 서로 영향을 미치지 않는다.

→ 체크 해제하고 [New] 버튼 누르면 선택한 솔리드 레이어만 새로 설정한 세팅값으로 변경

▷ Project 패널에서 솔리드 선택 후 〈Solid Settings〉 대화창을 오픈하여 이 항목을 체크 해제하더라도, 세팅값을 변경하면 해당 솔리드를 사용한 모든 솔리드 레이어에 영향을 미친다.

조정(Adjustment) 레이어 만들기

하위 레이어를 동시에 조정할 수 있는 투명 레이어 (마스크나 이펙트 등을 적용하여 아래에 위치한 모든 레이어에 영향을 끼침)

방법 Comp/Timeline 패널 선택 후 **마우스 오른쪽 버튼**(또는 **메뉴〉Layer**)**〉New〉Adjustment Layer** (= Ctrl + Alt + Y)

→ Project 패널의 "Solids" 폴더 안에 "Adjustment Layer #"로 생성된다.

→ Timeline 패널에 자동으로 최상위 레이어로 배치되고 '**Adjustment Layer** 🗹' 스위치가 설정된다. (스위치를 해제하면 흰색의 솔리드 레이어로 바뀜)

TIP _ 일반 레이어를 Adjustment 레이어로 설정하기

해당 레이어의 '**Adjustment Layer** 🗹' 스위치를 체크하면 투명하게 바뀐다. (체크 해제하면 다시 원래 레이어 상태로 전환)

가이드(Guide) 레이어 만들기

트레이싱지를 사용하는 것처럼 일반 레이어의 이미지를 가이드로 사용하기 위해 설정

방법 Comp/Timeline 패널에서 레이어 선택 후 **마우스 오른쪽 버튼**(또는 **메뉴〉Layer**)**〉Guide Layer** 체크

→ 가이드 레이어로 사용된 레이어 이름 앞에 ▦ 아이콘이 표시된다.

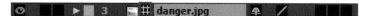

▷ 가이드 레이어 설정을 해제하려면 다시 레이어 선택 후 **마우스 오른쪽 버튼**(또는 **메뉴〉Layer**)**〉Guide Layer** 체크 해제

TIP

가이드 레이어는 렌더링 되지 않으나, Render Queue 패널의 '**Best Settings**'에서 '**Guide Layers ▼-Current Settings**'로 설정하여 렌더링 가능 (P238 참고)

PSD 레이어 만들기

포토샵과 연동하여 수정작업 등을 서로 신속하게 반영

방법 Project 패널에서 **마우스 오른쪽 버튼**(또는 **메뉴〉File**)**〉New Adobe Photoshop File**

→ 대화창에서 저장 위치/이름 지정 후 저장하면 Project 패널에 "이름.psd"라는 투명 파일 푸티지 생성

▷ Comp/Timeline 패널에서 명령을 실행하면 투명 파일 푸티지가 생성되면서 Comp/Timeline 패널에 레이어로 즉시 배치된다.

→ PSD 파일 연결 프로그램으로 포토샵 등의 프로그램이 설정되어 있으면 "이름.psd"로 저장과 동시에 해당 프로그램이 실행되고, PSD 파일 작업 후 다시 저장하여 AE로 돌아오면 동일 파일이 자동 업데이트된다.

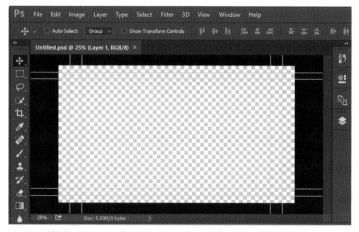

▷ PSD 파일의 도큐먼트 크기는 생성 시 AE 컴포지션의 크기와 동일하게 설정된다.

5 타임라인 패널(Timeline Panel)

01 CTI(Current Time Indicator)

현재 시간을 가리키는 표시기

CTI 이동하기

현재 시간을 변경시킨다.

- 커서로 직접 CTI를 클릭 & 드래그
    - → Shift + 드래그하면 키프레임, 마커, 레이어의 In/Out점, 컴포지션의 시작/끝 프레임, Work Area의 시작/끝 지점에 스냅이 걸려서 쉽게 이동 가능

- 커서로 시간 표시 영역(Time Ruler) 부분을 클릭하면 CTI가 클릭 위치로 자동 이동

- 1 frame 전/후 시간대로 이동
    - 방법1 Page Up / Page Down
    - 방법2 Preview 패널의 ◀I / I▶

- 10 frame 전/후 시간대로 이동
    - 방법 Shift + Page Up / Shift + Page Down

- 컴포지션의 시작/끝 프레임(Start/End Frame)으로 이동
    - 방법1 Home / End
        - ▶ Layer 패널이 선택된 상태에서 Home / End 키를 클릭하면 해당 레이어의 처음/마지막 프레임으로 이동
    - 방법2 Preview 패널의 I◀ / ▶I

- 작업 영역(Work Area)의 시작/끝 지점(Start/End Point)으로 이동
    - 방법 Shift + Home / Shift + End

CTI와 시간 표시 영역(Time Ruler)

- CTI의 위치를 중심으로 Time Ruler 확대/축소 보기
    - 방법1 Timeline 패널 우측하단의 ▲■■■▲▲ 에서 산모양의 아이콘을 좌(축소)/우(확대) 클릭하거나 가운데 슬라이드바를 좌우 드래그
    - 방법2 ─ 키(축소) / ＋ 키(확대)

- 커서가 놓인 위치를 기준으로 Time Ruler 확대/축소 보기
    - 방법 Alt + 마우스 휠을 위아래로 드래그

- Time Navigator 의 시작/끝 부분을 클릭 & 드래그하여 Time Ruler 확대/축소 가능
- Time Ruler가 확대되어 있을 때 좌우 이동

  방법 [Shift] + 마우스 휠을 위아래로 드래그

02 Current Time

CTI가 가리키는 현재 시간 표시 (뷰어에 현재 이미지가 표시되는 시간)

현재시간 표시형식

타임코드 형식 : **0:00:00:00** 00000 (30.00 fps)   프레임 형식 : **00000** 0:00:00:00 (30.00 fps)

▶ 〈Preferences〉(= [Ctrl] + [Alt] + [;]) 대화창에서 'Display' 카테고리의 'Show Both Timecode and Frames in Timeline Panel'이 체크 (디폴트)되어 있으면 Timeline 패널에 타임코드와 프레임 형식을 동시에 표기

현재시간 표시형식 변경

방법1 [Ctrl] + 클릭하면 타임코드/프레임 표시형식 전환
방법2 〈Project Settings〉(= Project 패널 하단의 8 bpc 클릭) 대화창의 'Time Display Style' 항목에서 'Timecode/Frames' 중 원하는 표시 형식 선택

현재시간 입력 방법

- **0:00:00:00 클릭 후 키보드로 CTI가 이동할 시간대를 입력**

  → Current Time에 "115"을 입력하면
     - 타임코드 형식의 경우 CTI가 0:00:01:15 (45 frame)의 시간대로 이동("1:15"로 입력해도 동일)

       0:00:01:15 00045 (30.00 fps)

     - 프레임 형식의 경우 CTI가 115 frame (0;00;03;25) 시간대로 이동

       00115 0:00:03:25 (30.00 fps)

  → " + 20" 입력하면 20 frame 이후로 이동
     " + –20" 입력하면 20 frame 이전으로 이동
     "–20" 입력하면 –20 frame 시간대로 이동

- **0:00:00:00 클릭 후 마우스를 좌우 드래그하여 원하는 시간대로 이동**

  → [Shift] + 드래그하면 10 frame씩 이동

- **〈Go to Time〉 대화창에서 이동할 시간대를 직접 입력**

  방법1 Comp 패널의 'Preview Time (0;00;00;00 또는 00000)' 클릭
  방법2 Comp/Timeline 패널에서 **메뉴>View>Go to Time** (= [Alt] + [Shift] + [J])

03 컬럼(Columns)

방법1 Timeline 패널의 Comp 탭이나 아무 컬럼 위에서 **마우스 오른쪽 버튼**〉Columns

방법2 Timeline 패널에서 Comp 탭의 **패널 메뉴 ≡**〉Columns

→ 컬럼에 추가할 항목은 체크, 보이지 않게 할 항목은 체크 해제
→ 특정 컬럼을 숨기려면 Timeline 패널의 숨길 컬럼 위에서
　　　　마우스 오른쪽 버튼〉Hide This

■ Timeline 패널 좌하단의 아이콘들을 On(파란색)/Off(회색)하면 해당 컬럼이 자동 Show/Hide
　　- **Layer Switches pane** : 'Switches' 컬럼 Show/Hide
　　- **Transfer Controls pane** : 'Modes' 컬럼 Show/Hide
　　- **In/Out/Duration/Stretch panes** : 'In/Out/Duration/Stretch' 컬럼들 Show/Hide

■ Timeline 패널의 컬럼이 많이 열려있어 복잡할 때 패널 하단의 Toggle Switches / Modes (= F4 키)를 클릭
　　→ 'Switches' 컬럼과 'Modes' 컬럼 중 하나만 컬럼 상에 표시하여 넓은 작업 영역 확보
　　→ 'Switches' 컬럼과 'Modes' 컬럼이 동시에 컬럼 상에 표시된 경우에는 F4 키로 두 컬럼을 동시에 Show/Hide 가능

❶ A/V Features ⓐ ⓑ ⓒ ⓓ

컬럼 아래의 체크 상자를 클릭하여 아이콘 설정

ⓐ Video 👁 : 레이어를 화면에 표시하거나 임시로 숨긴다.

ⓑ Audio 🔊 : 동영상 레이어에 포함된 오디오나 오디오 레이어를 임시로 On/Off

ⓒ Solo ⬤ : 'Solo ⬤' 설정된 레이어들만 Comp 패널에 표시 (카메라/라이트 레이어는 제외)
　　→ Alt + 'Solo ⬤'를 설정하면 해당 레이어만 'Solo'가 설정되면서 다른 레이어의 모든 'Solo' 설정은 해제시킨다.
　　▶ 최종 렌더링 시 별도로 〈Render Settings〉 대화창에서 설정을 변경하지 않는 한, 'Solo ⬤' 설정한 레이어만 렌더링된다. (P 238 참고)

ⓓ Lock 🔒 : 해당 레이어가 수정되지 않도록 잠그거나 잠금 해제

❷ Label 🏷

레이어 구별이 쉽도록 레이어 특성에 따라 디폴트 라벨 색상(레이어바 색상과 동일)이 할당되어 있다.
　　▶ 〈Preferences〉(= Ctrl + Alt + ;) 대화창에서 'Labels' 카테고리의 'Label Defaults' 항목을 통해 디폴트 색상 확인 및 변경 가능

■ **레이어의 라벨 색상 변경하기**
　　방법1 레이어의 라벨 컬러박스 클릭(또는 **마우스 오른쪽 버튼** 클릭) 후 변경할 색상 선택
　　방법2 레이어 선택 후 **메뉴**〉Edit〉Label에서 변경할 색상 선택

■ **동일한 라벨 색상 모두 변경하기**

　　방법 동일한 라벨 색상을 가진 모든 레이어를 선택 후, 그 중 하나의 라벨 컬러박스를 클릭하여 다른 색상 선택

　　　　▶ 동일한 라벨 색상을 가진 모든 레이어 선택하기 = **메뉴**〉Edit〉Label(또는 라벨 컬러박스 클릭)〉Select Label Group

■ **다양한 라벨 색상의 레이어들을 하나의 라벨 색상으로 동시에 변경하기**

　　방법 Ctrl 또는 Shift 로 레이어 다중 선택 후, 그 중 하나의 라벨 컬러박스 클릭하여 다른 색상 선택

■ **라벨 색상 이름 보기**

　　방법 Project 패널에서 라벨 컬럼 🔖 뒤 경계선에서 커서가 ↔ 모양일 때 우측으로 드래그하여 컬럼 폭을 넓힌다.

③ #

레이어 번호 (최상위 레이어를 1번으로 하여 밑으로 레이어가 쌓일수록 번호 증가)

④ Layer/Source Name

레이어 이름과 푸티지 이름을 표시 (컬럼 부분을 클릭하면 Layer Name/Source Name 모드 전환)

■ 레이어를 생성하면 'Layer Name'은 'Source Name(푸티지 이름)'과 동일한 이름으로 [　] 안에 표기되어 있다.

　　→ 레이어 선택 후 Enter 키를 눌러 레이어 이름을 변경하면 [　]는 사라진다.

■ 'Source Name'은 Timeline 패널에서 변경 불가 ('Source Name' 상태에서 Enter 키를 누르면 'Layer Name' 모드로 바뀌며 Rename 변경 상태가 됨)

　　→ 'Source Name'을 변경하려면 Project 패널에서 푸티지 이름을 선택 후 Enter 키를 눌러 변경

■ 여러 레이어에 동일한 레이어 이름 설정 가능

　　　　ⓐ ⓑ ⓒ ⓓ ⓔ ⓕ ⓖ ⓗ

⑤ Switches 👤 ☀ ↘ fx ▦ ◉ ◑ ◈

컬럼 아래의 체크 상자를 클릭하여 각 아이콘 스위치에 해당하는 명령어를 레이어마다 적용/해제할 수 있다.

ⓐ Shy 👤

레이어가 많아 복잡할 때 임시로 Timeline 패널의 레이어 목록에서 안 보이도록 특정 레이어에 지정 (Comp 패널에는 해당 레이어가 사라지지 않고 그대로 존재)

　　→ 클릭하면 아이콘이 ▬로 바뀌지만 이것만 설정해서는 아무런 변화가 없다.

　　→ Timeline 패널 상단의 'Hide Shy Layers 👤' 버튼(= **패널 메뉴** 目〉Hide Shy Layers)을 눌러야 'Shy ▬'가 적용된 모든 레이어를 Timeline 패널의 레이어 목록에서 숨긴다.

ⓑ Collapse Transformations / Continuously Rasterize ☀ (P126 참고)

– 종속된 컴포지션에 설정하면 '**Collapse Transformations**(변형 축소)'의 기능 수행

– 쉐이프/텍스트/벡터 레이어에 설정하면 '**Continuously Rasterize**(연속 래스터화)'의 기능 수행

ⓒ Quality and Sampling ↘

푸티지 레이어의 확대/축소 시 화질 보정에 사용

　　▶ CS6 버전에서는 'Quality'라는 명칭으로 사용

　　→ 클릭 할 때마다 '**Draft** ↘ / **Best** ◢ / **Bicubic** ◣' 전환

　　　　Draft ↘ : 안티알리아스(Anti-Alias)와 일부 효과를 적용하지 않고 레이어를 표시

　　　　　　다른방법 레이어 선택 후 **마우스 오른쪽 버튼**(또는 메뉴)Layer)〉Quality〉Draft

　　　　Best(Bilinear) ◢ : 퀄리티는 좋으나 렌더링 시간 증가 (디폴트)

　　　　　　다른방법 레이어 선택 후 **마우스 오른쪽 버튼**(또는 메뉴)Layer)〉Quality〉Best 선택 후 다시 〉Bilinear 체크

Bicubic 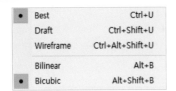 : Bilinear 샘플링 방식보다 화질이 더욱 선명하도록 보정하나 렌더링 시간 증가 ▶ **After CC**

다른방법 레이어 선택 후 **마우스 오른쪽 버튼**(또는 **메뉴**>**Layer**>**Quality**>**Best** 선택 후 다시 **>Bicubic** 체크

● Best	Ctrl+U
Draft	Ctrl+Shift+U
Wireframe	Ctrl+Alt+Shift+U
Bilinear	Alt+B
● Bicubic	Alt+Shift+B

ⓓ **Effect** *fx*

레이어에 적용한 이펙트들을 일시적으로 On/Off (**P431** 참고)

ⓔ **Frame Blending** ▦

영상의 재생시간을 늘렸거나 거칠게 촬영된 영상 소스의 경우 영상이 부드럽게 재생되도록 보완 (**P233** 참고)

ⓕ **Motion Blur** ⊘

시간에 따라 레이어에 이동 및 회전의 변화가 있을 때 블러 효과 적용 (**P108** 참고)

ⓖ **Adjustment Layer** ◢

해당 레이어를 Adjustment 레이어로 설정 시 체크

ⓗ **3D Layer** ▣

해당 레이어를 3D 레이어로 설정 시 체크 (**P359** 참고)

❻ Modes `Mode    T  TrkMat`

블렌딩 모드와 트랙매트 설정 (**P259, P269** 참고)

❼ In/Out/Duration/Stretch `In        Out      Duration    Stretch`

레이어의 In Time(시작 위치), Out Time(끝나는 위치), Duration(재생시간), Stretch(재생시간 확대/축소)를 표시 (**P84, P223** 참고)
→ 직접 입력하여 변경 가능

TIP 1 _ 컬럼끼리 위치 변경

이동하고자 하는 컬럼을 클릭하여 다른 컬럼 위치로 드래그 & 드롭

TIP 2 _ 컬럼 폭 조절

컬럼 간의 경계에서 커서가 ↔ 모양일 때 좌우 드래그 (레이어 이름이나 속성의 이름이 길어서 …로 축약되어 있을 때 유용)

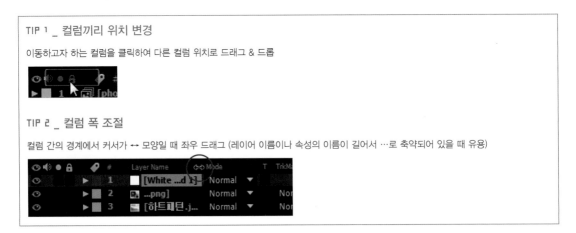

04 타임라인의 버튼들(Buttons)

컬럼의 스위치들이 각 레이어에 설정하는 명령이라면, 버튼들은 현재 작업 중인 컴포지션에 설정하는 명령

❶ ❷ ❸ ❹ ❺ ❻

❶ Composition Mini-Flowchart

현재 컴포지션과 종속된(Nested) 컴포지션들 사이의 간략한 관계도 표시 (CD의 PDF 파일 참고)

❷ Draft 3D

3D 레이어 작업 시 그림자, 카메라의 피사계심도, 블러(Blur) 등의 복잡한 연산 기능이 적용되지 않은 상태로 프리뷰하여 작업속도 향상

❸ Hide Shy Layers

'Shy ' 스위치가 적용되어 ■로 설정된 모든 레이어들을 Timeline 패널의 레이어 목록에서 일시적으로 숨긴다.

❹ Enable Frame Blending

'Frame Blending ' 스위치가 설정된 모든 레이어들에 프레임 블렌딩 적용 (P233 참고)

❺ Enable Motion Blur

'Motion Blur ' 스위치가 설정된 모든 레이어들에 모션 블러 적용 (P108 참고)

❻ Graph Editor

키프레임의 특성을 그래프 형태로 표시하여 영상속도 등 조절 (P208 참고)

참고사항 _ CC 버전 이후로 사라진 버튼

▪ Live Update
  On(디폴트) 상태에서는 CTI가 가리키는 현재 시간의 영상과 레이어 변형을 즉각적으로 뷰어에 표시하고, Off 상태에서는 CTI를 드래그하는 중의 화면이나 변형 도중의 레이어 상태는 표시하지 않는다.
  → 컴퓨터 성능이 좋아지면서 작업상황을 즉시 확인해야 하는 경우가 더 많기 때문에 버튼을 Off할 이유가 사라짐
  ▷ CC에서 Off를 하려면 Timeline 패널의 **패널 메뉴** ≣〉Live Update 체크 해제

▪ Auto-keyframe
  디폴트 속성값을 변경한 모든 속성에 키프레임 자동 생성
  → 불필요한 키프레임 생성과 관리의 불편함 때문에 사용 빈도가 떨어짐
  ▷ CC에서 Timeline 패널의 **패널 메뉴** ≣〉Enable Auto-keyframe을 선택하면 Timeline 패널에 'Auto-keyframe' 버튼이 (On) 상태로 표시된다.

▪ Brainstorm ▷ CC 2015에서 삭제
  레이어에 속성 변화나 이펙트를 주고 싶을 때 〈Brainstorm〉 창에서 그 결과를 미리 랜덤하게 보고, 그 중 원하는 결과물을 사용

Lesson 6

툴바(Toolbar) 살펴보기

❶ Selection Tool 🔺 (= V)

모든 패널에서 선택에 관련된 작업 시 사용

❷ Hand Tool ✋ (= H)

모든 패널에서 화면 이동

> **다른방법1** Space Bar
> **다른방법2** 마우스 휠 클릭

❸ Zoom Tool 🔍 (= Z)

Comp 패널에서 줌인(= Z) / 줌아웃(= Alt + Z)

▷ Timeline 패널에서는 Zoom 툴이 적용되지 않으나, 그래프 에디터에서는 적용 가능

> **다른방법** 마우스 휠 상/하 드래그

> **TIP**
>
> Project/Timeline 패널에서 마우스 휠을 위아래로 드래그하며 푸티지/레이어 리스트를 위아래로 슬라이닝

❹ Rotation Tool 🔄 (= W)

Comp 패널에서 레이어를 직접 클릭 & 드래그하여 회전 `P94 참고`

❺ Camera Tool 🎥

3D 레이어가 존재하고 카메라를 생성했을 때 Comp 패널에서 직접 카메라 뷰 설정 `P380 참고`

> **방법** C 로 카메라 툴 간 전환

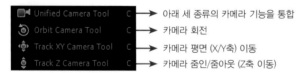

🎥 Unified Camera Tool C	➡ 아래 세 종류의 카메라 기능을 통합
🔄 Orbit Camera Tool C	➡ 카메라 회전
✥ Track XY Camera Tool C	➡ 카메라 평면 (X/Y축) 이동
⬆ Track Z Camera Tool C	➡ 카메라 줌인/줌아웃 (Z축 이동)

❻ Pan Behind (Anchor Point) Tool ⊡ (= Y)

두 가지 기능으로 사용된다.

– Comp 패널에서 레이어 변형 기준점(Anchor Point)을 직접 드래그하여 이동 `P93 참고`

– 레이어에 마스크를 적용했을 때 마스크 안에서 레이어를 이동시킨다. (Pan Behind) `P171 참고`

❼ Shape Tool

도형 모양 선택 후 Comp 패널에서 직접 드래그하여 쉐이프 레이어 또는 마스크 생성 (P140, P167 참고)

방법 Q로 도형 모양 간 전환

Rectangle Tool　　　Q	→ 사각형으로 생성
Rounded Rectangle Tool　Q	→ 모서리가 둥근 사각형으로 생성
Ellipse Tool　　　Q	→ 원형으로 생성
Polygon Tool　　　Q	→ 다각형으로 생성
Star Tool　　　Q	→ 별 모양으로 생성

❽ Pen Tool

Comp 패널에서 직접 베지어(Bezier)곡선이나 직선을 드로잉하여 닫히거나 열린 쉐이프 레이어 또는 마스크 생성 (P141, P167 참고)

방법 G로 **Pen** 툴과 **Mask Feather** 툴 간 전환

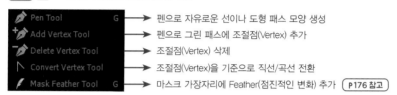

Pen Tool　　　G	→ 펜으로 자유로운 선이나 도형 패스 모양 생성
Add Vertex Tool	→ 펜으로 그린 패스에 조절점(Vertex) 추가
Delete Vertex Tool	→ 조절점(Vertex) 삭제
Convert Vertex Tool	→ 조절점(Vertex)을 기준으로 직선/곡선 전환
Mask Feather Tool　　G	→ 마스크 가장자리에 Feather(점진적인 변화) 추가 (P176 참고)

❾ Type Tool

텍스트 레이어 생성 및 편집 (P52 참고)

방법 Ctrl + T로 가로/세로 쓰기 전환

Horizontal Type Tool　Ctrl+T	→ 가로 텍스트 쓰기
Vertical Type Tool　　Ctrl+T	→ 세로 텍스트 쓰기

❿ Paint Tool

Layer 패널에서 브러시/복제 도장/지우개 툴을 이용하여 드로잉 (P273 참고)

방법 Ctrl + B로 페인트 툴 간 전환

- **Brush Tool** : 레이어 위에 브러시로 그리기
- **Clone Stamp Tool** : 레이어의 화면 일부를 다른 영역에 복사
- **Eraser Tool** : 페인트 툴로 그린 스트로크나 레이어의 이미지를 제거

⓫ Roto Tool

Layer 패널에서 레이어의 Foreground/Background 영역을 분리하여 매트(Matte)로 활용 (P311 참고)

방법 Alt + W로 로토 툴 간 전환

Roto Brush Tool　　Alt+W	→ Foreground/Background 영역 분리하기
Refine Edge Tool　　Alt+W	→ 분리한 영역의 가장자리 다듬기 ▶ After CC

⓬ Puppet Tool

레이어에 관절을 적용한 듯 자연스러운 움직임 생성 (P543 참고)

방법 Alt + P로 퍼핏 툴 간 전환

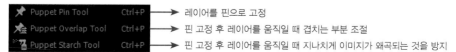

Puppet Pin Tool　　Ctrl+P	→ 레이어를 핀으로 고정
Puppet Overlap Tool　Ctrl+P	→ 핀 고정 후 레이어를 움직일 때 겹치는 부분 조절
Puppet Starch Tool　　Ctrl+P	→ 핀 고정 후 레이어를 움직일 때 지나치게 이미지가 왜곡되는 것을 방지

참고사항 _ Sync Settings

Creative Cloud 기반에서 작업할 때 작업환경(Preferences, 단축키, Composition Settings Presets, Render Settings Templates 등)을 클라우드에 저장하여 다른 컴퓨터에서 작업하더라도 같은 작업환경 상태를 유지할 수 있도록 동기화

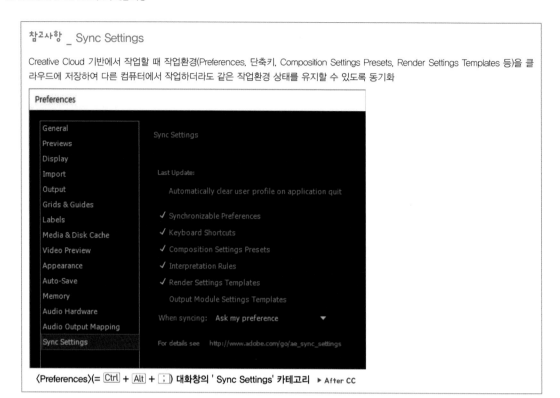

⟨Preferences⟩(= Ctrl + Alt + ;) 대화창의 ' Sync Settings' 카테고리 ▶ After CC

레이어 제어와
변형

Lesson 1

레이어 제어하기

Study1 | 바운딩박스와 핸들

Comp 패널에서 레이어의 이동과 크기를 쉽게 조절할 수 있도록 가상의 선과 조절점 표시

학습예제 프로젝트 생성부터 레이어 생성까지 다음 단계를 따라 해본다.

01 Ctrl + Alt + N으로 새 프로젝트를 시작한다.

02 Project 패널의 빈 공간을 더블클릭하여 오픈된 〈**Import File**〉 대화창에서 "예제₩Lec03₩sc" 폴더의 "하트1.png"를 선택하여 푸티지로 임포트 한다.

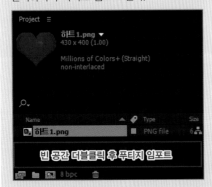

03 Ctrl + N으로 오픈된 〈**Composition Settings**〉 대화창에서 960x540 px 크기의 새 컴포지션을 생성한다.

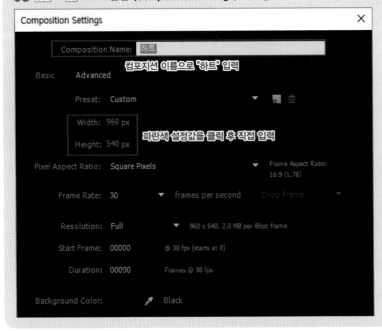

04 Project 패널에서 "하트1.png" 푸티지를 선택 후 아래의 Timeline 패널로 드래그 & 드롭하여 컴포지션의 중앙에 레이어로 배치한다.

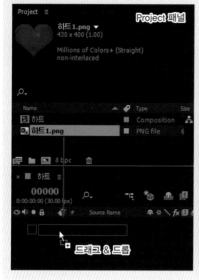
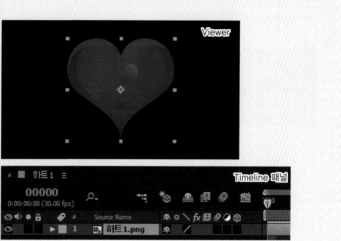

바운딩박스(Bounding Box)

레이어의 가로세로 크기를 사각형으로 둘러싼 가상의 외곽선

▶ 바운딩박스의 색상은 레이어의 라벨 색상과 동일

레이어 가까이 커서를 가져갔을 때

레이어를 선택했을 때

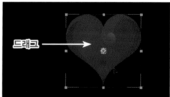

Selection 툴 ▶의 우측 툴 옵션에서 'Snapping' 옵션이 체크된 상태에서 레이어를 클릭 & 드래그할 때

핸들(Handles)

레이어를 선택하면 바운딩박스에 나타나는 사각형 ■ 조절점들 (레이어 이동 시 '**Snapping**'의 기준이 됨)

('Snapping'에 대한 설명은 P 96 참고)

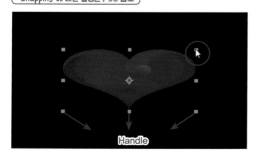

➔ 핸들을 클릭하여 상하/좌우/대각선으로 크기 조절 가능

(Shift + 상하/좌우/대각선으로 크기 조절하면 가로세로 비율 유지되며 크기 조절)

참고사항 _ 핸들 보기/숨기기

메뉴〉View〉View Options (= Comp 패널 클릭 후 Ctrl + Alt + U)

➔ 〈**View Options**〉 대화창에서 '**Handles**'의 Show(체크)/Hide(체크 해제) 설정

Study2 | 레이어 다중 선택하기

학습예제 **프로젝트 파일 : City.aep의 "Select" 컴포지션**

파일 탐색기에서 "예제\Lec03" 폴더의 "City.aep"를 더블클릭하거나 **메뉴〉File〉Open Project** (= Ctrl + O)로 "City.aep"
프로젝트를 불러들인 후 Timeline 패널의 "Select" Comp 탭을 클릭한다.

▶ 해당 Comp 탭이 닫혀 보이지 않으면 Project 패널에서 "Select" 컴포지션을 더블클릭한다.

"City.aep"의 Project 패널

"Select" 컴포지션의 뷰어

Timeline 패널의 "Select" 컴포지션 활성화

Timeline 패널에서 레이어 다중 선택하기

▪ **비연속 선택** : 한 레이어 클릭 후, Ctrl + 추가로 선택할 레이어들 각각 클릭

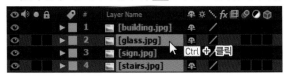

■ **연속 선택**

방법1 선택할 레이어 목록 중 첫 레이어 클릭 후, Shift + 마지막 레이어 클릭

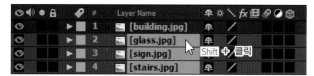

방법2 패널의 빈 공간에서부터 목록쪽으로 클릭 & 박스 드래그하여 선택

> **TIP**
>
> 레이어 이름 대신 Timiline 패널 오른쪽의 레이어바(Duration Bar)를 Ctrl/Shift/박스 드래그 방식으로 선택해도 된다.

Comp 패널에서 레이어 다중 선택하기

■ 한 레이어 클릭 후, Shift + 추가로 선택할 레이어들 클릭

■ 선택할 레이어들을 패널의 빈 공간에서부터 클릭 & 박스 드래그하여 선택

> **TIP**
>
> • **모든 레이어 선택** : Comp/Timeline 패널이 활성화된 상태에서 Ctrl + A
> • **모든 선택 해제** : Comp/Timeline 패널의 빈 공간 클릭 = F2키

Study 3 | 레이어 복제하기(Duplicate)

레이어(들) 선택 후

방법 1 Ctrl + D (= 메뉴〉Edit〉Duplicate)

→ 선택한 레이어(들) 위에 복제 레이어가 자동 배치된다.

복제 레이어

"sign.jpg" 레이어를 선택 후 Ctrl + D

방법 2 Ctrl + C & Ctrl + V (= 메뉴〉Edit〉Copy & 〉Paste)

→ 복사한 레이어를 원하는 다른 레이어 위에 붙여넣기 가능

복제 레이어

"sign.jpg" 레이어를 선택하여 Ctrl + C 한 후, "Building.jpg" 레이어를 클릭하고 Ctrl + V

Study 4 | 레이어 순서 바꾸기(Arrange)

레이어가 서로 겹쳐 있는 경우 레이어의 위아래 순서를 바꾸면 Comp 패널의 화면에 즉시 반영되어 뷰어에 레이어가 겹쳐있는 모습이 달라진다.

메뉴〉Layer〉Arrange

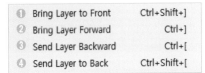

❶ Bring Layer to Front	Ctrl+Shift+]
❷ Bring Layer Forward	Ctrl+]
❸ Send Layer Backward	Ctrl+[
❹ Send Layer to Back	Ctrl+Shift+[

학습예제 프로젝트 파일 : City.aep의 "Arrange" 컴포지션

Timeline 패널의 "Arrange" Comp 탭을 클릭한다.

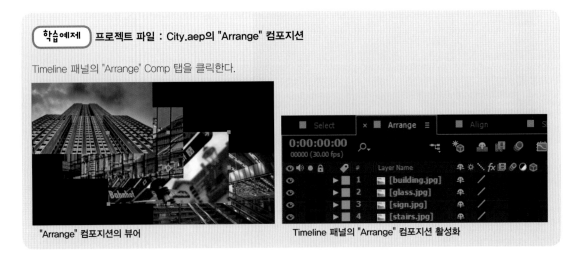

"Arrange" 컴포지션의 뷰어   Timeline 패널의 "Arrange" 컴포지션 활성화

❶ Bring Layer to Front

맨 위로 보내기

[다른방법] Ctrl + Alt + Shift + ↑

❷ Bring Layer Forward

한 단계 위로 보내기

[다른방법] Ctrl + Alt + ↑

❸ Send Layer Backward

한 단계 아래로 보내기

[다른방법] Ctrl + Alt + ↓

❹ Send Layer to Back

맨 아래로 보내기

[다른방법] Ctrl + Alt + Shift + ↓

TIP

레이어가 많지 않은 경우, 일반적으로는 Timeline 패널에서 레이어 이름을 클릭한 후 상하 드래그하여 원하는 위치에 진한 선이 보이면 드롭하는 방식으로 작업한다.

Study 5 | 레이어 정렬 : Align Panel

앵커포인트(Anchor Point)의 위치는 상관 없이, 레이어 크기를 둘러싼 바운딩박스 기준으로 정렬

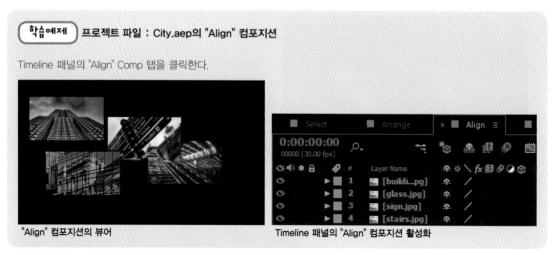

학습예제 프로젝트 파일 : City.aep의 "Align" 컴포지션

Timeline 패널의 "Align" Comp 탭을 클릭한다.

"Align" 컴포지션의 뷰어   Timeline 패널의 "Align" 컴포지션 활성화

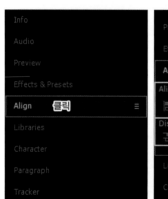

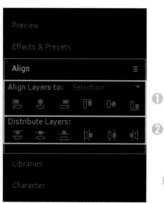

기타 패널 위치의 Align 패널

▶ 워크스페이스에 Align 패널이 보이지 않는다면
메뉴〉Window〉Align 체크

① Align Layers to ▼

　ⓐ Selection

　　2개 이상의 레이어를 선택하면 자동으로 설정된다. (디폴트)

　　horizontal left alignment 🔲 : 선택된 레이어들 중 가장 왼쪽에 있는 레이어의 바운딩박스의 좌측면을 기준으로 나머지 레이어들 정렬

　　horizontal center alignment 🔲 : 선택된 레이어들 중 가장 좌/우에 있는 레이어의 바운딩박스의 중심들을 기준으로 그 중간 위치에 나머지 레이어들을 세로 정렬

　　horizontal right alignment 🔲 : 선택된 레이어들 중 가장 오른쪽에 있는 레이어의 바운딩박스의 우측면을 기준으로 나머지 레이어들 정렬

　　vertical top alignment 🔲 : 선택된 레이어들 중 가장 위쪽에 있는 레이어의 바운딩박스의 윗면을 기준으로 나머지 레이어들 정렬

　　vertical center alignment 🔲 : 선택된 레이어들 중 가장 위/아래에 있는 레이이의 바운딩박스의 중심들을 기준으로 그 중간 위치에 나머지 레이어들을 가로 정렬

　　vertical bottom alignment 🔲 : 선택된 레이어들 중 가장 위쪽에 있는 레이어의 바운딩박스의 아랫면을 기준으로 나머지 레이어들 정렬

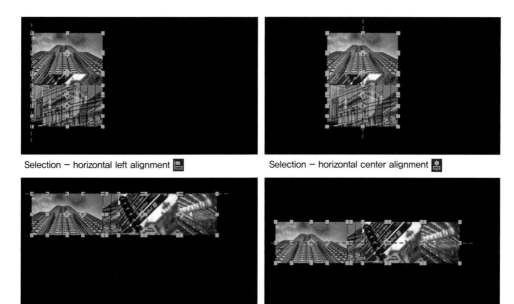

Selection − horizontal left alignment

Selection − horizontal center alignment

Selection − vertical top alignment

Selection − vertical center alignment

ⓑ Composition

현재 컴포지션의 상/하/좌/우/중심 위치에 선택한 레이어를 정렬할 때

horizontal left alignment : 모든 선택 레이어들의 좌측면을 컴포지션의 맨 좌측에 정렬

horizontal center alignment : 모든 선택 레이어들의 중심을 컴포지션의 중앙에 세로 정렬

horizontal right alignment : 모든 선택 레이어들의 우측면을 컴포지션의 맨 우측에 정렬

vertical top alignment : 모든 선택 레이어들의 윗면을 컴포지션의 맨 위에 정렬

vertical center alignment : 모든 선택 레이어들의 중심을 컴포지션의 중앙에 가로 정렬

vertical bottom alignment : 모든 선택 레이어들의 아랫면을 컴포지션의 맨 아래 정렬

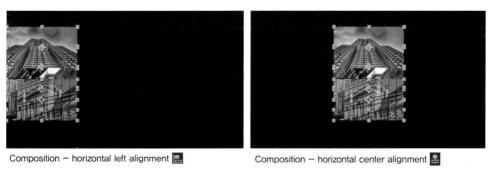

Composition − horizontal left alignment

Composition − horizontal center alignment

❷ Distribute Layers

3개 이상의 레이어가 선택되어야 적용 가능

vertical top distribution : 가장 위/아래에 있는 레이어의 바운딩박스의 윗면들을 기준으로 나머지 레이어들을 동일한 간격으로 위아래로 정렬

vertical center distribution : 가장 위/아래에 있는 레이어의 바운딩박스의 중심들을 기준으로 나머지 레이어들을 동일한 간격으로 위아래로 정렬

vertical bottom distribution : 가장 위/아래에 있는 레이어의 바운딩박스의 아랫면들을 기준으로 나머지 레이어들을 동일한 간격으로 위아래로 정렬

horizontal left distribution ▐▌ : 가장 왼쪽/오른쪽에 있는 레이어의 바운딩박스의 좌측면들을 기준으로 나머지 레이어들을 동일한 간격으로 좌우로 정렬

horizontal center distribution ▐▌ : 가장 왼쪽/오른쪽에 있는 레이어의 바운딩박스의 중심들을 기준으로 나머지 레이어들을 동일한 간격으로 좌우로 정렬

horizontal right distribution ▐▌ : 가장 왼쪽/오른쪽에 있는 레이어의 바운딩박스의 우측면들을 기준으로 나머지 레이어들을 동일한 간격으로 좌우로 정렬

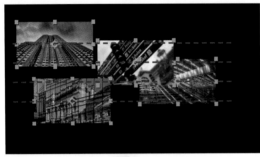

vertical center distribution ▐▌   horizontal center distribution ▐▌

Study 6 | 레이어 패널(Layer Panel)

재생시간(Duration), 인아웃점(In/Out Point), 알파 채널 등 레이어의 특성을 볼 수 있는 패널로, 페인트 툴이나 로토 툴로 레이어에 직접 드로잉할 때도 사용

학습예제 프로젝트 파일 : City.aep의 "Shopping Center" 컴포지션

Timeline 패널의 "Shopping Center" Comp 탭을 클릭한다.

"Shopping Center" 컴포지션의 뷰어   Timeline 패널의 "Shopping Center" 컴포지션 선택

→ Layer 패널 열기

방법1 Comp/Timeline 패널에서 레이어 더블클릭

방법2 Comp/Timeline 패널에서 레이어 선택 후 숫자 키패드의 [Enter]키

Shopping Center-1.mp4 레이어의 Layer 패널

❶ Time Navigator

양 끝 파란 헤드부분을 좌우 드래그하여 시간 표시 영역(Time Ruler)을 좀 더 세밀히 볼 수 있다.
(레이어의 Duration은 불변)

❷ Time Ruler

레이어의 원본 길이(Duration) 표시 영역

▶ 스틸 푸티지의 레이어바 길이는 〈Preferences〉 대화창에서 'Still Footage'의 설정을 따른다. (P 42 참고)

❸ Time Maker

드래그하여 Preview Time(Layer 패널에서 영상이 나타내는 시간대) 이동 가능

→ 레이어의 In점/Out점을 지정할 때 사용

❹ Set IN point ▮ / Set OUT point ▮ / Duration △ 0:00:01:01

시퀀스/동영상 레이어의 경우 컴포지션에 사용할 길이만큼 In점/Out점을 지정

→ 타임마커를 위치시키고 ▮ 또는 ▮ 아이콘을 눌러 사용할 시작/끝 위치에 In점/Out점 지정
  (Out점 지정한 길이만큼 Duration이 설정된다.)

2초 지점에서 In점, 3초 지점에서 Out점 설정

→ 레이어의 전체 길이 중 사용하지 않는 영역(In-Out점 바깥 영역)은 Timeline 패널에서 반투명 레이어바로 표시된다.

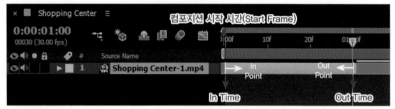

Layer 패널에서 In-Out점을 설정하면 In점이 컴포지션의 시작 시간(Start Frame)에 위치한다.

TIP

대부분의 경우 Timeline 패널에서 마우스로 레이어바의 시작/끝 지점을 직접 드래그하여 In점/Out점을 조절하는 경우가 많으므로 일일이 레이어 패널을 열어 In점/Out점을 바꿀 필요는 없다.

---

❺ Preview Time

타임마커가 가리키는 시간 (타임코드 `0;00;00;00` 또는 프레임 `00000` 표시)

❻ Comp Button 🖼

해당 레이어가 속한 Comp 패널이 활성화된다.

Study7 | In/Out Time 변경하기

컴포지션의 전체 시간(Duration)에서 레이어의 In-Out점이 놓이는 시간대 변경 가능

Layer 패널에서 설정한 In점이 Timeline 패널에서 해당 레이어의 In Time에 위치
(Layer 패널의 In점을 변경하면 Timeline 패널의 Out Time/Duration이 변경된다.)

▶ In/Out/Duration 컬럼이 보이지 않으면 Timeline 패널 좌하단의 'In/Out/Duration/Stretch panes 🔳' 클릭

마우스로 레이어바를 클릭하여 좌우로 드래그하기

▶ Layer 패널에서의 In점/Out점/Duration은 불변

TIP

CTI(Time Current Indicator) 위치로 In/Out Time 위치 이동시키기 (바 전체 이동) = [[ ] / [ ]]

레이어바의 시작/끝부분을 클릭&드래그하기

▶ Layer 패널에서의 In점/Out점/Duration 변경

TIP

CTI 위치에 In/Out Time 설정 (바 길이 변경) : Alt + [/ Alt +]

Timeline 패널의 In/Out 컬럼에서 변경하기

■ Timeline 패널의 In/Out 컬럼에서 각 수치 입력창을 클릭하면 〈**Layer In/Out Time**〉 대화창이 오픈되고 레이어의 In/Out Time 변경 가능

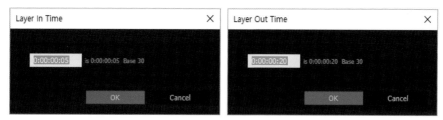

■ Timeline 패널의 In/Out 컬럼에서 각 수치 입력창 클릭 후 좌우 드래그하면 In/Out Time 변경

▶ Layer 패널에서의 In점/Out점/Duration 변경

TIP

Timeline 패널에서 레이어바의 영상이 잘린 부분(반투명 표시 영역)에서 커서가 ▐◀▶▌로 바뀌었을 때 클릭 후 좌우 드래그하면, Duration 변경 없이 Layer 패널의 In/Out점 위치 변경 가능 (Timeline 패널에서 레이어의 In Time/Out Time/Duration은 변하지 않음)

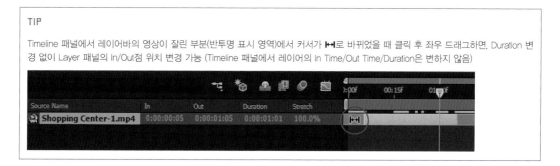

Study 8 | 레이어 분할하기(Split)

레이어의 일부만 잘라서 쓰거나, 하나의 레이어에 시간에 따라 다른 효과를 주고자 하는 경우 선택한 레이어들을 CTI를 기준으로 두 레이어로 분할 (선택된 레이어가 없는 상태에서 분할하면 Timeline 패널에 놓인 모든 레이어가 분할된다.)

방법 메뉴〉Edit〉Split Layer (= Ctrl + Shift + D)

Source Name	In	Out	Duration	Stretch	
Shopping Center-1.mp4	0:00:00:20	0:00:04:29	0:00:04:10	100.0%	
Shopping Center-1.mp4	0:00:00:00	0:00:00:19	0:00:00:20	100.0%	

▶ 〈Preferences〉(= Ctrl + Alt + ;) 대화창의 'General' 카테고리에서 'Create Split Layers Above Original Layer'가 디폴트로 체크되어 있기 때문에 분할된 뒤쪽 레이어바가 앞쪽 레이어바의 상위 레이어로 배치된다.

Study 9 | 레이어 들어내기(Lift)

선택한 레이어들을 작업 영역(Work Area) 부분만 제거 (선택된 레이어가 없는 상태에서는 Timeline 패널에 놓인 모든 레이어에 적용)

방법 Work Area 설정 후 Work Area에서 **마우스 오른쪽 버튼**(또는 **메뉴**〉Edit)〉**Lift Work Area**

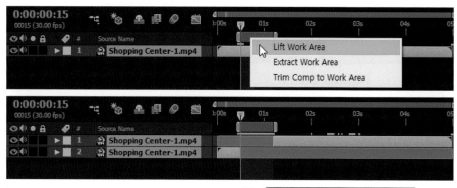

▶ Work Area의 시작/끝 위치 설정 = CTI를 이동시킨 후 B / N **Work Area에 대한 자세한 설명은 P 128 참고**

Study 10 | 레이어 추출하기(Extract)

선택한 레이어들의 Work Area 부분을 제거하고 남은 뒤쪽 레이어를 분할된 앞쪽 레이어의 잘린 시점으로 당겨서 배치한다.
(선택된 레이어가 없는 상태에서는 Timeline 패널의 모든 레이어에 적용)

방법 Work Area 설정 후 Work Area에서 **마우스 오른쪽 버튼**(또는 **메뉴**〉Edit)〉**Extract Work Area**

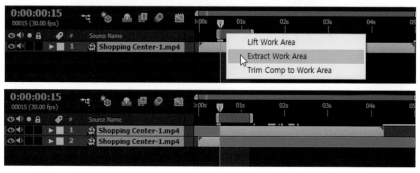

Study 11 | 레이어 덧붙이기(Insert/Overlay)

작업 중 새로운 푸티지의 특정 영역을 현재 컴포지션의 CTI 위치에 추가하고자 할 경우 사용

먼저 Footage 패널에서 추가할 푸티지의 전체 길이 중 사용할 부분만 In-Out점 지정

Project 패널에서 "Shopping Center-3.mp4" 푸티지를 더블클릭하면 Footage 패널이 오픈된다.

❶ Ripple Insert Edit

클릭하면 Footage 패널에서 Duratioin이 설정된 푸티지가 Timeline 패널의 CTI 위치에서 다른 레이어들을 분할하며 그 사이에 레이어로 끼워넣기 된다. (잘린 다른 레이어들 뒷부분은 인서트 된 레이어 뒤로 밀린다.)

1초 위치에 "Shopping Center-3.mp4" 레이어 끼워넣기

❷ Overlay Edit

Footage 패널에서 Duratioin이 설정된 푸티지가 Timeline 패널의 CTI 위치에서 다른 레이어들을 잘라내지 않고 다른 레이어들 위에 레이어로 얹어진다.

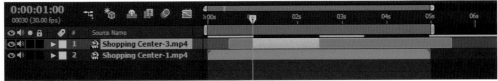

1초 위치부터 "Shopping Center-3.mp4" 레이어가 아래 레이어를 덮어씌운다.

TIP

실제 작업 상 Timeline 패널에서 레이어를 직접 자르고 이동하고 붙이는 작업을 마우스 드래그로 모두 처리할 수 있다. 따라서 레이어바를 다루는 것에 익숙해지면 일부러 Footage 패널을 열어서 레이어를 붙여넣는 작업을 하지 않아도 된다.

Lesson

2 레이어 속성과 변형

[학습예제] **프로젝트 파일 : 큐브.aep (소스 파일 : 큐브.png)**

파일 탐색기에서 "예제₩Lec03" 폴더의 "큐브.aep"를 더블클릭하거나 **메뉴〉File〉Open Project** (= Ctrl + O)로 "큐브.aep" 프로젝트를 불러들인다.

큐브.png   "큐브.aep"의 Project 패널

[Study 1] 레이어 속성 보기

Timeline 패널에서 각 레이어 라벨(Label) 앞의 ▼를 클릭하면 조정과 애니메이션이 가능한 레이어의 속성들이 확장되어 표시된다.

▶ **속성그룹** : 다양한 세부 속성을 가지며, 속성그룹 앞의 ▼를 클릭하면 하위 속성이 열린다.
▶ 레이어에 이펙트 등 특정 명령을 적용하면 해당 명령어의 조절 옵션들이 레이어의 속성으로 추가된다.

■ 레이어(들)의 모든 속성그룹과 하위 속성 보기
> **방법 1** Ctrl + 레이어 이름 앞 ▼ 클릭
> **방법 2** 레이어 선택 후 Ctrl + ~ 토글

■ 레이어 속성그룹 안의 모든 하위 속성 보기
> **방법** Ctrl + 레이어 속성그룹 앞 ▼ 클릭

■ 선택한 속성(그룹)만 보기
> **방법** 속성(그룹) 클릭 후 S S 클릭

■ 레이어의 속성(그룹) 숨기기
> **방법** Alt + Shift + 속성(그룹) 클릭

Study 2 | 좌표의 이해

단위는 px(Pixel, 픽셀)

컴포지션 좌표

컴포지션 크기(Width x Height)가 HD 사이즈인 1920x1080이면 컴포지션 좌상단이 (0, 0), 우하단이 (1920, 1080)

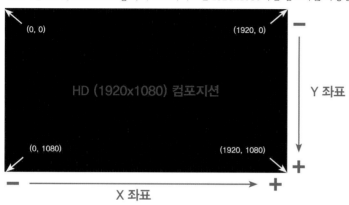

레이어 좌표

레이어 크기가 800x800이면 레이어의 좌상단이 (0, 0), 레이어의 우하단이 (800, 800)

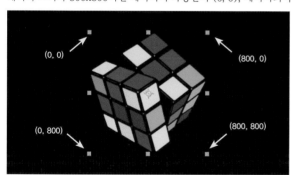

앵커포인트(Anchor Point) 좌표

앵커포인트는 레이어에 변형을 줄 때 기준이 되는 지점으로, 앵커포인트의 좌표값은 컴포지션 좌표와 상관없이 레이어 좌표 기준으로 결정된다.

→ 레이어 크기가 800x800이면 정중앙에 위치한 앵커포인트의 좌표는 (400, 400)

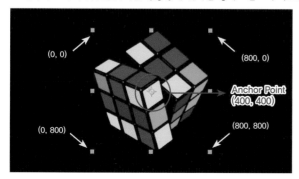

Position 좌표

컴포지션에서 레이어의 앵커포인트가 위치하는 좌표값

→ 레이어의 앵커포인트가 HD 컴포지션 중앙에 위치한다면 '**Position**' 좌표는 (960, 540)

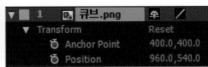

▶ **Anchor Point** 툴 ▦ (= Y)로 Comp 패널에서 앵커포인트 위치를 바꾸면 '**Position**' 좌표가 변한다.

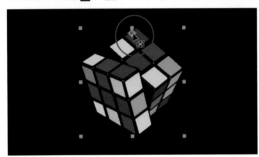

▶ **Anchor Point** 툴 ▦ 선택 후 뷰어에서 Alt + 레이어의 앵커포인트를 드래그하거나, 레이어의 '**Transform**' 속성그룹에서 '**Anchor Point**'의
속성값(좌표)을 바꾸면 컴포지션 뷰어에서는 앵커포인트 위치가 고정되고 레이어의 위치가 바뀐다. ('**Position**' 좌표값은 변하지 않는다.)

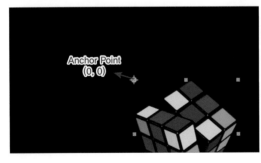
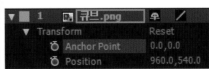

Study 3 | Transform 속성

레이어의 위치, 크기, 회전, 불투명도 등을 조절하고 애니메이션을 줄 수 있는 변형 속성

Transform 속성 보기

방법 1 Timeline 패널에서 레이어의 '**Transform**' 속성그룹 확장

▶ 속성값 표시
– 2D 레이어의 경우 960.0,540.0 (X속성값, Y속성값)
– 3D 레이어의 경우 960.0,540.0,0.0 (X속성값, Y속성값, Z속성값)

방법2 레이어 선택 후 **마우스 오른쪽 버튼**(또는 **메뉴**)Layer)Transform▶

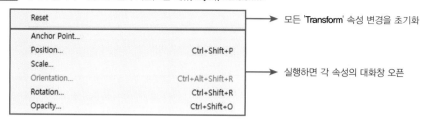

Reset	
Anchor Point...	
Position...	Ctrl+Shift+P
Scale...	
Orientation...	Ctrl+Alt+Shift+R
Rotation...	Ctrl+Shift+R
Opacity...	Ctrl+Shift+O

→ 모든 'Transform' 속성 변경을 초기화

→ 실행하면 각 속성의 대화창 오픈

Timeline 패널에서 Transform 속성 중 원하는 속성만 보기

Timeline 패널에 많은 레이어가 배치된 경우, 열린 속성이 너무 많으면 작업하기 불편하므로 필요한 속성만 열어서 사용한다.

▶ 여러 레이어를 선택하여 동시에 단축키를 적용할 수 있으며, 아무 레이어도 선택되지 않은 상태에서 단축키를 실행하면 모든 레이어에 동시 적용된다.

- **Anchor Point** (앵커포인트의 위치) 속성만 보기 = A
- **Position** (레이어의 위치) 속성만 보기 = P
- **Scale** (레이어의 크기배율) 속성만 보기 = S
- **Rotation** (레이어의 회전) 속성만 보기 = R
- **Opacity** (레이어의 불투명도) 속성만 보기 = T

S 키를 눌러 'Scale' 속성만 표시

TIP 1

키보드 자판이 [한글]로 되어 있으면 단축키가 적용되지 않으므로 단축키를 눌러도 변화가 없다면 **[한/영 전환키]**를 클릭한다.

TIP 2

Timeline 패널에 표시된 속성에 다른 'Transform' 속성을 추가로 표시하기

방법 하나 이상의 속성이 표시된 상태에서 Shift + A / P / S / R / T

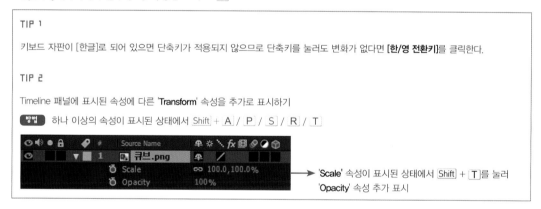

→ 'Scale' 속성이 표시된 상태에서 Shift + T 를 눌러 'Opacity' 속성 추가 표시

Timeline 패널에서 Transform 속성값 변경하기

방법1 숫자 부분(속성값)을 클릭하여 직접 키보드로 새로운 속성값 입력

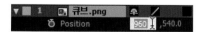

▶ 직접 입력 시 사칙연산(+ , − , * , /)을 사용할 수 있다. 60+1 ,540.0

방법2 속성값 클릭 후 좌우 드래그하여 변경

방법3 속성 이름이나 속성값 위에서 **마우스 오른쪽 버튼**)Edit Value로 각 속성의 대화창이 열리면 속성값 변경

■ Position 속성 변경하기

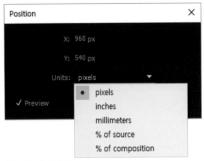

〈Position〉 대화창

▶ 단위(Units)를 바꾸어 속성값을 조절하려는 경우를 제외하고는 대부분
Comp/Timeline 패널에서 직접 조절

■ X Position, Y Position으로 각각 분리해서 표기하려면 '**Position**' 속성 이름 선택 후 **마우스 오른쪽 버튼**(또는 **메뉴 〉Animation〉**)**Separate Dimensions**를 선택하여 체크

▶ 체크 해제하면 다시 초기 상태로 복구

■ Scale 속성 변경하기

〈Scale〉 대화창

▶ 단위(Units)를 "Pixels"로 바꾸어 정확한 레이어 크기를 설정하거나,
"% of composition"을 선택하여 컴포지션 대비 %로 크기를 조정하는 경
우 종종 〈Scale〉 대화창을 사용한다.

■ **Constrain Proportions** 🔗 : 'Width/Height' 중 하나의 속성값 변경 시 '**Width/Height**'가 동일 비율로 변경
→ 체크 해제하면 레이어의 가로세로 크기를 각각 조절 가능
→ 가로세로 크기가 다른 경우 Alt + 클릭하면 두 값이 동일해진다. (가로 크기에 맞춤)

■ 가로/세로 속성값 중 하나에 (−)값 입력하면 레이어의 앵커포인트를 기준으로 좌우(Horizontal)/상하(Vertical) 반전
다른방법 레이어 선택 후 **마우스 오른쪽 버튼**(또는 **메뉴〉**Layer〉Transform〉)Flip Horizontal 또는 Flip Vertical
▶ 가로/세로 속성값 모두에 (−)값을 입력하면 레이어의 상하좌우 동시 반전

■ Rotation 속성 변경하기

〈Rotation〉대화창

▶ 1x +45° : 시계 방향으로 한 바퀴 회전 후 45° 더 회전 (= 405°)
　−1x −45° : 반시계 방향으로 한 바퀴 회전 후 반시계 방향으로 45°
　더 회전 (= −405°)

▶ Shift + 수치값 위에서 커서를 좌우 드래그하면 회전수는 10회전씩, 각도
는 10°씩 변경

■ Opacity 속성 변경하기

〈Opacity〉대화창

▶ 불투명도(%)를 나타내므로 속성값이 0%면 레이어가 투명해져 뷰어에서 보이
지 않는다.

TIP

Timeline 패널에서 'Transform' 속성그룹 아래 'Reset'은 개별 레이어에만 적용된다.

→ 여러 레이어들의 변경된 속성값을 동시에 초기화하려면 레이어들 선택 후 **메뉴**〉Layer〉Transform〉Reset 적용

툴(Tool)을 이용하여 Transform 속성 변경하기

■ Anchor Point 툴 로 Anchor Point 속성 변경하기

　■ **Anchor Point 툴** (= Y)로 레이어의 앵커포인트를 클릭 & 드래그하여 위치 이동

　　→ 앵커포인트를 먼저 클릭 후 Shift + 드래그하면 강제 수평/수직 이동

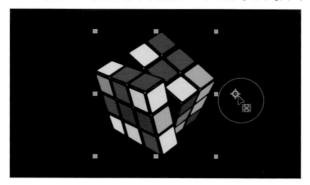

　■ **Anchor Point 툴** 을 더블클릭하면 앵커포인트 위치로 레이어의 중심이 이동한다.

■ Selection 툴 로 Position 속성 변경하기

　■ **Selection 툴** (= V)로 레이어를 클릭 후 이동

　　→ 레이어를 먼저 클릭 후 Shift + 드래그하면 강제 수평/수직 이동

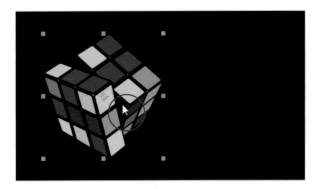

- 'Magnification ratio'가 100% ▼일 때 ↑, ↓, ←, →로 상하좌우 1 px 이동
  Shift + ↑, ↓, ←, →는 10 px 이동
  - ▶ 'Magnification ratio'가 50%일 때 ↑, ↓, ←, →로 상하좌우 2 px 이동
    Shift + ↑, ↓, ←, →는 20 px 이동
  'Magnification ratio'가 200%일 때 ↑, ↓, ←, →로 상하좌우 0.5 px 이동
  Shift + ↑, ↓, ←, →는 5 px씩 이동

■ Selection 툴 ▨로 Scale 속성 변경하기

- **Selection 툴** ▨로 레이어 바운딩박스의 핸들을 클릭 & 드래그하여 크기 변경
  → 바운딩박스의 네 변의 중앙에 있는 핸들은 상하로만, 또는 좌우로만 크기 조절
  → 바운딩박스의 네 귀퉁이의 핸들은 상하좌우로 동시에 크기 조절
  (핸들을 먼저 클릭 후 Shift + 드래그하면 가로세로로 비율이 고정되면서 크기 조절)

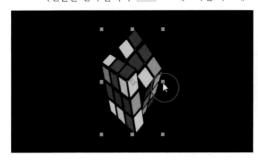 

- 크기 변경 후 초기 100%로 돌리려면 **Selection 툴** ▨ 더블클릭

■ Rotation 툴 ⟳로 Rotation 속성 변경하기

- **Rotation 툴** ⟳ (= W)로 레이어 안쪽을 클릭하여 회전
  → 먼저 클릭 후 Shift + 드래그하면 45°씩 회전 가능

- 회전값 변경 후 무회전 상태(0x +0.0°)로 돌리려면 **Rotation 툴** ⟳ 더블클릭

TIP 1 _ 기타 Transform 명령

레이어 선택 후 **마우스 오른쪽 버튼**(또는 **메뉴**>**Layer**)>Transform ▶

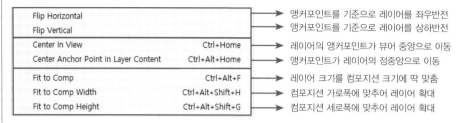

Flip Horizontal		→ 앵커포인트를 기준으로 레이어를 좌우반전
Flip Vertical		→ 앵커포인트를 기준으로 레이어를 상하반전
Center In View	Ctrl+Home	→ 레이어의 앵커포인트가 뷰어 중앙으로 이동
Center Anchor Point in Layer Content	Ctrl+Alt+Home	→ 앵커포인트가 레이어의 정중앙으로 이동
Fit to Comp	Ctrl+Alt+F	→ 레이어 크기를 컴포지션 크기에 딱 맞춤
Fit to Comp Width	Ctrl+Alt+Shift+H	→ 컴포지션 가로폭에 맞추어 레이어 확대
Fit to Comp Height	Ctrl+Alt+Shift+G	→ 컴포지션 세로폭에 맞추어 레이어 확대

TIP 2

Alt 를 누른 상태로 Timeline 패널에서 속성값을 변경하거나, Comp 패널에서 툴로 레이어에 변형을 적용하면 레이어가 변경되는 도중에만 임시로 와이어프레임(Wireframe)으로 보이게 하여 작업 속도 향상

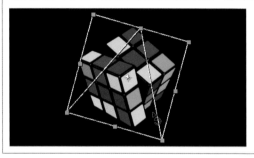

참고사항 _ Caps Lock 키

On하면 뷰어를 작업 변경 상황에 따라 바로바로 업데이트하지 않는다.

→ 갑자기 뷰어가 블랙이 되면서 Comp 패널 하단에 경고 표시 ⚠️와 함께 "Refresh Disabled (Release Caps Lock to Refresh View)" 라는 메시지가 보인다면 Caps Lock 키를 Off하여 화면에 레이어와 작업상황을 즉시 표시할 수 있다.

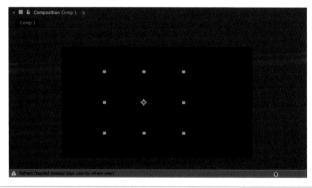

 스냅 사용하기 : Snap Option

Selection 툴 🔩이나 Anchor Point 툴 🔳 선택 시 툴바 오른쪽에 나타난다. ▶ After CC

❶ **❷** **❸**
Snapping ⤢ ⟦⟧

❶ Snapping

체크하면 Comp 패널에서 툴로 레이어나 앵커포인트 이동 시 레이어의 중심, 앵커포인트, 패스, 바운딩박스의 핸들 중 커서를 클릭한 부분과 가장 가까운 포인트에 자동 스냅되어 □로 표시

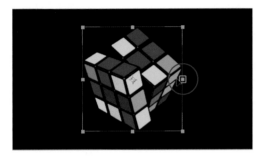

➔ 레이어를 다른 레이어 위로 가져가면, □로 표시된 위치가 다른 레이어의 중심과 앵커포인트, 패스, 그리고 바운딩박스의 엣지 및 핸들 중 스냅이 걸리는 부분에서 ⟦□⟧ 모양으로 바뀐다.

"하트1.png" 푸티지를 상위 레이어로 배치

❷ 🗗

On 상태에서 레이어를 움직일 때 다른 레이어의 경계에서 레이어 밖으로 더 확장된 가상의 점선을 따라 스냅이 걸리도록 설정 (3D 공간에서 사용 시 레이어들을 더 쉽게 정렬 가능)

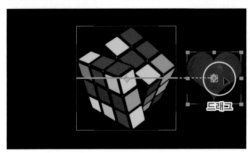

▶ 'Snapping'이 함께 체크되어 있어야 한다.

❸ ⟦⟧

종속된(Nested)된 컴포지션 안의 레이어들이나 텍스트 레이어 안에 있는 문자(Character)들의 바운딩박스(Bounding Box)를 Comp 패널에 표시하고 이동 시 스냅이 걸리도록 설정 (디폴트는 On)

[3D 레이어의 스냅 설정은 P 362 참고]

LECTURE

04

애니메이션
설정과 프리뷰

Lesson 1 키프레임과 Transform 애니메이션

Study 1 | 키프레임(Keyframe) 설정하기

속성에 변화가 생기는 시점을 지정

학습예제 프로젝트 파일 : 목마.aep (소스 파일 : 목마.psd)

01 파일 탐색기에서 "예제₩Lec04" 폴더의 "목마.aep"를 더블클릭하거나 **메뉴〉File〉Open Project** (= Ctrl + O)로 "목마.aep" 프로젝트를 불러들인다.

"목마.aep"의 project 패널

"목마" 컴포지션의 뷰어

02 Comp 패널에서 "목마" 레이어를 선택 후 **Anchor Point** 툴 로 앵커포인트를 레이어 하단으로 이동시킨다.

03 CTI(Current Time Indicator)를 컴포지션의 시작 위치(Start Frame)로 이동시키고 R 을 눌러 '**Rotation**' 속성만 표시한 후 속성값을 −15°로 변경한다.

▶ Current Time 표기 방식이 타임코드 방식이면 Ctrl 키 + Current Time을 클릭하여 프레임 방식으로 변경한다.

Comp 패널에서 Rotation 툴 로 직접 드래그하여
속성값 변경 가능

키프레임 생성하기

■ 첫 키프레임 생성하기

키프레임을 줄 시간대로 CTI를 이동시키고 속성값 변경 후

방법1 변화를 줄 레이어 속성의 **Stopwatch** 클릭

방법2 변화를 줄 속성 이름에서 **마우스 오른쪽 버튼〉Add Keyframe**

방법3 변화를 줄 속성 이름 클릭 후 **메뉴〉Animation〉Add 속성 이름 Keyframe**

방법4 Alt + Shift + 'Transform' 속성 단축키(= A / P / S / R / T)

→ **Stopwatch**가 로 바뀌면서 속성 이름 앞에 이 표시된다.

→ 레이어바의 해당 속성에 첫 키프레임 이 생성된다.

04 시작 프레임(0 frame)에서 '**Rotation**' 속성의 **Stopwatch** 를 클릭한다.

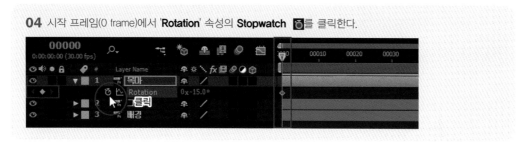

■ 키프레임 추가하기

다른 시간대로 CTI를 이동시킨 후 다른 속성값을 설정하거나, Comp 패널에서 툴로 직접 레이어에 변형을 주면 자동으로 다음 키프레임 이 생성된다.

05 30 frame으로 CTI 이동 후 '**Rotation**' 속성값을 15°로 설정한다.

■ 정지상태(Hold)를 유지하도록 키프레임만 추가하기

다른 시간대로 CTI를 이동시킨 후 속성값을 변경시키지 않은 상태에서

방법1 속성 이름 좌측의 에서 가운데 마름모꼴 클릭

방법2 해당 속성 이름에서 **마우스 오른쪽 버튼〉Add Keyframe**

방법3 해당 속성 이름 클릭 후 **메뉴〉Animation〉Add 속성 이름 Keyframe**

방법4 Alt + Shift + 'Transform' 속성 단축키(= A / P / S / R / T)

→ 속성 이름 앞의 키프레임 표시가 로 바뀌고 레이어바에 키프레임 ◈이 생성된다.

06 35 frame으로 CTI 이동 후 'Rotation' 속성 좌측의 ◀◇▶에서 가운데 마름모꼴을 클릭한다.

참고사항 _ 기본 키프레임 아이콘 특성

◈ (First Keyframe) : 속성에 처음으로 키프레임을 주었을 때 (전후로 다른 키프레임이 없음)
◈ (Start Keyframe) : 이 키프레임 전에 다른 키프레임이 없는 상태
◈ (Middle Keyframe) : 이 키프레임 전후로 다른 키프레임이 존재
◈ (End Keyframe) : 이 키프레임 뒤로 다른 키프레임이 없는 상태

Timeline 패널에서 키프레임을 가진 속성 보기

메뉴〉Animation ▶

❶ Reveal Properties with Keyframes   U
❷ Reveal Properties with Animation
❸ Reveal All Modified Properties

❶ Reveal Properties with Keyframes (= U)

레이어 속성 중 키프레임이 설정된 속성만 표시   ▶ After CC

❷ Reveal Properties with Animation

레이어 속성 중 키프레임이나 익스프레션이 설정된 속성만 표시

▶ CS6 버전에서는 이 명령이 'Reveal Animating Properties'로 표기되고 단축키 U 적용

▶ **익스프레션(Expression)** : 자바스크립트(JavaScript)를 기반으로 하며, 레이어가 아닌 레이어의 속성에 직접 명령을 적용   P557 참고

❸ Reveal All Modified Properties (= U U)

레이어 속성 중 디폴트 속성값에서 수치가 변경된 속성만 표시

▶ CS6 버전에서는 'Reveal Modified Properties'로 명령어 표기

키프레임이 적용된 속성값 변경하기

■ 속성값을 변경할 키프레임 위치로 CTI를 이동시킨 후
　방법1 Comp 패널에서 툴을 이용하여 레이어에 직접 변형을 적용
　방법2 Timeline 패널에서 해당 속성의 속성값을 클릭하여 다른 값을 입력하거나 드래그하여 변경
　방법3 Timeline 패널에서 해당 속성 이름 클릭 후 **마우스 오른쪽 버튼〉Edit Value**로 각 속성의 대화창이 오픈되면 변경

■ 속성값을 변경할 키프레임 위치로 CTI를 이동시키지 않고도 해당 레이어바에서 속싱값을 변경할 키프레임 ◈을 더블클릭
하면 해당 속성의 대화창이 오픈된다.

■ 키프레임이 적용된 속성값을 디폴트값으로 초기화하기 (키프레임은 여전히 존재)

- CTI 위치에 있는 해당 속성의 키프레임만 디폴트값으로 초기화하기

방법 CTI를 해당 키프레임 위치로 이동시킨 후 속성 이름에서 **마우스 오른쪽 버튼)Reset**

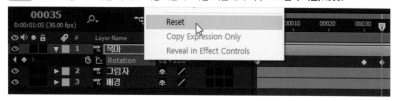

- CTI 위치에 있는 모든 '**Transform**' 속성의 키프레임 설정값을 동시에 디폴트값으로 초기화하기

방법 '**Transform**' 속성그룹 우측의 '**Reset**' 클릭

▶ CTI 위치에 키프레임 ◆이 없을 경우, 키프레임을 가진 레이어 속성에는 키프레임을 생성하면서 디폴트값으로 설정하고, 키프레임을 가지지 않은 속성값들은 키프레임 없이 디폴트로 초기화된다.

키프레임 선택하기

선택되지 않은 상태의 키프레임은 아이콘이 회색 ◆으로 표기되고, 선택되면 파란색 ◆으로 변한다.

■ 한 키프레임 선택하기

방법 커서로 레이어바에서 직접 키프레임 ◆ 클릭 또는 박스 드래그로 선택

■ 여러 키프레임 선택하기

- 레이어바에서 Shift + 여러 연속/불연속 키프레임 ◆들을 클릭하거나 박스 드래그
- 레이어바에서 연속된 여러 키프레임 ◆들을 박스 드래그로 선택 가능

07 커서로 30 frame과 35 frame에 위치한 키프레임들을 박스 드래그로 선택한다.

■ 모든 키프레임 선택하기

- 한 속성에 생성된 모든 키프레임 ◆을 선택하려면 속성 이름 클릭
- 여러 속성에 생성된 모든 키프레임 ◆을 선택하려면 Ctrl / Shift /박스 드래그로 속성 이름들을 다중 선택

키프레임 간 CTI 이동하기

- Shift 누르고 CTI를 드래그 (키프레임마다 스냅이 걸려 쉽게 이동 가능)

- 전/후 키프레임으로 CTI 이동
  - 방법1 해당 속성 이름 좌측의 키프레임 ◀◆▶ 에서 ◀ 또는 ▶ 클릭
  - 방법2 해당 속성에서 **마우스 오른쪽 버튼〉Previous Keyframe** 또는 **Next Keyframe**

- J / K : Timeline 패널에서 설정한 작업 영역(Work Area)의 시작과 끝을 포함하여 모든 레이어 속성들의 모든 키프레임들을 거쳐가며 전/후 이동 (Timeline 패널에 숨겨진 속성들의 키프레임은 건너뜀)

키프레임을 다른 시간대로 이동하기

- 키프레임(들) ◆ 클릭 후 원하는 시간대로 좌우 드래그 (Shift + 키프레임(들) 클릭 & 드래그하면 Work Area의 시작/끝, CTI 위치, 다른 키프레임들에 스냅이 걸리면서 손쉽게 이동 가능)

- 좌우 1 frame씩 이동 : 키프레임(들) ◆ 클릭 후 Alt + ← 또는 →
  좌우 10 frame씩 이동 : 키프레임(들) ◆ 클릭 후 Alt + Shift + ← 또는 →

08 선택한 키프레임들을 클릭하여 5 frame 좌측으로 드래그하여 이동한다.

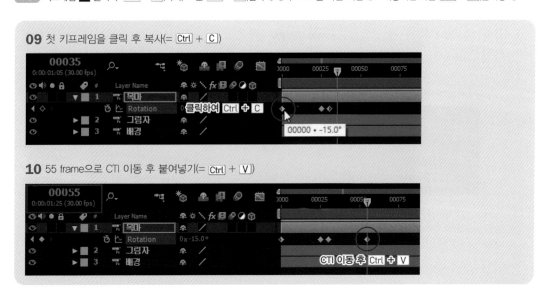

TIP _ 애니메이션이 진행되는 전체 시간을 늘리거나 줄이기

다중 선택한 키프레임 중 Alt + 맨 좌측 또는 맨 우측에 선택된 키프레임 ◆을 클릭하여 좌우 드래그
→ 선택된 중간 키프레임들은 자동으로 간격 비율을 유지하며 시간대가 이동된다.
　 (여러 속성에서 여러 키프레임을 불연속적으로 선택하여 진행 시간을 조절하는 것도 가능)

키프레임 복사하기/잘라내기/붙이기

방법 키프레임 ◆ 클릭 후 Ctrl + C (복사) 또는 Ctrl + X (잘라내기)하고 CTI를 다른 시간대로 이동시킨 다음 Ctrl + V (붙여넣기)

09 첫 키프레임을 클릭 후 복사(= Ctrl + C)

10 55 frame으로 CTI 이동 후 붙여넣기(= Ctrl + V)

11 생성한 모든 키프레임을 박스 드래그로 선택 후 복사(= Ctrl + C)

12 60 frame으로 CTI 이동 후 붙여넣기(= Ctrl + V)

13 Space Bar 나 숫자 키패드의 0 을 눌러 프리뷰한다.

참고사항 _ I-beam 🔲

CTI가 있는 위치에 키프레임이 설정되지 않은 속성들에는 I-beam 🔲 표시가 나타난다.

→ 한 속성의 I-beam 🔲을 Ctrl + C 하여 다른 레이어의 동일 속성 클릭 후 Ctrl + V 하면 동일 속성값으로 설정된다.

키프레임 삭제하기

방법1 키프레임(들) ◆ 선택 후 Delete 키

방법2 지울 키프레임 ◆으로 CTI를 이동시킨 후 속성 이름 좌측의 키프레임 ◀◆▶에서 가운데 마름모꼴 클릭

방법3 지울 키프레임 ◆으로 CTI를 이동시킨 후 해당 속성 이름에서 **마우스 오른쪽 버튼)Remove Keyframe**

TIP _ 해당 속성의 모든 키프레임 삭제하기

속성 이름 앞의 **Stopwatch** 🔵를 다시 클릭하여 ⬜ 상태로 변경

Study 2 | 모션 패스(Motion Path) 조절하기

레이어나 레이어의 앵커포인트, 또는 이펙트 조절점(Effect Control Point)의 이동경로를 조절할 수 있다.

■ 레이어의 '**Position**' 속성이 변할 때는 Comp 패널에 이동 경로 표시
■ 레이어의 앵커포인트/이펙트 조절점의 이동 경로는 Layer 패널에 표시

학습예제 프로젝트 파일 : 종이비행기.aep (소스 파일 : 종이비행기.psd)

01 파일 탐색기에서 "예제₩Lec04" 폴더의 "종이비행기.aep"를 더블클릭하거나 **메뉴〉File〉Open Project** (= Ctrl + O) 로 "종이비행기.aep" 프로젝트를 불러들인다.

"종이비행기.aep"의 Project 패널   "종이비행기" 컴포지션의 뷰어

02 Comp 패널에서 "종이비행기" 레이어를 선택한 후 **Anchor Point 툴** 으로 "종이비행기" 레이어의 앵커포인트를 종이비 행기의 앞머리로 이동시킨다.

03 "종이비행기" 레이어가 선택되어 있는 상태에서 P를 눌러 '**Position**' 속성만 표시한 다음 CTI를 컴포지션의 시작 프 레임(0 frame)에 놓고 '**Position**' 속성의 **Stopwatch** 를 클릭한다.

04 CTI를 컴포지션의 끝 프레임(89 frame)에 놓고, **Selection 툴** 로 Comp 패널에서 종이비행기를 클릭하여 오른쪽 위치로 드래그하면 자동으로 마지막 키프레임 ◈이 생성된다.

Comp/Layer 패널에 모션 패스 표시하기

→ Comp 패널에 모션 패스를 표시하려면 Comp/Timeline 패널에서 레이어나 '**Position**' 속성 이름 선택

→ Layer 패널에서 앵커포인트/이펙트 조절점(Effect Control Point)의 모션 패스를 보려면 패널 우측 하단의 '**View ▼**'에서 "**Anchor Point Path**"나 레이어에 적용된 이펙트 이름 선택

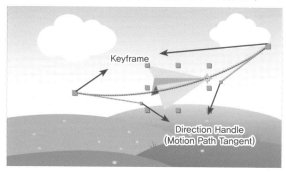

▶ 모션 패스의 키프레임들 사이의 수많은 점(Dot)들은 컴포지션의 재생속도(Frame Rate)에 따른 각 프레임에서의 레이어/앵커포인트/이펙트 조절점의 위치를 나타낸다.

→ 점들 간 간격은 속력의 빠르기 (간격이 좁으면 느리게 움직이고, 간격이 넓으면 빠르게 움직임) 속력 조절은 P 215 참고

Comp/Layer 패널에서 모션 패스 조절하기

■ 키프레임 선택하기

• **Selection 툴** 로 모션 패스 위의 키프레임을 표시하는 사각형 □을 클릭
  → 선택된 키프레임은 채워진 사각형 ■ 표시로 바뀐다.
• 패스 위의 키프레임을 다중 선택하려면 Shift + 클릭
▶ 패스 위의 모든 키프레임 선택 : Timeline 패널에서 해당 속성 이름을 클릭

■ 키프레임 이동하기

• **Selection 툴** 로 선택된 키프레임을 드래그하여 다른 위치로 이동
• Shift + 드래그하면 강제 수평/수직 이동

■ 키프레임 추가/삭제하기

- **Pen 툴** ✒️이나 **Add Vertex 툴** ✒️로 패스 위를 클릭하여 키프레임 추가
- **Delete Vertex 툴** ✒️로 키프레임 클릭하면 삭제

■ 모션 패스 모양 조절하기

- **Pen 툴** ✒️이나 **Convert Vertex 툴** ◣로 키프레임을 클릭하면 직선/곡선으로 모션 패스 모양 전환
- Alt + 방향핸들(Direction Handle)을 클릭 & 드래그하면 한쪽 핸들 조절과 양쪽 핸들 동시 조절 방식 간의 전환

  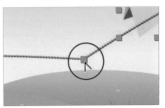

| 키프레임 추가 | 키프레임 삭제 | 직선/곡선 변환 |

05 방향핸들들을 클릭 & 드래그하여 모션 패스 곡선을 매끄럽게 조절한다.

모션 패스의 방향을 따라가기

모션 패스의 방향에 따라 레이어의 기울기 자동 변경

방법 레이어 선택 후 **마우스 오른쪽 버튼**(또는 **메뉴**〉Layer)〉Transform〉Auto-Orient (= Ctrl + Alt + O)

→ 〈**Auto-Orientation**〉 대화창 오픈

Off : 모션 패스의 기울기에 따라 레이어가 기울어지지 않는다. (디폴트)

Orient Along Path : 레이어가 모션 패스의 기울기에 따른다.

| Auto-Orientation : Off 체크 | Auto-Orientation : Orient Along Path 체크 |

06 〈**Auto-Orientation**〉 대화창에서 "**Orient Along Path**" 옵션을 체크한 후 Space Bar 나 숫자 키패드의 0 을 눌러 프리뷰 한다.

모션 패스 세부 설정

- 〈View Options〉 대화창의 모션 패스 옵션

  방법 메뉴〉View〉View Options (= Comp 패널 클릭 후 Ctrl + Alt + U)

  → '**Keyframes**', '**Motion Paths**', '**Motion Path Tangents**'가 Comp 패널에 표시되도록 체크(디폴트)

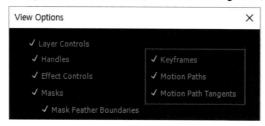

- 〈Preferences〉 대화창의 모션 패스 옵션
  - '**Display**' 카테고리에서 '**Motion Path**' 항목

No Motion Path : Comp/Layer 패널에 모션 패스를 표시하지 않음
All Keyframes : 모션 패스의 시작 키프레임부터 끝 키프레임까지 모두 표시
No More Than # Keyframes : 전체 모션 패스 중 설정한 키프레임 수(#) 만큼만 표시
No More Than 타임코드 0;00;00;00 (또는 프레임 00000) : 전체 모션 패스 중 설정 시간만큼만 표시

- '**Appearance**' 카테고리에서 '**Use Label Color for Layer Handles and Paths**' 옵션
  → 체크(디폴트)되어 있으면 레이어의 바운딩박스 핸들과 모션 패스에 레이어의 라벨색상 적용
  → 체크 해제하면 레이어의 바운딩박스 핸들과 모션 패스를 회색으로 표시

- '**General**' 카테고리의 '**Path Point and Handle Size**' 옵션 : 방향핸들들의 크기(픽셀 단위) 조절

Study 3 | 모션 블러(Motion Blur) 효과 주기

레이어에 위치나 회전의 변화가 있을 때 속도감과 움직임이 부드럽게 보이도록 설정

> **학습예제** **프로젝트 파일 : 신문.aep (소스 파일: 신문.psd)**

01 파일 탐색기에서 "예제₩Lec04" 폴더의 "신문.aep"를 더블클릭하거나 **메뉴〉File〉Open Project** (= Ctrl + O)로 "신문.aep" 프로젝트를 불러들인다.

"신문.aep"의 Project 패널

"신문" 컴포지션의 뷰어

02 Timeline 패널에서 "신문" 레이어를 선택 후 R을 눌러 '**Rotation**' 속성만 표시한 다음 속성값을 −5°로 입력한다.

03 "신문" 레이어가 선택된 상태에서 Shift + S를 눌러 '**Scale**' 속성도 추가로 표시한다.

04 Ctrl 이나 Shift 로 두 속성을 모두 선택하고 CTI를 15 frame에 놓은 후 Shift 로 두 속성 중 하나의 **Stopwatch** 🕙 를 클릭하면 키프레임이 동시에 생성된다. (최종화면을 먼저 결정한 상태)

TIP

많은 경우에 최종 화면의 레이아웃을 먼저 잡아놓고 앞부분의 애니메이션을 설정하는 것이 좋다.

05 CTI를 컴포지션의 시작 프레임(0 frame)에 놓은 후, '**Scale**' 속성값에 3000을 입력하고 '**Rotation**' 속성값에 −1x −340°을 입력하면 자동으로 시작 키프레임 ◆ 이 생성된다.

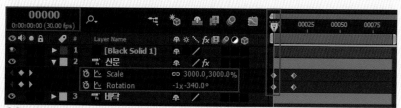

06 Space Bar 나 숫자 키패드의 0 을 눌러 프리뷰를 해보면, 이미지가 빠르게 회전하면서 바닥에 놓이는 애니메이션이 만들어진다.

→ 빠르게 움직이지만 모션 블러가 없어서 속도감이 떨어진다.

레이어에 모션 블러 설정하기

방법 Timeline 패널의 '**Switches**' 컬럼 🐜❋✎*fx*📋⊘◎◉ 에서 '**Motion Blur** ⊘' 스위치 설정
▶ '**Switches**' 컬럼이 보이지 않는다면 Timeline 패널 좌하단의 '**Layer Switches pane** 📑' 클릭

07 "신문" 레이어에 '**Motion Blur** ⊘' 스위치를 설정한다.

컴포지션에 모션블러 적용하기

해당 컴포지션에서 '**Motion Blur** 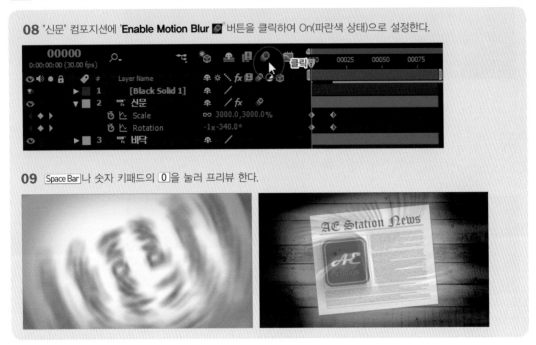' 스위치가 설정된 모든 레이어에 모션 블러 적용

방법 Timeline 패널의 '**Enable Motion Blur** ' 버튼 (= 패널 메뉴 ≡>Enable Motion Blur)

08 "신문" 컴포지션에 '**Enable Motion Blur** ' 버튼을 클릭하여 On(파란색 상태)으로 설정한다.

09 Space Bar 나 숫자 키패드의 0 을 눌러 프리뷰 한다.

모션 블러 세부 설정

모션 블러 정도 조절

방법 〈Composition Settings〉 대화창(= 메뉴>Composition>Composition Settings = Ctrl + K)의 'Advanced' 탭에서 'Motion Blur' 옵션

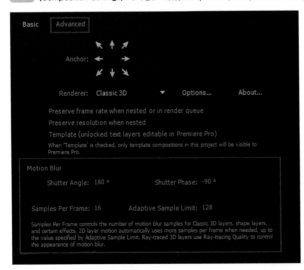

Shutter Angle : 셔터를 회전시켜 셔터가 열리는 각도로 노출 조절 (셔터가 많이 열리면 노출이 많아지며 모션 블러도 많이 생성됨)

→ 0~720°까지 설정 (디폴트는 180°)

Shutter Phase : 셔터가 열리기 시작하는 처음 각도 결정

→ -360 ~ 360°까지 설정 (디폴트는 -90°)

▶ 블러가 적용된 물체는 블러가 적용되지 않은 물체에 비해 위치가 뒤처져 보이는데, 디폴트로 설정된 **Shutter Angle** 180° + **Shutter Phase** -90° 값이면 블러 효과가 물체의 중앙에 오도록 한다.

Samples Per Frame : Classic 3D 레이어나, 쉐이프 레이어에 모션 블러가 적용될 때 프레임당 최소 블러샘플 개수 (디폴트 16)

▶ **Classic 3D 레이어** : '**3D Layer** 🔲' 스위치를 적용한 레이어 ⬚ 3D 레이어에 대한 자세한 설명은 P 359 참고

Adaptive Sample Limit : 2D 레이어에 모션 블러 적용 시 자동으로 프레임당 샘플 개수를 더 많이 사용하게 되는데, 이때 최대 블러 샘플 개수를 제한 (디폴트 128)

Study 4 ┃ 시퀀스 레이어(Sequence Layers) 만들기

선택한 푸티지/레이어들이 하나씩 연이어 뷰어에 나타나도록 연속된 레이어로 설정
▶ 여러 영상화면을 디졸브(Dissolve)로 연이어 연결시킬 때 유용

> 학습예제 **프로젝트 파일 : 봄.aep (소스 파일: 봄1.jpg, 봄2.jpg, 봄3.jpg, 봄4.jpg)**
>
> 파일 탐색기에서 "예제\Lec04" 폴더의 "봄.aep"를 더블클릭하거나 **메뉴〉File〉Open Project** (= Ctrl + O)로 "봄.aep" 프로젝트를 불러들인다.
>
>
>
> 봄1.jpg   봄2.jpg
>
>
>
> 봄3.jpg   봄4.jpg

푸티지들을 시퀀스 레이어로 배치하기

Project 패널에서 시퀀스 레이어로 만들 푸티지들을 선택한 후

방법1 패널 하단의 '**Create a new Composition** 🔳'로 드래그 & 드롭
방법2 빈(none) Comp/Timeline 패널로 드래그 & 드롭
방법3 **마우스 오른쪽 버튼〉New Comp from Selection**

▶ 박스 드래그로 푸티지들을 선택하는 경우 제일 위에 있는 푸티지부터 1번 레이어로 배치된다.

▶ Ctrl 또는 Shift로 푸티지 다중 선택 시, 제일 먼저 클릭한 푸티지가 Timeline 패널에 1번 레이어로 배치되고 이어서 클릭한 순서대로 아래로 배치되며 1번 레이어부터 순서대로 화면에 표시된다.

→ 화면에 표시되어야 할 순서를 미리 염두에 두고 푸티지를 선택하도록 한다.

→ 〈New Composition from Selection〉 대화창 자동 오픈

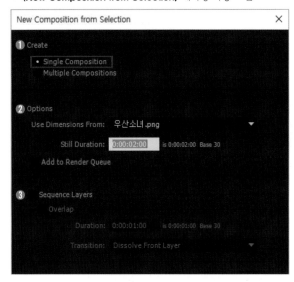

❶ **Create** : 푸티지들을 하나의 컴포지션 안에 불러들이기 위해 '**Single Composition**' 선택

❷ **Options**

Use Dimensions From ▼ : 리스트에서 선택한 푸티지의 크기(Width/Height)를 기준으로 생성할 컴포지션 크기가 자동으로 설정된다.

Still Duration : 선택한 푸티지 중 스틸 이미지가 있을 경우 레이어 길이(Still Duration) 설정

▶ 디졸브(Dissolve)를 할 경우 이미지가 겹치는 시간을 고려하여 각 스틸 이미지의 Duration을 결정한다.

❸ **Sequence Layers** : 체크(디폴트는 체크 해제)하면 이전 레이어의 마지막 프레임이 끝나자마자 다음 레이어의 첫 프레임이 뷰어에 연달아 나타나게 된다.

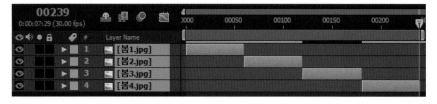

Overlap : 체크하면 푸티지들이 일정 부분('**Duration**'에 설정한 길이만큼) 겹쳐 들어오게 된다.

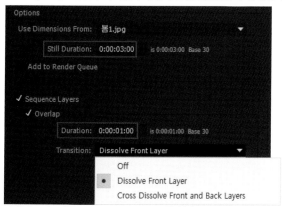

Still Duration 3초 + Overlap Duration 1초 설정

Transition ▼ : 레이어가 겹치는 방식 설정

- **Off** : '**Duration**' 설정만큼 이전 레이어의 뒷부분이 다음 레이어의 앞부분과 겹친다.

→ 이전/다음 레이어 모두 '**Opacity**(불투명도)'는 100% 유지

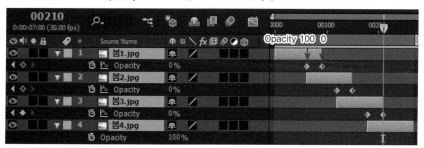

- **Dissolve Front Layer** : 이전 레이어가 '**Duration**' 설정만큼 뒷부분이 다음 레이어의 앞부분과 겹치면서 서서히 사라지고 다음 레이어가 드러난다.

→ 이전 레이어의 '**Opacity**' 속성에 자동으로 키프레임 생성

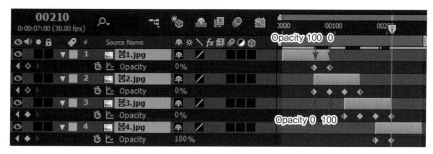

- **Cross Dissolve Front and Back Layers** : 이전 레이어가 '**Duration**' 설정만큼 뒷부분이 다음 레이어의 앞부분과 겹치면서 서서히 사라지고 다음 레이어는 그 구간만큼 서서히 나타난다.

→ 이전/이후 레이어의 '**Opacity**' 속성에 자동으로 키프레임 생성

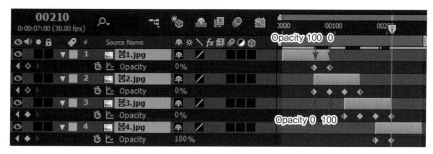

Dissolve Front Layer

Cross Dissolve Front and Back Layers

▶ 'Transition ▼-Cross Dissolve Front and Back Layers' 방식은 두 레이어가 투명해지는 부분에서 배경이 비칠 수 있다.

기존 레이어들을 시퀀스 레이어로 설정하기

방법 레이어들 선택 후 **마우스 오른쪽 버튼**(또는 **메뉴**〉Animation)〉Keyframe Assistant〉Sequence Layers

TIP

오버랩 길이를 염두에 두고 'Split Layer(= Ctrl + Shift + D)' 등의 작업으로 레이어의 길이(Duration)를 결정한 다음 'Sequence Layers' 명령을 적용하도록 한다.

→ 〈**Sequence Layers**〉 대화창 자동 오픈 (이하 설정 동일)

TIP _ 시퀀스 레이어로 설정된 레이어의 화면 표시 순서

• Ctrl 또는 Shift로 레이어 다중 선택 시 선택한 순서대로 레이어가 나열되어 뷰어에 표시된다.

Ctrl로 4번 〉 2번 〉 1번 〉 3번 레이어 순서로 클릭 + Transition ▼-Off 설정

• 박스 드래그로 레이어들 선택 시 제일 위에 있는 레이어부터 순차적으로 화면에 표시된다.

Lesson

2 계층구조 애니메이션 : Parent Animation

Parent 레이어에 적용한 변형들이 링크된 레이어에 그대로 전달되어 연동해서 움직이는 애니메이션

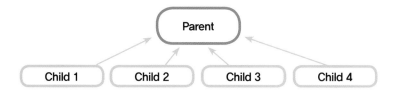

- 하나의 부모(Parent 레이어)는 여러 자식(Child 레이어)을 가질 수 있다.
- 자식은 하나의 부모만 가질 수 있다. (한번의 Parent 설정만 가능)
- 부모의 속성이 수정되면 자식이 영향을 받는다. ('**Opacity**' 속성은 제외)
- 자식의 속성이 수정되어도 부모가 변하지는 않는다.

학습예제   **프로젝트 파일 : Animals.aep (소스 파일: 개.png, 돼지.png, 양.png, 얼룩말.png, 염소.png)**

01 파일 탐색기에서 "예제\Lec04" 폴더의 "Animals.aep"를 더블클릭하거나 **메뉴〉File〉Open Project** (= Ctrl + O)로 "Animals.aep" 프로젝트를 불러들인다.

"Animals.aep"의 Project 패널

"Animals" 컴포지션의 뷰어

02 Timeline 패널에서 "개/돼지/양/얼룩말/염소" 레이어를 다중 선택하고 S를 눌러 '**Scale**' 속성만 표시한 후, 그 중 한 레이어의 '**Scale**' 속성값에 80을 입력하면 선택된 모든 레이어의 '**Scale**' 속성값이 80%로 변경된다.

03 다시 "돼지/양/얼룩말/염소" 레이어만 선택하고 P를 눌러 '**Position**' 속성만 표시한다.

04 "돼지" 레이어의 Y-Position 속성값에 880을 입력하여 아래쪽으로 340px 이동시킨다.

05 "양/얼룩말/염소" 레이어도 다음과 같이 입력하여 각각 X/Y Position으로 ±340px 이동시킨다.

TIP

굳이 암산하지 않아도 "돼지" 레이어의 Y-Position **속성값+340**, "양" 레이어의 X-Position **속성값-340**, "얼룩말" 레이어의 Y-Position **속성값-340**, "염소" 레이어의 X-Position **속성값+340** 식으로 사칙연산을 속성값 뒤에 덧붙이면 자동으로 위치값이 계산된다.

Study 1 || 널 오브젝트(Null Object)

널 오브젝트(Null Object)란?

■ 100x100 px 크기의 빈 껍데기 레이어로 주로 Parent 레이어로 사용된다. (널 오브젝트끼리도 Parent 연결 가능)

▶ 앵커포인트는 컴포지션의 중심에 위치하면서 Null 박스 좌상단인 (0, 0)의 좌표값을 가진다. (Null 박스 표시는 널 오브젝트의 선택과 조절을 쉽게 하기 위함이다.)

> TIP
>
> 〈Solid Settings〉(= Ctrl + Shift + Y) 대화창에서 널 오프젝트의 속성을 확인하거나 변경할 수 있다.

■ 링크된 여러 레이어들의 속성을 한꺼번에 조절하거나, 익스프레션을 입력하여 링크된 레이어들에 동시에 애니메이션을 적용할 수 있다.

■ 이펙트 적용이 안되며, 렌더링되지 않는다.

널 오브젝트 생성하기

방법 Comp/Timeline 패널의 여백에서 **마우스 오른쪽 버튼**(또는 **메뉴**〉New)〉New〉Null Object (= Ctrl + Alt + Shift + Y)

▶ 생성된 널 오브젝트는 Project 패널에서 "Solids" 폴더 안에 포함된다.

06 Ctrl + Alt + Shift + Y 로 널 오브젝트를 생성한다.

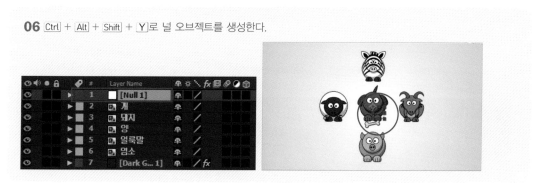

Study 2 | Parent 설정하기

Timeline 패널에 'Parent' 컬럼 오픈하기

방법 1 Comp 탭 또는 컬럼에서 **마우스 오른쪽 버튼**〉Columns〉Parent 체크
방법 2 패널 메뉴 ☰〉Columns〉Parent
방법 3 Shift + F4

Parent 설정하기

방법 1 Timeline 패널의 Parent 컬럼에서 **Pick whip** 🔘 클릭 후 마우스를 떼지 않고 그대로 라인을 드래그하여 Parent로 삼을 레이어 이름 위에서 놓는다.

▶ 여러 레이어를 동시 선택하여 선택된 레이어들 중 하나의 **Pick whip** 🔘을 Parent로 삼을 레이어 이름으로 드래그하면 한꺼번에 Parent 설정 가능

07 "돼지/양/얼룩말/염소" 레이어 선택 후, 그 중 하나의 **Pick whip** █을 "Null 1" 레이어로 드래그한다.

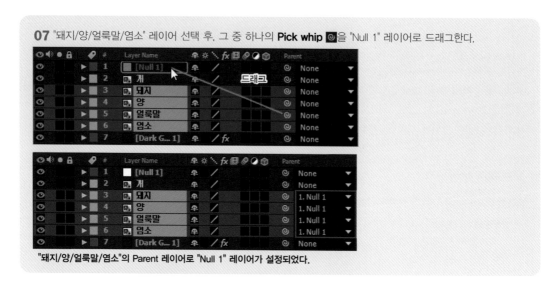

"돼지/양/얼룩말/염소"의 Parent 레이어로 "Null 1" 레이어가 설정되었다.

방법 2 Timeline 패널에서 '**Parent**' 컬럼 █의 레이어 리스트 중 Parent로 삼을 레이어 선택 (선택된 모든 레이어의 Parent 레이어가 동시에 설정된다.)

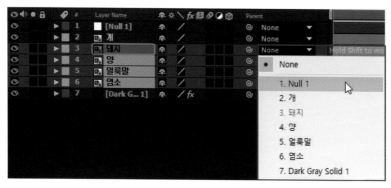

참고사항 _ Child 레이어의 좌표

Parent를 하면 Child 레이어의 좌표값이 Parent 레이어의 앵커포인트를 기준으로 재계산된다.

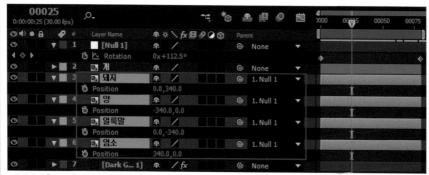

예제에서 "Null 1" 레이어의 앵커포인트 좌표가 (0, 0)이므로 각 Child 레이어의 앵커포인트가 "Null 1" 레이어의
앵커포인트 좌표를 기준으로 떨어져 있는 거리만큼 좌표값이 재계산된다.

→ Shift 를 누르고 Parent를 설정하면 Child 레이어의 앵커포인트가 자동으로 Parent 레이어의 앵커포인트 위치로 이동한다. ▶ After CC
　(Parent 레이어의 앵커포인트 좌표값이 (0, 0)이면 Child 레이어의 '**Position**' 좌표값이 (0, 0)으로 바뀜)

→ Alt 를 누르고 Parent를 설정하면 Child 레이어의 '**Position**' 좌표값이 원래대로 유지되는 대신. Parent 레이어의 앵커포인트 좌표값 기준으
로 컴포지션 화면에 위치하게 된다. ▶ After CC

08 Timeline 패널에서 "Null 1" 레이어를 선택하고 R을 눌러 'Rotation' 속성만 표시한 후 컴포지션의 시작 프레임(0 frame)에서 'Rotation' 속성의 Stopwatch ⏱를 클릭한다.

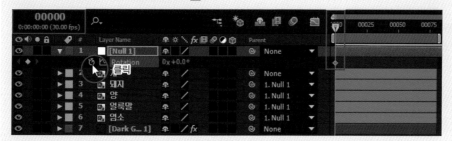

09 컴포지션의 끝 프레임(80 frame)에서 'Rotation' 속성값을 1회전(1x +0.0°)으로 설정한다.

10 CTI를 드래그해보면 레이어들이 "Null 1" 레이어의 회전을 따라 함께 회전한다.

11 Child 레이어들이 회전하면서 뒤집어지지 않도록 하기 위해 Child 레이어를 모두 선택 후 R을 눌러 'Rotation' 속성만 표시한다. 그 다음 CTI를 0 frame으로 이동시키고 선택된 레이어 중 한 'Rotation' 속성의 Stopwatch ⏱를 클릭하면 선택된 모든 Child 레이어의 'Rotation' 속성에 키프레임이 생성된다.

TIP _ 모든 Child 레이어 선택하기

Parent 레이어 선택 후 **마우스 오른쪽버튼〉Select Children**

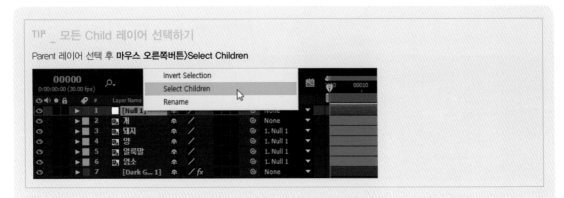

12 CTI를 끝 프레임(80 frame)으로 이동시키고 Child 레이어가 모두 선택된 상태에서 그 중 하나의 '**Rotation**' 속성값을 −1회전(−1x +0.0°)으로 설정하면 선택된 모든 Child 레이어에 키프레임이 생성된다.

▶ Child 레이어의 변화는 Parent 레이어에 영향을 미치지 않는다.

13 Space Bar 나 숫자 키패드의 0 을 눌러 프리뷰 한다.

Study 3 | Parent 해제하기

방법 1 Child 레이어(들)의 '**Parent**' 컬럼에서 "**None** None ▼ " 선택

▶ 여러 Child 레이어를 동시 선택 후 그 중 하나만 None ▼ 으로 선택해도 한꺼번에 변경된다.

방법 2 Ctrl + Child 레이어(들)의 **Pick whip** 클릭

TIP _ Parent 해제 시 유의사항

Parent를 해제하거나 Parent 레이어를 [Delete]키로 제거해도 함께 변했던 결과는 그대로 유지되므로 Child 레이어의 위치 등을 Parent 연결 전 상태로 돌리려면 변하기 전의 위치(가령 첫 키프레임)에서 Parent를 해제해야 한다.

참고사항 _ Parent 해제 시 Child 레이어의 좌표

Parent 레이어의 앵커포인트를 기준으로 재계산되었던 Child 레이어의 좌표값은 Parent가 해제되면 Child 레이어의 원래 좌표값으로 돌아간다.
→ Child 레이어(들)을 선택 후 'Parent' 컬럼에서 [Alt] + "None [None ▼]"으로 Parent를 해제하면 Child 레이어(들)의 'Position' 좌표값이 자신의 원래값으로 돌아가지 않고 Parent 상태였던 좌표값으로 유지된 채 해제되어 컴포지션의 좌표값 기준으로 계산되어 배치된다.

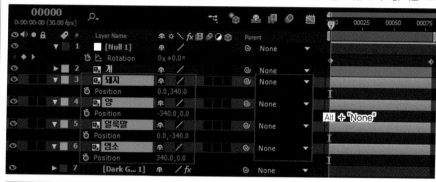

Lesson 3 Pre-compose

■ 선택한 레이어(들)을 마치 그룹처럼 새로운 컴포지션으로 묶는 작업을 **Pre-compose**라 하며, 이렇게 묶인 컴포지션을 **Pre-composition**(또는 Source Composition)이라 하고, 이 컴포지션을 다른 컴포지션에 레이어로 배치하여 사용하면 **Comp 레이어**(또는 **Precomp 레이어**)라 한다.

■ 큰 컴포지션이 작은 컴포지션들을 포함하고 있는 상태를 **네스팅(Nesting)**이라고 하며, 큰 컴포지션에 종속된 컴포지션(Nested Composition)이 바로 Pre-composition이 된다.

■ Pre-composition 안의 레이어들은 언제든지 수정/삭제 가능하다.

■ 어미 컴포지션(또는 Top 컴포지션)에 배치된 Comp 레이어의 Duration은 Pre-composition의 Duration대로 들어오므로, Comp 레이어바(Duration Bar)의 길이를 더 길게 쓰려면 Pre-composition의 **《Composition Settings》** 대화창에서 'Duration'을 조정한다.

TIP

많은 레이어를 가지고 복잡한 계층구조 애니메이션을 작업할 경우 Parent보다 Pre-compose를 사용하는 것이 좋다.

학습예제 태블릿.aep (소스 파일: 태블릿.psd, 태블릿-배경.jpg, 태블릿-Info.jpg)

01 파일 탐색기에서 "에제\Lec04" 폴더의 "태블릿.aep"를 더블클릭하거나 **메뉴〉File〉Open Project** (= Ctrl + O)로 "태블릿.aep" 프로젝트를 불러들인다.

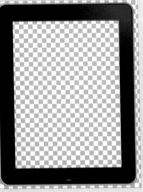

태블릿.png

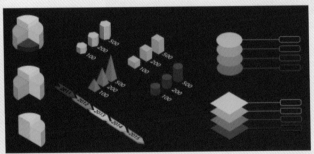

태블릿-Info.jpg

02 Project 패널에서 "태블릿.png" 푸티지를 패널 하단의 **Create a new Composition** 📷'나 빈(none) Comp/Timeline 패널로 드래그 & 드롭하여 동일 크기의 "태블릿" 컴포지션을 생성한다.

03 Project 패널에서 "태블릿-Info.jpg" 푸티지를 클릭 & 드래그하여 Timeline 패널의 "태블릿.png" 레이어 아래쪽에 드롭하여 하위 레이어로 배치한다.

04 "태블릿.png" 레이어를 선택하고 S를 눌러 '**Scale**' 속성만 표시한 다음 90%로 사이즈를 줄인다. 다시 "태블릿-Info.jpg" 레이어를 선택하고 P를 눌러 '**Position**' 속성을 표시한 다음 추가로 Shift + R을 눌러 '**Rotation**' 속성도 함께 표시한다.

05 "태블릿-Info.jpg" 레이어의 '**Position**'과 '**Rotation**' 속성값에 대해 다음과 같이 키프레임을 설정한다.

태블릿-Info.jpg	0 f	30 f	40 f	70 f
Position	1070, 480	390, 480	—	390, 145
Rotation	—	0	90	—

Study 1 | Pre-composition 생성하기

방법 Timeline 패널에서 레이어(들) 선택 후 **마우스 오른쪽 버튼**(또는 **메뉴>Layer)>Pre-compose** (= Ctrl + Shift + C)

→ **〈Pre-compose〉** 대화창 자동 오픈

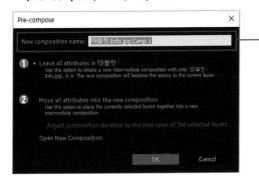

Pre-composition의 이름 지정
▶ 종속관계가 복잡할 경우 Precomp 레이어의 이름을 알기 쉽도록 지정해 주는 것이 좋다.

❶ Leave all attributes in '현재 컴포지션 이름'

하나의 레이어를 Pre-compose 할 때 활성화

→ 선택한 레이어만 Pre-composition 안으로 들어가고, 해당 레이어에 적용된 키프레임/이펙트 등은 현재 컴포지션에 생성 배치된 Comp 레이어에 남겨진다.

❷ Move all attributes into the new composition

레이어(들)에 적용된 키프레임과 이펙트 등의 설정이 모두 Pre-composition 안으로 들어간다.

→ **'Adjust composition duration to the time span of the selected layers'** 항목이 활성화된다.

(체크하면 선택된 레이어의 Duration과 동일한 길이의 컴포지션 생성) ▶ After CC

06 "태블릿-Info.jpg" 레이어 선택 후 Ctrl + Shift + C 를 눌러 〈Pre-compose〉 대화창에서 다음과 같이 선택하고 체크박스를 클릭한 다음 **[OK]** 버튼을 클릭한다.

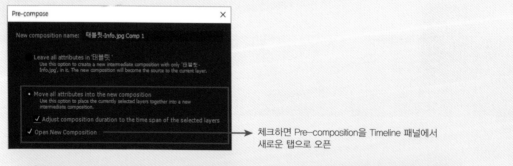

체크하면 Pre-composition을 Timeline 패널에서
새로운 탭으로 오픈

→ "태블릿-Info.jpg" 레이어의 모든 키프레임이 레이어와 함께 "태블릿-Info.jpg Comp 1" 컴포지션 안으로 들어간다.

→ "태블릿-Info.jpg" 레이어 대신 동일 길이(Duration)의 Precomp 레이어(태블릿-Info.jpg Comp 1)가 원래의 "태블릿" 컴포지션 안에 배치된다.

07 "태블릿" 컴포지션의 "태블릿-Info.jpg Comp 1" Precomp 레이어가 선택된 상태에서 툴바의 **Rectangle 툴** ▨을 선택하여 Comp 패널에서 다음과 같이 사각형으로 드래그한다. 마스크에 대한 자세한 설명은 P167 참고

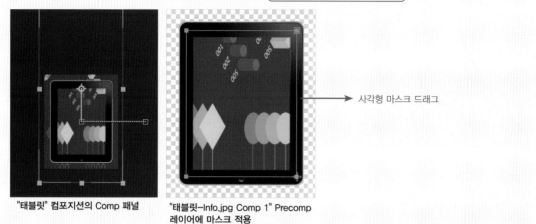

사각형 마스크 드래그

"태블릿" 컴포지션의 Comp 패널 　　"태블릿-Info.jpg Comp 1" Precomp
　　　　　　　　　　　　　　　　레이어에 마스크 적용

→ Space Bar 나 숫자 키패드의 0 을 눌러 프리뷰 해보면 태블릿 안쪽에만 Precomp 레이어의 움직이는 이미지가 보인다.

08 메뉴〉**Composition〉New Composition** (= Ctrl + N)으로 다음과 같은 설정의 새로운 컴포지션을 생성한다.

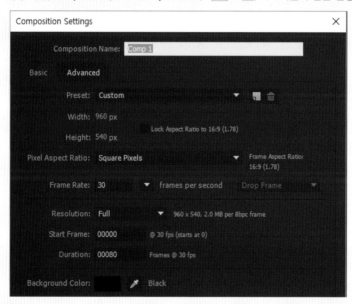

09 Project 패널에서 "태블릿-배경.jpg" 푸티지와 "태블릿" 컴포지션을 Timeline 패널의 "Comp 1" 패널로 드래그하여 놓는다.

"태블릿" 컴포지션이 새 컴포지션(Comp 1)의 레이어로 사용됨 　　"Comp 1" 컴포지션의 뷰어

10 "Comp 1" 컴포지션에서 "태블릿" Comp 레이어의 '**Scale**' 속성과 '**Rotation**' 속성에 다음과 같이 키프레임을 설정한다. (스마트기기는 기기 회전 후 화면 안의 이미지가 반응하여 회전하므로 이를 반영한다.)

태블릿	15 f	20 f	30 f
Scale	100	–	65
Rotation	–	0	–90

11 Space Bar 나 숫자 키패드의 0 을 눌러 프리뷰 한다.

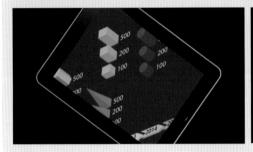 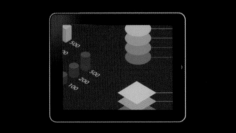

Study 2 | Collapse Transformations/Continuously Rasterize ☀ 스위치

Timeline 패널의 'Switches' 컬럼 🔲☀🔲fx🔲🔲🔲🔲에 위치

두 가지 주요 기능

■ 'Collapse Transformations(변형 축소)' 기능

렌더링 시 Comp 레이어를 네스팅(Nesting)한 어미 컴포지션의 마스크와 이펙트가 먼저 렌더링 된 후 Comp 레이어의 Transform 설정이 렌더링된다. 따라서, Comp 레이어에 ☀ 스위치를 설정하면 Comp 레이어의 Transform 설정을 어미 컴포지션의 Transform 설정과 결합하거나 축소하여 함께 렌더링을 수행한다.

> **참고사항** _ 렌더링 순서
>
> • 기본적으로 프리뷰/렌더링 순서는 Timeline 패널의 아래 레이어부터 렌더링
> • 컴포지션 내에 Comp 레이어가 있는 경우 Comp 레이어가 먼저 렌더링된 후, 컴포지션 안의 다른 레이어들이 렌더링
> • 레이어 안에서는 Mask〉Effect〉Transform〉Layer Style 순서로 렌더링
> • ☀ 스위치가 설정된 벡터 레이어는 Mask〉Transform〉Effect 순서로 렌더링

■ 'Continuously Rasterize(연속 래스터화)' 기능

쉐이프/텍스트/벡터 레이어, 또는 이들 레이어가 포함된 Comp 레이어에 ☀를 설정하면, 매 프레임마다 래스터화를 수행하여 레이어를 확대해도 최상의 퀄리티 유지 (렌더링 속도가 느려짐)

▶ **래스터화(Rasterizing)** : 벡터 이미지를 픽셀(비트맵) 이미지로 바꾸는 작업

▶ 쉐이프/텍스트 레이어의 경우엔 '**Continuously Rasterize ☀**'가 자동 적용 상태 (Off 불가)

▶ Pre-compose된 픽셀 이미지도 더 나은 퀄리티를 유지하므로 설정하는 것이 좋다.

추가 기능

■ Comp 레이어가 어미 컴포지션에 네스팅(Nesting)되면서 두 컴포지션 크기(Width/Height)의 차이로 인해 Comp 레이어가 잘리는 부분이 발생할 수 있는데, 이 경우 Comp 레이어에 ▦ 스위치를 설정하면 잘리지 않고 모두 들어온다.

■ Comp 레이어에 ▦ 스위치를 설정하면 Comp 레이어의 경계와 Pre-Composition 안에 있는 레이어 각각에 대해 바운딩박스가 보이게 된다.

→ 〈**Preferences**〉(= Ctrl + Alt + ;) 대화창의 '**Previews**' 카테고리에서 '**Fast Previews**'의 '**Show Internal Wireframes**' 옵션이 체크(디폴트)되어 있어야 한다.

■ 3D 레이어가 포함된 Comp 레이어에 설정하면 Pre-composition 안의 3D 설정(Z 속성값 등)이 유지되고, 어미 컴포지션의 3D 설정들(3D 공간 교차, 카메라, 라이트 등)도 적용 가능 (**3D 레이어에서의 설정은 P364 참고**)

Study 3 | Precomp 레이어의 세부 설정

■ **메뉴〉Composition〉Composition Settings**의 '**Advanced**' 탭

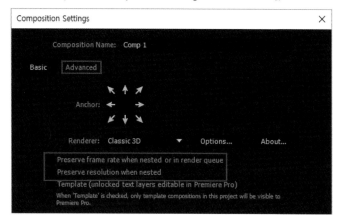

Preserve frame rate when nested or in render queue : 컴포지션을 Comp 레이어로 사용하거나 최종 렌더링할 때 Comp 레이어에 설정된 Frame Rate(초당 프레임수)를 보존하려면 체크 (디폴트는 체크 해제)

Preserve resolution when nested : 컴포지션을 Comp 레이어로 사용할 때 Pre-composition의 해상도를 보존하려면 체크 (디폴트는 체크 해제)

참고사항 _ 기타 Precomp 레이어 관련 옵션

〈**Preferences**〉(= Ctrl + Alt + ;) 대화창의 '**General**' 카테고리에서

• **Switches Affect Nested Comps** : Pre-composition 안의 레이어들에게도 Timeline 패널의 스위치 설정이 영향을 끼치도록 한다.

• **Opening Layers with Double-click (use Alt to reverse)** ▶ After CC

On Comp Layer Opens ▼ : Comp 레이어를 더블클릭했을 때 Layer 패널/Source Composition 패널(디폴트) 중 어떤 것을 오픈할지 선택

→ Alt 를 누르고 Comp 레이어를 더블클릭하면 이 항목에서 설정한 선택을 반대로 반영하여 패널 오픈

Lesson

4 프리뷰(Preview)

Comp/Layer/Footage 패널의 뷰어에서 재생

Study 1 | 작업 영역(Work Area) 설정하기

전제 Duration 중에서 프리뷰와 최종 아웃풋을 위한 렌더링이 진행되는 시간영역을 설정한다.

■ Work Area 시작/끝 위치 설정

> 방법1 CTI를 이동시킨 후 B / N

> 방법2 Work Area의 시작/끝 지점을 잡고 좌우 드래그

TIP

CTI를 작업 영역(Work Area)의 시작/끝 지점으로 이동하기

> 방법 Shift + Home (시작) / Shift + End (끝)

■ Work Area 전체구간 이동

> 방법 Work Area의 중앙 부분을 잡고 좌우 드래그

■ 컴포지션의 Duration을 Work Area 길이로 재조정하기

> 방법 Work Area에서 **마우스 오른쪽 버튼〉Trim Comp to Work Area** (= Ctrl + Shift + X)
> ▶ Ctrl + Shift + X 단축키는 CC 2015.2 버전부터 가능

→ Work Area로 설정한 시작/끝 지점이 컴포지션의 시작/끝 프레임이 된다.

■ Work Area의 시작/끝 지점을 컴포지션의 Duration으로 다시 확장하기

> 방법 Work Area의 중앙을 더블클릭

▶ Work Area를 클릭하면 Info 패널에 Work Area의 시작/끝 위치, 길이 등이 표시된다.

Study 2 | 프리뷰 실행하기

Preview 패널에서 설정한 키보드 단축키 옵션대로 오디오를 포함하여 재생 ▶ CC 2015

2015 버전부터는 단축키마다 Preview 패널에서 사용자가 설정한 각각의 세팅을 할당하여, 단축키를 누르면 세팅대로 프리뷰가 되도록 변경되었다.

▶ CC 2014 버전까지는 '**Play**(Standard Preview, Space Bar)'와 '**RAM Preview**(= 숫자 키패드 0)', 'Shift+ **RAM Preview**(= Shift + 숫자 키패드 0)', Audio Preview(= 숫자 키패드 .)' 에 정해진 세팅대로 프리뷰를 작동하였다.

 6개의 단축키를 사용하여 각각의 세팅대로 프리뷰

방법2 Preview 패널의 '**Play** ▶' 버튼
  ▶ 현재 Preview 패널의 '**Shortcut** ▼'에 선택되어 있는 단축기의 설정을 기준으로 재생
  ▶ CC 2014 버전까지는 Space Bar (= '**Play** ▶' 버튼)를 누르면 오디오 없이 비디오만 재생하였다.

방법3 Comp/Timeline 패널의 빈 공간에서 **마우스 오른쪽 버튼**(또는 **메뉴**)Composition)〉Preview〉Play Current Preview ▶ CC 2015
  ▶ 'Play Current Preview'는 현재 Preview 패널의 '**Shortcut** ▼'에 선택되어 있는 단축키의 설정을 기준으로 재생

→ 프리뷰가 시작되면 Preview 패널의 '**Play** ▶' 버튼이 재생 중 '**RAM Preview** ▶'로 바뀐 후 '**Stop** ■' 버튼으로 변경된다.

→ Info 패널에 리얼타임으로 재생 중인지 아닌지 재생속도(Frame Rate)가 표시된다.

Info ≡	Info ≡
R : X : 986	R : X : 986
G : + Y : 652	G : + Y : 652
B :	B :
A : 0	A : 0
Playing from RAM: 80 of 80	Playing from RAM: 80 of 80
fps: 30 (realtime)	fps: 27.982/30 (NOT realtime)

TIP 1

〈Preferences〉(= Ctrl + Alt + ;) 대화창의 'Display' 카테고리에서 'Show Rendering Progress in Info Panel and Flowchart' 옵션을 체크하면 프리뷰나 최종 아웃풋 렌더링 시 Flowchart 패널과 Info 패널에 렌더링 정보 표시 (디폴트는 체크 오프)

TIP 2

프리뷰가 진행되는 중에 패널 크기를 변경하거나, 속성값 조절 등의 작업을 계속할 수 있다.

Study 3 | 프리뷰 패널(Preview Panel)

CC 2015.2 버전의 Preview 패널

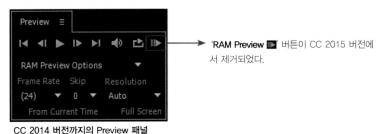

'RAM Preview ▶ 버튼이 CC 2015 버전에서 제거되었다.

CC 2014 버전까지의 Preview 패널

❶ 프리뷰 버튼

　█ : CTI가 컴포지션의 첫 프레임으로 이동

　◀█ : CTI가 한 프레임 이전으로 이동

　█▶ : CTI가 한 프레임 이후로 이동

　█▶ : CTI가 컴포지션의 마지막 프레임으로 이동

❷ Loop █ / Play Once █ 토글

클릭할 때마다 'Loop █(반복 재생)'와 'Play Once █(한 번 재생 후 정지)' 상태가 전환된다.

▶ CC 2015 버전부터 'Ping Pong █(재생 후 역으로 재생)' 버튼이 제거되었다.

❸ Mute Audio █

오디오 실행 상태를 표시 (클릭하여 █로 바뀌면 프리뷰 하는 동안 음소거)

→ 재생 도중 설정을 바꾸면 즉시 반영

❹ Shortcut ▼

세팅할 단축키 선택 (각 단축키에 대한 옵션이 디폴트로 설정되어 있으나 임의로 옵션을 변경하여 각 단축키에 대한 세팅 변경 가능)

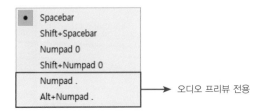

오디오 프리뷰 전용

- **Reset █** : 임의로 변경한 각 단축키의 설정을 디폴트로 리셋

　　→ 단축키가 CC 2014 이하 버전에서의 설정과 가깝게 실행되도록 되돌리고 싶다면 [Alt] + **Reset █** 클릭

▶ CC 2015 버전부터 〈Preferences〉 대화창의 'Preview' 카테고리에서 'Alternate RAM Preview' 기능(= [Alt] + 숫자 키패드 [0])이 제거되었다.

　: Work Area는 무시하고 현재 시간 이전의 '# frames'부터 CTI가 있는 현재시간까지 램 프리뷰하는 기능

❺ Include ▸ CC 2015.1

- : 재생 중 비디오 On/Off
- : 재생 중 오디오 On/Off
- : 체크하면 재생 시 레이어의 바운딩박스나 핸들, 모션 패스, Guide/Grid/Safe Line, 3D 좌표축 등을 표시 (디폴트 Off)
  - → 가 Off되어 있어도 별도로 적용 가능

▶ 레이어의 바운딩박스나 핸들, 모션 패스 등을 나타내는 기준은 〈View Options〉(= **메뉴**〉View〉View Options) 대화창의 '**Layer Controls**' 옵션 설정을, Guide/Grid/Safe Line, 3D 좌표축 등은 Comp 패널 하단의 '**grid and guide options** ' 설정을 따른다.

> TIP
>
> Layer Controls는 프리뷰 도중에도 Comp/Timeline 패널 선택 후 Ctrl + Shift + H 로 Show/Hide
> (Preview 패널의 On/Off 상태와 무관)

▶ 세 버튼을 모두 Off할 수는 없으며, 재생 도중 On/Off 설정을 바꾸어도 즉시 반영되지는 않는다.

❻ Cache Before Playback ▸ CC 2015.1

체크하면 재생하기 전에 프레임을 먼저 캐시 (이전 버전까지의 '**Preview Favors**' 기능을 대체)
  → 전체 프레임을 캐싱하기에 Work Area가 너무 길 때 적합 (디폴트는 체크 해제)

▶ AE는 가용 RAM이 꽉 찰 때까지 빠르게 프레임들을 렌더링하고 캐싱(렌더링된 프레임을 저장)한 후, 캐싱 프레임들을 리얼타임으로 재생한다. (Work Area를 다 렌더링하기 전에 RAM이 꽉 차면 캐싱 프레임들만 재생)

▶ 리얼타임 프리뷰를 위해 RAM에 캐싱할 수 있는 프레임의 수는 RAM 용량에 좌우되므로 RAM은 많을수록 좋다.

❼ Range ▼

재생 범위 지정

Work Area   ─▶ 숫자 키패드 ⓪, Alt + 숫자 키패드 ⓪의 디폴트 설정
● Work Area Extended By Current Time   ─▶ 나머지 단축키의 디폴트 설정
Entire Duration

Play Around Current Time...   ─▶ 숫자 키패드 . 의 디폴트 설정

Work Area : 작업 영역 반복 재생

Work Area Extended By Current Time
  → CTI가 Work Area의 이전 시간대에 있을 경우, CTI 위치부터 Work Area의 끝까지로 재생 영역이 확장된다.
  → CTI가 Work Area의 이후 시간대에 있을 경우, Work Area의 시작점부터 컴포지션/레이어/푸티지의 끝 프레임까지로 재생 영역이 확장된다.
  → CTI가 Work Area 안에 있을 경우, 재생 영역의 확장은 없다.

Entire Duration : 컴포지션/레이어/푸티지의 전체 프레임을 반복 재생

Play Around Current Time : CTI 이전 Preroll 시간대부터 CTI 이후 Postroll 시간대까지 재생 ▸ CC 2015.1
  → 선택하면 〈**Play Around Current Time**〉 대화창 자동 오픈

❽ Play From ▼

재생 시작 위치 지정

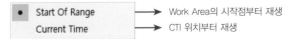

● Start Of Range ——→ Work Area의 시작점부터 재생
　 Current Time ——→ CTI 위치부터 재생

❾ Frame Rate : 재생속도 설정

→ 컴포지션에서 설정한 재생속도대로 재생하려면 **"Auto**(디폴트)**"** 선택

　 (**"Auto"**로 설정하면 괄호 안에 컴포지션에서 설정한 재생속도 표시)

Skip : 몇 프레임씩 건너뛰며 재생할 것인지 설정 (직접 수치 입력 가능, 오디오에는 적용 안됨)

▶ Shift + 숫자 키패드 0 은 디폴트로는 1 frame 씩 건너뛰도록 설정되어 있다.

Resolution : 컴포지션의 'Resolution' 설정을 무시하고 여기서 설정한 해상도로 프리뷰 진행

Full Screen : 체크하면 모니터 전체화면으로 프리뷰

참고사항 _ 각 단축키의 디폴트 설정

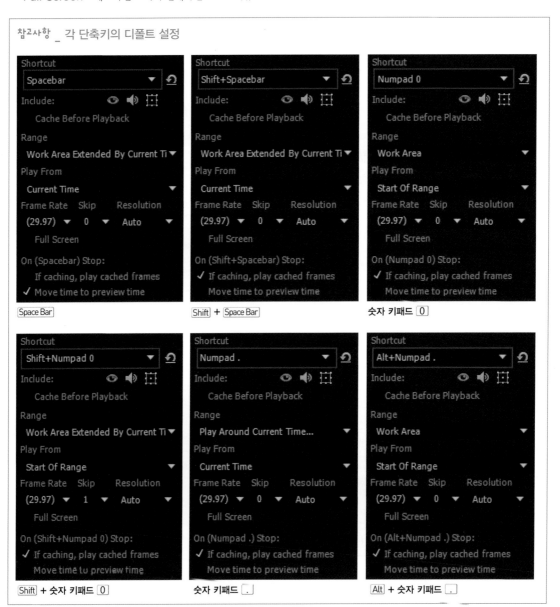

Study 4 ‖ 프리뷰 멈추기

방법1 프리뷰의 6개 단축키 Space Bar, Shift + Space Bar, 숫자 키패드 0, Shift + 숫자 키패드 0, 숫자 키패드 ., Alt + 숫자 키패드 . 중 하나를 클릭 (숫자 키패드 ., Alt + 숫자 키패드 .은 오디오 프리뷰 중단)
　▶ 프리뷰를 중단할 때 누르는 단축키는 프리뷰를 실행하기 위해 눌렀던 단축키와는 별도로 작용하므로 원하는 중단명령이 설정된 단축키를 누른다.

방법2 Comp 패널을 클릭하거나 Comp/Timeline 패널에서 다른 Comp 탭 클릭

방법3 Esc 키

방법4 Preview 패널의 'Stop ■' 버튼

방법5 메뉴〉Composition〉Preview〉Play Current Preview

프리뷰 중단명령 이후의 동작 설정

　특정 단축키로 프리뷰를 중단한 다음 어떻게 할 것인지 지정

If caching, play cached frames
　→ 체크하면 Work Area의 모든 프레임이 렌더링 되기 전에 프리뷰를 중단할 경우, 캐싱을 멈춘 다음 그 때까지 캐싱된 프레임들로 Work Area의 처음부터 재생이 진행된다. (이 경우엔 한번 더 멈추도록 명령해야 비로소 재생이 중단됨)
　→ 체크 해제하면 프리뷰 중단 시 캐싱과 재생이 모두 멈춘다.

Move time to preview time
　→ 체크하면 CTI는 프리뷰를 멈춘 지점으로 이동 (디폴트로 Space Bar만 이 동작을 수행하도록 설정되어 있다.)
　→ 체크 해제하면 CTI 위치 유지

▶ CC 2014 버전까지는 램 프리뷰(Ram Preview)시 Space Bar 이외의 다른 키를 클릭하거나 마우스를 인터페이스의 아무데나 클릭하면 CTI가 있던 시간대에서 멈춤

Study 5 ‖ 오디오 프리뷰(Audio Preview)

오디오 프리뷰는 오디오 이펙트를 적용하지 않는 한 리얼타임으로 재생된다.

방법1 메뉴〉Composition〉Preview〉Audio 체크 (체크 해제하면 재생 시 음소거)

방법2 Preview 패널에서 'Mute Audio 🔊' (클릭하여 🔊로 바뀌면 재생 시 음소거)

방법3 Timeline 패널에서 레이어의 'Audio 🔊' 스위치 (설정 해제하면 재생 시 음소거)

TIP 1

오디오 Sample Rate는 〈**Project Settings**〉(= Project 패널 하단의 8 bpc 클릭) 대화창의 설정을 따른다.

TIP 2

〈**Preferences**〉 대화창의 'Preview' 카테고리에서 'Mute Audio When Preview Is Not Real-time' 옵션을 체크하면 리얼타임으로 재생되지 않을 경우 자동으로 음소거 (디폴트는 체크 해제)

Audio 패널

❶ Volume Unit(VU) Meter

프리뷰 시 오디오 볼륨 레벨을 즉각적으로 표시한다.

❷ Level Controls

→ 중앙 슬라이드를 위아래로 움직이면 좌우 레벨을 동시에 움직여 전체 레벨 조절 가능 (Timeline 패널에서 레이어의 '**Audio Levels**' 속성과 동일)

→ 좌우 오디오 레벨을 따로 조절하려면 중앙 슬라이드 좌우에 있는 레벨 슬라이드를 각각 위아래로 드래그하거나, 아래쪽에 위치한 좌우 레벨의 수치값을 클릭하여 직접 입력

TIP _ 오디오 조절 단위 변경하기

Audio 패널의 **패널 메뉴 ≡**〉Options로 〈Audio Options〉 대화창이 열리면 '**Decibels(dB)**' 단위를 '**Percentage**' 단위로 바꿀 수 있다. (0.0 dB은 100%에 해당)

스크러빙(Scrubbing)

- Timeline 패널에서 Ctrl + CTI를 드래그하면 비디오와 오디오를 동시에 빠른 속도로 프리뷰 가능
- Timeline 패널에서 Ctrl + Alt + CTI를 드래그하면 오디오만 빠른 속도로 프리뷰 가능

TIP

재생을 멈추지 않고 CTI를 자유롭게 이동하려면 Alt + CTI 드래그

Transform 패널에서 레이어의 오디오 속성 보기

- '**Audio Levels**' 속성만 보려면 L 클릭

▶ Stopwatch 🕐를 클릭하여 오디오 레벨(볼륨 크기)이 변하는 애니메이션 가능

- '**Waveform**' 속성만 보려면 L L 클릭

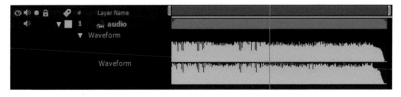

→ Timeline 패널의 **패널 메뉴 ⊟**〉Rectified Audio Waveforms를 선택하여 이를 체크 해제하면 보정된 웨이브폼이 표시된다.

▶ **After CC**

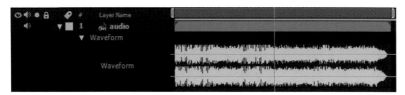

오디오 장치 설정

■ **〈Preferences〉**(= Ctrl + Alt + ;) 대화창의 '**Audio Hardware**' 카테고리에서 '**Default Device**'는 "**After Effects WDM Sound**"로 기본 설정되어 있다.

→ Input/Output 오디오 하드웨어 설정을 바꾸려면 **[Settings]** 버튼 클릭

■ **〈Preferences〉** 대화창의 '**Audio Output Mapping**' 카테고리에서 스피커 등 오디오 아웃풋 장치 변경 가능

▶ 'Audio Hardware'와 'Audio Output Mapping' 옵션 설정은 오디오 프리뷰에 영향을 미치나 최종 아웃풋에는 영향을 미치지 않는다.
(Render Queue 패널의 'Output Module' 설정이 최종 오디오 아웃풋에 영향을 준다.)

Study 6 | 특정 패널에서만 프리뷰 설정하기

Comp/Layer/Footage 패널의 좌측 하단에서

Always Preview This View ▣

이 아이콘을 체크한 뷰어나 뷰(3D Active Camera View)에서 항상 프리뷰를 실행

▶ CC 2014 버전까지는 아이콘을 ▣로 표시

Primary Viewer ▣ ▸ CC 2015

오디오와 외부 비디오 재생 시 아이콘을 체크한 뷰어나 뷰에서 항상 재생하도록 설정 (하나의 뷰어나 뷰만 체크 가능)

▶ 어떤 뷰어나 뷰에서도 체크되지 않은 경우, 가장 최근에 실행한 뷰어나 뷰에서 오디오와 외부 비디오를 재생

Study 7 | 프리뷰 퀄리티와 처리속도 향상 팁

■ Timeline 패널의 'Draft 3D 🔘' 버튼

3D 레이어 작업 시 그림자, 카메라의 피사계심도, 블러 등의 복잡한 연산기능을 적용하지 않은 상태로 프리뷰

■ Comp 패널의 'Fast Previews 🔲'

그래픽카드 성능에 따라 프리뷰 성능 설정 (최종 아웃풋에는 영향 없음) (Ray-traced 3D 컴포지션에 대한 설정은 P 404 참고)

▶ 'Draft', 'Fast Draft', 'Wireframe' 모드로 설정한 경우, Comp 패널의
우상단에 현재 선택한 모드가 표시되고, 아이콘이 🔲로 바뀐다.

❶ Off (Final Quality)

Full 퀄리티로 보면서 작업

❷ Adaptive Resolution

Timeline 패널에서 속성값을 드래그하거나, Comp 패널에서 레이어를 직접 변형시킬 때 푸티지의 퀄리티를 낮춰서 작업을 용이하게 한다. (디폴트)

❸ Fast Draft

복잡한 장면을 프리뷰할 때 1/4 해상도로 낮춘다. (이펙트나 트랙 매트 작업 시 활성화)

▶ **트랙 매트(Track Matte)** : 레이어에 흰색/검정색 매트를 결합시켜 흰색 영역의 이미지만 보이도록 하는 작업 (P269 참고)

❹ Wireframe

레이어를 와이어프레임으로만 표시

▶ 한참 동안 Timeline 패널에서 속성값을 조절하기 위해 드래그하는 경우, 'Off', 'Adaptive Resolution', 'Draft' 모드로 설정했어도 일시적으로 와이어프레임 상태로 전환되고, 마우스를 놓으면 다시 원래 'Fast Previews 🔁'에서 설정한 상태로 전환된다.

> TIP
>
> Alt 를 누르고 Timeline 패널에서 속성값을 변경하거나 Comp 패널에서 레이어에 변형을 적용하면, 레이어가 변경되는 도중에만 와이어프레임으로 표시하여 작업속도 향상 가능

■ 〈Preferences〉 대화창의 'Preview' 카테고리에서 'Viewer Quality' 항목 설정

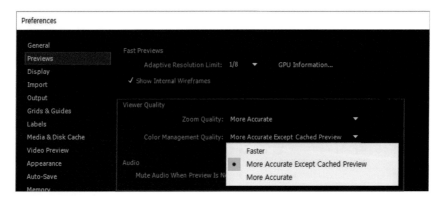

→ 'Zoom Quality ▼'와 'Color Management Quality ▼' 설정 공통 사항

- **Faster** : Space Bar 로 프리뷰 시 사용

- **More Accurate Except Cached Preview** : CTI를 스크러빙(Scrubbing)하거나 숫자 키패드 0 으로 프리뷰 시에는 'More Accurate'를, 그 외는 'Faster'를 자동으로 적용

- **More Accurate** : CTI를 스크러빙하거나 숫자 키패드 0 으로 프리뷰 시 사용

▶ **Zoom Quality** : Comp/Layer 패널의 'Pixel Aspect Ratio Correction 🔲'으로 스케일링되는 픽셀의 퀄리티에 영향을 준다. ('More Accurate'가 디폴트로 설정됨)

▶ Comp/Layer/Footage 패널의 'Channel and Color Management Settings 🔲'에서 'RGB Straight 🔲'를 선택하거나, Layer 패널에서 'Alpha Overlay 🔲'나 'Alpha Boundary 🔲'를 설정한 경우에는 'Viewer Quality' 항목에서의 설정은 무시되고 'Faster'를 설정한 것처럼 프리뷰

■ Comp/Layer/Footage 패널의 'Region of Interest ▣' 설정

　화면의 일부분만 프리뷰 함으로써 처리속도가 빨라지고, 프리뷰 가능한 Duration이 증가한다. (최종 렌더링과 무관)

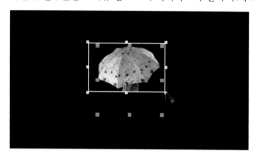

- ▣ 아이콘 클릭 후 패널 위에서 박스 드래그 (Shift + 박스 드래그하면 정사각형으로 범위 설정 가능)

- 박스의 엣지(Edge)를 클릭하면 박스 이동, 핸들(사각형 ■ 조절점)을 클릭하면 크기 변경 가능
  → Shift + 엣지 클릭하면 수평/수직 이동, Shift + 핸들 클릭하면 가로세로 비율 고정 크기 변경

- 다시 리셋하고 범위를 새로 설정하려면 Alt + ▣ 아이콘 클릭

- 설정한 범위로 컴포지션을 잘라내려면(Crop) **메뉴〉Composition〉Crop Comp to Region of Interest**

- 설정한 범위만큼 최종 아웃풋으로 렌더링하려면 Render Queue 패널의 '**Output Module**' 설정에서 〈**Output Module Settings**〉 대화창의 '**Crop**' 항목과 '**Use Region of Interest**' 체크 (P243 참고)

TIP _ 기타 프리뷰 속도 향상 팁

- 컴포지션의 해상도(Resolution)를 줄인다.
- 레이어에 적용한 각종 스위치 설정을 임시로 해제하고 프리뷰 한다.
- 사이즈가 큰 레이어의 경우, 사용할 만큼만 마스크를 적용한다.

참고사항

CC 2015 버전부터 〈Preferences〉(= Ctrl + Alt + ;) 대화창의 'Memory & Multiprocessing' 항목이 'Memory' 항목으로 바뀌고, 'After Effects Multiprocessing'의 "Render Multiple Frames Simultaneously" 옵션(멀티 CPU를 이용하여 프리뷰와 아웃풋 렌더링 시 동시에 다중 프레임을 렌더링하는 기능)이 제거되었다.

　→ "Render Multiple Frames Simultaneously" 옵션을 Off 했을 때의 기능으로 사용되던 **메뉴〉Composition〉Cache Work Area in Background** 명령도 제거되었다.

LECTURE

05

쉐이프와
마스크 _____

Lesson 1 쉐이프(Shape)

Study 1 | 쉐이프 레이어

AE에서 직접 도형(Shape)을 생성하여 컴포지션에서 레이어로 사용

쉐이프 레이어 생성하기

명령 미리 생성된 컴포지션이 있는 상태에서 Comp/Timeline 패널에서 **마우스 오른쪽 버튼**(또는 **메뉴〉**Layer)**〉**New**〉**Shape Layer

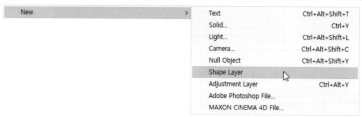

→ Timeline 패널에 '**Shape Layer #**'로 쉐이프 레이어가 생성되고, Comp 패널에 컴포지션과 동일한 크기의 투명 레이어로 표시된다.

▶ HD(1920x1080) 컴포지션에서 쉐이프 레이어를 생성하면, 컴포지션 중앙에 **Anchor point** (0, 0)이 위치하고, **Position** (960, 540)인 투명 레이어가 생성된다.

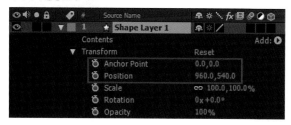

쉐이프 레이어의 특성

- 앵커포인트는 레이어의 크기를 기준으로 하나, 쉐이프 레이어는 투명 레이어이므로 디폴트 좌표가 (0, 0)으로 설정된다.

- 하나의 쉐이프 레이어는 여러 개의 쉐이프를 가질 수 있다.
  → 쉐이프 레이어를 처음 생성하면 '**Contents**' 항목이 비어있는데, 이후 레이어에 생성한 모든 쉐이프는 '**Contents**' 안에서 '**쉐이프이름 #**' 속성그룹으로 표시된다.

- 다른 레이어들처럼 크기 변화나 이동 등 '**Transform**' 속성을 적용할 수 있다.

- 쉐이프 레이어는 Timeline 패널에서 더블클릭해도 Layer 패널이 열리지 않는다.

Study 2 | 쉐이프 생성하기

방법 다양한 Shape 툴 ■과 Pen 툴 ✍을 클릭한 후 Comp 패널에서 마우스를 드래그하여 쉐이프 패스(Path)를 생성

→ Timeline 패널에서 쉐이프 레이어를 선택하고 **Shape/Pen** 툴로 Comp 패널에서 드래그하면 해당 쉐이프 레이어에 쉐이프가 생성된다.

→ 어떤 레이어도 선택되지 않은 상태에서 Comp 패널에 곧바로 드래그하면 새로 쉐이프 레이어가 추가되면서 그 안에 쉐이프가 생성된다.

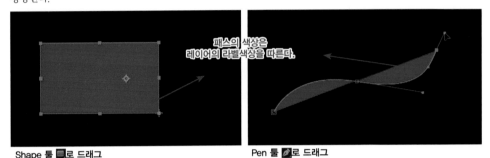

Shape 툴 ■로 드래그   Pen 툴 ✍로 드래그

▶ Shape 툴 ■과 Pen 툴 ✍의 우측에 표시되는 툴 옵션에서 'Tool Creates Shape ★ '가 On(파란색)인 상태이어야 쉐이프가 생성된다.

→ 쉐이프 레이어가 선택된 상태에서는 자동으로 On되어 있다. 어떤 레이어도 선택되지 않은 상태에서는 **Shape**툴 ■과 **Pen** 툴 ✍을 선택한 후(이 때는 Off 상태) Comp 패널에서 마우스를 드래그하면 즉시 On 상태로 전환된다.

Shape 툴로 도형 생성하기

■ Shape 툴의 종류

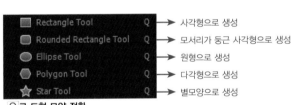

Q로 도형 모양 전환

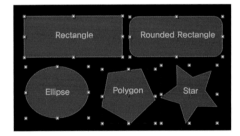

■ Shape 툴로 생성한 쉐이프 속성그룹

'**Contents**' 안에 '**쉐이프이름 #**' 속성그룹으로 표시된다.

→ Rectangle과 Rounded Rectangle은 '**Rectangle #**', Ellipse는 '**Ellipse #**', Polygon과 Star는 '**Polystar #**'로 속성그룹 이름이 표기된다.

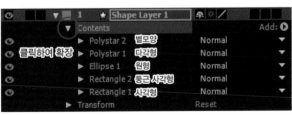

■ 도형 모양 조절하기

- 각 **Shape 툴**을 더블클릭하면 쉐이프 레이어를 꽉 채우는 크기(바운딩박스 기준)의 도형이 생성된다.

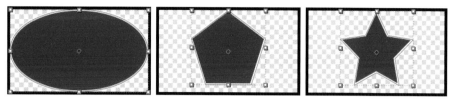

→ **Rectangle 툴** ▣과 **Ellipse 툴** ◯은 도형의 바운딩박스가 쉐이프 레이어에 꽉 차는 형태로 생성된다.
  ▶ HD 컴포지션(1920x1080)에서 '**Contents** ▶쉐이프이름 # ▶쉐이프이름 Path # ▶'에서 쉐이프 레이어를 꽉 채운 크기의 'Rectangle Path #' 또는 'Ellipse Path #'의 '**Size**' 속성값은 (1920, 1080)으로 설정된다.
→ **Polygon 툴** ◉과 **Star 툴** ★의 경우에는 실제 도형 모양이 쉐이프 레이어를 가득 채우는 형태가 되지는 않는다. ('**Size**' 속성이 없고, 대신 '**Inner Radius / Outer Radius**' 속성으로 크기 조절)

- 각 **Shape 툴**로 쉐이프/마스크를 그리는 중에 Space Bar 를 누르면 그리는 도중에 시작 위치를 변경하여 다시 그릴 수 있다.

- **Shape 툴**로 Comp 패널 클릭 후 Ctrl + 드래그하면 마우스 클릭한 지점을 중심으로 도형을 생성한다.

- **Rounded Rectangle 툴** ▣로 그리는 도중에
  ↑ / ↓ : 라운딩 증가/감소
  ← / → : 라운딩 제거 / 라운딩 최대

  Polygon 툴 ◉이나 **Star 툴** ★로 그리는 도중에
  ↑ / ↓ : 꼭지점 개수 증가/감소
  ← / → : 꼭지점을 안쪽/바깥쪽으로 라운딩

- 도형 생성 시 Shift 누르면 사각형과 타원은 좌우 비율 동일한 크기(정다각형)로 생성되고, 다각형과 별모양은 기울어지지 않은 정방향으로 생성된다.

- 쉐이프의 패스 모양에 변형을 준 경우 디폴트 도형 모양으로 리셋하기
  TIP Timeline 패널에서 쉐이프 레이어의 '**Contents** ▶쉐이프이름 # ▶쉐이프이름 Path #' 클릭 후 해당 **Shape 툴** 더블클릭
  → 해당 도형이 생성된 앵커포인트 위치에서 쉐이프 레이어를 꽉 채우는 크기의 디폴트 도형 모양으로 바뀐다.

Pen 툴 ✎로 쉐이프 생성하기

Pen Tool   G → 펜으로 자유로운 선이나 도형 패스 생성
Add Vertex Tool → 펜으로 그린 패스에 Vertex(조절점) 추가
Delete Vertex Tool → Vertex 삭제
Convert Vertex Tool → Vertex를 기준으로 직선/곡선 전환
Mask Feather Tool   G → 마스크 가장자리에 Feather(점진적인 변화) 추가

■ 패스(Path) 그리기

- 패스를 그리기 시작하면 Timeline 패널에서 쉐이프 레이어의 '**Contents**' 속성그룹 아래 '**Shape #**' 속성그룹이 생성된다.

- Comp 패널에서 첫 Vertex를 클릭한 상태에서 Space Bar 를 누르고 드래그하면 처음 클릭한 지점을 변경하여 다시 그릴 수 있다.

■ 열린 패스 생성 시 툴 옵션에서 Fill Color를 '**Solid**'로 선택하면 선 사이에 불필요한 색상이 표시될 수 있으므로, Fill Color를 '**None**'으로 선택해야 한다. （ P151 참고 ）

→ 툴 옵션에서 파란색의 '**Fill**' 글씨를 클릭하면 자동 오픈되는 〈**Fill Options**〉 대화창에서 '**None** ✄' 클릭

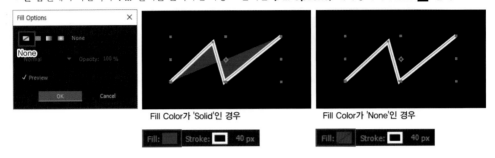

직선 패스가 'Solid'인 경우

Fill Color가 'None'인 경우

■ **직선 패스** : 마우스를 클릭하여 조절점(Vertex) 생성 후 위치를 변경하여 다시 마우스 클릭을 반복한다.

곡선(Bezier) 패스 : Vertex를 클릭한 상태에서 마우스를 떼지 않고 드래그하면 방향핸들(Direction Handle)이 생성되며, 위치를 변경하여 다시 클릭 후 드래그하는 것을 반복한다.

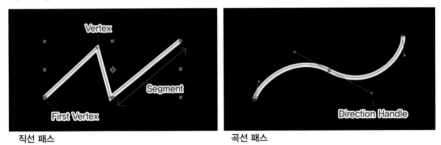

직선 패스

곡선 패스

로토베지어(RotoBezier) 패스 : **Pen** 툴 ✐의 툴 옵션에서 '**RotoBezier**'를 체크하면 방향핸들 없이 Vertex 간의 곡률이 자동으로 계산되는 곡선 패스 생성

TIP

Pen 툴 ✐로 그린 쉐이프/마스크의 패스를 RotoBezier 타입으로 바꾸려면 패스 선택 후 **마우스 오른쪽 버튼**(또는 **메뉴**〉**Layer**)〉**Mask and Shape Path**〉RotoBezier

■ 그리는 도중에도 이미 생성된 방향핸들을 수시로 조정해가면서 계속 그릴 수 있다.

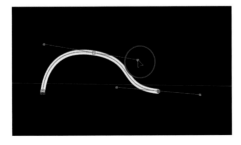

■ 닫힌 패스 : 패스를 그리다가 다시 첫 Vertex 위에서 커서가 🖋。로 바뀌면 클릭

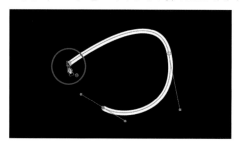

■ 열린 패스 상태로 그리기를 멈추려면 Timeline 패널 클릭

■ 열린 패스를 다시 이어서 그리려면 **Pen 툴** 🖋로 패스의 첫 Vertex나 마지막 Vertex를 클릭한 후 다른 위치로 이동하여 클릭하면 새로운 Vertex가 추가된다.

■ 이미 생성된 열린 패스를 닫힌 패스로 만들기

Pen 툴 🖋로 패스의 첫 Vertex(또는 마지막 Vertex) 클릭 후 마지막 Vertex(또는 첫 Vertex) 클릭

Comp 패널에서 **Pen 툴** 🖋 (또는 Selection 툴 🖰로 더블클릭하여 패스 선택 후)로 패스 위에서 **마우스 오른쪽 버튼**(또는 **메뉴)Layer)Mask and Shape Path)Closed**

Timeline 패널의 쉐이프 레이어의 'Contents ▶Shape # ▶Path # 속성그룹이 선택된 상태에서 **메뉴)Layer)Mask and Shape Path)Closed**

TIP _ 쉐이프 레이어의 여러 열린 패스들을 동시에 닫힌 패스로 만들기

쉐이프 레이어 선택 후 **Pen 툴** 🖋로 한 패스의 시작/끝을 제외한 Vertex를 클릭하고 다른 패스의 Vertex를 Shift + 클릭하여 여러 패스를 선택한 다음 **마우스 오른쪽 버튼**(또는 **메뉴)Layer)Mask and Shape Path)Closed**

Timeline 패널에서 한 쉐이프 레이어의 여러 'Shape # ▶Path # 속성그룹을 다중 선택한 상태에서 **메뉴)Layer)Mask and Shape Path)Closed**

■ 기타 Pen 툴의 사용

Pen 툴 🖋이 선택된 상태에서

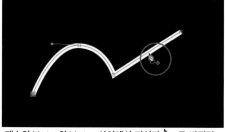

패스의 Vertex와 Vertex 사이에서 커서가 🖋+로 바뀌면 Vertex 추가 (= Add Vertex 툴 🖋)

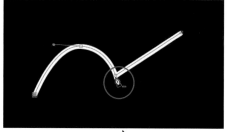

Vertex 위에서 Ctrl + 커서가 🖋_로 바뀌면 클릭하여 Vertex 삭제 (= Delete Vertex 툴 🖋)

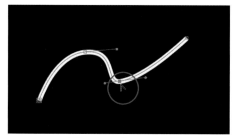

Vertex 위에서 Alt + 커서가 ⊾로 바뀌면 클릭하여 직선/곡선 전환 (= Convert Vertex 툴 ⊾)

■ 곡선 패스의 방향핸들 조절하기

■ 패스의 방향핸들 표시하기

방법1 쉐이프 레이어 선택 후 Comp 패널에서 **Pen 툴** 🖊로 Vertex 클릭

방법2 Comp 패널에서 **Selection 툴** ⤒로 패스 더블클릭 후 Vertex나 패스 클릭

■ 패스 양쪽 Vertex의 방향핸들들을 동시에 조절하기

방법1 **Pen 툴** 🖊로 Ctrl + Segment(두 Vertex 사이의 패스)를 클릭 & 드래그

방법2 **Selection 툴** ⤒로 Segment를 클릭 & 드래그

■ 45° 각도마다 스냅(Snap)

방법 **Pen 툴** 🖊 또는 **Selection 툴** ⤒로 Shift + 방향핸들 조절

■ 한쪽 방향핸들만 조절하기

방법1 **Pen 툴** 🖊로 Ctrl (또는 Alt) + 방향핸들 조절

방법2 **Selection 툴** ⤒로 Ctrl + Alt + 방향핸들 조절

■ 한쪽 방향핸들만 45° 각도마다 스냅 적용하기

방법1 **Pen 툴** 🖊로 Ctrl (또는 Alt) + Shift + 방향핸들 조절

방법2 **Selection 툴** ⤒로 Ctrl + Alt + Shift + 방향핸들 조절

■ 분리해서 조절했던 양쪽 방향핸들들을 다시 동시에 조절하기

방법1 **Pen 툴** 🖊로 Vertex 위에서 Alt + 커서가 ⤒로 바뀌면 Vertex 클릭 & 드래그

방법2 **Selection 툴** ⤒로 Vertex 위에서 Ctrl + Alt 커서가 ⤒로 바뀌면 Vertex 클릭 & 드래그

■ Vertex 선택하기

■ 쉐이프 레이어가 선택된 상태에서 **Pen 툴** 🖊로 Vertex 클릭

■ Comp 패널에서 **Selection 툴** ⤒로 패스 더블클릭 후 Vertex 클릭

■ Vertex 다중 선택

방법1 **Pen 툴** 🖊이나 **Selection 툴** ⤒로 하나의 Vertex 클릭 후 Shift + 다른 Vertex 클릭

방법2 **Pen 툴** 🖊로 하나의 Vertex 클릭 후 Ctrl (또는 Alt) + 패스 밖에서 커서가 ⤒로 바뀌면 박스 드래그

방법3 **Selection 툴** ⤒로 하나의 Vertex 클릭 후 패스 밖에서 커서가 ⤒로 바뀌면 박스 드래그로 다중 선택

■ 모든 Vertex 선택

방법1 **Selection 툴** ⤒ 상태일 때 Alt + 패스의 Segment나 Vertex 클릭

방법2 쉐이프 레이어의 'Contents ▶Shape # ▶Path # ▶Path' 선택

■ 패스의 시작점(First Vertex) 변경하기

방법 시작점으로 설정할 Vertex 위에서 **마우스 오른쪽 버튼**(또는 **메뉴**)Layer)**Mask and Shape Path**)**Set First Vertex**

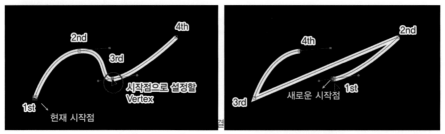

선택한 Vertex 다음으로 생성된 Vertex가 두 번째로 연결된다.

벡터 레이어를 쉐이프 레이어로 변환하기

Adobe Illustrator 등에서 제작한 벡터 파일의 모든 패스를 쉐이프 패스로 활용 가능

방법 벡터 파일을 푸티지로 불러와 Timeline 패널에 레이어로 배치하고 해당 레이어가 선택된 상태에서 **마우스 오른쪽 버튼**(또는 **메뉴**〉**Layer**〉**Create Shapes from Vector Layer**

→ 기존의 벡터 레이어는 '**Video** '가 임시로 Off되고, 그 위로 새로운 쉐이프 레이어(레이어이름 Outlines)가 생성된다.

→ Illustrator에서 분류되었던 각각의 레이어는 '**Group #**'로 나뉘어 들어오며, 각 레이어 안에 있던 패스들이 각자의 '**Group #**' 안에 '**Path #**'로 포함된다.

학습예제 소스 파일 : 골뱅이.ai

01 새 프로젝트(= Ctrl + Alt + N)에서 Project 패널의 빈 공간을 더블클릭하여 〈**Import File**〉 대화창에서 "예제\Lec05\sc" 폴더의 "골뱅이.ai"를 임포트 한다.

02 Project 패널에 생성된 "골뱅이.ai" 푸티지를 클릭한 다음 빈 Comp/Timeline 패널로 드래그 & 드롭 하여 새 컴포지션에 "골뱅이.ai" 레이어로 배치한다.

03 "골뱅이.ai" 레이어가 선택된 상태에서 **마우스 오른쪽 버튼**(또는 **메뉴**〉**Layer**〉**Create Shapes from Vector Layer** 명령을 적용한다.
→ "골뱅이.ai"를 구성하는 두 개의 패스가 새로운 쉐이프 레이어(골뱅이 Outlines) 안에서 '**Group 1**'의 '**Path 1**', '**Path 2**'로 생성된다.

Path 1　　　　Path 2

Study 3 | **쉐이프의 선택과 삭제**

쉐이프 선택

쉐이프 레이어에 여러 개의 쉐이프를 생성한 경우

- 모든 쉐이프 선택하기
  방법1 Comp 패널에서 하나의 쉐이프 클릭
  방법2 Timeline 패널에서 쉐이프 레이어 클릭

- 하나의 쉐이프 선택하기
  방법1 Comp 패널에서 **Selection 툴** 로 쉐이프 위에서 더블클릭
  방법2 Timeline 패널에서 'Contents ▶쉐이프이름 #' 속성그룹 클릭

- 쉐이프를 추가로 선택하기
  방법1 Comp 패널에서 하나 이상의 쉐이프(들)가 선택된 상태에서 Shift + 추가 쉐이프 클릭
  방법2 Timeline 패널에서 Ctrl 또는 Shift + 추가할 'Contents ▶쉐이프이름 #' 속성그룹 클릭

쉐이프 삭제

- 쉐이프 레이어에 속한 전체 쉐이프 삭제

  방법 Timeline 패널에서 쉐이프 레이어의 '**Contents**' 속성그룹 클릭 후 Delete 키 ('**Contents**' 속성 이름은 남음)

- 일부 쉐이프만 삭제

  방법 1 Timeline 패널에서 레이어의 '**Contents ▶쉐이프이름 #**' (다중) 선택 후 Delete 키

  방법 2 Comp/Layer 패널에서 쉐이프 다중 선택 후 Delete 키

Study 4 | **쉐이프 변형하기**

쉐이프의 좌표에 대한 이해

- **쉐이프 레이어와 쉐이프 각각의 변형(Transform) 속성**

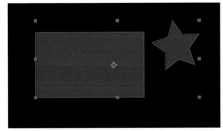

하나의 쉐이프 레이어(Shape Layer 1)에 두 개의 쉐이프를 생성한 경우

- 쉐이프 레이어의 '**Transform**' 속성은 여러 개의 쉐이프가 속한 쉐이프 레이어 전체에 적용되는 변형 속성

- 쉐이프 레이어의 '**Contents ▶쉐이프이름 #**'을 확장▼하면 보이는 '**Transform: 쉐이프이름 #**' 속성은 각각의 해당 쉐이프에만 적용되는 변형 속성

- **쉐이프의 좌표**

  - 쉐이프 레이어에 생성된 각 쉐이프들은 실제 보이는 크기와 상관없이 '**Transform: 쉐이프이름 #**' 속성의 앵커포인트 좌표가 (0, 0)으로 생성된다.

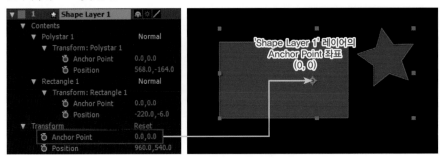

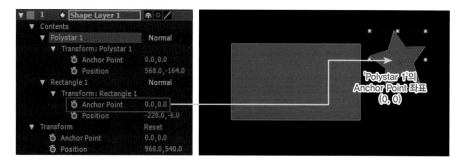

■ **Shape 툴**로 생성한 쉐이프의 '**Position**' 좌표는 각 쉐이프의 앵커포인트가 쉐이프 레이어의 앵커포인트(디폴트 좌표는 컴포지션 중앙인 (0, 0))로부터 떨어진 위치값으로 표시된다.

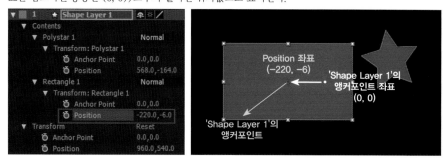

▶ **Pen 툴**로 생성한 쉐이프는 화면상 위치에 상관없이 '**Position**' 좌표가 (0, 0)으로 설정된다.

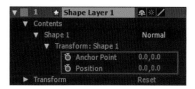

■ 쉐이프 레이어 선택 후 Ctrl + Alt + Home 을 클릭하면 쉐이프 레이어의 바운딩박스 정중앙으로 앵커포인트 위치가 옮겨가며, 쉐이프 레이어의 '**Anchor Point**'와 '**Position**' 좌표값이 변한다.

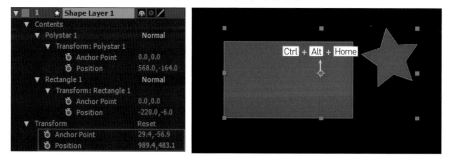

바운딩박스로 쉐이프 변형하기

쉐이프 레이어와는 별도로 각 쉐이프마다 바운딩박스(일종의 Transform Box)가 표시된다.

■ 개별 쉐이프의 바운딩박스 표시하기

방법1 Timeline 패널에서 레이어의 '**Contents ▶쉐이프이름 #**' 속성그룹 선택

방법2 Comp 패널에서 **Selection 툴**로 쉐이프 더블클릭

| 쉐이프 레이어 선택 시 | 쉐이프 선택 시 |

▶ Comp 패널에서 직접 바운딩박스를 조절하면 Timeline 패널에서 쉐이프 레이어의 'Contents ▶쉐이프이름 # ▶Transform: 쉐이프이름 # 속성그룹의 동일 속성에 즉시 반영된다.

■ Comp 패널에서 도형 쉐이프의 바운딩박스 조절하기

- **Shift** + 쉐이프의 안쪽 부분 클릭 & 드래그하면 강제 수평/수직 이동
  - ▶ 이동 시 쉐이프의 안쪽 부분을 클릭하지 않고 바운딩박스 안의 빈 공간을 클릭하면, 쉐이프가 아닌 쉐이프 레이어 전체가 이동하게 된다.

- 바운딩박스의 앵커포인트는 **Anchor Point 툴 📷**로 클릭 후 이동

- 사각형 핸들을 클릭 & 드래그하여 크기 조절
  - → **Shift** + 네 꼭지점의 핸들을 클릭 & 드래그하면 크기 조절 시 가로세로 비율 유지

- 네 꼭지점의 핸들 중 하나를 먼저 클릭 후 **Ctrl**을 누르면 앵커포인트 기준으로 크기 조절

- 바운딩박스의 핸들 근처에서 커서가 ↰로 바뀌면 회전 가능

커서가 ↰로 바뀐 상태에서 먼저 클릭 후 **Shift** + 회전하면
45° 각도로 스냅이 걸린다.

■ 바운딩박스 내의 쉐이프(들) 위에서 Alt + 커서가 ▶◀로 바뀌었을 때 클릭 & 드래그하면 동일 쉐이프 레이어 내에 쉐이프(들)가 복제된다.

■ Pen 툴 ✐로 생성한 패스의 바운딩박스 조절하기

Pen 툴 ✐을 이용하여 쉐이프를 생성한 경우 쉐이프와 패스의 바운딩박스가 각각 존재한다.

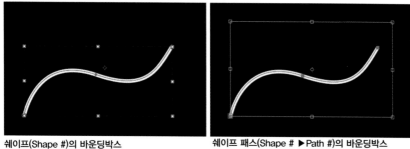

쉐이프(Shape #)의 바운딩박스　　　　　　**쉐이프 패스(Shape # ▶Path #)의 바운딩박스**

■ 패스의 바운딩박스를 보려면 개별 쉐이프의 바운딩박스가 선택된 상태에서 패스 위를 더블클릭
　→ Timeline 패널에서 레이어의 '**Contents ▶Shape # ▶Path #**' 속성그룹이 선택된다.
　▶ Timeline 패널에서 레이어의 '**Contents ▶Shape # ▶Path #** 속성그룹을 클릭한다고 해서 Comp 패널에 패스의 바운딩박스가 보이진 않는다.

■ 선택된 Vertex들만 조절하는 트랜스폼 박스 표시하기
　패스가 선택된 상태에서 **Selection 툴** ▶로 패스 근처에서 커서가 ▶◦로 바뀌었을 때 두 개 이상의 Vertex를 박스 드래그하여 선택한 후에
　　　방법1 Ctrl + T
　　　방법2 **마우스 오른쪽 버튼**(또는 **메뉴**〉Layer)〉Mask and Shape Path〉Free Transform Points

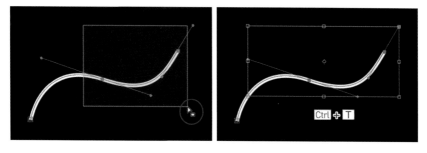

■ 패스 바운딩박스 안을 클릭 & 드래그하여 패스 전체 이동
　→ Shift + 드래그하면 강제 수평/수직 이동

■ 패스 바운딩박스의 앵커포인트는 커서가 ▶◦일 때 또는 **Anchor Point 툴** ▣로 클릭 후 이동

■ 사각형 핸들 위에서 커서가 ↕ ↔ ↘ ↗ 상태일 때 클릭 & 드래그하여 크기 조절

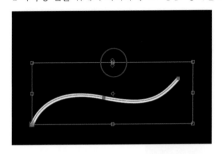

→ Shift + 네 꼭지점의 핸들을 클릭 & 드래그하면 가로세로
비율이 유지되면서 크기 조절 가능

■ Ctrl + 핸들을 클릭 & 드래그하면 앵커포인트를 기준으로 하여 대칭으로 크기 조절

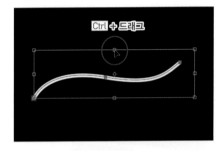

■ 패스 바운딩박스의 모서리와 꼭지점에서 커서가 ↰ 로 바뀌면 회전 가능

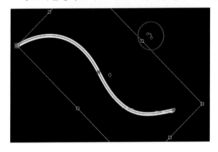

→ Shift + 회전하면 45° 각도로 스냅이 걸린다.

■ 패스의 바운딩박스 해제 = Esc 키 (패스의 선택 상태는 유지)

기타 Transform 속성

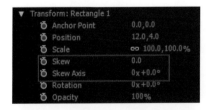

Skew : 쉐이프 기울이기

Skew Axis : 쉐이프가 기울어지는 축의 각도 조절
('Skew' 속성 사용 시에만 적용)

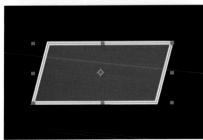

Skew 15

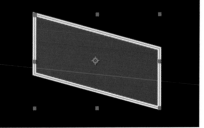

Skew 15 + Skew Axis 95°

Study 5 | 쉐이프 색상 정하기

Shape 툴 ■과 **Pen 툴** ■의 우측 툴 옵션에서 '**Fill**' 또는 '**Stroke**' 파란 글씨부분을 클릭하면 〈Fill Options〉과 〈Stroke Options〉 대화창이 각각 열린다.

클릭　　클릭

❶ **None** : 투명하게 설정

❷ **Solid Color** : 단색으로 설정

❸ **Linear Gradient** : 선택 후 [OK] 버튼을 누른 다음 툴 옵션에서 '**Fill**' 또는 '**Stroke**'의 컬러박스 클릭

→ 〈**Gradient Editor**〉 대화창이 열리면 그래디언트 색상과 위치, 불투명도 등을 설정할 수 있다.

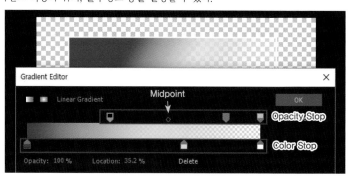

- **Color Stop** 중 하나 클릭 후 아래 컬러 컨트롤에서 그라데이션 색상 선택

- **Opacity Stop / Color Stop** 추가 : 컬러바의 위/아래 엣지(Edge) 클릭

- **Opacity Stop / Color Stop** 이동
  - 방법1 클릭 & 드래그
  - 방법2 클릭 후 아래 'Location' 속성값 설정

- **Opacity Stop / Color Stop** 제거
  - 방법1 클릭하여 〈Gradient Editor〉 대화창 밖으로 드래그
  - 방법2 클릭 후 아래 [Delete] 버튼 클릭

- 불투명도 조절 : 각 **Opacity Stop**을 클릭한 후 '**Opacity**(%)' 설정

- 두 색상이 섞이는 중심지점 조절
  - 방법1 **Midpoint** 클릭 & 드래그
  - 방법2 **Midpoint** 클릭 후 아래 'Location' 속성값 설정

→ 설정이 끝나고 [OK] 버튼을 누르면 툴 옵션의 '**Fill**' 색상이 ▨으로 바뀐다.

→ **Selection 툴** 로 뷰어에 생성된 두 개의 포인트(Start/End point)를 커서가 ▶. 모양일 때 드래그하여 그래디언트의 방향과 위치 변경

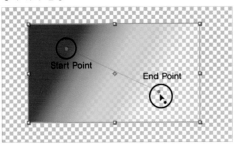

▶ Timeline 패널의 쉐이프 레이어에서 'Contents ▶쉐이프이름 # ▶Gradient Fill # 속성그룹의 'Start Point'나 'End Point'의 속성값을 변경해도 된다.

❹ Radial Gradient : 선택 후 **[OK]** 버튼을 누른 다음 툴 옵션에서 '**Fill**' 또는 '**Stroke**'의 컬러박스 클릭

Fill: Stroke: 5 px

→ ⟨**Gradient Editor**⟩ 대화창이 열리면 '**Linear Gradient**'와 마찬가지로 그래디언트 색상 조절

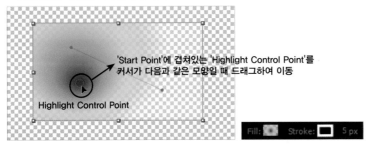

'Start Point'에 겹쳐있는 'Highlight Control Point'를
커서가 다음과 같은 모양일 때 드래그하여 이동

Highlight Control Point

Fill: Stroke: 5 px

▶ Timeline 패널의 쉐이프 레이어에서 'Contents ▶쉐이프이름 # ▶Gradient Fill # 속성그룹의 'Highlight Length'나 'Highlight Angle'의 속성값을 변경해도 된다.

TIP

Alt + 'Fill' 또는 'Stroke'의 컬러박스 Fill: Stroke   40 px 를 클릭하면 **None / Solid Color / Linear Gradient / Radial Gradient**가 번갈아가며 선택된다.

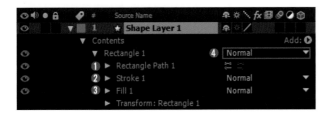 **Study 6** | **쉐이프 속성**

쉐이프 레이어에서 'Contents ▶쉐이프이름 # 속성그룹 이하 세부 속성들

▶ 쉐이프에 따라 세부 속성이 조금씩 다르다.

❶ '쉐이프이름 Path #' 속성그룹

쉐이프의 패스 모양에 대한 설정

■ **Polygon 툴**◉이나 **Star 툴**★을 사용하여 쉐이프를 만들었을 경우

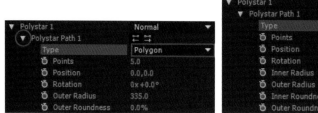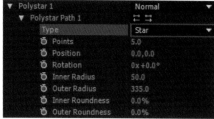

Type ▼–**Star / Polygon** 중 선택하여 즉시 전환 가능

Points : 바깥쪽 꼭지점 개수

Inner/Outer Radius : 중심부에서 안쪽/바깥쪽 꼭지점까지의 반지름

Inner/Outer Roundness : 안쪽/바깥쪽 꼭지점을 둥글림

■ **Pen 툴**✎로 쉐이프를 만든 경우

> TIP
>
> **Stopwatch** ⏱를 클릭하고 다른 시간대에서 패스 모양을 바꾸면 패스가 움직이는 애니메이션을 만들 수 있다.
>
> → **Pen 툴** ✎로 만든 쉐이프의 경우 패스의 Vertex/Handle을 직접 조절하여 변경

❷ 'Stroke #' 속성그룹

쉐이프의 테두리 색상과 굵기, 모양에 대한 설정

▶ Linear/Radial Gradient 사용 시에는 '**Gradient Stroke #**로 표시된다.

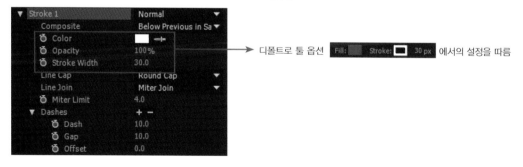

디폴트로 툴 옵션 Fill: Stroke: ☐ 30 px 에서의 설정을 따름

Line Cap ▼ : 선이 끝나는 부분의 모양 선택

– **Butt Cap** : 각진 선 (디폴트)

– **Round Cap** : 모서리를 바깥쪽으로 확장하여 둥글림

– **Projecting Cap** : 각진 선을 바깥쪽으로 확장

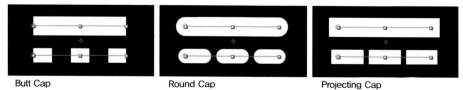

Butt Cap   Round Cap   Projecting Cap

Line Join ▼ : 쉐이프의 꼭지점에서 스트로크가 꺾이는 부분의 연결모양 선택

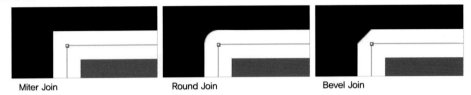

Miter Join   Round Join   Bevel Join

Miter Limit : '**Line Join▼−Miter Join**'이 사용되었을 때 표시되는 속성으로 스트로크 이음새의 한계치 설정

    (1로 설정하면 '**Line Join▼−Bevel Join**'을 설정한 상태와 동일한 결과)

Dashes : 테두리를 실선에서 점선으로 변환

    → ➕를 클릭하면 '**Dash**' 속성이 추가되며 실선 Stroke가 점선 Stroke로 바뀐다.

      (➕를 클릭할수록 '**Dash**' 속성과 '**Gap**' 속성이 번갈아 추가됨)

    → ➖를 클릭하면 가장 최근에 추가된 '**Dash**'나 '**Gap**'부터 삭제

  – **Dash** : 점선의 길이

  – **Gap** : 점선 사이의 여백 길이

  – **Offset** : 점선 위치 이동

    ▶ 키프레임을 주어서 점선이 흐르는 애니메이션을 만들 수 있다.

TIP _ Dot 모양의 테두리선 만들기

'**Line Cap ▼−Round Cap**'으로 설정 후 '**Dashes**' 속성그룹에서 '**Dash**'를 "0"으로 하고,
스트로크의 굵기(Stroke Width)에 따라 '**Gap**'에 적절한 속성값 설정

Line Cap ▼−Round Cap
Dash 0 + Gap 50

---

❸ '**Fill #**' 속성그룹

쉐이프의 색상을 채우는 방식 설정

  ▶ Linear/Radial Gradient 사용 시에는 '**Gradient Fill #**'로 표시된다.

→ 디폴트로 툴 옵션 Fill: Stroke: ☐ 40 px 에서의 설정을 따른다.

Fill Rule ▼ : 다각형이나 별모양의 쉐이프에서 '**Inner/Outer Roundness**' 속성으로 꼭지점 모양을 변형시켜 하나의 쉐이프
패스 안에서 겹치는 부분이 발생할 때 어떻게 색상을 채울지 선택

  – **Non−Zero Winding** : Fill 색상이 겹치는 부분을 Fill 색상으로 채운다.

  – **Even−Odd** : Fill 색상이 겹치는 부분은 구멍을 뚫는다.

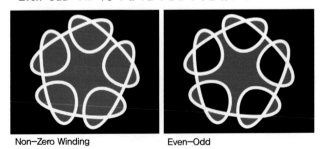

Non−Zero Winding   Even−Odd

❹ 쉐이프 합성 모드 Normal ▼

한 레이어에 속한 쉐이프(들)끼리 겹치는 부분의 합성 모드 선택   (합성 모드의 특징에 대한 자세한 설명은 P 260 참고)

Study 7 ｜ 쉐이프 그룹

하나의 쉐이프 레이어에 속한 여러 쉐이프 중 일부를 선택하여 그룹화

쉐이프 그룹 생성하기

> **방법** 한 레이어에 속한 여러 쉐이프를 선택 후 **메뉴〉**Layer〉Group Shapes (= Ctrl + G)

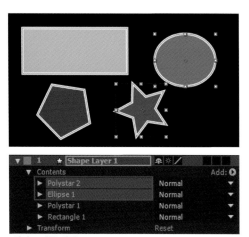
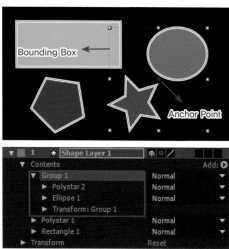

쉐이프 다중 선택　　　　　　　　　쉐이프 그룹 생성

쉐이프 그룹의 변형(Transform) 속성

그룹이 생성되면 해당 그룹만의 변형 속성인 '**Transform: Group #**'를 가진다.

→ Timeline 패널에서 **Selection 툴** 🔖로 '**Group #**' 속성그룹을 선택하면 Comp 패널에 해당 그룹의 바운딩박스가 나타난다.
　　(그룹의 앵커포인트는 그룹의 바운딩박스 정중앙에 생성된다.)

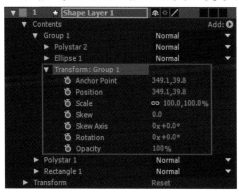

▶ Anchor Point와 Position 좌표는 쉐이프 레이어의 앵커포인트를 기준으로 떨어진 거리만큼의 위치값으로 표시된다.

→ '**Transform: Group #**'에서 '**Position**'의 속성값을 (0, 0)으로 바꾸면 그룹의 중심이 쉐이프 레이어의 중앙으로 이동

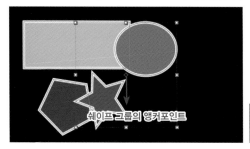

→ 'Transform: Group #' 속성값을 변경하면 해당 그룹에 변형이 적용되어 바운딩박스가 변한다. (마찬가지로 Comp 패널에서 Selection 툴 🔣로 직접 그룹의 바운딩박스에 변형을 가하면 Timeline 패널의 'Transform: Group #' 속성값에 즉시 반영된다.)

Transform : Group 1 ▶Skew 25

그룹(Group) 속성 추가하기

쉐이프 레이어의 'Contents' 속성그룹의 우측 Add: ◐ 의 목록에서 'Group (empty)'을 선택하면 'Contents' 속성그룹 아래에 비어있는 'Group #' 속성그룹이 추가된다.

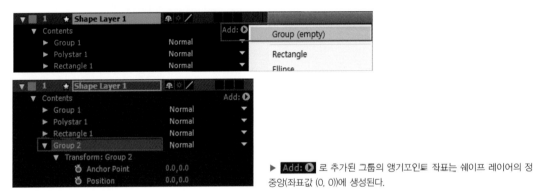

▶ Add: ◐ 로 추가된 그룹의 앵커포인트 좌표는 쉐이프 레이어의 정중앙(좌표값 (0, 0))에 생성된다.

→ 여러 쉐이프나 그룹을 다중 선택 후 새로 생성된 'Group #' 속성그룹으로 드래그 & 드롭하면 'Group #' 속성그룹 안에 쉐이프나 쉐이프 그룹이 포함된다

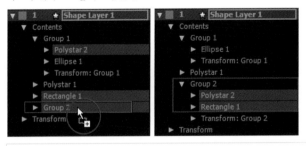

TIP

그룹 속에 다른 그룹을 포함시킬 수 있으며, 'Contents' 속성그룹 아래에 있는, 또는 다른 그룹 안에 있는 쉐이프들을 동시에 클릭 & 드래그하여 그룹 안으로 옮길 수 있다.

쉐이프 그룹 해제하기

방법 쉐이프 그룹(= 쉐이프 레이어의 'Contents ▶Group #') 선택 후 **메뉴〉Layer〉Ungroup Shapes** (= Ctrl + Shift + G)

→ 해당 '**Group #**' 속성그룹은 사라진다.

- 일부 쉐이프만 그룹 밖으로 꺼내기

    방법 'Group #' 안의 쉐이프들을 클릭하여 그룹 밖으로 드래그 & 드롭

    → 모두 꺼낼 경우 '**Group #**' 속성그룹은 비어있는 채로 남는다.

쉐이프들을 놓을 수 있는 위치에 진한 실선이 나타나면 드롭

Study 8 | **쉐이프 속성 추가하기**

쉐이프 레이어가 있는 상태에서

방법 1 Shape 툴 ■과 Pen 툴 ✎의 툴 옵션에서 Add: ◑ 클릭

방법 2 Timeline 패널에서 쉐이프 레이어의 '**Contents**' 속성그룹 우측의 Add: ◑ 클릭

→ Add: ◑ 에서 선택한 속성은 쉐이프 레이어(들) 클릭 후 적용하면 '**Contents**' 속성그룹의 하위 속성으로 추가되고, '**Group #**' 속성그룹(들)이 선택된 상태에서 적용하면 해당 '**Group #**'(들)의 하위 속성으로, '**쉐이프이름 #**' 속성그룹(들)이 선택된 상태에서 적용하면 해당 '**쉐이프이름 #**' 속성그룹(들)의 하위 속성으로 추가된다.

> **TIP**
>
> 추가된 속성은 Timeline 패널에서 속성 왼쪽의 '**Video** 👁 '를 On/Off 하여 적용여부 선택 가능

❶ Rectangle/Ellipse/Polystar/Path

'**쉐이프이름 Path #**' 속성이 추가된다.

→ 패스만 보일 뿐 색상이 없기 때문에 Add: ◐ 에서 '**Fill/Stroke/Gradient Fill/Gradient Stroke**'를 추가하여 색상을 지정할 수 있다.

Rectangle/Ellipse : 쉐이프 레이어 중앙에 가로세로 크기 100x100 px의 패스 추가

Polystar : 쉐이프 레이어 중앙에 안쪽 반경(Inner Radius) 50px, 바깥쪽 반경(Outer Radius) 100px 크기의 별모양 패스 추가 ('**Type▼**'에서 '**Polygon**'으로 변경 가능)

Path : 선택하면 Comp 패널에서 커서가 ✎로 바뀌므로 즉시 패스를 자유롭게 그려서 추가 가능

Polystar 추가

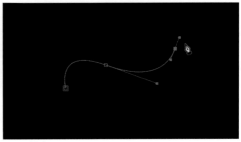
Path 추가

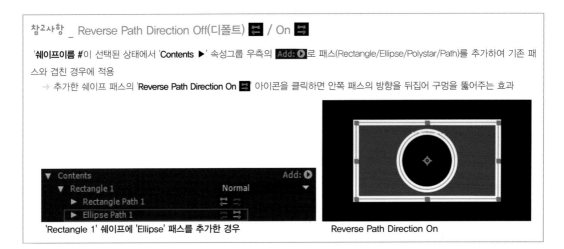

참고사항 _ Reverse Path Direction Off(디폴트) ⇄ / On ⇅

'**쉐이프이름 #**'이 선택된 상태에서 '**Contents ▶**' 속성그룹 우측의 Add: ◐ 로 패스(Rectangle/Ellipse/Polystar/Path)를 추가하여 기존 패스와 겹친 경우에 적용

→ 추가한 쉐이프 패스의 '**Reverse Path Direction On ⇅**' 아이콘을 클릭하면 안쪽 패스의 방향을 뒤집어 구멍을 뚫어주는 효과

'Rectangle 1' 쉐이프에 'Ellipse' 패스를 추가한 경우

Reverse Path Direction On

❷ Fill/Stroke/Gradient Fill/Gradient Stroke

기본 Fill/Stroke 속성 외에 추가로 Fill/Stroke 속성을 더하여 색상끼리 섞고, 테두리를 더하는 등의 작업 가능

학습예제 '**Stroke**' 속성을 추가하여 쉐이프에 여러 겹의 스트로크를 생성하기

01 Polystar 쉐이프를 생성한 후 선택된 상태에서 Add: ◐ 의 '**Stroke**' 속성을 두 번 추가한다.

02 각 'Stroke #'의 세부 설정을 다음과 같이 설정한다.

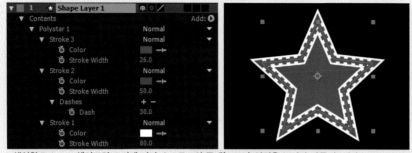

생성한 Polystar 쉐이프의 크기에 따라 스크로크의 두께(Width) 설정은 보기와 다를 수 있다.

■ **쉐이프의 색상 합성 모드(Blending Mode)** (합성 모드의 특징에 대한 자세한 설명은 P260 참고)

하나의 쉐이프 안에서 여러 Fill 또는 Stroke 속성이 겹쳐 있을 때 어떻게 색상을 섞을 것인지 설정

방법1 'Fill # (또는 Gradient Fill #)'이나 'Stroke # 우측의 [Normal ▼]에서 설정

방법2 〈Fill/Stroke Options〉 대화창의 [Normal ▼] 설정

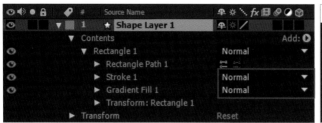 

■ **Composite ▼**

같은 쉐이프 레이어 내에서 [Add: ●]로 동일 속성(들)을 추가한 경우에 다른 동일 속성(들)과 겹쳐지는 부분의 위아래 순
서를 선택할 수 있다. (모든 추가되는 속성은 기본적으로 아래의 동일 속성을 덮어씌우면서 생성된다.)

→ 아래에 놓인 동일 속성의 '**Composite ▼**'을 변경해야 적용된다.

– **Below Previous in Same Group** : 기존 동일 속성을 아래에 놓는다. (디폴트)

– **Above Previous in Same Group** : 기존 동일 속성을 위에 놓는다.

> TIP
>
> 'Composite▼'로 위아래 적용순서를 바꾸는 대신, Timeline 패널에서 직접 동일 속성들을 클릭 후 위아래로 드래그하여 놓는 방식으
> 로 위치를 바꾸어 적용순서를 변경할 수 있다.

❸ Merge Paths

한 쉐이프 레이어에 두 개 이상의 쉐이프가 겹쳐있을 때 겹쳐 보이는 방식 설정

→ 동일선상(같은 쉐이프 레이어 내, 또는 같은 그룹 내 등)의 쉐이프들끼리 적용 가능

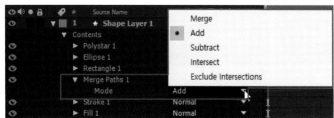 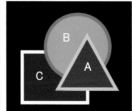

쉐이프 레이어에 'Merge Paths' 속성 추가 | 위에서부터 A-B-C 순서로 겹친 경우
(쉐이프의 위아래 순서에 따라 결과가 다름)

■ Mode ▼

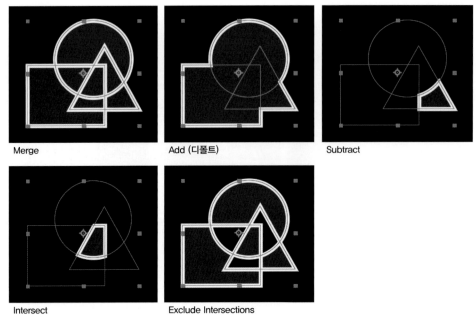

Merge

Add (디폴트)

Subtract

Intersect

Exclude Intersections

> TIP
>
> 'Merge Path' 속성 적용 후의 Fill/Stroke 색상은 툴 옵션 `Fill: ? Stroke: ? 30 px` 에서 "?" 상태의 컬러박스를 클릭하여 새로 지정 가능

❹ Offset Paths

닫힌 쉐이프의 경우 Fill 영역을 패스 안이나 밖으로 더 축소하거나 확장

> ▶ 쉐이프에 적용된 스트로크의 굵기는 유지된다.

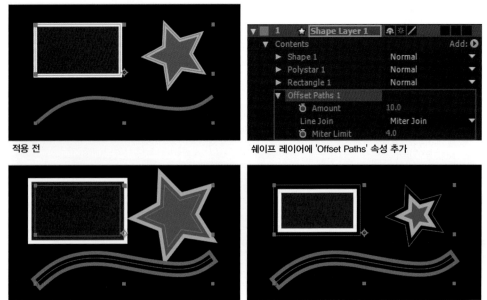

적용 전

쉐이프 레이어에 'Offset Paths' 속성 추가

Amount 45

Amount −45

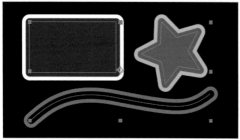

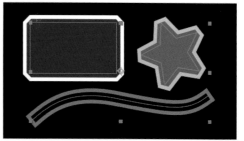

Amount 45 + Line Join ▼—Round Join   Amount 45 + Line Join ▼—Bevel Join

❺ Pucker & Bloat

쉐이프를 이루는 꼭지점들이 쉐이프의 앵커포인트를 중심으로 오므라들거나(－값) 부풀려짐(＋값)

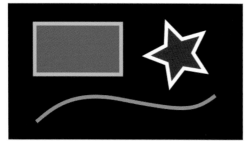

적용 전   쉐이프 레이어에 'Pucker & Bloat' 속성 추가

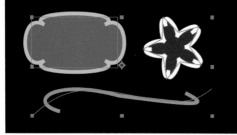

Amount 30   Amount －30

❻ Repeater

쉐이프가 반복적으로 나타나도록 설정

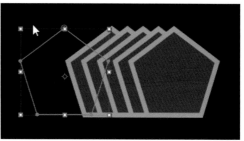

쉐이프 선택 후 'Repeater' 속성 추가   Copies 5 + offset 3 + Composite▼—Above

Copies : 반복 개수 (원본 쉐이프까지 포함한 수치, 디폴트는 3)

Offset : 기존 패스와의 거리 (반복된 쉐이프들이 함께 움직임)

Composite ▼ : 반복될수록 위(Above)로 겹칠지, 아래(Below)로 겹칠지 선택

Transform: Repeater # : 쉐이프가 반복될수록 쉐이프의 앵커포인트를 중심으로 이동/확대/회전/투명도가 더해져 적용되도록 설정

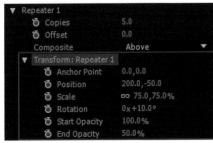 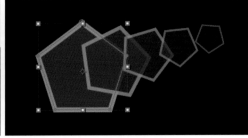

쉐이프가 반복될 때마다 오른쪽으로 200px씩, 위로 50px씩 이동하고, 크기는 직전 쉐이프보다 75%씩 작아지면서 10°씩 회전이 더해지고, 100% 불투명한 쉐이프에서 시작하여 마지막 쉐이프는 50%의 불투명도를 갖도록 설정

학습예제 'Repeater' 속성을 이용하여 도트 무늬 만들기

01 Ellipse 툴 ◯로 뷰어의 한쪽 귀퉁이에서 Shift + 드래그하여 스트로크가 없는 작은 도트(Dot)를 하나 생성한다. (생성한 도트의 크기에 따라 아래 설정값들은 다를 수 있다.)

02 Ellipse 쉐이프를 선택한 후 Add: ◑에서 '**Repeater**' 속성을 추가한다.

 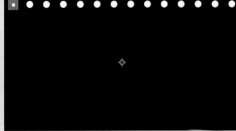

Ellipse 쉐이프에 'Repeater' 속성 추가

Copies + 쉐이프의 'Transform: Repeater 1' 속성에서 X Position값(도트의 가로 간격) 설정

03 쉐이프 레이어(Shape Layer 1) 선택 후 Add: ◑에서 '**Repeater**' 속성을 추가한다.

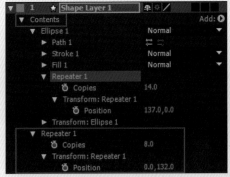 

'Contents' 속성 아래에 Repeater 속성 추가

Copies + 쉐이프 레이어의 'Transform: Repeater 1' 속성에서 Y Position값(도트의 세로 간격) 설정

❼ Round Corners

쉐이프의 안쪽과 바깥쪽 꼭지점을 동시에 둥글게 바꾼다.

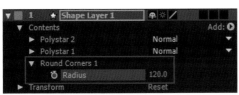

쉐이프 레이어에 'Round Corners' 속성 추가

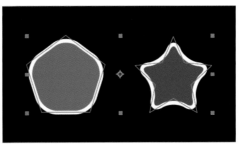

Radius 120

❽ Trim Paths

패스의 일부분만 사용하도록 패스의 시작점(Start)과 끝점(End)의 위치를 %로 설정

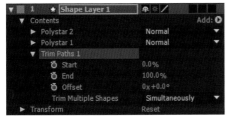

쉐이프 레이어에 'Trim Paths' 속성 추가

offset : 시작점/끝점을 동시에 이동

Trim Multiple Shapes ▼ : 두 개 이상의 패스가 있을 때
- **Simultaneously** : 각 패스에 동시에 설정 적용 (디폴트)
- **Individually** : 한 패스에 설정을 먼저 적용 후 다음 패스에 적용
  ▶ 여러 도형이 순차적으로 생성되며 완성되는 애니메이션을 만들 수 있다.

학습예제 1 도형이 점차 생성되며 완성되는 애니메이션

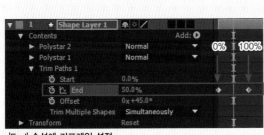

'End' 속성에 키프레임 설정

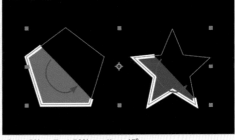

Start 0% + End 50% + offset 45°

학습예제 2 짧은 스트로크가 패스를 타고 한 바퀴 도는 애니메이션

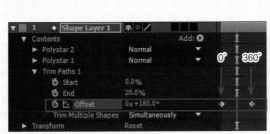

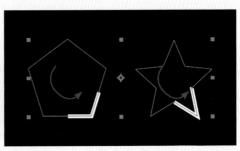

▶ 2x +0.0°로 설정하면 정해진 시간 내에 두 바퀴 회전

❾ Twist

패스의 안쪽 꼭지점과 바깥쪽 꼭지점을 서로 반대방향으로 회전시켜 소용돌이 모양 생성

Angle : 비트는 각도 (+ 값이 시계방향)

Center : 회전 중심 이동

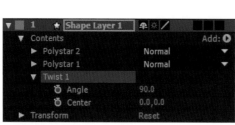

쉐이프 레이어에 'Twist' 속성 추가

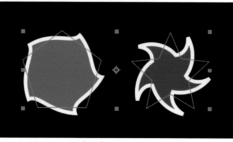

Angle 90 + Center (0, 0)

❿ Wiggle Paths

패스에 별도의 키프레임을 주지 않아도 시간이 흐름에 따라 패스가 들쭉날쭉하게 움직이는 효과 생성

▶ 속성값들에 같은 세팅값을 주면 동일한 랜덤결과를 산출하므로 결과예측이 가능하다.

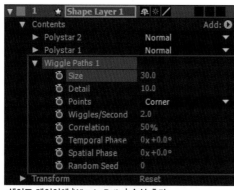

쉐이프 레이어에 'Wiggle Paths' 속성 추가

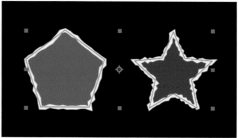

Size 30

Size : 위 아래로 들쭉날쭉하는 Segment Path의 최대 길이 설정

Detail : 들쭉날쭉한 엣지(Edge)의 밀도

Points ▼ : 들쭉날쭉한 포인트들을 각지게(Corner) 또는 부드럽게(Smooth) 표시

Wiggles/Second : 초당 위글 수

Correlation : 하나의 Vertex와 그 주변 Vertex들 움직임 사이의 유사한 정도 (0%에 가까울수록 더욱 들쭉날쭉 움직임)

Temporal Phase / Spatial Phase : 시공간상으로 위글의 변화 시작각 지정

> TIP
>
> 부드럽게 위글링을 가속/감속하려면 'Wiggles/Second'를 0으로 놓고, 'Temporal Phase'에 키프레임을 설정한다.

Random Seed : 다양한 방식으로 랜덤하게 움직이는 기본 랜덤 세팅 중 선택

⓫ Wiggle Transform

'**Wiggle Transform #**' 속성그룹이 가진 별도의 '**Transform**' 속성값을 조절하여 쉐이프가 변형(위치 이동, 크기 변경, 회전)될 때 각 설정값에 랜덤을 적용한다. ('**Transform**' 속성값에 키프레임을 주지 않아도 자동으로 랜덤하게 변함)

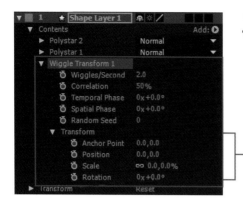

Correlation : 한 쉐이프와 그 주변 쉐이프들 사이에 움직임의 차이를 얼마나 줄지 설정
- 100%일 때 반복된 모든 쉐이프들이 동일하게 변형
- 0%일 때 반복된 모든 쉐이프들이 제각각 변형

→ 이 변형 속성값에 대해서만 랜덤 적용

학습예제 **반복시킨 여러 쉐이프에 랜덤한 변형을 주기**

01 Polystar 쉐이프를 생성한 후 선택된 상태에서 **Add: ●** 에서 '**Repeater**' 속성을 추가한다.

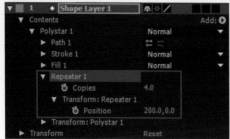

'Polystar 1'에 'Repeater' 속성 추가

Copies 4
Transform: Repeater 1 ▶Position (200, 0)

02 다시 쉐이프(Polystar 1) 선택 후 **Add: ●** 에서 '**Wiggle Transform**' 속성을 추가한 다음 '**Wiggle Transform**' 속성에 포함된 '**Transform**' 속성에 0 이외의 값을 설정한다.

→ Timeline 패널에서 '**Repeater**' 속성 위에 '**Wiggle Transform**' 속성이 배치된 경우 모든 반복된 쉐이프에 동일한 위글 설정이 적용되어 함께 움직인다.

03 Timeline 패널에서 'Repeater' 속성을 클릭 & 드래그하여 'Wiggle Transform' 속성 위에 배치하면 반복된 쉐이프 각각에 대해 위글 설정이 적용된다.

04 CTI(Current Time Indicator)를 드래그하여 움직임을 확인한다.

⓬ Zig Zag

패스를 따라 규칙적인 파형을 만든다.

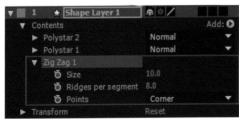

쉐이프 레이어에 'Zig Zag' 속성 추가

Size : 파고와 파저 사이의 길이

Ridges per segment : Segment Path당 파형의 개수

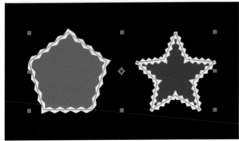 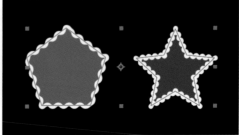

Point▼—Corner　　　　　　　　　　Point▼—Smooth

Lesson 2 마스크(Mask)

레이어의 일부만 보이도록 또는 보이지 않도록 하기 위해 레이어에 생성하는 패스

Study 1 | 레이어에 마스크 생성하기

학습예제 소스 파일 : 나뭇잎.jpg

새 프로젝트(= Ctrl + Alt + N)에서 Project 패널의 빈 공간을 더블클릭하여 〈**Import File**〉 대화창에서 "예제₩Lec05₩ sc" 폴더의 "나뭇잎.jpg"를 임포트한 다음, "나뭇잎.jpg" 레이어로 배치한다.

원하는 형태의 마스크 생성하기

레이어 선택 후 Comp/Layer 패널에서 **Shape 툴** 이나 **Pen 툴** 을 사용하여 닫힌 패스를 그린다.

▶ 레이어를 선택하지 않고 Comp 패널에서 **Shape 툴** 이나 **Pen 툴** 로 드로잉하면 쉐이프 레이어와 쉐이프가 생성된다.

→ 닫힌 패스 안쪽으로만 해당 레이어가 보이고 패스 바깥쪽은 레이어가 보이지 않게 되어 배경색이나 아래에 놓인 다른 레이어들이 드러나 보인다.

Rounded Rectangle 툴 로 마스크 생성

Pen 툴 로 마스크 생성

TIP

Shape 툴 로 마스크를 그릴 때, 이미지 전체를 보면서 패스를 그리려면 Alt + 드래그
(**Pen 툴** 은 닫힌 패스가 될 때까지는 이미지 전체가 보임)

→ Timeline 패널의 해당 레이어에 'Masks▶Mask #' 속성그룹이 생성된다.

TIP _ 마스크 색상 변경하기

Timeline 패널의 'Masks ▶Mask # 속성그룹 앞의 컬러박스를 클릭하여 〈Mask Color〉 대화창이 자동 오픈되면 다른 색상 지정

▶ 〈Preferences〉(= Ctrl + Alt + ;) 대화창에서 'Appearance' 카테고리의 'Cycle Mask Colors (uses label colors)' 옵션이 체크(디폴트)되어 있으면, 마스크를 생성할 때마다 'Labels' 카테고리의 'Label colors' 항목에 있는 색상들이 번갈아 사이클링되며 패스를 표시한다.

▶ CS6 버전은 디폴트로 체크 해제되어 있어 체크하기 전까지는 항상 노란색으로 마스크를 생성한다.

레이어의 바운딩박스 크기와 동일한 사각형 마스크 생성하기

방법1 레이어 선택 후 **Rectangle 툴** ■ 더블클릭
방법2 레이어 선택 후 **마우스 오른쪽 버튼**(또는 메뉴)Layer〉Mask〉New Mask (= Ctrl + Shift + N)

▶ 레이어 선택 후 기타 Shape 툴을 더블클릭하면 레이어의 바운딩박스 크기와 동일한 도형 마스크 생성

Ellipse 툴 ◉ 더블클릭

Star 툴 ★ 더블클릭

쉐이프 레이어에 마스크 생성하기

방법 쉐이프 레이어 선택 후 Shape 툴 ■이나 Pen 툴 ✒의 툴 옵션에서 'Tool Creates Mask ▣'를 클릭하여 ▣로 바뀌면 닫힌 패스를 드로잉한다.

클릭

▶ 쉐이프 레이어를 선택하고 툴 옵션의 'Tool Creates Shape ★'가 On인 상태에서 Shape 툴 ■이나 Pen 툴 ✒을 사용하여 패스를 그리면 마스크가 생성되는 것이 아니라 쉐이프 레이어와 쉐이프가 생성된다.

포토샵/일러스트레이터에서 만들어진 패스를 마스크 패스로 불러오기

참고 포토샵/일러스트레이터에서 Shape 툴/Pen 툴을 이용해 만든 패스(들)를 (패스)선택툴로 모두 선택 후 복사(= Ctrl + C)

→ AE를 실행하고 레이어 선택 후 붙여넣기(= Ctrl + V)(패스 하나하나가 각각의 마스크 패스로 들어옴)

▶ 쉐이프 레이어에 붙여넣기 해도 마스크 패스로 들어온다.

Study 2 | 마스크의 선택과 이동

레이어들이 많아 Comp 패널이 복잡할 때는 Layer 패널에서 마스크 패스를 선택하고 조절하는 것이 수월하다.

레이어를 선택하여 마스크가 보이는 상태　　**마스크가 선택된 상태**

마스크 하나를 선택하고 이동하기

방법1 Comp/Layer 패널에서 해당 레이어를 선택하고(마스크 형태를 알아볼 수 있으면 선택하지 않고도) **Selection 툴** 로 마스크의 엣지나 조절점(Vertex) 부분을 더블클릭

→ 마스크의 모든 Vertex가 선택되면서 바운딩박스도 함께 나타난다.

→ 바운딩박스 내에서 커서가 ▶ 모양일 때 클릭 & 드래그하여 마스크를 이동시킨다.

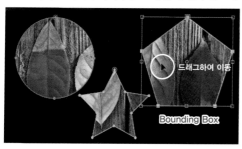

▶ 마스크를 이동하면 해당 레이어는 고정되어 있고 마스크 패스만 움직이므로 마스크를 통해 나타나는 이미지 부분이 달라진다.

방법2 Timeline 패널에서 레이어의 'Masks ▶Mask #' 속성그룹 또는 'Masks ▶Mask # ▶Mask Path'를 클릭하면 해당 **Mask #**의 모든 Vertex가 선택된다. (바운딩박스는 표시되지 않음)

Masks ▶Mask # 선택　　　　　　　　　**Masks ▶Mask # ▶Mask Path 선택**

→ 선택된 마스크의 엣지나 Vertex를 클릭 & 드래그하여 마스크를 이동시킨다.

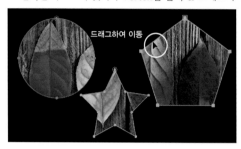

하나의 레이어에 생성된 다수의 마스크를 선택하고 이동하기

방법1 Timeline 패널에서 [Ctrl] 또는 [Shift]로 'Masks ▶Mask #' 속성그룹들을 클릭하거나, 마우스로 박스 드래그하여 다중 선택

방법2 Layer 패널에서 **Selection 툴**로 다수의 마스크를 박스 드래그
▶ Comp 패널에서 **Selection 툴**로 박스 드래그 하면 마스크가 아닌 해당 레이어가 선택된다.

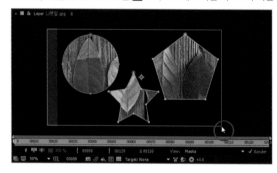

→ 선택된 마스크 중 아무 마스크의 엣지나 Vertex를 클릭하여 마스크들을 동시에 이동시킨다.

마스크의 일부 Vertex만 선택하고 이동하기

▶ Shape 툴로 생성한 쉐이프는 패스 위의 각 꼭지점들을 개별적으로 선택할 수 없으나 **Shape 툴**로 생성한 마스크는 조절점(Vertex)들을 클릭하여 이동 가능

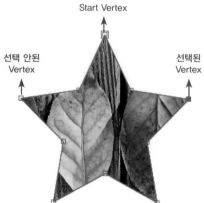

▶ 선택된 Vertex는 채워진 사각형 ■ 형태로,
선택되지 않은 Vertex는 빈 사각형 □ 형태로 표시

▪ 레이어를 선택하고 Comp/Layer 패널에서 마스크의 엣지나 Vertex를 클릭 (마스크의 엣지를 클릭하면 엣지 양쪽의 Vertex 동시 선택)

→ 엣지나 Vertex를 추가로 선택하려면 Shift + 다른 엣지나 Vertex 클릭

▪ Vertex의 전체 또는 일부가 선택된 상태에서 커서가 ▚로 바뀌면 박스 드래그로 여러 Vertex들을 동시 선택 가능 (박스 안에 포함되는 Vertex들만 선택됨)

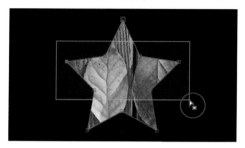

▪ 일부 Vertex가 선택된 상태에서 선택된 엣지나 Vertex 클릭 후 원하는 다른 위치로 드래그하여 Vertex 위치 이동 가능

→ 클릭 후 Shift + 드래그하면 이동 시 좌우대각선 방향으로 스냅 적용

▶ Shift 를 먼저 클릭 후 선택된 Vertex들을 클릭하면 선택 상태가 해제된다.

▪ Comp/Layer 패널에서 선택한 마스크 패스의 Vertex(들)을 이동

→ 1 Pixel씩 움직이려면 ← ↑ ↓ →
10 Pixel씩 움직이려면 Shift + ← ↑ ↓ →

마스크는 고정하고 레이어를 마스크 영역 안에서 이동하기

레이어를 선택하고 툴바에서 'Pan Behind 툴 🔳 (= Y)을 선택하여 마스크 안을 클릭 & 드래그

→ 클릭 후 Shift + 드래그하면 수평/수직 스냅 이동

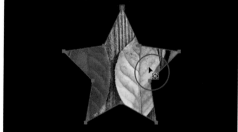

Study 3 | 마스크 삭제하기

레이어에 생성한 전체 마스크 삭제

Timeline 패널에서 레이어의 '**Masks**' 속성그룹을 클릭하거나 Comp/Layer 패널에서 모든 마스크 선택 후

> 방법1 ⌨Delete⌨ 키
> 방법2 메뉴〉Layer〉Mask〉Remove All Masks

일부 마스크만 삭제

Timeline 패널에서 레이어의 '**Masks ▶Mask #**' 속성 그룹을 (다중) 선택 하거나 Comp/Layer 패널에서 삭제할 마스크 패스를 (다중) 선택 후

> 방법1 ⌨Delete⌨ 키
> 방법2 메뉴〉Layer〉Mask〉Remove Mask

Study 4 | 마스크 패스(Mask Path) 조절하기

마스크의 바운딩박스

Comp/Layer 패널에서 직접 마스크 패스의 변형(이동/크기/회전) 가능

■ 마스크 전체를 조절하는 바운딩박스 표시하기

> 방법1 **Selection 툴** ▶로 마스크의 엣지나 Vertex 부분을 더블클릭하면 해당 마스크의 모든 Vertex가 선택되면서 바운딩박스도 함께 표시
> 방법2 Timeline 패널에서 '**Masks ▶Mask #**' 속성그룹이나 '**Masks ▶Mask # ▶Mask Path**' 속성 선택 후 ⌨Ctrl⌨ + ⌨T⌨ (= **마우스 오른쪽 버튼**(또는 **메뉴**)Layer〉Mask and Shape Path〉Free Transform Points)
> ▶ 'Masks ▶Mask #' 속성그룹을 클릭하면 마스크 전체가 선택되나 바운딩박스는 표시되지 않는다.

■ 선택된 Vertex들만 조절하는 바운딩박스 표시하기

> 방법 레이어의 마스크 패스에서 두 개 이상의 Vertex 선택 후 ⌨Ctrl⌨ + ⌨T⌨ (= **마우스 오른쪽 버튼**(또는 **메뉴**)Layer〉Mask and Shape Path〉Free Transform Points)

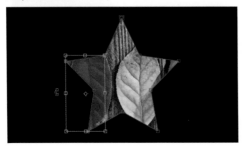

■ 마스크의 바운딩박스 조절하기

- 마스크의 바운딩박스 안을 클릭 & 드래그하여 마스크 위치 이동

- 사각형 핸들 위에서 커서가 ↕ ↔ ↘ ↗ 상태일 때 클릭 & 드래그하여 크기 조절 (Shift + 네 꼭지점의 핸들을 클릭 & 드래그하면 크기 조절 시 가로세로 비율 유지)

- 바운딩박스의 엣지와 꼭지점에서 커서가 ↰로 바뀌면 회전 가능 (Shift + 회전하면 45° 각도로 스냅이 걸림)

- 바운딩박스의 앵커포인트는 커서가 ▶ː일 때 클릭 & 드래그하여 이동

- 바운딩박스 해제 (마스크 선택상태는 유지) = Esc 키

기존의 마스크(들)를 레이어의 바운딩박스 크기와 동일한 사각형 마스크로 전환하기

방법1 Comp/Layer/Timeline 패널에서 마스크 선택 후 **Rectangle 툴 ▣** 더블클릭
방법2 Comp/Layer 패널에서 마스크(들) 선택 후 **마우스 오른쪽 버튼**(또는 **메뉴〉Layer**)**Mask〉Reset Mask**
방법3 Timeline 패널에서 레이어의 'Masks ▶Mask #' 속성그룹 선택 후 **메뉴〉Layer〉Mask〉Reset Mask**
방법4 Timeline 패널에서 레이어의 'Masks ▶Mask # ▶Mask Path' 속성 선택 후 **마우스 오른쪽 버튼〉Reset**

> TIP _ 기존의 마스크(들)를 레이어의 바운딩박스 크기와 동일한 쉐이프 마스크로 전환하기
>
> 해당 마스크(들) 선택 후 **Shape 툴 ▣** 중에서 원하는 쉐이프 형태 선택 후 더블클릭

열린 마스크 패스를 닫힌 패스로 바꾸기

방법1 마스크 패스가 보이는 상태에서 **Pen 툴 ✎**로 패스의 첫 Vertex(또는 마지막 Vertex) 클릭 후 마지막 Vertex(또는 첫 Vertex) 클릭

방법2 마스크 패스가 보이는 상태에서 **Selection 툴 ▶**이나 **Pen 툴 ✎**로 패스의 엣지나 Vertex 위에서 **마우스 오른쪽 버튼〉Mask and Shape Path〉Closed**
방법3 **Selection 툴 ▶**이나 **Pen 툴 ✎**로 Vertex 일부나 전체 선택 후 **마우스 오른쪽 버튼**(또는 **메뉴〉Layer**)**Mask and Shape Path〉Closed**
방법4 Timeline 패널에서 'Masks ▶Mask #' 속성그룹이나 'Masks ▶Mask # ▶Mask Path' 속성 선택 후 **메뉴〉Layer〉Mask and Shape Path〉Closed**

> TIP _ 여러 개의 열린 마스크 패스를 동시에 닫힌 패스로 바꾸기
>
> **방법1** **Selection 툴 ▶**로 패스의 엣지나 Vertex 클릭 하고 Shift + 다른 마스크 패스들의 엣지나 Vertex를 클릭한 후 **마우스 오른쪽 버튼** (또는 **메뉴〉Layer**)**〉Mask and Shape Path〉Closed**
>
> **방법2** **Pen 툴 ✎**로 한 패스의 시작/끝을 제외한 Vertex를 클릭하고 다른 마스크 패스의 Vertex를 Shift + 클릭한 후 **마우스 오른쪽 버튼** (또는 **메뉴〉Layer**)**〉Mask and Shape Path〉Closed**
>
> **방법3** Timeline 패널에서 'Masks ▶Mask #' 속성그룹이나 'Masks ▶Mask # ▶Mask Path' 속성 선택 후 **메뉴〉Layer〉Mask and Shape Path〉Closed**

마스크 반전하기

레이어의 보이는/보이지 않는 영역이 뒤바뀐다. (닫힌 마스크의 경우에만 가능)

방법1 Timeline 패널에서 레이어의 'Masks ▶Mask #' 속성그룹 우측의 'Inverted' 체크

방법2 Comp/Layer 패널에서 마스크 하나 선택 후 (다중 선택 시 적용 안됨) **마우스 오른쪽 버튼** (또는 **메뉴**〉Layer〉Mask〉Inverted (= Ctrl + Shift + I))

방법3 Timeline 패널에서 레이어의 'Masks ▶Mask #' 속성그룹 하나 선택 후 (다중 선택 시 적용 안됨) **메뉴**〉Layer〉Mask〉Inverted

Mask 1

Inverted

TIP _ 동시에 여러 마스크 반전하기

'Mask #'를 다중 선택하여 오른쪽의 'Inverted' 중 하나만 체크하면 모두 체크되어 동시에 여러 마스크들 반전 가능
→ 다시 클릭하면 반전 모두 해제

▶ 모든 마스크를 반전하면 레이어 전체가 보이는 상태가 된다.

마스크 잠금

마스크가 삭제 및 변형되지 않도록 잠금 설정

방법1 Timeline 패널에서 레이어의 'Masks ▶Mask #' 속성그룹 왼쪽의 'Lock 🔒' 체크
▶ 이 방식으로만 여러 마스크를 다중 선택하여 동시에 잠금 가능

방법2 Comp/Layer 패널에서 마스크 하나 선택 후 (다중 선택 적용 안됨) **마우스 오른쪽 버튼**〉Mask〉Locked
방법3 Timeline 패널에서 레이어의 'Masks ▶Mask #' 속성그룹 선택 후 (다중 선택 적용 안됨) **메뉴**〉Layer〉Mask〉Locked

---

TIP _ 기타 마스크 명령들

메뉴〉Layer〉Mask〉Unlock All Masks : 모든 마스크의 잠금 해제
Lock Other Masks : 선택한 마스크 외의 다른 마스크들을 잠금
Hide locked Masks : Comp 패널에 잠근 마스크들을 표시하지 않음

Study 5 | 마스크 속성

마스크의 속성 보기

방법1 레이어 선택 후 M M 클릭하면 Timeline 패널에서 마스크의 모든 속성 표시

▶ 아무 레이어도 선택되지 않은 상태에서 M M 누르면 마스크를 가진 모든 레이어의 모든 마스크 속성을 Timeline 패널에 표시

방법2 Comp/Layer 패널에서 레이어의 마스크 선택 후 (Timeline 패널에서 '**Masks** ▶**Mask #**' 선택 상태) **마우스 오른쪽 버튼**(또는 **메뉴** 〉**Layer**〉**Mask** ▶에서 속성 선택하면 각 속성 대화창 자동 오픈

방법3 Timeline 패널에서 레이어의 '**Masks** ▶**Mask #**' 선택 후 **메뉴**〉**Layer**〉**Mask** ▶에서 속성 선택하면 각 속성 대화창 자동 오픈

TIP

마스크 속성에 키프레임이 설정되면 Timeline 패널의 레이어바에서 해당 속성의 키프레임 ◆을 더블클릭해도 마스크 속성 대화창이 열린다.

마스크 속성의 종류

❶ Mask Shape...   Ctrl+Shift+M
❷ Mask Feather...   Ctrl+Shift+F
❸ Mask Opacity...
❹ Mask Expansion...

❶ Mask Shape

마스크 패스에 관한 속성

방법 Timeline 패널에서 '**Masks** ▶**Mask #** ▶**Mask Path**' 속성 우측의 '**Shape**' 클릭

→ 〈**Mask Shape**〉 대화창 자동 오픈

Bounding Box : 바운딩박스의 네 변의 위치 변경

Reset To ▼−**Rectangle/Ellipse** : 생성된 마스크의 모양을 사각형/원형으로 변경 (마스크의 바운딩박스 크기를 유지)

TIP _ Timeline 패널에 'Mask Path' 속성만 표시하기 = M

→ 'Mask Path' 속성의 **Stopwatch** ◉를 클릭하여 키프레임을 주고 패스에 변형을 주면 마스크 패스가 움직이는 애니메이션 가능

❷ Mask Opacity

마스크로 보이는 영역의 불투명도 지정 (레이어 자체의 '**Opacity**' 속성값에 추가로 '**Mask Opacity**' 속성값이 더해짐)

▶ Timeline 패널에 마스크의 '**Mask Opacity**' 속성만 표시 = ⊤ ⊤

❸ Mask Feather

마스크의 경계면을 기준으로 이미지가 부드럽게 사라지도록 한다. (단위 pixel)

▶ Timeline 패널에 '**Mask Feather**' 속성만 표시하기 = F

→ 〈**Mask Feather**〉 대화창에서 '**Lock**'을 체크 해제하여 번지는 정도를 가로/세로 각각 조절 가능

다른방법 Timeline 패널에서 레이어의 '**Masks ▶Mask # ▶Mask Feather**' 속성의 "Constrain Proportions 🔗" 해제

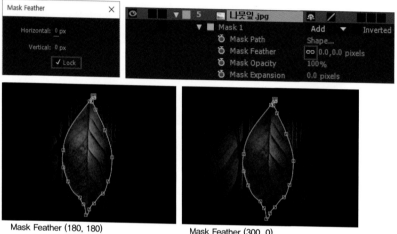

Mask Feather (180, 180)   Mask Feather (300, 0)

참고사항 _ Mask Feather 툴 ✎

마스크의 패스 위를 따라 페더(Feather)의 굵기를 다양하게 조절 가능

▶ **Pen 툴** ✎ 범주에 포함되어 있으며, G 키로 **Pen 툴** ✎과 토글

▶ Timeline 패널의 '**Mask Feather**' 속성과, **Mask Feather 툴** ✎ 동시 적용 가능

방법 **Mask Feather 툴** ✎로 마스크 패스 위에서 커서가 ✎ 상태일 때 클릭 & 드래그하여 페더 생성

→ 마스크 패스나 점선 위에서 커서가 ✎ 상태일 때 추가로 클릭 & 드래그하여 패스의 안팎으로 다양한 굵기의 페더 생성

→ Timeline 패널에서 레이어의 '**Masks ▶Mask # ▶Mask Path**' 속성의 Stopwatch 🕐를 클릭하여 다른 시간대에 다른 굵기의 페더를 주면 애니메이션 가능

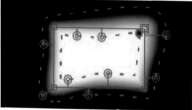

– 원형 ◎ 핸들을 클릭하여 핸들의 위치 조절 (커서가 ✎ 상대일 때 여러 핸들을 박스 드래그로 선택하여 동시에 조절 가능)

– 방향키 ← / → : 핸들이 패스를 따라 좌/우로 1 Pixel씩 이동
  방향키 ↓ / ↑ : 핸들이 패스 안/밖으로 1 Pixel씩 이동
  Shift + 방향키 : 10 Pixel씩 이동

– 핸들을 지우려면 핸들 위에서 커서가 ✎일 때 핸들 클릭

– 핸들 위에서 **마우스 오른쪽 버튼)Hold** : 다음 핸들까지 동일 패더값 유지 (핸들 모양이 ◈로 바뀜)

Edit Tension / Radius / Corner Angle : 핸들 조절값

❹ Mask Expansion

마스크 패스는 유지한 채 마스크로 지정되는 영역을 넓히거나(+ 값) 좁힘(−값)

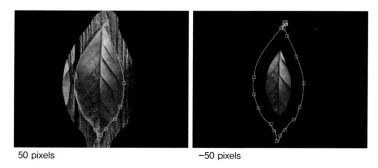

50 pixels   −50 pixels

Study 6 | 마스크 모드(Mask Mode)

한 레이어 안에 여러 마스크가 겹쳐 있을 때, 각 마스크의 투명도에 따른 마스크 간의 합성 방식

▶ 마스크가 여러 개 존재할 때는 위에 있는 마스크부터 아래로 모드가 적용된다.

Timeline 패널에서 레이어의 '**Masks ▶Mask #**' 속성그룹 오른쪽의 `Add ▼` 클릭

Comp/Layer 패널에서 레이어의 마스크 선택 후 **마우스 오른쪽 버튼**(또는 **메뉴〉Layer〉Mask〉Mode ▶**

Timeline 패널에서 레이어의 '**Masks ▶Mask #**' 속성그룹 선택 후 **메뉴〉Layer〉Mask〉Mode ▶**

❶ None
❷ Add
❸ Subtract
❹ Intersect
❺ Lighten
❻ Darken
❼ Difference

Mask 1▼−Add + Mask 2▼−Add

❶ None : 해당 '**Mask #**'를 레이어에 적용하지 않는다. (마스크 패스는 표시)

▶ 패스만 이용하고자 할 경우, 또는 전체 레이어 이미지를 보면서 마스크를 조절할 때 사용

❷ Add : 해당 마스크를 더한다. (상위 마스크들에 해당 마스크의 속성이 더해진다.)

❸ Subtract : 해당 마스크를 빼되, 겹치는 부분은 상위 마스크의 '**Mask Opacity**'에서 해당 마스크의 '**Mask Opacity**'만큼 빠진다.

▶ 하나의 마스크만 있을 때 설정하거나, 모든 마스크에 적용 시 마스크의 바깥 영역을 보여준다.

❹ Intersect : 해당 마스크와 겹치는 부분만 보여주되, 상위 마스크들의 '**Mask Opacity**' 값에 해당 마스크의 '**Mask Opacity**' %를 누적 적용

❺ Lighten : 해당 마스크를 더하되, 겹치는 부분은 가장 큰 '**Mask Opacity**' 값을 적용

❻ Darken : 해당 마스크와 겹치는 부분만 보여주되, 가장 작은 '**Mask Opacity**' 값을 적용

❼ **Difference** : 해당 마스크를 더하고 겹치는 부분은 빼되, 겹치는 부분은 상위 마스크의 '**Mask Opacity**'에서 해당 마스크의
'**Mask Opacity**'만큼 빠진다.

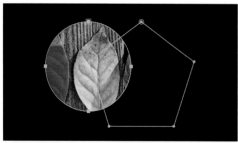

Mask 1▼−Add + Mask 2▼−None

Mask 1▼−None + Mask 2▼−None

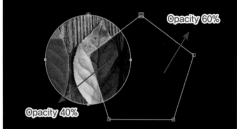

Opacity 60%

Opacity 40%

Mask 1 (Opacity 100%) ▼−Add
Mask 2 (Opacity 60%) ▼−Subtract

Mask 1 (Opacity 100%) ▼−Subtract
Mask 2 (Opacity 60%) ▼−Subtract

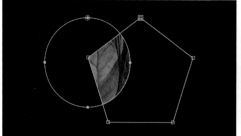

Mask 1 (Opacity 100%) ▼−Add
Mask 2 (Opacity 60%) ▼−Intersect

Mask 1 (Opacity 100%) ▼−Add
Mask 2 (Opacity 60%) ▼−Lighten

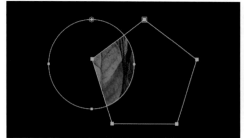

Mask 1 (Opacity 100%) ▼−Add
Mask 2 (Opacity 60%) ▼−Darken

Mask 1 (Opacity 100%) ▼−Add
Mask 2 (Opacity 60%) ▼−Difference

Study 7 | 마스크 자동 생성하기 : Auto-trace

레이어의 특정 채널값을 둘러싸는 수많은 베지어(Bezier) 마스크를 자동 생성

방법 레이어(들) 선택 후 **메뉴〉Layer〉Auto-trace** ▶ CC 2015 버전부터 Undo가 가능해졌다.

가급적 외곽선이 선명한 이미지를 사용하는 것이 좋으며, 'Auto-trace'로 생성되는 마스크들의 수를 줄이기 위해 필요한 부분만 미리 마스크로 크롭(Crop)한 후 적용하거나, 불필요한 부분을 'Keying' 이펙트 등으로 제거한 후 적용한다.

❶ Time Span

Current Frame : CTI가 위치하는 현재 프레임에만 마스크 생성

Work Area : 미리 작업 영역을 설정해 놓은 시간범위에만 마스크 생성

▶ 동영상 파일을 'Work Area'로 마스크를 생성하면 각 프레임마다 키프레임 ◆이 생성된다.

❷ Options

Channel ▼ : 마스크를 생성할 채널(Alpha/Red/Green/Blue/Luminance) 선택

Invert : 외곽선을 추적하기 전에 해당 채널에 대해 레이어를 반전

Blur : 외곽선을 추적하기 전에 이미지에 블러를 적용하여 마스크 생성 시 자잘한 부분은 제외시키는 동시에 부드러운 엣지를 갖도록 한다. (고대비 이미지를 사용하여 아주 정밀한 추적 결과가 필요할 땐 체크 해제)

→ 오른쪽 설정값(단위 pixels)이 클수록 블러가 많이 적용된다.

Tolerance : 값(0.1~999수치 지정)이 클수록 마스크 경계의 허용범위가 커져 외곽선으로부터 거리가 멀어지고 Vertex 수가 감소하여 정밀도가 떨어진다. (디폴트 1px)

Threshold : 선택한 채널의 요소를 얼마나 많이 포함해야 마스크로 생성되는지에 대한 임계값 설정 (디폴트 50%)

→ 지정한 값 이상의 픽셀들은 화이트(불투명 상태)로, 지정한 값 이하의 픽셀들은 블랙(투명 상태)으로 마스크 생성

Minimum Area : 지정한 값보다 작은 크기의 마스크는 생성하지 않는다. (디폴트 10px)

→ 4로 지정한다면 가로 2 px * 세로 2 px 보다 작은 사이즈의 마스크는 생성되지 않는다.

Corner Roundness : 마스크의 Vertex에서 곡선의 둥글기 조정 (디폴트 50%)

Apply to new layer : 마스크 추출 후 기존 레이어가 아닌 동일 크기의 흰색 솔리드 레이어가 "**Auto-traced 레이어이름**"으로 생성되면서 그 안에 마스크들이 들어간다. (체크하지 않으면 원본 레이어에 마스크들이 생성됨)

▶ 'Collapse Transformations ✳'가 설정된 Comp 레이어에는 자동으로 체크되어 Comp 레이어 사이즈와 동일한 크기의 솔리드 레이어가 생성된다.

[학습예제] **소스 파일 : 우산.jpg**

01 새 프로젝트(= Ctrl + Alt + N)에서 Project 패널의 빈 공간을 더블클릭하여 《**Import File**》 대화창에서 "예제₩Lec05₩sc" 폴더의 "우산.jpg"를 임포트한 다음 "우산.jpg" 레이어로 배치한다.

02 "우산.jpg" 레이어가 선택된 상태에서 **메뉴〉Layer〉Auto-trace**를 실행한다.

03 자동 오픈된 〈Auto-trace〉 대화창에서 다음과 같이 옵션을 설정하고 **[OK]** 버튼을 클릭한다.

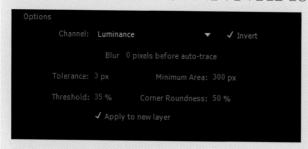

04 자동분석이 끝나면 〈Auto-trace〉 대화창에서 '**Apply to new Layer**'를 체크했으므로 "**Auto-traced 우산**" 솔리드 레이어가 생성되면서 그 안에 자동 생성된 마스크들이 들어간다.

→ 이렇게 제작된 흰색 솔리드 레이어는 매트와 마스크 패스로 활용 가능하다.

패스(Path) 활용하기

패스를 이용하여 레이어가 정해진 패스를 따라 움직이는 패스 애니메이션을 만들 수 있다.

01 AE에서 쉐이프/마스크/페인트로 만든 패스(들), 또는 포토샵/일러스트레이터에서 만들어진 패스(들)를 선택하고 복사(= Ctrl + C)한다.

> **TIP**
>
> • **쉐이프 패스** : 쉐이프 레이어의 'Contents ▶Shape # ▶Path # ▶Path' 선택 후 복사
> • **마스크 패스** : 레이어의 'Masks ▶Mask # ▶Mask Path' 선택 후 복사
> • **페인트패스** : 레이어의 'Paint ▶Brush # ▶Path' 선택 후 복사
> • **포토샵이나 일러스트레이터의 패스** : (패스)선택툴로 패스(들) 전체 선택 후 복사

02 패스를 따라 움직이게 할 레이어 선택 후 애니메이션을 시작할 프레임으로 CTI를 이동시킨다.

03 레이어의 '**Transform**' 속성그룹에서 '**Position**' 속성이나 '**Anchor Point**' 속성, 또는 이펙트의 속성 중 위치 속성을 선택하고 붙여넣기(= Ctrl + V)한다.

04 패스의 Vertex가 벌어진 간격을 자동 분석하여 패스를 따라 처음부터 끝까지 2초동안 같은 속도로 움직이는 애니메이션이 생성된다. (패스의 Vertex 개수만큼 키프레임 자동 생성)

시작 키프레임 ◆과 마지막 키프레임 ◆을 클릭 & 드래그하여 전체 움직이는 시간을 늘리거나 줄이면 중간의 키프레임들은 자동으로 일정하게 시간 간격이 늘어나거나 줄어든다.

▶ 패스 애니메이션 생성 후 복사한 원본 패스를 움직이거나 변경시켜도 이미 붙여넣기 한 레이어의 모션 패스(이동경로)에는 영향을 주지 않는다.

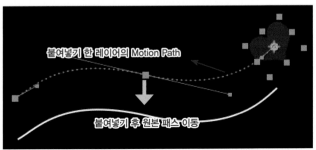

원본 패스를 다른 위치로 이동시켜도 붙여넣기 된 패스가 따라 이동하지 않는다.

→ 레이어의 모션 패스를 바꾸려면 변경한 패스를 다시 복사해서 붙여넣기 하거나, Comp 패널에서 직접 레이어의 모션 패스를 조절한다.

활용예제 선을 그리며 움직이는 연필
– 프로젝트 파일 : 연필.aep (소스 파일 : 연필.psd)

01 파일 탐색기에서 "예제₩Lec05" 폴더의 "연필.aep"를 더블클릭하거나 **메뉴〉File〉Open Project** (= Ctrl + O)로 "연필.aep" 프로젝트를 불러들인다.

"연필.aep"의 Project 패널

"연필" 컴포지션의 뷰어

02 Comp/Timeline 패널에서 "연필" 레이어를 선택한 후 툴바에서 **Anchor Point 툴** ⊞을 클릭한 다음 Comp 패널 위에서 연필의 앵커포인트를 드래그하여 연필심 쪽으로 이동시킨다.

03 **Selection 툴** ▣로 연필을 선택하여 선(패스)의 시작점(Start Vertex) 위치로 이동시킨다.

04 Timeline 패널에서 쉐이프 레이어(Shape Layer 1)의 '**Contents ▶Shape 1 ▶Path 1 ▶Path**' 속성을 클릭하여 패스 전체를 선택한 다음 복사(= Ctrl + C) 한다.

05 "연필" 레이어를 선택하고 P를 눌러 Timeline 패널에 '**Position**' 속성만 보이게 한 후, CTI를 컴포지션의 첫 프레임(0 frame)에 위치시킨다.

06 연필의 '**Position**' 속성을 클릭하고 붙여넣기(= Ctrl + V) 한다.

→ 연필의 모션 패스가 생성됨과 동시에 연필이 패스를 따라 2초동안 움직이는 패스 애니메이션이 자동으로 생성된다.

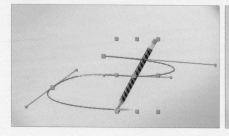

07 선이 연필을 따라 점차 그려지도록 설정하기 위해 쉐이프 레이어(Shape Layer1)의 '**Contents**' 속성그룹 우측의 Add: ◎ 에서 '**Trim Paths**' 속성을 추가한다.

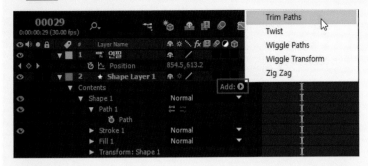

08 컴포지션 시작 프레임(0 frame)에서 쉐이프 레이어(Shape Layer 1)에 추가한 '**Trim Paths ▶End**' 속성을 0%로 설정 후 **Stopwatch** ◎ 를 클릭하고, 60 frame에서 속성값을 100%로 설정한다.

09 Space Bar 나 숫자 키패드의 0 을 눌러 프리뷰하면 연필의 움직임을 따라 선이 그려진다.

LECTURE
06

텍스트
애니메이션

Lesson 1

텍스트 생성과 관리

Study 1 │ 텍스트 입력하기

텍스트 레이어

텍스트를 입력할 수 있는 레이어

방법 1 Type 툴 **T** 더블클릭
방법 2 Comp/Timeline 패널에서 **마우스 오른쪽 버튼**(또는 메뉴)Layer)New)Text
방법 3 Ctrl + Alt + Shift + T

→ Timeline 패널에 〈empty text layer〉라는 빈 텍스트 레이어가 생성되면서 **Type 툴 T**이 자동으로 선택된다.

▶ 이전 버전까지는 "**Text #**"라는 이름으로 텍스트 레이어 생성

→ Comp 패널에서 레이어 중앙(0, 0)에 입력커서(Red Line)가 표시된다.

→ 키보드로 텍스트를 입력하면 Comp 패널의 입력커서 위치에 텍스트 내용이 써지면서 텍스트 레이어 이름이 입력된 텍스트 내용으로 즉시 바뀐다.

▶ 이전 버전까지는 모든 키보드 입력이 끝나야 '**Source/Layer Name**'이 변경된다.

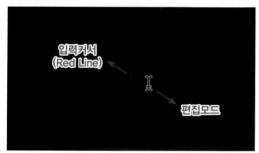

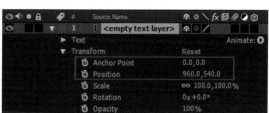

HD(1920x1080) 컴포지션 기준

> **TIP**
>
> 입력커서(Red Line)가 사라져도 Timeline 패널에서 〈empty text layer〉 텍스트 레이어를 더블클릭하면 다시 표시되어 키보드로 입력 가능한 상태가 된다.

Point Text 입력하기

단락없는 간단한 문자 입력

▶ **Paragraph Text**보다 다루기 쉬우므로 대부분의 경우 **Point Text**로 입력한다.

01 툴바에서 **Type 툴 T** (= Ctrl + T)을 선택한다.

02 Comp 패널에서 커서가 쓰기모드 **I**로 바뀌면 텍스트 레이어가 놓이길 원하는 지점을 클릭한다.

▶ 텍스트 레이어의 앵커포인트는 클릭 지점에 위치하며, 앵커포인트의 디폴트 좌표값은 항상 (0, 0)이다.

03 클릭 위치에 입력커서(Red Line)가 나타나면서 커서가 편집모드 **I** 로 바뀐다.

04 Timeline 패널에는 〈empty text layer〉라는 이름의 텍스트 레이어가 즉시 생성된다.

05 키보드 입력과 동시에 텍스트 레이어의 '**Source/Layer Name**'이 입력 내용으로 변경된다.

■ **텍스트 쓰기 종료**

> 방법 1 Ctrl + Enter키
> 방법 2 숫자 키패드에서 Enter키
> 방법 3 Timeline 패널에서 다른 레이어를 클릭하거나, 빈 곳 클릭
> 방법 4 툴바에서 다른 툴 클릭

Paragraph Text 입력하기

단락 문자 입력 (여러 줄의 문자열을 동시에 이동 및 변경 가능)

▶ Paragraph 패널의 문단 정렬 ▣▣▣▣▣▣은 **Paragraph Text**의 경우에만 활성화된다.

01 **Type** 툴 T을 선택하여 커서가 쓰기모드 T인 상태로 Comp 패널에서 단락상자를 드래그한다.

02 커서가 편집모드 I로 바뀌면 텍스트를 입력한다.

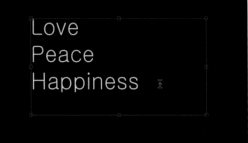

■ **Type** 툴 T로 Comp 패널에서 텍스트 레이어를 직접 클릭하면 편집모드 I로 전환되며 단락박스가 표시된다.
> → 더블클릭하면 클릭 지점에 있는 단어(Word)별로 편집모드로 선택된다.

■ **단락상자 조절** : 단락상자가 작아 입력한 내용이 다 보이지 않을 경우 **Type** 툴 T 상태에서 단락상자의 각 핸들(조절점)을
커서로 클릭 & 드래그 (단락상자의 크기만 조절될 뿐 단락상자 안의 텍스트들의 크기 변화는 없음)

> → 핸들 클릭 후 Shift + 드래그하면
> 가로세로 비율을 유지하면서 크기 조절 가능

> → 핸들 클릭 후 Ctrl + 드래그하면
> 상자 중심을 기준으로 크기 조절 가능

쓰기 방향

방법 Ctrl + T를 클릭할 때마다 수평/수직 입력 방식 전환

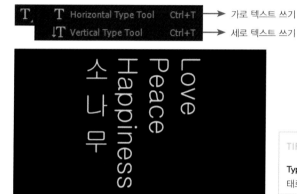

Vertical Type 툴 T로 세로 쓰기

텍스트 편집모드

Type 툴 T 상태에서 쓰기 종료된 텍스트 레이어 위로 커서를 가져가면 편집모드 I 로 바뀐다.
(텍스트 레이어가 없는 곳으로 커서를 움직이면 쓰기모드 I 상태로 바뀜)

편집모드 **쓰기모드**

커서가 편집모드 I 인 상태에서 드래그하여 텍스트의 일부 영역 선택 **커서가 편집모드 I 인 상태에서 단어 위에서 더블클릭하면 단어 전체 선택** **Selection 툴 로 텍스트 레이어 위에서 더블클릭하면 텍스트 전체 선택**

텍스트 바운딩박스

텍스트의 이동/회전 등 조절

방법 **Selection 툴**  선택 후 텍스트 레이어를 클릭하면 텍스트 바운딩박스가 표시된다.

■ 핸들을 커서로 클릭하여 바운딩박스의 크기를 조절하면 박스 안의 텍스트 크기가 전체적으로 변한다.

→ 핸들 클릭 후 Shift + 드래그하면 가로세로 비율을 유지하면서 앵커포인트 기준으로 전체 바운딩박스 크기 조절

▶ 바운딩박스 크기 조절로 텍스트의 크기가 변해도 Character 패널의 'Font Size' 수치는 변화 없다.

■ 단락문자의 경우 바운딩박스는 단락상자 안에 보이는 텍스트들만 기준으로 하여 텍스트 크기에 딱 맞게 생성된다.
  → **Selection 툴** 로 Comp/Timeline 패널에서 텍스트 레이어를 클릭하면 바운딩박스 표시
  → 더블클릭하면 **Type 툴** 로 자동 전환되고 텍스트 전체가 편집모드로 선택되면서 단락상자 표시

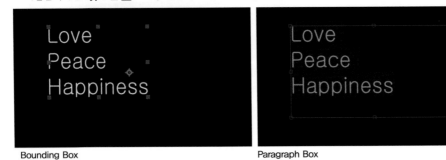

Bounding Box　　　　　　　　　　　　Paragraph Box

Type 툴 의 옵션

Type 툴 을 선택하면 툴바 오른쪽에 나타난다.

: 클릭하면 기타 패널 위치에 Character 패널과 Paragraph 패널이 동시에 표시되거나 사라진다.
  다른방법 **메뉴〉Window〉Character** 또는 **Paragraph** 체크/체크 해제

Auto-Open Panels : **Type 툴** 사용 시 기타 패널 위치에 Character/Paragraph 패널이 자동으로 오픈 (디폴트 체크)

Study 2 | Character 패널

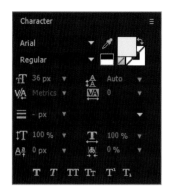

서체 선택

방법 1 서체 선택필드 또는 '서체 이름 ▼' 클릭 후 ↑ / ↓

방법 2 서체 이름 오른쪽의 ▼ 클릭 후 서체 리스트의 오른쪽 슬라이드를 드래그하여 선택

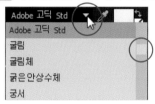

방법 3 서체 선택필드를 클릭하거나 커서를 올려놓고 마우스 휠로 위아래 드래그하면 커서가 ↕로 바뀌면서 서체 선택 가능

방법 4 서체 이름 오른쪽의 ▼ 클릭하여 서체 리스트를 열고 마우스 휠로 클릭 후 Hand 툴 🖐로 바뀌면 위아래로 리스트를 빠르게 넘겨가며 서체 선택

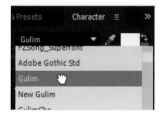

방법 5 서체 선택필드에 서체 이름의 첫 알파벳을 입력하면 해당 알파벳으로 시작하는 서체로 이동

▶ 영문 AE에서는 서체 선택필드에 한글입력을 할 수 없다.

TIP _ 서체 리스트에 한글 서체 이름 표시하기

디폴트로 한글 서체 이름은 영문으로 표기되어 있으나, 한글 서체 이름으로 바꾸려면 Character 패널의 **패널 메뉴 ≡**〉Show Font Names In English의 체크를 해제

▶ 체크 해제 후 AE를 재실행해야 한글 서체 이름으로 표시된다.

참고사항 _ Adobe Typekit 무료 폰트 추가하기 P52 참고

1 바탕화면에서 **Adobe Creative Cloud** 🔲 아이콘을 더블클릭하여 〈Creative Cloud〉 창 오픈 (로그인하면 자동으로 데스크탑과 동기화)

2 〈Creative Cloud〉 창에서 "**에셋**)**파일**' 카테고리 선택 후 [**Typekit에서 글꼴 추가**] 버튼을 클릭하면 웹브라우저에서 Adobe Typekit 사이트(https://typekit.com) 자동 오픈

색상 선택

Fill 또는 Stroke 컬러박스를 클릭하여 앞쪽으로 활성화시킨 후 다시 클릭
→ 〈Text Color〉 대화창이 자동 오픈되면 문자 색상 선택 및 변경 가능

- Eyedropper (인터페이스 내에서 색상 추출)
- Fill Color (문자 중심부 색상)
- Fill/Stroke 간 컬러 전환
- Stroke Color (문자 테두리 색상)
- 색상 없음(투명) 설정
- 블랙/화이트 색상 버튼

Stroke 설정

Stroke 컬러박스를 클릭하여 앞쪽으로 활성화시킨 후 색상 지정하고, '**Stroke Width** ▨ 0 px'에서 글씨 테두리의 두께 설정

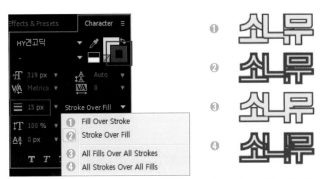

- ❶ Fill Over Stroke
- ❷ Stroke Over Fill
- ❸ All Fills Over All Strokes
- ❹ All Strokes Over All Fills

Fill/Stroke 색상의 상하 배열 순서

서체 간격

Kearning ▨ : 커서 좌우의 두 문자 사이의 간격 조절

Tracking ▨ : 전체 또는 선택한 문자들 사이의 간격 조절

Tsume(츠메) ▨ : 전체 또는 선택한 문자들 사이 간격을 모두 같은 간격으로 좁힌다. (한중일 서체에 적용)
→ 0(현재 간격 유지) ~ 100%(각 문자들의 바운딩박스가 밀착된 상태)

Study 3 | Paragraph 패널

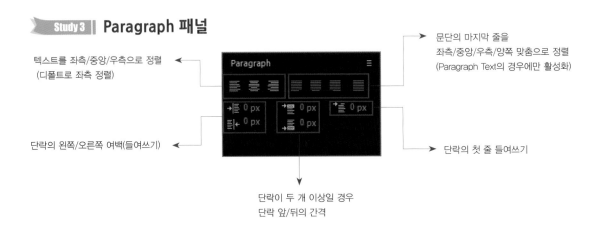

- 텍스트를 좌측/중앙/우측으로 정렬 (디폴트로 좌측 정렬)
- 문단의 마지막 줄을 좌측/중앙/우측/양쪽 맞춤으로 정렬 (Paragraph Text의 경우에만 활성화)
- 단락의 왼쪽/오른쪽 여백(들여쓰기)
- 단락의 첫 줄 들여쓰기
- 단락이 두 개 이상일 경우 단락 앞/뒤의 간격

Study 4 ┃ 포토샵 텍스트 활용하기

포토샵에서 PSD로 저장한 파일을 AE에서 편집 가능한 텍스트 레이어로 변환

학습예제 소스 파일 : After Effects.psd

01 Project 패널의 빈 공간을 더블클릭하여 〈**Import File**〉 대화창에서 "예제₩Lec06₩sc" 폴더의 "After Effects.psd"를 임
포트 한다.

→ PSD 파일을 임포트 할 때 '**Import Kind ▼**' 옵션에서 '**Composition**' 또는 '**Composition-Retain Layer Sizes**'를 선
택하여 PSD의 레이어를 유지한다.

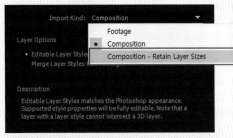

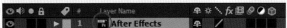

02 Comp/Timeline 패널에서 해당 레이어를 선택하고 **마우스 오른쪽 버튼**(또는 **메뉴**〉Layer)〉**Convert to Editable Text**

▶ 텍스트 레이어로 변환 후 앵커포인트의 위치는 Paragraph 패널의 현재 정렬 방식 ▤ ▤ ▤을 따른다.

03 Type 툴 ▣로 편집모드 Ⅰ 상태에서 일반 텍스트 레이어
처럼 수정 및 변형할 수 있다.

Study 5 | 텍스트 레이어를 쉐이프와 마스크로 변환하기

텍스트 레이어를 쉐이프 레이어로 변환하기

방법 텍스트 레이어 선택 후 **마우스 오른쪽 버튼**(또는 **메뉴**)**Layer**)**Create Shapes from Text**

→ 기존 텍스트 레이어는 '**Video** 👁'가 Off되고, 그 위에 새로운 쉐이프 레이어(텍스트 레이어 이름 Outlines)가 생성된다.

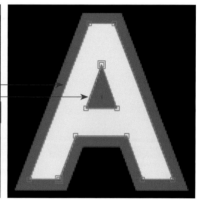

▶ 문자(Character)마다 쉐이프가 각각 생성되고, 하나의 쉐이프는 다수의 닫힌 패스를 가질 수 있다. ("A"라는 문자는 두 개의 닫힌 패스로 생성)

→ "A,B,D…" 경우처럼 여러 개의 쉐이프로 한 문자가 만들어진 경우 '**Merge Paths #-Mode▼**' 속성이 "Merge"로 자동 설정되어 패스가 겹치는 문자의 중간 부분을 비어있게 만든다.

텍스트 레이어를 마스크로 변환하기

방법 텍스트 레이어 선택 후 **마우스 오른쪽 버튼**(또는 **메뉴**)**Layer**)**Create Masks from Text**

→ 기존 텍스트 레이어는 '**Video** 👁'가 Off되고, 그 위에 새로운 흰색 솔리드 레이어(텍스트 레이어 이름 Outlines)가 생성되어 닫힌 패스(Path)마다 각각 마스크로 만들어진다.

Lesson

2 텍스트 애니메이션

Study 1 | 레이어 스타일(Layer Styles)

레이어에 그림자(Shadow)나 글로우(Glow), 베벨(Bevel), 엠보스(Emboss), 스트로크(Stroke) 등의 효과를 추가

레이어 스타일 생성하기

방법 Comp/Timeline 패널에서 레이어(들) 선택 후 **마우스 오른쪽 버튼**(또는 **메뉴〉Layer**)**〉Layer Styles** ▶에서 원하는 스타일을 선택
▶ 레이어 스타일은 포토샵과 설정이 동일하며, 포토샵과 연동하여 레이어 스타일 데이터를 공유할 수 있다.

→ 레이어에 '**Layer Styles**'라는 속성그룹이 추가되고 선택한 레이어 스타일이 하위 목록으로 나타난다.

→ 적용한 레이어 스타일 좌측의 ▶를 클릭하면 세부 속성값들을 조절할 수 있다.

레이어 스타일의 종류

텍스트 레이어에 'Drop Shadow'와 'Bevel and Emboss' 스타일 적용

TIP

여러 레이어에 동일하게 적용한 레이어 스타일의 속성값은 레이어 다중 선택 후 하나의 레이어 스타일 속성값을 변경하면 선택된 모든 레이어의 동일 속성값을 변경할 수 있다.

레이어 스타일이 적용된 PSD 파일 불러들이기

방법 PSD 파일을 임포트할 때 'Import Kind ▼' 옵션에서 'Composition' 또는 'Composition-Retain Layer Sizes'를 선택

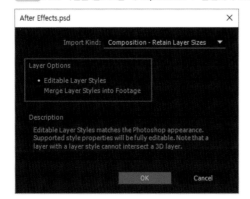

Editable Layer Styles : 레이어 스타일을 AE에서 즉시 편집 가능한 상태로 불러들인다.

Merge Layer Styles into Footage : PSD 파일의 각 레이어에 레이어 스타일을 결합한 상태로 읽어들여 AE에서 편집 불가능

TIP 1

〈Preferences〉(= Ctrl + Alt + ;) 대화창의 'Import' 카테고리에서 'Drag Import Multiple Items As ▼'를 "Composition"이나 "Composition–Retain Layer Sizes"로 선택하면, 파일 탐색기나 Libraries 패널에서 레이어 스타일을 가진 PSD 파일/에셋을 Project 패널로 드래그 & 드롭할 때 레이어 스타일(Layer Styles)까지 편집 가능한 상태로 불러들인다.

TIP 2 _ 결합된 레이어 스타일을 편집 가능한 상태로 바꾸기

'Merge Layer Styles into Footage'로 임포트 한 레이어 스타일을 다시 편집 가능하도록 바꾸려면

방법 해당 레이어 선택 후 **마우스 오른쪽 버튼**(또는 **메뉴**〉Layer)〉Layer Styles〉Convert to Editable Styles

---

레이어 스타일 제거

- **레이어에 적용된 레이어 스타일 제거**
  방법 Timeline 패널에서 텍스트 레이어의 'Layer Styles' 속성그룹의 하위 세부 속성 선택 후 Delete 키

- **레이어에 적용된 모든 레이어 스타일 제거**
  방법 1 레이어의 'Layer Styles' 속성그룹 선택 후 Delete 키
  방법 2 레이어 선택 후 **마우스 오른쪽 버튼**(또는 **메뉴**〉Layer)〉Layer Styles〉Remove All

---

Study 2 | 텍스트 프리셋(Text Presets)

AE에서 디폴트로 제공되는 텍스트 애니메이션으로 Timeline 패널에서 속성을 변경하여 애니메이션 수정 가능

텍스트 프리셋 선택하기

- **어도비 브릿지(Adobe Bridge)에서 선택하기**
  방법 1 **메뉴**〉Animation〉Browse Presets
  방법 2 Effects & Presets 패널의 **패널 메뉴** ☰〉Browse Presets
  방법 3 **메뉴**〉File〉Browse in Bridge (= Ctrl + Alt + Shift + O)

  → 어도비 브릿지가 자동 오픈되면 "C:₩Program Files₩Adobe₩Adobe After Effects CC 2015₩Support Files₩Presets₩Text₩" 디렉토리의 다양한 텍스트 애니메이션 카테고리 안에서 세부 프리셋 선택

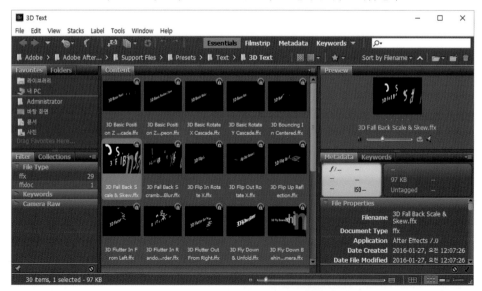

▶ 프리셋을 클릭하면 오른쪽에 프리뷰가 실행되고 해당 프리셋의 움직임을 미리 볼 수 있어 Effects & Presets 패널에서 프리셋을 적용하는 방식보다 많이 쓰인다.

■ Effects & Presets 패널에서 선택하기

Animation Presets ▶Text 폴더 안에서 선택

▷ 기타 패널 위치에 Effects & Presets 패널이 보이지 않으면
메뉴〉Window〉Effects & Presets 체크

텍스트 프리셋 적용하기

CTI(Current Time Indicator)를 프리셋을 적용하려는 시간대(애니메이션 시작 시간)에 위치시킨 후

> 방법1 텍스트 레이어를 선택하고 Browse Presets(Adobe Bridge)이나 Effects & Presets 패널에서 적용할 프리셋을 더블클릭
> 방법2 Effects & Presets 패널에서 프리셋을 선택 후 Comp/Timeline 패널의 텍스트 레이어로 드래그 & 드롭
> 방법3 텍스트 레이어 선택 후 Adobe Bridge에서 프리셋을 선택한 다음 **마우스 오른쪽 버튼〉**Place In Adobe After Effects CC 2015
> ▶ CS6 버전은 "**Place in After Effects**" 명령
> 방법4 Effects & Presets 패널에서 적용할 프리셋을 선택하고 Timeline 패널에서 텍스트 레이어 선택 후 Ctrl + Alt + Shift + F

→ 적용된 프리셋에 따라 레이어의 '**Text**' 속성그룹 아래 '**Animator #**' 속성그룹이 생성되므로 좌측의 ▶로 세부 속성을 확장하여 속성값이나 키프레임, 적용 시간 등을 바꾸어 프리셋 변경 가능

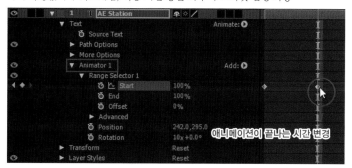

사용자가 만든 텍스트 프리셋 저장

텍스트 레이어에 적용한 나만의 애니메이션을 프리셋으로 저장하여 다른 텍스트 레이어나 프로젝트에서 재사용할 수 있다.

→ Timeline 패널의 텍스트 레이어 속성에서 '**Text**' 선택 후

> 방법1 **메뉴〉**Animation〉Save Animation Preset
> 방법2 Effects & Presets 패널 우측하단의 '**Create New Animation Preset** ' 클릭
> 방법3 Effects & Presets 패널의 **패널 메뉴** 〉Save Animation Preset

→ "C:₩Users₩Administrator₩Documents₩Adobe₩After Effects CC 2015₩User Presets"에 "파일이름.ffx"로 저장하면 즉시 Effects & Presets 패널의 '**Animation Presets ▶**'에 '**User Presets**' 폴더 안에 표시된다.

프리셋 삭제

방법 1 Browse Presets(Adobe Bridge)에서 지울 프리셋 선택 후 Delete 키

방법 2 Effects & Presets 패널에서 지울 프리셋 선택 후 **패널 메뉴 ▤)Reveal in Explorer**

→ 해당 프리셋이 저장된 폴더창이 자동으로 열리면 Delete 키

TIP

Effects & Presets 패널에 여전히 삭제된 프리셋 이름이 보이면 **패널 메뉴 ▤)Refresh List**

Study 3 | **텍스트 속성**

Timeline 패널에서 텍스트 레이어의 'Text' 속성그룹을 확장하면 세부 속성이 표시된다.

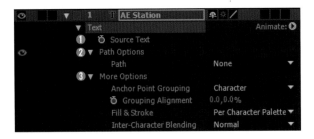

❶ Source Text

텍스트 입력 내용을 변경하거나 Character 패널에서 글씨체, 색상, 글자 간격 등에 변화를 주어 키프레임 적용 가능

학습예제 **Character 패널의 속성에 애니메이션 설정하기**

01 텍스트 레이어를 선택하고 Character 패널에서 Fill/Stroke Color나 폰트 크기, Tracking 등 각종 설정값을 지정한다.

02 Timeline 패널에서 텍스트 레이어의 '**Text ▶Source Text**' 속성 이름 좌측의 **Stopwatch** ⏱를 클릭한다.

03 다음 시간대로 CTI를 이동시킨 후 Character 패널의 설정값들을 변경시킨다. 이를 반복 적용한다.

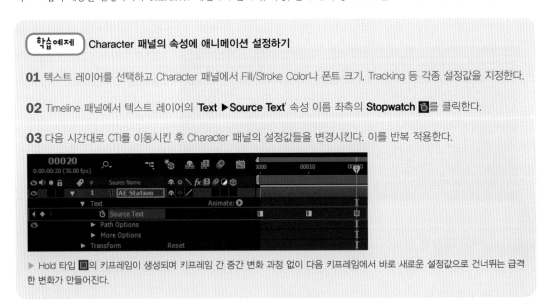

▶ Hold 타입 ■의 키프레임이 생성되며 키프레임 간 중간 변화 과정 없이 다음 키프레임에서 바로 새로운 설정값으로 건너뛰는 급격한 변화가 만들어진다.

---

❷ Path Options

학습예제 **패스 모양대로 텍스트 정렬하기**

01 텍스트 레이어를 선택한 상태에서 **Shape 툴** ■이나 **Pen 툴** ✐로 마스크 패스를 생성한다.

02 레이어의 'Text ▶Path Options ▶Path ▼' 속성에서 생성한 패스(Mask #)를 선택한다.

텍스트 레이어에 마스크 패스 생성

패스로 사용할 마스크 선택

→ 'Path Options ▶'에 새로운 하위 속성들이 표시되면서 패스를 따라 문자가 정렬된다.

▶ Paragraph 패널의 좌측(디폴트)/중앙/우측 정렬 설정에 따라 텍스트 레이어가 패스의 시작점/중간/끝점에 위치하게 된다.

좌측 정렬

중앙 정렬

우측 정렬

Reverse Path : On하면 패스의 시작과 끝의 위치가 바뀐다.

Perpendicular To Path : 디폴트(On)로 문자(Character) 각각을 패스의 접선에 직각으로 배열하나, Off일때 Character들이 X축에 수직 상태로 배열된다.

Force Alignment : On하면 패스의 시작점부터 끝점까지 Character들을 같은 간격으로 배치

First Margin : 텍스트 레이어가 좌측/중앙 정렬일 때 패스의 시작점에서부터 첫 Character가 놓인 위치까지의 여백 설정

Last Margin : 텍스트 레이어가 우측/중앙 정렬일 때 패스의 끝점에서부터 첫 Character가 놓인 위치까지의 여백 설정

Reverse Path : On

Perpendicular To Path : Off

Force Alignment : On

First Margin 100

학습예제 패스를 따라 흐르는 택스트 애니메이션 만들기

01 텍스트 레이어의 'Text ▶Path Options ▶First Margin' 속성값 위에 커서를 놓고 드래그하여 뷰어에서 다음과 같은 시작/끝 위치가 될 때 속성값에 각각 키프레임을 생성한다. (좌측 정렬 기준)

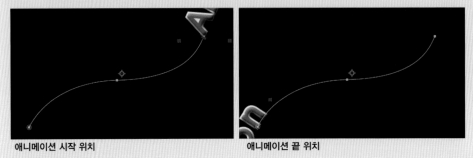

애니메이션 시작 위치   애니메이션 끝 위치

▶ 사용자가 생성한 텍스트의 크기와 패스 모양에 따라 설정값이 다르므로 대략 뷰어에서 위와 같이 보일 때 속성 값을 지정한다.

02 Space Bar 나 숫자 키패드의 0 을 눌러 프리뷰 한다.

❸ More Options

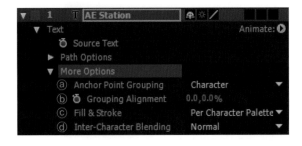

ⓐ Anchor Point Grouping ▼

앵커포인트 위치를 "Character/Word/Line/All" 중 선택하면 해당 기준점이 전체 텍스트 레이어가 움직이는 기준이 된다.

→ **Anchor Point Grouping**을 클릭하면 해당 기준점에 " **x** " 표시가 나타난다.

- **Character** : 문자 각각에 기준점 표시
- **Word** : 단어 각각에 기준점 표시
- **Line** : 텍스트 레이어가 여러 줄로 이루어진 경우 줄마다 기준점 표시
- **All** : 텍스트 레이어의 바운딩박스 정중앙에 기준점 표시

Anchor Point Grouping ▼-Character 선택 시

ⓑ Grouping Alignment

앵커포인트 " **x** "의 X/Y 위치값(%) 변경 (앵커포인트 " **x** "의 위치값 변화에 따라 텍스트 위치도 바뀐다.)

ⓒ Fill & Stroke ▼

문자의 Fill/Stroke 색상의 위아래 배열 순서 선택

Per Character Palette (디폴트)　　　　All Fills Over All Strokes　　　　All Strokes Over All Fills

ⓓ Inter-Character Blending ▼

텍스트 레이어 내에서 문자(Character)끼리 겹치는 부분의 합성 모드 설정 (합성 모드의 특징에 대한 자세한 설명은 P 260 참고)

Study 4 | Animate Text

Timeline 패널에서 텍스트 레이어에 Animator 속성을 추가하여 텍스트 레이어 전체가 아닌 문자나 단어 각각에 애니메이션 적용

방법 1 텍스트 레이어 선택 후 Timeline 패널에서 텍스트 레이어의 'Text' 속성그룹 우측의 Animate: ◉ 클릭

방법 2 Comp 패널에서 텍스트 레이어 선택 후 **Type 툴 T** 상태에서 **마우스 오른쪽 버튼〉Animate Text ▶**
방법 3 Timeline 패널에서 텍스트 레이어 선택 후 **메뉴〉Animation〉Animate Text ▶**

'Animate Text ▶Enable Per-character 3D' 설정하기

텍스트 레이어가 Character(개별 문자)/Word(단어)/Line(한 줄)/All(전체 텍스트)로 각각 3D 속성(Z축 속성)을 가질 수 있는 기능

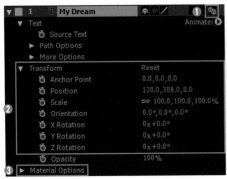

❶ Timeline 패널의 '**3D Layer** ▣' 컬럼에 🔲 스위치가 자동 설정된다.

  ▶ '**3D Layer** ▣' 컬럼을 직접 클릭하여 텍스트 레이어에 🔲 스위치를 설정하는 경우에는 텍스트 레이어 전체가 하나의 Z축 속성을 가진다.

    [3D 텍스트 레이어에 대한 설명은 P 361 참고]

❷ 텍스트 레이어의 '**Transform**' 속성에 Z 속성값이 생긴다.

❸ 텍스트 레이어에 '**Material Options**' 속성그룹이 추가된다.   ['Material Option'에 대한 자세한 설명은 P 394 참고]

❹ Character/Word/Line/All 설정에 따라 각각 바운딩박스가 표시되고 텍스트 레이어의 앵커포인트 위치에 **3D Local Axis** ⌐ 가 표시된다.

  ▶ 텍스트 레이어에 '**Enable Per-character 3D**'만 적용해서는 개별 문자나 단어 등에 애니메이션을 설정할 수 있는 '**Animator #**' 속성그룹이 생성되지 않으므로, '**Text**' 속성그룹 우측의 `Animate: ▶`에서 Animator 속성을 추가해야 한다.

Animator 속성 추가하기

'**Text**' 속성그룹 우측의 `Animate: ▶`에서 Animator 속성을 선택하면 텍스트 레이어의 '**Animator #**' 속성그룹 아래에 '**Range Selector #**' 가 생성되며 그 아래에 추가한 속성들이 표시된다.

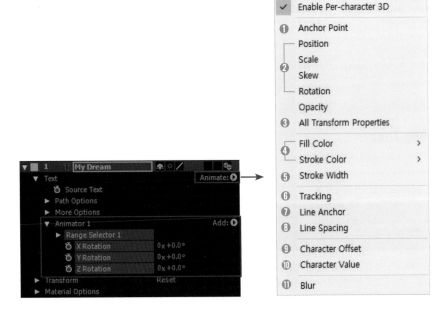

■ 기존의 '**Animator #**' 속성그룹 내에 Animator 속성을 더 추가하려면

방법 1 '**Animator #** 속성그룹 우측의 Add: ▶)Property ▶에서 추가로 선택

방법 2 '**Animator #** 속성그룹을 클릭한 상태에서 Animate: ▶ 에서 추가

■ 하나의 '**Animator #**' 속성그룹 아래 동일한 속성을 여러 번 추가할 수는 없다.

■ 여러 '**Animator #**' 속성그룹에 동일한 Animator 속성이 추가된 경우 아래(새로운) '**Animator #**' 속성그룹에 추가된 속성이 위(이전의) '**Animator #**' 속성그룹에 추가된 동일 속성을 덮어씌운다.

■ '**Animator #**' **속성그룹끼리 위치 변경** : Timeline 패널에서 '**Animator #**' 속성그룹 클릭 후 다른 '**Animator #**' 속성그룹 위 또는 아래 위치로 드래그 & 드롭

❶ Anchor Point

'**Text** ▶**More Options** ▶**Anchor Point Grouping** ▼'에서 선택한 앵커포인트 "**x**"의 좌표값을 변경시켜 Animator 속성 (Position/Scale/Skew/Rotation 등)을 추가할 때 변형의 기준점으로 사용한다.

▶ '**Text** ▶**More Options** ▶**Grouping Alignment**'를 변경하면 '**x**' 자체가 X/Y 좌표로 이동하고, Animator 속성으로 추가된 '**Anchor Point**' 속성값을 변경하면 "**x**" 위치는 변함없이 개별 문자/단어/행/전체 위치가 이동한다.

❷ Position / Scale / Skew / Rotation

'**Anchor Point Grouping**'에서 선택한 앵커포인트("**x**")를 기준으로 변형되는 Transfrom 속성 추가

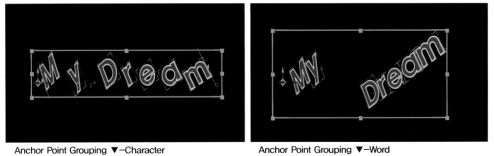

Anchor Point Grouping ▼−Character　　　　Anchor Point Grouping ▼−Word

'**Rotation**' 속성을 추가하여 Y Rotation 45° + Z Rotation −30° 설정

❸ All transform Properties

모든 변형 속성(Anchor Point/ Position/Scale/Skew/Skew Axis/Rotation/Opacity)을 동시에 추가

❹ Fill/Stroke Color

문자의 중심색상과 테두리에 개별적으로 "**RGB**(Color Box)/**HUE**(0x + 0.0°)/**Saturation**(%)/**Brightness**(%)/**Opacity** (%)"를 지정하여 문자의 색상과 투명도가 점차 변하는 애니메이션 설정 가능

■ '**Fill/Stroke Color**'의 좌측 ▶(키프레임을 주면 표시됨)를 클릭하면 두 키프레임 사이에서 문자의 색상이 점차 변하는 컬러바가 표시된다.

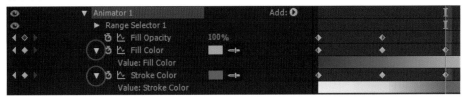

■ 추가된 Animator 속성의 Fill/Stroke 색상이 Character 패널에서 지정한 색상을 덮어씌운다. 여러 '**Animator #**' 속성 그룹에서 Fill/Stroke 색상을 추가한 경우, 아래에 위치한 '**Animator #**' 속성그룹의 색상이 이전(위)에 설정한 문자 색상 들을 덮어씌운다.

■ 'Fill/Stroke Opacity' 속성을 추가하여 투명도를 조절해도 Character 패널의 문자색상이나 이전 'Animator #' 속성그룹의 색상이 비쳐 보이는 것은 아니다.

최종 Fill/Stroke Color

■ Character 패널의 Fill 컬러박스가 ▨(Fill 색상 없음)일 때는 'Animator #' 속성그룹에서 추가한 'Fill' 색상이 적용되지 않고, Stroke 컬러박스가 ▨(Stroke 색상 없음)일 때는 'Animator #' 속성그룹에서 추가한 'Stroke' 색상이 적용되지 않는다. ('Animator #' 속성그룹에서 'Fill/Stroke Opacity' 속성을 추가한 경우에는 Character 패널의 ▨(Fill 색상 없음)이나 ▨(Stroke 색상 없음) 설정보다 우선함)

❺ Stroke Width

Character 패널에서 지정한 'Stroke Width'에 'Animator #' 속성그룹에서 추가한 'Stroke Width' 속성의 두께가 더해진다.

→ 여러 'Animator #' 속성그룹에서 추가될수록 두께가 늘어나면서 아래 Stroke 색상이 앞서 추가된 Stroke 색상을 덮어씌운다.

❻ Tracking

전체 문자 간의 간격을 텍스트 레이어의 앵커포인트를 기준으로 점차 넓히거나(+값) 좁히는(-값) 애니메이션 가능

→ Paragraph 패널의 정렬 ▨▨▨에 따라 'Tracking Type' 설정 (좌측 정렬은 "After", 중앙 정렬은 "Before & After", 우측 정렬은 "Before")

자간이 넓어졌다가 원래 상태로 돌아오는 애니메이션

❼ Line Anchor

■ 'Tracking' 속성에 애니메이션을 설정했을 때 적용한다.

■ 텍스트 레이어의 전체 바운딩박스 크기를 100%로 보고 앵커포인트 기준이 아닌 바운딩박스 내의 특정위치를 기준으로 문자 간격을 넓히거나 좁힌다.

　　– 맨 좌측(0%) / 중앙(50%, 디폴트) / 맨 우측(100%)

❽ Line Spacing

여러 줄의 문자를 입력했을 때 줄 간의 X/Y 거리 조절

▷ 'Text ▶More Options ▶Anchor Point Grouping'에서 설정된 앵커포인트 "x" 위치도 함께 이동한다.

❾ Character Offset

유니코드를 사용하여, 지정한 속성값만큼 알파벳/숫자가 뒤로 밀림

→ 2를 입력하면 텍스트 레이어의 문자 "abc012"는 "cde234"로 바뀜

다른 문자들이 나타나다가 최종 문자로 변하는 애니메이션

Character Alignment ▼ : 문자마다 크기가 다르므로, 텍스트 레이어의 바운딩박스에서 어느 위치를 기준으로 하여 변하는 문자들의 위치를 정렬할 지 선택

　- Left or Top (디폴트) / Center / Right or Bottom / Adjust Kerning

Character Range ▼
　- **Preserve Case & Digits** (디폴트) : 알파벳은 A~Z 사이, 숫자는 0~9 사이 등 동일 그룹 내에서 문자 변경
　- **Full Unicode** : 가령 알파벳이 Z를 넘어가면 다른 유니코드 그룹으로 넘어가서 변경된다.

❿ Character Value

다른 문자들을 하나의 새로운 유니코드 문자로 변경

→ 속성값으로 65를 입력하면 텍스트 "abc012"는 65번째 유니코드인 "A" 문자가 적용돼 "AAAAAA"로 바뀐다.

⓫ Blur

문자에 가우시안 블러(Gaussian Blur) 적용

→ '**Constrain Proportions 🔗**'을 해제하여 가로/세로로 각각 다른 블러값 적용 가능

'Animator #' 속성그룹 복제하기

■ **'Text' 속성그룹 내에서 복제하기**
　방법1 'Animator #' 속성그룹(들) 선택 후 Ctrl + D
　방법2 'Animator #' 속성그룹(들) 선택 후 Ctrl + C & 동일 텍스트 레이어나 'Text' 속성그룹 선택 후 Ctrl + V

■ **다른 텍스트 레이어로 복제하기**
　방법 'Animator #' 속성그룹(들) 선택 후 Ctrl + C & 다른 텍스트 레이어 선택 후 Ctrl + V

■ **다른 'Animator #' 속성그룹 덮어쓰기**
　방법 'Animator #' 속성그룹 선택 후 Ctrl + C & 다른 'Animator #' 속성그룹 선택 후 Ctrl + V

Animator 속성 삭제하기

- **'Animator #' 속성그룹이나 추가한 Animator 속성 삭제하기**
  > **방법** Timeline 패널에서 텍스트 레이어의 속성 중 해당 항목(들) 선택 후 Delete 키

- **텍스트 레이어에 추가한 모든 'Animator #' 속성그룹 삭제하기**
  > **방법** 텍스트 레이어 선택 후 **메뉴**〉Animation〉Remove All Text Animators

---

Study 5 | Text Selector

Animator 속성을 적용할 문자 범위를 지정하거나, Animator 속성에 랜덤이나 익스프레션 적용

> **방법 1** Timeline 패널에서 텍스트 레이어의 'Text ▶Animator # 속성그룹 오른쪽의 **Add: ◑** 〉Selector ▶
> **방법 2** Comp 패널에서 **Type 툴 T**로 텍스트 레이어 위에서 **마우스 오른쪽 버튼**〉Add Text Selector ▶
> **방법 3** Timeline 패널에서 텍스트 레이어의 'Text ▶Animator # 속성그룹 선택 후 **메뉴**〉Animation〉Add Text Selector ▶

> ❶ Range
> ❷ Wiggly
>   Expression

❶ Range

텍스트 레이어에 추가한 Animator 속성을 문자의 특정 영역에만 적용하기 위해 범위 지정

→ 모든 **'Animator #'** 속성그룹에는 디폴트로 **'Range Selector 1'**이 생성되고, 여기에 **'Range Selector #'**를 여러 개 더 추가/삭제 가능

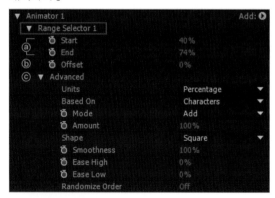

ⓐ Start/End

텍스트 레이어에서 Animator 속성을 적용할 시작/끝 선택영역 지정

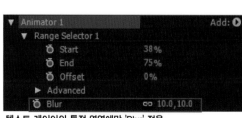

텍스트 레이어의 특정 영역에만 'Blur' 적용

▶ **Selector Bar**의 중앙 삼각형 (**Start ▶** / **End ◀**) 위치에서 커서모양이 바뀌면 좌우 드래그 하여 직접 선택영역 조절 가능

ⓑ Offset

선택영역을 이동시킨다.

TIP _ Comp 패널에서 직접 선택영역 이동(Offset)하기

Selection 툴 ▨로 **Selector Bar**의 중앙 삼각형 (**Start ▶** / **End ◀**) 위치에서 커서모양이 바뀌면 <u>Shift</u> + 클릭 후 좌우 드래그

ⓒ Advanced

Units ▼ : 'Start/End/Offset'에 대한 단위(Percentage/Index) 설정

Based On ▼-Character / Characters Excluding Spaces / Word / Lines를 기준으로 설정

Mode ▼ : 같은 'Animator #' 속성그룹에 Range Selector를 여러 개 추가하여 각 Selector마다 효과가 적용되는 범위나 적용량을 다르게 설정할 때 각 Selector 간, 또는 텍스트 간의 결합방식 설정

   ▶ 하나의 Selector만 사용할 경우에는 Selector와 텍스트 간의 결합방식 설정

   – Add(디폴트) / Subtract(Selector의 영향범위 반전) / Intersect / Min / Max / Difference

Amount : Animator 속성이 문자의 선택영역에 영향을 주는 정도(%)

Shape ▼ : Animator 속성을 어떤 모양으로 적용할 지에 따라 '**Start/End**'로 선택한 영역 재배치

   – Square(디폴트) / Ramp Up / Ramp Down / Triangle / Round / Smooth

---

[학습예제] 텍스트 레이어의 모든 문자가 각각 Y축으로 움직이는 애니메이션

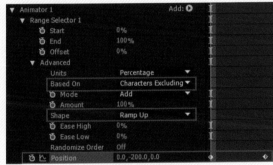

'Position' 속성 추가 후 Y축으로만 키프레임 적용

Shape ▼–Ramp Up

Smoothness: 문자에서 문자로 애니메이션이 얼마나 부드럽게 전환될 지 설정(%) ('**Shape ▼–Square**' 선택 시에만 항목이 표시됨)

Ease High / Ease Low : Range Selector로 선택한 범위에 키프레임이 설정되어 선택영역에 변화가 있을 때 선택영역이 변하는 속도 설정(%)

   – **Ease High** : 전체 선택상태(High)가 부분 선택상태로 되기까지의 설정

     → 100%면 문자(Character)가 천천히 변하고, –100%면 빨리 변한다.

   – **Ease Low** : 부분 선택상태가 아무것도 선택되지 않은 상태(Low)로 되기까지의 설정

     → 100%면 문자가 천천히 변하고, –100%면 빨리 변한다.

Randomize Order : 선택영역에 Animator 속성이 적용되는 순서를 랜덤하게 변경

   – **Random Seed** : Range Selector의 다양한 랜덤 순서 세팅 제공 ('**Randomize Order**'가 "**On**"인 경우에만 항목이 표시됨)

   ▶ 'Animator #' 속성그룹 복제 시 속성이 랜덤하게 적용되는 순서(Randomize Order)까지 똑같이 유지한 채로 복제하려면 'Random Seed'를 '0' 이외의 수치로 적용 (0으로 설정하면 복제 된 'Animator #' 속성그룹에서는 속성이 랜덤하게 적용되는 순서가 달라짐)

❷ Wiggly

추가한 Animator 속성값이 랜덤하게 바뀐다. (키프레임을 주지 않아도 속성값에 대해 움직임이 생성됨)

→ '**Animator #**' 속성그룹에 '**Wiggly Selector #**'로 추가된다.

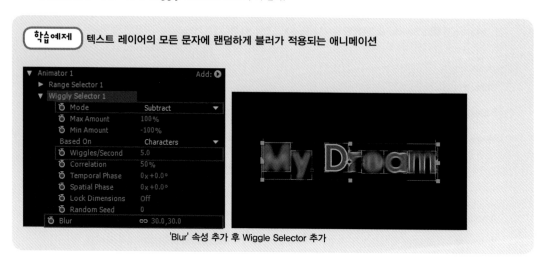

학습예제 텍스트 레이어의 모든 문자에 랜덤하게 블러가 적용되는 애니메이션

'Blur' 속성 추가 후 Wiggle Selector 추가

Mode ▼ : 같은 '**Animator #**' 속성그룹에 Wiggly Selector를 여러 개 추가하여 각 Selector마다 위글 적용량을 다르게 설정할 때 각 Selector 간, 또는 텍스트 간의 결합방식 설정

　▶ 하나의 Wiggly Selector만 사용할 경우에는 Selector와 텍스트 간의 결합방식 설정

　– Add(디폴트) / Subtract(Selector의 영향범위 반전) / Intersect / Min / Max / Difference

Max Amount / Min Amount : 위글이 적용될 최대/최소량(%)

Wiggles/Second : 초당 얼마나 많은 랜덤한 변화를 줄지 설정

Correlation : 하나의 문자(Character)와 그 주변 문자들이 얼마나 비슷하게 움직이는지(움직임의 유사성) 설정

　→ 100%는 모든 문자에 대해 같은 시간에 동일한 양만큼 위글 적용

　　0%는 모든 문자에 제각기 독립적으로 위글 적용

Temporal Phase / Spatial Phase : 움직임이 일어나는 시간(Temporal)과 움직이는 문자의 개수(Spatial)에 대해 위글이 발생하는 시작각 지정

Lock Dimensions : On하면 X/Y/Z 좌표값에 대해 동일 비율로 위글 발생 (가령 크기 변화 시 X/Y 동일 비율 유지)

Selector 복제하기

■ **같은 'Animator #' 속성그룹 내에서 복제하기**

　방법 1 Selector(s) 선택 후 Ctrl + D

　방법 2 Selector(s) 선택 후 Ctrl + C & 같은 '**Animator #** 속성그룹 선택 후 Ctrl + V

■ **다른 'Animator #' 속성그룹으로 복제하기**

　방법 Selector(s) 선택 후 Ctrl + C & 다른 '**Animator #** 속성그룹 선택 후 Ctrl + V

■ **다른 Selector 덮어쓰기**

　방법 Selector 선택 후 Ctrl + C & 다른 Selector 선택 후 Ctrl + V

Selector 삭제

　방법 Timeline 패널에서 해당 Selector(s) 선택 후 Delete 키

　→ 모든 Selector를 지우면 추가한 Animator 속성은 텍스트 레이어 전체에 적용된다.

영상 속도 조절

Lesson

1

그래프 에디터와 키프레임 보간

학습예제 프로젝트 파일 : 농구공.aep (소스 파일 : 농구공.png)

파일 탐색기에서 "예제₩Lec07" 폴더의 "농구공.aep"를 더블클릭하거나 **메뉴〉File〉Open Project** (= Ctrl + O)로 "농구공.aep" 프로젝트를 불러들인다.

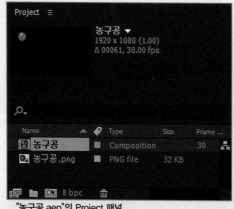

"농구공.aep"의 Project 패널

뷰어에 표시되는 농구공의 모션 패스

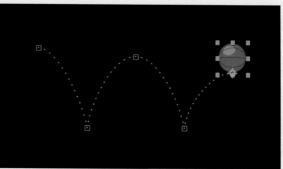

"농구공" 컴포지션의 Timeline 패널

Study1 | 그래프 에디터(Graph Editor)

키프레임이 있는 속성의 속성값 변화를 Timeline 패널에서 레이어바 대신 그래프로 표시하여 변화의 속도 등 조절

방법 Timeline 패널에서 'Graph Editor 🔲' 버튼 클릭

▶ 그래프의 색상은 키프레임이 입력된 속성값의 표시 색상과 동일

❶

어떤 속성들을 그래프 에디터에 표시할 지 선택 (동시에 여러 타입 선택 가능)

> ✓ Show Selected Properties
> Show Animated Properties
> ✓ Show Graph Editor Set

Show Selected Properties : 선택한 속성들만 그래프로 표시 (디폴트 체크)
▶ 키프레임이 적용되지 않은 속성은 속성값의 변화가 없는 일직선 그래프로 표시

Show Animated Properties : 선택한 레이어(들)의 키프레임이 적용된 속성들만 그래프로 표시

Show Graph Editor Set : 각 속성 이름 앞에 표시된 ▨을 클릭하여 ▨로 활성화시킨 속성들을 표시 (디폴트 체크)
▶ 다른 레이어가 선택되더라도 ▨로 활성화된 속성들은 그래프 에디터에 항상 표시 상태

❷ ▥.

그래프 에디터에 표시할 그래프 타입과 옵션들 선택

> ✓ Auto-Select Graph Type
> Edit Value Graph
> Edit Speed Graph   ⓐ
> ✓ Show Reference Graph
>
> Show Audio Waveforms
> Show Layer In/Out Points
> Show Layer Markers
> ✓ Show Graph Tool Tips   ⓑ
> Show Expression Editor
> Allow Keyframes Between Frames

ⓐ 그래프 타입

■ **Value 그래프** : 각 시간대에 해당하는 속성값을 표시 (속성값의 변화 – 가로축은 시간(Time), 세로축은 속성값(Value))
→ 시간에 따라 속성값이 변하는 시간 속성(Scale, Rotation, Opacity 속성 등)을 표시한다.

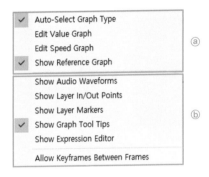

"농구공" 레이어의 'Scale' 속성의 Value 그래프

▶ X 속성값은 Red, Y 속성값은 Green, Z 속성값(3D 속성의 경우)은 Blue로 색상 표시

■ **Speed 그래프** : 시간에 따라 속성값이 얼마나 빨리 변하는지 표시 (속력의 변화 – 가로축은 시간(Time), 세로축은 속력(px/sec))
→ 시간에 따라 위치가 변하는 공간 속성(Anchor Point, Position, Mask Path, Effect Control Points, 3D Orientation 속성 등)을 표시한다.

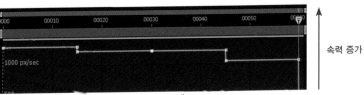

"농구공" 레이어의 'Position' 속성의 Speed 그래프

▪ **Reference 그래프** : Value 그래프 편집상태에서는 동일 속성의 Speed 그래프를 참조하고, Speed 그래프 편집상태에서는 Value 그래프를 참조할 수 있도록 그래프 에디터에 표시 (선택이나 편집은 불가)

→ 그래프 에디터 오른쪽에 Reference 그래프의 속성값 단위가 표시된다.

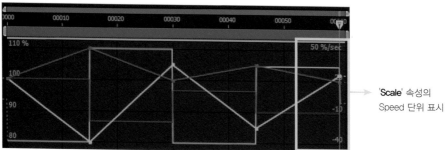

'Scale' 속성의 Value 그래프 + Reference Graph

'Scale' 속성의 Speed 단위 표시

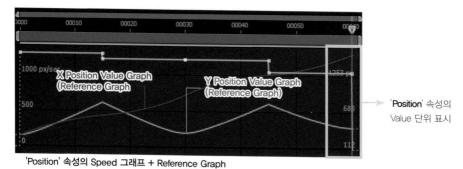

'Position' 속성의 Speed 그래프 + Reference Graph

'Position' 속성의 Value 단위 표시

▶ **Auto−Select Graph Type** : 시간/공간 속성 종류에 따라 Value/Speed 그래프가 자동으로 선택된다. (디폴트)

ⓑ **기타 표시 옵션들**

Show Audio Waveforms : 다른 속성 그래프가 보이는 상태에서 레이어의 오디오 웨이브폼 표시

Show Layer In/Out Points : 레이어의 In/Out점 위치를 그래프 위에 ▣ / ▣로 표시

Show Layer Markers : 레이어에 지정된 마커를 그래프 위에 ▲로 표시 〔 레이어 마커에 대한 **설명은 CD의 PDF 파일 참고** 〕

Show Graph Tool Tips : 그래프에 커서를 가져가면 해당 시간대 의 정보(레이어 이름/현재시간/속성값/속력 등) 표시

Show Expression Editor : 속성에 익스프레션이 적용되어 있다면 내용 수정이 가능한 필드 표시

〔 익스프레션에 대한 **자세한 설명은 P 557 참고** 〕

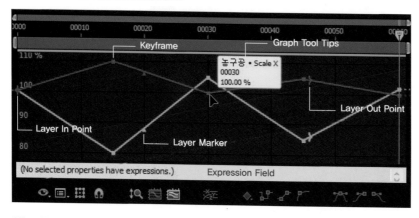

Allow Keyframes Between Frames : 그래프를 미세조절하기 위해 시간축의 프레임과 프레임 사이에 키프레임이 위치할 수 있도록 한다.

❸ Transform Box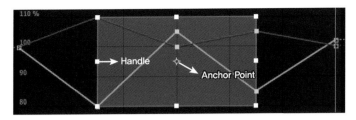

둘 이상의 키프레임이 선택되었을 때 키프레임들을 둘러싼 반투명 박스를 표시 (디폴트 On)

■ 변경할 키프레임 선택

- **키프레임 다중 선택**
  - **방법 1** Shift + 키프레임 또는 두 키프레임 사이의 선(Segment) 클릭
    - ▶ 시그먼트를 클릭하면 양쪽 키프레임 동시 선택
  - **방법 2** 커서로 박스 드래그

- **모든 키프레임 선택**
  - **방법 1** Timeline 패널에서 선택된 속성 이름을 한 번 더 클릭하거나 더블클릭
  - **방법 2** Alt + 그래프 클릭

■ 트랜스폼박스 조절

박스의 변/핸들/중앙을 클릭 & 드래그하여 박스에 포함된 키프레임들의 시간대나 속성값을 동시에 변경 가능
(Speed 그래프에서는 키프레임의 시간대만 이동 가능)

- **하나의 키프레임 이동**
  - **방법** 키프레임을 직접 클릭하여 이동

- **여러 키프레임 이동**
  - **방법 1** 선택된 여러 키프레임 중 하나를 클릭 & 드래그
  - **방법 2** 박스 안에서 커서가 ▶일 때 클릭 & 드래그 (Shift + 박스의 중앙을 클릭 & 드래그하면 박스가 강제 수평/수직 이동)
  - **방법 3** 박스의 좌우변에서 커서가 ▶일 때 클릭 & 드래그
  - **방법 4** 박스의 핸들과 상하변에서 커서가 ↕ ↔ ↖ ↙일 때 클릭 & 드래그

- **선택된 키프레임들을 좌우로 이동**
  - 1 frame 이동 = Alt + ← 또는 →
  - 10 frame 이동 = Alt + Shift + ← 또는 →

- 박스의 앵커포인트를 커서가 ▶상태일 때 이동하여 조절의 기준점 변경 가능

- Shift + 박스 네 귀퉁이의 핸들을 조절하면 박스의 가로세로 비율을 유지하며 변경

- Ctrl + 박스의 핸들을 조절하면 박스의 앵커포인트를 중심으로 하여 대칭으로 박스의 크기 변경

- Ctrl + Alt + 박스 네 귀퉁이의 핸들에서 커서가 ↕로 바뀌면 수직 드래그하여 세로축으로만 한 변의 길이 변경

- Ctrl + Alt + Shift + 박스 네 귀퉁이의 핸들에서 커서가 ↕로 바뀌면 수직 드래그하여 세로축으로만 한 면이 이동

- Alt + 핸들을 조절하면 해당 핸들 위치만 변경

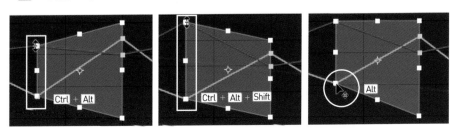

❹ Snap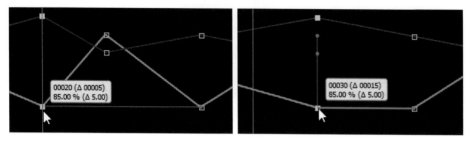

키프레임을 선택하여 움직일 때 다른 키프레임, CTI(Current Time Indcator), 레이어의 In/Out점, 마커, Work Area와 컴포지션의 시작/끝 지점 등에 가까이 가져가면 수평/수직의 주황색 선이 나타나면서 스냅이 걸린다. (디폴트 On)

➜ 드래그하는 중에 Ctrl을 누르면 스냅이 일시적으로 해제

❺ Auto-zoom graph height 🔍

그래프 에디터 공간의 위아래 길이가 줄거나 늘어났을 때 자동으로 그래프를 변경된 그래프 에디터 공간에 맞춘다. (디폴트 On)

TIP _ 그래프 에디터에서 그래프 위치 탐색

- **Hand 툴** 🖐 (= H = Space Bar)로 그래프 에디터에서 드래그
  - ▶ 그래프 에디터에서는 마우스 휠 클릭 & 드래그로 **Hand 툴** 🖐을 사용하여 탐색할 수 없다.
- **수직으로만 탐색**
  - 방법 **Selection 툴** 🔧/ **Hand 툴** 🖐 상태에서 마우스 휠 상하 드래그 ('**Auto-zoom graph height** 🔍가 On인 상태에서는 적용 안됨)
- **수평으로만 탐색**
  - 방법 **Selection 툴** 🔧/ **Hand 툴** 🖐 상태에서 Shift + 마우스 휠 상하 드래그

---

❻ Fit selection to view 📊 : 선택한 키프레임(들)만 그래프 에디터에 꽉 차도록 표시
  Fit all graphs to view 📊 : 선택한 그래프(들) 전체가 그래프 에디터에 꽉 차도록 표시

TIP _ 그래프 확대/축소

- 방법1 **Zoom 툴** 🔍(= Z)로 클릭하면 그 지점을 중심으로 확대
- 방법2 **Zoom 툴** 🔍로 띄어쓰기 : 박스 드래그하면 선택된 부분이 그래프 에디터에 꽉 차도록 확대
- 방법3 Alt + **Zoom 툴** 🔍로 클릭 후
  - 오른쪽으로 드래그 하면 클릭 지점을 중심으로 확대
  - 왼쪽으로 드래그 하면 클릭 지점을 중심으로 축소
- 방법4 그래프 에디터 하단의 ▲━━━▲ 에서 산모양의 아이콘을 좌(축소)/우(확대) 클릭하거나 가운데 슬라이드바를 좌/우 드래그 하면 CTI를 중심으로 축소/확대
- 방법5 —키(축소) / +키(확대) 누르면 CTI를 중심으로 축소/확대
- 방법6 Alt + 마우스 휠 아래위로 드래그 하면 커서의 위치를 기준으로 축소/확대
- 방법7 Time Navigator 🔲10f 2f 의 Start/End 부분을 바깥쪽/안쪽으로 클릭 & 드래그 하여 수평으로 축소/확대

❼ Separate Dimensions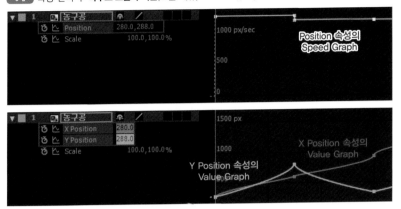

속성값을 레이어가 2D일땐 X/Y, 3D일땐 X/Y/Z 값으로 분리하여 나타냄

방법 속성 선택 후 **마우스 오른쪽 버튼**(또는 **메뉴**)Animation)》Separate Dimensions

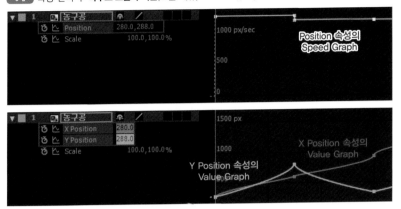

TIP

속성을 분리할지 단일 속성으로 조절할지 결정하고, 그래프 조절 작업을 하도록 한다. (도중에 바꾸면 일부 정보손실 발생)

---

❽ Edit selected keyframes

방법 1 그래프 에디터에서 키프레임 선택 후 ◈ 클릭
방법 2 레이어바 또는 그래프 에디터에서 키프레임 선택 후 마우스 오른쪽 버튼 ▶

100%, 105%	→ 선택한 키프레임의 속성값 표시
Edit Value...	→ 선택한 키프레임의 속성값 수정
Go To Keyframe Time	→ 선택한 키프레임이 있는 시간대로 CTI 이동
Select Equal Keyframes	→ 선택한 키프레임의 속성과 속성값이 동일한 모든 키프레임 선택
Select Previous Keyframes	→ 선택한 키프레임 이전의 모든 키프레임 선택
Select Following Keyframes	→ 선택한 키프레임 이후의 모든 키프레임 선택
Toggle Hold Keyframe	
Keyframe Interpolation...	
Rove Across Time	P 218~P 221 참고
Keyframe Velocity...	
Keyframe Assistant ＞	

Study 2 | 키프레임 보간(Keyframe Interpolation)

두 키프레임 사이를 채우는 속성값들을 산출하는 방식(보간법) 설정 (레이어의 움직임, 이펙트, 오디오 레벨, 컬러 변화 등 각종 비디오/오디오 요소에 적용)

〈Keyframe Interpolation〉 대화창에서 보간하기

모션 패스의 키프레임, 레이어바 모드에서의 키프레임 ◈ 또는 그래프 에디터의 키프레임 ■을 (다중) 선택 후

방법 1 Ctrl + Alt + K
방법 2 **마우스 오른쪽 버튼**(또는 **메뉴**)Animation)》Keyframe Interpolation
방법 3 그래프 에디터 하단의 'Edit selected keyframes ◈》Keyframe Interpolation'

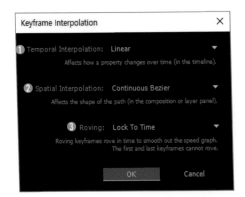

▶ 키프레임을 선택하면 Info 패널에 어떤 방식으로 보간되었는지 정보가 표시된다.

Current Settings : 키프레임에 적용된 기존 보간법을 유지

   ▶ 다중 선택한 키프레임에 다양한 보간법이 적용된 경우 자동 선택된다.

Linear : 방향핸들 없이 시간에 따라 속성값이 일정하게 변화하거나(시간 보간), 직선패스(등속도)로 움직이는 애니메이션(공간 보간) 생성

Bezier : 좌우 방향핸들을 따로 제어하여 시간에 따라 속성값이 빠르게/느리게 변하도록 자유롭게 조절하거나(시간 보간), 복잡한 모션 패스로 움직이는 애니메이션(공간 보간) 생성

Continuous Bezier : 좌우 방향핸들을 동시에 제어하여 '**Bezier**'보다는 키프레임에서 In-Out이 부드럽게 연결된다.

   → Alt + 방향핸들 조절하면 '**Bezier**'로 바뀌어 양쪽 방향핸들 개별 제어 가능

Auto Bezier : 키프레임에 접선방향으로 방향핸들이 생성되어 키프레임에서 In-Out이 동일한 곡선형태를 유지하도록 부드럽게 연결된다.

Hold : 다음 키프레임 직전까지 이전 키프레임의 속성값이 유지되다가 다음 키프레임에서 바로 속성값이 바뀐다.

   → 시간 보간에서만 가능하나 모션 패스의 키프레임에는 적용 가능

   ▶ '**Hold**'는 깜빡깜빡 하는 섬광효과나 오브젝트의 갑작스런 Show/Hide 효과, 또는 스톱모션처럼 움직임이 뚝뚝 끊어지는 효과 등에 사용

❶ **Temporal Interpolation (시간 보간)**

Timeline 패널에서 시간에 따라 속성값이 어떻게 변하는지에 영향을 준다.

   → 그래프 에디터에서 시간 속성의 Value 그래프에 적용

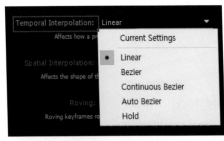

▶ 시간 속성에 대한 디폴트 보간법은 "**Linear**"로, 시간의 흐름에 따라 속성값이 일정하게 변한다.

Linear   Bezier   Continuous Bezier   Auto Bezier   Hold

❷ Spatial Interpolation (공간 보간)

Comp 패널에서 모션 패스의 형태(속성값이 얼마나 빨리/느리게 변하는지)에 영향을 준다.

→ 그래프 에디터에서 공간 속성의 Speed 그래프에 적용

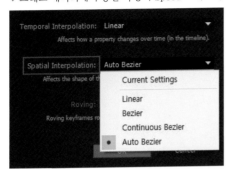

▶ 공간 속성에 대한 디폴트 보간법은 "**Auto Bezier**"로, 키프레임 전후 동작이 부드럽게 연결된다.

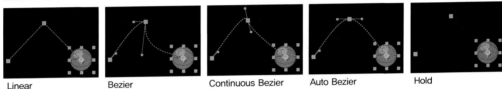

| Linear | Bezier | Continuous Bezier | Auto Bezier | Hold |

▶ Hold 보간의 경우 시간대가 변해도 그 자리에 고정되어 있다가 다음 키프레임에서 해당 위치로 점프하기 때문에 두 키프레임 사이에 레이어 위치점들이 나타나지 않는다.

■ 모션 패스에서 두 키프레임 사이의 점들 간 간격이 일정하면, 일정한 속도로 움직이는(Constant Speed, 등속력) 상태임을 의미한다.

▶ 두 키프레임 사이의 점(Dot)들은 각 프레임들마다 레이어가 위치하는 지점으로 컴포지션의 Frame Rate(초당 프레임 수, fps)만큼의 점들로 채워진다.

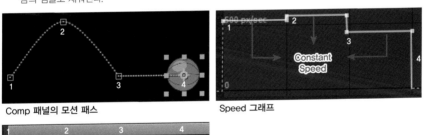

Comp 패널의 모션 패스   Speed 그래프

Timeline 패널의 레이어바

→ 점들 간 간격이 넓어질수록 속력이 빨라지고, 좁아질수록 속력이 느려진다.

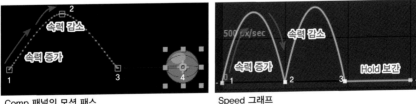

Comp 패널의 모션 패스   Speed 그래프

Timeline 패널의 레이어바

TIP 1

공간 속성에 대한 디폴트 보간법은 "Auto Bezier"이기 때문에, 이 경우 동일한 속성값을 갖는 두 키프레임 사이의 속성값이 일정하지 않고 미세하게 휘는 경우가 발생한다.

→ Comp/Layer/Timeline 패널 또는 그래프 에디터에서 키프레임 선택 후 "Linear" 보간으로 변경 (연속되는 움직임에서는 휘어지는 구간의 양쪽 키프레임에 모두 "Linear" 설정)

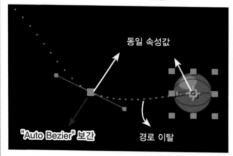 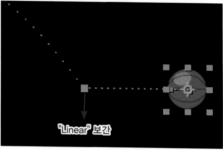

▶ 직선으로만 움직이는 애니메이션을 제작할 때 첫 키프레임 생성 시 "Linear"로 설정하면 이후에 추가하는 키프레임들은 모두 "Linear"로 생성된다.

TIP 2

〈Preferences〉(= Ctrl + Alt + ;) 대화창의 'General' 카테고리에서 'Default Spatial Interpolation to Linear' 옵션을 체크하면 디폴트 공간 보간을 "Linear"로 변경할 수 있다.

→ 이미 존재하는 키프레임이나 기존의 키프레임 보간 속성을 가진 레이어에 새로 키프레임을 생성할 때는 해당 변경사항이 적용되지 않는다.
→ 체크했다가 다시 해제해도 한 번 "Linear"로 바뀐 키프레임의 상태는 그대로 유지된다.

---

❸ Roving

공간 속성의 키프레임(들) 선택 시 활성화

→ 레이어바, 모션 패스, Speed 그래프에서 키프레임(들) 선택 후 적용

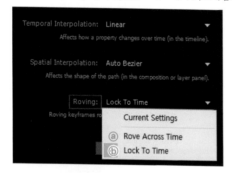

ⓐ Rove Across Time

[다른방법] 그래프 에디터 하단의 'Edit selected keyframes ◈〉Rove Across Time'

여러 키프레임을 선택 후 적용하면 선택된 첫 키프레임과 마지막 키프레임 사이에 있는 중간 키프레임들의 시간대별 위치를 자동으로 재배치하여 움직임을 부드럽게 만든다. (레이어의 첫/마지막 키프레임을 제외하고 하나의 키프레임에도 적용 가능)

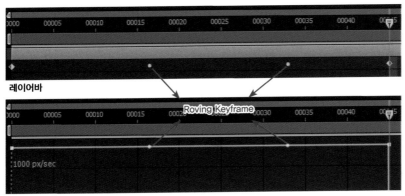

→ 키프레임이 특정 시간대에 고정되지 않으므로 인접한 키프레임/핸들을 조정하면 Roving Keyframe들의 시간대가 자동으로 변경되고 속력이 부드럽게 변한다.

→ Roving을 적용한 모션 패스의 키프레임을 드래그하면 키프레임 사이의 점들이 모션 패스 위에서 재배치되면서 키프레임 간 프레임수가 달라진다.

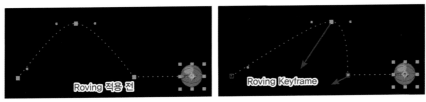

ⓑ Lock To Time : 보간을 할 때 중간 키프레임들이 놓여있던 시간대가 바뀌지 않도록 고정 (디폴트)

　　→ Roving Keyframe들을 선택 후 적용하면 Roving 해제
　　　　(레이어바나 Speed 그래프의 Roving Keyframe들을 선택 후 좌우로 드래그해도 Roving 해제 가능)

Timeline 패널의 레이어바에서 키프레임 보간하기

현재 키프레임이 있는 시간대에 들어오고(Incoming) 나가는(Outgoing) 보간 방식을 각각 설정 (여러 키프레임 선택 후 동시적용 가능)

◆ : Linear-In / Linear-Out

▼ : Bezier 또는 Continuous Bezier In-Out

◎ : Auto Bezier In-Out (Auto Bezier ◎의 방향핸들을 조절하면 Continuous Bezier ▼로 전환)

◀ : Linear-In / Hold-Out

▶ : Bezier-In / Hold-Out

▶ : Bezier-In / Linear-Out

◀ : Linear-In / Bezier-Out

▷ 키프레임 전/후로 다른 키프레임이 없을 때, ◆ ◎ ▼ 등으로 키프레임이 없는 쪽 아이콘의 반을 반투명하게 표시

▪ Ctrl + ◆ 또는 ◎ 클릭 : 클릭할 때마다 Linear ◆와 Auto-Bezier ◎ 전환

▪ Ctrl + ▼ ◎ ◀ ▶ ▶ ◀ 클릭 : 클릭하면 각종 Bezier와 Hold가 Linear ◆로 변경된다.

그래프 에디터에서 키프레임 보간하기

그래프 에디터 하단의 ▨▨ ▨ 아이콘을 클릭하거나, 그래프의 방향핸들을 직접 조절하여 보간

■ Convert selected keyframes to Hold ▨

Hold 보간을 한 키프레임(들) 속성값이 다음 키프레임까지 변화없이 그대로 유지된다.

> **다른방법1** 레이어바 또는 그래프 에디터에서 키프레임(들) 선택 후 **마우스 오른쪽 버튼**(또는 메뉴)Animation)〉Toggle Hold Keyframe
> **다른방법2** 그래프 에디터에서 키프레임(들) 선택 후 'Edit selected keyframes ▨〉Toggle Hold Keyframe'

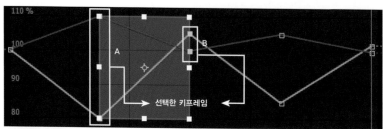

키프레임 선택

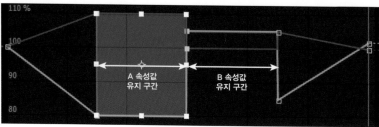

Hold 보간 적용

→ Hold 보간을 해제하려면 키프레임(들)이 선택된 상태에서 다시 **마우스 오른쪽 버튼**(또는 메뉴〉Animation)〉Toggle **Hold Keyframe**

■ Convert selected keyframes to Linear ▨

Linear 보간을 한 키프레임(들)에 가까워질수록 그래프가 직선으로 바뀌면서 해당 키프레임(들)에서 방향핸들이 사라진다.

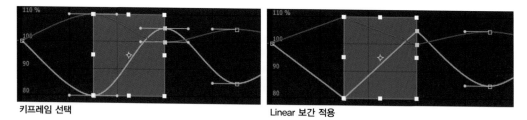

키프레임 선택   Linear 보간 적용

■ Convert selected keyframes to Auto Bezier ▨

선택한 키프레임(들)에서 완만하게 들어오고 완만하게 나가도록 좌우 동일한 곡선형태를 유지하면서(키프레임에 접선 방향으로) 방향핸들이 생성된다.

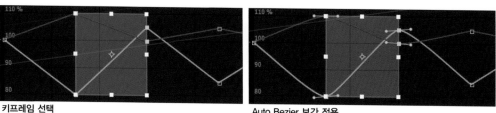

키프레임 선택   Auto Bezier 보간 적용

■ Bezier의 방향핸들 조절하기

▪ Value 그래프에서는 방향핸들 길이를 축소하거나 늘리거나 자유자재로 회전 가능

▪ Speed 그래프에서는 방향핸들 길이를 줄이거나 늘리는 것만 가능
→ 키프레임쪽으로 당겨서 방향핸들 길이가 줄어들면 키프레임 가까이에서 속력이 급격히 변한다. (해당 키프레임이 전/후 키프레임에 끼치는 영향(Influence)이 감소)

▪ Speed 그래프에서 방향핸들을 잡고 위/아래로 드래그하면 속력 증가/감소

▪ Alt + 방향핸들 클릭 & 드래그하면 선택된 키프레임(들)의 방향핸들을 양쪽 동시에, 또는 한쪽만 움직이도록 전환

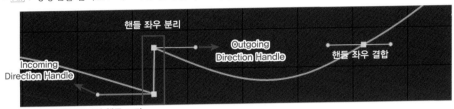

Speed 그래프에서의 핸들 조절

▪ 두 키프레임 사이에 있는 그래프선(Segment)을 클릭 & 드래그하면 두 키프레임의 핸들 동시 조절

▪ Shift + 방향핸들을 드래그하면 선택된 키프레임(들)의 방향핸들에 수평으로 스냅이 걸린다.

TIP _ 그래프에 키프레임 추가 및 삭제

▪ Selection 툴 🖱️로 Ctrl + 그래프선 위에서 커서가 🖊️+로 바뀌면 클릭하여 키프레임 추가
= Pen 툴 🖊️로 그래프선 위에서 커서가 🖊️+로 바뀌면 클릭하여 키프레임 추가

▪ Selection 툴 🖱️로 Ctrl + 키프레임 위에서 커서가 🖊️_로 바뀌면 키프레임 삭제
= Pen 툴 🖊️로 그래프선 위에서 커서가 🖊️_로 바뀌면 키프레임 삭제

▪ Selection 툴 🖱️이나 Pen 툴 🖊️로 Alt + 키프레임 위에서 커서가 ∧로 바뀌면 클릭하여 Linear/Auto Bezier로 직선/곡선 모양 전환

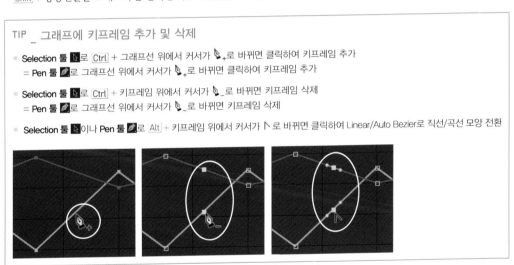

Ease Speed

키프레임에 들어오고 나가는 속도를 자동으로 조절

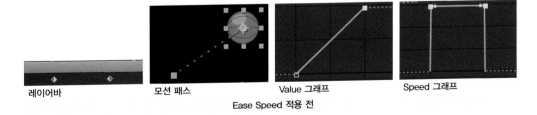

레이어바   모션 패스   Value 그래프   Speed 그래프

Ease Speed 적용 전

- **Easy Ease** : 선택한 키프레임 기준으로 느리게 들어왔다가 천천히 나가도록 설정
  ▶ 〈Keyframe Velocity〉 대화창에서 'Influence'값을 자동으로 33.33%로 조절하는 것과 동일

  방법1 Comp/Layer/Timeline 패널이나 그래프 에디터에서 키프레임 선택 후 **마우스 오른쪽 버튼**(또는 메뉴)Animation〉Keyframe Assistant〉Easy Ease (= F9키)
  방법2 그래프 에디터 하단의 'Easy Ease ' 클릭
  방법3 그래프 에디터에서 키프레임 선택 후 하단의 'Edit selected keyframes ◆〉Keyframe Assistant〉Easy Ease'

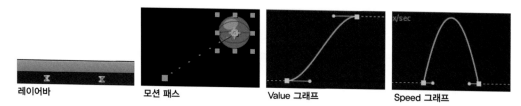

| 레이어바 | 모션 패스 | Value 그래프 | Speed 그래프 |

- **Easy Ease In** : 선택한 키프레임 기준으로 들어올 때 천천히 들어오도록 설정

  방법1 Comp/Layer/Timeline 패널이나 그래프 에디터에서 키프레임 선택 후 **마우스 오른쪽 버튼**(또는 메뉴)Animation〉Keyframe Assistant〉Easy Ease In (= Shift + F9키)
  방법2 그래프 에디터 하단의 'Easy Ease In ' 클릭
  방법3 그래프 에디터에서 키프레임 선택 후 'Edit selected keyframes ◆〉Keyframe Assistant〉Easy Ease In'

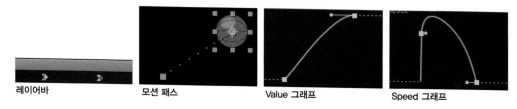

| 레이어바 | 모션 패스 | Value 그래프 | Speed 그래프 |

- **Easy Ease Out** : 선택한 키프레임 기준으로 나갈 때 천천히 나가도록 설정

  방법1 Comp/Layer/Timeline 패널이나 그래프 에디터에서 키프레임 선택 후 **마우스 오른쪽 버튼**(또는 메뉴)Animation〉Keyframe Assistant〉Easy Ease Out (= Ctrl + Shift + F9키)
  방법2 그래프 에디터 하단의 'Easy Ease Out ' 클릭
  방법3 그래프 에디터에서 키프레임 선택 후 하단의 'Edit selected keyframes ◆〉Keyframe Assistant〉Easy Ease Out'

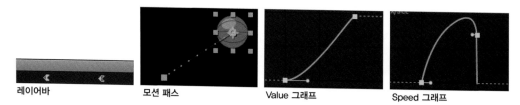

| 레이어바 | 모션 패스 | Value 그래프 | Speed 그래프 |

키프레임의 속도 조절(Keyframe Velocity)

키프레임으로 들어오는(Incoming)/나가는(Outgoing) 속도를 조절

방법1 레이어바 또는 Speed 그래프에서 키프레임 선택 후 **마우스 오른쪽 버튼**(또는 메뉴)Animation〉Keyframe Velocity
방법2 그래프 에디터에서 키프레임 선택 후 'Edit selected keyframes ◆〉Keyframe Velocity' 클릭

→ 〈**Keyframe Velocity**〉 대화창 자동 오픈

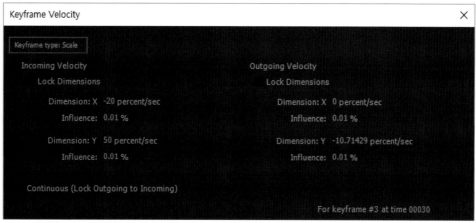

Value 그래프에서 속성값이 변하는 속도 조절

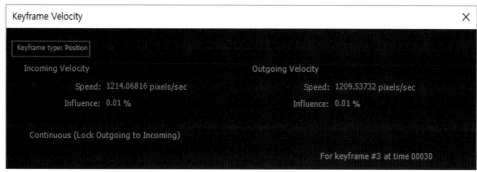

Speed 그래프에서 이동속도 조절

Influence : 들어오는/나가는 키프레임을 보간할 때 전/후 키프레임에 미치는 영향의 정도

　　　→ Speed 그래프에서 방향핸들을 키프레임쪽으로 당기면 이웃 키프레임에 미치는 영향의 정도가 줄어든다.

　　　▷ Speed 그래프에서 '▦.〉Graph Tool Tips'가 체크상태이면 키프레임 보간 시 'Influence' 정보 표시

Continuous : 들어오고 나가는 속도를 동일하게 유지하여 부드럽게 변하게 하려면 체크

Exponential Scale

2D 레이어의 Scale/Rotation 속성에 적용하여 속성값이 일정하게 변하지 않고 급격히 가속되는 효과
(속성값 차이가 아주 큰 두 키프레임에 적용 시 유용)

방법 1 레이어바나 그래프 에디터에서 Scale/Rotation 속성의 두 키프레임 선택 후 **마우스 오른쪽 버튼**(또는 **메뉴**〉Animation)〉Keyframe Assistant〉Exponential Scale

방법 2 그래프 에디터의 하단의 'Edit selected keyframes ◈〉Keyframe Assistant〉Exponential Scale'

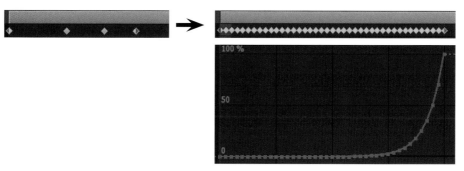

▷ 선택된 두 키프레임 사이에 있던 중간 키프레임들은 'Exponential Scale'이 적용된 키프레임들로 대체된다.

학습예제 그래프 에디터를 이용하여 농구공이 튀는 속도를 조절해보자.
— 프로젝트 파일 : 농구공.aep (소스 파일: 농구공.png)

01 "농구공" 컴포지션을 열어 "농구공" 레이어를 선택하면 등속도로 튀는 농구공의 모션 패스가 보인다.

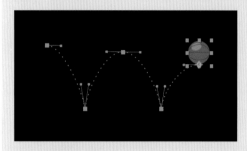

02 Timeline 패널에서 P와 Shift + S를 눌러 'Position'과 'Scale' 속성만 표시한 후 'Graph Editor 🔲' 버튼을 누른다. 그래프를 간략하게 보기 위해 그래프 에디터 하단의 '▣)Show Reference Graph'를 선택하여 체크를 해제한다.

03 'Position' 속성을 클릭하여 'Position' 속성의 Speed 그래프를 표시하고 핸들을 드래그하여 다음과 같이 속도를 조절한다.

▶ Alt + 방향핸들을 클릭 & 드래그하면 키프레임의 방향핸들들을 양쪽 동시에/한쪽만 움직이도록 전환

04 'Scale' 속성을 클릭하여 'Scale' 속성의 Value 그래프를 표시한 다음, 0 frame의 키프레임을 선택하고 그래프 에디터 하단의 🔳 아이콘을 클릭하여 "Hold"로 전환한다.

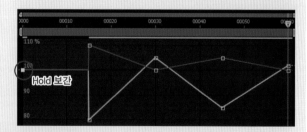

05 Space Bar 나 숫자 키패드의 0 을 눌러 프리뷰 한다.

Lesson

2 기타 영상 속도 조절

> **학습예제** 프로젝트 파일 : 미끄럼틀.aep (소스 파일 : 미끄럼틀.mp4)

파일 탐색기에서 "예제₩Lec07" 폴더의 "미끄럼틀.aep"를 더블클릭하거나 **메뉴
〉File〉Open Project** (= Ctrl + O)로 "미끄럼틀.aep" 프로젝트를 불러들인다.

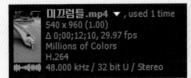

미끄럼틀.mp4

Study 1 | 전체 재생시간 조정하기 : Time Stretch

레이어의 전체 재생시간(Duration)을 연장/단축함으로써 영상속도 변경

> **학습예제** 프로젝트 파일 : 미끄럼틀.aep의 "Time Stretch" 컴포지션

Project 패널에서 "Time Stretch" 컴포지션을 더블클릭하여 활성화시킨다.

Stretch 컬럼에서 변경하기

Timeline 패널에 **In/Out/Duration/Stretch** `In` `Out` `Duration` `Stretch` 컬럼을 표시한다.

TIP _ Stretch 컬럼 열기

방법 1 Timeline 패널 좌하단의 'the In/Out/Duration/Stretch panes ▦' 클릭
방법 2 컬럼/Comp 탭에서 **마우스 오른쪽 버튼**(또는 패널 메뉴 ▤)〉Columns〉Stretch 체크

→ Duration/Stretch 컬럼의 속성값 위에서 좌우 드래그하여 직접 변경 (둘 중 하나를 변경하면 자동으로 연동되어 다른 속성값이 변경됨)

재생시간을 50%로 줄이면 속도가 2배 빨리 재생된다.

TIP

컬럼에서 직접 속성값을 변경하는 경우 재생시간 변경의 기준 위치는 〈Time Stretch〉 대화창에서 'Hold in Place'가 어떤 기준으로 설정되어 있는지에 따른다. (디폴트는 "Layer In-point"로 레이어의 In점을 기준으로 재생시간이 스트레칭 된다.)

〈Time Stretch〉 대화창에서 변경하기

방법 1 레이어 선택 후 **마우스 오른쪽 버튼**(또는 **메뉴**〉Layer)〉Time〉Time Stretch
방법 2 Duration/Stretch 컬럼의 속성값 클릭

→ 〈**Time Stretch**〉 대화창 자동 오픈

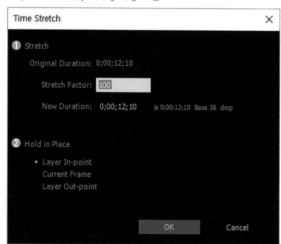

❶ Stretch

　Stretch Factor : 100% 이상의 속성값을 설정하면 동영상 길이가 정상보다 길어지며 재생속도가 느려진다.
　　　　　　　　　　100% 이하의 속성값을 설정하면 동영상 길이가 정상보다 짧아지며 재생속가 빨라진다.

　New Duration : Time Stretch를 적용한 영상의 길이

　▶ 'Stretch Factor'나 'New Duration' 중 하나를 변경하면 다른 하나는 연동되어 자동 변경

❷ Hold in Place

　어느 위치를 기준으로 재생시간을 늘리거나 줄일지 지정

　　▪ **Layer In-point** : 영상의 시작 프레임을 기준으로 재생시간 조절 (디폴트, Out타임 변경됨)

- **Current Frame** : CTI가 있는 지점을 기준으로 재생시간 조절 (In/Out타임 모두 변경됨)

- **Layer Out-point** : 영상의 마지막 프레임을 기준으로 재생시간 조절 (In타임 변경됨)

TIP _ 키프레임 위치를 고정하고 전체 재생시간만 조절하기

첫 키프레임이 놓여있던 시간 기억 후 모든 키프레임을 Ctrl + X (자르기)

→ 레이어에 'Time Stretch' 적용 후 첫 키프레임이 놓여있던 시간대에 키프레임들을 Ctrl + V (붙여넣기)

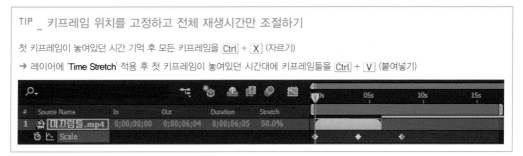

역재생하기

방법 1 Timeline 패널에서 Duration/Stretch 컬럼의 속성값에 (−)값 입력

방법 2 〈Time Stretch〉 대화창에서 'Stretch Factor'나 'New Duration'에 (−)값 입력

→ 레이어바 하단에 빗살무늬 생성 (설정된 키프레임도 함께 뒤집힘)

- 〈Time Stretch〉 대화창에서 재생시간 변경 기준 위치가 '**Layer In-point**'로 설정된 경우

0초(0;00;00;00)에 있던 레이어의 In타임을 기준으로 (−) 프레임쪽으로 뒤집힘

- 〈Time Stretch〉 대화창에서 재생시간 변경 기준 위치가 '**Current Frame**'으로 설정된 경우

7초(0;00;07;00)에 있던 CTI를 기준으로 뒤집힘

- 〈Time Stretch〉 대화창에서 재생시간 변경 기준 위치가 '**Layer Out-point**'로 설정된 경우

12초 09프레임(0;00;12;09)에 있던 레이어의 Out타임을 기준으로 뒤집힘

TIP _ 레이어의 위치 변화 없이 제자리에서 역재생하기

메뉴〉Layer〉Time〉Time–Reverse Layer (= Ctrl + Alt + R)

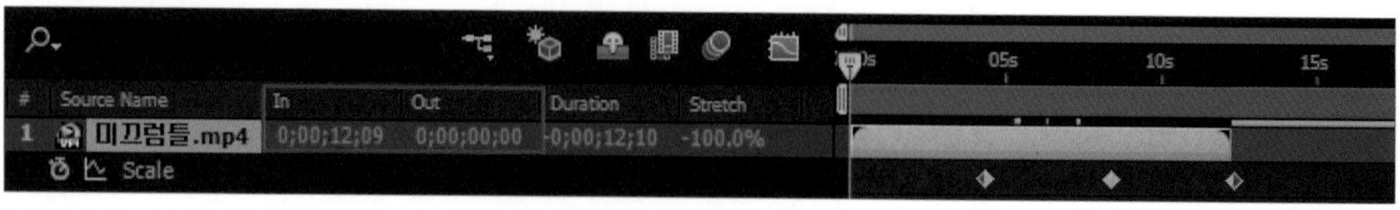

Study 2 | 시간 재배치하기 : Time Remap

동영상/시퀀스/오디오 레이어의 재생 시간대를 변경하여 하나의 레이어를 다양한 영상속도로 조절

학습예제 **소스 파일 : 미끄럼틀.mp4**

새 컴포지션에 "미끄럼틀.mp4" 푸티지를 레이어로 배치하여 학습을 진행한다.

타임리맵 설정하기

방법 Comp/Timeline 패널에서 레이어 선택 후, 또는 Layer 패널에서 **마우스 오른쪽 버튼**(또는 **메뉴〉Layer〉Time〉Enable Time Remapping** (= Ctrl + Alt + T))

→ 동영상/시퀀스/오디오 레이어바의 앞/뒤에 있던 삼각형 모양 ◐ ◑이 사라지고, 레이어의 시작/끝점에 키프레임 ◆ /◆이 자동 생성된다.

▶ 'Split Layer (= Ctrl + Shift + D)'를 적용한 레이어도 원래 동영상 길이의 시작/끝점에 키프레임이 생성된다.

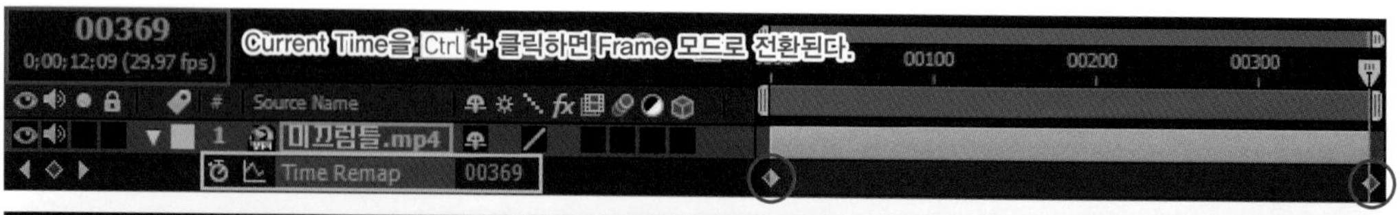

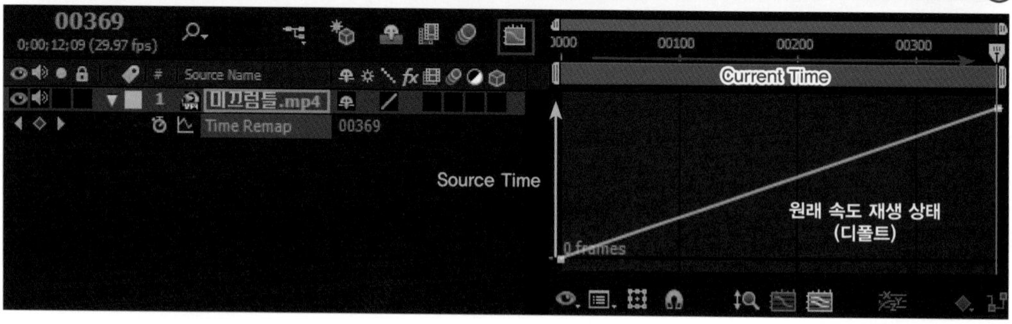

Layer 패널에서 타임리맵 조정하기

레이어에 타임리맵을 설정하면 Layer 패널에서 기존의 타임마커(Time Marker) 🕮 위에 Time-Remapping Thumb 🕮가 생성된다. ▶ 이전 버전까지는 Time-Remapping Thumb가 🕮 모양

▶ 타임리맵을 적용한 직후인 원래 속도 재생 상태에서는 Timeline 패널의 CTI나 Layer 패널의 타임마커를 움직이면 Time-Remapping Thumb 도 함께 움직인다.

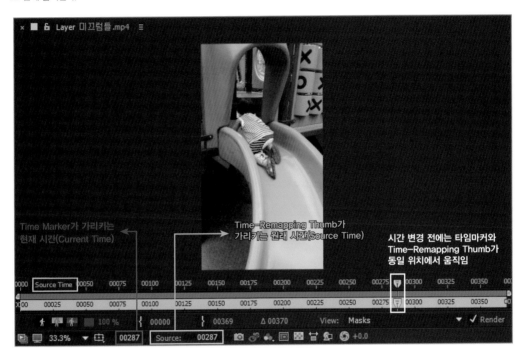

01 Timeline 패널의 CTI나 Layer 패널의 타임마커를 동영상의 재생속도에 변화를 주고자 하는 시간대로 이동시킨다.

02 Layer 패널에서 Time-Remapping Thumb 🕮를 클릭 & 드래그하여 다른 시간대로 이동시킨다.

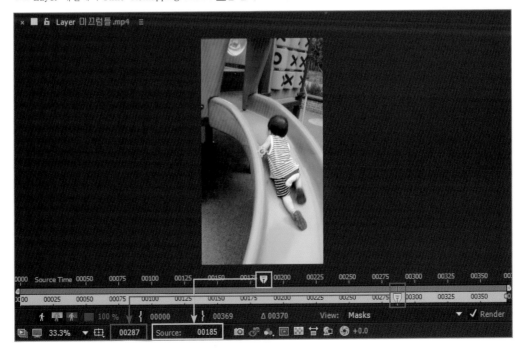

03 키프레임이 생성되며 원래 시간(Source Time)과 현재 시간(Current Time)이 달라진다. (원래 185 frame (Source Time)에 나타날 화면이 287 frame (Current Time)에 뒤늦게 나타나게 되므로, 생성된 키프레임 앞부분의 영상이 느려짐)

▶ Time-Remapping Thumb가 가리키는 Source Time은 Current Time이 가리키는 화면의 원래 시간대를 표시한다.

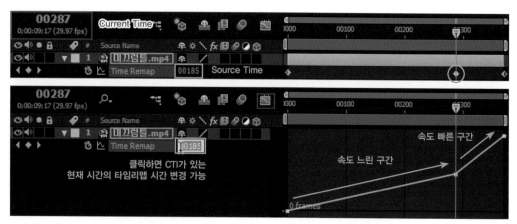

▶ 타임리맵된 키프레임을 더블클릭하면 〈Time Remap〉 대화창이 오픈 되고 타임리맵 시간대를 변경할 수 있다.

▶ 이전 버전까지는 타임리맵이 적용된 레이어는 RAM Preview가 안되고 Standard Preview(= Space Bar)만 가능

타임리맵으로 역재생하기

01 레이어에 타임리맵 적용(= Ctrl + Alt + T) 후 역재생할 두 시간대에 키프레임을 설정하고 이 두 키프레임들을 선택한다.

02 **마우스 오른쪽 버튼**(또는 **메뉴〉Animation**)**〉Keyframe Assistant〉Time-Reverse Keyframes**를 적용한다.

03 두 키프레임의 시간대 위치가 바뀌며 영상을 거꾸로 재생한다.

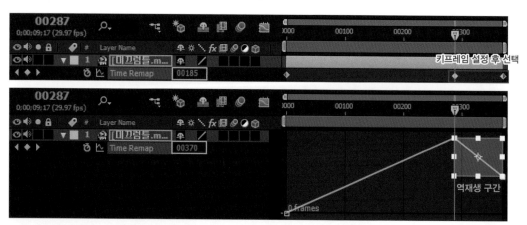

▶ 레이어의 다른 속성에 키프레임이 있다면 그 속성의 키프레임은 원래 시간대에서 그대로 적용된다.

TIP 1

메뉴〉Animation〉Keyframe Assistant〉Time-Reverse Keyframes 명령은 타임리맵이 아닌 다른 속성의 키프레임에도 적용하여 두 키프레임의 시간대와 속성값을 뒤바꿀 수 있다.

TIP 2

메뉴〉Layer〉Time〉Time-Reverse Layer (= Ctrl + Alt + R)는 레이어의 일부가 아닌 전체 재생시간을 역재생할 때 유용

타임리맵 그래프 모양에 따른 영상속도

- 키프레임 사이의 경사가 급하면 그 구간은 **빠른** 속도로 재생
- 키프레임 사이의 경사가 완만하면 그 구간은 느린 속도로 재생
- 키프레임 사이의 경사가 수평이면 그 구간은 화면이 정지
- 키프레임 사이의 경사가 반대로 기울어진 경우 그 구간의 동영상이 역으로 재생

타임리맵 적용 해제

방법 1 Timeline 패널에서 레이어의 'Time Remap' 속성의 Stopwatch 🕑 클릭

방법 2 Comp/Timeline 패널에서 레이어 선택 후, 또는 Layer 패널에서 **마우스 오른쪽 버튼**(또는 **메뉴**〉Layer〉Time〉Enable Time Remapping 체크 해제

Study 3 | 정지화면 만들기

Freeze Frame

동영상에서 한 프레임의 정지화면만 사용

방법 동영상/시퀀스 레이어 선택 후 **마우스 오른쪽 버튼**(또는 **메뉴**〉Layer〉Time〉Freeze Frame

→ CTI가 위치한 현재 시간에 Hold 키프레임 ▣이 생성되고 키프레임 전후로 모두 정지화면으로 바뀐다.
 (현재 시간대의 화면으로 동영상 전체 재생시간을 채움)

전체 동영상이 164 frame의 화면으로 변경된다.

동영상의 마지막 프레임을 정지화면으로 연장하기

방법 레이어에 타임리맵 적용 후 레이어바의 끝을 드래그하여 원하는 시간만큼 오른쪽으로 늘린다.

▶ 컴포지션의 Duration이 부족하면 〈Composition Settings〉(= Ctrl + K) 대화창에서 'Duration'을 늘린다.

→ 타임리맵의 마지막 키프레임을 앞으로 당기면 전체 재생시간은 그대로인 상태에서 동영상이 빨리 재생되고, 마지막 프레임의 화면이 정지상태로 재생되는 시간이 더 늘어난다.

특정 시간대 이후를 정지화면으로 바꾸기

동영상 레이어에 타임리맵을 적용하고 정지화면으로 바꿀 위치에 CTI를 이동시켜 키프레임 ◀◆▶ 을 설정한 후

방법 1 키프레임 위에서 **마우스 오른쪽 버튼**(또는 **메뉴**〉Animation)〉Toggle Hold Keyframe
방법 2 그래프 에디터 하단의 'Edit selected keyframes 🔷〉Toggle Hold Keyframe'
방법 3 그래프 에디터 하단의 'Convert selected keyframes to Hold 🏿' 클릭

→ 영상이 재생되다가 현재 시간(CTI 위치) 이후로 정지화면(Hold) 상태가 된다.

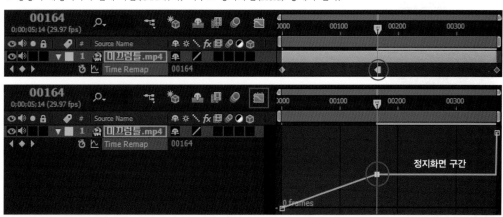

▶ 시작/끝에 있는 키프레임들을 지우면 'Freeze Frame'과 동일한 효과

Dog.mp4

01 새 프로젝트(= Ctrl + Alt + N)에서 Project 패널의 빈 공간을 더블클릭하여 〈**Import File**〉 대화창에서 "예제₩Lec07₩sc" 폴더의 "Dog.mp4"를 임포트 한 다음 새 컴포지션에 레이어로 배치한다.

02 "Dog.mp4" 레이어 선택 후 모션을 멈출 첫 시간대(30 frame)에서 **마우스 오른쪽 버튼**(또는 **메뉴**〉**Layer**)〉**Time**〉**Freeze Frame**을 적용한다.

03 10 frame 단위로 스톱모션을 주기 위해 Shift + Page Down 키로 10 frame 뒤로 CTI 이동 후 Layer 패널에서 Time-Remapping Thumb 🔻를 다음에 나타날 화면(57 frame)까지 드래그 한다.

04 다시 Shift + Page Down 키로 10 frame 뒤로 CTI 이동 후 세 번째로 나타날 화면(85 frame)까지 Layer 패널에서 Time−Remapping Thumb ▓를 드래그한다.

05 마지막에 나타날 화면까지 계속 반복 후 Timeline 패널에서 스톱모션을 작업한 길이만큼 작업 영역(Work Area)을 설정한다.

Current Frame	30 f	40 f	50 f	60 f	70 f	80 f	90 f	100 f	110 f
Source Frame	30 f	57 f	85 f	106 f	123 f	147 f	169 f	194 f	205 f

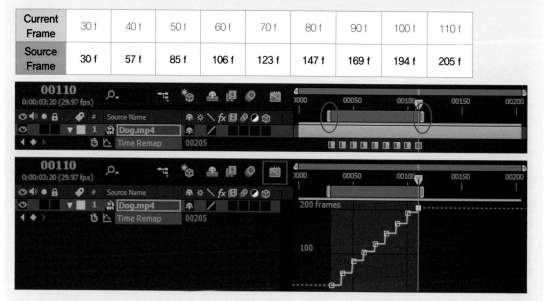

06 Comp 패널에서 Space Bar 나 숫자 키패드의 0 을 눌러 프리뷰 한다.

Study 4 | 영상 퀄리티 보정 : Frame Blending

'Time Remap'이나 'Time Stretch' 등으로 동영상/시퀀스 레이어의 재생시간을 늘렸을 때, 레이어의 Frame Rate(초당 프레임수)가 컴포지션의 Frame Rate보다 적을 때.또는 촬영된 화면 속도가 불규칙한 동영상의 경우 영상이 부드럽게 재생되도록 보완

▶ Comp 레이어에는 적용 불가

방법 1 Timeline 패널에서 해당 레이어에 'Frame Blending 📠' 스위치를 클릭하여 Frame Mix 📠 / Pixel Motion 📠 / Off 간에 전환
　▶ 이전 버전까지는 **Frame Mix** 📠 / **Pixel Motion** 📐 아이콘 사용
　→ 최종적으로 Timeline 패널 상단의 '**Enable Frame Blending** 📠' 버튼을 눌러야 Frame Blend가 적용된다.

방법 2 레이어 선택 후 **마우스 오른쪽 버튼**(또는 **메뉴**〉Layer)〉Frame Blending

●   Off
Frame Mix
Pixel Motion

Off : Frame Blending을 적용하지 않음 (디폴트)

Frame Mix : 앞뒤 프레임을 섞어 새로운 중간 프레임 생성 (재생시간을 현저히 늘린 경우 사용)

Pixel Motion : 앞뒤 프레임의 움직임을 분석하여 새로운 중간 프레임 생성 (렌더링 시간 증가)
　▶ 움직임이 너무 빠르거나 모션 블러가 많이 포함된 영상엔 좋지 않다.

TIP

더 좋은 결과물을 위해 'Quality and Sampling 📠' 스위치에서 'Best 📐'나 'Bicubic Sampling 📐'을 함께 적용한다.

('Quality and Sampling'에 대한 자세한 설명은 P 67 참고)

LECTURE

08

렌더링과
프로젝트 백업 _____

Lesson 1

렌더링과 출력 파일 생성

학습예제 프로젝트 파일 : 전구.aep

파일 탐색기에서 "예제\Lec08" 폴더의 "전구.aep"를 더블클릭하거나 **메뉴>File>Open Project** (= Ctrl + O)로 "전구.aep" 프로젝트를 불러들인다.

'CC Light Rays' 이펙트가 적용된 AE 프로젝트 파일 "전구.aep"

Study1 | Render Queue 패널로 렌더링하기

Render Queue 패널에 렌더링 할 컴포지션 추가하기

▶ 디폴트로 컴포지션의 작업 영역(Work Area)을 렌더링한다.

■ Timeline 패널의 Comp 탭 클릭 후, 또는 Project 패널의 컴포지션 클릭 후

방법 1 메뉴>Composition>**Add to Render Queue** (= Ctrl + M)
방법 2 메뉴>File>Export>**Add to Render Queue**

→ Render Queue 패널이 열리면서 해당 컴포지션이 렌더링 대기목록에 표시된다.

■ 메뉴>Window>Render Queue (= Ctrl + Alt + O)로 Timeline 패널 위치에 Render Queue 패널을 오픈한 후 Project 패널의 컴포지션을 Render Queue 패널 안으로 드래그 & 드롭

TIP 1

Project 패널에서 푸티지를 바로 Render Queue 패널 안으로 드래그 & 드롭 하면 자동으로 Project 패널에 푸티지 이름과 동일한 컴포 지션이 생성되면서 해당 컴포지션에 대한 렌더링 가능

TIP 2

Render Queue 패널에 여러 컴포지션을 렌더링 목록으로 추가하여 각각 렌더 세팅 설정 후 동시에 렌더링 가능 (렌더링 할 컴포지션 앞 의 체크박스를 해제하면 해당 컴포지션은 렌더링 제외)

Render Settings

렌더링 시 이 설정이 《**Project Settings**》나 《**Composition Settings**》 대화창에서의 설정들과 Timeline 패널에서 각 레이어에 적용한 스위치 설정보다 우선한다. 최종 컴포지션과 그 안의 모든 Pre-composition도 《**Render Settings**》 대화창에서의 설 정값으로 렌더링된다. (렌더링 세팅만 바뀌는 것이므로 컴포지션의 각종 설정은 유지됨)

→ 'Render Settings' 좌측의 ▶를 클릭하면 현재 설정된 렌더링 세팅 상태를 보여준다.

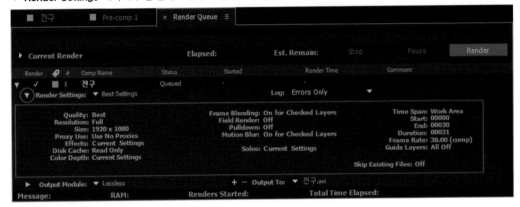

→ "**Best Settings**"를 클릭하여 《**Render Settings**》 대화창 오픈

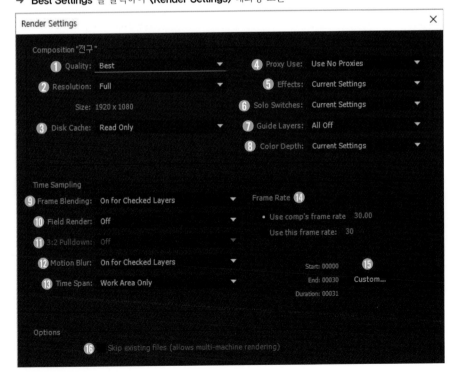

① Quality ▼

각 레이어의 렌더링 화질 결정 ('Quality'에 대한 설명은 P 67의 'Quality and Sampling' 참고)

- **Current Settings** : 각 레이어에 적용된 '**Quality and Sampling** ▨' 스위치 (= **메뉴**〉**Layer**〉Quality) 설정대로 렌더링

- **Best/Draft/Wireframe** : 각 레이어에 설정된 '**Quality**'를 무시하고 여기에서 선택한 설정을 모든 레이어에 적용 (디폴트는 "**Best**")

> TIP
>
> 저해상도로 렌더링 시 '**Quality**'를 "**Draft**"로 설정하는 것이 "**Best**"로 설정한 것보다 더 깨끗한 영상을 얻을 수 있다.

② Resolution ▼

렌더링 해상도 결정

- **Current Settings** : 컴포지션 해상도(《**Composition Settings**》 대화창의 '**Resolution**' 또는 Comp 패널 하단의 '**Resolution** (Full)▼') 설정대로 렌더링 (디폴트)

- **Full/Half/Third/Quarter** : 컴포지션에 설정된 해상도를 무시하고 여기에서 선택한 렌더링 해상도 적용

- **Custom** : 《**Custom Resolution**》 대화창 오픈

→ 원본의 가로/세로 해상도에서 각각 몇 픽셀씩 건너뛰며 렌더링할지 설정

③ Disk Cache ▼

렌더링 시 디스크 캐시를 사용할 것인지 결정

- **Current Settings** : 《**Preferences**》(= Ctrl + Alt + ;) 대화창의 '**Media & Disk Cache**' 카테고리에서 설정한 대로 적용

- **Read Only** : 렌더링 시 디스크 캐시에 기록하지 않는다. (디폴트)

④ Proxy Use ▼

푸티지나 Pre-composition에 적용한 프록시를 렌더링 시 사용할 것인지 결정 (프록시에 대한 설명은 P 248 참고)

- **Current Settings** : 각 푸티지 또는 Pre-composition의 프록시 적용 ▣ / 해제 ▣ 상태에 따른다.
- **Use All Proxies** : 모든 프록시 설정을 사용하여 렌더링
- **Use Comp Proxies Only** : Pre-composition에 적용한 프록시 설정만 사용
- **Use No Proxies** : 프록시 설정을 사용하지 않고 원본 푸티지로 렌더링 (디폴트)

⑤ Effects ▼

각 레이어에 적용한 이펙트의 렌더링 여부 결정

- **Current Settings** : 각 레이어에 설정된 '**Effect** 🔧' 스위치의 On/Off 상태를 반영 (디폴트)
- **All On** : '**Effect** 🔧' 스위치가 해제되어 있는 레이어도 이펙트를 적용하여 렌더링
- **All Off** : 모든 레이어에 이펙트를 적용하지 않고 렌더링

❻ Solo Switches ▼

'Solo ◙' 스위치 적용에 따른 레이어의 렌더링 여부 결정

- **Current Settings** : 'Solo ◙' 스위치를 설정한 레이어만 렌더링 (디폴트)
- **All Off** : 'Solo ◙' 스위치 설정여부와 상관없이 모든 레이어를 렌더링

❼ Guide Layers ▼

Guide 레이어의 렌더링 여부 결정 (Guide 레이어에 대한 설명은 P 63 참고)

- **Current Settings** : 최종 컴포지션의 레이어에 설정된 Guide 레이어도 일반 레이어처럼 렌더링 (Comp 레이어 안에 설정된 Guide 레이어는 렌더링 되지 않음)
- **All Off** : Guide 레이어를 렌더링하지 않는다. (디폴트)

❽ Color Depth ▼

렌더링 파일의 색심도 결정

- **Current Settings** : 〈Project Settings〉 대화창에서 'Color Settings' 항목의 'Depth' 설정대로 렌더링
- **8/16/32 bits per channel** : 여기에서 선택한 색심도로 렌더링

❾ Frame Blending ▼

레이어에 Frame Blending을 적용하여 렌더링 할 지 결정 (Frame Blending에 대한 설명은 P 233 참고)

- **Current Settings** : 'Enable Frame Blending 📰' 버튼이 On인 경우 'Frame Blending 📰' 스위치가 설정된 모든 레이어에 Frame Blending을 적용하여 렌더링
- **On for Checked Layers** : 'Enable Frame Blending 📰' 버튼의 On/Off 여부에 상관없이 'Frame Blending 📰' 스위치가 설정된 모든 레이어에 Frame Blending을 적용하여 렌더링 (디폴트)
- **Off for All Layers** : 모든 레이어에 Frame Blending을 적용하지 않고 렌더링

❿ Field Render ▼

필드의 렌더링 여부 선택

참고사항 _ 순차주사(Progressive Scan)와 비월주사(Interaced Scan)

영상 전송방식은 수평주사선을 순차적으로 한 번에 전송하는 순차주사(Progressive Scan, 초당 60프레임 재생) 방식과 홀수 줄부터 먼저 주사 후 짝수 줄을 주사하는 식으로 2개의 필드에 번갈아 주사하는 비월주사(Interaced Scan, 초당 30프레임 재생) 방식으로 나누어진다. 비월주사의 경우 한 Frame은 한 줄씩 비어있는 두 개의 Field(Odd Field, Even Field)로 구성된다. 화질은 순차주사 방식이 우월하며, 방송 효율면에서는 비월주사 방식이 좋으나 떨림 및 잔상이 발생한다. 1080i는 Full-HD화면 전송 시 1080개의 수평주사선을 비월주사 방식으로 전송하는 것을 의미한다.

- **Off** : 필드를 나누어 렌더링하지 않는다. (디폴트)
  → 필름이나 컴퓨터 모니터에서 시연하는 영상의 경우 선택
  ▶ 필드를 나누지 않고 렌더링한 영상을 비월주사방식으로 송출하는 TV 화면으로 보면 두 개의 필드로 나누어 렌더링한 영상보다 화질이 떨어져 보인다.
- **Upper Field First** : 방송용 영상으로 비월주사(Interaced Scan) 방식으로 송출하는 경우 수평주사선의 상위필드(홀수 필드, Odd Field)를 먼저 렌더링
- **Lower Field First** : 수평주사선의 하위필드(짝수 필드, Even Field)를 먼저 렌더링

▶ 아날로그 TV용 영상(DV NTSC 등)은 "Lower Field First" 방식, 디지털 TV용 영상(1080i 등)은 "Upper Field First" 방식을 적용한다.

⑪ 3:2 Pulldown ▼

24fps(Frame per Second) 필름 영상을 29.97fps NTSC로 변환(텔레시네)할 때 필름의 네 프레임을 3:2:3:2로 필드를 쪼개어 비디오의 다섯 프레임에 걸쳐 분배하는 방식 결정

▷ 텔레시네 영상을 AE로 임포트 할 때 3:2 Pulldown을 제거하여 필름의 원래 프레임 속도와 AE에서의 작업이 일치되도록 하는데, 제거된 3:2 Pulldown을 렌더링 과정에서 다시 적용 가능

→ 'Field Render'에서 필드 순서 결정 후 다섯 방식 중 하나 선택

▷ 한 필름 프레임에서 3개의 필드를, 다음 필름 프레임에서 2개의 필드를 뽑아내어 같은 필름 프레임에서 나온 두 개의 필드가 그대로 결합한 'W'hole Frames와 다른 필름 프레임에서 나온 두 개의 필드가 앞뒤로 결합한 "S'plit-field Frames를 구성한 후 결합방식에 따라 WSSWW/SSWWW/SWWWS/WWWSS/WWSSW로 다섯 개의 비디오 프레임을 만든다.

⑫ Motion Blur ▼

레이어에 모션 블러를 적용하여 렌더링 할지 결정

- **Current Settings** : 'Enable Motion Blur ⊙' 버튼이 On인 경우 'Motion Blur ⊙' 스위치가 설정된 모든 레이어에 모션 블러를 적용하여 렌더링

- **On for Checked Layers** : 'Enable Motion Blur ⊙' 버튼의 On/Off 여부에 상관없이 'Motion Blur ⊙' 스위치가 설정된 모든 레이어에 모션 블러를 적용하여 렌더링 (디폴트)

- **Off for All Layers** : 모든 레이어에 모션 블러를 적용하지 않고 렌더링

▷ 〈Composition Settings〉(= Ctrl + K) 대화창의 'Advanced' 탭에서 설정된 'Motion Blur' 세팅에 따라 모션 블러 퀄리티가 정해진다.
P 110 참고

⑬ Time Span ▼

렌더링할 시간영역 설정

- **Length of Comp** : 컴포지션 전체 길이만큼 렌더링

- **Work Area Only** : 작업 영역(Work Area)만큼 렌더링 (디폴트)

- **Custom** : 〈Custom Time Span〉 대화창 오픈

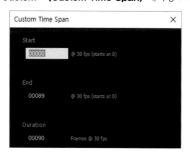

→ 렌더링 할 Start/End 영역, 또는 전체 렌더링 길이(Duration) 직접 지정
▷ 'Duration'을 설정하면 'End' 시간이 자동 변경된다.

⑭ Frame Rate

초당 프레임 수(Frame per Second, fps) 설정

Use comp's frame rate : 〈Composition Settings〉 대화창에서 설정된 'Frame Rate'대로 렌더링 (디폴트)

Use this frame rate : 렌더링할 fps를 직접 입력

⑮ Custom

렌더링 할 Start Time/End Time/Duration 설정 (= 'Time Span'의 "Custom" 설정)

→ 〈Custom Time Span〉 대화창 오픈

⓮ Skip existing files

〈**Output Module Settings**〉 대화창에서 '**Format**'을 Sequence 중 하나로 선택한 경우 활성화 (디폴트 체크 해제)

→ 체크하면 같은 이름으로 동일한 저장 위치에 다시 시퀀스로 렌더링할 경우 이미 렌더링되어 저장되어 있는 프레임은 건너뛰고 빠져있는 프레임들만 채워가며 렌더링 (첫 프레임, Frame Rate, 렌더링 영역이 동일해야 함)

Output Module

최종 출력(Output) 파일에 대한 설정

→ '**Output Module**' 좌측의 ▶를 클릭하면 하단에 현재 설정된 파일 세팅 상태를 보여준다.

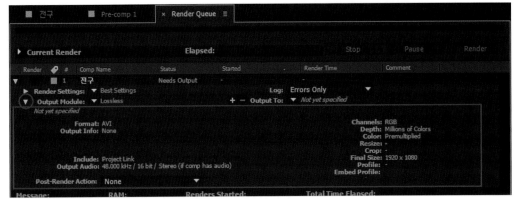

사용자가 임의의 렌더링 포맷을 선택하지 않은 경우 디폴트 렌더링 설정을 나타내는 "Lossless(무손실, 무압축 출력)"로 표기되어 있다.

→ "**Lossless**"를 클릭하여 〈**Output Module Settings**〉 대화창 오픈

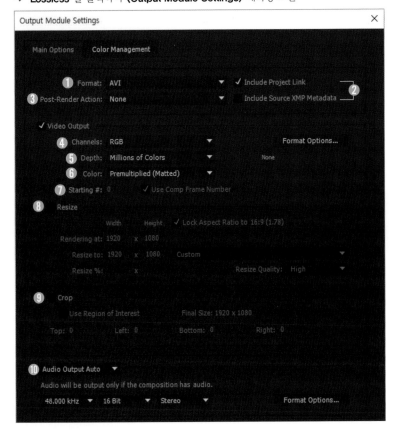

❶ Format ▼

출력 가능한 렌더링 포맷 선택

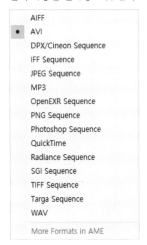

AIFF
● AVI
DPX/Cineon Sequence
IFF Sequence
JPEG Sequence
MP3
OpenEXR Sequence
PNG Sequence
Photoshop Sequence
QuickTime
Radiance Sequence
SGI Sequence
TIFF Sequence
Targa Sequence
WAV
More Formats in AME

→ 디폴트 렌더링 포맷은 용량이 크나 호환성이 좋은 무압축 AVI로 설정되어 있다.

> **TIP**
>
> 목록 이외의 포맷(H.264 등)으로 출력을 하려면 Adobe Media Encoder에서 렌더링을 진행한다.

❷ Include Project Link : 체크(디폴트)되어 있으면 출력 파일에 원 프로젝트 파일(.aep)을 링크

→ Adobe Premiere Pro 같은 어플리케이션에서 출력 파일을 오픈하여 작업하는 도중에 'Edit Original' 명령을 통해 AE를 즉시 실행시켜 원 프로젝트를 수정할 수 있다.

Include Source XMP Metadata : 체크하면 해당 컴포지션에 사용된 소스 파일들의 XMP Metadata를 출력 파일에 포함시킨다. (디폴트는 체크 해제)

❸ Post-Render Action ▼

렌더링이 끝난 출력 파일을 어떻게 할 것인지 결정

- **None** : 출력 파일을 저장 위치에 저장하는 것으로 종료
- **Import** : 렌더링 후 Project 패널에 출력 파일을 자동으로 임포트 한다.
- **Import & Replace Usage**

→ 선택 후 대화창을 닫고 Render Queue 패널에서 'Output Module' 좌측의 ▶를 확장한다. (또는 'Output Module' 좌측의 ▶를 확장 후 Render Queue 패널 좌하단의 'Post-Render Action ▼'에서 "Import & Replace Usage" 선택)

→ Render Queue 패널에서 Post-Render Action ▼-Import & Replace Usage' 우측의 Pick Whip 🔵을 클릭 & 드래그하여 Project 패널에서 해당 컴포지션에 레이어로 쓰인 푸티지를 선택하고 커서를 놓으면, 렌더링이 끝난 후 출력 파일이 Project 패널에 임포트됨과 동시에 Timeline 패널에서 선택한 푸티지의 레이어가 출력 파일로 대체된다.

▶ Project 패널의 원본 푸티지가 바뀌거나 사라지는 것은 아니다.

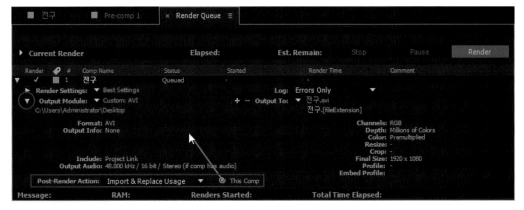

- **Set Proxy**

  → 선택 후 대화창을 닫고 Render Queue 패널에서 '**Output Module**' 좌측의 ▶를 확장한다. (또는 '**Output Module**' 좌측의 ▶를 확장 후 Render Queue 패널 좌하단의 '**Post-Render Action ▼**'에서 "**Set Proxy**" 선택)

  → Render Queue 패널에서 '**Post-Render Action▼-Import & Replace Usage**' 우측의 Pick Whip 을 클릭 & 드래그하여 Project 패널에 있는 푸티지/컴포지션 중 하나를 선택하고 커서를 놓으면 렌더링이 끝난 후 출력 파일이 Project 패널에 임포트됨과 동시에 선택한 푸티지/컴포지션의 프록시로 대체된다.

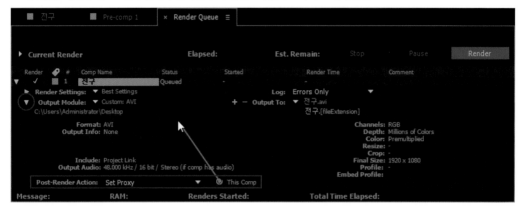

❹ Channels ▼

출력 파일에 알파 채널을 포함시킬 것인지 결정

- **RGB** : 알파 채널을 무시하고 RGB채널만 렌더링

- **Alpha** : 알파 채널만 렌더링

  → 출력 파일을 매트(Matte)로 사용

- **RGB + Alpha** : 출력 파일에 알파 채널을 포함시켜 렌더링

  → 자동으로 '**Depth**'가 "**Millions of Colors+**"로 선택된다.

▷ 선택한 '**Format**'에 따라 알파 채널을 지원하지 않을 수 있다.

❺ Depth ▼

Output 파일의 색심도 결정

- 컬러 아웃풋은 "**Millions of Colors**(24비트 컬러)" 이상 선택한다.

  ▷ '**Format**'에 따라 선택할 수 있는 최대 색심도가 제한적일 수 있다.

- "**Millions of Colors+**", "**Trillions of Colors+**", "**Floating Point +**"는 알파 채널을 포함한다.

- **256 Grays** : 매트(Matte)만을 만들고자 할 때 선택

❻ Color ▼

출력 파일에 알파 채널을 포함시킬 때 투명도에 관한 정보를 어떻게 저장할 것인지 결정

- **Straight (Unmatted)** : 투명정보가 알파 채널에만 저장

  ▷ Straight 채널을 지원하는 프로그램에서 열어보기 전에는 투명한 상태를 확인하기 어렵다.

- **Premultiplied (Matted)** : 투명정보가 알파 채널과 RGB채널에 모두 저장되어 배경컬러와 결합된다. (배경과 이미지의 경계선 같은 반투명 부분은 배경색이 묻어남)

  ▷ Premultiplied 채널은 퀵타임 플레이어 같은 다수의 외부 프로그램들에서도 지원된다.

❼ Starting # : 시퀀스 포맷으로 렌더링 시 출력 파일의 이름 뒤에 붙을 시작넘버 설정 ('**Use Comp Frame Number**'를 체크 해제해야 활성화)

→ 디폴트는 0부터 넘버링되어 Render Queue 패널의 '**Output To**'에 "폴더이름\파일이름_[#####].확장자"로 표시된다.

→ '**Output To**'의 "폴더이름\파일이름_[#####].확장자"를 클릭하면 대화창이 나타나고 다른 저장 위치와 파일이름 설정 가능 (디폴트 폴더이름과 파일이름은 컴포지션 이름과 동일)

→ 저장 위치에 자동 생성된 폴더에 디폴트로 "파일이름_00000.확장자"부터 오름차순으로 넘버링되며 저장을 시작한다.

▶ '**Output To**' 오른쪽의 ▼ 클릭하여 파일이름 표시방식을 '**Comp Name**'으로 선택하면 자동 생성 폴더를 만들지 않는다.

TIP

파일 저장 대화창에서 "파일이름_[###].확장자"로 설정하고 '**Starting #**'가 "11"이면 "파일이름_011.확장자"부터 오름차순으로 넘버링 되며 저장된다.

Use Comp Frame Number : 작업 영역(Work Area)의 시작 프레임 넘버를 출력 파일의 시작넘버로 사용

❽ Resize

출력 파일의 크기(Width/Height)를 임의의 사이즈로 변경 (체크하면 세부 옵션이 활성화된다.)

Lock Aspect Ratio : 체크 해제하면 가로/세로 크기를 각각 변경 가능

Resize to : 속성값을 직접 클릭 또는 드래그하여 출력 파일의 새로운 가로/세로 크기 설정 ('**Resize %**'에 원본 대비 몇 % 확대/축소인지 표시)

Custom ▼ : 다양한 프리셋에서 파일 크기 선택 가능

Resize Quality : 파일 크기가 변경된 출력 파일의 퀄리티(Low/High) 설정

▶ 테스트용으로 렌더링 시 "**Low**"로 출력하여 빠르게 결과물 확인

❾ Crop

화면의 불필요한 부분을 잘라내고 렌더링 (체크하면 세부 옵션이 활성화된다.)

→ Top/Left/Bottom/Right에 (+)값 입력하면 입력한 픽셀 수치만큼 상하좌우를 잘라내고, (-)값 입력하면 입력 픽셀 수치만큼 크기를 더하여 렌더링

Use Region of Interest : Comp/Layer 패널에서 '**Region of Interest** 🔲'로 설정한 부분만 렌더링

❿ Audio Output

출력 파일에 오디오를 포함시킬 지 결정

- **Audio Output On** : 출력 파일에 오디오 포함 (컴포지션에 오디오가 없으면 빈 오디오 트랙 저장)

→ Sample Rate(kHz), Sample Depth(8/16/32 Bit) 재생포맷(Mono/Stereo) 선택 ('**Format**'에서 선택한 렌더링 포맷의 특성에 따라 오디오 설정이 제한적)

▶ CD 음질은 Audio Sample Rate 44.1 KHz, Sample Depth 16-bit, Stereo Channel로 설정

→ **[Format Options]** 버튼 클릭하여 해당 포맷만의 옵션 선택

참고사항 _ Audio Sample Rate / Sample Depth

Audio Sample Rate : 아날로그인 소리를 디지털로 변환시키는 과정을 샘플링이라고 한다. 이 과정에서 시간축과 주파 수축을 기준으로 1초당 얼만큼 촘촘하게 샘플링하여 디지털 신호로 변환하는가에 대한 초당 샘플링 개수로, 높을수록 원음에 가까워 진다.

Sample Depth : 각 샘플당 담긴 정보량으로 컴퓨터에서 재생하는 경우 8 Bit, CD나 디지털 오디오 음질은 16 Bit 선택
   (16 Bit=2^{16}=65,536개의 2진수 정보)

- **Audio Output Auto** : 컴포지션에 오디오가 포함되어 있으면 자동으로 오디오 출력 (디폴트) ▶ After CC

- **Audio Output Off** : 오디오를 출력하지 않는다.

TIP 1 _ 동시에 여러 포맷과 해상도의 출력 파일 생성하기

Render Queue 패널에서 현재 렌더링 대기 중인 컴포지션에 여러 'Output Module'을 추가하여 한 번의 렌더링으로 다양한 포맷과 해상도의 파일을 동시에 얻을 수 있다. ('Render Settings'는 동일)

방법 1 Render Queue 패널의 'Output Module' 항목 오른쪽의 ➕ 버튼 클릭

방법 2 컴포지션을 Render Queue 패널에 추가한 상태에서 **메뉴〉Composition〉Add Output Module**

방법 3 Render Queue 패널의 컴포지션 이름에서 **마우스 오른쪽 버튼〉Add Output Module**

방법 4 Render Queue 패널의 'Output Module' 항목에서 **마우스 오른쪽 버튼〉Add Output Module**

→ 'Output Module' 아래 추가로 'Output Module' 항목이 생성된다.
   ▶ 선택한 'Output Module'을 복제하려면 Ctrl + D
   ▶ 불필요한 'Output Module'은 오른쪽의 ➖ 버튼을 클릭하거나, 'Output Module' 항목을 선택 후 Delete 키

→ 추가된 'Output Module'의 "Lossless"를 클릭하여 〈Output Module Settings〉 대화창에서 출력포맷 등 변경 후 [Render] 버튼 클릭

TIP 2 _ 출력 파일의 저장 폴더 열기

Render Queue 패널의 'Output Module' 항목에서 **마우스 오른쪽 버튼〉Reveal in Explorer**
   → 출력 파일이 저장되는 폴더를 파일 탐색기로 오픈

Output To

오른쪽의 파일이름(또는 *Not Yet Specified*)을 클릭하여 오픈되는 대화창에서 저장 위치 및 파일이름 변경
   ▶ 초기 상태로 기존에 한 번도 저장 위치를 지정한 적이 없다면 "*Not Yet Specified*"라 적혀있다.

▶ 〈Preferences〉(= Ctrl + Alt + ;) 대화창의 'Output' 카테고리에서 'Use Default File Name and Folder'가 디폴트로 체크되어 있기 때문에 컴포지션을 Render Queue 패널에 추가하면 자동으로 컴포지션 이름과 동일하게 출력(Output) 파일 이름을 생성하고, 저장 위치를 바꾸지 않는 한 앞서 출력 파일이 저장되었던 폴더에 계속 저장된다. (동일한 컴포지션을 다시 Render Queue 패널에 추가하면 출력 파일의 이름 뒤에 "_#"으로 자동 넘버링)

→ 'Output To' 오른쪽의 ▼를 클릭하면 출력 파일 표기방식 선택 가능

Comp Name	→ 컴포지션 이름으로 출력 파일 이름 생성
Comp Folder and Name	→ 컴포지션 이름과 동일한 폴더와 출력 파일 이름 생성
Comp And Output Module Name	→ 컴포지션 이름_"Lossless(Output Module 이름)".확장자
Project And Comp Name	→ 프로젝트이름_컴포지션 이름.확장자
Comp Name And Dimensions	→ 컴포지션 이름_WidthxHeight.확장자
Comp And Frame Range	→ 컴포지션 이름_#####-#####.확장자
Custom...	→ 사용자가 직접 출력 파일 표기방식 지정 (〈File Name and Location Template〉 대화창 오픈)

Log ▼

렌더링 정보를 담은 텍스트파일 저장방식 선택

- **Errors Only** : 렌더링 중 에러가 발생한 경우에만 로그파일 생성 (디폴트)
- **Plus Settings** : 로그파일에 '**Render Settings**', '**Output Module**' 등 설정한 내용을 더하여 저장
- **Plus Per Frame Info** : 로그파일에 '**Render Settings**', '**Output Module**' 등의 설정과 각 프레임에 대한 렌더링 정보를 더하여 저장

TIP _ 로그파일 확인하기

렌더링이 끝난 후 'Render Settings' 좌측의 ▶를 확장하면 로그파일 저장 위치 표시
→ 클릭하면 파일 탐색기로 저장 폴더 오픈 (프로젝트 파일이 저장된 디렉토리의 "프로젝트이름.aep Logs" 폴더에 저장)

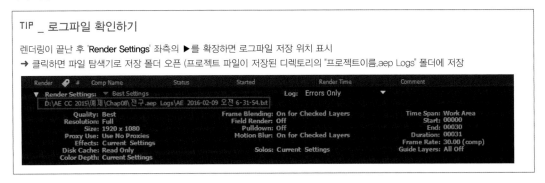

렌더링(Rendering)

- Render Queue 패널 오른쪽에 ▨ Render ▨ 버튼을 누르면 렌더링 시작
  - ▶ 〈Preferences〉(= Ctrl + Alt + ;) 대화창의 'Video Preview' 카테고리에서 'Video preview during render queue output' 기능이 디폴트로 체크되어 있어 렌더링 시 Comp 패널에서 프리뷰가 진행된다.
- 렌더링 도중 ▨ Pause ▨ 버튼을 눌러 렌더링을 일시정지시킨 상태에서는 설정 변경 불가
- 진행 중인 렌더링을 처음부터 다시 시작하려면 Alt + ▨ Stop ▨ 버튼 (렌더링 리스트에 기존 컴포지션이 같은 설정으로 다시 추가됨)
- Render Queue 패널 하단에 렌더링 정보를 간단히 표시한다.

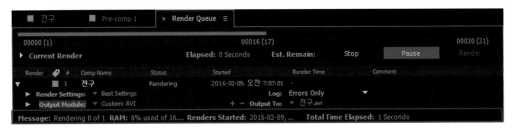

Message : 여러 개의 컴포지션이 렌더링 리스트에 있을 때 몇 번째 컴포지션이 렌더링 중인지 표시

RAM : 전체 RAM중 렌더링을 진행하는데 쓰이는 RAM 상태 표시

Renders Started : 렌더링을 시작한 연월일시 표시

Total Time Elapsed : 렌더링 경과 시간 표시

- 'Current Render' 좌측의 ▶를 확장하면 렌더링 파일 용량과 디스크 여유공간 등 렌더링 상세 정보가 표시된다.

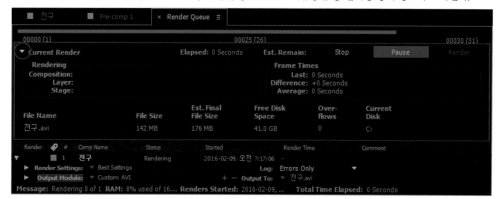

- 렌더링을 마친 컴포지션(체크표시 사라짐)은 목록에 계속 남아 있으므로 (다중) 선택하여 Delete키로 대기열에서 삭제한다.
- 렌더링이 끝난 컴포지션을 다시 렌더링하려면

방법 1 Render Queue 패널에서 컴포지션 선택 후 복제(= Ctrl + D = 메뉴〉Edit〉Duplicate)
방법 2 Render Queue 패널의 컴포지션 이름 위에서

마우스 오른쪽 버튼〉Duplicate : 기존 렌더링 파일 이름 뒤에 "_#"붙여 파일이름 생성
마우스 오른쪽 버튼〉Duplicate with File Name : 기존과 동일한 파일이름으로 렌더링

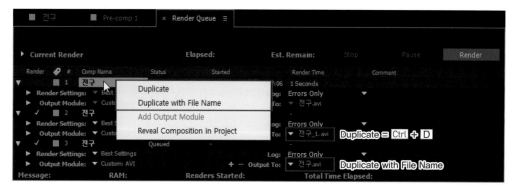

▶ Render Queue 패널의 컴포지션 이름에서 **마우스 오른쪽 버튼〉Reveal Composition in Project** : 렌더링 할 컴포지션이 Project 패널에서 선택 상태로 표시된다.

Study 2 | 기타 렌더링

메뉴〉Composition〉Save Frame As ▶

Comp/Timeline 패널에서 렌더링 할 시간대로 CTI 이동 후 명령을 실행하면 컴포지션의 한 프레임만 이미지 파일로 저장

▶ 한 프레임을 이미지파일로 저장 시 Comp 패널 하단의 'Resolution  '(= 〈Composition Settings〉 대화창의 'Resolution')에 따라, HD 파일인 경우 "Full"일 때 1920x1080, "Half"일 때 960x540, … 등의 크기로 이미지파일 생성 ("Auto"로 설정된 경우, 직전에 렌더링했던 해상도의 크기를 따름)

❶ File

현재시간(Current Time)에서 Comp 패널의 뷰어에 보이는 한 프레임을 한 장의 이미지파일(디폴트는 "컴포지션 이름 (Current Time).psd")로 렌더링하여 저장 (= Ctrl + Alt + S)

→ 'Output Module' 오른쪽의 "Photoshop"(디폴트)을 클릭하여 〈Output Module Settings〉 대화창이 오픈되면 'Format ▼'에서 JPG/PNG/TGA 등 다른 이미지파일 형식 선택 가능

▶ "파일형식 Sequence"를 선택하더라도 여러 장의 시퀀스이미지가 아닌 한 장만 해당 파일형식으로 저장된다.

❷ Photoshop Layers

현재시간(Current Time)에 존재하는 모든 레이어를 순서대로 보존하여 편집 가능한 PSD 파일로 저장

→ Render Queue 패널 오픈 없이 〈다른 이름으로 저장〉 대화창이 오픈되며, 저장 위치와 파일이름(디폴트는 "컴포지션 이름.psd") 변경 후 [저장] 버튼 클릭

▶ Timeline 패널에 레이어로 존재해도 저장하려는 Current Time에서 레이어가 존재하지 않으면 PSD 파일 안에 레이어로 저장되지 않는다.

▶ 각 레이어에 적용된 레이어 스타일, 블렌딩 모드와 투명도 등은 저장하려는 Current Time 시점의 설정값을 따른다.

메뉴〉Composition〉Pre-render

작업속도 향상을 위해 무압축 AVI 파일로 렌더링하여 작업이 끝난 Comp 레이어를 대신하거나 푸티지/컴포지션의 프록시로 사용

▶ 프록시(Proxy) : AE에서는 작업속도 향상을 위해 용량이 큰 원본을 대신하여 임시파일을 사용하는 것을 의미

→ 'Output Module' 오른쪽의 "Custom AVI"를 클릭하여 나타나는 〈Output Module Settings〉 대화창에서 포맷 및 기타 설정 변경 가능

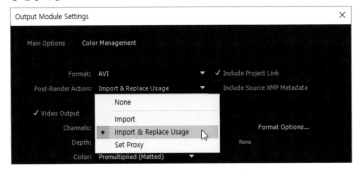

▶ 'Post-Render Action ▼'이 "Import & Replace Usage"(디폴트)로 선택되어 있으면 최종 컴포지션에 포함된 Pre-composition을 Pre-render 했을 경우, 렌더링된 파일이 자동으로 Project 패널에 임포트되고 Timeline 패널에서 최종 컴포지션의 해당 Comp 레이어가 Pre-render된 동영상 파일로 대체된다.

▶ Project 패널에는 Pre-render된 컴포지션이 그대로 존재하므로 언제든 수정하여 다시 Pre-render 가능

메뉴〉File〉Create Proxy ▶

작업속도 향상을 위해 용량이 큰 동영상 푸티지나 복잡한 작업이 수행된 Pre-composition을 한 프레임의 이미지 파일(Still)
이나 저화질 동영상(Movie)으로 렌더링 한 후, 해당 푸티지나 컴포지션을 생성된 프록시 파일로 즉시 대체

■ 스틸 이미지 프록시 생성하기

방법 Project 패널에서 동영상 푸티지/컴포지션 선택 후 **마우스 오른쪽 버튼**(또는 **메뉴〉File〉**)**Create Proxy〉Still**

▶ "**Custom Photoshop Sequence**"을 클릭하여 프록시파일 포맷 변경 가능

→ Project 패널에서 프록시가 적용된 동영상 푸티지/컴포지션 앞에 ▣ 아이콘이 표시되고 썸네일 이미지 옆에 원본과 프
록시 파일 각각의 정보가 동시에 표시된다.

▶ 동영상 푸티지에 적용한 경우 Project 패널에 자동
으로 해당 동영상 푸티지의 새 컴포지션이 생성되면
서 Render Queue 패널에 해당 컴포지션이 렌더링 대
기목록으로 추가된다. (렌더링 후 동영상 아이콘이 이
미지파일 아이콘으로 바뀐다.)

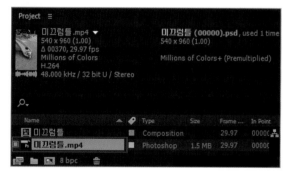

→ 컴포지션에 프록시를 적용하면 Comp 패널 하단에 "**Proxy Enabled**" 붉은 띠가 표시된다. (동영상 푸티지에 프록시를
적용하면 Layer/Footage 패널 하단에 표시)

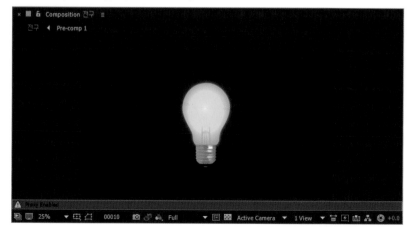

→ ■를 클릭하여 임시해제 ■하면 프록시 연결상태는 유지한 채 원본파일 그대로 사용 가능

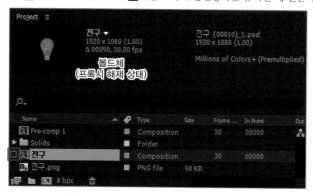

▶ 프록시 적용 ■ 중이면 프록시 파일이름이 **볼드체**로, 프록시 해제 ■ 중이면 원본 파일이름이 **볼드체**로 바뀐다.

■ 동영상 프록시 생성하기

방법 Project 패널에서 동영상 푸티지/컴포지션 선택 후 **마우스 오른쪽 버튼**(또는 **메뉴**〉File)〉Create Proxy〉Movie

▶ "**Custom AVI**"를 클릭하여 프록시파일 포맷 변경 가능

■ 프록시 설정 삭제

방법 Project 패널에서 프록시가 적용된 푸티지/컴포지션 선택 후 **마우스 오른쪽 버튼**(또는 **메뉴**〉File)〉Set Proxy〉None

---

TIP _ 렌더링 없이 기존 파일을 프록시로 사용하기

Project 패널에서 프록시를 적용할 푸티지나 컴포지션 선택 후 **메뉴**〉File〉Set Proxy〉File
  → 오픈된 대화창에서 프록시로 사용할 임의의 동영상이나 이미지파일 선택

Study 3 | 렌더 템플릿(Render Template)

AE에서 제공하는 렌더링 세팅을 선택하거나 자주 쓰는 세팅을 새로 템플릿으로 저장

Render Settings Template

- 제공되는 렌더 세팅 템플릿 사용하기

  방법 'Render Settings' 우측 ▼ 클릭

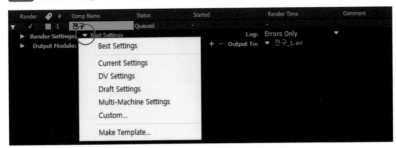

- **Best Settings** : 최종 출력용으로 렌더링 (디폴트)
- **Current Settings** : 컴포지션의 각 레이어에 설정된 세팅대로 렌더링
- **DV Settings** : DV 포맷에 맞도록 '**Field Render**'를 "**Lower Field First**"로 설정
- **Draft Settings** : 퀄리티와 해상도를 낮추고 프레임 블렌딩이나 모션 블러를 적용하지 않는다.
- **Multi-Machine Settings** : 여러 컴퓨터에서 동시에 렌더링을 진행할 경우 중복파일은 건너뛴다.
- **Custom** : 〈Render Settings〉 대화창 자동 오픈

TIP _ Render Queue 패널에 렌더링 대기 중인 여러 컴포지션에 동일한 Render Settings 템플릿을 동시 설정하기

Render Queue 패널에서 여러 컴포지션 이름을 동시 선택 후, 그 중 하나의 '**Render Settings**' 우측의 ▼를 클릭하여 템플릿 목록 중 선택

- Render Settings 템플릿 만들기

  방법 1 메뉴〉Edit〉Templates〉Render Settings
  방법 2 Render Queue 패널에서 **Render Settings** ▼–**Make Template**

  → 〈**Render Settings Templates**〉 대화창 자동 오픈

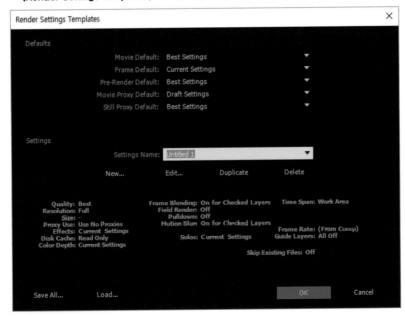

01 [New] 버튼 클릭

02 자동으로 오픈되는 〈Render Settings〉 대화창에서 각 항목 설정 후 [OK] 버튼 클릭

03 'Settings Name'에 저장할 새 템플릿 이름 입력 후 [OK] 버튼 클릭

→ Render Queue 패널의 'Render Settings ▼'에 새 템플릿이 목록으로 포함된다.

▶ [Edit] 버튼 : 현재 'Settings Name'에 표시된 템플릿의 설정을 변경
   → 여기서 변경한 설정은 이미 Render Queue 패널에 렌더링 대기 상태로 있는 컴포지션에는 적용되지 않는다.
   → 변경 후 해당 템플릿을 다시 처음 설정대로 돌리려면 Ctrl + 템플릿 목록에서 해당 템플릿 선택

[Duplicate] 버튼 : 현재 'Settings Name'에 표시된 템플릿의 설정과 동일한 템플릿 생성

[Delete] 버튼 : 현재 'Settings Name'에 표시된 템플릿을 삭제

[Save All] 버튼 : 선택한 저장 위치에 Render Settings 템플릿 목록에 있는 모든 템플릿들을 "템플릿이름.ars"로 저장

[Load] 버튼 : 저장된 템플릿 파일 불러오기

▶ 렌더링 목적(Movie/Frame/Pre-Render/Movie Proxy/Still Proxy)에 따라 디폴트 Render Settings 템플릿을 설정하려면 〈Render Settings Templates〉 대화창의 'Defaults' 항목에서 각각 우측의 ▼로 템플릿 목록을 열어 선택한다.

Output Module Template

■ 제공되는 아웃풋 모듈 템플릿 사용하기

방법 'Output Module' 우측 ▼ 클릭

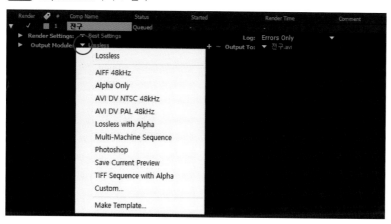

> **TIP** _ Render Queue 패널에 렌더링 대기중인 여러 컴포지션이나, 한 컴포지션 안의 여러 Output Module에
> 동일한 Output Module 템플릿을 동시 설정하기
>
> Render Queue 패널에서 여러 컴포지션 이름을 선택하거나 여러 Output Module 선택 후, 그 중 하나의 'Output Module' 우측의 ▼
> 를 클릭하여 템플릿 목록 중 선택

■ Output Module 탬플릿 만들기

방법 1 메뉴〉Edit〉Templates〉Output Module

방법 2 Render Queue 패널에서 Output Module ▼-Make Template

→ 〈Output Module Templates〉 대화창 자동 오픈

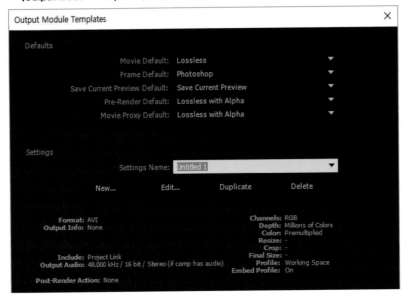

01 [New] 버튼 클릭

02 자동으로 오픈되는 〈Output Module Settings〉 대화창에서 각 항목 설정 후 [OK] 버튼 클릭

03 'Settings Name'에 저장할 새 템플릿 이름 입력 후 [OK] 버튼 클릭

→ Render Queue 패널의 'Output Module ▼'에 새 템플릿이 목록으로 포함된다.

▶ [Save All] 버튼 : 선택한 저장 위치에 Output Module 템플릿을 "템플릿이름.aom"으로 저장

▶ 렌더링 목적(Movie/Frame/Save Current Preview/Pre-Render/Movie Proxy)에 따라 디폴트 Output Module 템플릿을 설정하려면 〈Output Module Settings〉 대화창의 'Defaults' 항목에서 각각 우측의 ▼로 템플릿 목록을 열어 선택한다.

Study 4 | 출력 파일 분할 렌더링 : Segment

USB나 CD-ROM, DVD 등에 저장하기 위해 동영상 출력 파일을 여러 개의 시퀀스 파일로 나누거나, 특정 용량한도로 분할하여 렌더링

〈Preferences〉 대화창의 'Output' 카테고리에서 출력 시퀀스 파일의 개수나 동영상 파일을 분할할 제한용량 설정

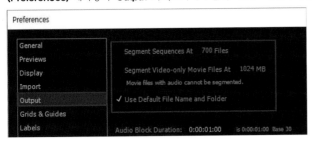

▶ C:₩ 같은 루트 디렉토리에는 Segment 영상을 렌더링 하여 출력 파일을 생성할 수 없다.

Segment Sequences At : 시퀀스로 저장되는 이미지의 최대 파일개수 제한

→ 개수를 초과하면 새로운 시퀀스 파일로 렌더링

▶ 〈Render Settings〉 대화창에서 시퀀스 파일로 렌더링 시 활성화되는 'Skip existing files' 옵션이 체크된 경우 분할할 수 없다.

Segment Video-only Movie Files At : 동영상 파일의 최대 용량 제한 (오디오가 포함된 동영상 파일은 분할 불가)

▶ 윈도우즈 OS가 설치된 컴퓨터의 경우 파일 하나의 최대 용량은 'FAT' 방식으로 하드디스크를 포맷한 경우 2GB, 'FAT32' 방식은 최대 4GB, 'NTFS' 방식은 약 16TB까지 설정 가능

Lesson 2

프로젝트 백업 : Collect Files

프로젝트 파일(.aep), 푸티지로 사용된 원본 소스 파일, 프록시로 설정된 파일, 프로젝트에 대한 각종 정보가 담긴 텍스트 파일(프로젝트이름Report.txt)을 하나의 폴더로 묶는다.

▶ 공동 프로젝트거나 프로젝트를 다른 컴퓨터에 옮겨서 계속 작업할 경우, 또는 하나의 프로젝트를 여러 대의 컴퓨터에 나누어 렌더링할 경우 유용

방법 프로젝트를 저장한 후 **메뉴〉File〉Dependencies〉Collect Files** 실행

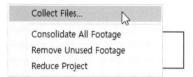

프로젝트에 사용하지 않았거나 불필요한 푸티지/컴포지션들을 정리한 다음 백업하도록 한다. (**P 49 참고**)

▶ CS6 버전에서는 명령어들이 **메뉴〉File** 바로 아래 위치

▶ 기존 프로젝트 파일과 소스들의 저장 위치가 바뀌는 것이 아니라 카피본을 새로 저장한다.
  ➜ 프로젝트를 저장한 시점까지의 작업이 저장된다.
  ➜ 컴포지션 내에 구성한 폴더들과 계층구조대로 폴더 안에 카피된다.

➜ 〈**Collect Files**〉 대화창 오픈

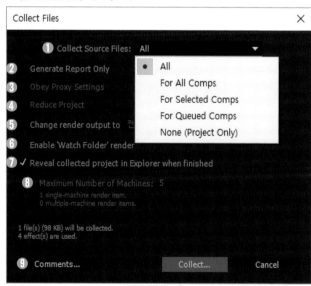

① Collect Source Files ▼
  어떤 파일들을 모을 것인지 선택

  – **All** : 컴포지션에 사용되지 않은 소스 파일과 프록시들까지도 모두 폴더에 복사

  – **For All Comps** : 프로젝트 내의 모든 컴포지션에 사용된 소스 파일과 프록시를 폴더에 복사

  – **For Selected Comps** : Project 패널에서 선택한 컴포지션에 사용된 소스 파일과 프록시를 폴더에 복사

  – **For Queued Comps** : Render Queue 패널에 렌더링 대기 중인 컴포지션에 사용된 모든 소스 파일과 프록시를 폴더에 복사 (컴포지션에서의 프록시 설정이 아닌 Render Queue 패널의 〈**Render Settings**〉 대화창에서 설정한 프록시 사용 여부에 따라 결정)

  – **None (Project Only)** : 소스 파일과 프록시는 제외하고 프로젝트 파일(*.aep)만 폴더에 복사

❷ Generate Report Only

파일과 프록시는 복사되지 않고 보고서 파일만 폴더에 복사

❸ Obey Proxy Settings

컴포지션에 프록시 설정이 있는 경우,

→ 체크하면 컴포지션에 사용된 소스 파일만 폴더에 복사하고
→ 체크하지 않으면 소스 파일과 프록시를 모두 폴더에 복사

❹ Reduce Project

사용되지 않은 푸티지와 컴포지션은 폴더에 복사하지 않는다. ('**Collect Source Files▼**' 옵션으로 "**For All Comps / For Selected Comps / For Queued Comps**"가 선택된 경우 활성화)

❺ Change render output to

네트워크 렌더링 시 여기에 입력한 이름의 폴더로 출력 파일을 렌더링

→ Collect한 폴더 안에 여기에 지정한 폴더가 추가된다.

❻ Enable 'Watch Folder' render

네트워크 렌더링 시 특정 폴더를 'Watch Folder'로 지정하여 다른 컴퓨터에서 네트워크 렌더링을 할 때 이 폴더에 저장되도록 설정함으로써 렌더링 상황을 모니터링할 수 있다.

▶ CC 2015 버전에서는 **메뉴〉File〉Watch Folder** 기능을 사용할 수 없다.

❼ Reveal collected project in Explorer when finished

Collect Files 작업이 끝나면 저장된 해당 폴더를 파일 탐색기로 오픈

❽ Maximum Number of Machines

네트워크 렌더링을 하기 위해 사용되는 컴퓨터 대수 입력 ('**Enable 'Watch Folder' render**'가 체크되면 활성화)

❾ [Comments] 버튼

〈Comments〉 대화창이 열리면 입력한 내용이 보고서 파일 끝에 추가된다.

→ 설정이 끝나고 **[Collect]** 버튼을 클릭하여 Collect 폴더 이름을 지정하면 파일 모으기 작업이 시작된다.

→ 지정한 Collect 폴더 안에 다음과 같이 생성된다.

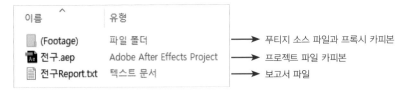

이름 ^	유형	
(Footage)	파일 폴더	⟶ 푸티지 소스 파일과 프록시 카피본
전구.aep	Adobe After Effects Project	⟶ 프로젝트 파일 카피본
전구Report.txt	텍스트 문서	⟶ 보고서 파일

LECTURE
09

합성과 페인팅

Lesson 1 레이어끼리 합성하기

두 가지 이상의 스틸 이미지나 동영상 레이어를 섞어서 하나의 화면에 합치는 작업

Study 1 | 알파 채널(Alpha Channel) 합성

소스 파일에 포함된 알파 채널의 순 흰색 영역에서 영상이 100% 보이고, 순 검정 영역에서 영상이 전혀 보이지 않으며, 회색부분은 영상이 반투명으로 보이므로 소스 영상의 투명한 영역을 통해 다른 영상이 비쳐 보이도록 합성

 소스 파일 : 지구.tga

01 새 프로젝트(= Ctrl + Alt + N)에서 Project 패널의 빈 공간을 더블클릭하여 〈Import File〉 대화창에서 "예제\Lec09\sc" 폴더의 "지구.tga"를 선택하고 **[Import]** 버튼을 클릭한다.

02 〈Interpret Footage〉 대화창이 열리면 **[Guess]** 버튼을 클릭하여 소스 파일의 알파 특성이 자동으로 선택되도록 한다.

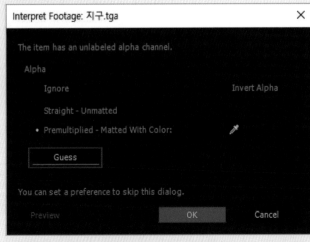

세부항목 설명은 P 38 참고

→ "**Premultiplied − Matted With Color : 순 블랙**"이 선택된 상태로 **[OK]** 버튼을 클릭하여 임포트 한다.

03 Project 패널에 생성된 "지구.tga" 푸티지를 클릭한 다음 빈 Comp/Timeline 패널로 드래그 & 드롭하여 새 컴포지션에 "지구.tga" 레이어로 배치한다.

04 Comp/Layer/Footage 패널의 '**Channel and Color Management Settings** '로 알파 채널을 확인한다.

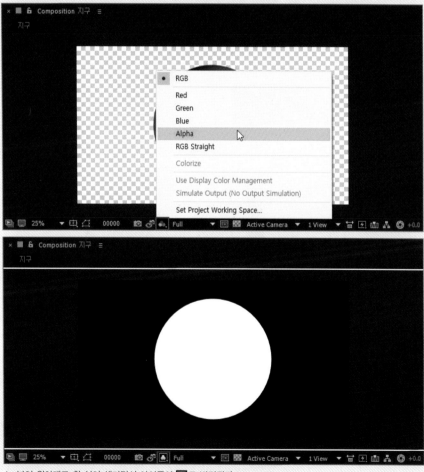

▶ 뷰어 위아래로 흰 선이 생기면서 아이콘이 로 변경된다.

TIP

Alt + 4 로 뷰어에서 빠르게 RGB/Alpha 채널 간 보기 전환

05 다시 RGB 채널 보기 상태에서 "지구.tga" 레이어 뒤로 비네팅(Vignetting) 배경을 만들어 합성해보자.

→ Ctrl + Y로 새로 생성할 솔리드 레이어의 **〈Solid Settings〉** 대화창을 오픈한 다음, **[Make Comp Size]** 버튼을 클릭하여 컴포지션 크기와 동일하게 설정하고 **'Color'**의 컬러박스를 클릭한다.

→ 오픈 된 **〈Solid Color〉** 대화창에서 컬러값을 "#3BADC5"로 지정 후 **[OK]** 버튼을 클릭한다.

06 1번 레이어로 생성된 솔리드 레이어를 "지구.tga" 레이어 아래로 이동 배치한다.

07 솔리드 레이어를 선택 후 **Ellipse 툴** ⬤이나 **Rounded Rectangle 툴** ▢로 뷰어에서 적당한 크기의 마스크 모양을 드래그한다.

▶ Rounded Rectangle 툴 ▢로 드래그 도중 방향키 ↑ / ↓를 클릭할수록 모서리 라운딩이 증감한다.

▶ Comp 패널 하단의 **'Transparency Grid** ▨**'**를 Off 하면 기본 바탕인 검정색이 드러나 보인다.

08 솔리드 레이어가 선택된 상태에서 **'Mask Feather**(= F)**'**를 가로세로 동일하게 500 pixels 적용한다.

Study 2 ‖ 블렌딩 모드(Blending Mode) 합성

각 레이어가 가진 HSV(색상Hue/채도Saturation/명도Value)값이나 알파값을 이용하여 두 개 이상의 레이어를 다양한 모드로 합성

학습예제 **소스 파일 : 월남쌈.jpg, 수상가옥.jpg**

Project 패널의 빈 공간을 더블클릭하여 **〈Import File〉** 대화창에서 "예제₩Lec09₩sc" 폴더의 "월남쌈.jpg"와 "수상가옥.jpg"를 임포트 한 다음 새 컴포지션에 다음과 같은 순서로 배치한다.

월남쌈.jpg (상위 레이어)   수상가옥.jpg (하위 레이어)

Timeline 패널에 Modes 컬럼 `Mode    T  TrkMat` 표시하기

- **방법 1** Timeline 패널 좌하단의 'the Transfer Controls pane ⊘' 클릭
- **방법 2** Timeline 패널 하단의 `Toggle Switches / Modes` (= F4 키)를 클릭하면 Switches 컬럼과 Modes 컬럼 중 하나만 표시된다.
  - ▶ Switches 컬럼과 Modes 컬럼이 모두 표시된 경우에는 F4 키로 두 컬럼을 동시에 Show/Hide
- **방법 3** Timeline 패널의 Comp 탭이나 아무 컬럼 위에서 **마우스 오른쪽 버튼〉Columns〉Modes**
- **방법 4** Timeline 패널에서 Comp 탭의 **패널 메뉴 ☰〉Columns〉Modes**

블렌딩 모드의 특징

- ■ 상위 레이어에 블렌딩 모드를 설정함으로써 하위 레이어와 합성되는 방식
- ■ 애니메이션이 되지 않으며, 한 레이어에 한 블렌딩 모드만 선택할 수 있다.
  - ▶ 시간의 흐름에 따라 블렌딩 모드를 변경하려면 레이어 분할(= Ctrl + Shift + D) 후 다음 분할 레이어에서 블렌딩 모드 설정 변경
  - ▶ **메뉴〉Effect〉Channel〉Compound Arithmetic** 이펙트로 일부 모드에 한해 애니메이션 가능
- ■ PSD 파일의 각 레이어에 설정된 블렌딩 모드는 AE에서 임포트 시 그대로 읽어 들인다.

블렌딩 모드 적용하기

- **방법 1** Timeline 패널에서 레이어의 Modes 컬럼 `Normal ▼` 리스트 중 선택
- **방법 2** 레이어 선택 후 + (= Shift + =) / - (= Shift + -)를 클릭하면 Modes 컬럼 리스트가 순차적으로 적용된다.
- **방법 3** Comp/Timeline 패널에서 레이어 선택 후 **마우스 오른쪽 버튼(= 메뉴〉Layer)〉Blending Mode**의 리스트 중 선택
- ▶ 블렌딩 모드를 적용한 레이어의 'Video ⊙' 아이콘은 ⬤로 자동 변경된다.

Normal Dissolve Dancing Dissolve	❶ 표준(Normal) 모드		

Darken Multiply Color Burn Classic Color Burn Linear Burn Darker Color	❷ 감산(Subtractive) 모드

Add Lighten Screen Color Dodge Classic Color Dodge Linear Dodge Lighter Color	❸ 가산(Additive) 모드

Overlay Soft Light Hard Light Linear Light Vivid Light Pin Light Hard Mix	❹ 복합(Complex) 모드

Difference Classic Difference Exclusion Subtract Divide	❺ 차이(Difference) 모드

Hue Saturation Color Luminosity	❻ HSL(색상/채도/휘도) 모드

Stencil Alpha Stencil Luma Silhouette Alpha Silhouette Luma	❼ 매트(Matte) 모드

Alpha Add Luminescent Premul	❽ 유틸리티(Utility) 모드

❶ 표준(Normal) 모드

상위 레이어의 불투명도(Opacity) 값에 의존하여 합성

- **Normal** : 상위 레이어의 불투명도가 100%인 경우 하위 레이어와 아무런 합성이 일어나지 않는다.

- **Dissolve** : 상위 레이어의 '**Opacity**' 속성값이 감소하면 상위 레이어의 각 픽셀의 투명도가 제각각 발생하면서 노이즈 사이로 하위 레이어가 드러나 보인다.

- **Dancing Dissolve** : 'Dissolve' 모드와 같은 효과이나, 키프레임을 주지 않아도 시간대를 움직이면 각 픽셀의 투명도 가 시시각각 변화되어 노이즈가 움직이는 것처럼 보인다.

▶ 'Dissolve'와 'Dancing Dissolve'는 3D 레이어에 적용되지 않는다.

Normal (상위 레이어 : Opacity 50%)　　　　　Dissolve (상위 레이어 : Opacity 50%)

❷ 감산(Subtractive) 모드

물감의 색을 혼합하면 더 어두워지는 것처럼 합성된 이미지가 어두워진다.

- **Darken** : 두 레이어의 겹치는 픽셀의 각 색상 채널값을 비교하여 더 어두운(더 낮은) 색상 채널값이 최종 픽셀의 색 상 채널값으로 결정된다.

■ **Multiply** : 두 레이어의 겹치는 픽셀의 각 색상 채널값을 곱한 후 〈**Project Settings**〉 대화창에서 설정한 현재 프로젝트의 색심도(Color Depth) 설정에 따라 8/16/32 bpc 픽셀의 최대값으로 나눈다. 두 레이어의 겹치는 픽셀 중 하나가 블랙이면 최종 픽셀도 블랙으로 결정되고, 두 픽셀 중 하나가 화이트면 다른 픽셀의 색상이 최종 픽셀의 색상으로 결정된다.

■ **Color Burn** : 상위 레이어의 대비를 높여 어두워진 색상을 최종 픽셀의 색상으로 결정하고, 상위 레이어의 픽셀이 순화이트인 영역에서는 하위 레이어가 그대로 드러난다.

■ **Classic Color Burn** : AE 5.0 이전 버전에 사용되었던 '**Color Burn**'과 호환이 필요할 때 사용

■ **Linear Burn** : 상위 레이어의 색상을 더 어둡게 만들어 최종 픽셀의 색상으로 결정하고, 상위 레이어의 순 화이트 영역에서는 하위 레이어가 그대로 드러난다.

■ **Darker Color** : 두 레이어의 겹치는 픽셀의 색상값을 비교하여 더 어두운 색상값을 최종 픽셀의 색상값으로 결정 ('**Darken**'처럼 개별 색상 채널값에 적용시키지 않음)

Darken

Multiply

Color Burn

Linear Burn

Darker Color

❸ 가산(Additive) 모드

빛을 섞을수록 더 밝아지듯 합성된 이미지가 밝아진다.

■ **Add** : 겹치는 픽셀의 색상 채널값을 더하여 최종 픽셀의 색상 채널값으로 결정 (빛이나 연기 등의 합성에 유용)

- **Lighten** : 겹치는 픽셀의 색상 채널값을 비교하여 더 밝은(더 높은) 색상 채널값을 최종 픽셀의 색상 채널값으로 결정 ('**Darken**'의 반대)

- **Screen** : 겹치는 픽셀의 색상 채널값의 보수를 서로 곱한 후, 다시 그 값의 보수를 최종 픽셀의 색상 채널값으로 결정 ('**Multiply**'의 반대)
  → 상위 레이어의 더 밝은 영역은 아래 레이어를 더 밝게 만들고, 상위 레이어의 어두운 부분은 무시된다. (빛이나 불 등의 합성에 유용)

- **Color Dodge** : 상위 레이어의 대비를 낮추어 상위 레이어의 밝은 영역이 최종 픽셀의 색상으로 결정되고, 상위 레이어가 순 블랙인 영역은 하위 레이어의 색상을 최종 픽셀의 색상으로 결정 ('**Color Burn**'의 반대)

- **Classic Color Dodge** : AE 5.0 이전 버전에 사용되었던 '**Color Dodge**'와 호환이 필요할 때 사용

- **Linear Dodge** : 상위 레이어의 명도를 높여 상위 레이어의 밝은 부분이 최종 픽셀의 색상으로 결정되고, 상위 레이어가 순 블랙인 부분은 하위 레이어의 색상을 최종 픽셀의 색상으로 결정

- **Lighter Color** : 겹치는 픽셀의 색상값을 비교하여 더 밝은 색상값을 최종 픽셀의 색상값으로 결정 ('**Lighten**'처럼 개별 색상 채널값에 적용시키지 않음)

Add

Lighten

Screen

Color Dodge

Linear Dodge

Lighter Color

❹ 복합(Complex) 모드

각 픽셀의 색상이 50% 회색(gray)보다 밝은지에 따라 상위 레이어와 하위 레이어의 각 픽셀이 섞이는 방식 결정

▪ **Overlay** : 하위 레이어의 가장 밝은 부분과 가장 어두운 부분은 유지되고, 하위 레이어의 색상이 50% 그레이보다 어두운 부분은 '**Multiply**'을 적용하여 더 어둡게, 50% 그레이보다 밝은 부분은 '**Screen**'를 적용하여 더 밝게 만든다.

▪ **Soft Light** : 상위 레이어의 각 색상 채널 값이 50% 그레이보다 밝은 부분은 '**Dodge**'를 적용한 듯 최종 픽셀의 색상이 하위 레이어의 색상보다 더 밝아진다. 그리고 상위 레이어의 각 색상 채널 값이 50% 그레이보다 어두운 부분은 '**Burn**'을 사용한 듯 최종 픽셀의 색상이 하위 레이어의 색상보다 더 어두워져 마치 부드러운 스팟조명을 비춘 듯한 효과로 나타난다. (순 블랙이나 순 화이트인 부분은 훨씬 더 어두워지거나 훨씬 더 밝아지지만 최종 픽셀의 색상이 순 블랙이나 순 화이트가 되지는 않음)

▪ **Hard Light** : 하위 레이어의 각 색상 채널 값이 50% 그레이보다 밝은 부분은 '**Screen**'을 적용하여 레이어는 더 밝아지고, 하위 레이어의 각 색상 채널 값이 50% 그레이보다 어두운 부분은 '**Multiply**'를 적용하여 더 어두워지면서 마치 강한 스팟조명을 비춘 듯한 효과를 나타낸다. (레이어에 그림자 형상을 만들 때 유용)

▪ **Linear Light** : 하위 레이어의 색상이 50% 그레이보다 밝으면 명도를 증가시켜 '**Dodge**' 함으로써 레이어가 더 밝아지고, 하위 레이어의 색상이 50% 그레이보다 어두우면 명도를 감소시켜 '**Burn**'을 함으로써 레이어가 더 어두워진다.

▪ **Vivid Light** : 하위 레이어의 색상이 50% 그레이보다 밝으면 대비(Contrast)를 감소시켜 '**Dodge**'를 함으로써 레이어가 더 밝아지고, 하위 레이어의 색상이 50% 그레이보다 어두우면 대비를 증가시켜 '**Burn**'을 함으로써 레이어가 더 어두워진다.

▪ **Pin Light** : 하위 레이어의 색상이 50% 그레이보다 밝으면 하위 레이어의 색상보다 더 어두운 픽셀들은 대체되고, 하위 레이어의 색상보다 더 밝은 픽셀들은 변화가 없다. 하위 레이어의 색상이 50% 그레이보다 어두우면 하위 레이어의 색상보다 더 밝은 픽셀들은 대체되고, 하위 레이어의 색상보다 더 어두운 픽셀들은 변화가 없다.

▪ **Hard Mix** : 두 레이어의 색상이 강한 대비로 섞인다.

Overlay

Soft Light

Hard Light

Linear Light

Vivid Light

Pin Light

Hard Mix

❺ 차이(Difference) 모드

상위 레이어와 하위 레이어의 겹치는 픽셀의 컬러값 차이를 기준으로 하여 최종 픽셀의 색상을 결정

- **Difference** : 더 밝은 각 색상 채널 값에서 더 어두운 각 색상 채널값을 뺀다.
  → 각 레이어의 화이트 영역에서 다른 레이어의 색상이 반전되어 나타나고, 각 레이어의 블랙 영역에서는 다른 레이어의 색상이 그대로 나타난다.

- **Classic Difference** : AE 5.0 이전 버전에 사용되었던 '**Difference**'와 호환이 필요할 때 사용

- **Exclusion** : '**Difference**'와 비슷하지만 대비를 더 낮춘 결과

- **Subtract** : 하위 레이어의 색상에서 상위 레이어의 색상을 뺀다. (색심도 32bpc인 프로젝트에서는 최종 픽셀의 색상값이 0보다 작아질 수 있음)
  → 상위 레이어의 색상이 블랙이면 하위 레이어의 색상이 그대로 드러난다.

- **Divide** : 하위 레이어의 색상을 상위 레이어의 색상으로 나눈다. (색심도 32bpc인 프로젝트에서는 최종 픽셀의 색상값이 1보다 더 커질 수 있음)
  → 상위 레이어의 색상이 화이트인 부분에서 하위 레이어의 색상이 그대로 나타난다.

Difference

Exclusion

Subtract

Divide

❻ HSL 모드

하위 레이어의 각 픽셀의 색상(Hue)/채도(Saturation)/명도(Luminosity) 속성 중 하나 이상을 최종 픽셀의 색상에 반영

- **Hue** : 최종 픽셀은 하위 레이어의 명도와 채도에, 상위 레이어의 색상을 가진다.
- **Saturation** : 최종 픽셀은 하위 레이어의 명도와 색상에, 상위 레이어의 채도를 가진다.
- **Color** : 최종 픽셀은 하위 레이어의 명도에, 상위 레이어의 색상과 채도를 가진다.
- **Luminosity** : 최종 픽셀은 하위 레이어의 색상과 채도에, 상위 레이어의 명도를 가진다. ('**Color**'의 반대)

Hue

Saturation

Color

Luminosity

❼ 매트(Matte) 모드

상위 레이어의 알파 채널이나 루마값을 하위 레이어의 매트로 사용하여 하위 레이어와 합성
(하위 레이어가 여러 개 있다면 모든 하위 레이어에 영향을 준다.)

▶ **루미넌스(Luminance)** : 영상이 가진 컬러의 밝기 차이를 말하며(컬러정보 제외), 이를 루마 매트(Luma Matte)로 이용하여 화이트 부분에 영상을 남기고, 블랙 부분은 투명하게 만들어 다른 영상이 비쳐 보이도록 합성할 수 있다.

학습예제

매트(Matte) 모드를 이해하기 위해 "예제₩Lec09₩sc" 폴더에서 "월남쌈.psd"를 'Straight(Unmatted)'로 임포트하여 새 컴포지션에 "수상가옥.jpg"의 상위 레이어로 배치한다.

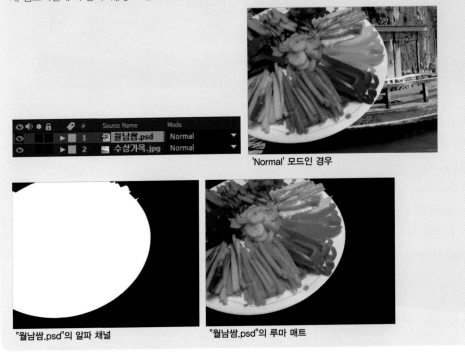

'Normal' 모드인 경우

"월남쌈.psd"의 알파 채널   "월남쌈.psd"의 루마 매트

- **Stencil Alpha** : 상위 레이어가 가진 알파 채널의 화이트 영역을 통해 모든 하위 레이어가 드러난다.

- **Stencil Luma** : 상위 레이어가 가진 루마값을 이용하여, 밝은 픽셀일수록 불투명해져서 상위 레이어가 유지되고, 어두운 픽셀일수록 투명해져서 모든 하위 레이어가 드러난다.

- **Silhouette Alpha** : 상위 레이어가 가진 알파 채널의 블랙 영역에 하위 레이어가 드러난다. ('**Stencil Alpha**'의 반대)

- **Silhouette Luma** : 상위 레이어가 가진 루마값을 이용하여, 밝은 픽셀일수록 투명해져서 모든 하위 레이어가 드러나고, 어두운 픽셀일수록 불투명해져서 상위 레이어의 픽셀이 유지된다. ('**Stencil Luma**'의 반대)

▶ 스텐실(Stencil) 모드는 알파 채널/루마 매트의 화이트 영역으로 하위 레이어들이 드러나게 한다.
실루엣(Silhouette) 모드는 알파 채널/루마 매트의 화이트 영역으로 하위 레이어들을 차단한다.

Stencil Alpha

Stencil Luma

Silhouette Alpha

Silhouette Luma

❽ 유틸리티(Utility) 모드

■ **Alpha Add** : 가장자리에서 정확하게 맞붙는 두 레이어(또는 레이어가 가진 알파를 반전하여 동시에 합성해서 사용하는 경우)의 이음새는 알파 채널의 안티알리아싱 때문에 찌꺼기처럼 반투명하게 남는 부분(투명도 50%의 두 레이어가 오버랩되면 곱하기 연산에 의해 75%의 투명도를 가지게 됨)이 생기는데, 여기에 알파를 채워서 두 레이어를 매끄럽게 연결하는데 쓰인다.

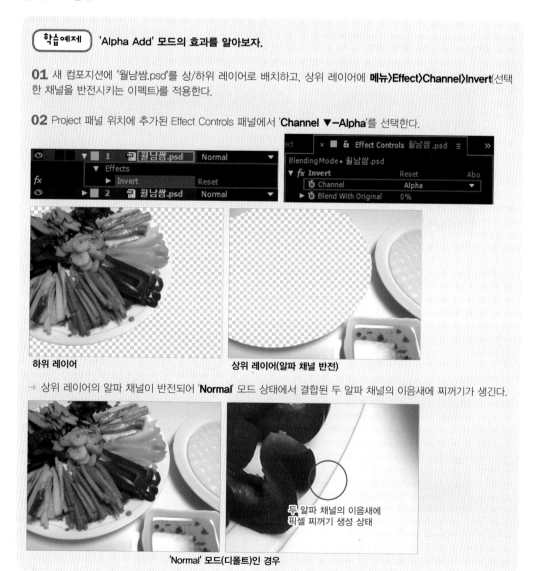

학습예제 'Alpha Add' 모드의 효과를 알아보자.

01 새 컴포지션에 "월남쌈.psd"를 상/하위 레이어로 배치하고, 상위 레이어에 **메뉴>Effect>Channel>Invert**(선택한 채널을 반전시키는 이펙트)를 적용한다.

02 Project 패널 위치에 추가된 Effect Controls 패널에서 '**Channel ▼−Alpha**'를 선택한다.

하위 레이어

상위 레이어(알파 채널 반전)

→ 상위 레이어의 알파 채널이 반전되어 '**Normal**' 모드 상태에서 결합된 두 알파 채널의 이음새에 찌꺼기가 생긴다.

두 알파 채널의 이음새에
픽셀 찌꺼기 생성 상태

'Normal' 모드(디폴트)인 경우

03 상위 레이어에 '**Alpha Add**' 모드를 적용하여 두 알파 채널 이음새의 픽셀 찌꺼기를 제거한다.

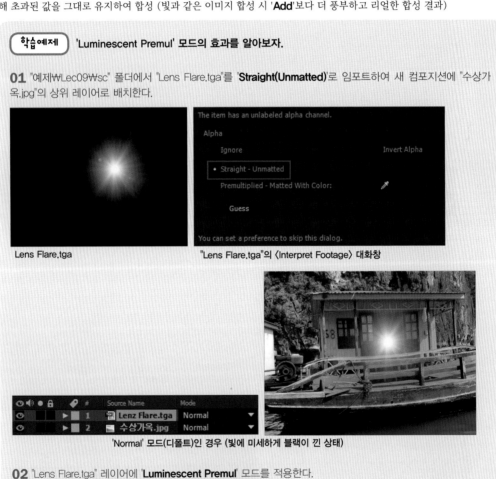

'Alpha Add' 모드로 합성

■ **Luminescent Premul** : '**Add**' 모드로 합성하는 경우 알파 채널값을 넘어서는 색상값은 제거되는데, 이를 방지하기 위해 초과된 값을 그대로 유지하여 합성 (빛과 같은 이미지 합성 시 '**Add**'보다 더 풍부하고 리얼한 합성 결과)

학습예제 'Luminescent Premul' 모드의 효과를 알아보자.

01 "예제\Lec09\sc" 폴더에서 "Lens Flare.tga"를 '**Straight(Unmatted)**'로 임포트하여 새 컴포지션에 "수상가옥.jpg"의 상위 레이어로 배치한다.

Lens Flare.tga

"Lens Flare.tga"의 〈Interpret Footage〉 대화창

'Normal' 모드(디폴트)인 경우 (빛에 미세하게 블랙이 낀 상태)

02 "Lens Flare.tga" 레이어에 '**Luminescent Premul**' 모드를 적용한다.

'Add' 모드 적용
(빛 이미지의 소실 발생)

'Luminescent Premul' 모드 적용
(좀 더 풍부하게 빛 이미지를 살린다.)

Study 3 ‖ 트랙 매트(Track Matte) 합성

상위 레이어가 가진 알파 채널(Alpha Channel)이나 밝기의 차이(Luminance)를 매트로 이용하여, 매트의 화이트 영역에서 하위 레이어가 드러나고, 블랙 영역에서 하위 레이어가 보이지 않도록 합성

학습예제 | 소스 파일 : 표지판.psd, 하롱베이.jpg, 목공예품.jpg

"예제\Lec09\sc" 폴더의 "표지판.psd", "하롱베이.jpg", "목공예품.jpg"를 임포트한 다음, 새 컴포지션에 다음과 같은 순서로 배치한다.

→ 1번 레이어 (매트 레이어)
→ 2번 레이어 (트랙 매트 적용 레이어)
→ 3번 레이어 (합성 레이어)

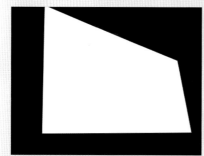

"표지판.psd"의 알파 채널

"표지판.psd"의 루마 매트

표지판.psd (1번 레이어)

하롱베이.jpg (2번 레이어)

목공예품.jpg (3번 레이어)

No Track Matte (적용 전 상태)

트랙 매트 적용하기

방법1 Timeline 패널에 Modes 컬럼 `Mode` `T` `TrkMat`이 보이도록 설정 후 매트로 이용할 레이어를 상위 레이어로 놓고 하위 레이어의 TrkMat `None` 리스트 중 선택

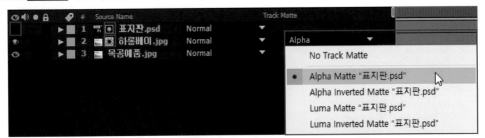

▶ 트랙 매트를 적용한 하위 레이어의 이름 앞에 아이콘이 생성되고 'Video' 아이콘이 로 변경되며, 매트로 사용된 상위 레이어의 이름 앞에는 아이콘이 나타나면서 'Video' 아이콘이 Off

방법2 매트로 이용할 레이어를 상위 레이어로 놓고 하위 레이어 선택 후 **메뉴〉Layer〉Track Matte** 리스트 중 선택

- **No Track Matte** : 트랙 매트를 적용하지 않는다.

- **Alpha Matte** : 1번 레이어에 포함된 알파 채널을 매트로 사용하여 매트의 화이트 영역에 2번 레이어의 영상이 나타나고 매트의 블랙 영역은 투명해져 3번 레이어가 드러난다.

- **Alpha Inverted Matte** : 상위 레이어에 포함된 알파 채널을 반전하여 매트로 사용

- **Luma Matte** : 상위 레이어의 루미넌스(Luminance)를 매트로 사용하여 매트의 밝은 영역에 2번 레이어의 영상이 나타나고 매트의 어두운 영역은 투명해져 3번 레이어가 드러난다.

- **Luma Inverted Matte** : 상위 레이어에 포함된 루미넌스를 반전하여 매트로 사용

Alpha Matte

Alpha Inverted Matte

Luma Matte

Luma Inverted Matte

트랙 매트 해제

방법 트랙 매트를 적용한 레이어의 TrkMat를 다시 **None ▼** (= 메뉴〉Layer〉Track Matte〉No Track Matte)으로 설정하고, 매트 레이어의 'Video ◎'도 클릭하여 다시 On 시킨다.

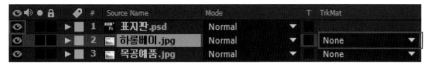

> ### Study 4 투명도 유지(Preserve Transparency) 옵션
>
> 하위 레이어들의 모든 알파 채널을 결합한 후 상위 레이어에 결합된 알파 채널을 적용

학습예제 소스 파일 : 철쭉.jpg, deco1.png, deco2.png, 철쭉배경.jpg

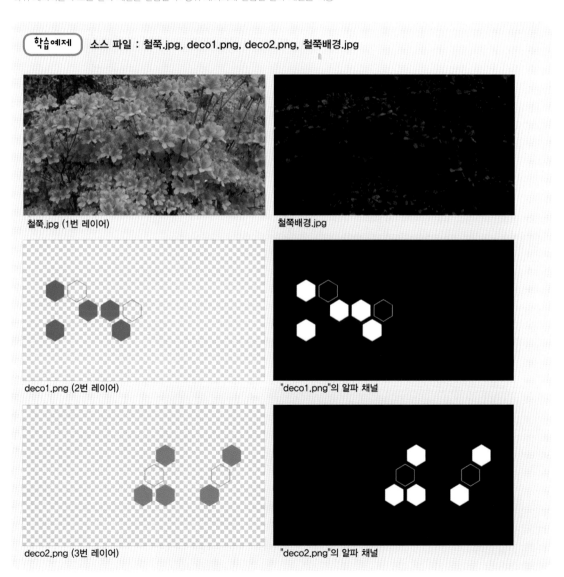

철쭉.jpg (1번 레이어)

철쭉배경.jpg

deco1.png (2번 레이어)

"deco1.png"의 알파 채널

deco2.png (3번 레이어)

"deco2.png"의 알파 채널

01 Project 패널의 빈 공간을 더블클릭하여 〈**Import File**〉 대화창에서 "예제₩Lec09₩sc" 폴더의 "철쭉.jpg", "deco1.png", "deco2.png", "철쭉배경.jpg"를 임포트 한다.

02 Project 패널에 생성된 "철쭉.jpg", "deco1.png", "deco2.png" 푸티지를 새 컴포지션에 다음과 같은 순서로 배치한다.

03 1번 레이어의 Modes 컬럼에서 '**Preserve Transparency** ▥' 옵션을 체크하여 ▨ 상태로 표시한다.

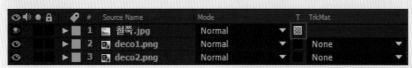

'Preserve Transparency' 적용 결과

결합된 알파 채널

04 배경을 합성하기 위해 '**Preserve Transparency** ▥'를 적용한 1번, 2번, 3번 레이어를 모두 선택 후 **Pre-Compose**(= Ctrl + Shift + C)로 묶는다.

▶ 컴포지션을 꽉 채우는 영상을 함께 하위 레이어로 사용할 경우 '**Preserve Transparency** ▥' 적용으로 결합된 알파 채널이 컴포지션 크기와 동일하게 되므로 '**Preserve Transparency** ▥'의 효과를 볼 수 없다.

05 Project 패널에서 배경으로 사용할 "철쭉배경.jpg" 푸티지를 Precomp 레이어의 하위 레이어로 배치한다.

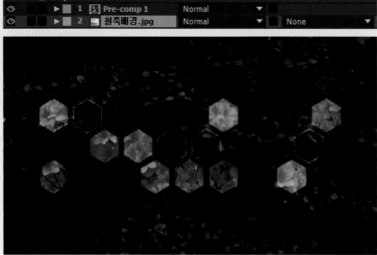

'Preserve Transparency' 적용 후 배경 합성 결과

Lesson 2

레이어에 그리기 : Paint

페인트 툴인 **Brush 툴** 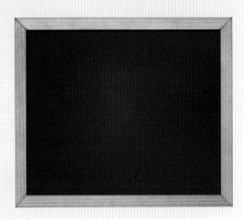, **Clone Stamp 툴** , **Eraser 툴** 을 이용하여 스틸 이미지나 동영상 레이어 위에 선을 그리거나, 화면의 일부분을 복제하거나, 지우는 작업

학습예제 **소스 파일 : 칠판.jpg**

새 프로젝트(= Ctrl + Alt + N)에서 Project 패널의 빈 공간을 더 블클릭하여 〈**Import File**〉 대화창에서 "예제₩Lec09₩sc" 폴더의 "칠판.jpg"를 임포트한 다음, 새 컴포지션에 "칠판.jpg" 레이어로 배 치한다.

Study 1 | 페인트 툴의 특성과 관리

페인트 툴의 종류

- **Brush 툴** : Layer 패널에서 직접 커서로 드로잉하면 레이어 위에 페인팅 스트로크가 생성된다.
- **Clone Stamp 툴** : 특정 시간대에서 이미지의 일정부분을 복제하여 다른 시간대에 반복해서 붙여 넣을 수 있다.
- **Eraser 툴** : Layer 패널에서 **Brush 툴** / **Clone Stamp 툴**로 그린 스트로크 또는 레이어의 이미지를 지운다.

▶ 페인트 툴끼리 전환 = Ctrl + B

Layer 패널에서 그리기

페인트 툴들은 Layer 패널 위에서만 드로잉할 수 있다.

- Layer 패널 열기

  방법1 Comp/Timeline 패널에서 레이어 더블클릭
  방법2 레이어 선택 후 숫자 키패드의 Enter 키

  ▶ 〈**Preferences**〉(= Ctrl + Alt + ;) 대화창의 'General' 카테고리에서 'Open Layer Panel when Double-Clicking with Paint, Roto Brush, and Refine Edge Tools' 옵션이 체크(디폴트)되어 있는 경우 **Paint 툴** 이나 **Roto Brush 툴** 또는 **Refine Edge 툴** 로 푸티지/Comp 레이어를 더블클릭할 경우 항상 Layer 패널을 자동으로 오픈한다.

■ Layer 패널에서 브러시(Brush) 툴로 그리기

Brush 툴 🖊 선택 후 Layer 패널에서 클릭 & 드래그한 다음 커서를 떼면 하나의 스트로크가 생성되고, 다시 클릭 & 드래 그 하면 레이어에 새로운 스트로크가 추가된다.

→ **직선 그리기** : Layer 패널에서 커서 클릭 후 Shift + 다른 위치 클릭

이어서 그리기 : Shift + 원하는 위치에서 클릭하면 방금 전 그렸던 선의 끝에서 직선으로 이어진다.

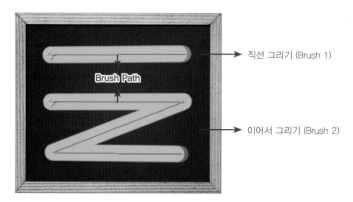

→ 직선 그리기 (Brush 1)

→ 이어서 그리기 (Brush 2)

■ Layer 패널 하단의 'View ▼' 항목

페인트/이펙트 등 적용 시 '**View ▼**'의 디폴트 목록에 페인트/이펙트 목록이 추가되어 페인팅 스트로크나 패스 등을 레이 어 패널에 표시한다. (우측 '**Render**'가 체크되어야 '**View ▼**'에서 선택한 항목이 Layer 패널에 나타남)

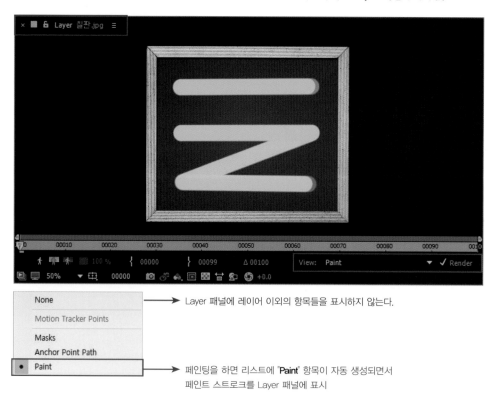

→ Layer 패널에 레이어 이외의 항목들을 표시하지 않는다.

→ 페인팅을 하면 리스트에 "**Paint**" 항목이 자동 생성되면서 페인트 스트로크를 Layer 패널에 표시

Timeline 패널에서 레이어의 'Paint' 속성 보기 = P P

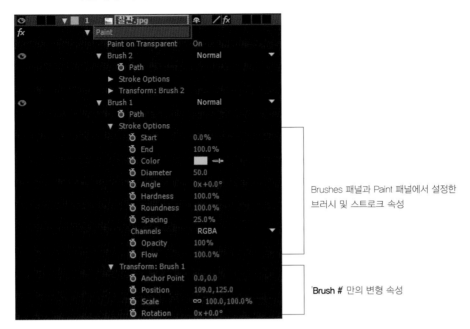

Brushes 패널과 Paint 패널에서 설정한
브러시 및 스트로크 속성

'Brush #' 만의 변형 속성

→ Brushes/Paint 패널에서 설정한 브러시/스트로크 속성은 이후 새로운 페인팅 스트로크를 생성할 때부터 적용되므로, 이미 만
들어진 페인팅 스트로크의 브러시/스트로크의 속성을 변경시키거나 키프레임을 주려면 Timeline 패널의 '**Paint ▶ Brush #**(또는
Eraser #, **Clone #**)'속성에서 설정한다.

Effect Controls 패널의 'Paint' 이펙트 항목

페인트 툴들을 사용하면 생성된다.

▶ 페인트 툴은 하나의 이펙트로 취급된다.

→ '**Paint on Transparent**' 옵션을 체크하면 Comp/Layer 패널에서 레이어 없이 스트로크만 표시한다.

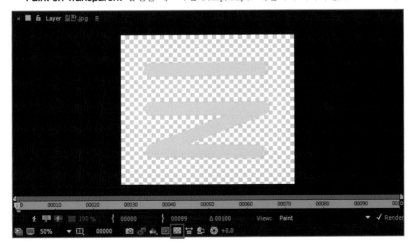

페인트 스트로크를 일시적으로 적용 해제하기

방법 1 Timeline 패널에서 레이어의 'Effect ▶paint' 속성 왼쪽의 *fx* 스위치를 클릭하여 Off

방법 2 Timeline 패널에서 레이어의 'Effect▶paint▶Brush #(또는 Eraser #, Clone #)' 속성 왼쪽의 'Video 👁' 스위치를 클릭하여 Off

　▶ 개별 페인팅 스트로크를 선택적으로 화면에 보이지 않도록 설정 가능

방법 3 Effect Controls 패널에서 'Paint' 이펙트 이름 왼쪽의 *fx* 스위치를 클릭하여 Off

적용된 페인트 스트로크 제거하기

방법 1 Layer 패널에서 페인트 스트로크 패스(Path)를 클릭 후 Delete 키 (Ctrl + 클릭하면 다중 패스 선택 가능)

방법 2 Timeline 패널의 레이어 속성에서 'Effect'나 'Paint' 또는 'Brush #(또는 Eraser #, Clone #)' 속성을 클릭 후 Delete 키

방법 3 Effect Controls 패널에서 'Paint (이펙트 이름)' 클릭 후 Delete 키

페인트 툴의 툴 옵션으로 Brushes/Paint 패널 오픈하기

방법 1 페인트 툴 선택 시 툴바 오른쪽의 툴 옵션에서 'Auto-Open Panels' 옵션이 체크 상태(디폴트)면 자동으로 기타 패널 위치에 Brushes/Paint 패널 오픈

방법 2 페인트 툴의 툴 옵션에서 'Toggle the Paint panels 🔲'를 클릭하면 Brushes/Paint 패널의 열고 닫기 전환

Paint Tool　　　　　　　　　　　　　Tool Options

Study 2 | 브러시 패널(Brushes Panel)

브러시의 모양, 크기, 펜 태블릿 기능 사용여부 등 결정 (페인트 툴에 공통으로 사용)

❶ Brush Gallery

다양한 브러시 팁을 클릭하여 선택

▶ **패널 메뉴 ☰**에서 다양한 보기모드 설정 가능

> Text Only
> ● Small Thumbnail
> Large Thumbnail
> Small List
> Large List

❷ Brush tip preview

선택/설정한 브러시 모양 미리보기

❸ 브러시 팁의 모양 및 간격 설정

Diameter : 브러시 팁의 크기 (지름 1~2500 px)

Angle : 브러시 팁의 모양이 타원형인 경우 회전각 (-180~180°, 값이 증가할수록 반시계 방향으로 회전)

Roundness : 브러시 팁의 둥근 정도 (0~100%, 값이 작을수록 납작해짐)

Hardness : 브러시 팁의 단단한 정도 (0~100%, 값이 작을수록 부드러워짐)

Spacing : 선을 생성하는 브러시 팁의 간격 (1~1000%, 값이 클수록 간격이 벌어짐)

> → 체크 해제하면 그리는 속도에 따라 자동으로 팁의 간격 조절 (빨리 그리면 간격이 벌어짐)

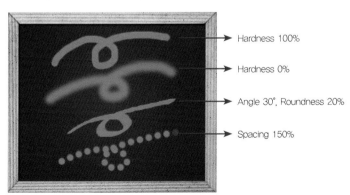

Hardness 100%

Hardness 0%

Angle 30°, Roundness 20%

Spacing 150%

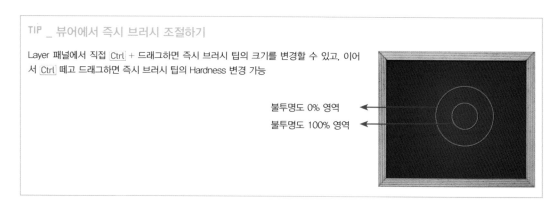

TIP _ 뷰어에서 즉시 브러시 조절하기

Layer 패널에서 직접 Ctrl + 드래그하면 즉시 브러시 팁의 크기를 변경할 수 있고, 이어서 Ctrl 떼고 드래그하면 즉시 브러시 팁의 Hardness 변경 가능

불투명도 0% 영역
불투명도 100% 영역

❹ 새 브러시 생성과 삭제

■ 새 브러시 팁 생성하기

Brushes 패널에서 각 옵션의 속성값들을 결정한 후

방법 1 Brushes 패널의 'Saves current settings as new brush 🖫' 클릭

방법 2 Brushes 패널 탭 위에서 **마우스 오른쪽 버튼**(또는 **패널 메뉴 ☰**)〉New Brush

→ 브러시 갤러리의 목록 제일 끝에 새 브러시 팁이 추가된다.

■ 브러시 팁 삭제하기

브러시 갤러리에서 브러시 팁 선택 후

방법 1 Brushes 패널의 'Deletes the current brush 🗑' 클릭

방법 2 Brushes 패널 탭 위에서 **마우스 오른쪽 버튼**(또는 **패널 메뉴 ☰**)〉Delete Brush

■ 브러시 갤러리 초기화하기

방법 Brushes 패널 탭 위에서 **마우스 오른쪽 버튼**(또는 **패널 메뉴 ☰**)〉Reset Brush Tips

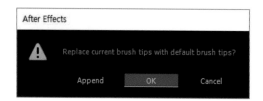

[Append] 버튼 : 추가한 브러시 팁들 뒤로 디폴트 브러시 팁들을 다시 추가

[OK] 버튼 : 추가한 브러시 팁들을 모두 지우고 디폴트 상태로 되돌린다.

❺ Brush Dynamics

압력 감지 기능이 있는 스타일러스 펜 태블릿 등 사용 시 펜의 압력 정도나 움직임에 따라 브러시 특성(Size, Angle, Roundness, Opacity, Flow)이 어떻게 반응할지 결정

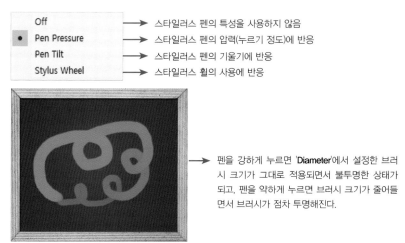

Off ──→ 스타일러스 펜의 특성을 사용하지 않음

● Pen Pressure ──→ 스타일러스 펜의 압력(누르기 정도)에 반응

Pen Tilt ──→ 스타일러스 펜의 기울기에 반응

Stylus Wheel ──→ 스타일러스 휠의 사용에 반응

──→ 펜을 강하게 누르면 'Diameter'에서 설정한 브러시 크기가 그대로 적용되면서 불투명한 상태가 되고, 펜을 약하게 누르면 브러시 크기가 줄어들면서 브러시가 점차 투명해진다.

'Size'와 'Opacity'에 "Pen Pressure" 적용

Minimum Size : 'Size'에 **"Pen Pressure"**를 적용한 경우 최소 압력일 때 적용되는 브러시 크기

▶ 'Size'를 "Off"로 설정 시 'Diameter'에서 설정한 브러시 크기로만 페인팅

Study 3 | 페인트 패널 (Paint Panel)

스트로크의 색상, 불투명도, 합성 모드, 채널선택, 스트로크 유지시간 등 설정 (Eraser 툴 🖊과 Clone Stamp 툴 🖳 사용 시 추가 옵션을 설정할 수 있다.)

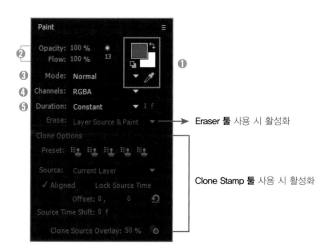

──→ Eraser 툴 사용 시 활성화

──→ Clone Stamp 툴 사용 시 활성화

❶ 스트로크의 색상 설정하기

──→ **Foreground Color** : Brush 툴 🖊 사용 시 페인팅 스트로크의 색상

──→ **Background Color** : Eraser 툴 🖊 사용 시 지워진 부분을 채우는 색상

▶ **Brush 툴** 🖊은 Background 색상과 무관하고, **Eraser 툴** 🖊은 Foreground 색상과 무관

▶ Foreground/Background 색상 바꿔 쓰기 = X

Foreground/Background 색상을 블랙/화이트로 바꾸기 = D

Eyedropper : 모니터 화면 상의 어디든지 색상 캡처 가능

▶ Layer 패널 위에서 Alt 누르면 커서가 Eyedropper 🖊로 바뀌면서 Layer 패널 안의 색상에 한해 캡처 가능

❷ 스트로크의 불투명도 설정하기

Opacity : 페인트 스트로크 전체의 불투명도

▶ **Eraser 툴 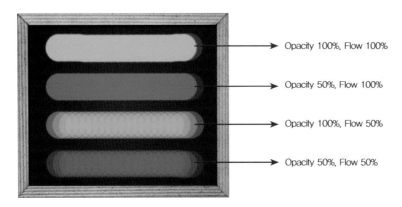**의 경우에는 페인트 스트로크나 레이어 이미지의 지워지는 정도를 설정

Flow : 페인팅 되는 속도 (브러시 팁으로 레이어를 누르는 정도)

▶ **Eraser 툴 ◢**의 경우에는 지워지는 속도

Opacity 100%, Flow 100%

Opacity 50%, Flow 100%

Opacity 100%, Flow 50%

Opacity 50%, Flow 50%

❸ Mode ▼

페인트 스트로크와 레이어의 이미지 픽셀이 결합되는 방식 선택 (모드 특성은 P260 참고)

| Overlay |
| Soft Light |
| Hard Light |
| Linear Light |
| Vivid Light |
| Pin Light |
| Hard Mix |
| Difference |
| Exclusion |
| Hue |
| Saturation |
| Color |
| Luminosity |
| Silhouette Luma |

▶ Timeline 패널의 '**Paint ▶ Brush #** 속성에서 적용하는 모드 `Normal ▼` 에는 '**Dissolve**' 모드가 추가되어 있으며, Paint 패널에서의 모드 리스트 순서와 약간 다르다.

❹ Channel ▼

페인트 스트로크가 레이어의 어느 채널에 적용될지 설정

- **RGBA** : 페인트 스트로크가 레이어의 RGB 채널과 알파 채널에 그려진다. (디폴트)

- **RGB** : 페인트 스트로크가 레이어의 RGB 채널에만 적용되고 알파 채널엔 그려지지 않는다.

- **Alpha** : 알파 채널에 Foreground 색상의 명도(Black/White/Gray)로 스트로크를 더한다.
  (Foreground 색상으로 명도(Black/White/Gray)값만 지정 가능)

  → 블랙으로 페인팅하면 레이어의 알파 채널에 블랙(투명한 영역) 추가
     화이트로 페인팅하면 레이어의 알파 채널에 화이트(불투명한 영역) 추가

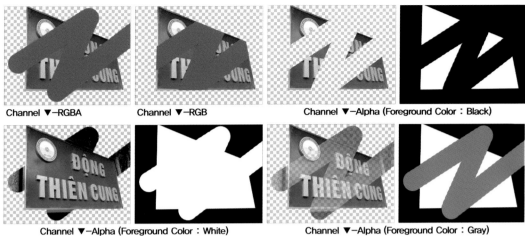

Channel ▼-RGBA   Channel ▼-RGB   Channel ▼-Alpha (Foreground Color : Black)

Channel ▼-Alpha (Foreground Color : White)   Channel ▼-Alpha (Foreground Color : Gray)

❺ Duration ▼

컴포지션의 재생시간(Duration)에서 페인트 스트로크의 유지시간 설정

ⓐ ● Constant
ⓑ Write On
ⓒ Single Frame
ⓓ Custom

ⓐ Constant : CTI가 있는 부분부터 컴포지션의 마지막 프레임까지 연속해서 페인트 스트로크가 나타나도록 한다.

ⓑ Write On : 페인트 스트로크가 점차 생성되는 애니메이션 가능
→ CTI가 있는 부분부터 키프레임이 생성되면서 페인팅되기 시작하여 페인팅 속도에 따라 드래그가 끝나는 부분에 자동으로 키프레임이 생성된다. (Timeline 패널에서 레이어의 'Paint ▶Brush # ▶Stroke Options ▶End' 속성에 키프레임 생성됨)

활용예제) 칠판 위에 점차 그려지는 하트 모양 만들기

01 "칠판.jpg" 푸티지를 새 컴포지션에 레이어로 배치한 다음 더블클릭하여 Layer 패널을 오픈한다.

02 CTI를 10 frame에 놓은 후 Brushes 패널과 Paint 패널에서 브러시 타입을 설정한다.
→ Diameter 50px + Hardness 100% + Roundness 25% + Flow 25%로 설정

03 Layer 패널 위에서 직접 하트 모양을 드로잉한다.

04 Timeline 패널에서 "칠판.jpg" 레이어의 '**Paint ▶Brush 1 ▶Stroke Options ▶End**' 속성에 키프레임이 생성
된다. (페인팅 속도에 따라 자동으로 끝 키프레임 위치가 결정됨)

05 10 frame에서 시작된 하트 모양이 20 프레임동안 그려지도록 끝 키프레임을 클릭한 다음 30 frame으로 드
래그하여 이동시킨다.

▶ 'Write—on' 이펙트(= 메뉴〉Effect〉Generate〉Write—on)에서 더욱 다양한 효과를 적용해 볼 수 있다. (P 501 참고)

ⓒ Single Frame : CTI가 있는 한 프레임에만 페인트 스트로크가 나타난다.

ⓓ Custom : CTI가 있는 지점을 포함하여 뒤로 몇 프레임동안 페인팅 스트로크가 보이게 할지 입력

Study 4 │ 지우개(Eraser) 툴로 지우기

Eraser 툴 ▨ 선택 후 Brushes/Paint 패널에서 설정한 브러시 팁을 사용하여 Layer 패널에서 레이어 이미지 및 페인트 스트로크를 지운다.

▶ Paint 패널에서 Opacity/Flow가 0%인 경우에는 아무것도 지워지지 않는다.

Paint 패널의 'Erase ▼' 옵션

▶ Eraser 툴 ▨ 사용 시 활성화

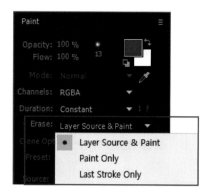

- **Layer Source & Paint** : 레이어 이미지와 그 위에 **Brush 툴 ▨**로 그린 스트로크를 지운다.
- **Paint Only** : 레이어 이미지는 건들지 않고, 그 위에 **Brush 툴 ▨**로 그린 스트로크만 지운다.
- **Last Stroke Only** : 마지막 페인트 스크로크만 지운다.

Eraser 툴 ▨ 사용 시 Paint 패널의 'Channel ▼' 옵션 선택

- **RGBA** : 레이어 이미지와 알파 채널을 지운다. (Background 색상이 무엇이든 관계없음)
- **RGB** : 알파 채널에 영향을 끼치지 않고, 이미지의 지워진 부분을 Background 색상으로 채운다.
- **Alpha** : 알파 채널에 Background 색상의 명도(Black/White/Gray)로 스트로크를 추가한다.
  (Background 색상으로 명도(Black/White/Gray)값만 지정 가능)
  → 블랙으로 드래그하면 레이어의 알파 채널에 투명한 영역(블랙)을 더한다.
    화이트로 드래그하면 레이어의 알파 채널에 불투명한 영역(화이트)을 더한다.

학습예제 Background 색상과 'Channel ▼' 항목의 선택에 따라 지워지는 특성을 파악한다.

01 "칠판.jpg" 레이어에 **Brush 툴 ▨**로 그림을 그린 후 Paint 패널에서 '**Erase ▼-Layer Source & Paint**'로 설정한다.

02 "칠판.jpg" 레이어 선택 후 칠판 안쪽 부분만 **Rectangle 툴 ▨**로 마스크를 적용한다.

03 Eraser 툴 ▨로 레이어 위에 스트로크를 생성한다.

04 Background 색상을 바꾸어가며 Paint 패널의 '**Channel ▼**'에서 다양한 옵션을 선택해본다.

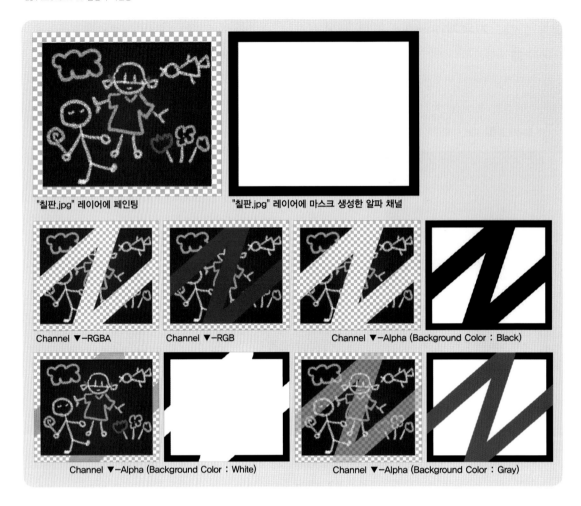

"칠판.jpg" 레이어에 페인팅   "칠판.jpg" 레이어에 마스크 생성한 알파 채널

Channel ▼-RGBA   Channel ▼-RGB   Channel ▼-Alpha (Background Color : Black)

Channel ▼-Alpha (Background Color : White)   Channel ▼-Alpha (Background Color : Gray)

Study 5 | 복제 도장(Clone Stamp) 툴로 복제하기

Clone Stamp 툴 선택 후 Brushes/Paint 패널에서 설정한 브러시 팁을 사용하여 Layer 패널에서 레이어 이미지의 특정 부분을 복제한 후 동일 레이어의 다른 시간대나 다른 레이어의 특정 시간대에 붙여 넣는다.

■ 소스 레이어의 Layer 패널에서 Alt + 복제될 부분(Source Position, Source Time) 클릭 후, 타겟 레이어(동일 레이어나 다른 레이어)에 복제된 이미지를 붙여 넣을 부분(Target Position, Target Time)을 클릭 & 드래그

■ 복제된 부분을 타겟 레이어에 드래그 중 커서를 놓으면 하나의 복제 스트로크(Clone #)가 생성되고, 다시 드래그하면 새로운 복제 스트로크가 생성된다. (Shift + 드래그하면 이전 복제 스트로크를 다시 그릴 수 있음)

▶ 소스 레이어와 타겟 레이어가 같을 경우 소스 레이어의 이미지뿐만 아니라 페인팅 스트로크, 이펙트도 복제할 수 있다.

▶ 복제 스트로크에 대한 블렌딩 모드는 복제 스트로크와 브러시 스트로크에 대해서만 설정할 수 있다.

TIP _ Layer 패널 분할하기

소스 레이어와 타겟 레이어가 다를 경우 각각의 레이어를 동시에 보면서 작업하기 위해 현재의 Layer 패널을 2개로 분할할 수 있다.

방법 Layer 패널 선택 후 Ctrl + Alt + Shift + N

Paint 패널의 'Clone Options'

▶ Clone Stamp 툴 사용 시 활성화

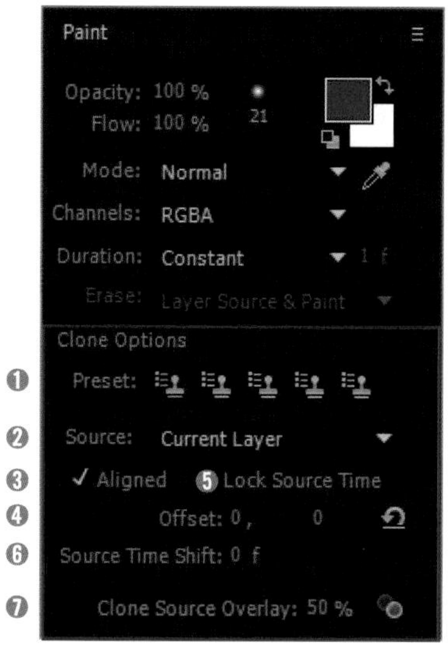

❶ Preset

'**Clone Options**'의 설정사항을 프리셋으로 저장하여 추후 다른 프로젝트에서도 사용 가능
(프리셋마다 '**Source ▼**'에서 레이어를 다르게 설정하면 프리셋 변경 시 소스 레이어도 설정대로 바뀜)

→ '**Preset**' 버튼 중 하나 클릭 후 '**Clone Options**'의 항목들 설정 (= 3 ~ 7 키)

→ 수정할 '**Preset**' 버튼 클릭 후 설정을 바꾸면 즉시 업데이트

→ '**Preset**' 버튼에 적용한 설정을 다른 '**Preset**' 버튼에 복사하려면, 복사할 버튼 클릭 하고 Alt + 다른 버튼 클릭

❷ Source ▼

Timeline 패널에 배치된 레이어들 중 복제할 소스 레이어 선택

▶ 소스 레이어로 사용할 푸티지는 반드시 Timeline 패널에 레이어로 배치되어 있어야 한다.

❸ Aligned

→ 체크하면 복제한 부분과 복제된 이미지를 붙여 넣을 부분과의 간격(Offset)을 유지하여 복제부분이 중복되지 않도록 한다.

→ 체크 해제하면 하나의 복제 스트로크가 만들어진 후 다른 곳에 다시 복제할 때 처음 복제했던 부분(Source Position)을 사용한다.

▶ '**Aligned**'를 체크하면 '**offset**' 옵션이 표시되고, 체크 해제하면 '**Source Position**' 옵션이 표시된다.

> TIP
>
> 하나의 복제 스트로크를 사용하여 복제하기 어려운 이미지의 경우, 여러 복제 스트로크를 사용하여 복제 후 타겟 레이어의 한 곳에 붙여 넣으려면 '**Aligned**' 체크, 하나의 복제 스트로크를 사용하여 타겟 레이어의 여기저기에 동일한 복제 소스를 붙여 넣으려면 '**Aligned**' 체크 해제

❹ Offset : Alt를 클릭하여 복제한 지점과 **Clone Stamp 툴**로 문지르는 지점과의 간격

→ 우측의 '**Reset clone source offset to zero**' 아이콘 클릭하면 0, 0 으로 리셋 ▶ 이전 버전까지는 아이콘 모양

Source Position : Sampling Point(Alt + 클릭한 한 점)의 XY 위치값(px)

❺ Lock Source Time

→ 체크하면 소스 동영상/시퀀스 레이어의 시간대 중 한 프레임만 소스로 사용하여 시간대를 계속 이동하여 복제해도 처음 선택한 한 프레임이 계속 복제된다.

→ 체크 해제하면 소스 레이어에서 추출한 프레임(Source Time)과 타겟 레이어에 붙여 넣는 프레임(Target Time)과의 시간차(Source Time Shift)를 사용하여 복제한 프레임에 연속해서 이어지는 프레임들도 복제된다.

▶ 'Lock Source Time'을 체크하면 'Source Time' 옵션이 표시되고, 체크 해제하면 'Source Time Shift' 옵션이 표시된다.

▶ 복제지점이 컴포지션의 Duration 끝에 다다르면 자동으로 복제시점(Source Time)이 첫 복제위치(Source Position)로 되돌아온다.

❻ Source Time : 복제한 시간대

Source Time Shift : Source Time과 Target Time과의 시간차

❼ Clone Source Overlay

→ 체크하고 전체 레이어의 위치를 'Offset'으로 설정 후 복제 시도하면 % 지정한 수치만큼 반투명 레이어가 보이면서 복제위치를 잡을 수 있다.

▶ 체크하지 않고 일시적으로 표시하려면 Alt + Shift + 드래그

→ 'Aligned'를 체크하지 않으면 커서로 소스 레이어를 옮겨가며 복제 진행 (커서의 위치가 Source Position)

→ 'Difference Mode ⊙'를 체크하면 소스 레이어를 타겟 레이어 위에 Difference 모드로 중첩하여 소스 레이어를 보면서 복제 작업 가능 ('Clone Source Overlay'를 체크해야 적용됨)

Timeline 패널에서 복제 속성 보기

▶ P P 를 누르면 레이어에 추가한 Brush/Clone/Eraser 스트로크에 대한 'Paint' 속성을 표시한다.

▶ Timeline 패널의 'Clone Source / Clone Position / Clone Time Shift' 속성은 Paint 패널의 'Source / Source Position / Source Time Shift' 설정과 동일

LECTURE

10

_____ 키잉

Lesson 1 키잉과 크로마키 합성

Study 1 | 키잉(Keying)이란?

레이어에서 특정 색상(또는 루미넌스)을 제거하여 매트(Matte)나 알파 채널(Alpha Channel)을 생성하는 작업으로 투명도를 통해 다른 레이어와 합성할 수 있다.

■ 모든 키잉 작업에 사용되는 소스 레이어의 배경은 색상이 일정하거나 단순해야 한다. (복잡한 배경에서 특정 부분을 추출해야 하는 경우에는 마스크나 로토 브러시를 사용한다.) 로토 브러시에 대한 설명은 P 311 참고

■ 추출해야 할 오브젝트 주변을 마스크로 대략 미리 지정해 놓으면 키잉 시간을 절약할 수 있다.

■ 압축하여 저장된 영상을 소스로 사용할 경우 키잉 이펙트 사용 전에 블러(Blur)를 소량 적용하면 스크린의 노이즈 등을 줄여 키잉 결과가 좋아진다. (블루스크린 영상의 경우 Blue 채널에, 그린스크린의 경우 Green 채널에 블러 적용)

■ 동영상/시퀀스 레이어의 수많은 프레임 중에서도 섬세한 키잉 작업이 필요하거나 연기처럼 반투명한 부분이 포함된 프레임에 CTI(Current Time Indicator)를 위치시켜 뷰어에 나타낸 후 키잉 작업을 하도록 한다.

■ 제거해야 하는 색상과 유사하여 함께 투명해지는 부분은 동일 레이어를 복제하여 유지되어야 할 부분을 마스크로 지정하고 키잉 작업할 소스 레이어의 상위 레이어로 배치한다.

■ 도중에 조명이 변하여 색상이나 루미넌스가 달라지는 경우 키잉 속성에 키프레임을 적용할 수 있다.

■ 키잉 결과가 만족스럽지 않으면 다른 키잉 이펙트로 다시 시도해보거나, 다른 키잉 이펙트를 추가로 적용하여 최상의 결과를 선택한다.

■ 필요할 경우 최종적으로 매트 이펙트(= **메뉴〉Effect〉Matte〉Matte Choker**나 **Simple Choker**)로 매트의 가장자리를 보정한다.

■ 키잉 작업 후 매트/알파 채널에 블러를 적용하여 매트의 엣지를 부드럽게 만들면 좀 더 자연스럽게 합성된다.

Study 2 | 크로마키(Chroma Key) 합성이란?

주로 블루/그린 스크린 앞에서 개체(사람, 건물, 사물 등)를 촬영한 소스를 기반으로 블루/그린 색상을 제거하고 개체만 남겨 다른 배경과 합성하는 방법

특수효과 합성을 위한 크로마키 촬영

크로마키 촬영 시 유의 사항

- 블루/그린 스크린은 매트를 추출해야 할 개체의 색상과 비슷하지 않도록 선택한다. (인물 촬영의 경우 가급적 블루/그린 계열의 복장을 착용하지 않는다.)

- 물, 불, 가루, 연기 등 투명도가 필요한 소스를 촬영할 경우에는 블랙 스크린을 사용한다.

- 합성할 배경을 미리 알고 있다면 배경과 유사한 컬러의 스크린을 선택하는 것이 합성에 유리하다.

- 스크린에서 반사된 빛이 개체에 묻어나지 않도록 광택이 없는 텍스쳐를 사용한다.

- 스크린으로 사용되는 천이 주름져서 음영이 생기지 않도록 팽팽히 당겨 촬영한다.

- 개체의 그림자가 스크린에 짙게 드리우지 않도록 조명을 설치하거나 스크린과 거리를 두고 촬영한다.

▶ 키잉은 소스 영상이 좋지 않을 경우 대단히 수고스러운 작업이 되므로, 좋은 조명조건에서 촬영이 잘 된 소스를 확보하는 것이 무엇보다 중요하다.

Study 3 | 키라이트 이펙트 : Keylight (1.2)

theFoundry사(www.thefoundry.co.uk)에서 제공하는 서드파티 플러그인으로 AE에 디폴트로 설치되어 있다.

키잉을 한 소스에는 블랙/화이트의 매트(Matte)가 생성되며 이를 알파 채널로 사용하여 화이트 영역에는 소스 이미지가 남겨지고 키가 빠진 블랙 영역에서 아래 배경과 합성된다.

학습예제 프로젝트 파일 : Keylight.aep

▶ 소스에 따라 키잉을 위해 사용되는 키라이트 이펙트의 옵션이 다르므로 다음 두 컴포지션을 통해 키라이트의 다양한 기능을 학습한다.

- **"등산" 컴포지션 (소스 파일 : 등산준비.jpg, 가을산.jpg)**

등산준비.jpg

가을산.jpg

▪ **"타프롬사원" 컴포지션 (소스 파일 : 타프롬사원.jpg, 구름.jpg)**

타프롬사원.jpg   구름.jpg

01 파일 탐색기에서 "예제₩Lec10" 폴더의 "Keylight.aep"를 더블클릭하거나 **메뉴〉File〉Open Project** (= Ctrl + O)로 "Keylight.aep" 프로젝트를 불러들인다.

02 "등산" 컴포지션의 "등산준비.jpg" 레이어와 "타프롬사원" 컴포지션의 "타프롬사원.jpg" 레이어에 키라이트 이펙트를 각 각 적용한다.

🔲 'Keylight (1.2)' 이펙트 적용하기

▶ 🔲 : 색심도 8/16/32 bpc의 프로젝트에 사용 가능한 이펙트

방법 키잉을 적용할 레이어 선택 후 **메뉴〉Effect〉Keying〉Keylight (1.2)**

→ 이펙트를 적용하면 Effect Controls 패널이 자동으로 활성화되고, Timeline 패널에서 레이어에 '**Effects ▶Keylight (1.2)**' 속성이 생성된다.

▶ Effect Controls/Timeline 패널 둘 중 하나에서 속성값을 설정하면 동일 속성값이 동시에 변경된다.

▶ Timeline 패널에서 레이어에 적용된 이펙트 속성만 보기 = E

'Keylight (1.2)' 이펙트의 키잉 속성

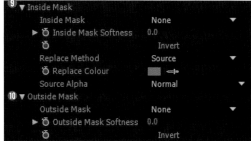

TIP

소스 레이어가 조명(빛)의 변화로 시간의 흐름에 따라 색상 등이 달라질 경우 그 때마다 적용해야 할 키잉 속성값도 달라지므로 변화가 필요한 속성값에 키프레임을 사용한다. (각 속성의 **Stopwatch** 🕐 클릭)

→ 하나의 속성값에만 키프레임을 줄 경우에는 키프레임에 'Linear Interpolation' 설정
  (키프레임 선택 후 **마우스 오른쪽 버튼**)Keyframe Interpolation (= Ctrl + Alt + K)에서 설정)

→ 여러 속성값이 연동하여 변해야 하는 경우엔 키프레임에 'Hold Interpolation' 설정

❶ View ▼

  'Screen Colour'로 클릭한 색상을 제거한 뒤 Comp 패널의 뷰어에 무엇을 표시할지 선택

  - **Corrected Source** : 색상 보정이 된 소스 이미지를 표시
  - **Colour Correction Edges** : 색상 보정을 적용할 매트의 엣지를 표시
  - **Screen Matte** : 매트(Matte)를 표시
  - **Inside Mask** : 'Inside Mask'로 선택된 마스크를 화이트로 채워 표시
  - **Outside Mask** : 'Outside Mask'로 선택된 마스크를 화이트로 채워 표시
  - **Combined Matte** : 소스 레이어에 포함된 알파/마스크/매트를 모두 결합하여 표시
  - **Status** : 키가 잘 빠지지 않은 부분이 명확히 보이도록 더욱 극대화하여 표시
  - **Intermediate Result** : 알파가 소스 레이어의 RGB 채널값을 변화시키지 않고 합성된 상태로 표시
  - **Final Result** : 소스 레이어의 RGB값에 해당 알파값이 곱해져 'Premultiplied'로 합성된 상태로 표시 (디폴트)

  Unpremultiply Result : '**Final Result**'로 볼 경우 'Unpremultiplied(= Straight)'로 합성된 상태로 표시 (디폴트 체크)

Corrected Source   Colour Correction Edges   Screen Matte

Status   Intermediate Result   Final Result

TIP 1

키잉을 적용한 레이어에 'Solo ⬛' 스위치를 적용하여 뷰어에 해당 레이어만 보이게 한 후, Alt + 4 로 Comp 패널에서 빠르게 RGB/Alpha 채널 간 보기 전환하며 작업할 수 있다.

TIP 2

Comp 패널에서 'View Layout'을 "2 Views – Horizontal"로 설정하고 한쪽 뷰어를 선택한 다음 Alt + 4 를 눌러 "Final Result"와 "Screen Matte"를 동시에 보면서 작업할 수 있다.

Info 패널의 A(Alpha) 수치를 통해 뷰어의 커서 위치에서 제대로 키가 빠졌는지 확인 가능

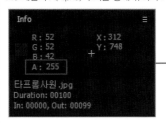

블랙 영역의 알파값이 0이면 완전 투명으로 빠지고, 화이트 영역의 알파값이 255면 이미지가 100% 표시된다.

❷ Screen Colour

제거해야 할 중심 색상 선택

→ Eyedropper ▣를 클릭하여, Comp 패널에서 커서가 ✐로 바뀌었을 때 블루/그린 스크린의 한 지점을 클릭 (키가 잘 빠지지 않으면 다른 지점을 다시 클릭하여 가급적 키가 잘 빠지는 위치를 재선정한다.)

▶ 'Screen Colour'로 지정한 색상의 채도보다 레이어 이미지의 채도가 더 높은 영역은 순블랙으로 완벽하게 키가 빠지고(투명), 레이어 이미지의 채도가 더 낮은 영역은 회색(반투명)이 된다. ('Screen Colour'로 지정한 색상의 특성과 완전히 다른 영역만 화이트(불투명)로 남는다.)

❸ Screen Gain

수치를 높일수록 소스 레이어에서 'Screen Colour'를 많이 제거한다.

Screen Gain 100 (디폴트)　　　　Screen Gain 150

❹ Screen Balance

키가 '**Screen Colour**'에 설정한 색상의 채도 밸런싱에 따라 달라진다. (디폴트 50)

→ 블루 스크린을 클릭하면 95%로, 그린 스크린을 클릭하면 50%로 자동 설정

▶ 100%는 채도가 다른 두 색상 구성요소(그린 스크린이라면 레드와 블루)에 비해 더 높고, 0%는 더 낮고, 50%는 평균을 의미한다.

 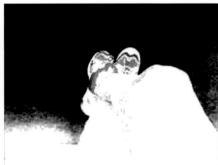

Screen Balance 0   Screen Balance 100

❺ Despill Bias

개체 주변(주로 엣지나 머리카락 등)에 남은 블루/그린 찌꺼기를 완화하기 위해 Eyedropper ■+로 개체 쪽의 보정 색상 클릭

❻ Alpha Bias

매트 상태에서 보이는 회색 찌꺼기를 더 제거하기 위해 Eyedropper ■+로 배경(스크린)쪽 클릭

▶ 'Lock Biases Together'가 디폴트로 체크되어 있어 어느 한쪽을 적용하면 두 Bias가 함께 조절된다. (대부분 함께 조절하는 것이 좋은 결과를 나타냄)

❼ Screen Pre-blur

매트에 블러 추가

❽ Screen Matte

매트 세부 설정

Clip Black : 블랙 영역에 남은 회색 찌꺼기 제거 (설정한 레벨값 이하의 알파값을 0으로 세팅)

Clip White : 화이트 영역에 남 은 회색 찌꺼기 제거 (설정한 레벨값 이상의 알파값을 100으로 세팅)

Clip Black 40, Clip White 65

Clip Rollback : 엣지가 지나치게 깎여 나가는 것을 줄이기 위해 손실된 엣지 부분을 반투명으로 다시 살려낸다. (머리카락 등 지나치게 깎으면 합성 시 어색할 수 있는 부분에 사용)

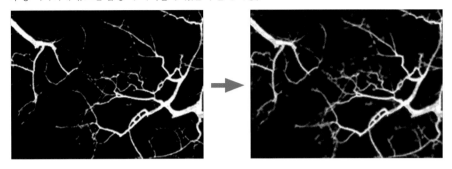

Screen Shrink/Grow : (−)값을 적용하면 매트 영역을 들여 깎고, (+)값을 적용하면 매트 영역을 확장

'Shrink' 적용   'Grow' 적용

Screen Softness : 매트의 경계를 부드럽게 만든다.

Screen Despot Black : 매트를 단순화시켜 화이트 영역에 있는 블랙 점들을 제거

Screen Despot White : 매트를 단순화시켜 블랙 영역에 있는 화이트 점들을 제거

화이트 영역에 보이는 블랙 점(Spot)   'Screen Despot Black' 적용

Replace Method ▼ : 소스의 픽셀들에 'Replace Colour'를 섞는 방법 선택

 - **None** : 키잉 작업된 이미지에 아무 영향 없음

 - **Source** : 알파가 변하면 그에 상응하여 나타내는 이미지픽셀에 영향을 준다.

 - **Hard Colour** : 알파가 증가되는 부분(엣지 부분)에 'Replace Colour'가 섞인다.

 - **Soft Colour** : 알파가 증가되는 부분에 'Replace Colour'가 섞이는데, 소스 픽셀에 매치되도록 최종 합성 픽셀의 루미넌스(Luminance)가 조정된다.

Replace Colour : 알파가 증가된 부분을 설정한 색상으로 대체

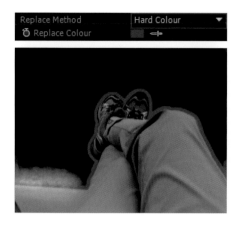

▶ 'View ▼−Status' 상태로 볼 때 매트가 지나치게 보정되어 그린 픽셀로 표시된 부분을 개체의 엣지 부분과 유사한 색상으로 채워 보정하도록 한다.

❾ Inside Mask

키가 빠지면서 개체 안쪽까지 투명해진 부분을 살리기 위해 소스 레이어에 마스크를 생성하여 마스크 안쪽을 화이트로 채운다.

▶ 일반적으로 블루/그린 스크린으로 차마 가리지 못한 부분이나, 적절하지 않은 조명으로 인해 블루/그린 스크린의 색상이 고르지 못할 때, 또는 개체의 칼라가 유사하여 스크린 색상과 같이 투명하게 빠질 때 마스크를 사용하여 보호(Inside Mask)하거나 제거(Outside Mask)

→ 레이어에 마스크 생성 후 마스크 블렌딩 모드를 "**None**"으로 설정

→ 'Inside Mask ▶Inside Mask ▼' 리스트에서 해당 마스크 선택

Inside Mask ▼ : 소스 레이어에 적용된 마스크 리스트 중 사용할 마스크 선택

Inside Mask Softness : 매트와 잘 섞이노록 소프트 적용

Invert : 'Inside Mask'로 설정된 영역 반전

Replace Method ▼ : 마스크 안의 픽셀들에 '**Replace Colour**'를 섞는 방법 선택

Replace Colour : 마스크 안의 알파가 증가된 부분을 설정한 색상으로 대체
　　　▶ 'View ▼−Status'상태로 볼 때 **Inside Mask**로 처리된 픽셀들이 지나치게 보정되어 블루 픽셀로 표시된 부분이 나타나는데 이 부분을 선택한 색상으로 대체

Source Alpha ▼
　　– **Ignore** : 소스 레이어에 기본 저장되어 있는 알파는 무시
　　– **Add To Inside Mask** : 소스 레이어에 포함된 알파를 '**Inside Mask**'로 설정된 영역에 추가
　　– **Normal** : 소스 레이어에 포함된 알파 사용 (디폴트)

1 소스 레이어에 다시 한번 키라이트 이펙트를 적용한다.
2 두 번째 키라이트 이펙트에는 단순하게 'Screen Colour'만을 설정하여 매트를 생성한다.
3 첫 번째 키라이트 이펙트의 'Inside Mask'의 'Source Alpha ▼'를 "Add To Inside Mask"로 설정하면 손실을 보정할 수 있다.

'View ▼-Status'로 설정된 상태에서

| 첫번째 키라이트의 매트 | 두번째 키라이트의 매트 | 'Add To Inside Mask' 설정 |

❿ Outside Mask

개체 바깥쪽의 키가 덜 빠진 부분에 마스크를 생성하여 투명하게 만든다.

▶ 'View ▼-Status' 상태로 볼 때 Outside Mask로 처리된 픽셀들이 지나치게 보정된 경우 검붉은 픽셀로 표시된 부분이 나타난다.

→ 레이어에 마스크 생성 후 마스크 블렌딩 모드를 "None"으로 설정

→ 'Outside Mask ▶Outside Mask ▼' 리스트에서 해당 마스크 선택

→ 'Outside Mask▶Invert' 체크하여 사용

'Inside/Outside Mask'는 각각 하나의 마스크만 선택이 가능하므로 여러 군데에 마스크 작업을 해야 할 경우엔 레이어에 마스크 생성 후 마스크 블렌딩 모드로 합성한다.

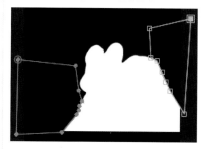

→ 마스크와 매트가 접하는 경계가 부드럽도록 'Mask Feather(= F)'값을 설정한다.

'Keylight (1.2)' 이펙트의 색상 보정 속성

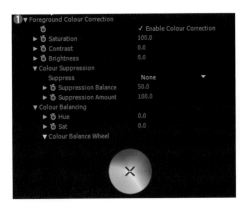

❶ Foreground Colour Correction

합성을 위해 키잉 작업이 끝난 소스 레이어의 색상 보정 (스크린에서 반사되어 개체에 묻어난 블루/그린 색상 제거 가능)

Enable Colour Correction : 체크하면 나머지 세부 속성들이 활성화된다.

Saturation/Contrast/Brightness : 채도/대비/명도를 증감시킨다. (−100~100)

Colour Suppression : 색상 제거

- **Suppress ▼**
  - **None** : 색상을 제거하지 않음
  - **Red/Green/Blue/Cyan/Magenta/Yellow** : 해당 색상을 제거
- **Suppression Balance** : 'Suppress ▼'에서 제거하기로 선택한 색상의 밸런싱 조절 (디폴트 50)
  ▶ 100%는 다른 두 색상 구성요소('Suppress ▼'에서 제거하기로 선택한 색상이 그린이라면 레드와 블루)가 최대치가 된다.
- **Suppression Amount** : 색상을 제거하는 정도 (디폴트 100)

Colour Balancing : 색상(Hue)이나 채도(Sat)를 Color Balance Wheel이나 슬라이더를 이용하여 변경함으로써 이미지의 전체 컬러 밸런스를 이동시킨다.

❷ Edge Colour Correction

합성 시 매트 엣지의 색상 보정

→ 'View ▼−Colour Correction Edge' 선택하여 색상 보정을 할 엣지 확인 (이미지에 대한 색상 보정과는 별도)

Enable Edge Colour Correction : 체크하면 나머지 세부 속성들이 활성화된다.

Edge Hardness : 엣지 색상 보정과 이미지 색상 보정 간의 섞이는 정도 조절

Edge Softness : 부드럽게 합성되도록 엣지 부분에 소프트 추가

Edge Glow : 엣지 부분을 확장

❸ Source Crops

소스 레이어의 불필요한 부분을 가로세로로 잘라낸다.

X/Y Method ▼ : 크롭 경계와 스크린 엣지 사이의 영역을 채우는 방법 선택
- **Colour** : 'Edge Colour'에 설정한 칼라로 채움
- **Repeat** : 크롭 경계의 픽셀을 스크린 엣지까지 채움
- **Reflect** : 크롭 라인을 경계로 하여 반사된 픽셀로 채움
- **Wrap** : 반대편 크롭 라인과 스크린 엣지 사이 영역의 픽셀들로 채움

Edge Colour : 크롭 경계와 스크린 엣지 사이의 영역을 채우는 색상 설정

Edge Colour Alpha : 색상을 채우는 대신 투명하게 유지

Left/Right/Top/Bottom : 잘라내는 위치 설정 (직접 화면 위에서 크롭 라인을 클릭 드래그하여 이동/변경 가능)

Lesson

2 키잉을 돕는 이펙트의 활용

Study 1 | 키잉(Keying) 이펙트

메뉴〉Effect〉Keying

① Advanced Spill Suppressor
   CC Simple Wire Removal
② Color Difference Key
③ Color Range
   Difference Matte
④ Extract
   Inner/Outer Key
⑤ Key Cleaner
   Keylight (1.2)
⑥ Linear Color Key

▶ 〔8〕 : 색심도 8bpc인 프로젝트에서 사용가능한 이펙트

〔16〕 : 색심도 8, 16bpc인 프로젝트에서 사용 가능한 이펙트

〔32〕 : 색심도 8, 16, 32bpc인 프로젝트에서 사용 가능한 이펙트

▶ 키잉 이펙트들은 단독으로 쓰이기도 하지만, 키라이트(Keylight) 이펙트를 먼저 적용해 본 후 추가로 사용하는 것이 좋다.

▶ CS6에 있던 '**Spill Suppressor**', '**Luma Key**', '**Color Key**' 명령은 잘 쓰이지 않는 이펙트 모음인 **메뉴〉Effect〉Obsolete**로 이동하였다.

① 〔32〕 Advanced Spill Suppressor

블루/그린 스크린에서의 반사광에 의해 이미지에 묻어난 색상 완화 ▶ **After CC**

Method ▼
- **Standard** : 키 색상을 자동 감지하여 간단히 제거 (디폴트)
- **Ultra** : 선택하면 '**Ultra Settings**' 세부 옵션 활성화

Suppression : 제거할 색상의 양 설정

Ultra Settings
- **Key Color** : 우측의 Eyedropper 〔⬚〕로 이미지 위에 스크린 색상이 묻어난 부분 클릭
- **Tolerance** : '**Key Color**'의 색상과 어느 정도 유사한 색상까지 제거를 허용할지 설정
- **Desaturate** : 수치 높을수록 채도 제거
- **Spill Range** : 묻어난 부분에 적용할 범위 설정
- **Spill Color Correction** : 묻어난 부분의 색상 보정
- **Luma Correction** : 루미넌스 보정

그린 스크린의 반사광이 번진 상태

'Advanced Spill Suppressor' 적용

참고사항 _ Keylight + Key Cleaner + Advanced Spill Suppressor 프리셋

'Advanced Spill Suppressor'는 주로 'Keylight (1.2)', 'Key Cleaner' 이펙트와 함께 사용되어 원치 않는 색상을 제거한다.

→ 소스 레이어 선택 후 Effeects & Preset 패널의 **Animation Presets** ▶Image − Utilities ▶Keylight + Key Cleaner + Advanced Spill Suppressor를 더블클릭하면 세가지 이펙트가 레이어에 동시 적용되어 손쉽게 키잉 가능

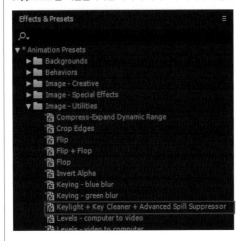

▶ 키라이트를 쓰지 않고 기본 'Keying' 이펙트를 적용한 경우에도 'Key Cleaner' 이펙트를 먼저 적용한 다음에 'Advanced Spill Suppressor' 이펙트 순서로 적용한다.

→ 처음엔 'Advanced Spill Suppressor' 이펙트가 임시 해제 상태('Effect 🏿 스위치 Off)이나 적용을 위해 다시 클릭하여 On

→ 이 프리셋을 적용한 경우 키라이트의 'Screen Colour'를 설정하면 'Advanced Spill Suppressor'이펙트의 'key Color'가 익스프레션 (Expression)으로 연동되어 있어 색상이 자동 설정된다. ('key Color'의 색상을 굳이 바꾸지 않아도 되나, 혹시 다른 색상을 선택하려면 이 익스프레션을 비활성 🏿 시키거나 제거) (익스프레션에 대한 설명은 P 557 참고)

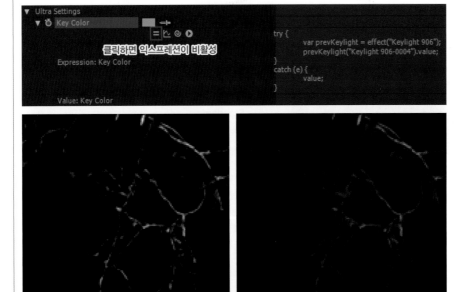

'Keylight (1.2)' 적용   'Keylight + Key Cleaner + Advanced Spill Suppressor' 적용

❷ 🔳 Color Difference Key

이미지를 두 개의 매트로 나누어 유리, 연기, 그림자 등 투명/반투명 키 생성

학습예제 소스 파일 : 물방울.jpg, 꽃.jpg

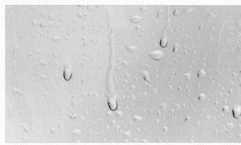

물방울.jpg (상위 레이어)

꽃.jpg (하위 레이어)

01 새 프로젝트(= Ctrl + Alt + N)에서 Project 패널의 빈 공간을 더블클릭하여 〈**Import File**〉 대화창에서 "예제\Lec10\sc" 폴더의 "물방울.jpg", "꽃.jpg"를 임포트 한다.

02 Project 패널에 생성된 "물방울.jpg"와 "꽃.jpg" 푸티지를 빈 Comp/Timeline 패널로 드래그 & 드롭하고 "물방울.jpg"를 상위 레이어로 배치한다.

03 "물방울.jpg" 레이어를 선택하여 **메뉴〉Keying〉Color Difference Key**를 적용한다.

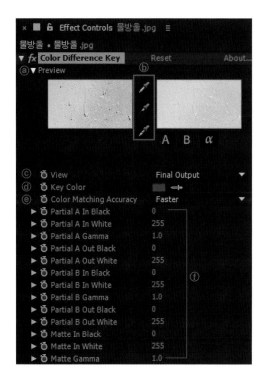

ⓐ **부분매트 A** : 부분매트 B의 색상을 제외한 다른 색상 영역을 기준으로 매트 생성

부분매트 B : '**Key Color**'에 지정한 색상을 기준으로 매트 생성

알파 매트 : A/B 매트를 결합하여 최종 투명도 생성

→ **A** / **B** / **α** 버튼을 클릭하면 각각의 매트를 '**Preview**'의 오른쪽 썸네일 이미지로 표시

ⓑ Eyedropper 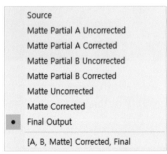 : 클릭 후 커서가 🖉로 바뀌면 Layer/Comp 패널이나 Effect Controls 패널의 '**Preview**' 썸네일 이미지에서 키를 제거할 적절한 영역 선택

> ▶ Layer 패널에서 영역을 선택하려면 패널 우측 하단의 '**View ▼**'를 "**Color Difference Key**"로 설정

Key Color Eyedropper 🖉 (블랙 스포이드) : Layer/Comp 패널이나 Effect Controls 패널의 '**Preview**' 썸네일 이미지에서 투명도를 줄 적절한 영역(블랙 영역) 선택

Key Color Swatch 🖉 (화이트 스포이드) : Layer/Comp 패널이나 Effect Controls 패널의 '**Preview**' 썸네일 이미지에서 불투명도를 설정할 적절한 영역(화이트 영역) 선택

ⓒ View ▼

Layer/Comp 패널의 뷰어에 어떤 화면을 나타낼지 선택

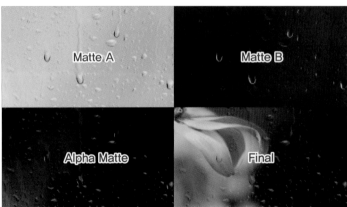

| Source |
| Matte Partial A Uncorrected |
| Matte Partial A Corrected |
| Matte Partial B Uncorrected |
| Matte Partial B Corrected |
| Matte Uncorrected |
| Matte Corrected |
| ● Final Output |
| [A, B, Matte] Corrected, Final |

- **Matte Partial A/B Uncorrected** : 조정되지 않은 부분 A/B 매트를 표시

- **Matte Corrected** : 조정된 A/B 매트가 결합된 알파 매트를 표시

- **[A, B, Matte] Corrected, Final** : 부분매트 A/B, 알파 매트, 소스 이미지를 동시에 표시

View ▼-[A, B, Matte] Corrected, Final

ⓓ Key Color

컬러박스를 클릭하거나 오른쪽 Eyedropper ⬛를 선택하여 키를 뺄 색상 선택
(블루/그린 스크린에서 촬영한 영상이라면 해당 컬러 선택)

> ▶ 디폴트 '**Key Color**'(블루 스크린)가 아닌 다른 색상을 키아웃 할 때 **Eyedropper** 🖉로 선택한 색상이 '**Key Color**'로 설정된다.

ⓔ Color Matching Accuracy ▼

- **Faster** : 레드/블루/옐로우 같은 기본 색상을 사용하는 경우 선택

- **More Accurate** : 기본 색상 이외의 스크린 컬러를 제거할 경우 선택 (렌더링 시간 증가)

ⓕ Matte Controls

Partial A/B In/Out Black : A/B 매트의 블랙(투명도) 레벨 조절 (블랙 스포이드로 레벨 조정 가능)

Partial A/B In/Out White : A/B 매트의 화이트(불투명도) 레벨 조절 (화이트 스포이드로 레벨 조정 가능)

Partial A/B Gamma : A/B 매트의 감마값 조절

Matte In Black/White : 알파 매트의 블랙/화이트 레벨 조절

Matte Gamma : 알파 매트의 감마값 조절

04 Effect Controls 패널에서 알파 매트 ⍺ 버튼을 눌러 'Preview' 오른쪽 썸네일 이미지에 최종 투명도 상태를 표시한다.

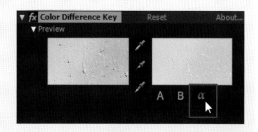

05 블랙 스포이드 🖊를 선택하여 알파 매트의 썸네일 이미지 또는 Comp 패널의 뷰어에서 블랙 영역 중 가장 밝은 부분(투명하게 빠지지 않은 부분)을 클릭한다. (또는 'Matte In Black' 옵션으로 미세 조절 한다.)

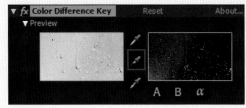
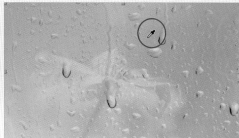

06 필요할 경우 화이트 스포이드 🖊를 클릭하여 흰색 영역 중 가장 어두운 영역(불투명해야 하는데 투명해진 부분)을 클릭한다. (또는 'Matte In White' 옵션으로 미세 조절 한다.)

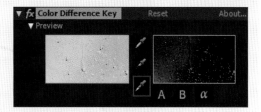

07 Effect Controls 패널에서 'View ▼—Final Output'인 상태로 Comp 패널의 뷰어에 최종 합성 결과를 확인한다.

❸ 🖼 Color Range

적절하지 않은 조명과 촬영으로 블루/그린 스크린 색상이 고르지 못하거나, 제거해야 할 색상이 동일 컬러의 그라데이션으로 이루어진 경우 사용

→ Lab, YUV, RGB로 지정한 최소(Min)/최대(Max) 영역 밖의 색상을 제거
  (Min은 색상 범위의 시작지점, Max는 색상 범위의 끝 지점)

학습예제 소스 파일 : meta.jpg

01 새 프로젝트(= Ctrl + Alt + N)에서 Project 패널의 빈 공간을 더블클릭하여 〈**Import File**〉 대화창에서 "예제\Lec10\sc" 폴더의 "meta.jpg"를 임포트 한다.

02 Project 패널에 생성된 "meta.jpg" 푸티지를 클릭한 다음 빈 Comp/Timeline 패널로 드래그 & 드롭하여 새 컴포지션에 "meta.jpg" 레이어로 배치한다.

03 "meta.jpg" 레이어를 선택 후 **메뉴〉Keying〉Color Range** 이펙트를 적용한다.

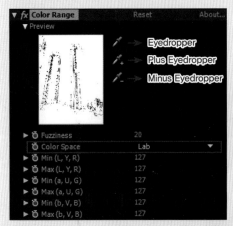

04 Effect Controls 패널에서 '**Color Space ▼**'를 "**Lab/YUV/RGB**" 중 키가 더 잘 빠지는 쪽으로 선택한다.

05 Eyedropper 💉를 클릭 후 '**Preview**'의 매트 썸네일 또는 Layer/Comp 패널의 뷰어에서 키를 제거할 부분을 클릭한다. (제거할 색상 중 가장 많은 영역을 차지하는 색상 선택)

    ▶ Layer 패널에서 영역을 선택하려면 패널 우측 하단의 '**View ▼**'가 "**Color Range**"로 설정되어야 한다.

06 Plus Eyedropper 💉를 클릭 후 제거해야 할 색상 범위에 추가할 색상이나 영역을 클릭한다.

07 더 제거해야 할 영역이 있다면 **Plus Eyedropper** 🖊️ 선택 상태에서 추가로 클릭한다.

08 **Minus Eyedropper** 🖊️를 선택하여 빠지지 않아야 할 부분이 빠졌다면 해당 색상 영역을 클릭한다.

　色상요소가 같아 어쩔 수 없이 함께 제거되는 부분은 마스크 등을 사용하여 보호한다.
　('**Color Range**' 이펙트를 적용하지 않은 "meta.jpg" 레이어를 상위 레이어로 추가 배치하여 마스크 적용)

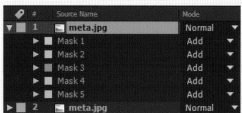

09 '**Fuzziness**'로 투명/불투명 영역 사이의 경계가 매끄럽도록 적당한 값(본 예제는 13)을 설정한다.

10 각 색상요소에 대해 Min/Max 값을 설정하여 **Plus/Minus Eyedropper**로 클릭한 영역을 좀 더 세밀하게 조정할 수 있다. (Min 이하 또는 Max 이상 범위의 색상은 제거됨)

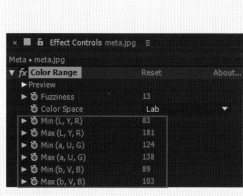

▶ 키잉 후 이미지에 번진 색상이 있다면 '**Advanced Spill Suppressor**' 이펙트로 제거하고, 매트 경계에 남은 찌꺼기는 **메뉴
〉Effect〉Matte〉Simple Choker/Matte Choker**를 적용한다.

❹ 🔢 Extract

블랙/화이트 배경 또는 특별히 어둡거나 밝은 배경에서 촬영된 영상으로부터 투명도 추출 (그림자 키잉에도 사용)

→ 지정한 채널의 히스토그램을 기준으로 명도 영역을 설정하여 투명도 산출

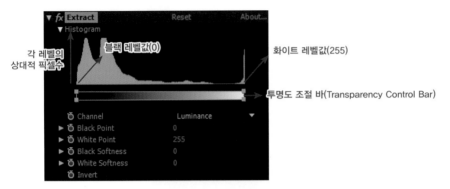

Channel ▼ : 채널(Luminance/Red/Green/Blue/Alpha)을 선택하면 히스토그램에 해당 채널이 표시된다.

→ 어둡거나 밝은 영역의 키를 빼려면 "**Luminance**" 선택 (디폴트)

Transparency Control Bar : 투명하게 만들 픽셀 범위 조정 ('**Black/White Point**' 조절 후 '**Black/White Softness**' 조절)

→ '**Black/White Point**' 핸들을 클릭 & 드래그하여 바의 길이 조절 (바의 영역 밖에 위치하는 히스토그램의 픽셀들은 제거되어 투명해짐)

→ '**Black/White Softness**' 핸들을 클릭 & 드래그하여 제거되는 픽셀 양을 조절하면 투명도가 부드럽게 생성된다.

▶ 핸들을 클릭 & 드래그하는 대신 Timeline/Effect Controls 패널에서 동일 이름의 속성값을 직접 입력하여 조정할 수 있다.

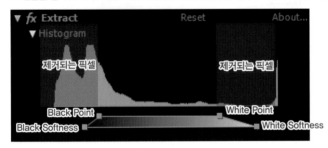

▶ 바의 길이를 조정한 후 바의 중앙을 클릭하여 좌우로 드래그하면 전체 바 영역이 이동

활용예제 탁상등의 조명색상 변경하기 (소스 파일: 탁상등.jpg)

탁상등.jpg

01 Project 패널의 빈 공간을 더블클릭하여 〈**Import File**〉 대화창에서 "예제₩Lec10₩sc" 폴더의 "탁상등.jpg"를 임포트 한다.

02 Project 패널에 생성된 "탁상등.jpg" 푸티지를 새 컴포지션에 "탁상등.jpg" 레이어로 배치한다.

03 "탁상등.jpg" 레이어를 선택 후 **메뉴〉Keying〉Extract** 이펙트를 적용하고, 밝은 영역의 키를 제거할 것이므로 '**Channel ▼−Luminance**'로 설정된 상태(디폴트)를 확인한다.

04 투명도 조절 바의 '**White Point**' 핸들을 클릭 & 드래그하거나 직접 동일 속성의 설정값을 입력하여 바의 길이를 조질한다. (주변으로 조명빛이 번진 범위까지 컬러를 바꾸어야 하므로 투명도 범위를 충분히 선택한다.)

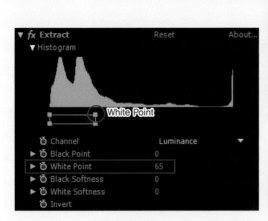

05 투명도 조절 바의 '**White Softness**' 핸들을 클릭 & 드래그하거나 동일 속성의 설정값을 입력하여 제거된 영역이 부드럽게 번지도록 조절한다.

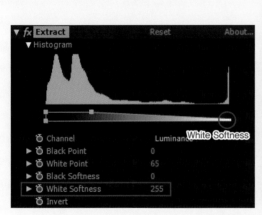

06 컬러값 "#E0F85A"의 솔리드 레이어(= Ctrl + Y)를 생성하여 "탁상등.jpg" 레이어 하단에 배치한다.

⑤  Key Cleaner

키잉 이펙트를 사용한 영상에서 알파 채널의 디테일한 부분을 복구하거나, 압축으로 손실된 영상의 디테일을 복구하고자 할 때 사용 ▶ After CC

▼ fx **Key Cleaner**   Reset   About...
  ▶ ○ Additional Edge Radius   10.0
    ○ Reduce Chatter   ✓
  ▶ ○ Alpha Contrast   69.0%
  ▶ ○ Strength   100.0%

Additional Edge Radius : 알파 채널의 화이트 영역의 경계를 늘려 지나치게 깎인 부분을 복구

Reduce Chatter : 알파 채널에 소프트 추가

Alpha Contrast : 알파 채널의 화이트/블랙 대비 증가

Strength : '**Key Cleaner**' 이펙트의 적용 강도 조절

⑥  Linear Color Key

RGB/Hue/Chroma로 나타낸 이미지의 각 픽셀과 '**Key Color**'로 설정한 색상을 비교하여, 색상이 일치하는 픽셀들은 제거하고 비슷한 컬러값의 픽셀들은 반투명하게, 일치하지 않는 픽셀들은 불투명한 상태로 남긴다.

학습예제 소스 파일 : 불국사.jpg

01 "예제\Lec10\sc" 폴더의 "불국사.jpg"를 임포트(= Ctrl + I)하여 새 컴포지션에 레이어로 배치한 후 **메뉴 >Keying>Linear Color Key** 이펙트를 적용한다.

불국사.jpg   Effect Controls 패널

View ▼ : 선택한 보기방식을 '**Preview**'의 오른쪽 썸네일 이미지와 Layer/Comp 패널의 뷰어로 표시
　　▶ Layer 패널에서 선택된 보기방식을 따르게 하려면 패널 우측 하단에서 '**View ▼-Linear Color Key**'로 설정

Key Color : 제거해야 할 키 색상 설정
　　→ 컬러박스 오른쪽의 **Eyedropper** ▪◆나 썸네일 이미지 사이에 있는 **Eyedropper** ✎를 클릭 후 썸네일 이미지 또는 Layer/Comp 패널의 뷰어에서 제거할 색상 클릭 (컬러박스를 클릭하여 〈**Key Color**〉 대화창이 나타나면 직접 컬러 선택 가능)

> TIP
>
> **Eyedropper**를 선택하고 Alt 클릭 후 커서가 ✎인 상태에서 썸네일 이미지나 Layer/Comp 패널의 뷰어 위를 드래그하면 얼마나 투명도가 빠질 지를 클릭하기 전에 미리 확인할 수 있다.

Match Colors ▼ : 사용할 컬러 스페이스(RGB(디폴트)/Hue/Chroma) 선택

→ 키가 잘 빠지지 않는다면 다른 컬러 스페이스로 바꾸어본다.

Matching Tolerance : 이미지 픽셀이 '**Key Color**'에 지정한 색상과 어느 정도 일치해야 제거될 지 허용치 설정 (100이면 전체 이미지가 투명해짐)

[예계치] 썸네일 이미지 사이에 있는 Plus Eyedropper 🖌️⁺나 Minus Eyedropper 🖌️⁻로 왼쪽 썸네일 이미지에서 각각 더 빼야 할, 또는 빠지지 않아야 할 색상 클릭

Matching Softness : 이미지 픽셀과 '**Key Color**'에 지정한 색상과의 경계를 부드럽게 설정 (20 이하로 설정하는 것이 좋음)

Key Operation ▼

– **Key Colors** : '**Key Color**'에 제거해야 할 색상을 설정한 경우 선택

– **Keep Colors** : '**Key Color**'에 유지해야 할 색상을 설정한 경우 선택

TIP _ 특정 색상이 제거되지 않도록 보존하기

1 처음 적용한 'Linear Color Key' 이펙트를 임시 해제한다.
(Effect Controls/Timeline 패널에서 이펙트 이름 왼쪽의 'Effect 𝑓𝑥 아이콘을 클릭하여 Off)

2 추가로 'Linear Color Key'를 적용하여 'Key Operation ▼−Keep Colors'를 선택한 다음 Comp 패널에서 원본 이미지가 보이는 상태에서 'Key Color'로 보존해야 할 색상을 선택한다.

3 임시 해제한 첫 번째 'Linear Color Key' 이펙트의 'Effect 𝑓𝑥 아이콘을 클릭하여 On 시킨 후 'View ▼−Final Output'으로 최종 투명도 상태를 확인한다.

4 필요하면 추가로 'Linear Color Key' 이펙트를 다시 적용한다.

02 키잉이 완성되면 최종적으로 Effect Controls 패널에서 '**View ▼−Final Output**'을 선택하여 확인 및 렌더링한다.

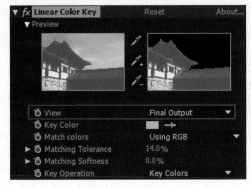

Study 2 | **매트(Matte) 이펙트**

키잉으로 생성된 매트를 깔끔하게 보정

메뉴〉Effect〉Matte

❶ Matte Choker
mocha shape
Refine Hard Matte
Refine Soft Matte
❷ Simple Choker

▶ 주로 키라이트나 기타 키잉 이펙트로 작업한 후, 먼저 'Advanced Spill Suppressor' 이펙트로 화면에 번진 색상을 정리한 다음 마무리로 매트 이펙트를 적용한다.

❶  Matte Choker

매트의 화이트(불투명) 영역에서 투명하게 빠져버린 틈새를 메운다.

→ 매트의 틈새를 메우기 위해 매트를 확산시키고, 매트 형태를 복구하기 위해 다시 매트의 경계를 감소시키는 2단계 과정을 지정 횟수만큼 반복하여 처리

▶ 2단계는 1단계에서 확산한 양과 동일하게 경계 감소를 반대로 적용한다.

Geometric Softness : 매트를 확산하고 경계를 감소시키는 최대값 설정

Choke : (−)값은 매트를 확산시키고, (+)값은 매트의 경계를 감소시킨다.

Gray Level Softness : 매트 경계에 소프트한 정도를 지정한다.

　　▶ 알파 채널에 블러(Blur)를 주는 용도일 경우 'Gray Level Softness'를 100%로 설정

Iterations : 틈새를 모두 메우기 위해 2단계에 걸친 전체 처리과정을 되풀이할 횟수 설정

❷ Simple Choker

단순하게 매트의 가장자리를 줄이거나 늘려 매트를 정리한다.

Choke Matte : (−)값은 매트를 확산시키고, (+)값은 매트의 경계를 감소시킨다.

Lesson 3 복잡한 배경에서 개체 분리하기 : Roto Brush

Study 1 | 로토스코핑(Rotoscoping)이란?

■ 일반적으로는 실제 촬영한 동영상의 각 프레임마다 움직이는 화면을 따라 스트로크를 그리거나, 색을 페인팅하는 작업을 통해 만화 같은 애니메이션 효과를 주는 작업을 의미한다.

■ AE에서는 주로 영상 레이어의 복잡한 배경에서 특정 개체를 분리하고자 할 경우에 사용한다.
  – 개체 주변을 마스크 패스로 드로잉하여 개체의 움직임을 추적한다.
  – 마스크 패스를 매트로 활용하여 개체를 배경에서 분리함으로써 개체와 배경에 각기 다른 효과를 적용할 수 있다.
  – 분리된 개체를 다른 배경과 합성할 수 있다.

> TIP
>
> 동영상의 각 프레임마다 개체가 움직이는 대로 마스크 패스의 키프레임을 일일이 조절하기 전에 개체의 움직임을 추적하는 모션 트래킹으로 얻은 데이터를 마스크 패스에 적용하여 매트가 자동으로 개체를 따라가도록 설정하면 개체를 배경에서 추출하는 시간을 절약할 수 있다.

Study 2 | 로토 브러시(Roto Brush) 툴의 활용

동영상/시퀀스 레이어의 특정 시간대에서 매트로 분리할 개체를 Roto Brush 툴로 드로잉하면 근처 프레임에서 선택한 부분과 비슷한 속성을 가진 영역을 자동으로 추적하여, 움직이거나 모양이 변하는 개체를 배경에서 쉽게 경계 지어 분리한다. (Layer 패널에서 작업)

▶ 단순 색상으로 이루어진 배경에서 개체를 추출하는 작업은 키잉을 통해 간단하게 처리 가능하며, 키잉으로 제거하기 힘든 복잡한 배경에서 개체를 분리하려는 경우에 로토 브러시를 활용한다.

🏃 Roto Brush Tool	Alt+W
💇 Refine Edge Tool	Alt+W

▶ Alt + W로 Roto Brush 툴과 Refine Edge 툴 선택 및 툴 간 전환

(학습예제) 소스 파일 : 슬리퍼.mp4

01 "예제\Lec10\sc" 폴더의 "슬리퍼.mp4"를 임포트(= Ctrl + I)하여 새 컴포지션에 레이어로 배치한다.

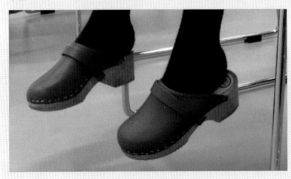

1단계 소스 레이어의 Layer 패널 오픈하기

동영상 레이어에서 배경과 개체의 구분이 명확하고 개체의 전체가 보이는 한 프레임(기준 프레임)을 Layer 패널의 뷰어로 보면서 작업을 시작한다.

▶ 〈Preferences〉(= Ctrl + Alt + ;) 대화창의 'General' 카테고리에서 'Open Layer Panel when Double-Clicking with Paint, Roto Brush, and Refine Edge Tools' 옵션이 체크(디폴트)되어 있는 경우 Paint 툴 ✐⊥✐이나 Roto Brush 툴 ⮾ 또는 Refine Edge 툴 ⮾로 푸티지/Comp 레이어를 더블클릭할 경우 항상 Layer 패널을 오픈한다.

02 "슬리퍼.mp4" 레이어를 더블클릭하여 Layer 패널을 오픈하고 슬리퍼가 모두 온전하게 보이는 마지막 프레임을 기준 프레임으로 한다.

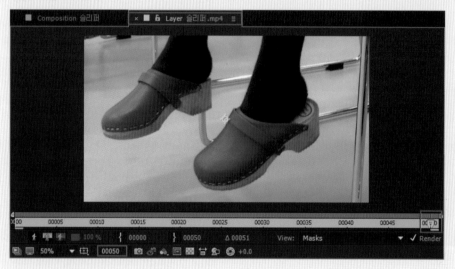

2단계 Roto Brush 툴 ⮾로 개체 선택 영역(Foreground) 지정하기

03 Roto Brush 툴 ⮾로 추출할 Foreground 영역의 개체 위에서 커서가 ⊕(그린) 상태로 바뀌면 선택할 영역의 중심 부분을 대략 스트로크로 드로잉한다.

▶ 로토 브러시의 크기는 뷰어에서 Ctrl + 클릭 & 드래그로 즉시 조절 가능

Alpha 🧍 : Foreground(개체 선택 영역)/Background(배경 영역)를 Matte 상태로 표시

    ▶ Alt + _4 로 RGB/Alpha 채널 간 보기 상태 전환

Alpha Boundary 🧍 : 매트의 Foreground 영역을 경계선으로 표시 (디폴트)

    → 경계색상은 오른쪽의 컬러박스 ■를 클릭하여 선택/변경 가능

Alpha Overlay 🧍 : Background 영역을 반투명 빨강으로 채워 Foreground 영역이 잘 보이도록 한다. (%로 불투명도 조절)

▶ 'View ▼'에서 "Roto Brush & Refine Edge"가 선택되고 'Render' 항목이 체크되어 있어야 브러시 경계선이 보인다.

---

04 레이어 패널의 '**Alpha Boundary** 🧍'(디폴트) 선택 상태에서 개체의 매트 경계선이 컬러박스의 지정색상(디폴트 분홍색)으로 표시된다.

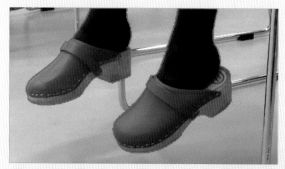

→ 덜 선택된 영역이 있으면 커서 브러시 크기를 조절해가면서 커서가 ⊕인 상태에서 계속 선택 영역을 스트로크 드로잉한다. (처음엔 큰 브러시로 주요 영역을 드래그하여 선택 영역을 넓혀나가고, 세밀한 부분은 작은 브러시로 바꾸어 계속 선택 영역을 추가한다.)

▶ 선택하고자 하는 영역의 경계에서 두서너 픽셀 안쪽으로 경계선을 생성하는 것이 좋다.

05 선택 영역에서 제외할 부분은 Alt를 눌러 커서가 ⊖(레드)로 바뀐 상태에서 뺄 부분을 드래그한다.

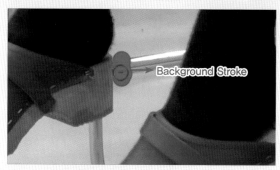

06 기준 프레임에서 스트로크를 설정하면 다른 시간대에도 선택 영역을 자동 추적하여 매트 영역이 생성된다.

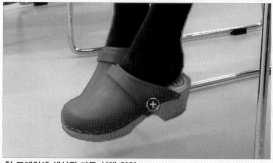

첫 프레임에 생성된 자동 선택 영역

▶ 다른 프레임의 선택 영역은 첫 스트로크를 드로잉한 프레임을 기준으로 자동으로 만들어지므로 기준 프레임에서 최대한 선택 영역을 깔끔하게 완성하도록 한다.

07 기준 프레임부터 한번에 한 프레임씩 앞(뒤) 프레임으로 이동해가며 선택 영역에서 빠지거나 잘못 추가된 부분이 있으면 브러시를 ⊕와 ⊖로 바꾸어가며 선택 영역이 필요한 전체 프레임들(Duration)에서 세밀하게 스트로크를 드로잉한다.

> TIP
>
> 다른 프레임에서 작업한 보정 스트로크는 작업을 시작한 프레임을 기준으로 한쪽 방향으로 추적 정보가 전달되므로, 첫 프레임이 기준 프레임이면 한 프레임씩 뒤로(= Page Down 키) 이동하면서 보정하고, 마지막 프레임이 기준 프레임이면 한 프레임씩 앞으로(= Page Up 키) 이동해가며 보정하도록 한다.

(3단계) Refine Edge 툴 🖌로 매트 보정하기 ▶ After CC

기준 프레임에서 **Roto Brush 툴 🖌**로 만든 매트의 가장자리를 다듬어 보정한다.
(머리카락/털 등의 미세 영역에 반투명도를 적용한다.)

08 Refine Edge 툴 🖌을 선택하여 커서가 ⊕(딥블루)로 바뀌면 기준 프레임에서부터 반투명을 적용할 가장자리 경계선 위에 드로잉한다.

다리가 앞뒤로 흔들리면서 블러가 생긴 부분을 살리기 위해 슬리퍼의 앞코와 뒤축 부분에 적용한다.

09 Layer 패널 좌측 하단에 자동으로 '**Refine Edge X-ray 🖾**' 아이콘이 표시되며 X-ray 모드 상태로 바뀌어 매트 가장자리가 반투명으로 부드럽게 처리된 상태를 확인할 수 있다.

▶ 'Refine Edge X-ray 🖾' 모드 On/Off = Alt + X

10 가장자리 보정 영역에서 제외할 부분은 Alt 를 눌러 커서가 ⊖로 바뀐 상태에서 드래그한다.

▶ 다른 프레임은 기준 프레임에 맞추어 다듬어지므로 기준 프레임에서 최대한 잘 다듬어 보정한다.

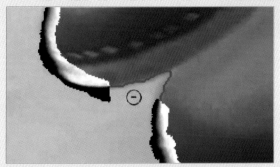

11 기준 프레임부터 한 프레임씩 이동해가며 다른 프레임에서도 반복적으로 **Refine Edge 툴** 을 사용하여 필요한 곳에 가장자리를 보정하도록 한다.

4단계   **'Roto Brush & Refine Edge' 이펙트 속성 조절** ▶ After CC에서 일부 변경

▶ **Roto Brush 툴** 은 일종의 이펙트로 첫 스트로크를 그리면 Effect Controls/Timeline 패널에 이펙트 속성이 표시된다.

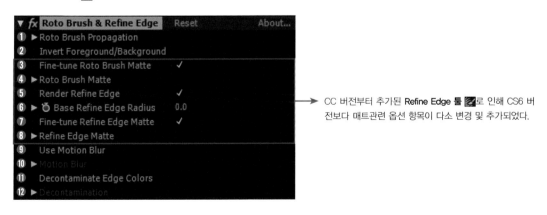

CC 버전부터 추가된 **Refine Edge 툴** 로 인해 CS6 버전보다 매트관련 옵션 항목이 다소 변경 및 추가되었다.

❶ Roto Brush Propagation

선택 영역이 사용되는 구간(Span)에서 연속된 프레임에 대해 기준 프레임의 매트 정보가 어떻게 전파될지 설정

▶ 기준 프레임에서 설정한 선택 영역이 기본이 되므로, 기준 프레임에서 선택 영역 설정을 조절해야 수정된 정보가 재계산되고 전파된다.

TIP

이 항목의 설정값 변경은 기준 프레임의 매트 정보에는 영향을 주지 않으므로 설정값 변경에 따른 변화를 주려면 기준 프레임에서 한 두 프레임 떨어진 시간대에서 조절한다.

Search Radius : 연속된 프레임 간 일치하는 픽셀 검색 시 검색 반경 설정

→ 움직임이 많고 적음에 따라 검색 반경을 조정한다.

    (너무 작은 반경은 동작이 누락되고, 너무 큰 반경은 불필요한 동작까지 탐색)

Motion Threshold : 움직임을 기준으로 검색 영역 제어

→ 움직임이 없는 곳까지 레벨을 끌어내려 설정하면 검색 영역이 점차 줄어서 완전히 사라진다.

Motion Damping : 움직임이 줄어드는 영역에서 검색 영역 제어

→ 수치를 증가시키면 빠르게 움직이는 부분의 검색 영역이 느리게 움직이는 부분보다 좁아진다.

→ 움직임이 거의 없는 부분에서 검색 영역을 제한하면 이 부분의 울퉁불퉁한 경계 가장자리가 감소한다.

View Search Region : '**Search Radius/Motion Threshold/Motion Damping**' 속성을 쉽게 조절하기 위해 체크

▶ 체크 상태에서는 기타 매트 조절 속성들을 사용할 수 없다.

→ 검색 영역을 노란색으로 렌더링하고, Foreground/Background를 그레이스케일로 표시한다. (배경이 더 흐리게 표시됨)

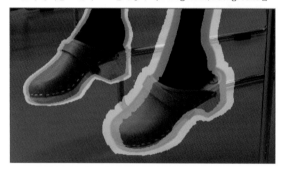

Edge Detection ▼ : 경계 가장자리를 결정할 때 어떤 데이터를 기반으로 할 것인지 선택

  – **Favor Predicted Edges** : 이전 프레임을 기반으로 계산된 데이터로 결정

    ▶ 개체가 배경과 일치하는 색상을 가지고 있는 경우 선택

  – **Balanced** : 현재 프레임과 주변 프레임에서의 데이터를 동일 비율로 고려 (디폴트)

  – **Favor Current Edges** : 현재 프레임에서 단독으로 계산된 데이터로 결정

Use Alternate Color Estimation : Foreground/Background를 구분하는 프로세스에 미묘한 영향을 끼친다.

  ▶ 사용하는 것이 때로는 안 좋을 수도 있다.

❷ Invert Foreground/Background

Foreground/Background의 선택 영역을 반전하여 뷰어에 Background 영역이 표시된다.

(생성한 Foreground/Background Stroke 반전)

❸ Fine-tune Roto Brush Matte

'Roto Brush Matte' 속성을 설정하기 위해 체크(디폴트) ▶ After CC

❹ Roto Brush Matte

Roto Brush 툴 로 생성한 선택 영역을 기준으로 산출된 매트에 영향을 준다. ▶ **After CC**
(**Refine Edge 툴** 로 드래그한 영역에는 영향을 끼치지 않음)

Feather : 매트의 경계를 이루는 날카로운 커브를 소프트하게 조절

Contrast : 매트 경계의 대비 조절 ('**Feather**' 속성값이 0일 때는 아무 변화 없음)

Shift Edge : '**Feather**' 속성값 적용 시 가장자리가 확장되는 양 조절

Reduce Chatter : 연속된 프레임 간의 매트 가장자리에 대한 편차를 줄이기 위해 현재 프레임을 얼마나 고려할지 결정
(수치가 0이면 현재 프레임에 대한 영향력이 100% 반영)

　　→ 수치를 늘리면 현재 프레임에 대한 영향력이 줄어들어 매트 가장자리에 대한 편차가 줄어든다.

　　▶ 개체가 고정된 상태인데 경계가 흔들리면 수치를 증가시킨다.

❺ Render Refine Edge

Refine Edge 툴 로 다듬은 결과를 최종 렌더링에 반영할지 결정 ▶ **After CC**
(체크 해제하면 Refine Edge툴 관련 속성들은 비활성화)

❻ Base Refine Edge Radius

기준 프레임에서 **Roto Brush 툴** 로만 생성된 전체 매트 경계에 마치 **Refine Edge 툴** 로 매트 경계 위를 따라 그린
스트로크처럼 일정 반경의 선을 추가하여 경계를 좀 더 효과적으로 처리 ▶ **After CC**

❼ Fine-tune Refine Edge Matte

'**Refine Edge Matte**' 속성을 설정하기 위해 체크 (**Refine Edge 툴** 을 사용하면 자동 체크된다.) ▶ **After CC**

❽ Refine Edge Matte

Refine Edge 툴 로 드래그한 영역에만 영향을 준다. ▶ **After CC**

Smooth : 해당 매트 경계에 소프트를 추가하여 알파 채널에 반투명 영역 생성

Feather : 해당 영역에서 알파 채널에 블러(Blur) 효과 추가

Contrast : 알파 채널의 대비 증감

Shift Edge : '**Feather**' 속성값 적용 시 가장자리가 확장되는 양 조절

Chatter Reduction ▼ : '**Reduce Chatter**' 속성의 사용여부 선택

　　– Off(디폴트) / More Detailed / Smoother(Slower)

　　▶ 'Chatter Reduction ▼'을 변경시키면 변화를 확인하기 위해 자동으로 'Refine Edge X-ray ' 모드가 Off 된다.

Reduce Chatter : 연속된 프레임 간의 매트 가장자리에 대한 편차를 줄이기 위해 수치를 증가시킨다. ('**Chatter Reduction**
▼'에서 "**More Detailed**" 선택 시 100%까지, "**Smoother (Slower)**" 선택 시 400%까지 수치 증가 가능)

❾ Use Motion Blur

렌더링 시 매트에 '**Motion Blur**' 속성을 적용하려면 체크

⑩ Motion Blur

고품질의 설정을 하면 렌더링 속도는 증가하나 깨끗한 가장자리 생성

Samples Per Frame : 프레임당 최소 블러샘플 개수

Shutter Angle : 셔터가 열리는 각도(노출)를 1~360°까지 설정 (디폴트는 180°)

Higher Quality : 체크하면 고품질의 블러 적용

⑪ Decontaminate Edge Colors

'**Decontamination**' 속성을 설정하기 위해 체크

⑫ Decontamination

매트 가장자리 픽셀에 묻은 지저분한 색상 제거

Decontamination Amount : 매트 가장자리 픽셀에서 오염된 색상을 제거하기 위한 양 설정

Extend Where Smoothed : '**Reduce Chatter**' 수치를 증가했을 때 체크하면 매끄럽게 다듬은 부분을 확장시켜 움직인 가장자리가 깨끗해진다.

Increase Decontamination Radius : '**Feather**', '**Motion Blur**', '**Extend Where Smoothed**' 등 가장자리를 깨끗하게 하기 위한 여러 설정들에 더하여 가장자리 색상의 오염을 제거하기 위한 영역을 더 증가시키기 위해 설정

View Decontamination Map : 체크하면 가장자리 픽셀에서 제거된 오염 색상을 화이트 픽셀로 표시

참고사항 _ Refine Matte 이펙트의 활용

'Roto Brush & Refine Edge' 이펙트의 매트 보정 속성들을 마스크나 키잉 이펙트로 만든 매트의 보정용으로도 사용할 수 있도록 만들어진 기능

메뉴〉Effect〉Matte

ⓐ **Refine Hard Matte** : 경계가 하드한 매트의 가장자리 다듬기　▶ CS6버전의 '**Refine Matte**'가 업데이트되었다.
　→ 'Roto Brush & Refine Edge' 이펙트의 'Roto Brush Matte' 항목과 동일

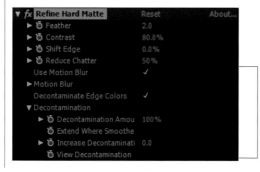

▶ CC에서 추가된 옵션

ⓑ Refine Soft Matte . 경계가 소프트한 매드의 가장자리 디듬기 ▶ After CC

'Roto Brush & Refine Edge' 이펙트의
'Refine Edge Matte' 항목과 동일

Calculate Edge Details : 반투명 가장자리 영역을 계산하고 세부 조정을 하기 위해 체크
(체크상태(디폴트)에서 '**Additional Edge Radius**'와 '**View Edge Region**' 옵션이 활성화)

Additional Edge Radius : 'Roto Brush & Refine Edge' 이펙트의 '**Base Refine Edge Radius**' 항목 설정과 유사
→ 기준 프레임에 마치 **Refine Edge 툴** 로 매트 경계 위를 따라 그린 스트로크처럼 전체 보정 매트 경계에 일정 반경의 선 추가

View Edge Region : 'Roto Brush & Refine Edge' 이펙트의 '**View Search Region**' 항목 설정과 유사
→ 가장자리 영역을 노란색으로 렌더링하고, Foreground/Background를 그레이스케일로 나타낸다. (배경을 더 흐리게 표시)

5단계 **'Roto Brush & Refine Edge Span' 바**

매트 정보를 다른 프레임들에 전파할 방향과 선택 영역의 사용범위를 설정하여 매트 정보 계산

▶ CS6버전은 '**Roto Brush Span**'라는 명칭으로 사용

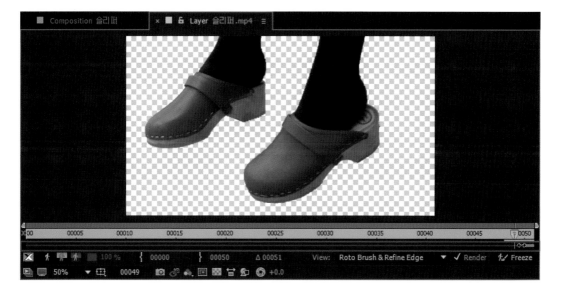

12 기준 프레임 지점에 생성된 노란색 막대에서 커서가 ↔ 모양으로 바뀌면 클릭 & 좌(우) 드래그하면 초록색 바가
진행되며 자동으로 설정한 선택 영역의 사용범위만큼 계산을 진행한다.

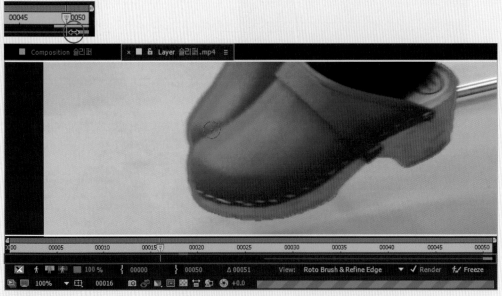

▶ 계산이 끝난 후 매트를 수정하면 다시 계산을 진행해야 한다. (초록색 바가 끊어진 부분은 계산되지 않은 부분)

6단계 선택 영역 고정 및 저장

프로젝트 파일에 매트를 보존하여 저장함으로써 프로젝트를 다시 오픈해도 자동 추적 정보를 재계산하는 것을 방지한다.

13 'Roto Brush & Refine Edge Span' 바의 지정으로 선택 영역을 사용할 범위에 대한 계산 과정이 끝나면 Layer
패널 우하단의 ⚡ Freeze 버튼을 클릭한다.

▶ 'View ▼'에서 "Roto Brush & Refine Edge"가 선택되면 자동으로 ⚡ Freeze 버튼 생성

진행 중 〈Roto Brush & Refine Edge〉 대화창에서 [Stop] 버튼 클릭하면 고정작업 중지

14 Freeze 과정이 모두 끝나면 **'Roto Brush & Refine Edge Span'**의 초록색 바가 파란색 바로 바뀌고, 브러시 커서는 ⊘로 바뀌면서 ![Freeze] 버튼 상태(잠금 상태)가 된다. (⊘ 커서 색상은 현재 사용 중인 로토 툴이 무엇이냐에 따라 다름)

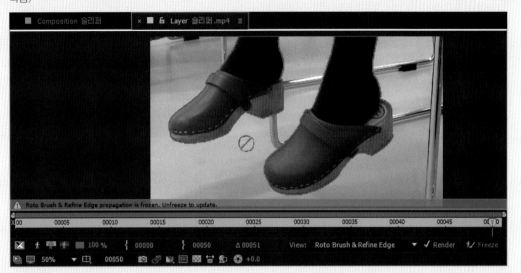

▶ 고정작업 도중에 [Stop] 버튼으로 중지해도 캐싱된 일부 프레임의 매트 정보를 가지고 잠금 상태가 된다.
(![Freeze] 버튼 위로 마우스를 가져가면 매트 정보가 저장된 날짜와 시간 표시)

▶ 잠금 상태에서 로토 툴로 스트로크를 추가로 생성할 수는 있으나, 잠긴 매트에는 영향을 주지 않는다.
(Timeline 패널에서 **'Roto Brush & Refine Edge'** 이펙트의 **'Strokes'** 항목에는 생성한 스트로크가 나타나나 뷰어 상에는 보이지 않음)

▶ 잠금 상태에서는 **'Roto Brush & Refine Edge'** 이펙트의 **'Roto Brush Propagation'** 항목의 속성값을 변화시켜도 잠긴 매트에는 영향을 주지 않는다. (**'Roto Brush Matte'**나 **'Refine Edge Matte'** 속성값은 잠기지 않음)

> T I P
>
> 선택 영역을 조정하려면 ![Freeze] 버튼을 다시 클릭하여 잠금 해제 후 수정 작업을 한다.

15 Comp 패널에서 확인하면 최종 매트를 통해 선택 영역만 나타나고 배경은 투명하게 빠지므로 다른 레이어와 합성하거나, 선택 영역에 다른 이펙트 등을 적용할 수 있다.

LECTURE

11

트래킹과
스타빌라이징

추적한 움직임을 따라 합성하기 : Tracking

동영상의 움직임 데이터를 추적하여 다른 레이어나 이펙트의 조절점(Effect Control Point)이 움직임을 그대로 쫓아가도록 합성하는 방법

■ AE에서 트래킹은 한 프레임의 지정된 이미지 데이터를 연속된 다음 프레임의 이미지 데이터와 비교하여 동작을 추적하는 방식이다.

■ 동일한 레이어에서 여러 개체를 추적할 수 있으며, 동일한 추적 데이터를 여러 레이어에 적용할 수 있다.

■ 트래킹을 위해 실사 촬영 시 주변과 명확히 구별될만한 추적 포인트가 없을 경우, 주변과 대비가 확실한 컬러의 마킹 포인트(현장에서는 색상 스티커나 녹색 테이프 주로 사용)를 추적할 요소나 배경에 부착(추적 요소가 움직이는 경우 추적 요소에 부착, 카메라만 움직이는 경우 배경에 부착)하여 촬영하며, 모션 트래킹 후 Clone Stamp 툴 ▣ 등을 사용하여 마킹 포인트를 지우는 작업을 수행한다.

그린 스크린에 배경 합성을 위한 마킹 포인트를 적용한 예

Study 1 ┃ 동작 추적(Track Motion)

동영상 레이어에서 움직이는 특정 요소를 추적한 데이터를 다른 레이어들이나 이펙트 조절점에 적용하여 동일한 움직임을 따르도록 설정

▶ 움직임이 포함된 Comp 레이어도 소스 레이어로 사용 가능

┃학습예제┃ **프로젝트 파일 : 버스.aep (소스 파일 : 버스.mp4)**

버스.mp4 (소스 레이어)   **텍스트 레이어 (타겟 레이어)**

파일 탐색기에서 "예제₩Lec11" 폴더의 "버스.aep"를 더블클릭하거나 **메뉴〉File〉Open Project** (= Ctrl + O)로 "버스.aep"
프로젝트를 불러들인다.

1단계　트랙 모션(Track Motion) 적용하기

■ 소스 레이어에서 트랙 모션 적용하기

　방법1　소스 레이어 선택 후 **마우스 오른쪽 버튼**(또는 **메뉴〉Animation**)**〉Track Motion**

　방법2　소스 레이어 선택 후 Tracker 패널에서 [**Track Motion**] 버튼 클릭

TIP _ Tracker 패널 열기

　방법1　**메뉴〉Window〉Tracker**

　방법2　인터페이스 상단의 워크스페이스 바의 'Overflow Menu ≫'에서 "Motion Tracking"
선택

　방법3　**메뉴〉Window〉Workspace〉Motion Tracking**

→ 적용한 소스 레이어는 Tracker 패널의 '**Motion Source ▼**'에 자동 선택된다.

디폴트로 '**Track Type ▼**'이 "**Transform**"으로 설정되어 '**Position**' 속성에만
체크되고, 트랙 포인트 하나(Tracker 1)가 기본적으로 생성된다.

소스 레이어를 제외하고 타겟으로 지정할 레이어가 동일 컴포지션
내에 하나뿐이라면 자동으로 설정된다.

■ 타겟 레이어에서 트랙 모션 적용하기

　방법　Timeline 패널의 타겟 레이어에서 움직임을 따라 변화를 줄 Transform 속성(Position/Scale/Rotation) 중에서 선택 후
메뉴〉Animation〉Track this Property ('Position' 속성을 선택하면 **메뉴〉Animation〉Track Position**으로 표기된다.)

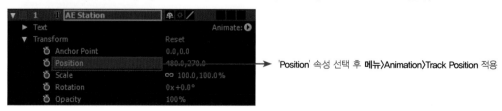

'Position' 속성 선택 후 **메뉴〉Animation〉Track Position** 적용

→ 〈Motion Source〉 대화창이 자동 오픈되면 트래킹 데이터를 추출할 소스 레이어 선택

→ Tracker 패널이 'Motion Source', 'Motion Target', 'Track Type' 등이 세팅된 상태로 오픈된다.

2단계 Layer 패널 오픈

트랙모션이 적용되면 자동으로 Layer 패널이 열리면서 뷰어 중앙에 'Track Point 1'이 표시된다.

▶ 레이어 패널 하단의 'View ▼'에 "Motion Tracker Points"가 자동으로 선택되어 화면에 트랙 포인트를 표시한다.
('Render'가 체크되어 있어야 함)

3단계 Track Type 설정

소스 레이어의 어떤 속성을 추적하여 타겟 레이어의 어떤 속성에 키프레임 데이터를 생성할지 선택

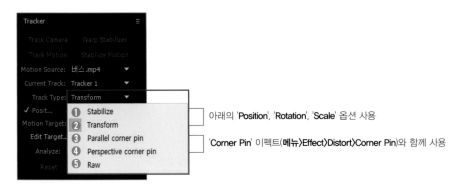

아래의 'Position', 'Rotation', 'Scale' 옵션 사용

'Corner Pin' 이펙트(**메뉴**)Effect〉Distort〉Corner Pin)와 함께 사용

▶ 위치만 추적할 때는 하나, 회전이나 크기변화를 추적할 때는 두 개, 'Corner pin'으로 사각형의 네 꼭지점을 추적할 때는 네 개의 트랙 포인트가 Layer 패널에 나타나며, 필요 시 트랙 포인트를 더 추가할 수 있다.

❶ Stabilize

소스 레이어에서 추적한 '**Position**', '**Rotation**', '**Scale**' 데이터를 다시 소스 레이어의 해당 Transform 속성에 반대로 적용하여 화면의 흔들림 보정 [자세한 Stabilizing에 대한 설명은 P348 참고]

❷ Transform

소스 레이어에서 추적한 '**Position**', '**Rotation**', '**Scale**' 데이터를 타겟 레이어의 해당 Transform 속성이나 이펙트의 조절점(Effect Control Point)에 적용

참고사항

'Rotation'이나 'Scale' 속성을 추적할 때 두 트랙 포인트의 Attach Point가 선으로 연결되고, 첫 번째 Attach Point(기준)에서 두 번째 Attach Point 방향으로 화살표가 표시된다.

→ 두 Feature Region을 동일 개체의 반대쪽에 각각 지정하거나, 카메라로부터 동일 거리에 있는 두 개체에 설정한다. (두 Feature Region 간의 거리가 멀수록 더 정확한 결과)

▶ 첫 프레임의 Attach Point 사이의 거리를 기준으로 각 프레임에서 Attach Point 사이의 거리를 비교하여 '**Scale**' 변화가 계산된다.
▶ 두 Attach Point 사이에 연결된 선의 각도 변화를 통해 '**Rotation**' 수치가 계산된다.

❸ Parallel corner pin

4개의 트랙 포인트를 통해 추적한 기울기(Skew), 회전(Rotation) 데이터를 타겟 레이어에 적용된 '**Corner Pin**' 이펙트의 **Effect Control Point** 에 적용

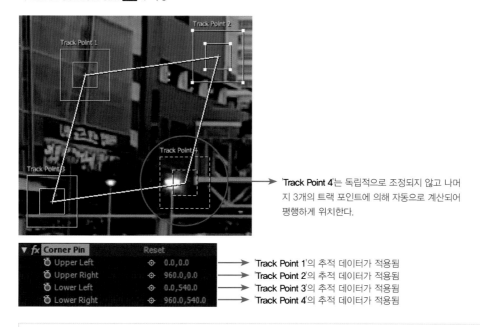

'Track Point 4'는 독립적으로 조정되지 않고 나머지 3개의 트랙 포인트에 의해 자동으로 계산되어 평행하게 위치한다.

▼ *fx* **Corner Pin** Reset
    ⓣ Upper Left   ⊕ 0.0,0.0 → 'Track Point 1'의 추적 데이터가 적용됨
    ⓣ Upper Right   ⊕ 960.0,0.0 → 'Track Point 2'의 추적 데이터가 적용됨
    ⓣ Lower Left   ⊕ 0.0,540.0 → 'Track Point 3'의 추적 데이터가 적용됨
    ⓣ Lower Right   ⊕ 960.0,540.0 → 'Track Point 4'의 추적 데이터가 적용됨

TIP

Alt 누르고 'Track Point 4'를 제외한 다른 트랙 포인트를 클릭하면 해당 트랙 포인트가 비활성 상태(Inactive Point)로 바뀌고 '**Track Point 4**'가 조정 가능 상태로 바뀐다. (반드시 하나의 트랙 포인트는 비활성 상태이어야만 트랙 포인트 간에 평행을 유지한다.)

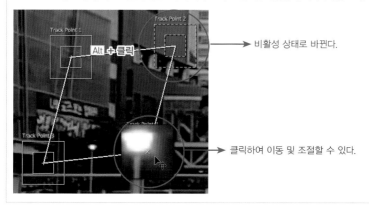

→ 비활성 상태로 바뀐다.

→ 클릭하여 이동 및 조절할 수 있다.

---

❹ Perspective corner pin

모두 조절 가능한 4개의 트랙 포인트를 이용하여 추적한 기울기(Skew), 회전(Rotation), 원근(Perspective) 데이터를 타겟 레이어에 적용된 '**Corner Pin**' 이펙트의 **Effect Control Point** 에 적용

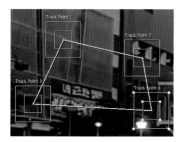

▶ 'Parallel/Perspective corner pin'의 네 트랙 포인트는 각 Feature Region이 단일면(Single plane)에 위치해야 한다. (Attach Point도 가급적 단일면 위에 있는 것이 좋다.)

❺ Raw

하나의 트랙 포인트로 '**Position**' 데이터만 추적하여 소스 레이어에 저장 (필요 시 트랙 포인트 추가 가능)

→ Attach Point의 위치 추적 키프레임들을 복사(= Ctrl + C)하여 다른 레이어나 효과의 속성에 붙여 넣거나(= Ctrl + V), 익스프레션으로 연동된 다른 속성에 적용하여 사용한다. (**[Edit Target]**, **[Apply]** 버튼 사용 불가)

4단계   트래커(Tracker) 설정

Layer 패널에서 트래커에 포함된 여러 트랙 포인트를 세팅하여 추적 영역을 지정한다.

■ 트랙 포인트(Track Point)

추적을 진행하고 추적 데이터를 저장하는 기능

Search Region : 추적 요소의 검색 범위 지정

Attach Point : 타겟 첨부 지점

Feature Region : 추적할 요소 지정

▪ **Feature Region**

- 색상/명암 차이가 분명하고 조명이나 카메라 위치가 변해도 식별 가능한 지점에 지정
- 가급적 동영상이 플레이 되면서 끝까지 화면에서 사라지지 않는 지점에 지정
- 가급적 하나의 요소(개체)를 둘러싸되 배경이 가능한 포함되지 않도록 지정

→ 미리 타겟 레이어의 최종 합성 레이아웃을 염두에 둔 상태에서 소스 레이어의 전체 Duration 중 적합한 한 프레임을 Layer 패널의 뷰어로 보면서 위치를 지정하도록 한다.

→ 처음엔 Attach Point가 Feature Region의 중심에 있으므로 + 위치를 추적 기준점으로 잡는다.

▶ Feature Region 설정 시 Layer 패널의 **Magnification Ratio** 100% ▼가 작으면 자동으로 Feature Region 박스 내부를 확대(400%)하여 보여주나, Magnification Ratio가 충분히 크면 확대하지 않는다.
(확대 On/Off 설정 = Tracker 패널의 **패널 메뉴 ☰▶Magnify Feature When Dragging**을 체크(디폴트)/체크 해제)

■ **Search Region**

Search Region은 Feature Region 박스가 움직이는 영역으로 Feature Region은 항상 Search Region 내부에만 존재한다.

• 작게 설정하는 것이 검색 시간을 줄이고 검색이 수월하나, 간혹 추적 요소를 검색 영역에서 찾지 못해 빠져버리는 경우가 발생한다.

• 추적 요소의 움직임이 빠를 경우 검색 영역이 커야 추적 위치 이탈을 방지한다.

• 트랙 포인트를 X축만으로 또는 Y축만으로 움직이도록 제한하려면 Search Region의 크기가 Feature Region 박스의 가로 또는 세로 크기와 일치하도록 조절한다.

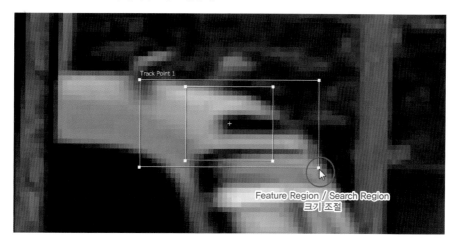

■ **Attach Point** : 추적 데이터에 동기화시킨 타겟(다른 레이어나 **Effect Control Point** ⊙)이 붙는 지점

→ 처음엔 Feature Region의 중심에 있으나 Feature Region이나 Search Region 밖으로 클릭 & 드래그하여 위치 이동 가능

■ **트랙 포인트 조절하기**

　■ **트랙 포인트 전체 위치 이동** : 커서가 ▸⊕일 때 박스의 내부를 클릭 & 드래그

　　→ 1 픽셀씩 상하좌우 이동 = ↑ ↓ ← →

　　　10 픽셀씩 상하좌우 이동 = Shift + ↑ ↓ ← →

　　　(Magnification Ratio가 200%인 경우엔 100%일 때의 1/2 만큼씩만 이동한다.)

　■ **Search Region의 위치 이동** : 커서가 ▸⊟일 때 Search Region의 가장자리(Edge)를 클릭 & 드래그

　■ **Attach Point의 위치 이동** : 커서가 ▸⊹일 때 트랙 포인트 중앙의 +를 클릭 & 드래그

　■ **Attach Point의 위치는 고정하고 Search Region과 Feature Region의 위치만 이동**

　　Feature Region의 가장자리에서 커서가 ▸⊕일 때 클릭 & 드래그하거나, 커서가 ▸⊕일 때 Alt를 눌러 커서가 ▸⊕로 바꿔면 박스의 내부를 클릭 & 드래그

　　→ 1 픽셀씩 상하좌우 이동 = Alt + ↑ ↓ ← →

　　　10 픽셀씩 상하좌우 이동 = Alt + Shift + ↑ ↓ ← →

　■ **Search Region/Feature Region의 박스크기 조절하기** : 박스의 각 꼭지점 핸들 위에서 커서가 ▹일 때 클릭 & 드래그

　　→ Ctrl + 클릭한 꼭지점 핸들만 드래그

　　→ Shift + 정사각형 모양을 유지하며 중심을 기준으로 박스 크기 조절

　　→ Ctrl + Shift + 정사각형 모양을 유지하며 클릭한 꼭지점 핸들만 드래그

　■ **트랙 포인트 추가** : Tracker 패널의 **패널 메뉴 ▤▶New Track Point**

　■ **트랙 포인트 삭제** : Layer/Timeline 패널에서 '**Track Point #**' 선택 후 Delete 키

■ Timeline 패널의 'Motion Trackers' 속성

　Timeline 패널에서 소스 레이어의 '**Motion Trackers**' 속성 아래 '**Tracker 1 ▶Track Point 1**'이 디폴트로 생성된다. (속성값 변경 및 키프레임 설정 가능)

　▶ '**Tracker #**'나 '**Track Point #**'를 선택 후 Enter 키를 눌러 이름 변경 가능

Feature Center : Feature Region의 중심 위치 (처음엔 Attach Point와 동일한 위치)

Feature Size : Feature Region의 박스 크기

Search Offset : '**Feature Center**'에 대한 Search Region 중심의 상대적 위치

Search Size : Search Region의 박스 크기

Confidence : 추적 작업의 신뢰도 (트래킹이 진행되면서 매 프레임마다 자동으로 변함 : 조절 불가)

Attach Point : Attach Point의 위치 좌표

Attach Point Offset : '**Feature Center**'에 대한 Attach Point의 상대적 위치

　▶ 여러 타겟에 동일한 추적 데이터를 적용한 후 위치만 다르게 설정 시 유용

■ 트래커(Tracker) 추가하기

　동일한 레이어에서 움직이는 여러 개체를 추적하고자 할 때 여러 개의 트래커 추가 가능

　방법1 동일 레이어 선택 후 Tracker 패널에서 **[Track Motion]** 버튼 다시 클릭

　방법2 동일 레이어 선택 후 **마우스 오른쪽 버튼**(또는 **메뉴**〉Animation)〉**Track Motion** 다시 적용

→ 'Current Track ▼'에 방금 추가한 "**Tracker #**"가 자동 선택된다.

(조정할 "**Tracker #**" 선택하고 각각의 트래커에 대해 Tracker 패널에서 개별 세팅 가능)

TIP _ 트래커 및 트랙 포인트 속성 보기

• 'Current Track ▼'에서 조정할 트래커(Tracker #) 선택 후 S S 클릭하면 Timeline 패널에 해당 트래커(Tracker #) 속성만 표시

• 'Current Track ▼'에서 'Tracker 2' 선택하고 Layer 패널에서 '**Track Point 1**' 클릭한 다음 S S 클릭하면 Timeline 패널에 'Tracker 2 ▶Track Point 1'의 속성만 표시

(5단계) **모션 트래커 옵션 설정**

[방법] Tracker 패널에서 [**Options**] 버튼 클릭

→ 'Current Track ▼'에서 어떤 트래커를 세팅 중인지 먼저 확인한다.

→ 〈**Motion Tracker Options**〉 대화창 자동 오픈

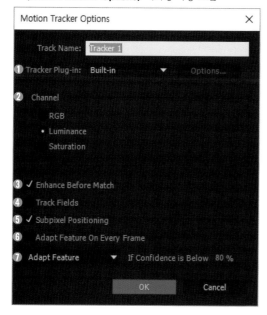

❶ Tracker Plug-in ▼

– **Built-in**: 트래킹 작업 시 AE에 기본 장착된 플러그인 사용

– [**Options**] : 예전의 AE에 장착된 플러그인을 사용하려고 선택한 경우에만 활성화

❷ Channel

Feature Region에서 이전 프레임과 일치하는 부분을 검색할 때 어떤 요소를 비교할지 선택

RGB : 추적요소의 색상이 주변과 뚜렷하게 구별될 때 선택

Luminance : 추적요소의 명암이 주변과 뚜렷하게 구별될 때 선택

Saturation : 추적요소의 색상밀도가 주변과 뚜렷하게 구별될 때 선택

❸ Enhance Before Match

소스 레이어가 선명하지 않을 때 '**Sharpen**' 이펙트를 적용한 듯 일시적으로 이미지의 가장자리를 다듬어 추적하기 쉽도록 한다. (원본 소스 레이어에는 영향 없음) ▶ **After CC 2015**

▶ 이전 버전까지는 '**Process Before Match**'라는 항목에서 '**Blur**(소스 레이어에 노이즈가 많을 때 블러 적용 후 추적)'와 '**Enhance**' 중 선택

❹ Track Fields

비월주사 방식(Interlaced)의 영상에서 컴포지션의 재생속도(Frame Rate)를 일시적으로 두 배로 만들어 각각의 필드(Field)를 온전한 하나의 프레임으로 보간한 다음 양쪽 필드에서 모두 추적 데이터를 추출하고자 할 때 체크
(기존의 한 프레임에서 두 개의 추적 데이터가 추출된다.)

❺ Subpixel Positioning

체크(디폴트)하면 픽셀의 1/n 정밀도로 키프레임 생성
(체크 해제하면 소수점 자리를 반올림한 픽셀값으로 키프레임 생성)

❻ Adapt Feature On Every Frame

Feature Region 안의 추적 요소를 매 프레임마다 다시 추적

▶ 원래 AE의 추적방식은 이전 프레임의 Feature Region 안의 추적 요소를 연속된 다음 프레임의 Search Region 안에서 찾는다.

❼ If Confidence is Below ▼

신뢰도가 오른쪽에 지정한 % 이하로 떨어질 때 어떻게 할지 지정

- **Continue Tracking** : 지정한 신뢰도 %를 무시하고 계속 추적 진행

- **Stop Tracking** : 추적을 멈춘다.

- **Extrapolate Motio**n : Feature Region의 위치를 대략 예측하여 진행
  → 지정한 신뢰도보다 낮은 프레임에서는 Attach Point의 키프레임이 생성되지 않는다.
  → 이전 프레임에서 낮은 신뢰도로 생성된 Attach Point의 키프레임도 삭제

- **Adapt Feature** : 신뢰도가 특정 임계치 아래로 떨어지기 직전까지는 원래의 추적 요소를 따라 트래킹하고, 해당 시점에 왔을 때 낮은 신뢰도를 가진 프레임의 직전 프레임에서 Feature Region으로 추적된 요소를 가지고 나머지 추적을 계속 진행한다. ('**Adapt Feature On Every Frame**' 옵션이 체크된 경우에는 Feature Region이 매 프레임마다 신뢰도와 상관없이 추적되므로 사용 불가)

TIP _ 신뢰도 % 지정하기

Tracker 패널의 '**Analyze**'로 추적 데이터 분석이 끝난 후 Timeline 패널에서 소스 레이어의 '**Motion Trackers ▶Tracker # ▶Track Point ▶Confidence**'를 확인하여 추적 오류가 큰 프레임의 '**Confidence**' 값보다 약간 크게 지정한다.

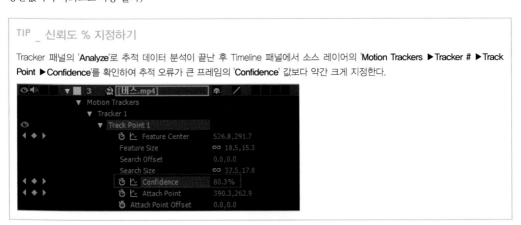

6단계 **분석하기(Analyze)**

'**Current Track ▼**'에서 트래커(Tracker #) 선택 후 트래커마다 분석 버튼 적용

방법 Tracker 패널의 '**Analyze**'에서 Forward ▶ 버튼 또는 Backward ◀ 버튼 클릭

→ CTI(Current Time Indicator)의 위치에서부터 한 프레임씩 데이터 분석을 시작한다.

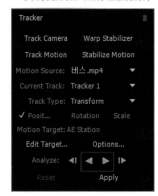

TIP 1

소스 레이어의 마지막 프레임에서 트래커 설정을 한 경우에는, CTI를 마지막 프레임에 놓은 후 시간을 거슬러 올라가며 분석하기 위해 Backward ◀ 버튼을 클릭한다.

TIP 2

복잡한 움직임을 추적할 때는 1 Frame Forward ◀▌ 버튼이나 1 Frame Backward ▌▶ 버튼을 이용하여 한 번에 한 프레임씩 분석하는 것이 좋다.

(7단계) 분석 도중 추적 오류 수정하기

■ 트랙 포인트가 처음부터 추적 요소를 제대로 따라가지 못할 때

1 – 색상/명도/채도가 좀 더 확실한 추적 요소를 Feature Region으로 지정한다.
 – Feature Region/Search Region의 크기가 너무 작아서 추적 요소를 놓칠 수 있으므로 크기를 조절한다.
 – Tracker 패널의 [Options] 버튼을 눌러 'Tracker #'에 설정된 세팅을 변경한다.
2 기준 프레임으로 돌아가서 다시 'Analyze'에서 Forward ▶ 버튼(또는 Backward ◀ 버튼) 클릭

 ▶ 새로운 분석이 기존 분석 데이터를 덮어 씌우므로 굳이 기존에 생성된 키프레임을 지울 필요는 없다.

■ 트랙 포인트가 분석 도중에 추적 요소를 놓치는 경우

1 도중에 Stop ■ 버튼 (또는 Esc 키, 또는 인터페이스의 아무 곳이나 클릭)을 눌러 정지 (분석이 끝난 후라도 상관 없음)
2 CTI를 어긋나기 시작한 시간대로 이동시킨다.
3 Attach Point를 제외하고 어긋난 Feature Region/Search Region만 Alt + 클릭하여 추적 요소가 있는 정상위치로 옮긴다. (필요한 경우 Feature Region/Search Region의 박스 크기를 좀 더 크게 조절)
4 어긋난 시간대부터 'Analyze'에서 Forward ▶ 버튼(또는 Backward ◀ 버튼) 클릭

■ 도중에 추적 요소를 가로막는 물체로 인해 추적 요소를 놓치는 경우

1 추적 요소를 가리는 물체로부터 벗어나는 시간대로 CTI를 이동시킨다.
2 Feature Region/Search Region을 추적 요소의 제 위치로 옮긴다.
3 해당 시간대부터 'Analyze'에서 Forward ▶ 버튼(또는 Backward ◀ 버튼) 클릭
4 물체로 가려진 부분에서 어긋난 키프레임들은 Timeline 패널에서 선택하여 Delete 키로 삭제

■ 추적 요소가 화면 밖으로 사라져 추적 요소를 놓치는 경우

→ 추적 요소가 화면 밖에서 위치할 만 한 곳을 대략 짐작하여 Layer 패널에서 마우스로 해당 시간대의 포인트를 직접 클릭하여 이동시킨다. (경우에 따라 주요 포인트 몇 개만 남기고 중간의 오류 키프레임들은 삭제해도 무방하다.)

■ 그 외의 모든 애매한 경우에 Layer 패널의 추적 데이터 모션 패스 위에서 마우스로 오류가 있는 시간대의 포인트를 직접 클릭하여 위치를 변경한다.

 ▶ 소스의 촬영 퀄리티 문제로 인해 실제로 수동으로 일일이 수정 작업을 하는 경우가 꽤 많다.

TIP _ 트래킹 작업을 초기화하기

추적 데이터를 모두 삭제하고 트랙 포인트도 디폴트 상태로 돌리려면 Tracker 패널의 [Reset] 버튼 클릭
(Tracker 패널에 설정한 세팅과 타겟에 이미 적용한 키프레임은 삭제되지 않음)

(8단계) **추적 데이터의 모션패스**

분석이 끝나면 Layer 패널에 추적 데이터의 모션패스가 표시된다.

▶ 각 프레임마다 나타나는 포인트는 Feature Region의 중심위치를 나타낸다.

▶ Tracker 패널의 **패널 메뉴 目**〉Display Motion Path가 체크되어 있지 않으면 Layer 패널에 분석된 추적 데이터의 모션 패스가 나타나지 않는다.

→ Timeline 패널에서 소스 레이어의 '**Tracker # ▶Track Point #**' 하위 속성들에 키프레임이 생성된다.

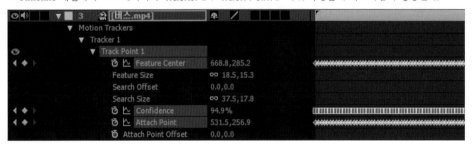

(9단계) **타겟(Target) 설정하기**

소스 레이어의 추적 요소를 따라 움직일(추적 데이터가 적용될) 레이어나 이펙트의 조절점 설정

방법 Tracker 패널의 '**Current Track ▼**'에서 트래커(Tracker #) 선택 후 '**Motion Target**'의 [Edit Target] 버튼 클릭

→ **〈Motion Target〉** 대화창이 자동 오픈되면 '**Layer**' 항목에서 타겟 레이어 선택

▶ 이펙트에 추적 데이터를 적용하려면 '**Effect point control**' 체크

TIP 1

소스 레이어에 'Lens Flare'등의 이펙트를 적용하고 Tracker 패널에서 [Edit Target] 버튼을 클릭하면 〈Motion Target〉 대화창에 자동으로 'Effect point control'이 체크된다.

TIP 2

Null 오브젝트에 추적 데이터를 적용한 후 특정 레이어에 Null 오브젝트를 Parent로 연결하여 애니메이션을 수행할 수 있다.

TIP 3

타겟 레이어에 AE에서 모션 블러를 적용한 경우 'Shutter Phase' 값을 'Shutter Angle' 값의 −1/2로 설정해야 모션 블러 효과가 Attach Point의 중앙에 배치되어 타겟 레이어가 Attach Point 지점에서 앞뒤로 밀리지 않는다.

10단계) 타겟에 추적 데이터 적용하기

방법 기준 프레임으로 CTI를 이동한 후 Tracker 패널에서 [Apply] 버튼 클릭

→ 〈Motion Tracker Apply Options〉 대화창이 자동 오픈되면 위치 추적 데이터를 적용할 X/Y축 선택

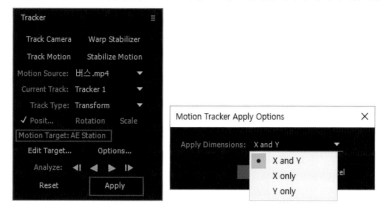

→ 〈Motion Tracker Apply Options〉 대화창에서 "X and Y"를 선택하면 타겟 레이어의 Transform 속성 중 'Position' 속성의 XY 좌표값에 키프레임이 적용된다.

▶ "X only"를 선택하면 타겟 레이어의 'Position' 속성 중 X 좌표값에만 추적 데이터가 적용되어 타겟 레이어가 가로축으로만 움직인다.

TIP _ 하나의 트래커에서 분석한 추적 데이터를 여러 타겟에 적용하기

방법1 Timeline 패널에서 해당 트래커의 'Attach Point' 속성에 생성된 키프레임을 복사(= Ctrl + C)한 다음. Timeline 패널에서 여러 레이어의 속성이나 이펙트의 조절점을 다중 선택하여 붙여넣기(= Ctrl + V)
→ CTI가 있는 시간대부터 키프레임이 붙여넣기 된다.

방법2 Tracker 패널에서 [Edit Target] 버튼을 클릭하여 다른 타겟 선택 후 [Apply] 버튼을 클릭하는 단계를 반복한다.

11단계 추적 데이터 적용 결과를 프리뷰

타겟에 추적 데이터를 적용하면 자동으로 Comp 패널이 활성화된다.

→ 추적결과가 마음에 들지 않으면 [7단계]를 참고하여 처음부터, 또는 중간부터 추적 오류를 수정한다.

버스의 움직임을 따라 지붕 위에서 함께 움직이는 텍스트 레이어 완성

12단계 트랙 마스크(Track Mask) 적용

마스크 포인트를 기반으로 마스크 영역 안의 개체를 추적하는 기능 ▶ After CC
(동영상 레이어 및 움직임이 포함된 Comp 레이어, Adjustment 레이어, 트랙매트 등도 추적 가능)

텍스트 레이어가 조형물 앞으로 지나가므로 조형물 뒤로 지나가도록 보정 필요

■ 마스크 생성하기

→ "버스.mp3" 푸티지를 제일 상위 레이어(1번 레이어)로 추가로 배치한 후 **Pen 툴** 을 이용하여 글씨가 지나가는 부분의 조형물 주위에 마스크를 생성한다.

■ 트랙 마스크(Track Mask) 적용하기

방법 1 Timeline 패널의 레이어에 적용된 '**Masks ▶Mask 1**' 속성 위에서 **마우스 오른쪽 버튼**〉Track Mask

방법 2 Comp/Layer/Timeline 패널에서 마스크(**Mask 1**) 선택 후 **메뉴**〉Animation〉Track Mask

■ Tracker 패널의 트랙 마스크 모드

트랙 마스크를 적용하면 자동으로 바뀐다.

→ '**Method ▼**'에서 무엇을 기반으로 추적할 것인지 선택

→ 위치 추적으로 충분할 경우 "**Position**" 선택

■ 트랙 마스크 분석

방법 Tracker 패널의 '**Analyze**'에서 **Forward** 버튼(또는 **Backward** 버튼) 클릭

▶ '**Analyze**'는 CTI 위치에서부터 분석을 시작하므로 분석 전 위치 확인

→ Timeline 패널에서 레이어의 '**Masks ▶Mask # ▶Mask Path**' 속성에 키프레임이 생성된다.
(여러 마스크를 선택하여 적용할 경우 각 마스크의 '**Mask Path**' 속성에 키프레임 생성)

▶ 합성이 동떨어져 보이는 것을 줄이기 위해 'Mask Feather(= F)', 'Mask Expansion' 등을 조절한다.

■ Comp 패널에서 최종 결과물 프리뷰

Study 2 | 카메라 추적(Track Camera, 3D Camera Tracker)

카메라 경로에서 3D 움직임 데이터를 자동 추적한 후 첨부한 3D 오브젝트가 카메라 움직임을 따라가도록 합성 ▶ **After CC**

▶ 레이어에 적용된 마스크나 다른 이펙트들은 분석하지 않는다.
→ 분석에 포함시키려면 Pre–compose하여 다시 Precomp 레이어로 배치한 후 '**3D Camera Tracker**' 적용

학습예제 소스 파일 : 정자.mp4

"예제₩Lec11₩sc" 폴더의 "정자.mp4"를 임포트(= Ctrl + I) 하여 새 컴포지션에 레이어로 배치한다.

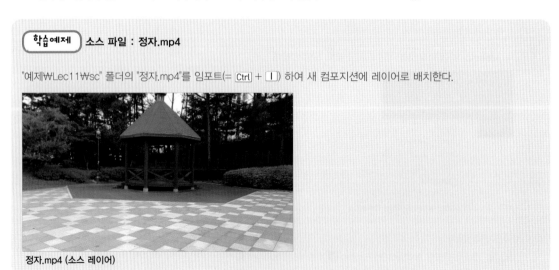

정자.mp4 (소스 레이어)

1단계 **트랙 카메라(Track Camera) 적용하기**

Comp/Timeline 패널에서 소스 레이어 선택 후 (레이어 다중 선택하여 동시 분석 가능)

방법 1 **마우스 오른쪽 버튼**(또는 **메뉴**)**Animation**〉**Track Camera**

방법 2 Tracker 패널에서 [**Track Camera**] 버튼 클릭

방법 3 **메뉴**〉**Effect**〉**Perspective**〉**3D Camera Tracker**

방법 4 **Effects & Presets** 패널에서 'Perspective ▶ 3D Camera Tracker'를 더블클릭하거나, 클릭 후 Comp/Timeline패널의 소스 레이어로 드래그 & 드롭

2단계 **Effect Controls/Timeline 패널에 '3D Camera Tracker' 이펙트가 생성되고, 자동으로 분석 시작**

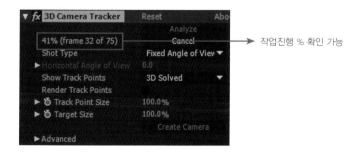

→ 작업진행 % 확인 가능

→ Comp 패널에서 1차로 데이터를 분석하고 2차로 카메라 해석 과정이 진행된다.

▶ 분석이 진행되는 동안 AE에서 이펙트 세부 속성 조절 등 다른 작업 가능

움직임 데이터 분석

카메라 해석

→ 장면분석 및 카메라해석이 끝나면 뷰어에 트랙 포인트들이 표시된다.

▶ 화면에 트랙 포인트들이 보이지 않는다면
Effect Controls/Timeline 패널에서 '**3D Camera
Tracker**' 이펙트 이름 클릭

3단계) 타겟(Target) 설정

3개 이상의 트랙 포인트를 선택하면 이들을 꼭지점으로 하는 반투명의 평면과 함께 빨간색 원형 타겟이 나타나 3D 오브젝트
가 첨부될 위치와 크기, 기울기 등을 가늠할 수 있다.

→ CTI를 드래그하여 재생시간(Duration)동안 유지되고 사라지는 트랙 포인트들을 참고한 뒤 합성할 3D 오브젝트의 레이아
웃을 염두에 두고 타겟을 설정하기 적절한 시간대로 CTI를 이동한다.
　　　▶ 주로 합성의 최종 레이아웃이 결정되는 마지막 프레임에서 타겟을 설정한다.

→ 합성할 3D 오브젝트의 위치나 기울기 등을 고려하여 트랙 포인트들을 선택한다.
　　　▶ 가급적 Duration 동안 꾸준히 유지되는 트랙 포인트들 중에서 선택한다.

방법 1 트랙 포인트들 위로 커서를 가져가면 자동으로 3D 공간 내의
인접한 3개의 트랙 포인트를 유추하여 3개의 꼭지점으로 이루어진 반
투명 평면과 함께 빨간색 원형 타겟이 나타나고, 이 중에서 원하는 위
치와 기울기의 원형 타겟을 선택하여 클릭
　　▶ 원형 타겟이 기울어지면 그 자리에 첨부되는 3D 오브젝트도
　　기울어지므로 이를 고려하여 선택한다.

방법 2 Ctrl 또는 Shift를 누르고 트랙 포인트를 하나씩 클릭하여 다
중 선택 (3개 이상 선택되면 자동으로 반투명 평면과 함께 원형 타겟
이 표시된다.)

방법 3 Selection 툴 로 트랙 포인트 주변을 클릭하면 커서가 로
바뀌고 트랙 포인트들을 둘러싸듯 드래그하여 동시에 선택

■ 이미 선택된 타겟 영역에 트랙 포인트 추가

> **방법 1** Ctrl 또는 Shift 를 누르고 추가할 트랙 포인트 클릭
> **방법 2** Shift 를 누르고 커서가 ▸⚬ 로 바뀌면 추가할 트랙 포인트 영역을 드래그

■ 트랙 포인트 선택 해제

- Ctrl 또는 Shift 를 누르고 선택된 트랙 포인트 클릭
- Comp 패널에서 선택 영역이 아닌 빈 곳 클릭하면 전체 선택 해제

■ 트랙 포인트 삭제

트랙 포인트가 너무 많아 선택이 어렵거나, 화면 속에서 움직이는 개체가 추적 데이터를 산출하는데 방해가 될 경우 이 움직이는 개체에 대한 트랙 포인트들은 삭제한다.

> **방법 1** 트랙 포인트들을 선택한 후 Delete 키
> **방법 2** 선택된 트랙 포인트들 위에서 **마우스 오른쪽 버튼〉Delete Selected Point**

■ 원형 타겟의 이동

타겟의 중심에서 커서가 ▸⊹ 로 바뀌었을 때 클릭 & 드래그하면, 타겟의 기울기를 유지한 채로 원형 타겟을 다른 위치로 이동시킬 수 있다.

→ 타겟 위치를 바꾼 후 **마우스 오른쪽 버튼〉Set Ground Plane and Origin**

: 3D 오브젝트가 첨부되는 기준인 '**3D Camera Tracker**' 이펙트의 기준평면과 원점(0, 0, 0) 좌표 위치(= 타겟의 정중앙 좌표)가 바뀐다. (새로 설정할 경우 다른 기준평면과 원점에 첨부된 3D 오브젝트는 업데이트 되지 않음)

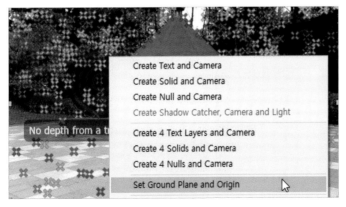

4단계 합성할 3D 오브젝트와 카메라 지정

→ 타겟 위에서 **마우스 오른쪽 버튼** 클릭 (동일한 타겟에 여러 타입의 오브젝트를 중복 생성 가능)

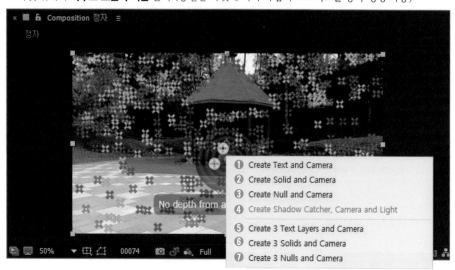

❶ Create Text and Camera

"Text"라는 텍스트 레이어와 3D Tracker Camera 레이어 생성 (텍스트의 색상, 크기 등은 Character 패널에서 조절 가능)

▶ 추가되는 3D 레이어에는 Switches 컬럼에서 **'3D Layer** 🗇' 아이콘이 자동 설정된다.

❷ Create Solid and Camera

타겟의 크기와 동일한 솔리드 레이어와 3D Tracker Camera 레이어 생성 (솔리드 레이어의 색상은 처음 선택한 트랙 포인트의 색상과 동일)

❸ Create Null and Camera

Null 레이어와 3D Tracker Camera 레이어 생성 (Null 레이어의 앵커포인트가 원형 타겟의 중앙에 생성됨)

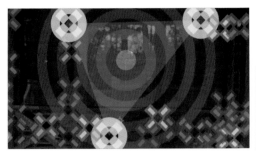 

❹ Create Shadow Catcher, Camera and Light

그림자 생성용 솔리드 레이어인 Shadow Catcher 레이어와 3D Tracker Camera 레이어, Light 레이어를 생성

▶ **Shadow Catcher 레이어** : 소스 레이어와 동일 크기의 흰색 솔리드 레이어로 그림자만 생성된다. (Light 레이어가 On인 상태에서 그림자 표시)

❺ Create Multiple Text Layers and Camera

선택한 각 트랙 포인트 위치에 타겟 포인트 개수만큼 1부터 시작하는 숫자 텍스트 레이어가 생성되고, 3D Tracker Camera 레이어 생성 (트랙 포인트 클릭 순서대로 넘버링된다.)

▶ 'Create 4 Text Layers and Camera'는 선택된 4개의 트랙 포인트에 각각 텍스트를 첨부한다.

❻ Create Multiple Solids and Camera

선택한 트랙 포인트 위치에 각각 솔리드 레이어가 생성되고, 3D Tracker Camera 레이어 생성 (솔리드 레이어의 색상은 각 트랙 포인트의 색상과 동일)

❼ Create Multiple Nulls and Camera

선택한 각 트랙 포인트 위치에 Null 레이어가 생성되고, 3D Tracker Camera 레이어 생성 (Null 레이어의 앵커포인트가 각 트랙 포인트의 중앙에 생성)

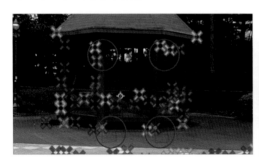 

〔5단계〕 '3D Camera Tracker' 이펙트의 세부 속성 조절

추적결과가 만족스럽지 않을 경우 Effect Controls/Timeline 패널에서 세부항목을 설정하여 오류를 조정

❶ [Analyze] : 이펙트를 적용하면 바로 분석이 실행되기 때문에 처음엔 **[Analyze]** 버튼이 비활성화되어 있으나, 옵션 변경 후 다시 분석이 필요할 때 재활성화된다.

[Cancel] : 분석을 도중에 멈추려면 클릭

▶ 도중에 분석을 멈추거나 이펙트를 제거하려면 Effect Controls/Timeline 패널에서 '**3D Camera Tracker**' 이펙트 이름 클릭 후 Delete 키

❷ Shot Type ▼ : 화면 캡처 타입 선택

- **Fixed Angle of View** : 고정된 시야각에서 캡처 (디폴트)
- **Variable Zoom** : 시야각을 줌인/줌아웃으로 변경해가며 캡처
- **Specify Angle of View** : 특정 시야각에서 캡처

Horizontal Angle of View : 수평각 설정

('**Shot Type ▼−Specific Angle of View**' 선택 시 활성화)

❸ Show Track Points ▼ : 2D/3D로 캡처된 트랙 포인트를 표시

- **2D Source** : 개체 추적으로 캡처
- **3D Solved** : 해석에 원근을 포함하여 개체를 캡처 (디폴트)

Render Track Points : 체크하면 트랙 포인트도 이미지와 함께 프리뷰/렌더링

Track Point Size : 트랙 포인트의 크기 조절

Target Size : 원형 타겟의 크기 조절 (타겟의 크기가 크면 생성한 3D 오브젝트의 크기도 커짐)

→ 타겟의 중앙에서 커서가 ↔로 바뀌었을 때 클릭 & 드래그

❹ Create Camera : 자동 생성되는 '**3D Tracker Camera**' 이외에 카메라를 추가로 생성

❺ Advanced : 추가 옵션 설정

Solve Method ▼ : 화면에서 주요한 카메라 움직임이 어떤지 사용자가 선택하여 해석에 도움을 준다.
- **Auto Detect** : 자동으로 카메라 움직임을 감지 (디폴트)
- **Typical** : 카메라가 거의 회전 없이 평면적으로 움직일 때
- **Mostly Flat Scene** : 카메라가 거의 평면적으로만 움직일 때
- **Tripod Pan** : 카메라가 회전하여 움직일 때

Method Used : 최종적으로 어떤 방식('**Solve Method**')으로 카메라를 해석했는지 표시

Average Error : 2D인 소스 레이어의 원래 점들과, 해석된 3D 트랙 포인트들간의 평균 거리
→ 0일 때 완벽하게 추적 및 해석된 것이므로, 에러를 낮추기 위해 불필요한 트랙 포인트들을 삭제하거나, '**Solved Method**'를 변경하는 등의 옵션을 조절한다.

Detailed Analysis : 체크하면 더욱 정밀한 추적 분석을 추가하여 프로젝트에 저장되는 데이터가 더 커지고 처리 속도도 느려진다. (추적 및 해석 결과가 좋지 않을 때 체크)

Auto–delete Points Across Time : Comp 패널에서 개체에 설정된 트랙 포인트를 삭제하면 모든 시간대에서 동일 개체에 설정된 해당 트랙 포인트가 삭제된다. (디폴트 체크)
→ '**2D Source/3D Solved**'에 상관없이 모든 트랙 포인트에 해당

Hide Warning Banner : 체크하면 재분석에 대한 경고배너가 표시되지 않는다.

(6단계) **첨부한 3D 오브젝트를 변형하기**

중앙쪽에 위치한 원형 타겟 선택 후 마우스 오른쪽 버튼)Create Text and Camera 적용

→ 텍스트 레이어를 선택하여 글씨 내용을 바꾸고, Character 패널에서 색상, 크기 등 속성 조절 후 Timeline 패널에서 Transform 속성으로 텍스트의 위치나 기울기 등을 변경한다.

TIP

Comp 패널의 '3D View ▼−3D Tracker Camera'로 설정하면 원형 타겟의 각도가 카메라와 수평뷰로 유지된다.

→ CTI를 드래그하여 3D 오프젝트가 카메라를 잘 따라오는지 확인한다.

참고사항 1 _ 카메라를 따라가는 3D 입체

'Renderer'를 "Ray-traced 3D"로 바꾸고 텍스트 레이어에 두께(Extrude, Bevel) 속성을 주어 카메라를 따라가는 3D 입체로 만들 수 있다.

[3D 입체에 대한 자세한 설명은 P 405참고]

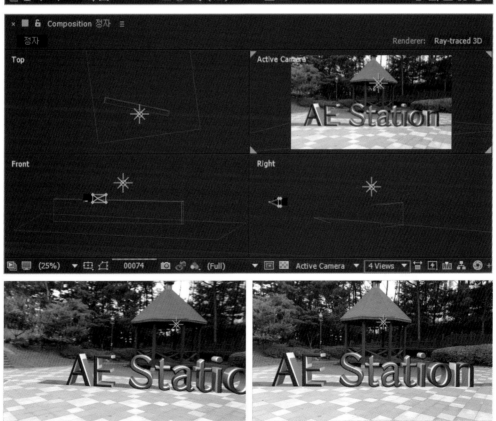

참고사항 2 _ '3D Camera Tracker'로 추적한 데이터를 CINEMA 4D로 내보내기

메뉴〉File〉Export〉MAXON CINEMA 4D Exporter로 파일이름 지정 후 저장

→ **CINEMA 4D** 소프트웨어를 실행시켜 파일 오픈

Lesson 2 흔들리는 영상 안정화하기 : Stabilizing

화면이 과도하게 흔들려 촬영된 영상이나 흔들리는 오브젝트의 움직임을 추적하여 안정화

학습예제 소스 파일 : British.mp4

"예제\Lec11\sc" 폴더의 "British.mp4"를 임포트(= Ctrl + I)하여 새 컴포지션에 레이어로 배치한다.

British.mp4 (소스 레이어)

Study 1 | 동작 안정화(Stabilize Motion)

프로세스는 모션 트래킹과 다르지 않으나, 소스 레이어에서 추적한 Position, Rotation, Scale 데이터를 다시 소스 레이어의 해당 Transform 속성에 역으로 적용하여 화면의 흔들림을 보정한다. (타겟 레이어는 소스 레이어 자신만 선택 가능)

1단계 스타빌라이즈 모션(Stabilize Motion) 적용하기

> **방법 1** 소스 레이어 선택 후 마우스 오른쪽 버튼(또는 메뉴)Animation))Track Motion을 적용하고 Tracker 패널에서 'Track Type ▼'을 "Stabilize"로 선택한다.

> **방법 2** 소스 레이어 선택 후 Tracker 패널에서 [Stabilize Motion] 버튼을 클릭하면 'Track Type ▼'이 "Stabilize"로 자동 선택된다.

→ Tracker 패널에서 'Position/Rotation/Scale' 중 원하는 속성만 선택하여 안정화시킬 수 있다.

(디폴트로는 'Position' 속성에만 체크되어 있으며 트랙포인트 하나만 생성)

위치와 회전에 대해 추적하기 위해 해당 속성 체크

타겟 레이어로 소스 레이어와 동일한 레이어가 자동 선택

2단계) 트랙 포인트의 위치 설정

스타빌라이즈 모션이 적용되면 소스 레이어의 Layer 패널이 자동 오픈되고, 위치와 회전 속성을 추적하기 위해 두 개의 트랙
포인트가 뷰어에 표시된다.

→ 트랙 포인트를 클릭 & 드래그하여 명도와 대비가 확실한 위치를 각각 선정한다.
▶ 수평. 수직 등 평형을 유지해야 하는 위치의 각 반대편에 하나씩 선정하는 것이 좋다.

3단계) 분석하기

방법 Tracker 패널의 'Analyze'에서 Forward ▶ 버튼(또는 Backward ◀ 버튼) 클릭
▶ 'Analyze'는 CTI의 위치에서부터 분석을 시작하므로 분석 전 위치 확인

→ 분석이 끝나면 Layer 패널에 추적 데이터의 모션 패스가 나타나고, Timeline 패널에는 소스 레이어의 '**Tracker # ▶Track
Point #**' 하위 속성들에 키프레임이 생성된다.

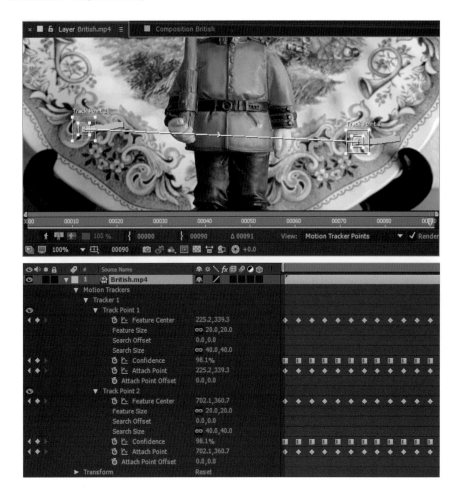

4단계 소스 레이어에 추적 데이터 적용하기

방법 기준 프레임으로 CTI를 이동한 후 Tracker 패널에서 [Apply] 버튼 클릭

→ 〈Motion Tracker Apply Options〉 대화창이 자동 오픈되면 추적 데이터를 적용할 X/Y 축 선택

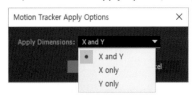

→ "X and Y"를 선택하면 타겟 레이어의 Transform 속성 중 'Position'과 'Rotation' 속성의 XY 좌표값에 키프레임이 적용된다.

5단계 **스타빌라이징 적용 결과를 프리뷰**

Comp 패널이 자동으로 활성화되면 스타빌라이징 적용 결과를 프리뷰 한다.

→ 결과가 마음에 들지 않으면 기준 프레임에서 Feature Region/Search Region을 재설정하고 다시 분석한다.

6단계 **Pre-compose**

카메라 흔들림이 안정화되면서 테두리에 컴포지션의 배경(투명/블랙)이 보이므로 "British.mp4" 레이어를 Pre-compose(= Ctrl + Shift + C)하고 새로운 컴포지션에 Precomp 레이어로 배치한다.

7단계 **투명(블랙) 배경 제거하기**

컴포지션의 전체 Duration에서 투명(블랙) 배경이 나타나지 않도록 Precomp 레이어의 크기 및 위치를 조절한다.

▶ 흔들림이 큰 영상일수록 안정화 후 나타나는 배경(투명/블랙)을 제거하기 위해 영상의 크기를 많이 키워야 하기 때문에 원본 화면이 많이 잘려나가고 화질도 저하된다.

▶ Precomp 레이어에 'Collapse Transformations/Continuously Rasterize ☀' 스위치를 설정하면 퀄리티를 좀 더 보존할 수 있다.

8단계 Comp 패널에서 최종 결과물 프리뷰

▶ 'Warp Stabilizer VFX' 이펙트를 사용하면 좀 더 쉽게 화면 안정화가 가능하고 화면 잘림이 덜하여 최근에는 'Stabilize Motion'보다 많이 사용된다. 하지만 소스에 따라 수동으로 작업해야 할 경우도 발생하므로 작업 프로세스를 알아두는 것이 좋다.

Study 2 ‖ Warp Stabilizer VFX 이펙트

주로 핸드헬드 기법(카메라를 고정시키지 않고 들고 찍는 기법)으로 촬영된 영상의 과도한 흔들림을 보정하기 위해 사용되는 효과로 영상 안에서 안정화할 개체 선택이 가능하다. ▶ CS6에서는 'Warp Stabilizer'라는 명칭을 사용

▶ 레이어에 적용된 마스크나 다른 이펙트들은 분석하지 않는다.
→ 분석에 포함시키려면 Pre-compose하여 다시 Precomp 레이어로 배치한 후 'Warp Stabilizer VFX' 적용

1단계 'Warp Stabilizer VFX' 적용하기

Comp/Timeline 패널에서 소스 레이어 선택 후

방법1 마우스 오른쪽 버튼(또는 메뉴〉Animation)〉Warp Stabilizer VFX

방법2 Tracker 패널에서 [Warp Stabilizer] 버튼 클릭

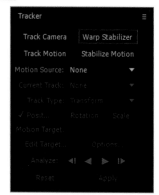

방법3 메뉴〉Effect〉Distort〉Warp Stabilizer VFX

방법4 Effects & Presets 패널에서 'Distort ▶Warp Stabilizer VFX'를 더블클릭하거나, 클릭 후 Comp/Timeline패널의 소스 레이어로 드래그 & 드롭

(2단계) 자동 분석 및 안정화

Effect Controls/Timeline 패널에 '**Warp Stabilizer VFX**' 이펙트가 생성되고, 자동으로 분석 및 안정화가 진행된다.

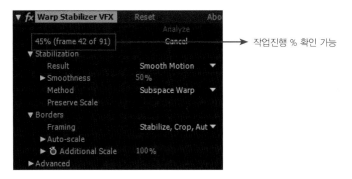

→ 작업진행 % 확인 가능

→ Comp 패널에서 1차로 데이터를 분석하고 2차로 영상의 흔들림을 안정화시킨다.

▶ 분석이 진행되는 동안 AE에서 이펙트 세부 속성 조절 등 다른 작업 가능

흔들림 데이터 분석　　　　　　　　　안정화

(3단계) 'Warp Stabilizer VFX' 이펙트의 세부 속성 조절

자동으로 진행된 안정화 결과가 만족스럽지 않을 경우 Effect Controls/Timeline 패널에서 세부항목을 설정하여 오류를 조정한다.

▶ After CC

❶ [Analyze] : 이펙트를 적용하면 바로 분석이 실행되기 때문에 처음엔 **[Analyze]** 버튼이 비활성화되어 있으나, 옵션 변경 후 다시 분석이 필요할 때 재활성화된다.

[Cancel] : 분석을 도중에 멈추려면 클릭

▶ 도중에 분석을 멈추거나 이펙트를 제거하려면 Effect Controls/Timeline 패널에서 '**Warp Stabilizer VFX**' 이펙트 이름 클릭 후 [Delete] 키

❷ Stabilization

안정화 과정 제어

Result ▼ : 카메라 안정화를 어떻게 할 것인지 선택

- **Smooth Motion** : 과도한 흔들림만 제거하고 카메라 움직임을 부드럽게 만든다. (디폴트)

  (선택 시 '**Smoothness**' 속성 활성화)

- **No Motion** : 카메라의 모든 움직임을 제거하여 정지된 카메라로 찍은 듯 고정

  (선택 시 '**Advanced ▶**' 항목의 '**Crop Less ⟨—⟩ Smooth More**' 옵션 사용 불가)

Smoothness : 카메라의 움직임을 얼마나 부드럽게 만들지 제어

→ %가 낮을수록 원본 카메라의 움직임에 가깝고, 높으면 움직임이 더 부드러워지나 대신 소스 레이어가 많이 잘려 나간다.

Method ▼ : 소스 레이어의 어떤 속성에 대한 데이터 분석을 기반으로 안정화할지 선택

→ 추적 작업이 진행되면서 추적 영역이 충분치 않거나 하는 등의 상황이 생기면 특정 프레임에서 안정화 방법이 보다 간단한 방식으로 자동 변경된다. (목록 순으로 아래쪽 방식을 적용하기에 문제가 있으면 바로 위의 방식을 적용)

- **Position** : 위치 데이터를 기반으로 안정화

- **Position, Scale, Rotation** : 위치, 크기, 회전 데이터를 기반으로 안정화

- **Perspective** : 원근을 기반으로 전체 화면을 효율적으로 모서리에 고정시킨다.

  ▶ 카메라가 피사체를 정면으로 찍지 않았을 경우 화면 왜곡(Keystoning) 현상이 발생할 수 있으므로 이 경우 보다 간단한 방식으로 바꾸어 진행하도록 한다.

- **Subspace Warp** : 화면의 다양한 부분을 서로 다른 방식으로 비틀어 전체 화면을 안정화 (디폴트)

  ▶ 과도하게 화면이 비틀어지는 현상이 발생하기도 하므로 이 경우 보다 간단한 방식('**Position, Scale, Rotation**' 방식)으로 바꾸어 진행하도록 한다.

Preserve Scale : 체크하면 카메라가 앞뒤로 움직여 피사체의 크기 변화가 있을 때 이를 맞추려고 조정하지 않는다.

(디폴트 체크 Off) ▶ After CC

❸ Borders

안정화 작업을 하고 나면 화면의 움직임이 줄어드는 대신 화면의 테두리가 움직여 배경(투명/블랙)이 드러나는 현상이 생기는데 그 여백을 어떻게 보정할 것인지 선택

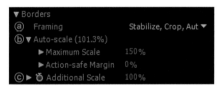

ⓐ Framing ▼ : 테두리의 보정 방식 선택

- **Stabilize Only** : 안정화 후 발생한 테두리 여백을 채우지 않고 그대로 두어 배경(투명/블랙)이 그대로 드러난다.

  (선택 시 '**Auto—scale ▶**' 옵션들과 '**Advanced ▶**' 항목의 '**Crop Less ⟨—⟩ Smooth More**' 옵션 사용 불가)

  ▶ 주로 조정이 얼마나 되었는지 확인이 필요할 때 사용

- **Stabilize, Crop** : 크기 조절 없이 움직인 화면 테두리를 상하좌우 동일한 크기로 잘라낸다.

  (선택 시 '**Auto—scale ▶**' 옵션들 사용 불가)

- **Stabilize, Crop, Auto—scale** : 움직인 화면 테두리를 잘라내고 배경이 드러나지 않도록 자동으로 분석하여 컴포지션에 꽉 차게 크기 조절 (디폴트)

  → '**Auto—scale ▶**' 옵션들을 사용하여 세부적인 제어 가능

- **Stabilize, Synthesize Edges** : 움직인 화면 테두리를 이전/이후 화면 또는 그 두 화면 모두를 이용하여 채운다.

  (선택 시 '**Auto—scale ▶**' 옵션들과 '**Advanced ▶**' 항목의 '**Crop Less ⟨—⟩ Smooth More**' 속성 사용 불가)

  → '**Advanced ▶**' 항목의 '**Synthesis Input Range**' 옵션으로 제어

ⓑ Auto—scale : 'Borders ▶' 항목의 'Framing ▼'에서 "Stabilize, Crop, Auto—scale" 선택 시 활성화

(자동으로 조절된 크기가 %로 표시됨)

- **Maximum Scale** : 자동 크기조절 시 최대 키울 수 있는 양(%) 제한
- **Action—safe Margin** : 화면의 제일 가장자리로부터 %로 지정한 만큼 여백을 남기고 레이어 크기를 키운다.

ⓒ Additional Scale : 레이어의 크기를 임의로 더 키우거나 줄이고자 할 때 사용

❹ Advanced

추가 옵션 설정

ⓐ Detailed Analysis

체크하면 더욱 정밀한 추적 분석을 추가하여 프로젝트에 저장되는 데이터가 더 커지고 처리 속도도 느려진다.
(디폴트 안정화 결과가 좋지 않을 때 체크)

ⓑ Rolling Shutter Ripple ▼

디지털 카메라로 빠른 장면 촬영 시 롤링 셔터(Rolling Shutter)로 인해 직선이 기울어져 보이는 현상이 발생하는
데 이러한 왜곡을 제거 ('**Stabilization ▶**' 항목의 '**Method ▼**' 옵션에서 "**Perspective**"나 "**Subspace Warp**" 선
택 시 활성화)

- **Automatic Reduction** : 왜곡을 자동으로 감소시킨다. (디폴트)
- **Enhanced Reduction** : 롤링 셔터 카메라를 사용한 촬영 소스에 큰 왜곡이 있는 경우 사용

> TIP
>
> 롤링 셔터로 인한 왜곡의 섬세한 보정은 **메뉴**〉Effect〉Distort〉Rolling Shutter Repair를 사용 (P.473 참고)

ⓒ Crop Less 〈—〉 Smooth More

안정화된 화면의 테두리를 자를 때 카메라 움직임을 부드럽게 하는 것과 크기를 조절하는 것 사이의 적당한 균형 조절
('**Borders ▶**' 항목의 '**Framing ▼**' 옵션에서 "**Stabilize, Crop**" 또는 "**Stabilize, Crop, Auto—scale**" 선택 시 활성화)

→ %값이 클수록 카메라 움직임이 부드러워지지만 잘라내야 할 화면 테두리 영역이 많아진다.

▶ 100%는 잘라낸 부분이 없는 것이므로 'Borders ▶' 항목의 'Framing ▼' 옵션에서 "Stabilize Only"를 선택한 것과 같은 결과를 보인다.

▶ 이 기능을 사용할 때 안정화를 재분석하는 과정은 필요 없다.

ⓓ Synthesis Input Range (seconds) : 움직이는 화면 테두리로 인한 여백의 픽셀을 앞/뒤 화면으로 채울 때 앞/뒤 몇
초까지 합성을 할지 지정

Synthesis Edge Feather : 합성 테두리 부분을 원래 화면과 어느 정도 부드럽게 결합시킬지 지정

Synthesis Edge Cropping : 아날로그 비디오나 저화질 동영상에서 나타나는 거친 가장자리 부분을 지정된 '**Left/
Top/Right/Bottom**' 만큼 잘라내고 합성

▶ 'Synthesis …' 관련 속성들은 'Borders ▶' 항목의 'Framing ▼' 옵션에서 "Stabilize, Synthesize Edges" 선택 시 활성화된다.

ⓔ Objective ▼

소스 레이어에서 추적한 안정화 데이터를 어떻게 사용할지 결정 ▶ After CC

- **Stabilize** : 카메라의 떨림을 안정화하기 위해 사용 (디폴트)

- **Reversible Stabilization** : 화면의 흔들리는 개체를 안정화하기 위해 사용

- **Reverse Stabilization** : 'Reversible Stabilization' 작업을 하고 이펙트를 적용했을 때 소스 영상에서 이펙트가 장면의 움직임에 적합하도록 흔들림을 다시 더한다.

- **Apply Motion to Target** : 타겟 레이어에 안정화된 움직임 데이터 적용

- **Apply Motion to Target Over Original** : 원본 위에 합성되는 타겟 레이어에 안정화된 움직임 데이터 적용

ⓕ Target Layer ▼

'Objective ▼'를 "Apply Motion to Target" 또는 "Apply Motion to Target Over Original"으로 선택할 때 안정화된 움직임 데이터를 적용할 레이어 선택 ▶ After CC

ⓖ Show Track Points

트랙 포인트를 보이게 할지 체크 (체크 시 상위 옵션과 속성들은 비활성화됨) ▶ After CC

ⓗ Track Point Size

'Show Track Points'가 체크되었을 경우 트랙 포인트의 크기 결정 ▶ After CC

트랙 포인트 Size 100% (디폴트)

트랙 포인트 Size 300%

ⓘ Auto-delete Points Across Time

Comp 패널에서 개체에 설정된 트랙 포인트를 삭제하면 모든 시간대에서 동일 개체에 설정된 해당 트랙 포인트를 삭제 (디폴트 체크) ▶ After CC

▶ 특정 개체를 안정화하기 위해 그 이외의 추적포인트들은 삭제 가능

ⓙ Hide Warning Banner

안정화 과정에서 화면이 과도하게 잘리는 경우 경고 배너가 뜨는데, 결과에 만족할 경우 경고 배너가 표시되지 않도록 체크

TIP _ 화면이 과도하게 잘리는 경우 대처 방법

- 'Stabilization ▶' 항목의 'Smoothness' 수치를 낮춘다.
- 'Advanced ▶' 항목의 'Crop Less 〈-〉 Smooth More' 옵션의 %값을 줄인다.
- 'Borders ▶' 항목의 'Framing ▼'에서 "Stabilize Only" 선택 후 수동으로 크기 조절
- 'Borders ▶' 항목의 'Framing ▼'에서 "Stabilize, Synthesize Edges" 선택하여 가상의 엣지 생성

AE에서
3D 작업하기

Lesson

1 3D 레이어(3D Layer)

Study 1 | 3D(3-Dimension)란?

차원(Dimension)과 공간의 이해

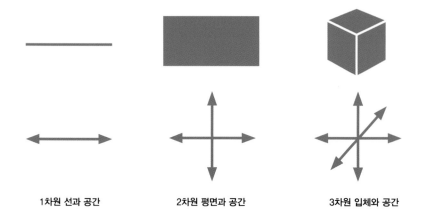

1차원 선과 공간 　　　　 2차원 평면과 공간 　　　　 3차원 입체와 공간

차원에서 동작의 이해

1차원적 동작(1D Motion) : 한 방향으로 움직이는 직선이동

2차원적 동작(2D Motion) : 서로 수직인 두 방향으로 펼쳐진 공간에서 움직이고, 평면적으로 확대 및 회전
→ AE는 2차원 평면이 2차원 공간에서 2차원적 동작을 따르는 것을 기본으로 하여 작업이 이루어진다.

3차원적 동작(3D Motion) : 서로 수직인 세 방향으로 펼쳐진 공간에서 움직이고, 입체적으로 확대 및 회전
→ AE에서는 기능을 확장하여 2차원 평면과 3차원 입체 모두 3차원 공간에서 3차원적 동작을 따르도록 설정할 수 있다.

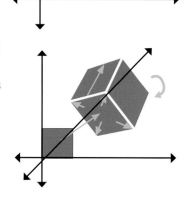

AE의 3D 좌표계

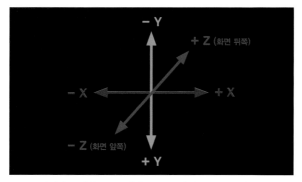

▷ RGB 순서대로 X축은 Red, Y축은 Green, Z축은 Blue로 표시된다.
▷ 다른 3D 응용프로그램들과 달리 AE는 아래쪽이 +Y축 방향, 화면 뒤쪽이 +Z축 방향이므로 유의한다.

Study 2 | 2D 레이어를 3D 공간에서 활용하기

2D 레이어를 3D 레이어로 변환하기

방법 1 Timeline 패널에서 레이어에 '**3D Layer** 🗇' 스위치 설정
방법 2 Comp/Timeline 패널에서 레이어 선택 후 **마우스 오른쪽 버튼**(또는 **메뉴**>Layer)>**3D Layer**

▷ 오디오 레이어를 제외한 모든 레이어에 가능
▷ 카메라와 라이트 레이어는 변환하지 않고도 기본적으로 3D 속성을 가진다.

- **Transform 속성에 Z좌표가 추가된다.**

    레이어 자체는 여전히 두께가 없는 평면이나, 3D 공간에서 Z좌표(깊이 속성)를 추가로 사용할 수 있다.

클릭하여 3D Layer 설정

→ 3D 레이어로 설정되면 '**Anchor Point/Position/Scale**' 속성에 Z좌표가 자동 추가된다.

→ '**Rotation**' 속성에 "**X-Rotation**", "**Y-Rotation**"이 추가된다.

→ 절대축을 이용하여 회전하는 '**Orientation**' 속성이 추가된다.
    ▷ Orientation(방향) : 절대 좌표축을 기준으로 회전
       Rotation(회전) : 레이어축(앵커포인트 중심)을 기준으로 회전
    ▷ 'Orientation' 속성은 0°~360°까지 설정 가능하므로, 몇 바퀴씩 회전하는 애니메이션을 설정하려면 'Rotation' 속성의 "회전수x + 회전각"을 사용한다.

참고사항 1

'Scale'의 Z축 속성은 〈Composition Settings〉(= Ctrl + K) 대화창의 'Advanced' 탭에서 'Renderer'가 'Classic 3D'(디폴트)인 상태에서는 수치를 변화시켜도 두께 변화가 없고, "Ray-traced 3D"를 선택하면 추가되는 3D 레이어의 'Geometry Options' 속성에서 'Extrusion Depth'로 두께를 설정할 경우에만 변화가 생긴다. **3D 입체에 대한 자세한 설명은 P 405 참고**

참고사항 ㄹ

2차원적 동작에서 회전(Rotation)은 X-Y 평면상에서 평면에 수직인 축(3D 공간상으로 말하자면 Z축이 되는)을 기준으로 회전하는 것이므로, 3차원에서 Z속성(깊이)이 추가되면 X축과 Y축을 기준으로도 회전이 가능해진다.

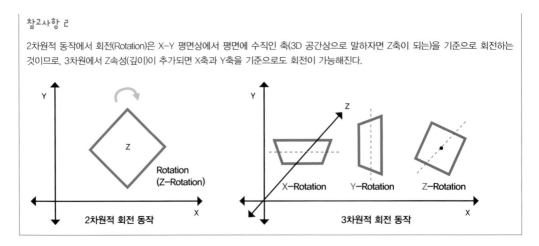

- 레이어에 'Material Options' 속성이 추가된다. (P394 참고)

  그림자, 조명, 재질에 대한 설정 가능 (라이트 레이어가 있어야 의미 있음)

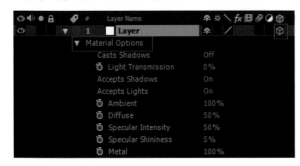

▶ Timeline 패널에 'Material Options' 속성만 표시하기
= 3D 레이어 선택 후 [A] [A] 클릭

- Comp 패널에서 레이어의 앵커포인트 위에 X/Y/Z축을 나타내는 화살표 ⌊ 가 표시된다.

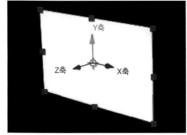

▶ Comp 패널에서 3D Axis를 보이게/안보이게 설정하려면
메뉴〉View〉Show Layer

텍스트 레이어를 3D 레이어로 설정하기

■ 텍스트 레이어에 '3D Layer ⬛' 스위치를 설정하기

다른 3D 레이어와 마찬가지로 텍스트 레이어 전체가 하나의 Z 속성을 가진다.

■ 'Enable Per-character 3D ⬛' 설정하기

텍스트 레이어가 개별 문자, 단어, 한 줄, 전체로 각각 Z 속성을 가질 수 있는 기능

방법 1 Timeline 패널에서 (텍스트 레이어를 선택하지 않아도) 텍스트 레이어의 'Text' 속성그룹 우측의 **Animate: ▶**를 클릭하여 'Enable Per-character 3D' 선택

방법 2 Comp 패널에서 텍스트 레이어를 선택하고 Type 툴 **T** 상태에서 **마우스 오른쪽 버튼**〉Animate Text〉Enable Per-character 3D

방법 3 Timeline 패널에서 텍스트 레이어 선택 후 **메뉴**〉Animation〉Animate Text〉Enable Per-character 3D

→ Timeline 패널에서 텍스트 레이어의 '**3D Layer ⬛**' 스위치 위치에 ⬛로 표시된다.

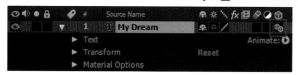

→ 텍스트의 개별 문자(Character)당 바운딩박스가 표시된다.

Enable Per-character 3D 적용 전

Enable Per-character 3D 적용 후

→ **Animate: ▶**에서 Animator 속성을 추가하여 개별 문자, 단어, 한 줄, 텍스트 전체에 대해 변형 및 애니메이션을 적용할 수 있다. (P200 참고)

3D 레이어 조절하기

■ Comp 패널에서 3D Transform 속성 조절하기

Selection 툴 ▶이나 **Rotation 툴 ⬛**로 레이어의 앵커포인트에 나타난 X/Y/Z축 화살표 가까이 커서를 가져가면 커서에 x/y/z가 표시되는데, 이 때 드래그하면 해당 축에 대해서만 위치 및 회전을 변경할 수 있다. (카메라/라이트 레이어에도 적용 가능)

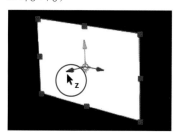

▶ **Anchor Point 툴 ⬛**은 Comp 패널에서 특정 축으로만 이동 불가

▪ **Rotation** 툴 █은 미리 툴 옵션의 '**Set** ▼'에서 "**Orientation/Rotation**" 중 선택한 다음 Comp 패널의 축 위에서 드래그 하여 회전하면, 선택 옵션에 따라 Timeline 패널의 '**Orientation**' 또는 '**Rotation**'의 속성값들이 변경된다.

> TIP
>
> 절대축과 레이어축의 회전을 염두에 두고 의도하는 대로 정확히 3D 레이어를 회전하려면, Timeline 패널에서 직접 '**Orientation**'이나 '**X/Y/Z Rotation**' 속성값을 변경하는 것이 좋다.

▪ Shift + **Selection** 툴 █로 드래그하면 큰 폭으로 위치를 움직이며 조절 가능

▪ **Rotation** 툴 █의 경우 툴로 회전축을 먼저 잡은 후 Shift + 드래그하면 45°씩 회전

■ 3D 레이어의 스냅 설정 ▐ Snapping ✕ ▶ ▸ **After CC**

Selection 툴 █이나 **Pan Behind(Anchor Point)** 툴 █ 이용시 오른쪽에 나타나는 툴 옵션

▪ Snapping : 체크하면 3D 레이어나 앵커포인트를 드래그할 때 스냅이 작용하여 정렬 용이

▪ █ : 레이어를 움직일 때 근처에 있는 레이어의 바운딩박스에서 레이어 밖으로 더 확장된 가상의 점선을 따라 스냅이 걸리도록 설정 (3D 공간에서 레이어들을 더 쉽게 정렬)

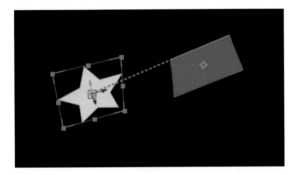

▪ █ : Comp 레이어 안에 3D 레이어나 "**Enable Per—character 3D** █" 설정된 3D 텍스트 레이어가 포함되어 있을 경우, 그 Comp 레이어에 '**Collapsed transformations** █'와 '**3D Layer** █' 설정을 한 후 █ 옵션이 On인 상태에서 레이어를 움직여주면 Comp 레이어 안에 있는 3D 레이어들의 바운딩박스가 모두 뷰어에 나타나며 스냅 작동

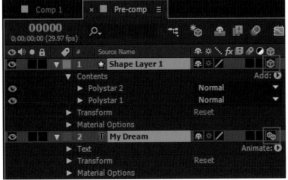

Precomp 레이어 안에서 3D 설정된 레이어들

옵션 On (개개의 오브젝트마다 바운딩박스 나타남)

옵션 Off (레이어마다 바운딩박스 나타남)

종속된 Precomp 레이어에 Collapsed transformations 🌼 설정을 안 한 경우 옵션의 On/Off에 상관없이 Precomp 레이어 전체에 바운딩박스 나타남

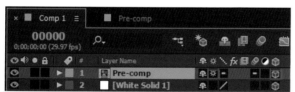

Nesting된 Precomp 레이어에 Collapsed transformations 🌼 설정을 한 경우

옵션 On
(Precomp 레이어 안의 각 레이어에 대해 각각의 바운딩박스 나타남)

옵션 Off
(Precomp 레이어 안의 전체 레이어에 대해 하나의 바운딩박스 나타남)

Collapsed transformations 🌼 설정 + 옵션 On인 경우 다른 3D 레이어를 Precomp 레이어 근처로 이동하면 Precomp 레이어 안의 각 3D 레이어의 바운딩박스마다 스냅이 걸려 이동 가능

3D 레이어 사용 시 유의 사항

- 3D 레이어가 포함된 Pre-Composition은 다른 컴포지션에 종속(Nesting)되면 3D 속성이 사라지는데, Timeline 패널에서 Precomp 레이어의 '**3D Layer** ⬡'와 '**Collapse Transformation**(변형 축소) ❋' 스위치를 설정하면 3D 속성이 다시 살아난다.

  → 대신 해당 Precomp 레이어에는 '**Quality**', '**Motion Blur**', '**Blending Mode**' 설정 불가

- 3D 벡터 레이어(쉐이프/텍스트 레이어 포함)에 '**Continuously Rasterize**(연속 래스터화) ❋' 스위치를 설정한 경우, 이 레이어에 표시되는 그림자는 해당 레이어에 적용한 이펙트의 영향을 받지 않는다.

  → 그림자도 이펙트의 영향을 받도록 하려면, 이펙트를 적용한 레이어를 Pre-compose 한 후 이 Precomp 레이어에 그림자를 적용한다.

- 트랙매트가 적용된 3D 레이어에 그림자를 표시하려면, 3D 레이어와 트랙매트 레이어를 Pre-compose 한 후 이 Precomp 레이어에 그림자를 적용한다.

- 2D 레이어와 3D 레이어가 섞여 있을 때 Timeline 패널에서 2D 레이어의 배치 순서에 따라 3D 레이어끼리 교차되지 않거나, 그림자가 생성되지 않을 수 있다. (라이트 레이어는 무관)

  → 2D 레이어가 3D 레이어들 사이에 배치된 경우 2D 레이어를 경계로 위쪽에 있는 3D 레이어들끼리, 또는 아래쪽에 있는 3D 레이어들끼리는 서로 교차되고 그림자의 영향을 받는다. 하지만 배치상 2D 레이어를 경계로 위쪽의 3D 레이어들과 아래쪽 3D 레이어들끼리는 서로 겹치거나 서로의 그림자에 영향을 받지 않는다.

  → Adjustment 레이어, 레이어 스타일(Layer Styles)이 적용된 3D 레이어, 이펙트/닫힌 마스크(None 모드가 아닌)/트랙매트가 적용된 3D Precomp 레이어, '**Collapse Transformation** ❋' 스위치가 설정되지 않은 3D Precomp 레이어도 2D 레이어와 마찬가지의 특성을 가진다.

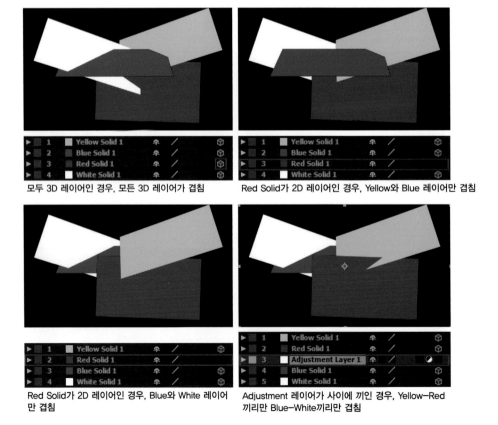

모두 3D 레이어인 경우, 모든 3D 레이어가 겹침

Red Solid가 2D 레이어인 경우, Yellow와 Blue 레이어만 겹침

Red Solid가 2D 레이어인 경우, Blue와 White 레이어만 겹침

Adjustment 레이어가 사이에 끼인 경우, Yellow-Red 끼리만 Blue-White끼리만 겹침

■ "**Editable Layer Styles**"로 불러온 PSD 푸티지를 3D 레이어로 설정한 경우, 서로 겹쳐질 때 교차되지 않는다.

3D 레이어를 2D 레이어로 복원하기

방법 1 Timeline 패널에서 레이어에 적용된 '**3D Layer** ' 스위치를 다시 클릭하여 해제

방법 2 Comp/Timeline 패널에서 3D 레이어 선택 후 **마우스 오른쪽 버튼**(또는 **메뉴**)**Layer**>**3D Layer** 선택하여 체크 해제

→ Z 속성에 키프레임을 준 3D 레이어를 다시 2D 레이어로 바꾸면, 3D 레이어에만 존재하던 속성값과 키프레임은 제로(Zero) 세팅이 되어 해당 레이어를 다시 3D 레이어로 설정해도 되살릴 수 없다. (Undo는 가능)

Study 3 | 3D 좌표축 : Axis Mode

3D 레이어가 존재할 경우 **Selection** 툴 , **Rotation** 툴 , **Camera** 툴 의 오른쪽에 툴 옵션으로 나타난다.

Local Axis Mode

레이어의 Anchor Point에 나타나는 좌표축(레이어 좌표축)을 기준으로 레이어를 변형시킨다. (디폴트)
→ 회전시키면 레이어와 함께 레이어 좌표축도 회전

World Axis Mode

3D공간의 절대 좌표축을 기준으로 레이어를 변형시킨다.
→ 회전시키면 레이어가 회전해도 절대 좌표축은 그대로 유지

TIP

Comp 패널 하단의 '**Grid and Guide Options** '에서 "**3D Reference Axes**"를 선택하면 Comp패널 좌하단에 절대 좌표축 화살표가 표시된다.

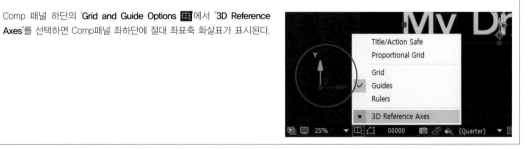

View Axis Mode

Comp 패널의 '**3D View** Active Camera '에서 어떤 뷰(View)를 선택하더라도 정면에서 보는 시선(Front View)의 좌표 를 기준 좌표축으로 하여 레이어를 변형시킨다.
▷ **Camera** 툴 을 움직일 때는 Axis Mode의 영향을 받지 않고 '**3D View** Active Camera '에서 선택한 뷰의 로컬 축을 따라 조정된다.

활용예제 쉐이프 레이어로 주사위 만들기 (프로젝트 파일 : 주사위만들기.aep)

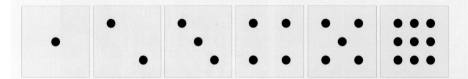

01 파일 탐색기에서 "예제\Lec12" 폴더의 "주사위만들기.aep"를 더블클릭하거나 **메뉴>File>Open Project** (= Ctrl + O)로 "주사위만들기.aep" 프로젝트를 불러들인다.

02 모든 쉐이프 레이어를 선택 후 그 중 하나의 '**3D Layer** ' 스위치를 클릭하면 동시에 3D 레이어로 변경된다.

03 주사위는 양면의 합이 7이므로 1의 반대편에는 6이, 2의 반대편에는 5, 3의 반대편에는 4가 위치한다. 다음과 같이 해당하는 면에 회전값을 적용한다.

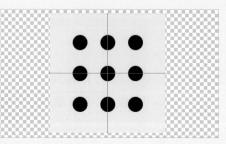

04 **Selection 툴** 이 선택된 상태에서 툴 옵션의 스냅옵션을 체크 ✓ Snapping 하고 Comp 패널에서 스냅을 이용하여 직접 각 면을 클릭 & 드래그하거나 Timeline 패널에서 각 면의 '**Position**' 속성을 다음과 같이 설정하여 배치한다.

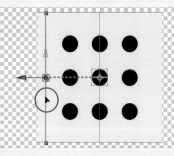

05 Comp 패널 하단의 '**3D View ▼**'를 "**Custom View**"로 선택하여 임시카메라로 입체 상태를 확인한다.

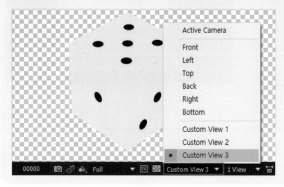

06 모든 레이어를 선택 후 Pre-compose(= Ctrl + Shift + C)하고, 대화창에서 '**Open New Composition**'을 체크하여 새 컴포지션에 Precomp 레이어로 자동 배치하도록 한다.

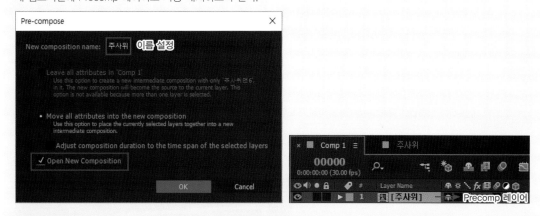

07 "주사위" Precomp 레이어에 '**Collapse Transformation** ✷' 스위치와 '**3D Layer** ⬡' 스위치를 설정하여 Precomp 레이어의 3D 속성을 살리고, '**X/Y Rotation**' 속성에 컴포지션의 Duration만큼 한 바퀴 회전을 설정한다.

08 Space Bar 나 숫자 키패드의 0 을 눌러 3D 입체 주사위를 프리뷰 한다.

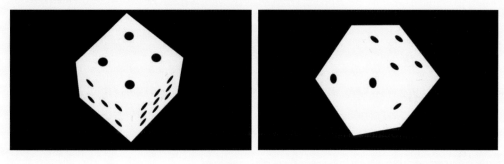

참고사항

추후 라이트 레이어를 생성하여 좀 더 입체감 있는 화면을 얻을 수 있다. (라이트 레이어에 대한 설명은 P 388 참고)

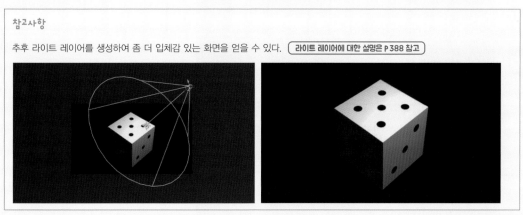

Lesson 2 카메라(Camera)

> **학습예제** 프로젝트 파일 : 튤립.aep (소스 파일 : 노랑튤립.jpg, 빨강튤립.jpg)

파일 탐색기에서 "예제₩Lec12" 폴더의 "튤립.aep"를 더블클릭하거나 **메뉴〉File〉Open Project** (= Ctrl + O)로 "튤립.aep" 프로젝트를 불러들인다.

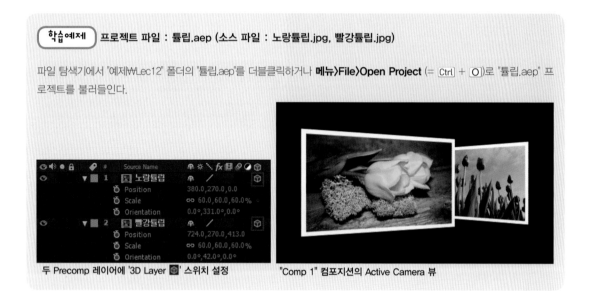

두 Precomp 레이어에 '3D Layer 🗗' 스위치 설정   "Comp 1" 컴포지션의 Active Camera 뷰

Study 1 | 카메라 레이어 생성하기

3D 레이어에만 영향을 주어 다양한 각도와 거리에서 뷰어에 3D 레이어를 표시한다.

▶ 'Comp Camera' 속성이 포함된 이펙트('Card Dance' 이펙트 등)를 적용한 2D 레이어에는 영향을 준다.

방법 Comp/Timeline 패널 선택 후 **마우스 오른쪽 버튼**(또는 **메뉴〉Layer〉New〉Camera** = Ctrl + Alt + Shift + C

→ **〈Camera Settings〉** 대화창이 자동 오픈되면 원하는 카메라 렌즈 선택 후 **[OK]** 버튼 클릭
(카메라 렌즈마다 이미 디폴트 세팅이 되어 있으며 사용자가 변경 가능)

→ Timeline 패널에 '**Camera #**' 레이어가 추가된다.

→ Comp 패널의 뷰어에 나타나는 활성 카메라 뷰(Active Camera)가 '**Camera #**' 뷰의 시점을 보여준다.

⟨Camera Settings⟩ 대화창의 'Preset ▼'에서 "15mm" 카메라 렌즈를 선택한 경우

Study 2 │ 카메라 설정하기 : Camera Settings

푸티지로 사용될 실사촬영 카메라와 설정을 일치시키면 좀 더 명확하게 실사와 그래픽의 합성작업을 할 수 있다.

방법 1 Timeline 패널에서 카메라 레이어 더블클릭
방법 2 Timeline 패널에서 카메라 레이어 선택 후 **메뉴〉Layer〉Camera Settings** (= Ctrl + Shift + Y)

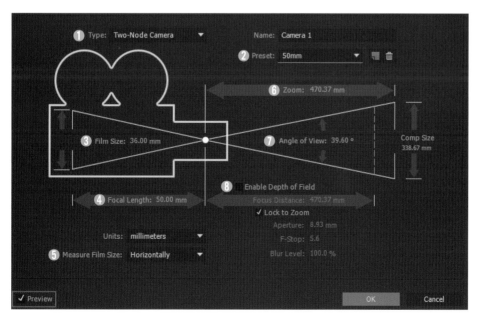

▶ 하단의 '**Preview**'가 체크되어 있으면 설정 변경 시 바로 Comp 패널에 반영되어 나타난다.

❶ Type ▼

■ **One-Node Camera**

'**Point of Interest**' 속성이 없이 카메라 전체의 이동/회전만 가능

방법 카메라 레이어 선택 후 **마우스 오른쪽 버튼**(또는 **메뉴**〉Layer)〉Transform〉Auto Orient (= Ctrl + Alt + O)로 〈Auto-Orientation〉 대화창이 오픈되면 "**Off**" 선택

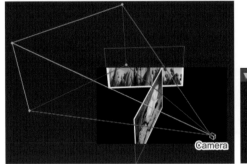
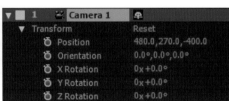

Type ▼-One-Node Camera + Preset ▼-50mm

■ **Two-Node Camera**

카메라가 항상 '**Point of Interest**'을 바라보며 움직인다. (디폴트)

방법 카메라 레이어 선택 후 **마우스 오른쪽 버튼**(또는 **메뉴**〉Layer)〉Transform〉Auto Orient (= Ctrl + Alt + O)로 〈Auto-Orientation〉 대화창이 오픈되면 "**Orient Towards Point of Interest**" 선택

▷ [Auto Orient] 명령은 레이어와 라이트에도 적용 가능하나, "**Orient Towards Point of Interest**" 옵션은 카메라/라이트 레이어에만 적용 가능

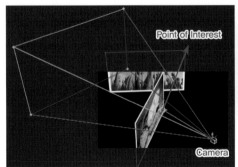
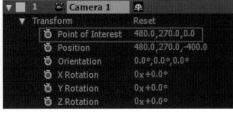

Type ▼-Two-Node Camera + Preset ▼-50mm

▷ **Point of Interest** : 카메라가 바라보는 중심점의 위치값 (디폴트로 컴포지션 중심에 위치하며 Two-Node Camera에서만 조절 가능)

❷ Preset ▼

AE에서 제공하는 디폴트 카메라 세팅 중 선택 가능 (디폴트는 50mm)

▷ 특정 초점거리(Focal Length)의 렌즈(광각/표준/망원)가 부착된 35mm 카메라를 기준으로 한다.

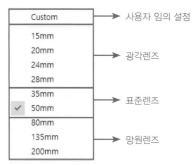

참고사항

• **35mm 카메라** : 필름 크기(Film Size) 36x24mm를 사용하는 카메라
• **광각렌즈** : 화각(Angle of View)이 넓어 원근감은 과장되어 가까이 있는 피사체
는 더 가까이, 멀리 있는 피사체는 더 멀리 보인다. (피사계 심도(Depth of Field)
는 깊어져 초점이 맞는 부분이 넓음)
• **표준렌즈** : 사람의 시야와 가장 유사
• **망원렌즈** : 화각이 좁아 원근감이 잘 나타나지 않는다. (피사계 심도는 얕아져
중심 피사체 외의 배경은 초점이 흐려짐)

→ 특정 초점거리를 선택하면 '**Zoom**', '**Angle of View**', '**Focus Distance**', '**Aperture**'도 자동으로 세팅 된다.
　(컴포지션 크기에 따라 동일 렌즈라도 '**Zoom**', '**Focus Distance**' 등이 달라진다.)

→ 렌즈 선택 후 세부 설정을 바꾸면 자동으로 '**Custom**' 카메라로 변경된다.

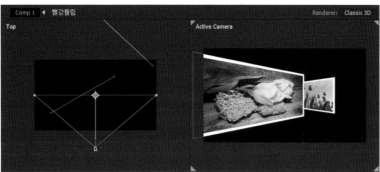

15mm (광각)

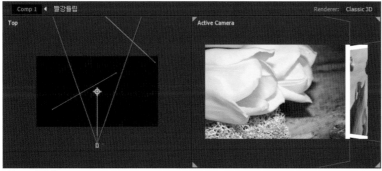

50mm (표준)

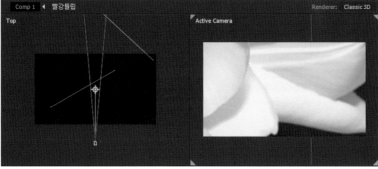

200mm (망원)

❸ Film Size

필름의 노출 영역 크기 (디폴트 36mm)

→ 값이 크면 'Zoom'과 'Focus Distance'는 줄어들고 'Angle of View'는 넓어진다.

❹ Focal Length(초점거리)

카메라 렌즈에서 필름까지의 거리

→ 값이 커지면 'Zoom'과 'Focus Distance'가 늘어나고 'Angle of View'는 좁아지며 'Aperture'는 커진다.

❺ Measure Film Size

필름크기의 측정기준을 가로(Horizontally, 디폴트)/세로(Vertically)/대각선(Diagonally) 중에서 선택

→ 변경하면 'Film Size'와 함께 'Angle of View'와 'Comp Size' 수치도 함께 변한다.

❻ Zoom

카메라 원근 (카메라 렌즈에서 피사체까지의 거리)

→ 레이어가 'Zoom' 거리만큼 떨어져 있으면 레이어의 전체 크기 표시 (두 배만큼 떨어져 있으면 레이어 크기의 반이 표시)

→ 값이 클 수록 'Focal Length'는 길어지고 'Angle of View'는 좁아지며 'Aperture'는 커진다.

❼ Angle of View(화각)

렌즈를 통해 보이는 범위 (최대 180°)

→ 화각이 커지면(광각렌즈), 'Focal Length'와 'Zoom' 거리가 함께 짧아지고 'Aperture'는 작아진다.

❽ Enable Depth of Field

체크하면 하위 속성 활성화

▶ **Depth of Field**(피사계 심도) : 피사체에 초점이 맞는 거리 영역 (이 영역 밖에 있는 피사체는 초점이 흐려짐)
　→ 'Focal Length', 'Focus Distance', 'Aperture'의 영향을 받는다.
　→ 초점거리가 길고, 피사체와의 거리가 짧고, 조리개 직경이 크면('F-Stop'이 작으면) 심도가 얕아져(초점이 맞는 영역이 짧음)
　초점이 흐려지는 부분이 많아진다.

Focus Distance : 카메라 렌즈부터 초점이 완벽하게 맞는 피사체까지의 거리.
　→ 값이 커질수록 초점이 먼 거리에 맞춰진다.
　→ **'Lock to Zoom'**에 체크(디폴트)되어 있으면 'Zoom'과 동일한 수치로 움직인다.
　　(Timeline 패널에서 'Focus Distance'이나 'Zoom' 수치를 변경하면 Lock 해제)

Aperture(조리개 직경) : 렌즈를 개방하는 조리개 크기 ('F-Stop'과 연동)
　→ 수치가 클수록 F-Stop이 작아지고 심도는 얕아져 초점이 흐려진다.
　▶ 실제 카메라에서는 조리개를 많이 개방하면 빛이 많이 들어와 이미지의 노출(Exposure)에 영향을 주나, AE에서는 이러한 노출변화는 무시한다.

F-Stop : 초점거리와 조리개 사이의 비율로 렌즈를 통과하는 빛의 양을 표시
　→ f1.4, f2, f2.8..등으로 설정하여 조리개를 조절
　▶ 실제 카메라를 작동하여 촬영할 때는 대부분 F-Stop 치수를 사용하여 조리개를 지정한다.

Blur Level : 피사계 심도에 의해 초점이 흐려지는 정도 조절(%)
　→ 100%로 설정하면 카메라 세팅에 따라 자연스럽게 블러 효과가 나타난다.

Study 3 ┃ 카메라 뷰(Camera View)

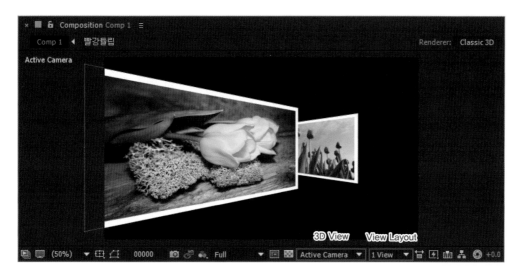

3D View

카메라 시점과 카메라방향 뷰 선택

방법 1 Comp 패널 하단의 '3D View Active Camera ▼'
방법 2 Comp 패널에서 **마우스 오른쪽 버튼**(또는 **메뉴**〉View)〉Switch 3D View

❶ Active Camera (= F12 키)

Timeline 패널의 '**Video** 👁' 스위치로 Comp 패널에 레이어를 나타낼 때 가장 우선시
되는 디폴트 컴포지션 뷰 (컴포지션의 최종 작업물을 렌더링하고 출력하기 위해 사용)

→ 카메라를 생성하면 가장 최근에 생성한 카메라 뷰(Camera #)의 시점으로 바뀐다.

❷ Camera #

생성한 카메라 뷰로 직접 보게되는 화면을 Comp 패널의 뷰어에 나타낸다. (카메라 형상이 Comp 패널에 나타나지 않음)

Preset ▼−15mm

❸ Front/Left/Top/Back/Right/Bottom

정면/좌측/위/후면/우측/아래 카메라 뷰 (원근은 표시되지 않음)

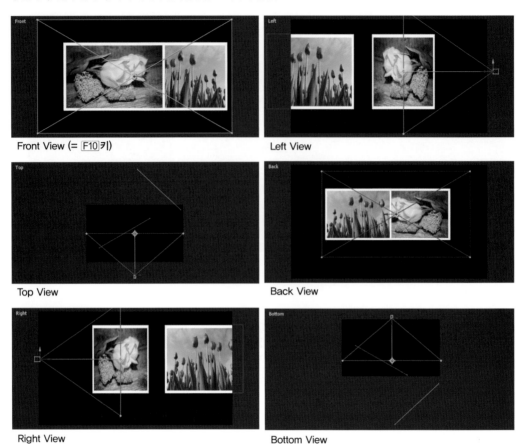

Front View (= F10 키)　　　　　　　　Left View

Top View　　　　　　　　　　　　　　Back View

Right View　　　　　　　　　　　　　Bottom View

❹ Custom View 1/2/3

AE가 미리 제공하는 임시카메라 뷰 (3D 레이어를 카메라 추가 없이 다양한 각도에서 살펴보고 싶을 때 유용)

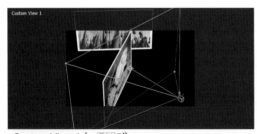

Custom View 1 (= F11 키)

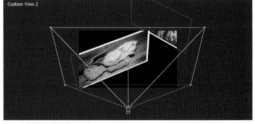

Custom View 2

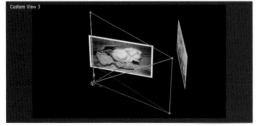

Custom View 3

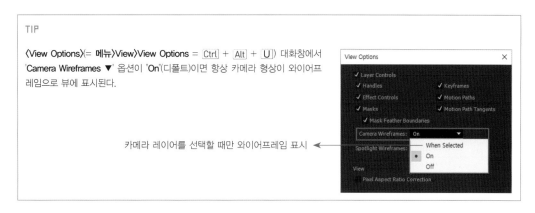

TIP

〈View Options〉(= 메뉴〉View〉View Options = Ctrl + Alt + U) 대화창에서 'Camera Wireframes ▼' 옵션이 "On"(디폴트)이면 항상 카메라 형상이 와이어프레임으로 뷰에 표시된다.

카메라 레이어를 선택할 때만 와이어프레임 표시 ◄──

View Layout

Comp 패널에서 다양한 카메라 뷰를 동시에 열어놓고 작업할 수 있다.

■ Comp 패널 하단의 'View Layout '

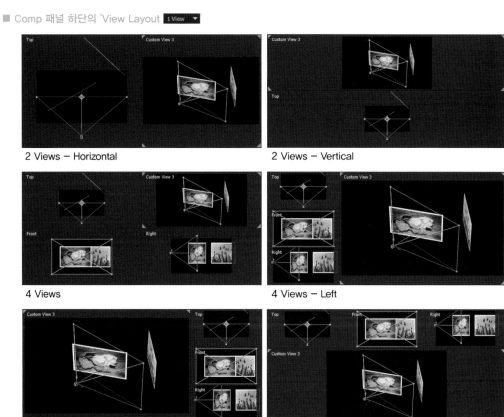

2 Views - Horizontal

2 Views - Vertical

4 Views

4 Views - Left

4 Views - Right

4 Views - Top

4 Views - Bottom

TIP

'View Layout 1 View ▼' 위에 커서를 놓고 마우스 휠을 드래그하면 목록이 순차적으로 변경된다.

→ 클릭하여 네 귀퉁이에 파란 삼각형이 표시된 뷰가 현재 활성화된(선택된) 뷰

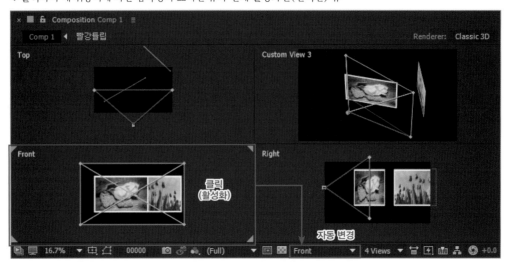

▶ 다른 뷰를 클릭하여 활성뷰를 바꾸면 '3D View ▼'에 자동으로 현재 활성뷰를 표시한다.

▶ 활성뷰를 변경하려고 클릭할 때 레이어가 함께 선택되지 않도록 하려면 마우스 휠로 뷰 클릭

→ '3D View ▼'에서 다른 카메라 뷰를 선택하면 현재 활성뷰가 다른 카메라 뷰로 변경된다.

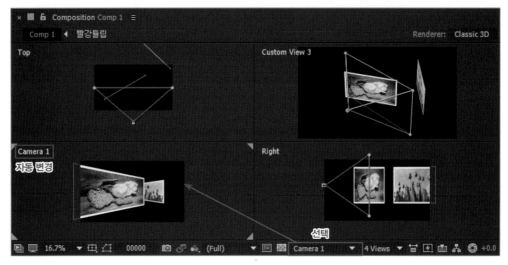

→ 'Grid & Guide ▦' 옵션은 현재 활성뷰에 적용된다.

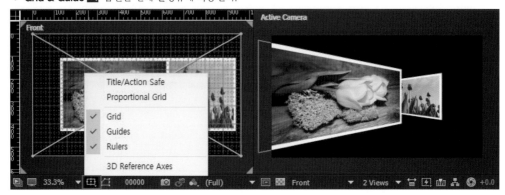

→ 활성뷰에 설정한 '**Grid & Guide** ▦' 옵션과 '**View Options** (= Ctrl + Alt + U)'를 다른 모든 뷰에도 공통으로 적용
하려면 '**View Layout ▼–Share View Options**' 체크

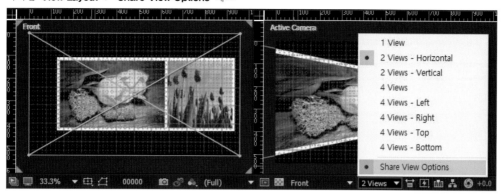

> **TIP**
>
> Comp 패널에서 Ctrl 키를 누르고 '**Grid & Guide** ▦' 옵션이나 '**View Options**'를 변경하면 일시적으로 '**Share View Options**' 체크/체
> 크 해제 전환

■ 메뉴〉View

Reset 3D View : **Camera 툴** ▦로 작업 중인 3D 뷰를 조정했을 경우 초기화

Switch 3D View : 활성뷰를 다른 뷰 보기로 변경

> **방법** Comp 패널의 '**3D View ▼**' (Camera # 뷰는 제외)

Assign Shortcut to "활성뷰" ▼ : 해당 단축키에 다른 뷰를 할당

F10 (Replace "Front") ──→ 활성뷰를 F10 키에 할당 (디폴트는 Front 뷰)
F11 (Replace "Custom View 1") ──→ 활성뷰를 F11 키에 할당 (디폴트는 Custom View 1 뷰)
F12 (Replace "Active Camera") ──→ 활성뷰를 F12 키에 할당 (디폴트는 Active Camera 뷰)

Switch to Last 3D View (= Esc 키) : 활성뷰를 직전에 선택했던 뷰 보기 상태로 되돌리기

Look at Selected Layers (= Ctrl + Alt + Shift + ₩) : 선택한 레이어들만 뷰어에 꽉 차게 보기

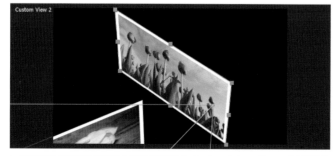

▷ 레이어가 아무것도 선택되지 않은 상태에서는 '**Look at Selected Layers**'를 선택해도 전체 레이어가 뷰어에 표시된다.

Look at All Layers : 모든 레이어를 뷰어에 꽉 차게 보기 (레이어가 선택되지 않은 상태에서도 적용)

Study 4 | 카메라 조절하기

Timeline 패널에서 카메라 레이어(Camera #)의 Transform 속성 조절하기

속성값 변경으로 'Point of Interest'의 위치와 카메라의 위치 및 회전을 조절한다.

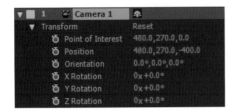

▶ 카메라 레이어는 기본적으로 3D 속성(Z 좌표)을 가진다.

▶ Timeline 패널에서 'Point of Interest' 속성만 보기
 = 카메라 레이어 선택 후 A 클릭

Comp 패널에서 Selection 툴 ▶과 Rotation 툴 ◐로 카메라 레이어 조절하기

> TIP
>
> • Shift + Selection 툴 ▶로 클릭 & 드래그 = 수평/수직으로 스냅 이동
> • Shift + Selection 툴 ▶로 특정축 클릭 & 드래그 = 큰 폭으로 이동
> • Shift + Rotation 툴 ◐로 클릭 & 드래그 = 45° 스냅 회전

■ 카메라는 고정하고 'Point of Interest'만 이동하기

카메라 레이어를 선택하고 Selection 툴 ▶로 'Point of Interest'를 클릭 & 드래그
(Selection 툴 ▶의 스냅옵션이 체크 ✓ Snapping ↗ ⁙ 되어 있다면 드래그 시 스냅 적용)

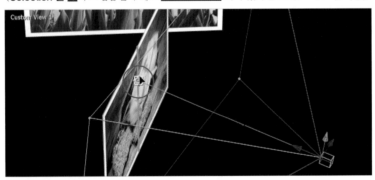

■ 'Point of Interest'와 카메라를 동시에 이동하기

카메라 레이어 선택 후 Selection 툴 ▶을 카메라의 특정 축(Axis) 위로 가져가면 해당 축으로만 이동 가능

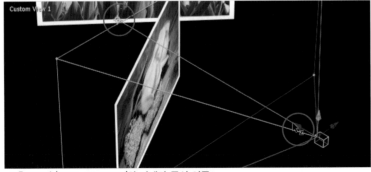

Z축으로만 'Point of Interest'와 카메라 동시 이동

■ 'Point of Interest'는 고정하고 카메라만 이동/회전하기

- **Selection** 툴 ▣과 **Rotation** 툴 ▣로 카메라 박스 아이콘을 클릭 & 드래그하면 모든 축에 대해 자유롭게 이동/회전 가능

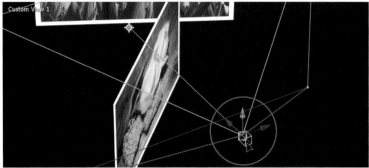

Selection 툴 ▣로 카메라 박스 아이콘을 클릭하여 카메라만 이동

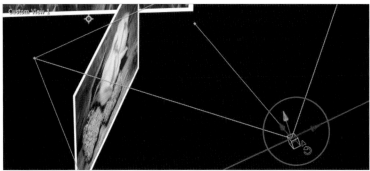

Rotation 툴 ▣로 카메라 박스 아이콘을 클릭하여 카메라만 회전

- 카메라 레이어 선택 후 **Selection** 툴 ▣로 카메라의 특정축(Axis) 위에서 Ctrl + 클릭 & 드래그하면 해당 축에 대해서 카메라만 이동

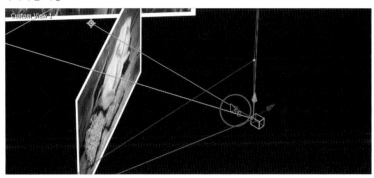

Z축으로 카메라만 이동

- 카메라 레이어 선택 후 **Rotation** 툴 ▣로 카메라의 특정축(Axis) 위에서 클릭 & 드래그하면 해당 축에 대해서 카메라만 회전

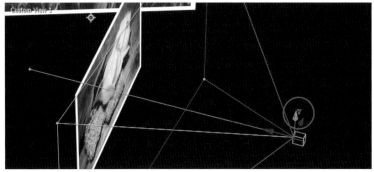

Y축으로 카메라만 회전

Comp 패널에서 Camera 툴  사용하기

▶ 3D 레이어가 존재할 때만 사용 가능

■ 카메라 툴의 종류 및 사용

Unified Camera Tool	C
Orbit Camera Tool	C
Track XY Camera Tool	C
Track Z Camera Tool	C

      ▶ C 로 카메라 툴끼리 전환

Unified Camera 툴 : 마우스를 이용하여 다른 세가지 카메라 툴을 동시에 활용 (디폴트)

    – 마우스 왼쪽 버튼 클릭 & 드래그 = **Orbit Camera 툴**

        → Shift + 마우스 왼쪽 버튼 클릭 & 드래그 : X/Y 축으로 스냅 회전

    – 마우스 휠 클릭 & 드래그 = **Track XY Camera 툴**

        → Shift + 마우스 휠 클릭 & 드래그 : 수평/수직으로 스냅 이동

    – 마우스 오른쪽 버튼 클릭 & 드래그 = **Track Z Camera 툴**

        → Shift + 마우스 오른쪽 버튼 클릭 & 드래그 : 큰 폭으로 줌인/줌아웃

Orbit Camera 툴 : 'Point of Interest'를 중심으로 카메라 회전

    → 카메라 레이어에서 '**Position**'의 X/Y/Z 속성이 변함

    → **Front/Left/Top/Back/Right/Bottom** 뷰는 조절 불가

Track XY Camera 툴 : 카메라를 XY축(상하좌우)으로 이동

    → 카메라 레이어에서 '**Point of Interest**'와 '**Position**'의 X/Y 속성이 변함

Track Z Camera 툴 : 카메라를 Z축(줌인/줌아웃)으로 이동 (줌의 기준은 '**Point of Interest**'와 카메라를 잇는 선)

    → 카메라 레이어에서 '**Position**'의 Z속성이 변함

TIP

카메라 툴 사용 시 대부분 **Unified Camera 툴** 선택 상태에서 마우스의 각 버튼으로 조작한다.

    ▶ **Unified Camera 툴** 선택 상태에서 Alt + 클릭 & 드래그하면 레이어들을 와이어프레임으로 보면서 빠르게 작업 가능

■ 카메라 툴을 Active Camera 뷰나 Camera # 뷰에서 사용하여 실제 카메라 뷰를 변경시킨다.
   (카메라 레이어의 '**Point of Interest**'와 '**Position**' 속성이 변경됨)

TIP 1

Camera 툴로 Active Camera 뷰나 Camera # 뷰를 통해 카메라를 변경하면 애니메이션 작업 시 관리하기 어려우므로, 다른 3D View(Front, Top, Left 등) 상태에서 카메라 레이어 선택 후 **Selection 툴**이나 **Rotation 툴**을 이용하여 조절하거나 Timeline 패널에서 카메라 레이어의 속성값을 직접 조절하는 방법을 이용하는 것이 좋다.

TIP 2 _ 조절한 카메라를 초기화하기

방법1 Timeline 패널에서 **Camera #** 레이어의 Transform 속성 오른쪽의 "Reset" 클릭
방법2 카메라 레이어 선택 후 **메뉴〉Layer〉Transform〉Reset**

■ 카메라 툴을 Front/Left/Top/Back/Right/Bottom/Custom View에 사용하면, 실제 카메라 뷰가 변경되는 것이 아니라 작업중인 3D View를 조정하는 역할을 한다. (Camera # 레이어의 속성은 변하지 않음)

TIP _ 조정된 3D View를 초기화하기

메뉴〉View〉Reset 3D View

카메라에 'Auto Orient' 적용하기

■ **패스를 따라가는 카메라 설정하기**

카메라의 시선이 항상 모션 패스의 방향을 바라보도록 설정 (3D 레이어/라이트에도 적용 가능)

01 컴포지션에 **Pen 툴** 🖊로 곡선 패스를 생성한다.

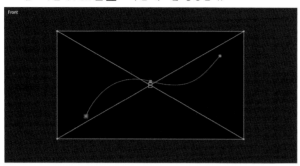

02 패스(Path)를 선택하여 복사(= Ctrl + C)한다.

03 카메라 레이어의 '**Position**' 속성에 붙여넣기(= Ctrl + V)한다.

→ 카메라가 CTI의 위치부터 시작하여 패스를 따라 2초간 움직이는 애니메이션이 자동 생성된다.

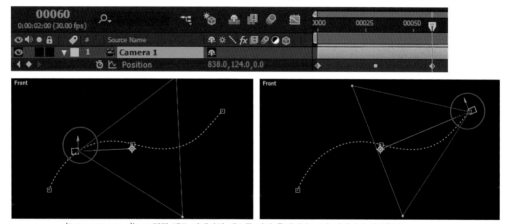

'Point of Interest'는 고정된 채로 카메라만 패스를 따라 움직이다 보니 카메라가 뒤집힌다.

▷ 쉐이프 레이어의 'Video' 🎬 스위치를 Off하여 카메라의 모션 패스만 표시

TIP

카메라 레이어의 'Position' 속성대신 'Point of Interest' 속성에 패스를 붙여넣기 하면 카메라 위치는 고정된 채로 'Point of Interest'가 패스를 따라가는 애니메이션 생성

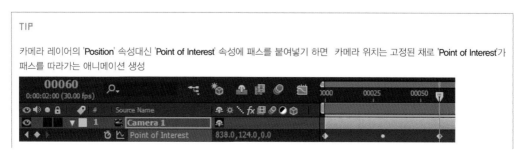

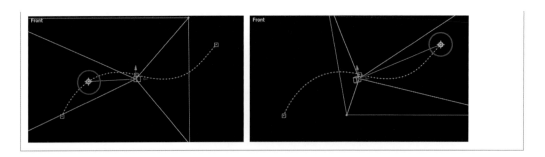

04 카메라 레이어 선택 후 **메뉴〉Layer〉Transform〉Auto Orient**(= Ctrl + Alt + O)로 **〈Auto-Orientation〉** 대화창이 오픈되면 "**Orient Along Path**"를 선택한다.

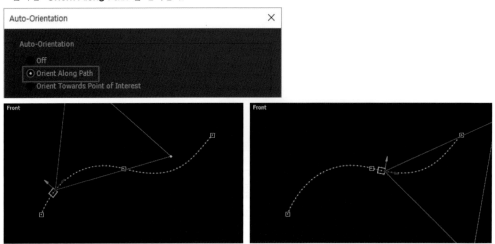

▶ Two-Node Camera인 경우 카메라가 항상 'Point of Interest'를 바라보므로 곡선 패스에 따라 뒤집히는 경우가 발생하는데, Auto Orient 에서 'Orient Along Path'를 적용하면 'Point of Interest' 대신 모션 패스의 방향을 바라보게 되므로 'Point of Interest' 속성이 사라진다.

■ **카메라 방향을 따라가는 레이어 설정하기**

• 3D 레이어 선택 후 **메뉴〉Layer〉Transform〉Auto Orient**(= Ctrl + Alt + O)로 **〈Auto-Orientation〉** 대화창이 오픈되 면 "**Orient Towards Camera**" 선택

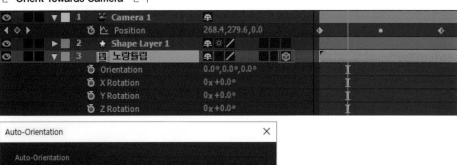

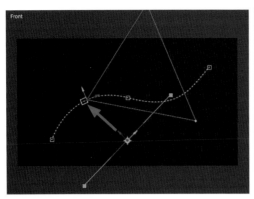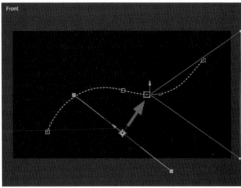

▶ 3D 레이어가 해바라기처럼 카메라 방향을 따라 회전하지만, 3D 레이어의 'Orientation'이나 'XYZ Rotation' 속성값이 변하는 것은 아니다.

• 텍스트 레이어에 'Enable Per-character 3D '가 설정된 경우 〈Auto-Orientation〉 대화창에서 "Orient Each Character Independently(requires Per-character 3D)" 옵션을 체크하면 'Text ▶More Options ▶Anchor Point Grouping ▼'의 설정에 따라 텍스트의 개별 문자(Character)/단어(Word)/행(Line)/텍스트 전체(All)가 각각 카메라 방향을 따라 회전하도록 할 수 있다. ('Enable Per-character 3D' 설정은 P 200 참고)

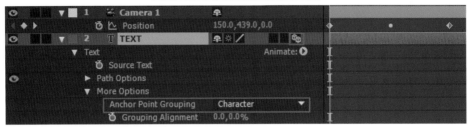

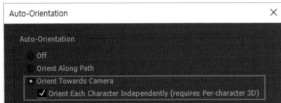

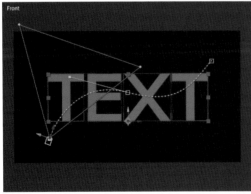

Auto-Orientation ▶Off

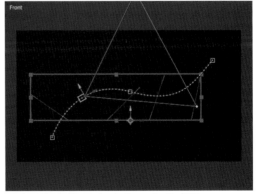

Orient Each Character Independently 체크

카메라 작업 시 Null 레이어의 활용

■ Orbit Null

Null 오브젝트에 카메라를 Parent시킨다.

방법 카메라 레이어 선택 후 **마우스 오른쪽 버튼**(또는 **메뉴**〉Layer〉Camera〉Create Orbit Null

→ Timeline 패널에 **"Null #"** 레이어 생성되면서 카메라 레이어가 자동으로 Null 레이어에 Parent 된다.

→ Comp 패널 상으로 카메라의 **'Point of Interest'**에 Null Object가 나타난다.

('**Point of Interest**' 위치에 Null 레이어의 앵커포인트가 붙음)

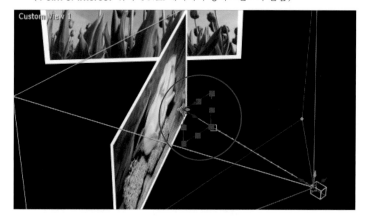

→ Null 레이어의 '**Position**' 속성을 조절하면 카메라의 '**Point of Interest**'와 '**Position**' 속성을 동시에 움직일 수 있다.

→ Null 레이어의 '**Rotation**' 속성을 조절하면 '**Point of Interest**'를 중심으로 카메라가 회전한다.

활용예제 **카메라가 피사체를 따라 회전하면서 동시에 줌아웃되는 애니메이션**

→ Null 레이어의 '**Y Rotation**' 속성에 키프레임을 준다. (−130° → 0°)

→ 카메라 레이어에는 '**Position**'의 Z 속성값에 키프레임을 주어 줌아웃한다. (−100px → −400px)

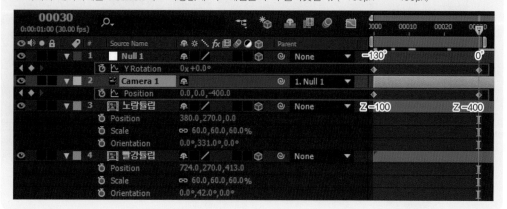

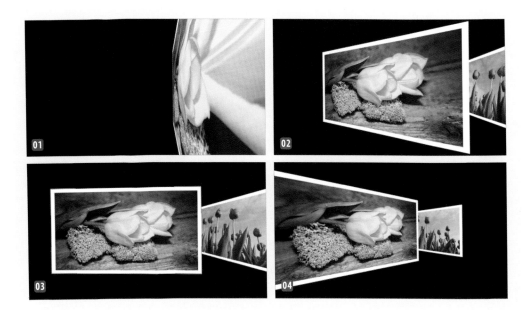

■ Null 오브젝트에 'Point of Interest' 링크하기

▶ 'Point of Interest'를 쉽게 움직일 용도로 많이 활용된다.

01 Null 오브젝트를 생성(= 메뉴〉Layer〉New〉Null Object = Ctrl + Alt + Shift + Y)한다.

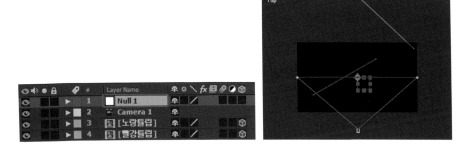

02 카메라 레이어의 'Point of Interest' 속성 앞의 Stopwatch 🕐를 Alt + 클릭하여 익스프레션(Expression)을 적용한다. 익스프레션에 대한 자세한 설명은 P 557 참고

03 Pick Whip 🌀을 클릭 & 드래그하여 Null Object의 'Position' 속성 위에서 놓으면 링크된다.

04 카메라의 '**Point of Interest**' 대신 Null Object의 '**Position**' 속성을 조절하여 키프레임을 주면 링크된 '**Point of Interest**'를 이동시켜 좀 더 수월하게 카메라 애니메이션을 만들 수 있다.

![Study 5]

카메라 옵션(Camera Options)

Timeline 패널에서 카메라 레이어의 '**Camera Options**' 속성

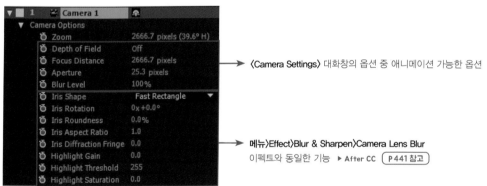

〈Camera Settings〉 대화창의 옵션 중 애니메이션 가능한 옵션

메뉴〉Effect〉Blur & Sharpen〉Camera Lens Blur
이펙트와 동일한 기능 ▶ After CC (P441 참고)

HD 컴포지션에서 50mm 표준 카메라를 선택한 경우

▶ Timeline 패널에서 '**Camera Options**' 속성만 보기 = 카메라 레이어 선택 후 A A
▶ '**Depth of Field**'를 "On"으로 설정하고 '**Focus Distance**(초점거리)', '**Aperture**(조리개)'값을 조절하여, 중심에 있는 레이어 이외의 배경 레이어들은 초점을 흐리게 하는 등의 애니메이션을 만들 수 있다.

Iris Shape ▼ : 조리개의 모양(3각형부터 10각형까지) 선택

Iris Rotation : 조리개 회전값

Iris Roundness : 조리개 원형률

Iris Aspect Ratio : 조리개 종횡비

Iris Diffraction Fringe : 조리개를 지나는 빛들로 인한 간섭으로 밝고 어두운 회절무늬가 생성된다.
(반사 굴절렌즈와 유사한 효과)
→ 100일 때 블러 모양이 나타나는 부분에 자연스러운 후광으로 표현된다.
→ 값이 더 크면 블러가 안쪽으로 집중되어 링모양의 후광을 만든다.

Highlight Gain : '**Threshold**(임계값)'을 넘어서는 명도값을 가진 픽셀의 밝기를 더 증폭시킨다.

→ 픽셀이 임계값보다 밝아질수록 점점 더 큰 폭으로 증폭된다.

Highlight Threshold : 밝기 증폭의 기준이 되는 한계값 지정

→ 설정한 임계값보다 큰 명도값을 가진 모든 픽셀을 하이라이트(밝은 영역)로 취급한다.

Highlight Saturation : 하이라이트(증폭된) 픽셀이 가진 컬러의 양

→ 0일 때 흰색에 가까워지고, 100일 때 컬러를 최대한 유지한다.

▷ 야간 도심지의 초점이 흐려진 배경에서 다채로운 컬러 라이트가 망울지는 효과 등을 만들 수 있다. (P442 참고)

Study 6 | 기타 카메라 명령

카메라 레이어 또는 카메라 레이어와 다른 3D 레이어를 선택한 상태에서 **마우스 오른쪽 버튼**(또는 **메뉴**〉Layer)〉**Camera** ▶

① Link Focus Distance to Point of Interest
② Link Focus Distance to Layer
③ Set Focus Distance to Layer

① Link Focus Distance to Point of Interest

카메라 레이어 선택 후 적용하면, 카메라의 '**Focus Distance**(초점거리)' 속성을 '**Point of Interest**'에 링크시켜 '**Focus Distance**' 속성값이 카메라 위치(Position)와 '**Point of Interest**' 간의 거리로 설정되도록 익스프레션을 자동 생성한다.

② Link Focus Distance to Layer

카메라와 3D 레이어를 선택 후 적용하면, 카메라의 '**Focus Distance**'를 해당 레이어에 링크시켜 '**Focus Distance**' 속성값이 카메라 위치(Position)와 선택한 3D 레이어 위치(Position) 간의 거리값이 되도록 익스프레션을 자동 생성한다.
(초점이 자동으로 해당 레이어를 따라가게 됨)

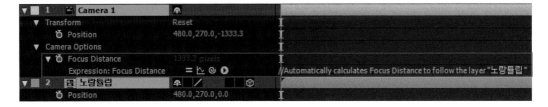

③ Set Focus Distance to Layer

카메라와 3D 레이어를 선택 후 명령을 적용하면, 둘 사이의 위치(Position)를 측정하여 현재시점(Current Time)에서 카메라의 '**Focus Distance**'를 카메라와 레이어 간의 거리로 설정

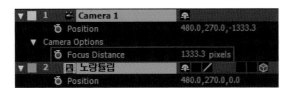

Lesson 3 라이트(Light)

학습예제 프로젝트 파일 : 에펠탑.aep (소스 파일 : 에펠탑.png, 에펠탑 바닥.jpg, 에펠탑 하늘.jpg)

파일 탐색기에서 "예제\Lec12" 폴더의 "에펠탑.aep"를 더블클릭하거나 **메뉴〉File〉Open Project** (= Ctrl + O)로 "에펠탑.aep" 프로젝트를 불러들인다.

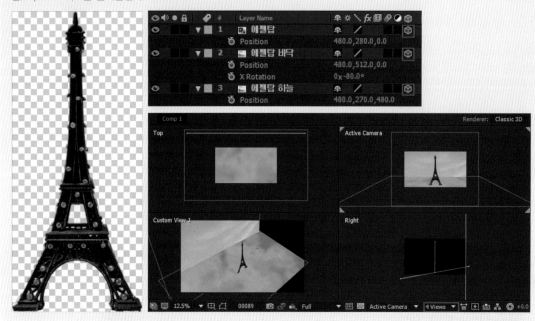

Study 1 | 라이트 레이어 생성하기

3D 레이어에만 영향을 주며, 조명을 비추어 재질감을 부여하고 뷰어에 그림자를 표시한다.

▶ 'Comp Camera' 속성이 포함된 이펙트('Card Dance' 이펙트 등)를 적용한 2D 레이어에는 영향을 준다.

방법 Comp/Timeline 패널 선택 후 **마우스 오른쪽 버튼**(또는 **메뉴〉Layer〉New〉Light** = Ctrl + Alt + Shift + L

→ 〈**Light Settings**〉 대화창이 자동 오픈되면 라이트 세부 설정 후 [**OK**] 버튼 클릭

→ Timeline 패널에 '**Light #**' 레이어가 추가된다.

→ Comp 패널에 선택한 타입의 라이트 형상이 표시된다. (디폴트는 "**Spot Light**")

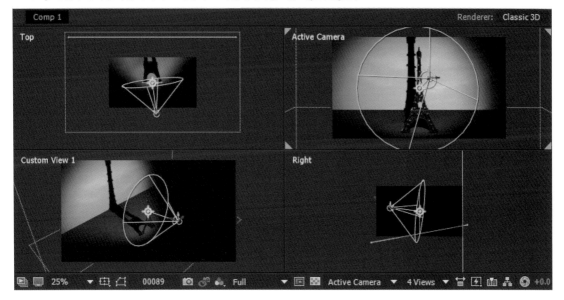

TIP

〈View Options〉(= 메뉴〉View〉View Options = Ctrl + Alt + U) 대화창에서 'Spotlight Wireframes ▼' 옵션이 "On(디폴트)"이면 항상 라이트 형상이 와이어프레임으로 뷰에 표시된다.

라이트 레이어를 선택할 때만 와이어프레임 표시 ◄

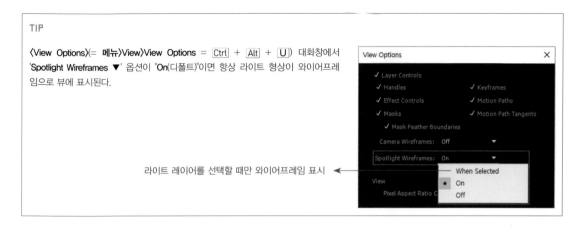

Study 2 | 라이트 설정하기 : Light Settings

방법 1 Timeline 패널에서 라이트 레이어 더블클릭
방법 2 Timeline 패널에서 라이트 레이어 선택 후 **메뉴〉Layer〉Light Settings** (= Ctrl + Shift + Y)

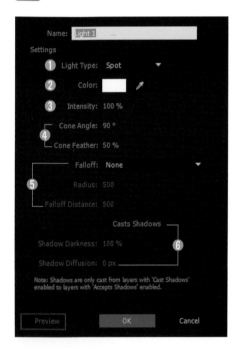

▶ 하단의 'Preview'가 체크되어 있으면 설정 변경 시 바로 Comp 패널에 반영되어 나타난다.

❶ Light Type ▼

설치할 광원 타입 선택

- **Parallel** : 한 방향으로 쏘는 빛 ex) 태양광

- **Spot** : 광원에서부터 원뿔 모양으로 집중적으로 퍼지는 빛 ex) 무대조명

- **Point** : 방사형으로 퍼지는 빛 (빛과 레이어 간의 거리에 따라 레이어에 닿는 빛의 세기가 다름) ex) 전구

- **Ambient** : 광원이 없어 빛의 위치가 상관이 없으며 화면 전체의 밝기에 영향을 준다. (Comp 패널에 아이콘이 표시되지 않으며 그림자를 생성하지 않음)

Parallel Light

Spot Light (디폴트)

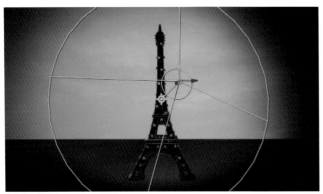

Point Light

Ambient Light

아주 작은 점으로
표시되어 있기는 함

❷ Color

빛의 색상 (빛을 받는 3D 레이어의 컬러에 영향을 미친다.)

라이트 색상으로 Yellow 지정

❸ Intensity

빛의 세기 (디폴트 100%)

Intensity 100% (디폴트)

Intensity 200%

→ 0 이하의 수치는 빛이 없는 상태

> **TIP**
>
> 다른 라이트가 이미 적용된 상태에서 특정 영역을 더 어둡게 만들고자 할 때 라이트를 추가하여 'Intensity'에 (−)값을 설정한다.
>
>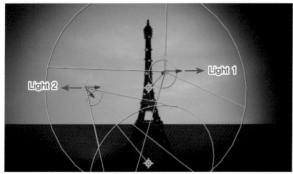
>
> Light1 ▶Intensity 100% + Light2 ▶Intensity −70%

❹ **Cone Angle** : 빛이 퍼지는 원뿔의 폭 결정 (Spot Light에만 해당)

→ 수치를 올리면 빛이 닿는 밑면적이 넓어진다.

Cone Angle 90° (디폴트)

Cone Angle 60°

Cone Feather : 빛이 닿는 곳과 닿지 않는 곳의 경계를 부드럽게 만든다. (Spot Light에만 해당)

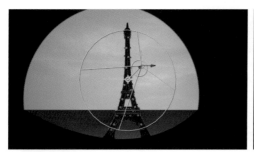

Cone Angle 60° + Cone Feather 0%

Cone Angle 60° + Cone Feather 100%

❺ **Falloff** ▼

광원과 레이어 간의 거리에 따라 빛의 세기가 변하는 방식 설정 (Ambient Light는 해당 안됨)

- **None** : 거리에 상관없이 빛의 세기가 일정하게 도달 (디폴트)
- **Smooth** : 빛의 감소가 시작되는 반경('**Radius**')에서부터 '**Falloff Distance**'에 지정한 거리만큼 점차적으로 빛의 세기가 감소 (Linear Falloff)
- **Inverse Square Clamped** : 빛의 감소가 시작되는 반경('**Radius**')에서부터 빛의 세기가 감소하되, 빛의 역제곱 법칙(빛의 세기가 광원과 피사체 간의 거리의 제곱에 반비례한다는 물리학적 법칙)에 따라 실제와 같이 정확하게 감소

- Radius : 빛의 감소가 시작되는 반경 ('**Falloff ▼**'가 "**Smooth**"나 "**Inverse Square Clamped**"로 설정되었을 때 활성화)
  → 반경 안에는 빛의 세기가 일정하나, 반경을 벗어나면 점차 빛의 세기가 약해진다.

- Falloff Distance : 빛이 감소하는 거리 ('**Falloff ▼**'가 "**Smooth**"나 "**Inverse Square Clamped**"로 설정되었을 때 활성화)

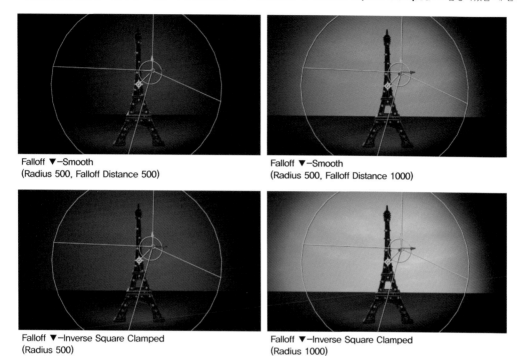

Falloff ▼−Smooth
(Radius 500, Falloff Distance 500)

Falloff ▼−Smooth
(Radius 500, Falloff Distance 1000)

Falloff ▼−Inverse Square Clamped
(Radius 500)

Falloff ▼−Inverse Square Clamped
(Radius 1000)

❻ Casts Shadows

빛의 영향을 받는 3D 레이어들의 그림자를 생성시키려면 체크 (디폴트 "**Off**") (Ambient Light는 해당 안됨)

TIP _ 'Casts Shadows' On/Off 토글

방법 1 Timeline 패널에서 파란 "**Off(On)**" 글씨 부분 클릭

방법 2 라이트 레이어나 3D 레이어를 선택하고 Alt + Shift + C

→ 3D 레이어의 '**Material Options ▶Casts Shadows**' 속성이 "**On**"이나 "**Only**"로 설정된 경우에만 해당 레이어의 그림자를 다른 레이어에 드리울 수 있다. (디폴트 "**Off**")

→ 3D 레이어의 '**Material Options ▶Accepts Shadows**' 속성이 "**On**"이나 "**Only**"로 설정된 경우에만 해당 레이어에 그림자가 표시된다. (디폴트 "**On**")

- Shadow Darkness : 그림자의 어두운 정도 ('**Casts Shadows**'가 체크(On) 상태일 때만 활성화)

- Shadow Diffusion : 그림자를 만드는 레이어와 그림자가 드리워지는 레이어의 거리에 따라 그림자의 퍼지는 정도 설정
  ('**Casts Shadows**'가 체크 상태일 때만 활성화되고, Parallel Light에는 비활성화)

Shadow Darkness 50%   Shadow Diffusion 30px

TIP

〈Light Settings〉 대화창의 옵션들은 Timeline 패널에서 라이트 레이어의 '**Light Options**'의 각 속성에 키프레임을 설정하여 애니메이션할 수 있다.

 → Timeline 패널에서 라이트 레이어의 '**Light Options**' 속성만 보기 = 라이트 레이어 선택 후 Ａ Ａ 클릭

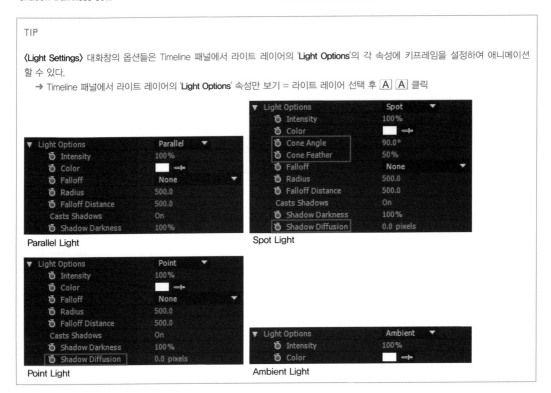

Parallel Light   Spot Light

Point Light   Ambient Light

Study 3 | 그림자와 재질 : Material Options

Material Options

Timeline 패널에서 3D 레이어의 그림자와 표면질감에 대한 속성 조절

 ▷ Timeline 패널에서 3D 레이어의 '**Material Options**' 속성만 보기 = 3D 레이어 선택 후 Ａ Ａ 클릭

▼ Material Options	
❶ Casts Shadows	Off
❷ ⏱ Light Transmission	0%
❸ Accepts Shadows	On
❹ Accepts Lights	On
❺ ⏱ Ambient	100%
❻ ⏱ Diffuse	50%
❼ ⏱ Specular Intensity	50%
❽ ⏱ Specular Shininess	5%
❾ ⏱ Metal	100%

❶ Cast Shadows

해당 레이어의 그림자를 생성할 것인지 설정

→ 파란 "**Off**" 글씨 부분을 클릭하면 "**On/Only/Off**" 전환

- **On** : 그림자 생성
- **Only** : 그림자를 생성하되 해당 레이어는 숨김
- **Off** : 그림자를 생성하지 않음 (디폴트)

"에펠탑" 레이어의 Casts Shadows : Only   "에펠탑" 레이어의 Casts Shadows : Off

▶ 라이트 레이어의 '**Light Options ▶Casts Shadows**' 속성이 "**On**"이라 하더라도, 3D 레이어의 '**Material Options ▶Casts Shadows**' 속성이 "**On**"이나 "**Only**"로 설정된 경우에만 해당 레이어의 그림자를 다른 레이어에 드리울 수 있다.

❷ Light Transmission

설정한 %만큼 레이어가 빛을 투과시켜 그림자 대신 레이어의 색상과 이미지를 드러낸다. ex) 스테인드글라스

→ 0%(디폴트)는 빛을 투과시키지 않으므로 검은 그림자 생성

에펠탑 레이어 Light Transmission 100%

❸ Accepts Shadows

다른 레이어가 생성하는 그림자를 본 레이어에 드리워 표시할지 결정

- **On** : 본 레이어에 그림자를 표시 (디폴트)
- **Only** : 본 레이어에 그림자를 표시하지만 본 레이어는 숨김
- **Off** : 본 레이어에 그림자를 표시하지 않음

하늘 Accepts Shadows : On
바닥 Accepts Shadows : Only

하늘 Accepts Shadows : On
바닥 Accepts Shadows : Off

▶ 라이트 레이어의 'Light Options ▶Casts Shadows' 속성이 "On"이고 그림자를 생성하는 3D 레이어의 'Material Options ▶Casts Shadows' 속성이 "On"이나 "Only"이더라도, 3D 레이어의 'Material Options ▶Accepts Shadows' 속성이 "On"이나 "Only"로 설정된 경우에만 해당 레이어에 다른 레이어의 그림자가 표시된다.

❹ Accepts Lights

레이어가 라이트의 영향을 받을지 결정 (그림자 여부와는 상관없음)

– **On**: 라이트의 영향을 받음 (디폴트)
– **Off** : 라이트의 영향을 받지 않음

 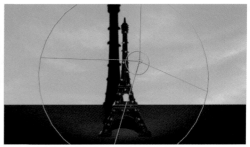

하늘 Accepts Lights : On
바닥 Accepts Lights : Off

하늘 Accepts Lights : Off
바닥 Accepts Lights : On

❺ Ambient

Ambient Light가 있을 경우 레이어의 표면에 끼치는 영향도(반사도)
→ Ambient Light만 있을 경우에 이 수치를 0%로 하면 레이어가 검게 표시된다.

❻ Diffuse

라이트가 레이어 표면에서 퍼지는 정도 (Ambient Light에는 의미 없음)

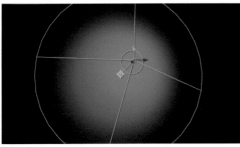 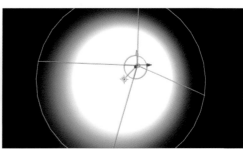

Diffuse 0%

Diffuse 100%

❼ Specular Intensity

레이어 위에서 하이라이트 되는 부분의 빛의 세기 (Ambient Light에는 의미 없음)

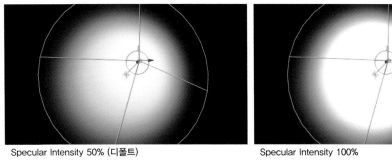

Specular Intensity 50% (디폴트) Specular Intensity 100%

❽ Specular Shininess

레이어 위에서 하이라이트가 집중되는 범위 ('**Specular Intensity**'가 0%이상 설정되어 있어야 의미가 있음)

→ 값이 클수록 하이라이트가 집중되는 범위가 좁아진다. (디폴트는 5%)

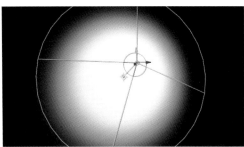
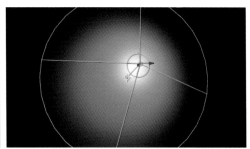

Specular Shininess 0% Specular Shininess 100%

❾ Metal

하이라이트 색상에 레이어의 색상이 드러나는 정도

→ 100% : 원래 레이어의 색상이 100% 드러난다.

0% : 레이어에 라이트의 색상이 반사된다.

에펠탑/하늘/바닥 Metal 0%

그림자 퀄리티 조절하기

■ 그림자의 해상도는 컴포지션의 해상도(Resolution)와 레이어의 'Quality(= 메뉴〉Layer〉Quality)'에 따라 결정된다.

■ 그림자가 흐리게 나타나거나, 'Material Options ▶Diffuse' 값이 0이거나, 그림자 렌더링이 느린 경우

> **방법 1** 〈Composition Settings〉(= Ctrl + K) 대화창의 'Advanced' 탭에서 [Options] 버튼 클릭
> **방법 2** Ctrl + Comp 패널 우상단의 Renderer: Classic 3D 클릭
> **방법 3** Comp 패널 하단의 'Fast Previews ▣'에서 "Render Options" 선택

→ 〈Classic 3D Render Options〉 대화창에서 'Shadow Map Resolution ▼'을 높이거나 낮춘다.

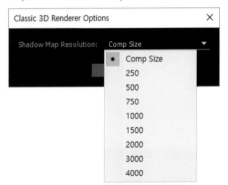

> **TIP**
>
> 그림자를 생성시키는 3D 레이어가 다른 레이어와 교차될 때 교차 부분의 그림자에 약간의 간격(Gap)이 발생할 경우 'Shadow Map Resolution ▼'을 높인다.

> **참고사항** _ Timeline 패널의 "Draft 3D ▣" 버튼 설정
>
> 3D 레이어 작업 시 그림자, 카메라의 피사계심도, 모션 블러 등의 복잡한 연산기능이 적용되지 않은 상태로 프리뷰하여 작업속도를 향상시킨다.

Study 4 ┃ 라이트 조절하기

> **TIP**
>
> 라이트 레이어에 'Adjustment Layer ▣' 스위치를 설정하면 라이트 레이어 아래에 있는 3D 레이어와 3D Comp 레이어에만 라이트가 적용된다.

Timeline 패널에서 라이트 레이어(Light #)의 Transform 속성 조절하기

속성값 변경으로 'Point of Interest'의 위치와 라이트의 위치 및 회전을 조절한다. (Ambient Light는 Transform 속성이 없다.)

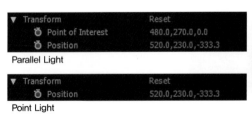

▶ 라이트 레이어는 기본적으로 3D 속성(Z 좌표)을 가진다.

- **Point of Interest** : 라이트가 비추는 중심점의 위치값 (디폴트로 컴포지션의 중심에 위치)

  → Parallel/Spot Light에서만 조절 가능

  ▶ Timeline 패널에서 라이트 레이어의 'Point of Interest' 속성만 보기 = 라이트 레이어 선택 후 A 클릭

Comp 패널에서 Selection 툴 과 Rotation 툴 로 라이트 레이어 조절하기

> TIP
>
> • Shift + Selection 툴 로 클릭 & 드래그 = 수평/수직으로 스냅 이동
> • Shift + Selection 툴 로 특정축 클릭 & 드래그 = 큰 폭으로 이동
> • Shift + Rotation 툴 로 클릭 & 드래그 = 45° 스냅 회전

■ 라이트는 고정하고 'Point of Interest'만 이동하기

라이트 레이어를 선택하고 **Selection 툴** 로 '**Point of Interest**'를 클릭 & 드래그
(**Selection 툴** 의 스냅옵션이 체크 ✔ Snapping 되어 있다면 드래그 시 스냅 적용)

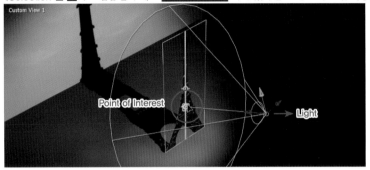

■ 'Point of Interest'와 라이트를 동시에 이동하기

라이트 레이어 선택 후 **Selection 툴** 을 라이트의 특정 축(Axis) 위로 가져가면 해당 축으로만 이동 가능

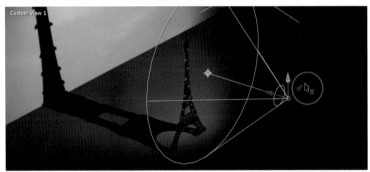

X축으로만 'Point of Interest'와 라이트 동시 이동

■ 'Point of Interest'는 고정하고 라이트만 이동/회전하기

• **Selection 툴** 과 **Rotation 툴** 로 라이트 아이콘을 클릭 & 드래그하면 모든 축에 대해 자유롭게 이동/회전 가능

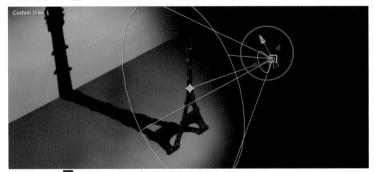

Selection 툴 로 라이트 아이콘을 클릭하여 라이트만 이동

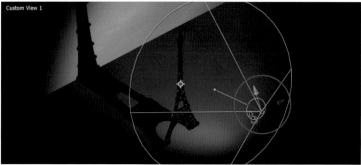

Rotation 툴 로 라이트 아이콘을 클릭하여 라이트만 회전

- 라이트 레이어 선택 후 **Selection 툴** 로 라이트의 특정축(Axis) 위에서 Ctrl + 클릭 & 드래그하면 해당 축에 대해서 라이트만 이동

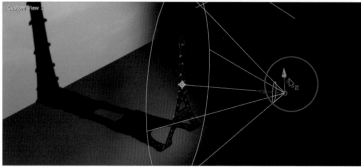

X축으로 라이트만 이동

- 라이트 레이어 선택 후 **Rotation툴** 로 라이트의 특정축(Axis) 위에서 클릭 & 드래그하면 해당 축에 대해서 라이트 회전

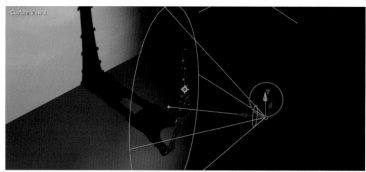

Y축으로 라이트만 회전

TIP

라이트 레이어에 'Auto Orient (= 메뉴)Layer〉Transform〉Auto Orient = Ctrl + Alt + O)'를 적용하는 방법은 카메라의 경우와 동일하므로, 패스를 따라가는 라이트를 설정하려면 〈Auto-Orientation〉 대화창에서 "Orient Along Path" 선택   (적용 방법은 P 381 참고)

Lesson

4 | 3D 입체 오브젝트

Study1 | Ray-trayced 3D Renderer

3D 레이어에 깊이값을 적용하여 입체 오브젝트를 만들거나, 투명/반사/굴절의 표현, 환경맵 등을 화면에서 프리뷰 및 렌더링 하기 위해 해당 3D 레이어가 포함된 컴포지션에 설정한다.

GPU와 Open GL

■ 설치된 그래픽카드의 GPU 정보와 Open GL 성능 확인

Ray-trayced 3D가 설정된 컴포지션에서 작업할 경우 작업속도가 현저히 저하되므로 GPU가 지원되는 그래픽카드로 작업하는 것이 좋다. (작업속도는 그래픽카드의 영향을 받으나, 최종 렌더링 파일의 퀄리티는 관계없음)

방법 〈Preferences〉(= Ctrl + Alt + ;) 대화창의 'Previews' 카테고리에서 **[GPU Information]** 버튼 클릭

- **GPU(Graphics Processing Unit)**

  그래픽카드에 탑재되는 3D 그래픽 연산 전용 처리 장치로 CPU(Central Processing Unit : 중앙처리장치)의 도움 없이 3D 그래픽 성능을 가속시켜 더욱 빠르고 리얼한 라이팅과 질감표현 가능

  → 오픈된 **〈GPU Information〉** 대화창에서 CUDA 기술을 지원하는지 확인할 수 있다.

  ▶ **CUDA**(Compute Unified Device Architecture) : NVIDIA에서 개발한 기술로 GPU를 기반으로 병렬 연산 처리 알고리즘을 통해 렌더링 속도를 증가시킨다.

  > TIP
  >
  > GPU가 지원되는 그래픽카드 확인 : https://helpx.adobe.com/kr/after-effects/system-requirements.html
  > NVIDIA 최신 그래픽 드라이버 다운로드 : http://www.nvidia.com/page/drivers.html
  > NVIDIA CUDA Mac용 드라이버 다운로드 : http://www.nvidia.com/object/mac-driver-archive.html

  → GPU가 없다면 자동으로 CPU 코어(Core)를 가동하여 렌더링 작업을 수행한다.

  > TIP
  >
  > Ray-trayced 3D가 설정된 컴포지션 렌더링을 CPU에서 진행하도록 강제할 수 있다. (렌더링 차이 없음)
  > → 〈GPU Information〉 대화창에서 'Ray-tracing ▼-CPU' 선택 (GPU 카드가 없다면 자동 선택)

- **Open GL(Graphics Library)**

  2D와 3D 그래픽을 처리하기 위한 명령어들을 기술한 표준 API(Application Programing Interface)

  - 안티알리아싱, 투명도, 굴절 및 반사, 매핑(오브젝트의 텍스처 설정), 파티클 특수효과 등을 처리

■ 성능 향상을 위한 GPU 조건

▶ 조건에 미치지 못하면 해당 기능이 비활성화된다.

■ Open GL 1.5 이상 + Shader Model 3.0 이상

화면에 픽셀을 전송하는 블리팅 처리를 더 빠르고 효율적으로 처리하기 위해 GPU에서 OpenGL SwapBuffer 프로세스 지원

■ Open GL 2.0 이상 + Shader Model 4.0 이상 + Texture Memory 256MB 이상

• Comp 패널 하단의 'Fast Previews ▣'에서 "Fast Draft" 모드 지원 (Ray-trayced 3D가 설정된 컴포지션에서 프리뷰 할 때 GPU의 텍스처를 로딩하는 속도를 높이기 위해 장면의 퀄리티를 1/4 해상도로 낮춤)

• 〈Preferences〉(= Ctrl + Alt + ;) 대화창의 'Display' 카테고리에서 "Hardware Accelerate Composition, Layer, Footage Panels" 옵션 지원 (Comp/Layer/Footage 패널의 인터페이스 및 Grid/Guide/Ruler/Bounding Box 등을 표시하는 "Hardware BlitPipe"를 더 빠르게 처리)

▶ 'Cartoon' 이펙트(= 메뉴)Effect)Stylize)Cartoon)에서 'Use OpenGL When Available' 옵션으로 GPU 가속을 지원한다. (시스템 조건이 미치지 못하면 CPU로 실행됨)

■ NVIDIA CUDA + Texture Memory 512MB 이상

GPU로 Ray-trayced 3D 렌더링 지원

Ray-trayced 3D Renderer 적용하기

■ Ray-trayced 3D Renderer를 반드시 적용해야 하는 경우

• Extrude(두께)나 Bevel(경사면)을 설정한 3D 텍스트/쉐이프 레이어를 사용할 때

• 반사나 굴절의 정밀한 표현

• 환경(Environment) 레이어를 사용할 때

• 곡률(Curvature)을 적용한 3D 레이어나 컴포지션이 있을 때

■ 컴포지션에 Ray-trayced 3D Renderer 설정하기

방법 1 Comp 패널 우상단의 Renderer: Classic 3D 클릭
방법 2 메뉴)Composition)Composition Settings (= Ctrl + K)

→ 〈Composition Settings〉 대화창의 'Advanced' 탭에서 'Renderer ▼-Ray-trayced 3D' 선택

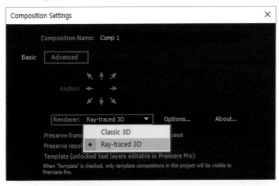

▶ 기본 렌더러인 'Classic 3D' 는 2D 레이어 또는 입체가 아닌 3D 레이어를 3D 공간에서 프리뷰하고 렌더링할 때 디폴트로 사용된다.

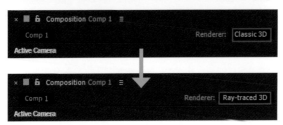

TIP

한 번 'Renderer'를 선택하면 새 프로젝트나 다른 컴포지션을 생성해도 설정이 유지되므로, 2D 레이어나 일반 3D 레이어를 작업하는데도 AE가 지나치게 느리다면 컴포지션이 Renderer: Ray-traced 3D 로 설정된 상태가 아닌지 확인한다.

▶ Comp 패널 우상단의 'Renderer' 버튼은 컴포지션에 3D 레이어가 있을 때만 표시된다.

■ Ray-trayced 3D Renderer가 지원하지 않는 기능

- 블렌딩 모드, 트랙 매트, 레이어 스타일, 'Preserve Underlying Transparency ▨' 스위치

- 텍스트/쉐이프 레이어를 포함하여 'Continuously rasterize ▨' 스위치가 적용된 레이어의 마스크나 이펙트

- 'Collapse Transformations ▨' 스위치를 설정한 3D Precomp 레이어의 마스크나 이펙트

- 카메라 레이어의 'Camera Options' 항목에서 'Iris Diffraction Fringe', 'Highlight Gain', 'Highlight Threshold', 'Highlight Saturation' 옵션

Ray-trayced 3D의 렌더링 퀄리티 조절

■ Ray-trayced 3D Renderer Options

방법 1 〈Composition Settings〉 대화창의 'Advanced'탭에서 'Renderer ▼' 오른쪽의 [Options] 버튼

방법 2 Ctrl + Comp 패널 우상단의 Renderer: Ray-traced 3D 버튼 클릭

방법 3 Comp 패널 하단의 'Fast Previews ▨'에서 "Render Options" 선택

→ 〈Ray-trayced 3D Renderer Options〉 대화창 자동 오픈

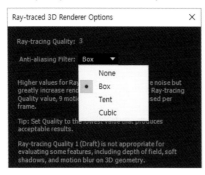

Ray-tracing Quality : 광원에서 나온 빛이 물체의 표면에서 반사되는 경로를 추적할 때 사용되는 광선의 수

→ 값이 3이면 픽셀당 3x3 = 9개의 광선이 주사된다.

▷ 모션 블러의 경우에는 프레임당 9개의 모션 블러 샘플이 사용된다.

→ 값이 높을수록 노이즈가 제거되어 렌더링 품질이 좋으나 렌더링 시간 증가 (선명도(Sharpness)가 증가하는 것은 아님)

→ 값이 1(Draft)이면 항상 선명(Sharp)한 상태 (단, 3D 입체의 모션 블러나, 반사면의 블러, 부드러운 그림자, 피사계심도의 초점 흐림 등이 나타나지 않음)

> TIP
>
> 렌더링 시간을 고려하면서 적절한 값을 선택하기 위해 노이즈가 발생되지 않는 최저 퀄리티를 설정한다.

Anti-aliasing Filter ▼ : 블러양 조절

- **None** : 모든 광선이 픽셀 경계 안쪽으로 주사된다. (선명함)
- **Box**(디폴트) < **Tent** < **Cubic** 순으로 블러 품질 향상 (광선이 인접한 픽셀에 격자(grid)로 퍼지도록 주사됨)

■ Ray-trayced 3D 컴포지션에서 'Fast Previews ⚡' 설정하기

시스템 과부하로 인한 작업속도저하를 보완하기 위해 화면의 퀄리티를 낮춰 빠른 프리뷰 가능
(최종 아웃풋에는 영향 없음)

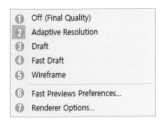

▶ 'Draft', 'Fast Draft', 'Wireframe' 모드로 설정한 경우,
Comp 패널의 우상단에 현재 선택한 모드가 표시된다.
(아이콘이 ⚡로 변경됨)

❶ Off (Final Quality) : 최상의 퀄리티로 프리뷰

❷ Adaptive Resolution : Ray-traced 3D 컴포지션의 경우에는 현재의 'Adaptive Resolution'을 기준으로 'Ray-tracing Quality(주사되는 광선수)'를 축소한다.

　▶ Classic 3D 컴포지션의 경우에는 Timeline 패널에서 속성값을 드래그하거나 Comp 패널에서 레이어를 직접 변형시킬 때 푸티지의 퀄리티를 낮춰서 작업을 용이하게 한다.

　→ 〈Preferences〉(= Ctrl + Alt + ;) 대화창에서 'Previews' 카테고리의 'Fast Previews- Adaptive Resolution Limit' 옵션에서 최소 프리뷰 해상도 지정

　– 1/2 : 'Ray-tracing Quality'가 반으로 축소
　– 1/4 : 'Ray-tracing Quality'가 4 이하로 축소
　– 1/8, 1/16 : 'Ray-tracing Quality'가 2 이하로 축소

❸ Draft : 'Ray-tracing Quality'를 1로 축소 (Ray-traced 3D 컴포지션에서만 사용 가능)
　▶ Ray-traced 3D 컴포지션이 도중에 Classic 3D 컴포지션으로 바뀌면 기존에 설정했던 'Draft' 모드는 자동으로 'Adaptive Resolution' 모드로 전환된다.

❹ Fast Draft : Ray-trayced 3D 컴포지션에서 텍스처를 GPU에 로딩하는 속도를 높이기 위해 프리뷰 시 장면의 퀄리티를 1/4 해상도로 낮춘다. (Open GL 2.0 이상 + Shader Model 4.0 이상 + Texture Memory 256MB 이상에서 활성화)

❺ Wireframe : 레이어를 와이어프레임으로만 표시

❻ Fast Previews Preferences : 〈Preferences〉 대화창의 'Previews' 카테고리를 자동 오픈

❼ Render Options : 〈Ray-trayced 3D Renderer Options〉 대화창을 자동 오픈

Study 2 ▎ 3D 레이어의 입체 설정 : Geometry Options

컴포지션에 Ray-trayced 3D를 적용하면 모든 3D 레이어에 'Geometry Options' 속성이 추가된다.

텍스트나 쉐이프 레이어에 입체 설정하기

Extrude(두께)나 Bevel(경사면)을 적용할 수 있다.

텍스트 레이어

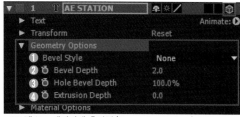

3D 텍스트 레이어에 추가된 'Geometry Options' 속성

▶ 텍스트/쉐이프 레이어에 적용된 Fill/stroke의 그래디언트 설정은 무시된다.

▶ 패스(Path)가 꼬이거나 구멍이 여러 개 중첩된 쉐이프의 경우 제대로 렌더링이 되지 않을 수도 있다.

❶ Bevel Style ▼

3D 레이어의 가장자리에 경사면을 적용한다. (앞뒤 동일하게 적용)

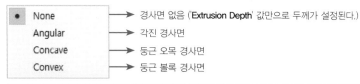

❷ Bevel Depth

경사면 엣지의 가로/세로 굵기

❸ Hole Bevel Depth

구멍이 뚫린 안쪽 부분의 경사면 엣지의 굵기

→ 'Bevel Depth'로 설정된 바깥 엣지값과 비교하여 설정된 %로 늘리거나 줄임
(100%는 바깥 엣지와 굵기 동일)

None

Angular

Concave

Convex

Hole Bevel Depth 50%

❹ **Extrusion Depth**

Z축으로 3D 레이어의 옆면(Side) 두께 설정

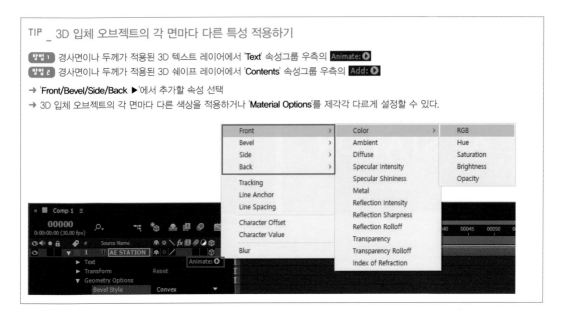

TIP _ 3D 입체 오브젝트의 각 면마다 다른 특성 적용하기

방법 1 경사면이나 두께가 적용된 3D 텍스트 레이어에서 'Text' 속성그룹 우측의 Animate: ▶

방법 2 경사면이나 두께가 적용된 3D 쉐이프 레이어에서 'Contents' 속성그룹 우측의 Add: ▶

→ 'Front/Bevel/Side/Back ▶'에서 추가할 속성 선택

→ 3D 입체 오브젝트의 각 면마다 다른 색상을 적용하거나 'Material Options'를 제각각 다르게 설정할 수 있다.

활용예제 **벡터 파일을 푸티지로 임포트 하여 3D 입체 오브젝트 만들기**

– 소스 파일 : AE STATION.ai

01 Extrude나 Bevel 옵션을 각각 다르게 설정할 패스(Path)는 미리 일러스트레이터(Adobe Illustrator)에서 레이어를 분리하여 저장하도록 한다.

▶ 벡터 파일의 패스에 지정한 색상은 유지할 수 있으나 그래디언트나 불투명도(Opacity) 설정은 유지되지 않는다.
  (그래디언트나 지원되지 않는 Type은 반투명 회색으로 표시된다.)

02 AE에서 벡터 파일(AE STATION.ai)을 푸티지로 임포트(= Ctrl + I) 시 '**Import Kind ▼—Composition**'으로 선택한다.

▶ 벡터 푸티지의 모든 레이어에 동일한 Extrude나 Bevel 설정을 할 경우는 '**Import Kind ▼—Footage**'로 선택해도 된다.

→ 저장된 레이어 순서와 이름 그대로 폴더 형태로 임포트 되고 파일 이름과 동일한 컴포지션이 자동으로 생성된다.

03 "AE STATION" 컴포지션의 《**Composition Settings**》(= Ctrl + K) 대화창에서 컴포지션 설정을 다음과 같이 변경한다.

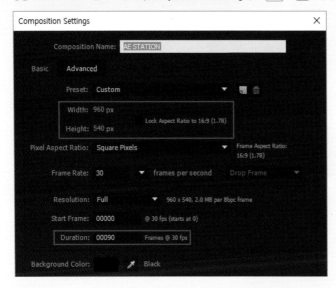

04 Comp/Timeline 패널에서 모든 레이어를 선택한 다음 **마우스 오른쪽 버튼**(또는 **메뉴**)Layer)**Create Shapes from Vector Layer**를 적용하여 벡터 레이어를 쉐이프 레이어로 바꾼다.

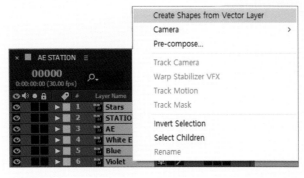

→ 벡터 레이어 각각에 대해 "동일이름 Outlines" 쉐이프 레이어가 생성된다.

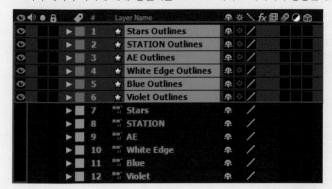

▶ 기존 벡터 레이어의 'Video ◉'는 자동으로 Off

05 모든 쉐이프 레이어에 '**3D Layer ◉**' 스위치를 설정하고 Comp 패널 우상단의 ▨ Renderer: Classic 3D 를 클릭하여 '**Ray-traced 3D**'로 전환한다.

06 입체의 깊이감를 확인하기 위해 '**Casts Shadows**' 설정이 가능한 라이트(= Ctrl + Alt + Shift + L)와 카메라(= Ctrl + Alt + Shift + C)를 생성하고 다음과 같이 세팅한다.

07 다양한 각도에서 Extrude와 Revel 상태를 보기 위해 '**View Layout ▼**'과 '**3D View ▼**'를 선택하고, AE STATION Outlines 레이어들의 '**Position**' 속성과 '**Geometry Options**'를 설정한다.

→ 각 레이어의 디폴트 세팅에서 아래에 표시된 속성을 다음과 같이 변경한다. (레이어마다 다른 모양과 크기의 베벨 설정)

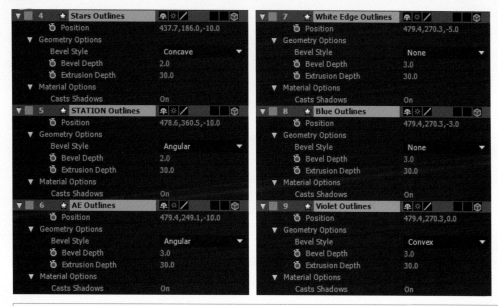

TIP

+Z(화면 뒤쪽) 방향으로 '**Bevel Depth**'와 '**Extrusion Depth**'가 확장되므로, 화면 앞쪽에서 돌출형태를 보려면 '**Position**'을 −Z 방향으로 당겨주어야 한다. (베벨은 앞/뒤 동일한 형태로 생성됨)

08 입체 설정이 끝나면 카메라 액션을 주어 애니메이션을 완성한다.

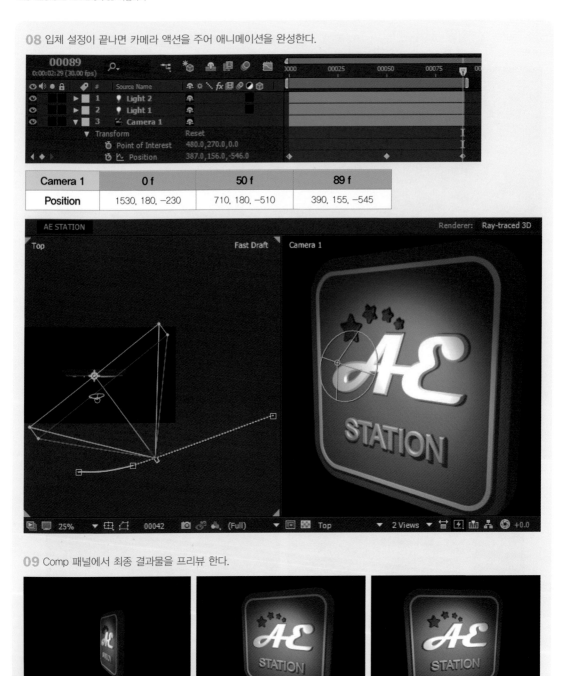

Camera 1	0 f	50 f	89 f
Position	1530, 180, −230	710, 180, −510	390, 155, −545

09 Comp 패널에서 최종 결과물을 프리뷰 한다.

일반 3D 레이어나 3D Precomp 레이어에 입체 설정하기

'**Geometry Options**'에서 세로축으로 구부리는 기능을 적용할 수 있다. (Extrude나 Bevel은 적용 불가)

▶ 마스크와 이펙트가 설정된 레이어에도 적용 가능하나, '**Collapse Transformations** ※' 설정된 Precomp 레이어의 마스크와 이펙트는 지원하지 않는다.

학습예제 소스 파일 : 공작새.jpg

"예제₩Lec12₩sc" 폴더에서 "공작새.jpg"를 임포트(= Ctrl + I)하여 새 컴포지션에 레이어로 배치한 후 '**3D Layer** 스위치를 적용하여 3D 레이어로 만든다.

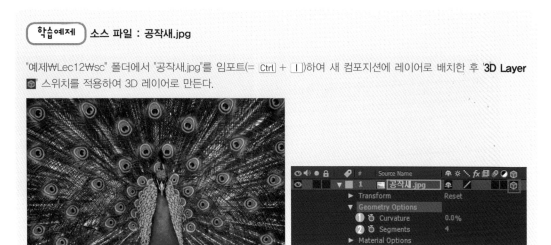

공작새.jpg

❶ Curvature

세로축을 기준으로 반원통형으로 휘도록 곡률(구부리는 정도) 설정 (−100~100%)

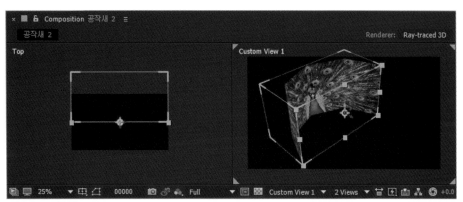

Curvature 100%

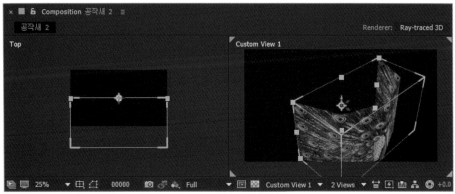

Curvature −100%

❷ Segments

면 분할값 (2~256)

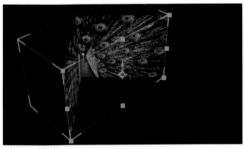

Segments 2

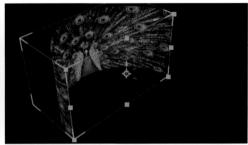

Segments 30

3D 입체의 재질 설정 : Environment Layer

학습예제 프로젝트 파일 : 바다.aep (소스 파일 : 바다.jpg)

01 파일 탐색기에서 "예제\Lec12" 폴더의 "바다.aep"를 더블클릭하거나 **메뉴>File>Open Project** (= Ctrl + O)로 "바다.aep" 프로젝트를 불러들인다.

바다.jpg

텍스트 레이어

Environment Layer 설정하기

Environment 레이어로 설정되면 3D 레이어나 3D Precomp 레이어에 반사되는 형태로 매핑(Mapping)되는 환경맵 (Environment Map)의 특성을 가진다.

▶ 동영상 파일을 환경맵으로 사용하면 3D 레이어의 표면에서 매핑된 영상이 흐르는 이미지를 만들 수 있다.

▶ 'Scale' 속성이 (−)인 레이어에 환경맵을 적용하면 방향이 뒤집혀서 적용된다.

02 컴포지션 우상단의 `Renderer: Classic 3D`를 클릭하여 〈**Composition Settings**〉 대화창의 '**Advanced**' 탭에서 '**Renderer ▼−Ray−traced 3D**'를 선택한다.

03 텍스트 레이어(SEA)의 '**Text**' 속성그룹 오른쪽의 `Animate: ▶`에서 "**Enable Per−character 3D**"를 선택한다.

04 다음과 같이 두 종류의 라이트를 생성(= Ctrl + Alt + Shift + L)하고 세팅한 다음 3D 텍스트 레이어의 '**Geometry Options**'에서 Bevel을 설정한다.

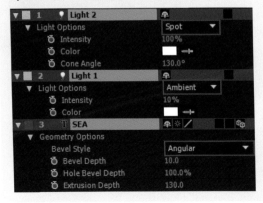

05 환경맵으로 쓸 "바다.jpg" 레이어를 선택하고 **마우스 오른쪽 버튼**(또는 **메뉴**〉Layer)〉**Environment Layer**를 적용한다.
→ Environment 레이어의 이름 앞에 🔵 아이콘이 표시되고 자동으로 '**3D Layer** 🔲'로 설정된다.

▶ "바다.jpg" 레이어가 장면 전체를 감싸는 구형(Sphere)으로 변한다.
▶ 'Fast Preview ▼-Fast Draft' 모드에서는 Environment 레이어가 표시되지 않는다.

반사와 굴절 적용하기

Ray-trayced 3D를 적용하면 3D 레이어의 '**Material Options**' 속성에 반사/투명도/굴절 속성이 추가된다.

▶ 환경맵을 적용하지 않고 3D 레이어의 'Material Options'에서 'Reflection' 관련 수치를 적용하면 블랙배경이 반사된다.

▶ Timeline 패널에서 3D 레이어의 'Geometry Options'와 'Material Options' 속성만 보기 = A A 클릭

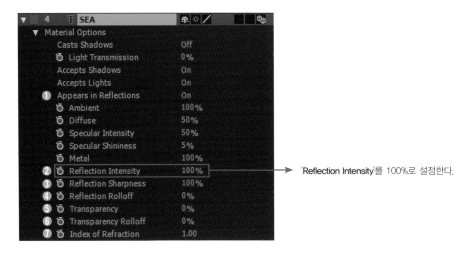

'Reflection Intensity'를 100%로 설정한다.

❶ Appears in Reflections

– **On** : 해당 레이어가 Environment 레이어와 물체들을 반사 (디폴트)

– **Only** : 반사가 표시되나 레이어 자체는 숨김

– **Off** : 레이어는 보이나 반사가 표시되지 않음

06 컴포지션에 포함된 솔리드 레이어의 '**Video 👁**'를 On 한 후 '**3D Layer 📦**' 스위치를 설정하고 '**Geometry Options**'와 '**Material Options**'의 속성을 다음과 같이 조절한다.

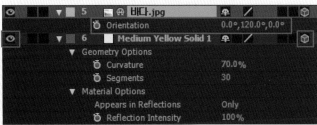

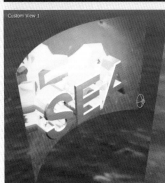

솔리드 레이어의
Appears in Reflections : On

솔리드 레이어의
Appears in Reflections : Only

솔리드 레이어의
Appears in Reflections : Off

> **TIP**
>
> 환경맵의 가장자리가 반사되는 것을 피하기 위해 Environment 레이어(바다.jpg)의 '**Orientation**' 속성으로 환경맵을 회전시킬 수 있다.
>
>
>
> 환경맵의 이음새가 나타남   Environment 레이어의 Y-Orientation 120°

❷ Reflection Intensity

주변의 다른 3D 오브젝트와 환경맵이 반사되는 정도 ('**Reflection Rolloff**'를 기반으로 계산됨)

Reflection Intensity 100%   Reflection Intensity 50%

> **TIP**
>
> '**Material Options**'의 '**Specular Shininess**' 속성을 조절하여 탁하거나 거울같은 반사의 광택을 만들 수 있다.
>
>
>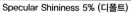
>
> Specular Shininess 5% (디폴트)   Specular Shininess 100%

❸ Reflection Sharpness

반사되는 환경맵의 선명도 (%)

→ 수치를 낮추면 블러(Blur)가 적용되어 매핑된다. (수치가 지나치게 낮으면 노이즈 발생)

Reflection Sharpness 0%

❹ Reflection Rolloff

입사각의 여각에서 표면에 발생하는 반사 정도(프레넬 현상) 조절 (디폴트 0%)

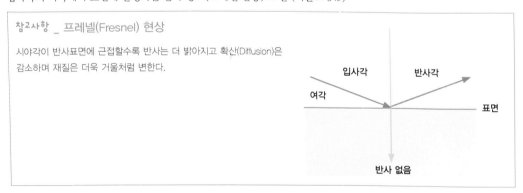

참고사항 _ 프레넬(Fresnel) 현상

시야각이 반사표면에 근접할수록 반사는 더 밝아지고 확산(Diffusion)은 감소하며 재질은 더욱 거울처럼 변한다.

입사각　　반사각
여각
표면
반사 없음

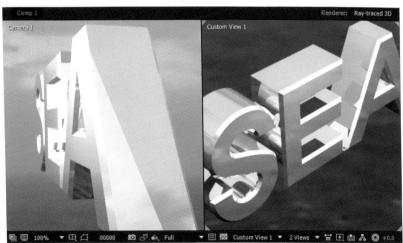

Reflection Intensity 100% + Reflection Rolloff 0% (디폴트)

Reflection Intensity 100% + Reflection Rolloff 100%

❺ Transparency

입체 표면의 투명도 ('**Transparency Rolloff**'를 기반으로 계산됨)

▶ '**Transparency**'를 100%로 설정해도 반사와 Specular Highlights 가 나타나므로 이를 제거하려면 레이어에서 '**Transform**' 속성의 '**Opacity**'를 0%로 설정한다. (레이어의 알파값이 0인 부분에서는 완 전히 형태가 사라짐)

Transparency 50%

❻ Transparency Rolloff

보는 각도에 따라 표면에 발생하는 투명한 정도 조절 (디폴트 0%)

→ 표면을 정면으로 보면 설정한 값으로 투명하게 보이고, 비스듬하게 바라보면 더 불투명하게 보인다.

❼ Index of Refraction (굴절률, IOR)

3D 레이어를 통과한 빛이 꺾여 뒤에 있는 오브젝트들이 어떻게 보일지 설정

Environment 레이어의 속성

Environment 레이어로 설정되면 레이어의 원래 속성들은 사라지고 '**Options**' 속성이 생성된다.

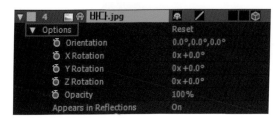

Orientation/Rotation : 평면이던 환경맵이 구형이 되면서 가장자리가 연결되어 생기는 이음새를 화면에 보이지 않도록 감추기 위해 Environment 레이어를 회전시킨다.

Opacity : Environment 레이어의 불투명도를 조절하면 그만큼 블랙 배경이 드러난다.

Opacity 5%

Appears in Reflections

- **On** : 환경맵이 뷰어에 표시된다. (디폴트)
- **Only** : 환경맵이 3D 레이어에는 반사되고 뷰어에는 표시되지 않는다.
- **Off** : 환경맵이 뷰어에는 보이나 3D 레이어에는 반사되지 않는다.

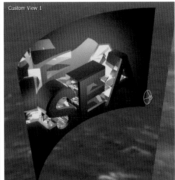

Appears in Reflections–Only   Appears in Reflections–Off

TIP

Environment 레이어에 '**Adjustment Layer** 스위치를 설정하여 Environment 레이어 아래에 있는 3D 레이어 또는 3D Precomp 레이어에만 환경맵이 적용되도록 할 수 있다.

07 솔리드 레이어와 Environment 레이어의 'Appears in Reflections'가 "Only"인 상태에서 텍스트 레이어의 'Text' 속성그룹 오른쪽의 Animate: ▶ 에서 'Rotation' 속성을 추가하여 'Y Rotation'에 0 ~ 30 frame 동안 반바퀴 회전 애니메이션을 설정한다.

→ 텍스트 레이어의 'More Options ▶ Anchor Point Grouping ▼'이 디폴트로 "Character"로 설정되어 있기 때문에 텍스트 레이어의 각 문자가 각각 Y축으로 반바퀴 회전하게 된다.

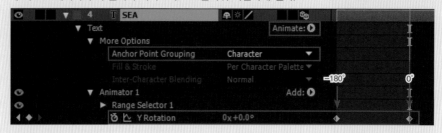

08 카메라를 생성(= Ctrl + Alt + Shift + C)하고 키프레임을 다음과 같이 설정하여 3D 오브젝트 애니메이션을 완성한다.

> **TIP**
>
> 시스템이 느리다면 'Fast Previews 🔢'를 "Fast Draft"로 선택하여 빠르게 카메라 위치를 설정한 후 최종 프리뷰나 렌더링 시 "Off (Final Quality)" 로 변경한다.

Camera 1	0 f	30 f
Position	300, 800, −630	1220, −165, −1500

Lesson 1

이펙트의 활용

비주얼적으로 더 나은 결과를 얻기 위해 스틸 이미지/동영상/오디오 레이어에 특정 변화를 유도하는 명령을 추가한다.

Study 1 | 이펙트 설치하기

AE에서 사용되는 이펙트는 플러그인(Plug-in) 형태로 실행된다. (확장자는 .aex, .pbk, .pbg 등)

- **기본 이펙트 저장 위치** : C:₩Program Files₩Adobe₩Adobe After Effects CC 2015₩Support Files₩Plug-ins
  ▶ Plug-ins 디렉토리 안의 모든 파일이 이펙트는 아니다. (특정 확장자를 읽어 들이고 적용하는데 쓰이는 파일도 포함되어 있음)

- **Adobe 소프트웨어 공용 이펙트 저장 위치** : C:₩Program Files₩Adobe₩Common₩Plug-ins

- **추가 이펙트 설치** : 써드파티(Third-party) 플러그인 공급업체에서 제공하는 이펙트나 사용자가 직접 제작한 이펙트를 추가적으로 설치할 수 있다.
  → 이펙트 파일이나 폴더를 기본 이펙트 저장 위치나 Adobe 공용 이펙트 저장 위치에 설치 (설치방법은 각 사의 방침에 따름)
  → 추가 이펙트 설치 후 AE를 재실행해야 적용 가능

▶ 사용자가 많은 타사 플러그인 Foundry사의 Keylight, Synthetic Aperture사의 SA Color Finesse, Digieffects사의 FreeForm, Imagineer사의 mocha shape, fnord사의 ProEXR, CycoreFX사의 CC 이펙트 등은 디폴트로 AE와 함께 설치된다. (CC 2015 시험버전은 추가 라이선스가 필요한 몇몇 이펙트를 사용할 수 없으나 정식 버전을 구입하면 사용 가능)

TIP 1 _ 써드파티 플러그인 공급업체 사이트 (유료 플러그인 다운로드 및 설명서 제공)

Red Giant : www.redgiant.com
Trapcode : www.trapcode.com
Video Copilot : www.videocopilot.net
GenArts : www.genarts.com
Cycore Effects : cycorefx.com
Digieffects : www.digieffects.com
The Foundry : www.thefoundry.co.uk
Boris FX : www.borisfx.com
Synthetic Aperture : synthetic-ap.com
Zaxwerks : zaxwerks.com

TIP 2 _ 기타 플러그인 제공 사이트

Adobe Add-ons : creative.adobe.com/addons?pp=AEFX
aescripts + aeplugins : aescripts.com

■ 설치된 모든 이펙트는 **메뉴〉Effect ▶**와 Effects & Presets 패널에 표시된다.

▶ Effects & Presets 패널 열기 : **메뉴〉Window〉Effects & Presets**

Effect Controls	F3
Last Effect	Ctrl+Alt+Shift+E
Remove All	Ctrl+Shift+E
3D Channel	>
Audio	>
Blur & Sharpen	>
Channel	>
CINEMA 4D	>
Color Correction	>
Distort	>
Expression Controls	>
Generate	>
Keying	>
Matte	>
Noise & Grain	>
Obsolete	>
Perspective	>
Simulation	>
Stylize	>
Synthetic Aperture	>
Text	>
Time	>
Transition	>
Utility	>

메뉴〉Effect ▶

Effects & Presets

▶ * Animation Presets
▶ 3D Channel
▶ Audio
▶ Blur & Sharpen
▶ Channel
▶ CINEMA 4D
▶ Color Correction
▶ Distort
▶ Expression Controls
▶ Generate
▶ Keying
▶ Matte
▶ Noise & Grain
▶ Obsolete
▶ Perspective
▶ Simulation
▶ Stylize
▶ Synthetic Aperture
▶ Text
▶ Time
▶ Transition
▶ Utility

Effects & Presets 패널

Study 2 | 이펙트 적용하기

학습예제 프로젝트 파일 : 오키나와.aep (소스 파일 : 상어.jpg, 오키나와.jpg)

상어.jpg

오키나와.jpg

01 파일 탐색기에서 "예제\Lec13" 폴더의 "오키나와.aep"를 더블클릭하거나 **메뉴〉File〉Open Project** (= Ctrl + O)로 "오키나와.aep" 프로젝트를 불러들인 후 "Comp 1" 컴포지션을 활성화한다.

이펙트 적용방법

Comp/Layer/Timeline 패널에서 레이어(들) 선택 후

방법1 마우스 오른쪽 버튼(또는 메뉴)〉Effect ▶

방법2 Effect Controls 패널에서 마우스 오른쪽 버튼〉Effect ▶

방법3 Effects & Presets 패널에서 원하는 이펙트 이름을 더블클릭하거나, 이펙트를 클릭한 후 Comp/Layer/Timeline 패널의 레이어나 Effect Controls 패널 안으로 드래그 & 드롭

TIP _ 원하는 이펙트 찾기

Effects & Presets 패널에서 검색창 🔍 에 원하는 이펙트의 스펠링을 일부 입력하면 해당 스펠링이 들어간 이펙트들만 표시된다. (전체 이펙트를 다시 보려면 검색창 오른쪽의 ✕ 클릭)

→ 이펙트를 적용하면 Project 패널 위치에 Effect Controls 패널 자동 오픈

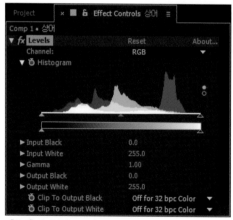

"상어" 레이어에 Effect〉Color Correction〉Levels 적용

TIP _ Effect Controls 패널 열기

Comp/Layer/Timeline 패널에서 레이어 선택 후

방법1 마우스 오른쪽 버튼(또는 메뉴)Effect)〉Effect Controls = F3키

방법2 마우스 오른쪽 버튼〉Open Effect Controls

방법3 메뉴〉Window〉Effect Controls: 레이어 이름

▶ 이미 Effect Controls 패널이 오픈되어 있을 경우, 이펙트가 적용된 여러 레이어 중 한 레이어를 선택하면 해당 레이어에 적용된 이펙트들이 Effect Controls 패널에 표시된다.

→ Timeline 패널에서 레이어의 '**Effects**' 속성그룹 아래 이펙트 속성들이 생성된다. (Switches 컬럼에서 해당 레이어의 '**Effect fx**' 스위치가 On으로 자동 설정됨)

→ 한 레이어에 여러 개의 이펙트를 동시에 적용할 수 있으며, Effect Controls/Timeline 패널에서 위에 있는 이펙트부터 아래로 순서대로 적용되어 렌더링 된다.

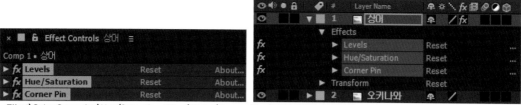

Effect〉Color Correction〉Hue/Saturation, Effect〉Distort〉Corner Pin 순으로 이펙트 추가 적용

TIP 1 _ 이펙트 적용 순서 변경

Effect Controls/Timeline 패널에서 이펙트 이름 클릭 후 위아래로 드래그

Effect Controls 패널

Timeline 패널

TIP 2 _ Timeline 패널에서 레이어에 적용된 이펙트 속성만 보기

방법 레이어 선택 후 [E]

이펙트 적용 시 유의사항

▪ 〈Project Settings〉 대화창에서 색심도(Color Depth)가 높은 bpc(bits per channel)로 설정된 프로젝트에 낮은 색심도의 이펙트를 적용하면 Effect Controls/Timeline 패널의 해당 이펙트 이름 앞에 경고 ⚠ 가 표시되고 색상 정보에 대한 손실이 발생한다.

  ▷ Effects & Presets 패널에서 사용 가능한 색심도를 이펙트 이름 앞에 🔳, 🔳, 🔳 아이콘으로 표시하고 있다. (32bpc용 이펙트는 8, 16, 32bpc 프로젝트에서 사용 가능)

→ Effects & Presets 패널에 프로젝트의 색심도에 맞는 이펙트만 나열하려면
   패널 메뉴 ▤〉Show Effects fot All Color Depths 체크 해제

■ 프로젝트 파일(.aep)을 오픈했을 때 해당 프로젝트에 사용한 이펙트가 플러그인으로 설치되어 있지 않다면, 경고 메시지와 함께 프로젝트가 오픈되며 Effect Controls/Timeline 패널의 해당 이펙트 이름 앞에 "**Missing:**"이 추가된다.

Effect Controls 패널   Timeline 패널

→ Timeline 패널에 해당 컴포지션의 Missing Effect만 표시하기 = F F

→ 해당 이펙트를 플러그인으로 설치한 후 AE를 다시 실행시키고 프로젝트 파일을 오픈하도록 한다.

Study 3 | 이펙트 조절하기

Effect Controls/Timeline 패널에 표시된 이펙트 목록에서 각 이펙트 속성값을 변경하거나 **Stopwatch** 🔘 를 클릭하여 키프레임을 적용한다.

이펙트 선택하기

■ **이펙트 선택**

    방법 Effect Controls/Timeline 패널에서 이펙트 이름 클릭 (Ctrl 이나 Shift 또는 박스 드래그를 사용하여 다중 선택 가능)

■ **이전/이후 이펙트 선택**

    방법 Effect Controls 패널에서 ↓ / ↑ 키

■ **모든 이펙트 선택**

    방법 Effect Controls 패널에서 Ctrl + A

이펙트 속성과 속성값 조절

■ **이펙트 속성 보기** : 이펙트 이름 앞의 ▶를 클릭하여 속성 보기 확장

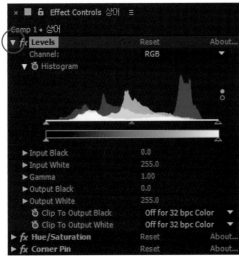

Effect Controls 패널

Timeline 패널

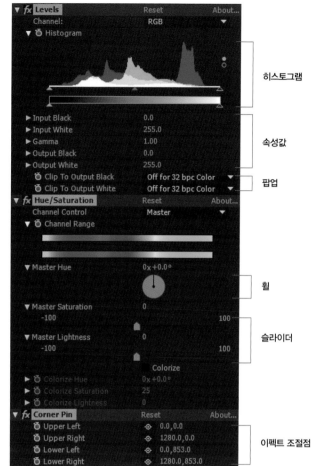

■ 이펙트 컨트롤 도구 : 속성값을 제어하기 위한 다양한 방법들

• **히스토그램** : 삼각형 ▲을 좌우 드래그하여 조절

• **속성값** : 클릭하여 직접 수치 입력하거나 수치 위에서 클릭 & 드래그하여 변경

• **팝업** : 클릭하여 리스트에서 옵션 선택

• **휠** : 클릭하여 회전 드래그

• **슬라이더** : ▲를 클릭하여 드래그

> **TIP**
>
> 속성값 직접 입력 시 슬라이드 좌우에 표기된 최저/최대값보다 더 작게/크게 설정할 수 있는 경우가 많다.

• **이펙트 조절점(Effect Control Point)** ⊕ : 레이어에 이펙트 적용지점 지정 (레이어 좌표 기준)

방법 1 Comp/Layer 패널에 표시된 **Effect Control Point** ⊕를 클릭 & 드래그하여 위치 지정

방법 2 Effect Controls 패널에서 '**Effect Control Point** ⊕' 버튼 클릭 후 Comp/Layer 패널에 나타난 십자표시선으로 이펙트 조절점을 놓을 위치 클릭

방법 3 Effect Controls/Timeline 패널에서 파란 글씨의 좌표값을 직접 클릭 후 각 조절점의 위치좌표를 입력하거나, 좌표값 위에서 클릭 & 드래그하여 위치 조절

▶ 쉐이프/텍스트 레이어와 '**Collapse Transformations/Continuously Rasterize** ※' 설정이 된 레이어는 **Effect Control Point** ⊕ 위치 지정 시 레이어 좌표가 아닌 컴포지션 좌표를 기준으로 한다.

▶ Comp/Layer 패널에 표시되는 **Effect Control Point** ⊕의 색상은 해당 이펙트가 적용된 레이어의 라벨 색상을 따른다.

┌───┐
TIP _ Comp/Layer 패널에 Effect Control Point ⊕ 표시하기

Effect Controls/Timeline 패널에서 '**Effect Control Point** ⊕' 버튼을 가진 해당 이펙트 이름 선택
　　+ **메뉴〉View〉Show Layer Controls**와 〈**View Options**〉(= **메뉴〉View〉View Options**) 대화창의 '**Effect Controls**' 체크(디폴트)
　　+ Layer 패널 하단의 '**View ▼**'에서 '**Effect Control Point** ⊕' 버튼을 가진 해당 이펙트 이름 선택
└───┘

02 이펙트 컨트롤 도구를 이용하여 "상어" 레이어에 적용한 '**Levels**', '**Hue/Saturation**', '**Corner Pin**' 이펙트의 속성들을 다음과 같이 조절한다.

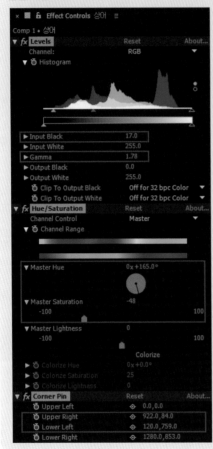

■ **이펙트의 모든 속성값을 디폴트로 초기화**

방법 Effect Controls/Timeline 패널에서 해당 이펙트 이름 오른쪽에 있는 '**Reset**' 클릭

이펙트 중복 적용

■ **직전에 썼던 이펙트를 다시 사용하기**

방법 1 Comp/Timeline 패널에서 레이어(들) 선택 후 **마우스 오른쪽 버튼**(또는 **메뉴**)〉**Effect**〉**마지막 사용 이펙트 이름**(Last Effect)

방법 2 Layer/Effect Controls 패널에서 **마우스 오른쪽 버튼**〉**Effect**〉**마지막 사용 이펙트 이름**(Last Effect)

방법 3 Ctrl + Alt + Shift + E

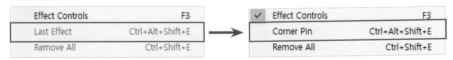

▷ 이펙트를 사용하면 원래의 "**Last Effect**" 자리에 방금 사용한 이펙트 이름이 표시된다.

■ **이펙트의 세팅을 다른 레이어에도 동일하게 적용하기**

방법 이펙트 이름을 클릭하여 복사(= Ctrl + C)한 후 Comp/Timeline 패널에서 적용할 레이어를 선택하거나, 다른 레이어의 Layer/Effect Controls 패널 클릭 후 붙여넣기 (= Ctrl + V)

■ **한 레이어 안에서 동일 이펙트를 추가 적용하기**

방법 이펙트 이름 클릭 후 복제(= Ctrl + D)

Adjustment 레이어에 이펙트 적용하기

Adjustment 레이어에 적용된 이펙트는 Adjustment 레이어 아래에 배치된 레이어들에만 영향을 준다.

▷ 여러 레이어에 같은 설정의 이펙트를 동일한 시간만큼 동시에 적용하고자 할 때 주로 사용

■ 일정시간 동안만 이펙트를 적용하기

→ 이펙트를 적용한 Adjustment 레이어를 영향을 줄 레이어(들) 위에 배치하고 이펙트를 유지할 시간만큼 Adjustment 레이어의 Duration 조절

03 "오키나와.aep"의 "Comp 2" 컴포지션을 활성화한 후 Ctrl + Alt + Y로 Adjustment 레이어를 생성한다.

04 Adjustment 레이어를 "상어" 레이어 아래로 배치하고 **메뉴〉Effect〉Blur & Sharpen〉Gaussian Blur**를 적용한 후 '**Blurriness**' 속성값을 30으로 설정한다.

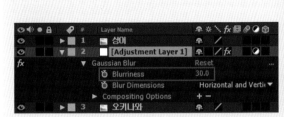

05 Adjustment 레이어가 선택된 상태에서 CTI를 5 frame 위치로 이동시킨 다음 Alt + [를 눌러 In-Time을 설정하다. 다시 CTI를 15 frame 위치로 이동시킨 다음 Alt +]를 눌러 Out-Time을 설정한다.

5 frame부터 15 frame까지 "오키나와" 레이어에만 'Gaussian Blur' 이펙트가 적용된다.

■ 레이어(들)의 일부분에만 이펙트를 적용하기

→ 이펙트와 마스크가 적용된 Adjustment 레이어를 영향을 줄 레이어(들) 위에 배치

06 Adjustment 레이어를 다시 "상어" 레이어 위로 배치한 후 마스크를 다음과 같이 생성한다.

▷ 일부 이펙트는 레이어에 적용된 마스크를 무시하므로, 이 경우엔 마스크를 적용한 레이어를 Pre-compose 한 후 이 Precomp 레이어에 이펙트를 적용한다.

"상어.jpg"와 "오키나와.jpg" 레이어의 일부 영역에만 'Gaussian Blur' 이펙트가 적용된다.

■ 이펙트가 적용된 기존 레이어를 Adjustment 레이어로 설정하기

→ Timeline 패널에서 이펙트가 적용된 기존 레이어에 '**Adjustment Layer** ◙' 스위치를 설정하면 아래 레이어(들)에 동일한 이펙트 적용 가능

▶ 기존 레이어는 Adjustment 레이어의 기능을 하게 되면서 투명 레이어로 바뀜

07 다시 "Comp 1" 컴포지션을 활성화 한 후 "상어" 레이어에 '**Adjustment Layer** ◙' 스위치를 설정한다.

"상어" 레이어가 Adjustment 레이어의 기능을 하게 되면서 "상어" 레이어에 적용된 이펙트들이 "오키나와" 레이어에 적용된다.

Study 4 | 이펙트 제거하기

적용한 이펙트를 제거하기

■ Effect Controls/Timeline 패널에서 레이어(들)의 '**Effects**' 속성그룹 아래 이펙트(들) 이름 클릭 후

방법 Delete 키 (= 메뉴〉Edit〉Clear)

■ 레이어(들)에 적용한 모든 이펙트 제거

방법 1 Timeline 패널에서 레이어(들)의 '**Effects**' 속성그룹 선택 후 Delete 키

방법 2 메뉴〉Effect〉Remove All

적용한 이펙트를 일시 해제하기

▷ 설정한 키프레임은 삭제되지 않는다.

▷ 일시 해제된 이펙트는 프리뷰나 렌더링 되지 않지만, Render Queue 패널에서 일시 해제된 이펙트가 렌더링 되도록 설정할 수 있다. (P237 참고)

■ 개별 이펙트 일시 해제

방법 Effect Controls/Timeline 패널에서 레이어에 적용된 이펙트 이름 왼쪽의 *fx* 스위치를 클릭하여 해제

Effect Controls 패널   Timeline 패널

■ 모든 이펙트 일시 해제

방법 Timeline 패널에서 해당 레이어의 Switches 컬럼의 'Effect *fx*' 스위치를 클릭하여 해제

Study 5 | 이펙트 프리셋 : **Animation Presets**

Animation Presets

복잡한 작업을 한번의 명령으로 실행할 수 있도록 속성값 설정, 이펙트, 키프레임, 익스프레션 등을 조합한 후 하나의 프리셋 (.ffx)으로 저장한 명령모음 (AE에서 500여개의 Animation Presets를 디폴트로 제공)

> **TIP _ 프리셋 다운로드**
>
> Add—Ons(creative.adobe.com/addons), AE Enhancers 포럼(aenhancers.com), Video Copilot사 홈페이지(www.videocopilot.net/ presets) 등 여러 AE 커뮤니티 웹 사이트에서 제공하는 프리셋을 다운로드할 수 있다.

■ 프리셋 저장 위치

C:₩Program Files₩Adobe₩Adobe After Effects CC 2015₩Support Files₩Presets

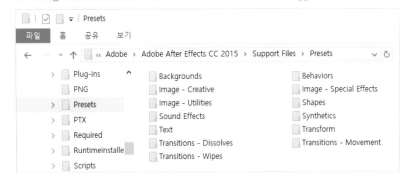

■ 저장된 모든 프리셋 표시

Effects & Presets 패널의 '**Animation Presets**' 카테고리의 ▶ 클릭하여 확장

▷ "**Behaviors**" 폴더의 프리셋들은 키프레임 대신 익스프레션으로
레이어 속성에 애니메이션을 적용한다.

■ 이펙트 프리셋 수정하기

레이어에 프리셋 적용 후 Timeline 패널에서 U (= **메뉴〉Animation〉Reveal Properties with Keyframes**)를 클릭하여
키프레임이 설정된 속성만 보이게 하거나, U U (= **메뉴〉Animation〉Reveal All Modified Properties**)를 클릭하여 값
이 변경된 모든 속성을 보이게 한 후 키프레임 설정이나 속성값 수정

▷ 익스프레션이 설정된 속성을 표시하려면 **메뉴〉Animation〉Reveal Properties with Animation**

프리셋 선택하기

■ Adobe Bridge에서 프리셋 선택하기

방법 1 **메뉴〉Animation〉Browse Presets**

방법 2 Effects & Presets **패널의 패널 메뉴 ☰〉Browse Presets**

방법 3 **메뉴〉File〉Browse in Bridge** (= Ctrl + Alt + Shift + O)로 **Adobe Bridge**를 오픈한 뒤 "C:₩Program Files₩Adobe₩Adobe
After Effects CC 2015₩Support Files₩Presets₩" 디렉토리 안의 각종 폴더에서 프리셋 선택

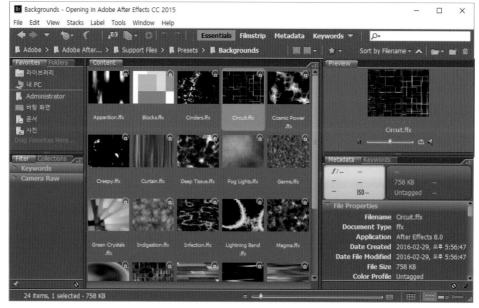

▷ 프리셋을 클릭하면 오른쪽에 프리뷰가 실행되어 해당 프리셋의 애니메이션을 미리 볼 수 있으므로 Effects & Presets 패널에서 프리
셋을 적용하는 방식보다 많이 쓰인다.

■ Effects & Presets 패널에서 프리셋 선택하기

'**Animation Presets**' 카테고리의 ▶ 클릭하여 확장한 후 하위 폴더에서 원하는 프리셋 이름 클릭
(Ctrl이나 Shift 또는 박스 드래그로 프리셋 다중 선택 가능)

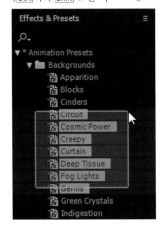

▷ Effects & Presets 패널이 보이지 않으면 **메뉴〉Window〉Effects & Presets** 체크

프리셋 적용하기

■ 레이어에 프리셋 적용하기

애니메이션을 시작할 시간대에 CTI(Current Time Indicator)를 위치시킨 후

방법 1 레이어(들) 선택 후 Browse Presets(Adobe Bridge)나 Effects & Presets 패널에서 적용할 프리셋을 더블클릭

방법 2 Effects & Presets 패널에서 프리셋(들)을 선택 후 Comp/Layer/Timeline 패널의 레이어나 Effect Controls 패널 안으로 드래그 & 드롭 (하나의 레이어에만 드래그 & 드롭 가능)

방법 3 레이어(들) 선택 후 Browse Presets(Adobe Bridge)에서 프리셋(들)을 선택하여 **마우스 오른쪽 버튼〉Place In Adobe After Effects CC 2015** ▶ CS6 버전은 **마우스 오른쪽 버튼〉Place in After Effects**

방법 4 레이어(들) 선택 후 **메뉴〉Animation〉Apply Animation Presets**로 마지막에 사용했던 프리셋 폴더가 파일 탐색기로 열리면 프리셋 선택 후 **[열기]** 버튼 클릭

방법 5 레이어(들) 선택 후 **메뉴〉Animation〉Recent Animation Presets** ▶에서 최근에 적용했던 프리셋 목록 중 선택 (가장 최근에 적용했던 프리셋 적용 = Ctrl + Alt + Shift + F)

▷ 아무 레이어도 선택되지 않은 상태에서 프리셋을 적용하면, 솔리드 레이어가 생성되면서 프리셋이 적용된다.

→ 레이어에 프리셋이 즉시 적용되어 뷰어에 표시된다.

Animation Presets ▶Image − Creative ▶Bloom − crystalize 2 적용

→ Effects & Presets 패널에 해당 프리셋에 포함된 이펙트 목록이 표시된다.

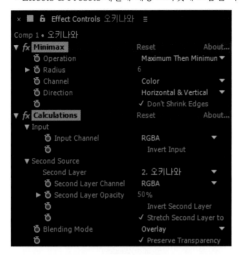

→ Timeline 패널에서 레이어의 '**Effects**' 속성그룹에 해당 프리셋에 포함된 이펙트 목록이 표시된다.

→ 속성값이나 키프레임, 적용시간 등을 바꾸어 프리셋 수정 가능

■ 이펙트의 속성값을 Animation Presets에 저장된 세팅값으로 바꾸기

→ 각 이펙트에 '**Animation Presets ▼**' 메뉴 표시하기
방법 Effect Controls 패널의 **패널 메뉴 ☰>Show Animation Presets**

→ 각 이펙트에 생성된 '**Animation Presets ▼**' 항목에서 원하는 프리셋 선택
(해당 이펙트를 사용하여 프리셋으로 저장된 것이 있어야 목록에 표시됨)

사용자 프리셋 저장하기

레이어의 속성값(이펙트 포함)들을 변화시키거나 키프레임을 설정한 후 프리셋으로 저장하여 다른 레이어나 프로젝트에 재
사용 가능

→ 사용자 프리셋 저장 위치
C:₩Users₩사용자 이름₩Documents₩Adobe₩After Effects CC 2015₩User Presets

■ Timeline 패널에서 프리셋 저장하기

레이어의 여러 속성들이나 여러 속성그룹(이펙트 속성그룹 포함) 선택 후

> **방법 1** Effects & Presets 패널 하단의 '**Create New Animation Preset** ▣'에 드래그 & 드롭 하거나 버튼 클릭
> **방법 2** Effects & Presets 패널의 **패널 메뉴** ☰〉Save Animation Preset
> **방법 3** **메뉴**〉Animation〉Save Animation Preset

→ "파일이름.ffx"로 저장하면 기존의 디폴트 프리셋들은 Effects & Presets 패널의 '**Animation Presets ▶Presets**' 폴더 안으로 들어가고, "**User Presets**" 폴더가 새로 생성되면서 그 안에 사용자가 저장한 프리셋이 즉시 표시된다.

> ▶ "User Presets" 폴더에 사용자 프리셋이 없다면 '**Animation Presets ▶Presets**' 폴더 안으로 들어갔던 디폴트 프리셋 폴더들이 다시 '**Animation Presets ▶**' 아래에 위치하게 된다.

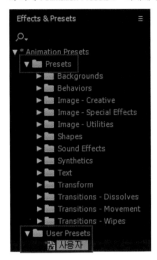

> ▶ Effects & Presets 패널에 표시되지 않으면 **패널 메뉴** ☰〉Refresh List

■ Effect Controls 패널에서 이펙트 프리셋 저장하기

각 이펙트의 '**Animation Presets ▼**' 항목에서 "**Save Selection as Animation Preset**" 선택 후 "파일이름.ffx"로 저장

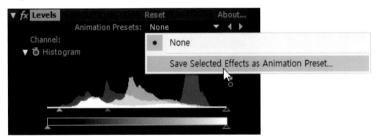

→ 저장된 프리셋이 '**Animation Presets ▼**' 목록에 나타난다.

프리셋 삭제하기

방법1 Browse Presets(Adobe Bridge)에서 지울 프리셋(들) 선택 후 Delete 키

방법2 Effects & Presets 패널에서 지울 프리셋 선택 후 **패널 메뉴** ☰**〉Reveal in Explorer**로 해당 프리셋이 저장되어 있는 폴더창을 열고 해당 프리셋 선택하여 Delete 키

→ 지워도 Effects & Presets 패널에 지운 프리셋이 표시되면 **패널 메뉴** ☰**〉Refresh List**

Study 6 | 다른 레이어에 속성 링크하기 : Property Links

한 레이어에 적용한 이펙트나 기타 속성을 다른 레이어(들)에 링크하여, 해당 속성값 변경 시 연결된 모든 레이어의 동일한 속성값이 동시에 변하도록 한다. ▶ **After CC**

08 "Comp 2" 컴포지션을 다시 활성화하고 추가한 Adjustment 레이어는 Delete 키로 제거한다.

09 "상어" 레이어를 선택하고 **메뉴〉Effect〉Distort〉Twirl** 이펙트를 적용한 후 E 를 눌러 Timeline 패널에 이펙트 속성만 표시한다.

10 'Twirl' 이펙트의 'Angle' 속성에 다음과 같이 키프레임을 설정한다.

11 'Angle' 속성을 선택하고 **메뉴〉Edit〉Copy with Property Links** (= Ctrl + Alt + C)를 적용한다.

12 CTI를 컴포지션의 첫 프레임(0 frame)으로 이동시킨 다음 "오키나와" 레이어를 선택하고 붙여넣기(= Ctrl + V)한다.

→ 이펙트가 자동으로 붙여넣기 되면서 "오키나와" 레이어의 'Angle' 속성이 "상어" 레이어의 'Angle' 속성에 익스프레션으로 링크되어 속성값이 Red 컬러로 바뀐다. (익스프레션 특성은 P 557 참고)

13 프리뷰를 해보면 두 레이어에 동일하게 이펙트가 적용됨을 알 수 있다.

14 "상어" 레이어의 링크된 속성값을 변경하면 연결된 "오키나와" 레이어의 속성값도 자동 변경된다.

Lesson 2

기본 제공(Built-in) 이펙트

메뉴〉Effect ▶

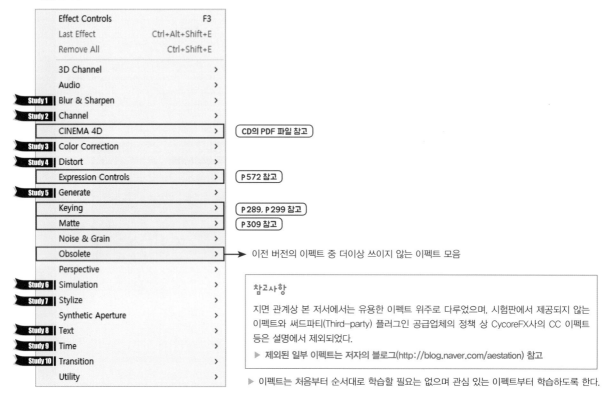

Effect Controls	F3
Last Effect	Ctrl+Alt+Shift+E
Remove All	Ctrl+Shift+E

3D Channel
Audio
Study 1 Blur & Sharpen
Study 2 Channel
CINEMA 4D ─── CD의 PDF 파일 참고
Study 3 Color Correction
Study 4 Distort
Expression Controls ─── P 572 참고
Study 5 Generate
Keying ─── P 289, P 299 참고
Matte ─── P 309 참고
Noise & Grain
Obsolete ───→ 이전 버전의 이펙트 중 더이상 쓰이지 않는 이펙트 모음
Perspective
Study 6 Simulation
Study 7 Stylize
Synthetic Aperture
Study 8 Text
Study 9 Time
Study 10 Transition
Utility

> **참고사항**
>
> 지면 관계상 본 저서에서는 유용한 이펙트 위주로 다루었으며, 시험판에서 제공되지 않는 이펙트와 써드파티(Third-party) 플러그인 공급업체의 정책 상 CycoreFX사의 CC 이펙트 등은 설명에서 제외되었다.
>
> ▶ 제외된 일부 이펙트는 저자의 블로그(http://blog.naver.com/aestation) 참고

▶ 이펙트는 처음부터 순서대로 학습할 필요는 없으며 관심 있는 이펙트부터 학습하도록 한다.

Study 1 | Blur & Sharpen

이미지를 흐릿하게 또는 선명하게 만드는 효과

▶ 블러(Blur) 효과는 이미지에 몽환적인 느낌을 주거나 노이즈를 제거하기 위해 사용되며, 픽셀 주변 영역(반경 또는 길이)을 샘플링한 평균값으로 기존 픽셀값을 대체하므로, 샘플링 영역을 확대하면 블러가 증가한다.

1. Bilateral Blur
2. Box Blur
3. Camera Lens Blur
   CC Cross Blur
   CC Radial Blur
   CC Radial Fast Blur
   CC Vector Blur
   Channel Blur
4. Compound Blur
5. Directional Blur
6. Fast Blur
   Gaussian Blur
7. Radial Blur
8. Reduce Interlace Flicker
   Sharpen
9. Smart Blur
10. Unsharp Mask

학습예제 │ 소스 파일 : 공중전화부스.jpg

"예제\Lec13\sc" 폴더의 "공중전화부스.jpg"를 임포트(= Ctrl + I)하여 새 컴포지션에 레이어로 배치한 후 학습을 진행한다.

공중전화부스.jpg (소스 레이어)

❶ 🖼 Bilateral Blur

블러가 선택적으로 적용되어 픽셀값의 차이가 큰 고대비 영역은 저대비 영역에 비해 상대적으로 덜 흐릿해지므로, 이미지나 글씨의 가장자리 등은 비교적 유지된다. (이미지나 글씨의 가장자리 등 세부 영역에서 '**Radius**'가 자동으로 감소)

Radius : 평균을 산출하기 위해 샘플링할 픽셀 반경

Threshold : 낮게 설정할수록 이미지나 글씨의 가장자리 등 더 많은 세부 특성이 유지된다.

Radius 100   Threshold 50

Colorize : 체크된 상태(디폴트)에서는 이펙트가 RGB 각 색상 채널에 개별적으로 적용되고,체크 해제하면 루미넌스값에 적용된다.

Radius 100 + Threshold 50 + Colorize 체크 해제

❷ 🔢 Box Blur

각진 형태의 블러 생성 (블러의 반복 적용 가능)

▶ 블러를 소량 적용할 경우, 또는 색심도 32bpc 이미지에 좋은 효과를 보인다.

Iterations : 반복 적용할 횟수

→ 반복 적용할수록 각진 블러가 완화되면서 픽셀 간의 색상 전환이 더욱 매끄러워지고, **'Fast Blur'** 이펙트나 **'Gaussian Blur'** 이펙트 못지않은 품질을 제공한다

Blur Radius 20

Blur Radius 10 + Iterations 3

Blur Dimensions ▼ : 가로세로(Horizontal and Vertical)/가로(Horizontal)/세로(Vertical) 중 블러를 적용할 방향 선택

▶ 수평/수직의 모션 블러 효과를 내고자 할 때는 **'Directional Blur'**보다 더 실제 같은 느낌을 준다.

Blur Radius 50 + Horizontal

Blur Radius 50 + Vertical

Repeat Edge Pixels : 체크하면 레이어 가장자리의 주변 픽셀을 샘플링 할 때 반경 상 레이어를 벗어난 영역의 픽셀을 0(투명)으로 인식하지 않고 가장자리의 픽셀값과 동일하게 인식하여 평균을 계산

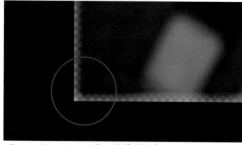

Repeat Edge Pixels 체크 해제(디폴트)

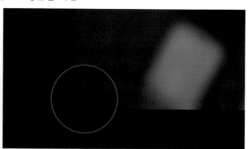

Repeat Edge Pixels 체크

❸ 🎬 Camera Lens Blur

카메라 렌즈를 조절하여 만들 수 있는 실제 같은 블러 효과 생성

ⓐ Iris Properties

조리개 특성 설정

Shape ▼ : 조리개의 모양(3각형부터 10각형까지) 선택

Roundness : 조리개 원형률

Aspect Ratio : 조리개 종횡비

Rotation : 조리개 회전값

Diffraction Fringe : 조리개를 지나는 빛들로 인한 간섭으로 밝고 어두운 회절무늬가 생성된다.
(반사굴절렌즈와 유사한 효과)
→ 100일 때 블러 모양이 나타나는 부분에 자연스러운 후광으로 표현된다.
→ 값이 더 크면 블러가 안쪽으로 집중되어 링 모양의 후광을 만든다.

ⓑ Blur Map

이펙트의 속성에 영향을 미치는 블러 맵 설정

Layer ▼ : 동일 컴포지션 내에서 블러 맵으로 사용할 레이어 선택

Channel ▼ : 블러 맵 레이어의 채널 특성(Luminance/Red/Green/Blue/Alpha) 선택

Placement ▼ : 블러 맵 레이어의 크기가 소스 레이어의 크기와 다를 경우
- **Center Map** : 블러 맵 레이어를 소스 레이어의 중앙에 배치
- **Stretch Map to Fit** : 소스 레이어의 크기에 맞춰 늘리거나 줄임

Blur Focal Distance : 렌즈에서부터 블러 맵 레이어까지 블러가 나타나지 않는(초점이 맞는) 초점거리값

Invert Blur Map : 블러 맵 레이어를 반전해서 사용하려면 체크

ⓒ Highlight

밝은 영역(임계값을 넘어서는)에 대한 픽셀값 조정

Gain : 'Threshold(임계값)'을 넘어서는 명도값을 가진 픽셀의 밝기를 더 증폭시킨다.
→ 픽셀이 임계값보다 밝아질수록 점점 더 큰 폭으로 증폭된다.

Threshold : 밝기 증폭의 기준이 되는 한계값 지정
→ 설정한 임계값보다 큰 명도값을 가진 모든 픽셀을 하이라이트(밝은 영역)로 취급한다.

Saturation : 하이라이트(증폭된) 픽셀이 가진 컬러의 양

→ 0일 때 흰색에 가까워지고, 100일 때 컬러를 최대한 유지한다.

ⓓ **Use Linear Working Space**

체크(디폴트)하면 선형 컬러 스페이스를 사용한 것 같은 결과 생성
(체크와 동시에 프로젝트의 색심도를 32bpc로 설정해야 적용됨)

참고사항 _ 선형 컬러 스페이스(Linear Color Space)

■ 블렌딩 모드, 이미지 리샘플링(Re-sampling), 모션 블러 등의 모든 픽셀 블렌딩 작업 시 좀 더 자연스럽게 색상을 섞을 수 있다.

■ 고대비의 채도를 가진 색상을 섞을 때 띠처럼 발생하는 가장자리(Fringe)나 후광(Halo) 등을 방지할 수 있다.

■ 선형 컬러 스페이스를 사용하려면 프로젝트를 처음 시작할 때부터 설정하고, 16bpc나 32bpc의 높은 색심도에서 사용하는 것이 좋다. (작업 도중에 선형 컬러 스페이스로 전환할 경우, 컬러박스에 설정한 모든 색상이 변경됨)

→ 〈Project Settings〉(= Project 패널 하단의 `8 bpc` 클릭) 대화창의 '**Color Settings**'에서 다음과 같이 설정한다.

▶ '**Linearize Working Space**'를 체크하면 컬러 스페이스가 1.0 감마(Gamma)를 가지도록 조정된다.

활용예제 **빛망울 효과 만들기** (소스 파일 : 야경.jpg)

→ "예제₩Lec13" 폴더의 "야경.jpg"를 임포트(= Ctrl + I)하여 새 컴포지션에 레이어로 배치한 후 '**Camera Lens Blur**' 이펙트를 적용한다.

야경.jpg(소스 레이어)

육각형 빛망울 효과

원형 링 빛망울 효과

④ ⊞ Compound Blur

블러 맵(Blur Map)의 루미넌스를 이용하여 블러 맵 레이어의 흰색 영역에 해당하는 소스 레이어의 특정 영역에만 블러 적용
  ▶ 움직임이 있는 블러 맵을 사용하여 소스 레이어에 점차적으로 블러가 적용되는 애니메이션 등을 생성할 수 있다.

학습예제

→ 블러 맵으로 사용할 보조 레이어를 동일 컴포지션에 배치한다.

동일 컴포지션에 보조 레이어 배치   Linear Gradient 레이어

  ▶ 보조 레이어가 화면에 불필요하게 표시되지 않도록 'Video ◎' 스위치를 해제하는 것이 좋다.

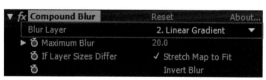

Maximum Blur : 순 흰색 영역에 적용되는 블러의 양 설정

If Layer Sizes Differ : 블러 맵으로 설정한 레이어의 크기가 소스 레이어의 크기와 다를 경우 '**Stretch Map to Fit**'을 체크(디폴트)하면 소스 레이어의 크기에 맞춘다. (체크 해제하면 블러 맵 레이어가 소스 레이어의 중앙에 배치됨)

Invert Blue : 블러 맵을 반전하여 블러의 적용 영역을 반전시킨다.

❺ 🔳 Directional Blur

특정 방향으로만 블러를 적용 (소스 레이어의 중앙을 기준으로 양쪽으로 동일하게 적용됨)

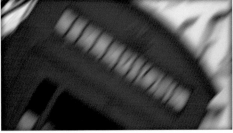

❻ 🔳 Fast Blur

'**Gaussian Blur**' 이펙트와 유사하나 레이어 가장자리를 보정할 수 있는 '**Repeat Edge Pixels**' 옵션이 있다.

❼ 🔳 Radial Blur

특정 위치를 기준으로 하여 블러를 방사형으로 회전시키거나 확대

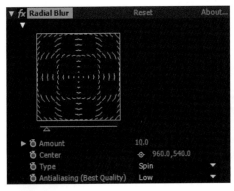

디폴트 설정

Amount : "**Spin**" 타입에서는 회전 각도를, "**Zoom**" 타입에서는 블러의 길이를 나타낸다.

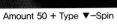

Amount 50 + Type ▼-Spin

Amount 50 + Type ▼-Zoom

Antialiasing (Best Quality) ▼ : 레이어의 '**Quality**' 설정이 "**Best**"인 경우 안티알리아싱의 품질(Low/High) 선택 가능
   ▶ '**Quality**' 설정이 "**Draft**"인 경우 안티알리아싱이 적용되지 않는나.

⑧ 🎬 Reduce Interlace Flicker

지나치게 가는 가로선이나 비월주사(Interlaced Scan) 방식의 비디오에서 발생할 수 있는 화면 떨림에 세로 방향으로 블러를
적용하여 떨림을 줄이는 효과

⑨ 🎬 Smart Blur

선이나 색상 대비가 뚜렷한 가장자리를 보전하면서 블러 적용

▷ 개체의 형태는 유지하면서 텍스처의 노이즈를 제거하고자 할 경우 유용

디폴트 설정

Radius 100 + Threshold 100

Radius : 색상이 바뀌는 가장자리에서 얼마나 떨어진 픽셀까지 블러를 적용할지 샘플링 반경 설정

Threshold : 선이나 가장자리 형태를 유지할 때 어느 정도 색상값이 달라야 블러를 적용할지 임계값 설정

→ 값이 클수록 더 많은 유사픽셀에 블러 적용

Mode ▼

- **Normal** : 'Radius'와 'Threshold' 설정에 따라 레이어 전체에 블러 적용 (디폴트)
- **Edge Only** : 선이나 색상 대비가 뚜렷한 부분을 구별하여 흑백으로 표현
- **Overlay Edge** : 선이나 색상 대비가 뚜렷한 가장자리에만 흰색을 오버랩

Mode ▼-Edge Only

Mode ▼-Overlay Edge

⑩ 🎬 Unsharp Mask

색상이 바뀌는 부분의 대비를 높여 선명도 유지

Radius : 색상이 바뀌는 가장자리에서 얼마나 떨어진 픽셀까지 포함시켜 대비를 조정할지 설정

Threshold : 선이나 가장자리 형태를 유지할 때 어느 정도 색상값이 달라야 블러를 적용할 지 임계값 설정

→ 색상값의 차이가 임계값을 넘는 경우에만 해당 픽셀의 대비가 조정되므로 가급적 너무 높지 않은 임계값을 설정한다.
단, 지나치게 낮은 임계값은 노이즈를 증가시킨다.

Study 2 | Channel

레이어의 채널을 조정하는 효과

Arithmetic
① Blend
Calculations
CC Composite
Channel Combiner
Compound Arithmetic
② Invert
③ Minimax
④ Remove Color Matting
Set Channels
⑤ Set Matte
Shift Channels
⑥ Solid Composite

학습예제 소스 파일 : 알약.jpg, 컬러병.jpg

"예제\Lec13\sc" 폴더의 "알약.jpg", "컬러병.jpg"를 임포트(= Ctrl + I)하여 새 컴포지션에 다음과 같이 레이어로 배치한 후 학습을 진행한다.

알약.jpg (소스 레이어)

컬러병.jpg (보조 레이어)

▶ 보조 레이어는 소스 레이어(이펙트 적용 레이어)의 채널을 조정하기 위해 사용되며, 불필요하게 화면에 표시되지 않도록 보조 레이어의 'Video 👁 '를 Off 한다.

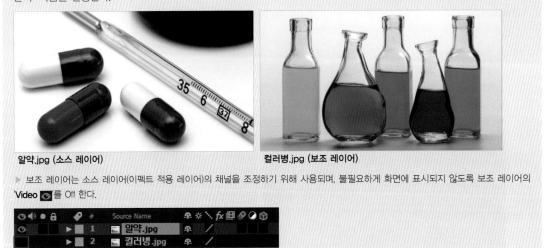

---

① 🎞 Blend

Timeline 패널의 블렌딩 모드와 달리, 키프레임을 주어 선택한 합성 모드를 도중에 변경할 수 있다.

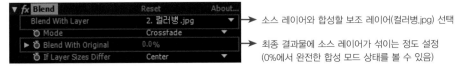

소스 레이어와 합성할 보조 레이어(컬러병.jpg) 선택

최종 결과물에 소스 레이어가 섞이는 정도 설정
(0%에서 완전한 합성 모드 상태를 볼 수 있음)

Mode ▼ : 합성 모드 선택

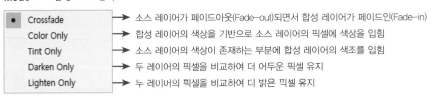

→ 소스 레이어가 페이드아웃(Fade-out)되면서 합성 레이어가 페이드인(Fade-in)

→ 합성 레이어의 색상을 기반으로 소스 레이어의 픽셀에 색상을 입힘

→ 소스 레이어의 색상이 존재하는 부분에 합성 레이어의 색조를 입힘

→ 두 레이어의 픽셀을 비교하여 더 어두운 픽셀 유지

→ 누 레이어의 픽셀을 비교하여 디 밝은 픽셀 유지

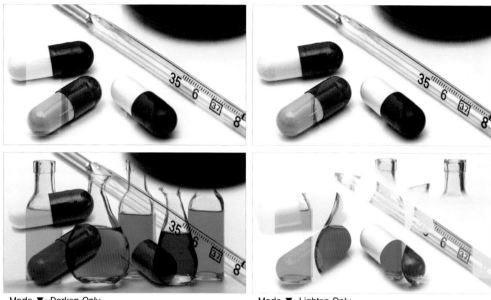

Mode ▼-Darken Only   Mode ▼-Lighten Only

If Layer Sizes Differ ▼ : 두 레이어의 크기가 다를 경우
  - **Center** : 합성 레이어를 소스 레이어의 중앙에 배치
  - **Stretch to Fit** : 합성 레이어를 소스 레이어의 크기에 맞춰 늘리거나 줄임

❷ ▣ Invert

선택한 채널이나 전체 컬러 스페이스 반전 (1에서 해당 채널값을 뺀 결과)

Channel ▼

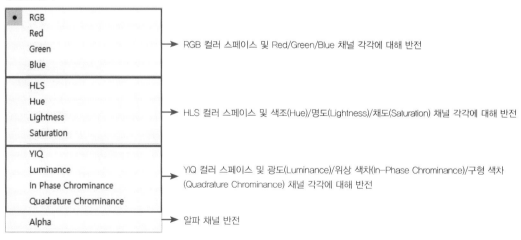

→ RGB 컬러 스페이스 및 Red/Green/Blue 채널 각각에 대해 반전

→ HLS 컬러 스페이스 및 색조(Hue)/명도(Lightness)/채도(Saturation) 채널 각각에 대해 반전

→ YIQ 컬러 스페이스 및 광도(Luminance)/위상 색차(In-Phase Chrominance)/구형 색차 (Quadrature Chrominance) 채널 각각에 대해 반전

→ 알파 채널 반전

참고사항 _ YIQ

NTSC 컬러TV 방송에서 사용되는 컬러 스페이스로 밝기(Luminance)와 색차정보(In-Phase Chrominance와 Quadrature Chrominance) 의 결합으로 컬러 표현

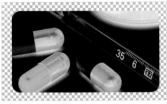  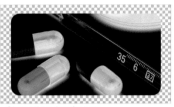

Channel ▼−RGB   Channel ▼−HLS   Channel ▼−Luminance

❸ 🔢 Minimax

설정한 반경(Radius) 내에서 채널의 최소(Minimum)/최대(Maximum)값을 찾아 픽셀의 각 채널에 할당

Operation ▼

- **Minimum**(최소값)/**Maximum**(최대값)을 찾음
- **Minimum Then Maximum** : 최소값을 찾은 후 최대값을 찾음
- **Maximum Then Minimum** : 최대값을 찾은 후 최소값을 찾음

▶ 알파 채널에 적용하면 화이트 영역이 '**Radius**' 설정값만큼 축소(Minimum), 확대(Maximum)되는 효과

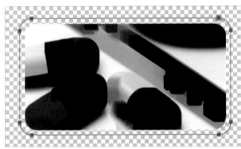 

Operation ▼−Minimum   Operation ▼− Maximum

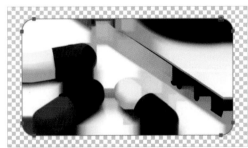 

Operation ▼− Minimum Then Maximum   Operation ▼− Maximum Then Minimum

Direction ▼ : 검색영역(Horizontal & Vertical/ Just Horizontal/ Just Vertical) 선택

Don't Shrink Edges : 체크하면 경계 보호

❹ 🔢 Remove Color Matting

키잉 작업을 한 레이어, 또는 Premultiplied 채널 속성을 가진 레이어의 반투명 픽셀에 끼인 찌꺼기 색상 제거

Background Color : 배경색을 새로 설정

Clipping : 'Clip HDR Results'를 체크(디폴트)하면 색심도 32bpc 이미지인 HDR 레이어 사용 시 0보다 작거나 1보다 큰 색상값은 제거

⑤ 📇 Set Matte

자신이나 다른 레이어의 채널을 매트로 이용하여 소스 레이어의 매트(알파)영역과 합성하거나 대체

▶ 트랙 매트(Track Matte)와 달리 Timeline에서 매트로 사용할 레이어를 소스 레이어의 바로 위에 놓지 않아도 되며, 하나의 매트 레이어를 'Set Matte' 이펙트를 적용한 여러 레이어의 매트로 사용 가능

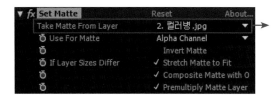 → 매트로 사용할 레이어 선택
(소스 레이어 자신을 설정하여 특정 채널을 매트로 사용 가능)

Use For Matte ▼ : 어떤 채널을 매트로 사용할 지 선택

– Red/Green/Blue/Alpha Channel, Luminance, Hue, Lightness, Saturation, Full, Off

Use For Matte ▼-Luminance

Use For Matte ▼-Luminance + Invert Matte

Composite Matte with Original : 체크(디폴트)되어 있으면 소스 레이어의 매트를 보조 레이어에서 선택한 채널의 매트와 합성한다.

Use For Matte ▼-Luminance
'Composite Matte with Original' 체크 해제

Premultiply Matte Layer : 체크(디폴트)되어 있으면 매트로 설정한 레이어와 소스 레이어의 알파 채널값을 미리 곱한다.

⑥ 📇 Solid Composite

솔리드 레이어를 따로 생성하지 않고도 단색을 소스 레이어 아래에 놓고 합성

▶ 솔리드 레이어보다 컬러 조절이 쉽다.

Study 3 | Color Correction

레이어의 색상을 조정하는 효과

─ Auto Color	④ Change to Color	⑩ Hue/Saturation
① Auto Contrast	Channel Mixer	⑪ Leave Color
─ Auto Levels	⑤ Color Balance	⑫ Levels
② Black & White	Color Balance (HLS)	Levels (Individual Controls)
Brightness & Contrast	Color Link	⑬ Photo Filter
Broadcast Colors	⑥ Color Stabilizer	PS Arbitrary Map
CC Color Neutralizer	Colorama	Selective Color
CC Color Offset	⑦ Curves	⑭ Shadow/Highlight
CC Kernel	⑧ Equalize	⑮ Tint
CC Toner	⑨ Exposure	⑯ Tritone
③ Change Color	Gamma/Pedestal/Gain	⑰ Vibrance

▶ 'Color Balance (HLS)' 이펙트 대신 'Hue/Saturation' 이펙트를 사용한다.

▶ 'PS Arbitrary Map' 이펙트 대신 'Curve' 이펙트를 사용한다.

학습예제 | 소스 파일 : 앵무새.jpg, 컬러펜.png

"예제₩Lec13₩sc" 폴더의 "앵무새.jpg"를 임포트(= Ctrl + I)하여 새 컴포지션에 레이어로 배치한 후 학습을 진행한다.

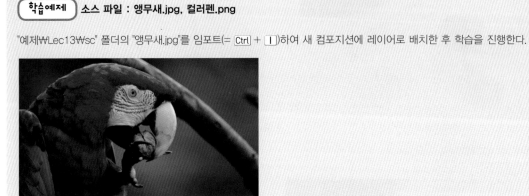

앵무새.jpg (소스 레이어)

---

① Auto Color / Auto Contrast / Auto Levels

이미지의 밝은 영역, 어두운 영역, 중간 영역을 분석하여 자동으로 이미지의 색상/대비/레벨을 조절

→ 이미지의 가장 밝은 픽셀을 흰색에, 가장 어두운 픽셀을 검정색에 매핑한 후 중간 픽셀들을 재배치
　(밝은 영역은 더 밝아지고, 어두운 영역은 더 어두워짐)

▶ 'Auto Color / Auto Contrast'는 각 색상 채널별로 조정되지 않고, 'Auto Levels'는 각 색상 채널별로 조정된다.

> **TIP**
>
> 광원이나, 노출, 색상 등의 변화로 화면이 갑자기 밝아지거나 어두워지는 등 영상이 깜빡이는 현상이 발생할 때 'Auto Color'나 'Auto Levels'를 적용하여 교정

▶ 'Auto Contrast / Auto Levels' 이펙트도 동일 옵션 사용

Temporal Smoothing : 이미지를 교정하기 위해 주변의 몇 프레임을 분석할지 설정 (초 단위)

　→ 0은 프레임마다 단독으로 분석

Scene Detect : 체크하면 주변 프레임 분석 시 장면이 바뀌지 않는 프레임들은 무시 ('**Temporal Smoothing**'을 0 이외의 값으로 설정해야 활성화)

Black/White Clip : 이미지의 어두운/밝은 영역을 지정한 %로 잘라낸 후 남은 이미지 픽셀 중 가장 어두운 픽셀을 검정색으로, 가장 밝은 픽셀을 흰색으로 매핑

　→ 너무 높게 설정하면 어두운/밝은 영역의 디테일이 사라진다.

Snap Neutral Midtones : 무채색에 가까운 평균 색상을 중간색으로 만들기 위해 감마값을 조정

　▷ 'Auto Color'에만 있는 옵션

Blend With Original : 이펙트를 적용한 결과를 소스 레이어와 합성

❷ 🎞 Black & White

컬러 이미지를 그레이스케일 이미지로 변환

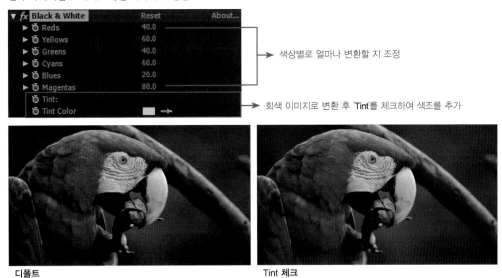

디폴트　　　　　　　　　　　　　　　　Tint 체크

❸ 🎞 Change Color

선택한 색상의 색조(H)/명도(L)/채도(S)를 변경

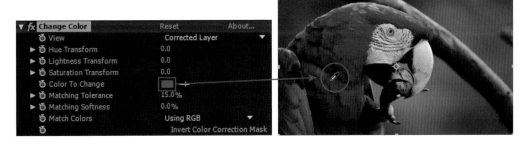

01 먼저 '**Color To Change**'의 **Eyedropper** 💧로 레이어 위에서 변경할 색상 선택 (가급적 해당 색상 범위(Color Range)의 중간에 해당하는 색상 선택)

02 'View ▼−Color Correction Mask'를 선택하여 매트 상태를 확인하면서 '**Matching Tolerance**', '**Matching Softness**'를 조절하여 색상 변경영역 설정 ('**Match Colors ▼**'에서 선택한 컬러 스페이스도 매트 선택영역에 영향을 끼침)

Matching Tolerance : 선택한 색상의 유사범위에 포함시켜 함께 변경되는 색상 허용치

→ 값이 높을수록 선택한 색상과 일치한다고 간주되어 더 많은 색상이 변경된다.

Matching Softness : 색상 선택영역을 부드럽게 확장

Match Colors ▼ : 유사범위의 색상을 비교할 컬러 스페이스 선택

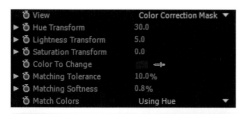

→ RGB 컬러 스페이스에서 색상 비교
→ 색조만 비교 (밝기와 채도는 무시)
→ UV 두 개의 색차(Chrominance) 요소를 사용하여 유사성을 비교(Y(Luminance) 요소는 무시)

03 'Hue/Lightness/Saturation Transform'의 설정값을 조절하여 색상 변경

View ▼−Color Correction Mask

View ▼−Corrected Layer

❹ Change to Color

선택 영역의 색상을 다른 색상으로 변경 (정확히 원하는 색상을 지정하여 변경 가능)

→ 색조(H)/명도(L)/채도(S)를 조절하여 선택 영역 조절

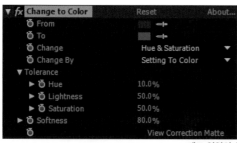

레드 영역의 색조와 채도 변경

From : **Eyedropper** 로 레이어 위에서 변경할 색상 선택 (가급적 해당 색상 범위(Color Range)의 중간에 해당하는 색상 선택)

To : 결과적으로 변경되는 색상 지정

▷ 'To' 색상에 키프레임을 설정하면, 선택 영역의 색상이 바뀌는 애니메이션 가능

Change ▼ : 변경될 색상요소(Hue/Lightness/Saturation) 선택

Change By ▼ : 색상 변경방법 선택

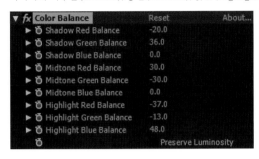

→ 'To'에 지정한 색상으로 변경

→ HLS 보간으로 선택 영역의 픽셀값을 'To'에 지정한 색상으로 변형 (선택 영역의 픽셀 색상이 'From' 색상과 얼마나 근접한지에 따라 변형량이 다름)

Tolerance : 'From' 색상의 유사범위에 포함시켜 함께 변경되는 색상 허용치 설정

→ HLS 각각의 허용치 조정

Softness : 선택영역의 가장자리가 부드럽도록 페더(Feather) 추가

View Correction Matte : 선택 영역의 매트 상태 확인

❺ 🎞 Color Balance

이미지의 어두운(Shadow)/중간(Midtone)/밝은(Highlight) 영역에서 RGB 채널값의 양을 조정

Preserve Luminosity : 체크하면 색상 변경 시 이미지의 평균 명도(Brightness)를 보존 (톤 밸런스 유지)

❻ 🎞 Color Stabilizer

하나 이상(최대 3군데)의 지점에서 색상값을 샘플링한다. 이 색상값이 계속 유지되도록 다른 시간대의 색상을 이에 맞춰 조정 (노출이나 조명의 변화로 색상이 깜빡깜빡 변하는 푸티지에 적용)

→ 안정화 시키려는 샘플링 색상 위치가 계속 변하면 각 Point에 키프레임 적용

Stabilize ▼ : 선택한 지점의 색상에서 무엇을 샘플링할지 선택

→ 하나의 지점(Black Point)을 선택하여 명도 유지

→ 두 지점(Black/White Point)을 선택하여 색상 유지

→ 세 지점(Black/Mid/White Point)을 선택하여 색상 유지

Black/Mid/White Point : 화면 위에서 어두운/중간/밝은 영역에 해당 점 위치 지정

Sample Size : 샘플링할 영역의 반경 설정 (Pixel 단위)

❼ 🎞 Curves

입력 픽셀값을 출력 픽셀값에 새롭게 매핑하여 이미지의 톤(명암과 대비) 조절

▶ 세 단계(밝은/중간/어두운 영역)로 조절하는 'Levels' 이펙트에 비해 세밀하게 조정할 수 있다. (커브 위에 256개의 조절점 생성 가능)

▶ 명도는 8비트에서 0(검정)-255(흰색), 16비트에서 0-32768 사이의 값으로 표시

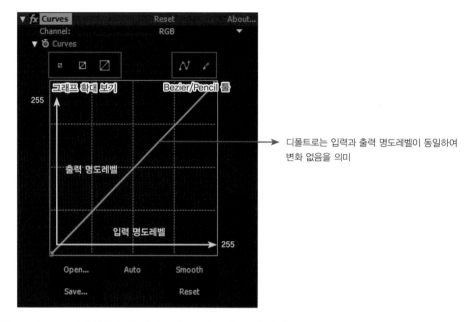

Channel ▼ : 조정할 색상채널(RGB/Red/Green/Blue/Alpha) 선택
  ▷ 선택한 채널에 따라 커브의 색상을 각각 연회색/빨강/녹색/파랑/진회색으로 표시

Curves

  (Bezier 툴) : Effect Controls 패널 내에서 대각선으로 표시된 커브 위를 클릭 & 드래그

  (Pencil 툴) : 커브형태를 그래프 위에서 직접 드로잉
    ▷ Pencil 툴 사용 시 그래프 위에 새로 그리면 기존에 생성한 커브를 업데이트한다.

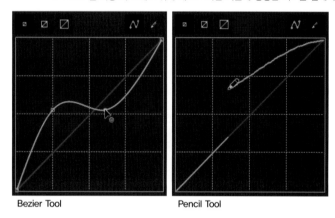

Bezier Tool   Pencil Tool

[Smooth] 버튼 : 커브를 부드럽게 만들려면 클릭 (여러 번 클릭하면 더 부드러워짐)

[Reset] 버튼 : 커브를 직선으로 초기화하려면 클릭 (커브 위에 생성된 조절점들까지 초기화하려면 이펙트 이름 옆의 '**Reset**'
클릭)

[Auto] 버튼 : 자동으로 조절된 커브 생성

[Save] 버튼 : 임의 맵(Arbitrary Map) 커브로 저장
  → Bezier 툴을 이용해 만든 커브는 .ACV 파일로, Pencil 툴을 이용해 만든 커브는 .AMP 파일로 저장

[Open] 버튼 : 기존에 저장된 커브(Arbitrary Map Curve)를 불러들여 사용 가능

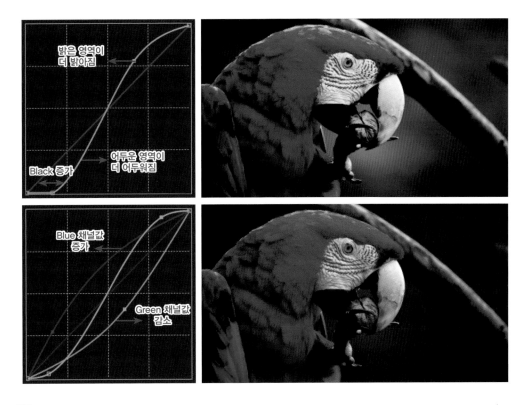

⑧ 📷 Equalize

픽셀의 색상값이나 명도값의 분포를 균일하게 조정

Equalize ▼ : 어떤 속성(RGB/Brightness/Photoshop Style)을 기반으로 균일화할지 선택

　▶ "Photoshop Style"은 이미지의 명도값 전체를 재분포 시킴으로써 명도 레벨 전체에 균일화 수행

Equalize ▼-Brightness　　　　　　　　　　　　　Equalize ▼-Photoshop Style

Amount to Equalize : 균일화의 정도 설정

　→ 100%(디폴트)는 최대한 균일화

⑨ 📷 Exposure

HDR 카메라로 촬영한 32bpc 이미지의 노출 보정 (8/16bpc 이미지에도 사용 가능)

참고사항 _ 노출(Exposure)

카메라의 조리개 렌즈를 통과한 빛이 필름에 닿는 양 (렌즈 조리개에 숫자로 표준 F-Stop 단위 표기)

　→ 숫자가 작을수록 조리개가 많이 열려 빛을 많이 받아들이고, 한 단계씩 숫자가 올라갈수록 빛의 양은 절반으로 줄어든다.

Channels ▼

– **Master** : 모든 채널에 대해 동시에 노출값 보정

– **Individual Channels** : R/G/B 채널 각각에 대해 노출값 보정

Master / Red / Green / Blue

– **Exposure** : 0보다 커지면 밝아지고, 0보다 작아지면 어두워진다. (F-Stop 단위)

– **Offset** : 중간/어두운 영역을 더 밝게(+값) 하거나, 더 어둡게(-값) 만든다. (밝은 영역의 변화는 최소화함)

– **Gamma Correction** : 1(디폴트로 변화없음)보다 값이 놓을수록 더 밝아진다.

Bypass Linear Light Conversion : HDR 촬영을 통한 Raw 이미지의 픽셀값에 이펙트 적용 시 체크

⑩ 🔢 Hue/Saturation

Hue(색조), Saturation(채도), Lightness(명도) 조절

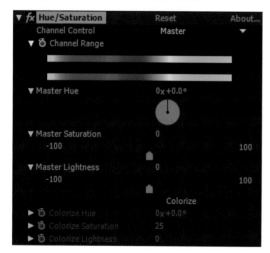

Channel Control ▼ : 전체 채널(Master) 또는 각 채널(Reds/Yellows/Greens/Cyans/Blues/Magentas)에 대해 선택적으로 조절 가능

Channel Range : 색상환을 기반으로 상단 컬러바는 조절 전의 색상, 하단 컬러바는 조절 후의 색상 표시

→ 'Channel Control ▼'에서 개별 색상 채널을 선택하면 기본 폭 30°의 색상 범위가 선택되며 좌우 각각 가변(Feather) 30°의 범위가 더해진다.

 ▶ 좌우 사각형을 드래그하여 색상 범위를 변경하거나, 좌우 삼각형을 드래그하여 페더 확장 및 축소

Hue : -180° ~ 180°의 범위를 기준으로 색상환의 둘레를 따라 색상을 회전시켜 색조 변경

Saturation : -100(무채색) ~ 100(고순도 색상)으로 색상환의 반경을 따라 색상을 이동시켜 채도 조절

Lightness : -100(블랙) ~ 100(화이트)으로 밝기 조절

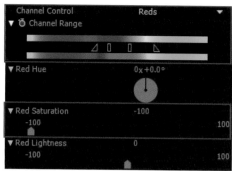

Red 채널의 색상 범위 조절 + Red Saturation −100

Colorize : 체크하면 '**Hue/Saturation/Lightness**' 조절 옵션들은 비활성화되고, '**Colorize Hue/Saturation/Lightness**' 옵션이 활성화되어 색상 필터를 준 효과 가능

'Colorize' 체크 (디폴트 설정)

⓫ 🔳 Leave Color

선택한 색상을 제외한 나머지 색상을 제거하고 그레이스케일로 만들 때 사용

Amount to Decolor : 나머지 색상을 얼마나 제거할지 설정 (100%는 무채색)

Color To Leave : 남기길 원하는 색상 지정

Tolerance : 값이 크면 선택한 색상의 유사범위에 포함시켜 더 많은 색상이 보존된다. (100%는 모든 색상 보존)

Edge Softness : 선택한 색상이 다른 색상으로 바뀌는 경계부분을 부드럽게 설정

Match colors ▼−Using RGB/Hue : RGB와 Hue 중에서 컬러를 비교할 기준 컬러 스페이스 선택

⑫ 🎬 Levels

입력(Input) 색상이나 알파 채널의 범위를 새로운 출력(Output) 범위에 할당

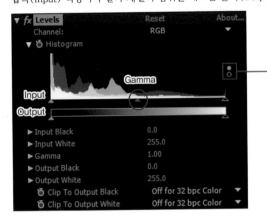

→ 두 버튼을 각각 클릭하면 모든 채널에 대한 그래프 표시와 선택한 채널에 대한 그래프 표시 간에 전환 (그래프를 직접 클릭해도 동일)

Channel ▼ : 레벨을 조정할 채널(RGB/Red/Green/Blue/Alpha) 선택

Histogram : 감마(Gamma)값을 기준으로 한 색상 분포를 표시
→ 하단의 삼각형을 클릭 & 드래그하여 조정

Input Black/White : 위쪽 그래프의 왼쪽 삼각형 ▲ / 오른쪽 삼각형 △을 드래그하여 조절

Gamma : 위쪽 그래프의 가운데 삼각형을 드래그하여 조절

Output Black/White : 아래 루미넌스 바의 왼쪽 삼각형 ▲ / 오른쪽 삼각형 △을 드래그하여 조절
▶ 'Input Black/White'로 설정된 값과 동일한 루미넌스값을 가진 이미지의 모든 픽셀들이 'Output Black/White'에 설정한 루미넌스값으로 대체된다.

Clip To Output Black/White ▼ : 'Input Black'보다 작은 루미넌스 값을 가진 픽셀들과, 'Input White'보다 큰 루미넌스 값을 가진 픽셀들을 어떻게 처리할 것인지 선택

- **On** : 'Input Black'보다 작은 루미넌스 값을 가진 픽셀들은 'Output Black' 값으로 대체하고, 'Input White'보다 큰 루미넌스 값을 가진 픽셀들은 'Output White' 값으로 대체

- **Off** : 'Output Black/White'보다 작거나/큰 픽셀값을 가질 수 있다.

- **Off for 32 bpc Color** : 32 bpc의 색심도를 가진 이미지의 경우에만 클리핑을 적용하지 않는다. (디폴트)

TIP _ 'Levels' 이펙트로 알파 채널 조정하기 ('Channel ▼-Alpha' 선택)

- 반투명 영역을 투명으로 조정 : 'Input Black'을 0보다 크게 지정 ('Output Black'은 0으로 유지)
- 반투명 영역을 불투명으로 조정 : 'Input White'를 255보다 작게 지정 ('Output White'는 255로 유지)
- 투명 영역을 반투명으로 조정 : 'Output Black'을 0보다 크게 지정
- 불투명 영역을 반투명으로 조정 : 'Output White'를 255보다 작게 지정
- 알파 채널 반전 : 'Output Black'을 255로, 'Output White'를 0으로 설정

---

⑬ 🎬 Photo Filter

카메라 렌즈에 색상필터를 끼우고 촬영한 듯한 효과 (색상 및 색온도 조절)

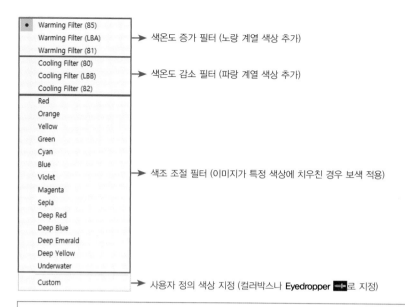

색온도 증가 필터 (노랑 계열 색상 추가)

색온도 감소 필터 (파랑 계열 색상 추가)

색조 조절 필터 (이미지가 특정 색상에 치우친 경우 보색 적용)

사용자 정의 색상 지정 (컬러박스나 Eyedropper ▓로 지정)

> **TIP**
>
> 촬영 시 색온도가 낮거나 높게 촬영된 경우 화이트 밸런스를 조정하기 위해 "Warming Filter (85)" 또는 "Cooling Filter (80)"를 사용하여 각각 반대 계열의 색상을 더한다.

Filter ▼ : 색상필터 프리셋 선택

Density : 필터의 농도 설정

Preserve Luminosity : 필터 적용 후 이미지의 밝기가 변하는 것을 방지

❶❹ 🖼 Shadow/Highlight

어두운 영역과 밝은 영역을 개별적으로 조절

▷ 역광으로 촬영된 이미지에 유용

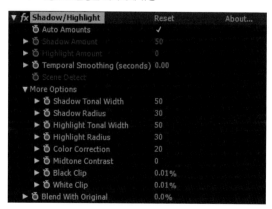

Auto Amounts : 자동으로 어두운 영역의 디테일을 복원

Shadow/Highlight Amount : 어두운/밝은 영역을 얼마나 보정할지 조절 ('**Auto Amounts**'가 체크 해제되어야 활성화)

Temporal Smoothing (seconds) : 영상의 각 프레임마다 보정할 양을 결정하기 위해 분석하게 되는 인접한 프레임의 범위(초 단위) 설정 ('**Auto Amounts**'가 체크된 상태에서 활성화)

→ 0(디폴트)일 경우 인접 프레임의 분석 없이 각 프레임을 개별적으로 분석

→ 0 이상의 값 설정 시 앞 뒤 프레임 간 더 부드러운 보정 결과 생성

Scene Detect : 'Temporal Smoothing' 옵션을 사용하여 주변 프레임을 분석할 때 장면 전환을 벗어난 프레임들은 무시

More Options

- **Shadow/Highlight Tonal Width** : 어두운/밝은 영역에서 조정할 색조 범위 설정
  - → 값이 낮으면 매우 어둡고/매우 밝은 제한적인 영역만 조정 가능
  - → 값이 지나치게 높으면 매우 어두운 영역 주변에 후광(Halo) 발생

- **Shadow/Highlight Radius** : 어두운/밝은 영역에 포함시킬 픽셀 영역(반경) 설정 (이미지 내에서 주요 개체의 크기와 유사하게 설정)

- **Color Correction** : 값이 클수록 어두운/밝은 영역의 채도가 높아진다.

- **Midtone Contrast** : 값이 클수록 중간 영역 내에서 어두운 부분은 더 어둡게, 밝은 부분은 더 밝게 대비를 증가시킨다. ((−)값은 대비 감소)

- **Black/White Clip** : 블랙/화이트로 대체할 가장 어두운/밝은 픽셀의 양 설정
  - → 너무 높게 설정하면 어두운/밝은 영역의 디테일이 사라지므로 0~1% 이내의 값을 설정하는 것이 좋다.

⑮ 🎨 Tint

이미지의 어두운/밝은 영역에 '**Map Black/White To**'에서 각각 지정한 색상 필터 적용
(중간 영역은 블랙/화이트 이외의 중간 루미넌스값에 따라 두 색상 사이의 중간값이 적용됨)

Amount to Tint : 색상 필터가 소스 레이어에 적용되는 양(%) 조절 (0%는 필터 적용 안됨)

⑯ 🎨 Tritone

이미지의의 밝은/중간/어두운 영역에 '**Highlights/Midtones/Shadows**'에서 각각 지정한 색상 필터 적용

Blend With Original : 소스 레이어가 이펙트 적용결과에 합성되는 양(%) 조절 (100%는 소스 레이어가 100% 표시됨)

⑰ 🎨 Vibrance

채도를 조정하여 색을 강조하는 효과

Vibrance : 이미 채도가 높은 색상보다는 채도가 낮은 색상에 영향을 줄 경우, 또는 피부색을 보호하면서 이미지의 채도를 높일 때 유용 (마젠타부터 오렌지 컬러까지의 색조를 포함한 픽셀들은 영향을 덜 받음)

Saturation : 이미지 전체의 채도를 동일하게 소성할 때 사용

Study 4 | Distort

레이어에 외형적인 변형을 주는 효과

① Bezier Warp	CC Split
② Bulge	CC Split 2
CC Bend It	CC Tiler
CC Bender	③ Corner Pin
CC Blobbylize	④ Detail-preserving Upscale
CC Flo Motion	⑤ Displacement Map
CC Griddler	⑥ Liquify
CC Lens	⑦ Magnify
CC Page Turn	⑧ Mesh Warp
CC Power Pin	⑨ Mirror
CC Ripple Pulse	⑩ Offset
CC Slant	⑪ Optics Compensation
CC Smear	Polar Coordinates

⑫ Reshape
⑬ Ripple
⑭ Rolling Shutter Repair
⑮ Smear
⑯ Spherize
Transform
⑰ Turbulent Displace
⑱ Twirl
⑲ Warp
Warp Stabilizer VFX   (P352 참고)
⑳ Wave Warp

학습예제 소스 파일 : 카페라떼.jpg

"예제\Lec13\sc" 폴더의 "카페라떼.jpg"를 임포트(= Ctrl + I)하여 새 컴포지션에 레이어로 배치 후 학습을 진행한다.

카페라떼.jpg (소스 레이어)

① Bezier Warp

네 개의 꼭지점과 탄젠트(Tangent)를 가진 베지어 곡선으로 레이어의 모양 변형

▶ 각 조절점에 키프레임을 주어 펄럭이는 사진이나 깃발 등을 표현하거나, 다른 개체의 규격에 맞게 이미지를 구부려 넣을 수 있다.

▶ Comp 패널에 **Effect Control Point** ⊕가 표시되지 않으면 Effect Controls/Timeline 패널에서 이펙트 이름 선택
   (Layer 패널에서는 하단의 'View ▼'에서 이펙트 이름 선택)

> **TIP**
>
> 'Bezier Warp' 이펙트는 Comp 패널에서 직접 **Effect Control Point** ✛를 드래그하여 조절하는 것이 쉽다.

❷ 🔠 Bulge

지정한 반경 내에서 레이어를 돌출/함몰시키는 효과

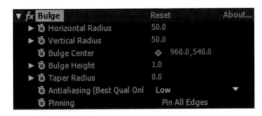

Horizontal/Vertical Radius : 변형을 줄 가로/세로 반경 설정

➔ Comp 패널에서 직접 반경 중심이나 반경 네 귀퉁이의 핸들(Handle)을 클릭 & 드래그하여 위치 및 크기 변경

Bulge Height : 돌출 높이

Bulge Height 2 (돌출)

Bulge Height −1.7 (함몰)

Horizontal Radius 430 + Vertical Radius 420

Taper Radius : 효과가 적용된 반경 내에서 돌출/함몰의 영향을 받지 않을 영역 지정

Antialiasing (Best Qual Only) : 반경의 가장자리에 안티알리아싱 적용 (Low/High)
> 메뉴〉Layer〉Quality가 "Best"인 경우에만 설정 가능

Pinning : 'Pin All Edges'를 체크하면 레이어의 가장자리는 이펙트의 영향을 받지 않도록 고정

❸ Corner Pin

레이어의 네 귀퉁이의 위치를 재설정하여 기울이거나 비트는 등의 변형을 주는 효과
> 트래킹(Tracking) 데이터를 네 개의 이펙트 조절점(Effect Control Point)에 적용하여 움직이는 버스의 광고판이나 열리는 문 등을 따라 기울어지는 레이어를 이미지에 첨부할 수 있다. (P327 참고)

활용예제) **노트북 화면 교체하기**

01 소스 레이어(카페라떼.jpg)에 'Corner Pin' 이펙트를 적용한 후, "예제\Lec13\sc" 폴더에서 "노트북.jpg"를 임포트(= Ctrl + I)하여 동일 컴포지션에 하위 레이어로 배치한다.

노트북.jpg

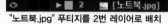

"노트북.jpg" 푸티지를 2번 레이어로 배치

02 Comp 패널에서 **Selection 툴** ▶로 레이어의 네 귀퉁이에 표시되는 핀(**Effect Control Point** ✛)을 각각 클릭 & 드래그하여 노트북 화면에 맞춘다.
> 레이어에 **Effect Control Point** ✛가 표시되지 않으면 Effect Controls/Timeline 패널에서 이펙트 이름을 선택한다.

④ 🎬 Detail-preserving Upscale

레이어를 크게 확대해도 이미지의 디테일(가느다란 선 등)을 보존하는 효과 ▸ After CC

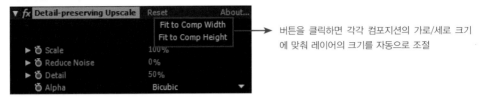

버튼을 클릭하면 각각 컴포지션의 가로/세로 크기에 맞춰 레이어의 크기를 자동으로 조절

Reduce Noise : 사이즈 조절 전에 먼저 이미지 상의 노이즈를 줄이기 위해 설정

Detail : 값을 증가시키면 이미지의 각 색상 경계의 선명도나 대비 증가

Alpha ▼ : 이미지의 색상과는 별도로 알파 채널에 대해 디테일 보존 방법 선택
- **Detail-preserving** : 색상과 마찬가지로 '**Detail-preserving Upscale**' 효과 적용
- **Bicubic** : Bicubic 방식으로 블러 샘플링 적용 (디폴트)

⑤ 🎬 Displacement Map

변위 맵으로 지정한 레이어의 채널값을 기반으로 소스 레이어의 픽셀을 가로세로로 재배치하여 레이어를 왜곡시킨다.

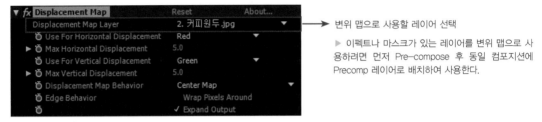

변위 맵으로 사용할 레이어 선택

▸ 이펙트나 마스크가 있는 레이어를 변위 맵으로 사용하려면 먼저 Pre-compose 후 동일 컴포지션에 Precomp 레이어로 배치하여 사용한다.

▸ 'Use For Horizontal/Vertical Displacement'에서 선택한 0~255 단계의 색상값을 −1~1 단계의 값으로 치환한 다음 'Max Horizontal/Vertical Displacement'에서 설정한 값을 곱하여 변위량을 산출한다. (128의 중간 색상값은 0으로 치환되므로 왜곡이 없음)

Displacement Map Behavior ▼ : '**Displacement Map ▼**'으로 지정한 레이어의 크기가 소스 레이어보다 작은 경우
- **Center Map** : 소스 레이어의 중앙에 배치 (디폴트)
- **Stretch Map to Fit** : 레이어를 소스 레이어의 크기에 맞춤
- **Tile Map** : 변위 맵으로 사용할 레이어를 반복하여 배치

Edge Behavior : '**Wrap Pixels Around**'를 체크하면 이펙트 적용으로 인해 소스 레이어 밖으로 밀려난 픽셀을 레이어의 반대편에 나타나도록 설정 (디폴트는 체크 해제)

Expand Output : 체크(디폴트)되어 있으면 이펙트의 적용으로 인해 소스 레이어 밖으로 밀려난 픽셀들도 모두 표시

활용예제 변위맵(Displacement Map)을 활용한 트랜지션

01 소스 레이어(카페라떼.jpg)에 '**Displacement Map**' 이펙트를 적용한 후, "예제₩Lec13₩sc" 폴더에서 "커피원두.jpg"를 임포트(= Ctrl + I)하여 동일 컴포지션에 레이어로 배치하고 '**Video 👁**'는 Off 한다.

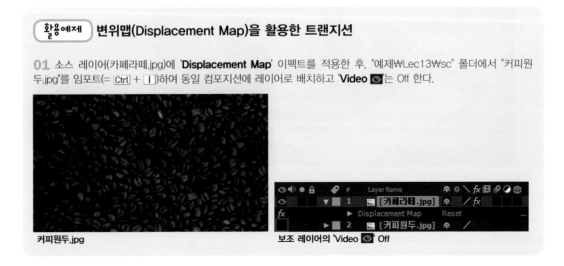

커피원두.jpg

보조 레이어의 'Video 👁' Off

02 'Displacement Map' 이펙트의 'Displacement Map Layer ▼'를 '커피원두.jpg'로 선택하고, 다음과 같이 이펙트 옵션을 변경한다.

03 키프레임을 다음과 같이 설정한다.

카페라떼.jpg	0 f	35 f	50 f
Max Horizontal Displacement	0	–	7000
Opacity	–	100%	0%

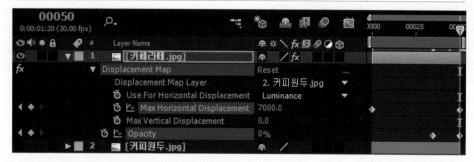

04 Comp 패널에서 애니메이션을 프리뷰 한다.

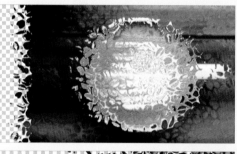
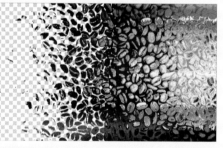
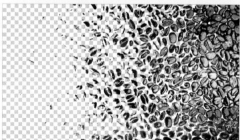
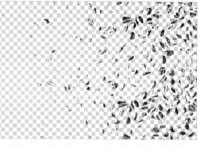

❻ 🅜 Liquify

커서를 이용해 레이어 이미지를 당기거나 회전, 수축/팽창, 복사 등 가능

▶ 레이어가 컴포지션보다 작은 경우 레이어 영역을 벗어나는 부분까지 왜곡을 적용한다.

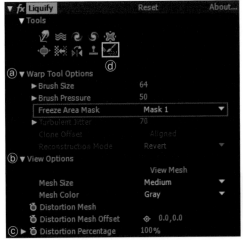

▶ 마스크 이외의 영역을 보면서 작업하기 위해 Timeline 패널에서 마스크 모드를 **None ▼**으로 설정 (마스크의 'Inverted'는 적용되지 않음)

ⓐ Toop Options

Brush Size : Comp 패널에서 Ctrl + 커서 드래그하여 브러시 사이즈 조절 가능

Brush Pressure : 브러시 압력(누르는 힘)을 낮게 설정하면 왜곡이 천천히 진행된다.

▶ 브러시를 고정하여 계속 누르고 있거나 동일한 영역을 다시 클릭/드래그하면 이펙트가 더욱 많이 적용된다.

Freeze Area Mask ▼ : 왜곡하지 않을 영역(마스크)을 선택

▶ 마스크 속성 중 'Mask Opacity'나 'Mask Feather'의 영향을 받는다. ('Mask Opacity'가 100%면 마스크 영역에 왜곡이 생기지 않음)

Turbulent Jitter : 픽셀들을 얼마나 많이 섞을지 설정

ⓑ View Options

'**View Mesh**'를 체크하면 화면에 격자무늬가 표시되어 왜곡의 형태를 가늠할 수 있다.

ⓒ Distortion Percentage

왜곡을 얼마나 많이 적용할지(%) 설정

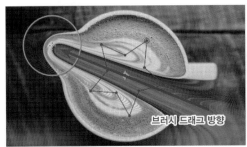

Tools ▼-Warp 🖋
Freeze Area Mask ▼-None

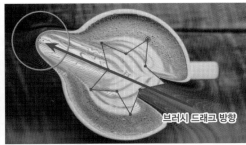

Tools ▼-Warp 🖋
Freeze Area Mask ▼-Mask 1

Tools ▼-Turbulence ≋ + Turbulent Jitter 100

Tools ▼-Twirl ↻

Tools ▼-Pucker ✴

Tools ▼-Bloat ⊙

Tools ▼- Shift Pixel ▥

▶ Shift Pixel ▥ : 드래그한 방향의 수직으로 픽셀 이동

Tools ▼- Reflection ▦

Tools ▼- Clone ⬇

▶ Clone ⬇ : 왜곡상태를 Alt + 클릭으로 복사한 후, 새로 커서를 클릭한 지점으로 왜곡형태 붙여넣기

Tools ▼-Reconstruction ▨

ⓓ Reconstruction

왜곡한 픽셀들을 되돌리거나(Revert) 재구성(Reconstruction)

→ 마스크로 왜곡을 제한시킨 영역을 제외하고 적용된다.

→ **Reconstruction Tool Options ▶Reconstruction Mode ▼** : 재구성 방법 선택

- **Revert** : 왜곡하기 전 상태로 되돌린다.
- **Displace** : 시작점에서 변위(Displacement)를 일치시키도록 재구성 (이미지의 일부나 전체를 다른 위치로 이동 가능)
- **Amplitwist** : 시작점에서 변위, 회전, 전체 비율이 일치하도록 재구성
- **Affine** : 변위, 회전, 가로세로 비율, 기울이기(Skew) 등 시작점에서 모든 왜곡이 일치하도록 재구성

❼ 🖼 Magnify

확대경 효과 (레이어의 크기는 유지한 채로 이미지 전체를 확대할 때도 사용)

Shape ▼ : 돋보기 모양 선택

Shape ▼-Circle

Shape ▼-Square

Magnification : 확대 정도 설정

Link ▼

- **None**
- **Size To Magnification** : 'Magnification(확대율)'이 변하면 'Size(렌즈 크기)'도 변한다.
- **Size & Feather To Magnification** : 'Magnification'이 변하면 'Size'와 'Feather'도 변한다.
  ▶ 'Size'와 'Feather' 속성에 지정한 수치가 바뀌진 않는다.

Opacity : 확대영역의 불투명도

Scaling ▼

- **Standard** : 소스 레이어의 선명도 유지 (크게 확대하면 가장자리가 깨질 수 있음)
- **Soft** : 크게 확대할 경우 소스 레이어에 블러(Blur) 적용
- **Scatter** : 확대할 때 소스 레이어에 노이즈 추가

Blending Mode ▼ : 확대영역과 소스 레이어의 합성방식 선택

Resize Layer : 체크하면 소스 레이어의 크기를 벗어나는 부분까지 확대를 진행하여 레이어 크기를 줄여도 확대된 효과가 잘 리지 않는다. ('**Link ▼-None**'일 때만 활성화)

❽ 🖼 Mesh Warp

지정한 열(Rows, 세로칸의 수)과 행(Columns, 가로칸의 수)으로 만들어진 메쉬의 Vertex와 Tangent를 이동하여 변형된 메 쉬 모양에 따라 레이어 이미지를 왜곡시킨다.

▶ 두 개의 다른 이미지의 형태가 변형되어 교차되는 모핑 효과에 사용할 수 있다.

→ 세밀한 조정을 위해서는 메쉬의 크기를 조밀하게 만들어 사용

→ 메쉬 형태가 움직이도록 키프레임 설정

Quality : 값이 클수록 레이어 이미지가 메쉬의 모양과 더 근접하게 변형된다.

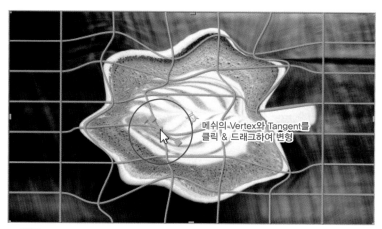

▶ Shift + 클릭으로 여러 개의 Vertex를 동시에 선택 가능

❾ Mirror

이미지를 반사시킨다.

Reflection Angle 0°

Reflection Angle 165°

❿ Offset

레이어가 밀려서 사라진 이미지를 반대편에 다시 표시

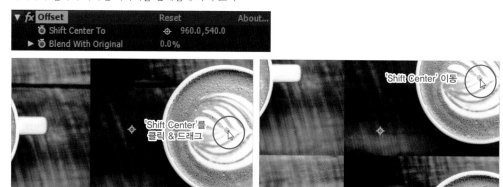

⑪ 🔢 Optics Compensation

카메라 렌즈로 인해 발생한 왜곡을 보정

Field Of View (FOV) : 왜곡되는 정도(시야) 설정

→ 카메라 렌즈로 인해 굽어 보이는 화면이 곧게 보일 때까지 조절

Reverse Lens Distortion : 왜곡 반전 (광각렌즈로 발생한 이미지의 왜곡을 제거할 경우에 사용)

FOV 100

FOV 100 + Reverse Lens Distortion 체크

FOV Orientation ▼ : 왜곡방향(가로/세로/대각선) 설정

View Center : 왜곡 중심 위치 변경

▷ 실제 촬영된 영상의 뷰(View) 중심은 촬영된 이미지의 중심이 되므로 대부분 'View Center'는 중앙에 둔다.

Optimal Pixels (Invalidates Reversal) : 체크하면 가능한 한 픽셀 정보 유지 (반전 무효화)

FOV 100 + View Center (440, 540)

FOV 100 + View Center (440, 540)
Reverse Lens Distortion 체크

Resize ▼ : 'Reverse Lens Distortion' 체크 시 왜곡의 크기 조절

- **Max 2X/4X** : 소스 레이어 크기(Scale)의 최대 2배/4배까지 왜곡 크기 확대
- **Unlimited** : 메모리가 허용하는 한 무한대로 왜곡 크기 확대

FOV 100 + Reverse Lens Distortion 체크
Resize ▼-Max 2X + Transform ▶Scale 50%

FOV 100 + Reverse Lens Distortion 체크
Resize ▼-Max 4X + Transform ▶Scale 25%

> [활용예제] **왜곡된 소스 이미지에 맞춰 다른 레이어 합성하기**
> – 프로젝트 파일 : Optics Compensation.aep (소스 파일 : 카페라떼 왜곡.jpg)

01 파일 탐색기에서 "예제\Lec13" 폴더의 "Optics Compensation.aep"를 더블클릭하거나 **메뉴〉File〉Open Project** (= Ctrl + O)로 "Optics Compensation.aep" 프로젝트를 불러들인다.

▶ 합성되는 두 레이어의 크기는 동일해야 한다.

02 이미지가 왜곡된 소스 레이어(카페라떼 왜곡.jpg)에 **'Optics Compensation'** 이펙트 적용 후 카메라 렌즈로 인한 이미지의 왜곡이 가급적 곧게 보일 때까지 **'FOV'**값을 조절한다.

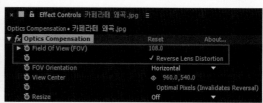

FOV 108 + Reverse Lens Distortion 체크

▶ 'Grid' 등을 보이게 하고 작업하면 이미지가 곧게 펴졌는지 좀 더 쉽게 확인 가능

03 'FOV'값을 따로 기록해둔 후 소스 레이어의 'Optics Compensation' 이펙트는 Off하거나 삭제한다.

04 합성할 레이어(텍스트 레이어)에 **'Optics Compensation'** 이펙트를 적용한다. 기록해두었던 **'FOV'**값을 동일하게 설정하고 **'Reverse Lens Distortion'**을 소스 레이어에 설정했던 때와 반대로 적용한다.

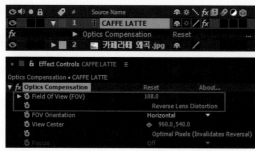

FOV 108 + Reverse Lens Distortion 체크 해제

⑫ 🖼 Reshape

레이어에서 마스크로 지정한 특정 영역이 다른 마스크 모양대로 변하는 효과

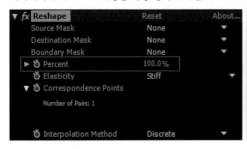 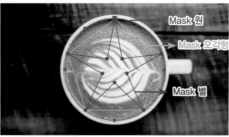

Source Mask ▼ : 모양을 바꿀 영역을 표시한 닫힌 마스크 선택

Destination Mask ▼ : 최종적으로 바뀌는 모양의 닫힌 마스크 선택

Boundary Mask ▼ : 마스크 경계 밖의 영역은 왜곡되지 않도록 닫힌 마스크 선택

▶ 마스크 이외의 영역을 보면서 작업하기 위해 Timeline 패널에서 마스크 모드를 None ▼ 으로 설정 (마스크의 'Inverted'는 적용되지 않음)

Percent : 왜곡의 정도 (키프레임을 주면 점차 변환되는 애니메이션 효과)

Source Mask ▼−Mask 원
Destination Mask ▼−Mask 별

Source Mask ▼−Mask 별
Destination Mask ▼−Mask 오각형
Boundary Mask ▼−Mask 오각형

Elasticity ▼ : 이미지가 마스크 모양을 얼마나 충실히 따를지 설정

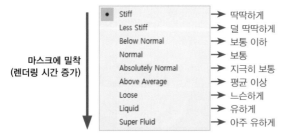

Correspondence Points : 'Destination Mask'의 각 점에 상응하는 'Source Mask'의 점의 개수

→ **Add Vertex 툴 🖉**로 두 마스크의 점의 개수를 늘리고 **Selection 툴 🖫**로 점 사이 간격을 조정하면 왜곡을 정밀하게 조절할 수 있다. (Shift + 점을 클릭하면 여러 개의 점 선택 가능)

Interpolation Method ▼

 – **Discrete** : 프레임마다 자동으로 왜곡을 계산하므로 키프레임 설정 불필요 (디폴트)

 – **Linear** : 키프레임 간 시간당 변화가 일정하도록 보간

 – **Smooth** : 셋 이상의 키프레임을 사용하여 키프레임 사이를 곡선으로 부드럽게 보간

⑬ 16 Ripple

파문 모양 생성

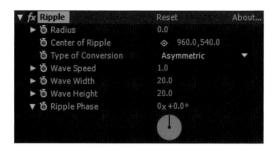

Radius : 레이어 크기의 몇 %까지 파형이 퍼져나갈지 설정

Wave Speed : 별도로 키프레임을 적용하지 않아도 지정한 속력으로 파문 애니메이션 발생

→ (−)값을 설정하면 안쪽(중심방향)으로 파형이 움직인다.

▷ 키프레임을 설정해도 속력이 부드럽게 변하는 애니메이션이 생성되지는 않는다. (Hold 키프레임으로 설정되므로 급격한 속력 변화가 야기된다.)

Wave Width : 파형의 고점(또는 저점) 사이의 거리로 값이 작을수록 자잘한 파형이 생성된다.

Ripple Phase : 파문이 시작될 지점 설정

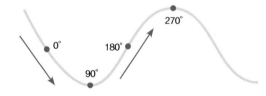

> TIP
>
> 시간에 따라 속력이 변하는 파형을 생성하려면 'Wave Speed'를 0으로 설정 후 'Ripple Phase'에 키프레임을 설정한다.

Type of Conversion ▼−Asymmetric(비대칭)   Type of Conversion ▼−Symmetric(대칭)

Radius 100 + Wave Speed 0.5 + Wave Width 50 + Wave Height 200

▷ **Asymmetric**(비대칭)이 좀 더 실제와 유사 (디폴트)

⑭ 32 Rolling Shutter Repair

피사체가 빠르게 움직이거나, 카메라가 빠르게 움직일 때 디지털 카메라의 롤링 셔터로 인한 화면 왜곡을 보정 (이미지에서 특정한 점을 추적하여 이전 프레임과 비교함으로써 보정하는 방식)

> **참고사항** _ 롤링 셔터(Rolling Shutter)
>
> DSLR이나 CMOS 센서에 채택된 전자식 셔터로 화면 스캔이 위에서 아래로 진행되기 때문에 빠른 화면을 촬영할 경우 랙(Lag)이 걸려 직선이 사선으로 왜곡되는 젤로 현상(Jello Effect)이 발생한다.

Rolling Shutter Rate : 스캐닝 시간(프레임 레이트)을 %로 지정

→ 기울어진 사선이 수직선에 가까워질 때까지 수치 조절 (대략 DSLR은 50~70%, 스마트폰은 100%에 가깝게 설정)

Scan Direction ▼ : 대부분의 디지털 카메라가 위에서 아래로(Top → Bottom) 스캔하므로 디폴트 설정 유지

▷ 스마트폰으로 기울여 촬영한 경우 스캔 방향을 조절할 때 사용

Advanced

- **Method ▼** : 보정 방법 선택

  - **Warp** : 트래킹 포인트 분석 작업을 통해 왜곡을 보정
  - **Pixel Motion** : 빠르게 움직이는 피사체의 움직임 분석(Optical-flow)이나 프레임이 부족한 영상의 픽셀 모션 (Pixel-motion)을 통해 앞뒤 프레임들을 비교하는 방식으로 보정

- **Detailed Analysis** : 트래킹 포인트에 대해 좀 더 정밀한 분석 실행 ('**Method ▼-Warp**'가 선택된 경우에 체크 가능)

- **Pixel Motion Detail** : 이전 프레임의 특정한 점(Vector Point)의 좌표가 이후 프레임에서 어떻게 변하는지를 좀 더 정 밀하게 분석 ('**Method ▼-Pixel Motion**'이 선택된 경우에 설정 가능)

⑮ 🖼 Smear

마스크로 지정한 특정 영역의 위치, 크기 및 회전을 변경함으로써 이미지가 늘어나는 효과

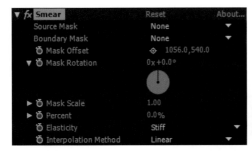

▷ 마스크 이외의 영역을 보면서 작업하기 위해 Timeline 패널에서 마스크 모드를 　None　▼　으로 설정 (마스크의 'Inverted'는 적용되지 않음)

Source Mask ▼ : 위치를 변경할 영역을 표시한 닫힌 마스크 선택

Boundary Mask ▼ : 마스크 경계 밖의 영역은 왜곡되지 않도록 닫힌 마스크 선택

▶ 기타 옵션은 'Reshape' 이펙트와 동일

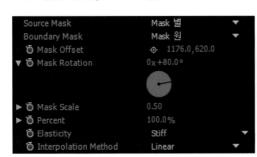

⑯ 🔢 Spherize

레이어를 구형으로 왜곡

Radius 800   Radius 800 + Center of Sphere (1500, 540)

⑰ 🔢 Turbulent Displace

프랙탈 노이즈(Fractal Noise)로 깃발의 펄럭임이나 흐르는 물 등 유동적인 표현 가능

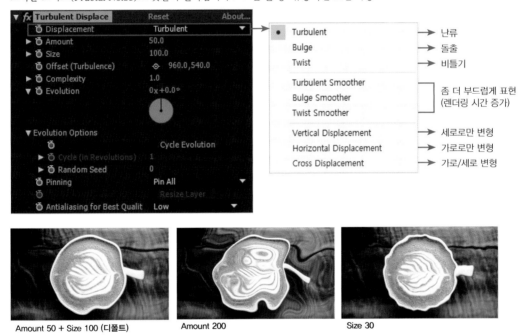

Amount 50 + Size 100 (디폴트)   Amount 200   Size 30

Offset (Turbulence) : 프랙탈의 발생 위치를 이동시키면 왜곡형태가 달라진다.

Complexity : 값이 높을수록 프랙탈이 조밀하게 발생한다.

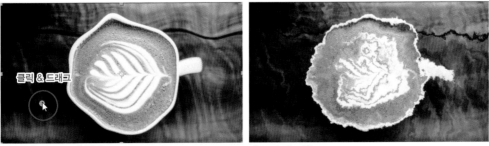

Offset (Turbulence) 변경   Complexity 10

Evolution : 프랙탈 패턴이 흐르듯 변하는 효과를 주기 위해 키프레임 적용

Evolution Options

- **Cycle Evolution** : 시간에 따라 프랙탈 패턴이 한 주기 단위로 변한다. (한 번 렌더링 된 주기가 반복되므로 렌더링 시간 절약)
- **Cycle (in Revolutions)** : Revolution 단위로 한 주기가 반복되는 시기 결정 (한 주기가 얼마나 길고 짧은지에 따라 반복되는 시기에 영향을 줌)
- **Random Seed** : 프랙탈 패턴 유형의 랜덤 방식 결정 (키프레임을 줄 경우 키프레임에서 급격하게 방식이 전환됨)

Pinning ▼ : 가장자리의 픽셀들이 왜곡되지 않도록 핀으로 고정할 위치 지정

Pin Vertical   Pin Left

▶ 현수막은 'Pin Vertical', 깃대에 나부끼는 깃발은 'Pin Left'을 사용한다.

Resize Layer : 체크하면 소스 레이어의 크기를 벗어나는 부분까지 왜곡을 진행하여 레이어 크기(레이어의 'Transform' 속성의 'Scale')를 줄여도 왜곡이 잘리지 않는다.

Resize Layer 체크 해제   Resize Layer 체크

Pinning ▼−Pin Left + Transform ▶Size 90%

Antialiasing for Best Quality ▼ : 안티알리아싱 퀄리티(Low/High) 선택

⑱ 🈁 Twirl

소용돌이 효과

▶ 메뉴〉Effect〉Distort〉Liquify 이펙트에서 'Tools ▼−Twirl 🔁 🔄'를 선택해도 동일한 효과

Angle : (−)값을 지정하면 반시계방향으로 회전

Twirl Radius : 레이어의 가로/세로 크기 중 더 큰 쪽의 % 크기로 반경 설정

⑲  Warp

다양한 왜곡 스타일을 선택하고 구부러지는 정도(Bend) 설정

Warp Style ▼-Arc

Warp Style ▼-Arc Upper

Warp Style ▼-Arch

Warp Style ▼-Bulge

Warp Style ▼-Shell Lower

Warp Style ▼-Shell Upper

Warp Style ▼-Flag

Warp Style ▼-Wave

Warp Style ▼-Fish

Warp Style ▼-Rise

Warp Style ▼-FishEye

Warp Style ▼-Inflate

Warp Style ▼-Twist

Warp Style ▼-Squeeze

Warp Style ▼-Squeeze
Warp Axis ▼-Vertical

Warp Style ▼-Squeeze
Warp Axis ▼-Horizontal + Bend 100
Vertical Distortion 90

Warp Style ▼-Flag + Bend 73
Horizontal Distortion 80

Warp Style ▼-Shell Lower + Bend 68
Horizontal Distortion 100
Vertical Distortion -59

㉑ 🔟 Wave Warp

파도모양의 물결 생성

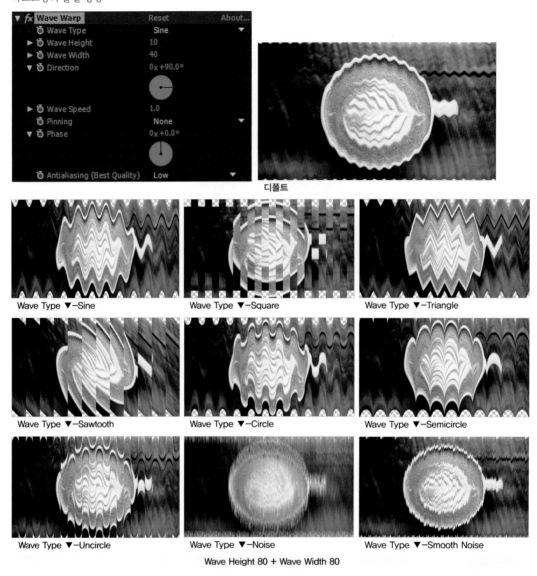

디폴트

Wave Type ▼-Sine

Wave Type ▼-Square

Wave Type ▼-Triangle

Wave Type ▼-Sawtooth

Wave Type ▼-Circle

Wave Type ▼-Semicircle

Wave Type ▼-Uncircle

Wave Type ▼-Noise

Wave Type ▼-Smooth Noise

Wave Height 80 + Wave Width 80

Wave Width : 파형의 고점(또는 저점) 사이의 거리로 값이 작을수록 자잘한 물결 생성

Direction : 물결 진행 방향

Wave Speed : 물결이 초당 진행하는 거리(속력)

→ (-)값을 설정하면 반대 방향으로 진행

→ 별도로 키프레임을 적용하지 않아도 지정한 속력으로 파문 애니메이션 발생

▶ 키프레임을 설정해도 속력이 부드럽게 변하는 애니메이션이 생성되지는 않는다. (Hold 키프레임으로 설정된다.)

Pinning ▼ : 가장자리의 픽셀들이 왜곡되지 않도록 핀으로 고정할 위치 지정 (디폴트는 **"None"**)

Phase : 물결이 시작될 지점 설정

TIP

시간에 따라 속력이 변하는 파형을 생성하려면 'Wave Speed'를 0으로 설정 후 'Phase'에 키프레임을 설정한다.

Study 5 | Generate

일반 레이어나, 솔리드 레이어, Adjustment 레이어에 적용하여 특정한 효과를 생성 (소스 레이어의 기본 특성은 모두 사라지고 이펙트만 남음)

① 4-Color Gradient	⑧ Ellipse
② Advanced Lightning	⑨ Eyedropper Fill
③ Audio Spectrum	⑩ Fill
④ Audio Waveform	Fractal
⑤ Beam	⑪ Gradient Ramp
CC Glue Gun	⑫ Grid
CC Light Burst 2.5	⑬ Lens Flare
CC Light Rays	⑭ Paint Bucket
CC Light Sweep	⑮ Radio Waves
CC Threads	⑯ Scribble
Cell Pattern	⑰ Stroke
⑥ Checkerboard	⑱ Vegas
⑦ Circle	⑲ Write-on

학습예제 소스 파일 : 보라색꽃.jpg

"예제\Lec13\sc" 폴더의 "보라색꽃.jpg"를 임포트(= Ctrl + I)하여 새 컴포지션에 레이어로 배치한 후 학습을 진행한다. (일부 이펙트는 솔리드 레이어(= Ctrl + Y)나 Adjustment 레이어(= Ctrl + Alt + Y)에 적용해도 무방하다.)

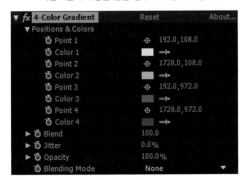

보라색꽃.jpg (소스 레이어)

① 🎬 4-Color Gradient

4가지 색상을 그라데이션으로 섞어 레이어를 채움

▶ 메탈느낌의 배경을 만들 경우에도 많이 사용된다.

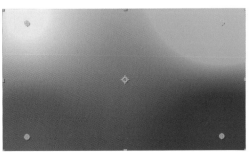

Positions & Colors ▶Point 1~4 : 'Color 1~4'로 이루어진 원의 중심 위치

→ 화면에서 직접 **Effect Control Point** ⊕를 클릭 & 드래그하여 위치 이동 가능

Blend : 값이 높을수록 색이 더욱 부드럽게 섞인다.

Jitter : 노이즈 추가 (그라데이션에서 발생할 수 있는 밴딩(얼룩)을 감소시킴)

Blending Mode ▼ : 소스 레이어와의 합성 모드 설정

❷ 🔳 Advanced Lightning

번개, 방전, 모세혈관 등 생성

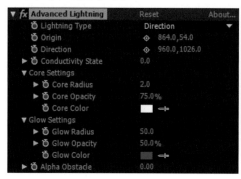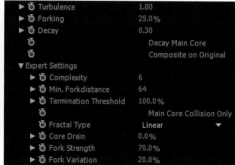

Origin : 번개 시작 지점

Direction : 번개 광선의 방향이나 끝나는 지점 설정

Outer Radius : 방사형으로 번개 광선이 미치는 반경 ("**Omni/Anywhere**" 번개 타입 선택 시 활성화)

Conductivity State : 키프레임을 주어 번개의 경로가 움직이는 효과 가능

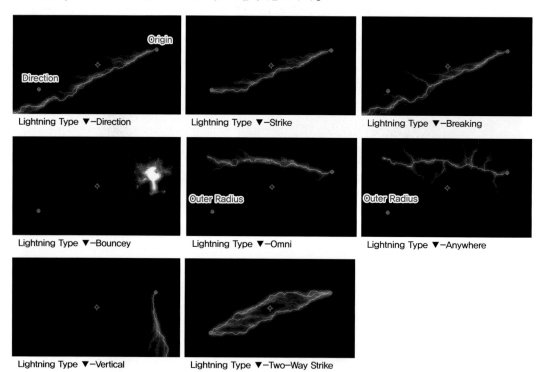

Lightning Type ▼–Direction

Lightning Type ▼–Strike

Lightning Type ▼–Breaking

Lightning Type ▼–Bouncey

Lightning Type ▼–Omni

Lightning Type ▼–Anywhere

Lightning Type ▼–Vertical

Lightning Type ▼–Two–Way Strike

▶ 뷰어에 Origin/Direction의 **Effect Control Point** ⊕가 표시되지 않으면 Effect Controls/Timeline 패널에서 이펙트 이름 클릭

▶ 'Breaking' 타입에서는 번개의 갈라진 가지들이 'Direction'의 방향을 따른다.

▶ 'Vertical' 타입은 'Direction/Outer Radius'가 없이 수직으로 내리꽂는 번개를 표현한다.

Core Settings ▶ : 번개 중심에 관한 설정

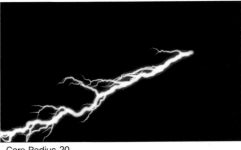

Core Radius 20

Core Opacity 20%

Glow Settings ▶ : 번개 주변의 빛무리에 관한 설정

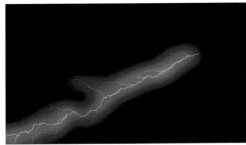

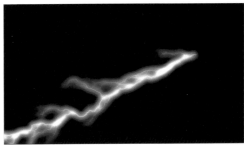

Glow Radius 150

Glow Opacity 100%

Alpha Obstacle : 레이어가 가진 알파 채널(마스크 포함)을 장애물로 인식하여 번개 광선이 돌아나가도록 설정할 수 있다.
  ➜ 알파 채널이 미치는 영향이 적으면 번개가 불투명 영역(흰색)을 관통하여 지나간다.
  ➜ (−)값으로 설정하면 번개가 불투명 영역(흰색)까지만 도달한다.

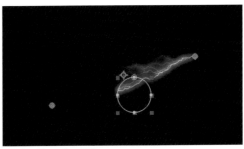

Alpha Obstacle 100

Alpha Obstacle −100

Turbulence : 번개의 구불구불한 정도

Forking : 번개가 갈라지는 정도

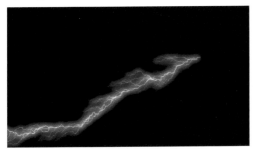

Turbulence 5

Forking 0

Decay : 번개의 갈라진 가지가 점점 사라지는 정도

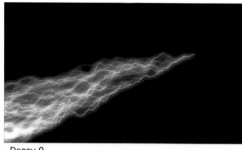

Decay 0   Decay 1

Decay Main Core : 체크하면 '**Decay**' 수치에 따라 갈라진 가지와 함께 주 가지도 사라진다.

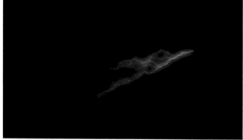

Decay 0.15 + Decay Main Core

Expert Settings

- **Complexity** : 얼마나 복잡하게 구불거릴지 설정

- **Min. Forkdistance** : 갈라지는 부분의 최소거리 (값이 적으면 많은 가지 생성)

- **Termination Threshold** : 번개의 경로가 끝나는 임계값 설정 (값이 적으면 장애물을 만났을 때 번개가 비켜가지 못하고 쉽게 중단됨)

- **Main Core Collision Only** : 알파 채널을 비켜가고자 할 때 주 가지에서만 충돌 계산 ('**Alpha Obstacle**' 옵션 설정 시 유효)

- **Fractal Type ▼** : 번개의 구불구불한 타입(Linear(디폴트)/ Semi Linear/ Spline) 설정

- **Core Drain** : 갈라지면서 주 가지의 불투명노(강도)가 감소하는 정도(%) 설정

- **Fork Strength** : 갈라진 가지의 불투명도(강도)가 '**Core Drain**' 값의 몇 %로 감소할지 설정

- **Fork Variation** : '**Fork Strength**'에서 설정된 갈라진 가지의 불투명도에 다양성 부여

❸ 🖻 Audio Spectrum

오디오 레벨의 강약에 따라 움직이는 스펙트럼 표시

→ 동일 컴포지션 내에 오디오 레이어를 배치하고 '**Audio Layer ▼**'에서 선택

→ CTI를 드래그하면 스펙트럼의 시뮬레이션을 볼 수 있다.

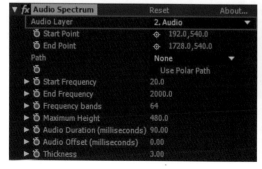

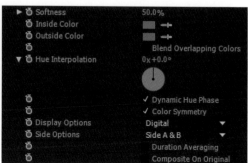

▶ 오디오 레이어에 타임리맵/스트레치/이펙트 등이 적용되어 있으면 Pre-compose 한 후 동일 컴포지션에 Precomp 레이어로 배치하여 사용

Path ▼ : 소스 레이어에 생성한 마스크 패스 선택

Path ▼-None

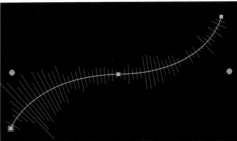

Path ▼-Mask #

Use Polar Path : 체크하면 '**Start Point**'에서 스펙트럼이 방사형으로 생성

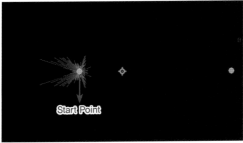

Use Polar Path 체크

Start/End Frequency : 스펙트럼에 표시될 시작/끝 주파수 설정(Hz 단위)

Frequency Bands : 주파수 대역(범위) 수

Frequency Bands 20

Frequency Bands 200

Maximum Height : 주파수의 최대 높이(px 단위)

Maximum Height 1000

Maximum Height 9000

Audio Duration (milliseconds) : 사용할 오디오 길이

Audio Offset (milliseconds) : 오디오를 스펙트럼에 적용할 때 시간차 설정

Thickness : 대역폭(Bands)의 두께

Thickness 15

Inside/Outside Color : 대역폭의 안쪽/테두리 색상

Blend Overlapping Colors : 대역폭의 두께가 두꺼울 때 겹친 색상들을 오버랩하려면 체크

Hue Interpolation : 주파수가 Hue 컬러를 순환하며 표시된다.

Dynamic Hue Phase : 체크(디폴트)되어 있으면 '**Hue Interpolation**'이 0보다 클 때 표시되는 주파수 범위의 최대 주파수로 시작 색상이 이동 (스펙트럼이 변할 때 Hue가 스펙트럼의 기본 주파수를 따르도록 함)

Color Symmetry : 체크(디폴트)되어 있으면 '**Hue Interpolation**'이 0보다 클 때 시작 색상과 끝 색상이 동일해진다.
▶ 'Path'에서 닫힌 패스 사용 시 체크하면 색상이 연속으로 이어진다.

Duration Averaging : 체크하면 주파수의 평균을 산출하여 스펙트럼에 적용

Hue Interpolation 360°
Color Symmetry 체크(디폴트)

Hue Interpolation 360°
Color Symmetry 체크 해제

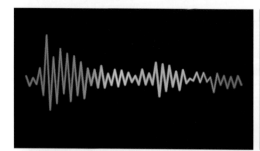

Display Options ▼-Analog lines

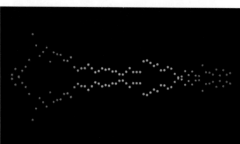

Display Options ▼-Analog dots

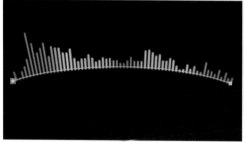

Path ▼-Mask # + Side Options ▼-Side A

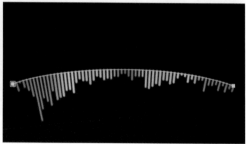

Path ▼-Mask # + Side Options ▼-Side B

❹ 🔲 Audio Waveform

오디오 레벨의 강약에 따라 흐르듯 움직이는 파형 표시

→ 동일 컴포지션 내에 오디오 레이어를 배치하고 'Audio Layer ▼'에서 선택

→ CTI를 드래그하면 파형의 시뮬레이션을 볼 수 있다.

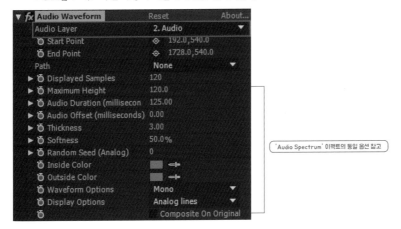

Displayed Samples : 파형으로 표시되는 샘플 수

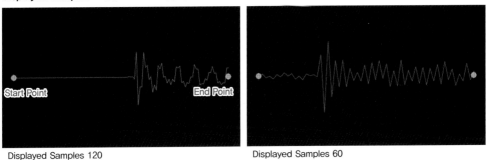

Displayed Samples 120

Displayed Samples 60

Random Seed (Analog) : 'Display Options ▼'로 "Analog lines/dots"를 선택한 경우 파형의 랜덤 유형 지정

❺ 🔲 Beam

레이저 빔, 막대 등 생성

디폴트로 총 길이의 25%에 해당하는 길이의 빔이 전체 이동거리의 50% 위치에 놓인다.

Length : 'Start Point'에서 'End Point'까지 빔의 길이를 %로 설정 ('Time'의 설정에 영향을 받음)

Time : 'Start Point'에서 시작된 빔이 이동하여 'End Point'에서 끝날 때까지의 시간을 %로 설정

3D Perspective : 시작/끝 지점의 광선 굵기를 기반으로 원근법에 따라 보여지는 빔의 길이 표시 (디폴트로 체크)

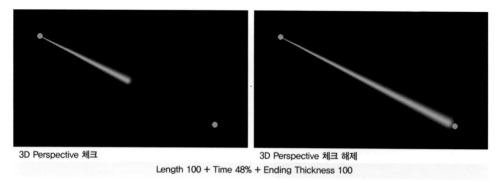

3D Perspective 체크   3D Perspective 체크 해제

Length 100 + Time 48% + Ending Thickness 100

TIP

렌더링 시 'Beam' 이펙트로 애니메이션을 준 레이어와 해당 컴포지션에 'Motion Blur' 스위치와 'Enable Motion Blur' 버튼을 각각 설정한 다음, 〈Composition Settings〉(= Ctrl + K) 대화창의 'Advanced' 탭에서 'Motion Blur-Shutter Angle'을 360°로 설정하면 레이저 빔이 지나갈 때 좀 더 실제감 있게 표현할 수 있다.

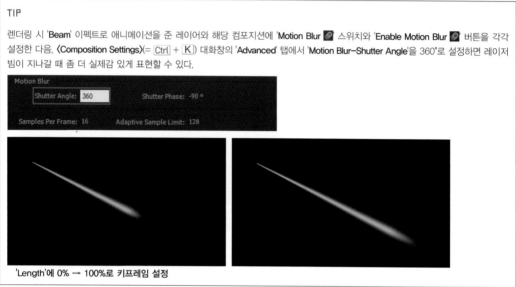

'Length'에 0% → 100%로 키프레임 설정

❻ 🎯 Checkerboard

체크무늬 생성 (체크 색상 중 하나는 투명)

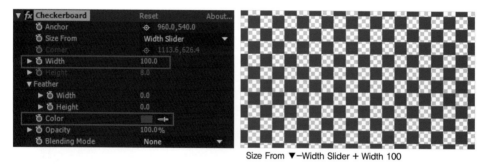

Size From ▼—Width Slider + Width 100

Size From ▼

- **Corner Point** : 'Corner' 좌표값을 지정하거나 Comp 패널에서 'Corner Point'를 클릭 & 드래그하여 체크 크기 변경
- **Width Slider** : 'Width' 속성만을 이용하여 정사각형 체크 생성 (디폴트)
- **Width & Height Sliders** : 'Width', 'Height' 속성을 이용하여 다양한 크기의 체크 생성

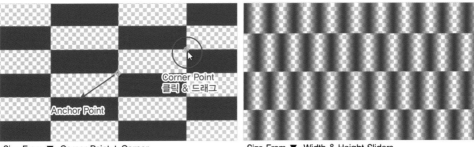

Size From ▼—Corner Point + Corner

Size From ▼—Width & Height Sliders
Width 100 + Height 300 + Feather ▶Width 100

❼ 🔲 Circle

원형이나 원형 링 생성

Edge ▼—None

Edge ▼—Edge Radius + Edge Radius 270

Edge ▼—Edge Radius + Edge Radius 270"
Feather Outer Edge 300

Radius 500 + Color 설정

Edge ▼

- **Thickness** : 링 두께 설정

- **Thickness * Radius** : 'Thickness'와 'Radius'을 곱한 값을 링 두께로 설정

- **Thickness & Feather * Radius** : 'Thickness'와 'Radius'를 곱한 값을 링 두께로 설정하고, 'Feather'와 'Radius'를 곱한 값을 링의 페더로 설정

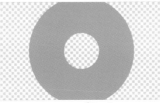

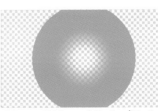

Edge ▼—Thickness

Edge ▼—Thickness * Radius

Edge ▼—Thickness & Feather * Radius
Feather Inner Edge 40

Radius 400 + Thickness 100

❽ 🔳 Ellipse

타원형 링 생성

❾ 🔳 Eyedropper Fill

레이어 이미지의 색상 중 하나를 선택하여 전체 레이어를 채움

Sample Point : 레이어 이미지의 색상 중 선택 (디폴트로 레이어 중앙에 위치)

Sample Radius : 샘플 색상 반경

Average Pixel Colors ▼ : 샘플 색상 반경에 있는 픽셀들로 어떻게 평균값을 산출할지 선택

- **Skip Empty** : 투명한 픽셀의 색상값은 제외하고 RGB 색상값의 평균 산출
- **All** : 투명한 픽셀의 색상값을 포함하여 산출
- **All Premultiplied** : Premultiplied 방식으로 알파 채널이 포함된 RGB 색상값의 평균 산출
- **Including Alpha** : RGB 색상값의 평균으로 산출된 픽셀에 평균 알파 채널값을 포함시킨다.

Maintain Original Alpha : 체크하면 소스 레이어의 알파 채널을 유지

▶ 'Average Pixel Colors ▼−Including Alpha'가 선택된 경우에 체크하면 산출된 색상 위에 소스 레이어의 알파 채널이 스텐실(stencil)로 표시된다.

❿ 🔳 Fill

소스 레이어의 마스크 영역을 색상으로 채움

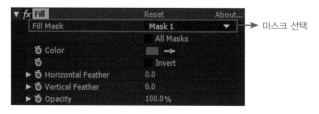 → 마스크 선택

Opacity 70%   Horizontal/Vertical Feather 200 + Invert 체크

⑪ Gradient Ramp

선형/원형 컬러 그래디언트 생성 ▶ After CC   ▶ CS6 버전의 'Ramp' 이펙트를 대체

Ramp Shape ▼-Linear Ramp   Ramp Shape ▼-Radial Ramp

Ramp Scatter : 노이즈 추가 (그라데이션에서 발생할 수 있는 밴딩(얼룩)을 감소시킴)

Swap Colors : 'Start Color'와 'End Color'를 뒤바꾼다.

⑫ Grid

그리드 생성 ('Checkerboard' 이펙트의 동일 옵션 참고)

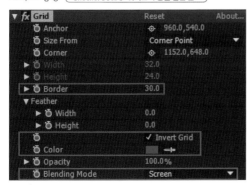

⑬ 🖵 Lens Flare

소스 레이어 이미지 위에 렌즈 플레어 추가

TIP

블랙 솔리드 레이어에 적용하여 다른 레이어와 블렌딩 모드로 합성하거나, Adjustment 레이어에 적용한 후 다른 레이어들 위에 배치함으로써 여러 레이어에 동시에 렌즈 플레어 효과를 준다.

Lens Type ▼−50~300mm Zoom

Lens Type ▼−50~300mm Zoom
Flare Brightness 160%

Lens Type ▼−35mm Prime

Lens Type ▼−105mm Prime

⑭ 🖵 Paint Bucket

특정 영역을 단색으로 채우는 효과

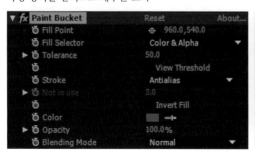

Fill Selector ▼ : 어떤 영역에 색상을 채울 지 결정

  - **Color & Alpha** : 영역에 색상이 채워지면 RGB와 알파 채널에도 색상 채움 (디폴트)
  - **Straight Color** : 채워진 색상이 RGB 채널에만 적용
  - **Transparency** : 투명 영역(알파 채널의 블랙 영역)에 '**Fill Point**' 위치를 설정하고 적용
  - **Opacity** : 불투명 영역(알파 채널의 화이트 영역)에 '**Fill Point**' 위치를 설정하고 적용
  - **Alpha Channel** : '**Fill Point**'가 있는 지점의 알파 채널값과 동일한 값을 가진 영역에 색상을 채운다.

Tolerance : '**Fill Point**' 주변에서 어느 정도의 유사 픽셀까지 선택 영역으로 취급할 지 결정 (값을 높이면 더 많은 영역이 선택됨)

View Threshold : '**Tolerance**'로 결정된 색상값의 픽셀들을 블랙/화이트로 표시

Tolerance 70   Tolerance 70 + View Threshold 체크

Stroke ▼ : 칠한 영역의 가장자리 설정

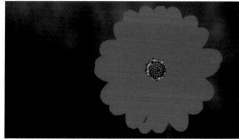

Stroke ▼-Feather + Feather Softness 15   Stroke ▼-Spread + Spread Radius 15

Stroke ▼-Choke + Spread Radius 5   Stroke ▼-Stroke + Stroke Width 5

⑮ 🔳 Radio Waves

방사형으로 전파가 퍼지는 효과

  → CTI를 드래그하면 파동의 시뮬레이션을 볼 수 있다.

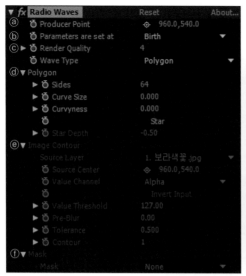

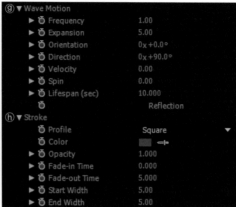

ⓐ Producer Point

파형의 중심 지점

ⓑ Parameters are set at ▼

- **Birth** : 시간이 흘러도 개별 파형이 동일한 매개변수 설정을 유지
- **Each Frame** : 매개변수가 변하면 모든 파형들이 일제히 변함

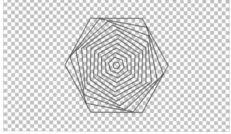

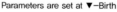
Parameters are set at ▼−Birth

Parameters are set at ▼−Each Frame

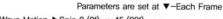
Wave Motion ▶Spin 0 (0f) → 45 (89f)

ⓒ Render Quality

최종 출력 시 퀄리티 설정

ⓓ Wave Type ▼-Polygon

다각형으로 파형 생성

→ '**Polygon**' 하위 속성들 활성화

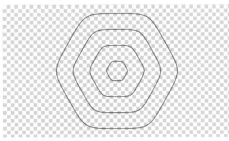

Sides 6 + Curve Size 1

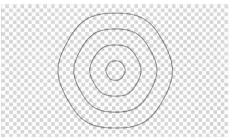

Sides 6 + Curve Size 1 + Curvyness 0.25

Star Depth : 별의 중심부터 안쪽 포인트까지의 거리

Star 체크 + Star Depth −0.5

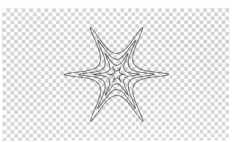

Star 체크 + Star Depth −0.8

Sides 6 + Curve Size 1 + Curvyness 0.25

ⓔ Wave Type ▼-Image Contours

레이어의 다양한 채널속성으로 파형 생성

→ '**Image Contour**' 하위 속성들 활성화

▷ 키잉(Keying) 등의 작업을 통해 알파 채널 모양이 변하는 레이어를 사용할 경우 유용

[학습예제] **소스 파일 : 골뱅이.png**

"예제₩Lec13₩sc" 폴더에서 "골뱅이.png"를 임포트(= Ctrl + I)하여 '**Radio Waves**' 이펙트가 적용된 소스 레이어(보라색꽃.jpg)의 하위 레이어로 배치한 후 '**Video** ◉'를 Off 한다.

골뱅이.png

"골뱅이.png"를 2번 레이어로 배치

Source Center : 레이어 밖으로도 이동시킬 수 있으나, 생성된 외곽선들은 레이어 밖으로 벗어나지 못한다.

Value Channel ▼ : 다양한 색상속성(Intensity/Red/Green/Blue/Alpha/Hue/Lightness/Saturation/Value)을 선택할 수 있으나 주로 알파 채널을 이용하여 작업한다.

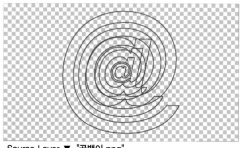

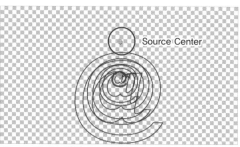

Source Layer ▼-"골뱅이.png"
Value Channel ▼-Alpha

Source Center 이동

Invert Input : 체크하면 선택한 채널의 외곽선 반전

Value Threshold : 지정한 %를 기준으로 높거나 낮은 값을 블랙/화이트로 대체하여 파형 모양 변경

Pre-Blur : 'Value Threshold'를 적용하기 전에 이미지에 블러를 추가하여 채널 외곽선을 매끄럽게 만든다.
　　(블랙/화이트 이미지의 경우 0으로 설정)

Tolerance : 외곽선으로 인정되는 허용치 설정 (너무 높이면 외곽선의 명확성이 떨어질 수 있음)

Contour : 채널속성으로 레이어 이미지에서 산출한 닫힌 외곽선이 여러 개인 경우 넘버를 부여하여 다양한 외곽선 선택 가능 (레이어 기준 좌상단→우하단으로 번호 지정)

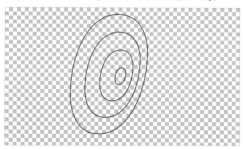

Contour 2

▶ "골뱅이.png"의 외곽선은 2개이므로 그 이상의 넘버를 지정하면 두 번째 외곽선만 표시

ⓕ Wave Type ▼-Mask

소스 레이어에 추가한 마스크 모양으로 파형 생성
　　→ 'Mask' 하위 속성 활성화

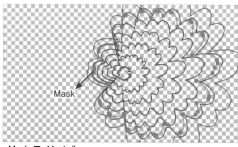

Mask ▼-Mask #

⑨ Wave Motion

Frequency : 초당 피형 수

Expansion : 파형이 확산되는 속력

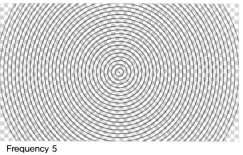

Frequency 5

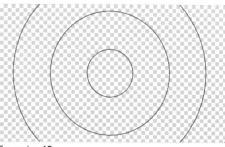

Expansion 10

Orientation : 파형 모양 전체 회전

Spin : 이전 파형에서 다음 파형에 더해지는 회전값

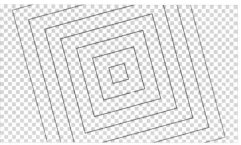

Polygon ▶Sides 4 + Orientation 30˚

Polygon ▶Sides 4 + Spin 30

Direction : '**Velocity**'를 0 이상으로 설정한 경우 파형이 이동하는 방향

Velocity : '**Direction**'에서 설정한 방향으로 파형이 이동하는 속력

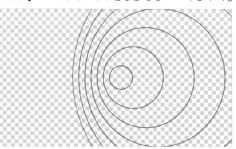

Direction 90 + Velocity 100

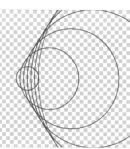

Direction 90 + Velocity 180

Lifespan(sec) : 파형이 표시되는 시간 ('**Fade-in/Out Time**'은 '**Lifespan**'의 시간에 포함된다.)

Reflection : 체크하면 파형이 레이어의 경계에 부딪혀 반사

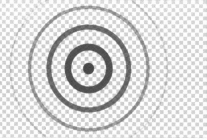

Lifespan 5 + Stroke ▶Start Width 70

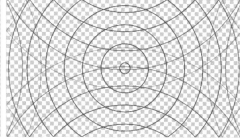

Reflection 체크

ⓗ Stroke

파형의 선에 대한 설정

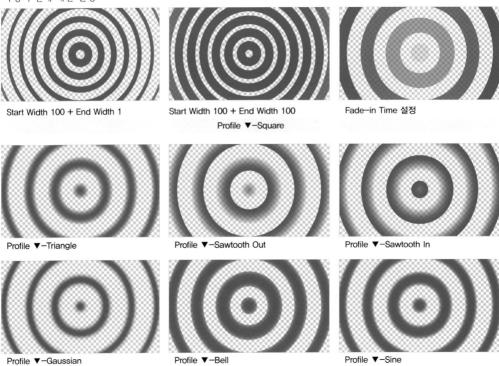

Start Width 100 + End Width 1	Start Width 100 + End Width 100 Profile ▼−Square	Fade−in Time 설정
Profile ▼−Triangle	Profile ▼−Sawtooth Out	Profile ▼−Sawtooth In
Profile ▼−Gaussian	Profile ▼−Bell	Profile ▼−Sine

⑯ 🅑 Scribble

마스크 영역에 휘갈긴 효과 생성

→ CTI를 드래그하면 스트로크가 움직이는 시뮬레이션을 볼 수 있다.

▶ 움직이는 라인일러스트 효과에 유용

"보라색꽃.jpg" 레이어

마스크 모드 설정

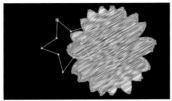
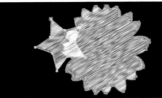
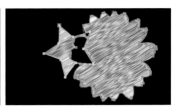

Scribble ▼−Single Mask   Scribble ▼−All Masks   Scribble ▼−All Masks Using Modes
Mask ▼−Mask 1

Edge Options : 마스크 경계(Path)에서의 스트로크 특성 설정
- **Edge Width** : 스트로크로 생성되는 엣지의 굵기
- **End Cap ▼** : 엣지 모양(Round/Butt/Projecting) 선택
- **Join ▼** : 엣지가 꺾이는 부분의 연결모양(Round/Bevel/Miter) 선택   [엣지 특성에 대한 자세한 설명은 P153~P154 참고]

Angle : 스트로크의 각도

Stroke Width : 스트로크의 굵기

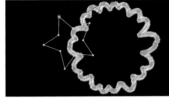
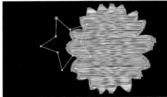

Fill Type ▼−Centered Edge   Angle 90˚   Stroke Width 4
Edge Options ▶Edge Width 60

Stroke Options : 스트로크가 마스크 경계에서 구부러지는 정도(Curviness), 스트로크 간격(Spacing), 패스와의 겹치는 정도(Path Overlap) 및 다양성(Variation) 설정

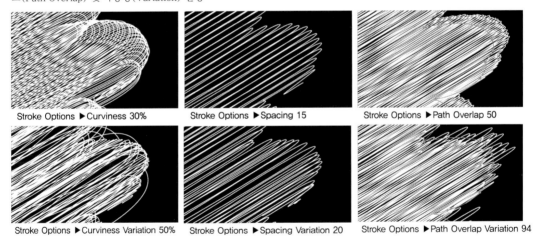

Stroke Options ▶Curviness 30%   Stroke Options ▶Spacing 15   Stroke Options ▶Path Overlap 50

Stroke Options ▶Curviness Variation 50%   Stroke Options ▶Spacing Variation 20   Stroke Options ▶Path Overlap Variation 94

Start / End : 마스크를 기준으로 스트로크가 시작되고 끝나는 위치 지정
→ 'Start' 속성을 0%에 놓고 'End' 속성에 0%에서 100%까지 키프레임을 주어 스트로크가 점차 표시되도록 할 수 있다.

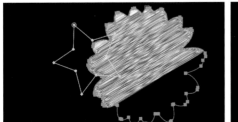
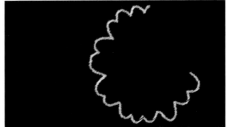

Fill Type ▼−Inside + Start 0% + End 70%   Fill Type ▼−Centered Edge + Start 0% + End 70%
                                          Edge Options ▶Start/End Apply to ▼−Mask Path

Wiggle Type ▼-**Static**(흔들림 없이 고정)/ **Jumpy**(뚝뚝 끊김)/ **Smooth**(부드럽게 흔들림)

Wiggles/Second : 초당 흔들림 횟수

Random Seed : 다양한 위글 랜덤 세트 중 선택 가능

Composite ▼—On Original Image

Composite ▼—Reveal Original Image

⑰ 🖼 Stroke

마스크 패스에 선(Stroke) 생성 (마스크 패스의 안팎으로 선의 굵기가 동시에 확장됨)

→ '**Start**' 속성을 0%에 놓고 '**End**' 속성에 0%에서 100%까지 키프레임을 주어 선이 점차 그려지는 효과를 만들 수 있다.

마스크모드 "None"

Brush Size 10 + start 0% + End 70%

Brush Size 10 + Spacing 100%

⑱ 🖼 Vegas

이미지의 특정 채널영역이나 마스크/패스를 따라 흐르는 선 생성

▶ '**Glow**' 이펙트 등을 추가하여 외곽선이나 패스를 따라 빛이 흐르는 효과를 만들 수 있다.

【 학습예제 】

→ "골뱅이.png" 푸티지를 HD 컴포지션에 레이어로 배치하고 '**Vegas**' 이펙트를 적용한 후 'Scale'을 80%로 설정한다.

ⓐ Stroke ▼

- **Image Contours** : 레이어 이미지의 특정 채널영역의 외곽선을 따라 스트로크 표시

- **Mask/Path** : 레이어에 생성한 마스크 또는 패스를 따라 스트로크 표시

ⓑ Image Contours

'**Stroke ▼-Image Contours**' 선택 시 활성화

Input Layer ▼ : 스트로크를 표시할 레이어 선택

Invert Input : 'Input Layer ▼'에서 선택한 레이어 이미지를 반전한 후에 스트로크 표시

If Layer Sizes Differ ▼ : 'Input Layer'의 크기가 소스 레이어와 다를 경우

- **Center** : 레이어의 중앙에 배치

- **Stretch to Fit** : 소스 레이어의 크기에 맞춰 늘리거나 줄인다.

Channel ▼ : 이미지의 어떤 채널(Intensity/Red/Green/Blue/Alpha/Hue/Lightness/Saturation/Value)을 기준으로 스트로크를 생성할지 선택

Threshold : 지정한 수치를 기준으로 높거나 낮은 값을 블랙/화이트로 대체하여 스트로크를 적용할 외곽선 영역 다듬기

Pre-Blur : 'Threshold'를 적용하기 전에 이미지에 블러를 추가하여 채널 외곽선을 매끄럽게 만든 후 스트로크 적용

(블랙/화이트 등 고대비 이미지의 경우 0으로 설정)

Tolerance : 허용치를 너무 높이면 외곽선을 따라 흐르는 스트로크의 정밀성이 떨어진다.

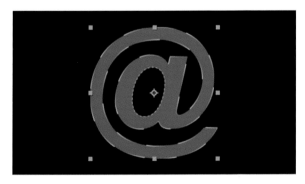

Stroke ▼-Image Contours
Image Contours ▶Input Layer ▼-"골뱅이.png"
Channel ▼-Alpha
Rendering ▶Width 7

Render ▼ : 선택한 채널속성으로 레이어 이미지에서 산출된 닫힌 외곽선이 여러 개인 경우

- **All Contours** : 이펙트를 모든 외곽선에 적용

- **Selected Contour** : 이펙트를 선택한 외곽선에만 적용

Selected Contour : 'Render ▼-Selected Contour'를 선택한 경우 넘버링이 부여된 여러 외곽선 중 선택 가능

(레이어 기준 좌상단→우하단으로 외곽선에 번호 지정)

Selected Contour 1

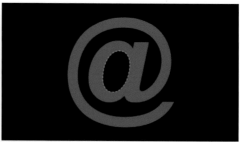
Selected Contour2

Shorter Contours Have ▼ : 길고 짧은 여러 외곽선이 섞여 있을 경우
- **Same Number of Segments** : 모든 외곽선을 동일 개수의 스트로크로 분할 (디폴트)
- **Fewer Segments** : 짧은 외곽선은 적은 수의 스트로크로 분할

Same Number of Segments

Fewer Segments

> TIP
>
> 짧은 외곽선에 긴 외곽선과 동일한 개수의 스트로크를 적용하면 자칫 분할된 스트로크끼리 뭉칠 수 있으므로 이 경우 'Fewer Segments'를 사용한다.

ⓒ Mask/Path

Path ▼ : 'Stroke ▼-Mask/Path' 설정 시 활성화
→ 스트로크가 생성될 마스크나 패스 선택

ⓓ Segments

Segments : 스트로크의 분할 개수

Length : 분할된 스트로크의 길이

Segment Distribution ▼
- **Bunched** : 분할된 스트로크를 줄줄이 연결
- **Even** : 분할된 스트로크를 균일한 간격으로 배치 (디폴트)

Rotation : 키프레임을 설정하면 분할된 스트로크가 외곽선이나 패스를 따라 흐르는 효과 가능

Random Phase : 체크하면 스트로크가 시작되는 지점을 다르게 설정할 수 있다. (디폴트로는 상단 또는 좌측부터 스트로크가 그려짐)

Random Seed : 'Random Phase' 체크 시 스트로크가 시작되는 지점이 다양하게 설정된 랜덤 세팅 중 선택

Segments 10

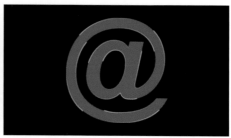
Random Phase 체크 + Random Seed 4

ⓔ Rendering

Blend Mode ▼

- **Transparent** : 투명 배경에 스트로크만 표시
- **Over** : 레이어 이미지 위에 스트로크 표시 (디폴트)
- **Under** : 레이어 뒤에 스트로크 표시
- **Stencil** : 소스 레이어 이미지의 색상으로 스트로크 픽셀을 채운다.

Width : 스트로크 두께

Hardness : 스트로크의 테두리가 더 선명해지는 정도

Start Opacity : 분할된 스트로크(Segment)의 머리부분 불투명도

Mid-point Opacity : 시그먼트 중간부분의 불투명도

Mid-point Position : 시그먼트 중앙 위치 설정 (1에 가까울수록 중앙 위치가 시그먼트의 꼬리부분에 가까워짐)

End Opacity : 시그먼트 꼬리부분의 불투명도

Blend Mode ▼-Stencil

Mid-point Opacity -0.5 + Mid-point Position 0.1

TIP

'**Mid-point Position**'을 머리부분에 가깝게 설정하고, '**Mid-point Opacity**'를 (-)값으로 설정하면 머리부분이 좀 더 강조된 스트로크를 만들 수 있다.

---

⑲ 🔟 Write-on

브러시로 직접 드로잉한 선이 그려지는 효과

Brush Position : 시간이동을 하면서 선이 그려질 위치를 키프레임으로 설정

    ➔ Layer 패널에서 작업하는 것이 선조절하기가 쉽다. (패스를 보려면 Layer 패널 하단의 '**View ▼-Write-on**' 선택)

Stroke Length (secs) : 브러시 스트로크 길이 설정

    ➔ 패스를 타고 흐르는 스트로크를 생성하려면 0 이외의 값을 설정 (0으로 설정하면 프리뷰 시 브러시 스트로크가 시작점부터 끝점까지 표시됨)

Brush Spacing (secs) : 브러시팁의 간격

Stroke Length 0.7 + Brush Spacing 0.001　　　　　　Brush Spacing 0.015

Brush Size 20

Paint Time Properties ▼ : 선택한 페인트 속성(Color/Opacity)을 개별 브러시팁에 적용

Brush Time Properties ▼ : 선택한 브러시 속성(Size/Hardness/Size & Hardness)을 개별 브러시팁에 적용

▶ '**None**'은 페인트/브러시 속성에 설정한 값을 매번 전체 스트로크에 적용

Study 6 | Simulation

특정 움직임을 실제와 유사하게 보이도록 시뮬레이션하여 표현하는 효과

→ 이펙트를 적용한 레이어 이외에 보조 레이어들을 사용하여 움직임 정밀 조절
→ 키프레임 없이도 CTI를 드래그하면 시뮬레이션 상태 확인 가능

① Card Dance
② Caustics
　CC Ball Action
　CC Bubbles
　CC Drizzle
　CC Hair
　CC Mr. Mercury
　CC Particle Systems II
　CC Particle World
　CC Pixel Polly
　CC Rainfall
　CC Scatterize
　CC Snowfall
　CC Star Burst
③ Foam
　Particle Playground
④ Shatter
　Wave World

■ 'Card Dance', 'Caustics', 'Shatter' 이펙트에 공통으로 존재하는 옵션

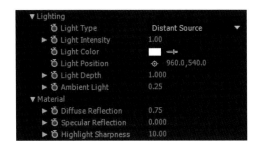

Lighting : 이펙트에 추가되는 조명 옵션

- **Light Type ▼**
  - **Point Source** : 전구처럼 방사형의 빛을 발산하여 여러 방향의 그림자 생성
  - **Distant Source** : 태양처럼 원거리에서 한 방향으로 그림자 생성 (디폴트)
  - **First Comp Light** : 컴포지션에 생성한 첫 번째 라이트 레이어의 설정 사용
- **Light Depth** : Z축 공간에서 조명의 위치 지정
  - → (−)값 지정하면 조명이 레이어의 뒤로 이동
- **Ambient Light** : 모든 개체에 골고루 빛이 퍼지는 주변광

Material : 레이어의 재질(반사 정도) 지정

- **Diffuse Reflection** : 빛이 레이어 표면에 닿는 각도에 따라 확산되어 레이어의 색과 형태가 드러나는 정도를 나타낸다.
- **Specular Reflection** : 뷰어각으로 표시되는 반사광으로 제일 밝게 빛나는 부분 설정
- **Highlight Sharpness** : 반질반질한 영역에서는 좁고 선명한 반사광을, 탁하고 윤기 없는 영역에서는 넓게 퍼지는 반사광을 생성

TIP _ 조명과 재질의 효과적인 제어 순서

'Light Type' 선택 → 'Light Position/Light Depth' 지정 → 'Diffuse Reflection' 조정 → 'Specular Reflection' 조정 → 'Highlight Sharpness' 조정 → 'Ambient Light' 설정

---

① Card Dance

레이어를 여러 장의 카드로 나누어 카드섹션 효과 생성

학습예제 프로젝트 파일 : Simulation.aep의 "Card Dance" 컴포지션

파일 탐색기에서 "예제₩Lec13" 폴더의 "Simulation.aep"를 더블클릭하거나 **메뉴〉File〉Open Project** (= Ctrl + O)로 "Simulation.aep" 프로젝트를 불러들인 후 "Card Dance" 컴포지션을 활성화한다.

팝콘.jpg (소스 레이어)

Radial Gradient (보조 레이어)

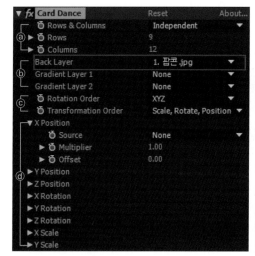

Linear Gradient (보조 레이어)

"Card Dance" 컴포지션의 Timeline 패널

ⓐ Rows & Columns ▼

- **Independent** : 행과 열의 개수를 각각 설정 가능

- **Columns Follows Rows** : 'Columns'가 비활성화되면서 열의 개수를 설정하면 행의 개수가 동일하게 자동 설정

ⓑ Back Layer ▼ : 카드 뒷면에 나타낼 레이어 선택

Gradient Layer 1, 2 ▼ : 카드 움직임 제어용으로 사용할 보조 레이어 각각 선택 (회색 음영 레이어를 사용하는 것이 좋음)

▶ 이펙트나 마스크가 적용된 레이어를 'Back Layer'나 'Gradient Layer'로 사용하려면 먼저 Pre-compose를 한 후 동일 컴포지션에 Precomp 레이어로 배치하여 사용한다. (불필요하게 화면에 표시되지 않도록 보조 레이어의 'Video ⊙'를 Off한다.)

ⓒ Rotation Order ▼ : X/Y/Z축 중 어떤 축으로 먼저 회전시킬지 순서 선택

  Transformation Order ▼ : Scale/Rotation/Position 중 어떤 변형 작업을 먼저 수행할지 순서 선택

ⓓ X/Y/Z Position, X/Y/Z Rotation, X/Y Scale

  카드의 위치, 회전, 크기 조절

  Source ▼ : **'Gradient Layer 1, 2**'의 채널(Intensity/ Red/ Green/ Blue/ Alpha/ Intensity H Slope/ Intensity V Slope/ Red H Slope/ Red V Slope) 선택

  Multiplier : 변형량 설정

  Offset : 변형을 시작할 기준 위치 변경

ⓔ Camera System ▼

  Camera Position : 이펙트 내에서 직접 설정한 카메라 사용

  - **Z Position** : 값이 클수록 줌아웃
  - **Focal Length** : 카메라 렌즈부터 레이어까지 초점이 맞는 거리 설정
  - **Transform Order ▼** : X/Y/Z축에 대한 카메라 회전과 위치이동 중 어느 순서대로 카메라를 움직일지 선택

  Corner Pins : 카메라를 설정하는 대신 레이어의 네 귀퉁이를 기울여 화면에 입체감 부여

  - **Auto Focal Length** : 체크하면 자동으로 각 핀에 레이어의 네 귀퉁이를 일치시키는 초점거리를 사용
    (디폴트인 체크 해제 상태에서는 '**Focal Length**' 설정 값 사용)
    ▶ 카메라의 위치와 방향을 제대로 찾지 못하면 레이어가 네 개의 핀 사이에 아웃라인 형태로 표시된다.

  - **Focal Length** : 각 핀에 레이어의 네 귀퉁이를 일치시키는 초점거리를 알고 있는 경우 직접 설정
    ▶ 정확하게 설정하지 않으면 이상하게 기울어져 보일 수 있다.

  - **Comp Camera** : 컴포지션에 생성한 카메라 레이어의 설정을 따른다.

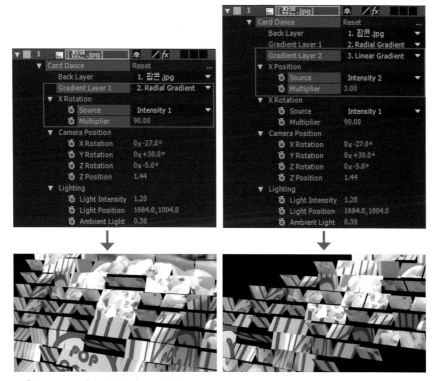

▶ {'**Gradient Layer**'의 픽셀 강도(Intensity)값(순 흰색 1, 순 검정 −1, 50% 회색 0) * '**Multiplier**' 설정값)이 카드 중심픽셀에 할당된다.

  → 'X Rotation ▶Source▼−Intensity 1'과 'Multiplier 90'을 선택한다면, 'Gradient Layer 1'의 순 흰색 영역에서 카드가 X축으로 90°
  회전, 순 검정 영역에서 −90° 회전 (50% 회색영역에서 카드는 회전하지 않음)

  → 'X Position ▶Source▼−Intensity 2'와 'Multiplier 3'을 선택한다면, 'Gradient Layer 2'의 순 흰색 영역에서 카드 중심이 (카드의 가
  로폭/2 x 3)만큼 오른쪽으로 이동하고, 순 검정 영역에서 (카드의 가로폭/2 x −3)만큼 왼쪽으로 이동 (50% 회색영역에서 카드는
  제자리에 위치)

❷ 🎬 Caustics

수면을 통해 굴절되고 산란하여 반사되는 빛의 효과를 시뮬레이션

▶ 이펙트나 마스크가 적용된 레이어를 사용하려면 먼저 Pre-compose를 하여 동일 컴포지션에 Precomp 레이어로 배치된 상태에서 'Caustics' 이펙트를 적용한다.

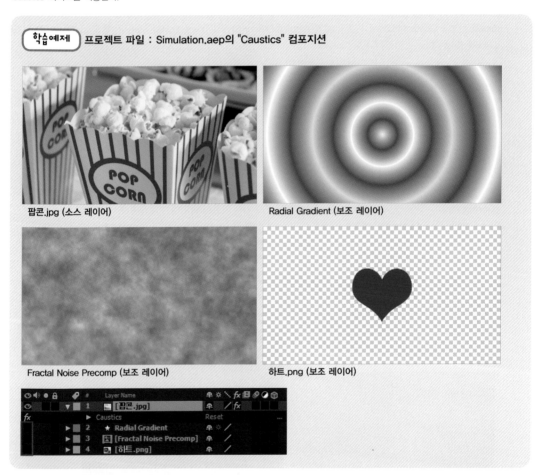

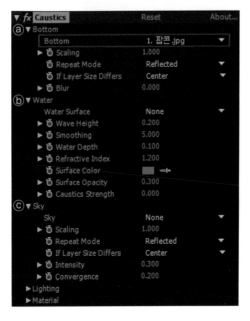

ⓐ Bottom

Bottom ▼ : 수면 아래에 놓여 왜곡될 레이어 선택

Scaling : 굴절로 인해 레이어의 가장자리가 드러나 보일 때 레이어를 확대하여 제거

Repeat Mode ▼ : 'Scaling'으로 레이어를 축소시킨 후 반복시킬 타일형태 선택

   – **Once**(반복 없음)/ **Tiled**(타일 반복)/ **Reflected**(거울반사 반복)

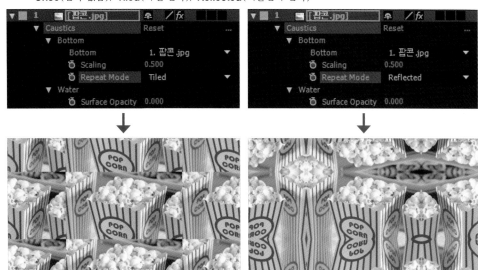

If Layer Size Differs ▼ : 선택한 레이어가 컴포지션의 크기와 다를 경우

   – **Center**(컴포지션 중앙에 배치)/ **Stretch to Fit**(컴포지션 크기에 맞춤)

Blur : 수심이 깊을수록 큰 설정 값을 적용한다.

ⓑ Water

Water Surface ▼ : 수면으로 사용할 레이어 선택 (선택한 레이어의 루미넌스(Luminance)값을 사용하며, 밝은 부분의 수면이 높음)

Wave Height : 물결 높이 설정

Smoothing : 값이 클수록 물결을 부드럽게 표현

Water Depth : 수심 설정 (높게 설정하면 'Bottom' 레이어가 더 왜곡)

Refractive Index : 굴절률 설정

   ➙ 1.2(디폴트) 설정값에서 가장 실제와 유사

   ➙ 1에서는 굴절이 일어나지 않으며, 값이 클수록 굴절로 인한 왜곡이 심해진다.

Surface Color : 물의 색상 설정

Surface Opacity : 0으로 설정하면 투명한 물 표현 가능

Caustics Strength : 'Bottom' 레이어의 표면에 빛을 집중시켜 물결의 밝은 부분은 더 밝게, 어두운 부분은 더 어둡게 표현

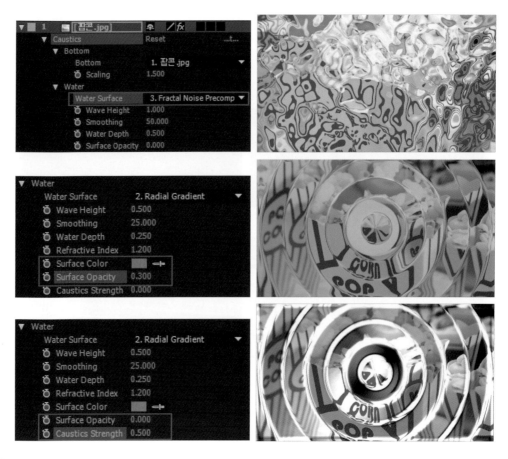

ⓒ Sky

- Sky ▼ : 수면 위에 놓여 반사될 레이어 선택
- Intensity : 'Sky' 레이어가 수면에 얼마나 반사될지 설정
- Convergence : 'Water/Bottom' 레이어와 'Sky' 레이어 사이의 거리(근접성)를 통해 물결에 의해 'Sky' 레이어가 얼마나 왜곡될지 설정

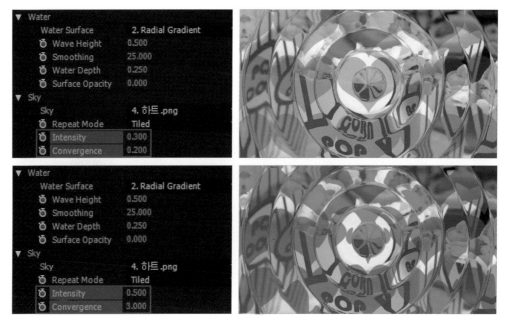

❸ 🖼 Foam

거품이 만들어지는 효과를 시뮬레이션

▷ 거품대신 임의의 레이어(텍스처나 동영상)를 사용하여 수많은 무리가 움직이는 효과 가능

학습예제 프로젝트 파일 : Simulation.aep의 "Foam" 컴포지션

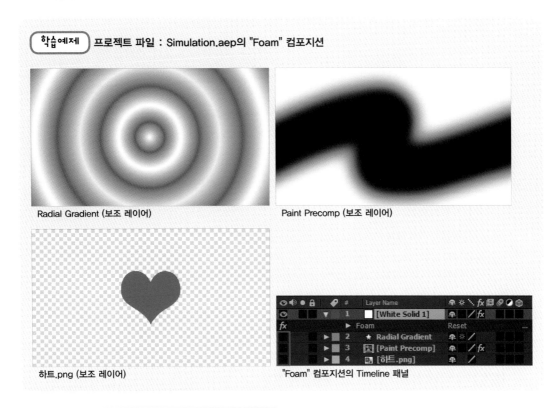

Radial Gradient (보조 레이어)

Paint Precomp (보조 레이어)

하트.png (보조 레이어)

"Foam" 컴포지션의 Timeline 패널

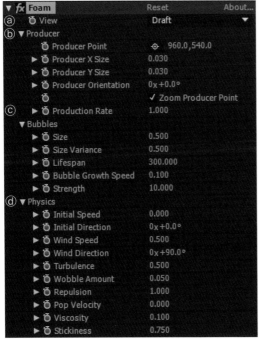

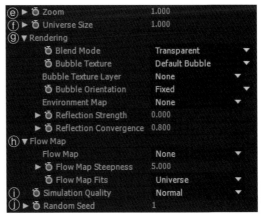

ⓐ View ▼
- **Draft** : 거품의 움직임을 빠른 미리보기 형태로 화면에 표시 (디폴트)
- **Draft + Flow Map** : 'Flow Map ▼'에 레이어를 지정한 경우 '**Flow Map**' 위에 '**Draft**'의 미리보기 형태로 표시
- **Rendered** : 최종 아웃풋 퀄리티로 화면에 표시

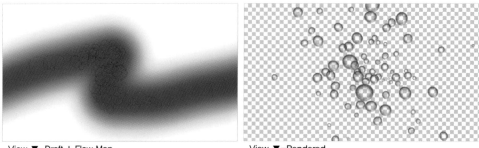

View ▼-Draft + Flow Map
Flow Map ▼-"Paint Precomp"

View ▼-Rendered

ⓑ Producer
Producer Point : 거품 생성기(Producer)의 레이어 상의 위치 설정

Producer X/Y Size : 거품 생성기의 가로/세로 사이즈 설정
　　▶ 거품의 개수를 많이 설정할 때는 생성되자마자 거품끼리 부딪혀 깨지는 것을 방지하기 위해 '**Producer X/Y Size**'를 크게 설정

Producer Orientation : 거품 생성기의 방향 설정 (Producer의 가로/세로 크기가 동일하면 방향 설정은 의미 없음)

Zoom Producer Point : 체크(디폴트)되어 있으면 '**Zoom**' 옵션을 사용할 때 거품 발생 위치도 레이어와 함께 줌 된다.
　　(체크 해제하면 레이어를 줌 해도 거품 발생위치는 '**Producer Point**' 위치에 그대로 남음)

Production Rate : 30초마다 생성되는 거품의 평균 개수 설정

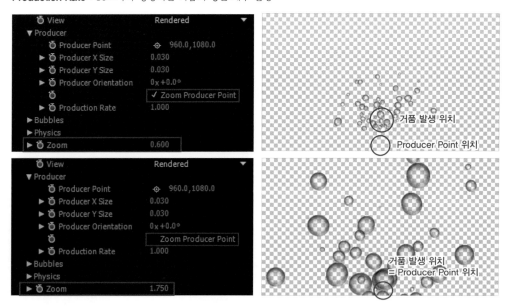

ⓒ Bubbles
Size : 거품이 제일 크게 부풀었을 때의 평균 크기

Size Variance : (Size ± Size Variance) 범위에 속하는 다양한 크기로 거품 생성

Lifespan : 거품의 최대 수명

Bubble Growth Speed : 거품 생성 후 최대크기에 도달할 때까지의 속력

Strength : 값을 증가시키면 주변 영향에도 거품이 터지지 않고 오래 살아남는다.

ⓓ Physics

Initial Speed : 처음 거품이 생성되어 나올 때의 속력

Initial Direction : 처음 생성되어 나온 거품이 움직이는 방향

Wind Speed : 거품의 방향에 영향을 미치는 바람의 속력

Wind Direction : 거품을 밀어내는 바람의 방향

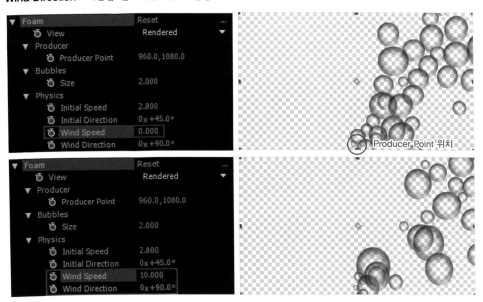

Turbulence : 난기류를 적용시켜 바람의 방향을 이리저리 바꾼다.

Wobble Amount : 거품이 흔들려 완벽한 구형에서 랜덤하게 모양이 변하는 정도 설정

Repulsion : 거품끼리 부딪혔을 때 반발력 설정
　→ 0이면 그냥 통과해버리고, 값이 높으면 서로 튕겨나가며, 값이 작으면 들러붙는다.

Pop Velocity : 터지는 속도 제어
　→ 값이 크면 주변의 거품에도 영향을 주어 같이 터지거나 튕겨나간다.

Viscosity : 거품의 점도 설정
　→ 값이 높으면 거품이 생성된 후 느리게 움직이며, 값이 매우 높으면 거의 움직이지 않는다.
　　(공기 중에 떠다니게 하려면 값을 낮게 설정)

Stickiness : 거품끼리 들러붙는 정도 설정

ⓔ Zoom

거품의 '**Size**'를 지나치게 키우는 것보다 '**Zoom**'을 사용하여 확대하는 것이 더 안정적이다.

ⓕ Universe Size

거품이 유지되는 공간(Universe)은 디폴트로 레이어의 크기와 동일
　→ 1보다 큰 값을 설정하면 레이어의 크기보다 확장되어 레이어 밖에서 거품이 들락거리게 할 수 있고, 1보다 작은 값을 설정하면 레이어의 크기보다 작은 영역 안으로 거품이 제한된다.

ⓖ Rendering

Blend Mode ▼

– **Transparent** : 거품이 겹치는 부분의 투명도 유지 (디폴트)

– **Solid Old on Top** : 먼저 생성된 거품을 위에 배치하고 겹치는 부분의 투명도가 점차 사라진다. (거품이 화면 뒤에서 앞으로 생성되어 나오는 경우 사용)

– **Solid New on Top** : 새로 생성된 거품을 위에 배치하고 겹치는 부분의 투명도가 점차 사라진다. (거품이 화면 앞에서 생성되어 뒤로 빠지는 경우 사용)

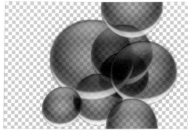

Blend Mode ▼−Solid Old on Top

Blend Mode ▼− Solid New on Top

Bubble Texture ▼−Amber Bock

Bubble Texture ▼ : 물방울 모양의 거품(Default Bubble) 대신 AE에서 제공하는 프리셋 텍스처 (64*64 px 해상도)

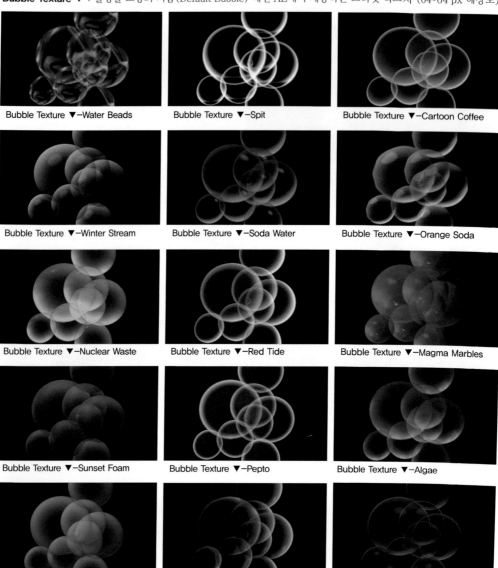

Bubble Texture ▼−Water Beads

Bubble Texture ▼−Spit

Bubble Texture ▼−Cartoon Coffee

Bubble Texture ▼−Winter Stream

Bubble Texture ▼−Soda Water

Bubble Texture ▼−Orange Soda

Bubble Texture ▼−Nuclear Waste

Bubble Texture ▼−Red Tide

Bubble Texture ▼−Magma Marbles

Bubble Texture ▼−Sunset Foam

Bubble Texture ▼−Pepto

Bubble Texture ▼−Algae

Bubble Texture ▼−Blisters

BBubble Texture ▼−Bubble Wrap

Bubble Texture ▼−Grape Soda

TIP _ 사용자 정의(User Defined) 텍스처로 원하는 형태의 파티클 생성하기

→ "**User Defined**" 텍스처 사용 시 사용할 텍스처를 동일 컴포지션에 레이어로 배치 후 화면에 불필요하게 표시되지 않도록 '**Video** 👁' 스위치를 Off

▶ '**Zoom**' 옵션으로 줌인 하여 사용할 경우 화질 저하를 방지하기 위해 가급적 해상도가 높은 텍스처 사용

Bubble Texture ▼-User Defined
Bubble Texture Layer ▼-"하트.png"

Bubble Orientation ▼
- **Fixed** : 거품이 뒤집히는 등의 회전을 하지 않고 위 아래가 고정 (디폴트)
- **Physical Orientation** : 거품에 가해지는 물리적인 힘들에 의해 부딪히고 회전
- **Bubble Velocity** : 거품 방향이 줄줄이 이동하는 쪽으로 향한다.

Bubble Orientation ▼-Fixed

Bubble Orientation ▼-Physical Orientation

Bubble Orientation ▼- Bubble Velocity

Environment Map ▼ : 거품에 반사되는 레이어 선택
▶ 반사 레이어가 화면에 불필요하게 표시되지 않도록 '**Video** 👁' 스위치 Off

Reflection Strength : 거품에 얼마나 반사될지 설정 (투명 영역에는 반사도가 떨어짐)

Reflection Convergence : 값이 크면 거품의 둥근 모양에 따라 '**Environment Map**'의 반사가 왜곡
(0이면 '**Environment Map**'이 평면적으로 비침)

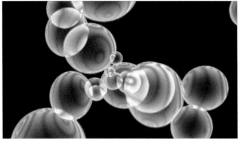

ⓗ Flow Map

Flow Map ▼ : 거품이 진행되는 방향을 설정할 스틸 이미지 레이어 선택 (동영상 레이어를 선택하면 첫 프레임이 사용됨)
→ 레이어의 루미넌스를 기반으로 검정색 부분(낮은 영역)을 따라 거품이 흘러가며, 흰색(높은 영역)에 가까울수록 넘기 힘든 장애물로 인식

▶ 흰색과 검정색 간에 급작스런 경계보다는 회색 그라데이션이 있도록 적용한다.

Flow Map Steepness : 'Flow Map'의 가파른 정도(흰색과 검정색 간의 경계 차이)를 결정
→ 거품이 '**Flow Map**'을 따르지 않고 제멋대로 튕겨나오면 설정값을 줄인다.

Flow Map Fits ▼ : '**Flow Map**'의 크기를 화면(Screen) 또는 Universe에 맞춘다. (디폴트는 Universe)

 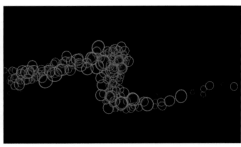

ⓘ Simulation Quality ▼

거품의 진행방향이 '**Flow Map**'을 제대로 따르지 않을 때 시뮬레이션 정밀도를 높인다.
(Nomal〈 High〈 Intense로 렌더링 시간 증가)

ⓙ Random Seed

미리 세팅된 랜덤 세트 선택

❹ 🎬 Shatter

이미지를 산산조각 내는 효과
→ 임의의 조각모양을 만들거나 입체감 설정 가능

TIP

효과를 반대로 하여 폭발한 조각들이 모여 완성된 이미지가. 되도록 하려면, '**Shatter**' 이펙트를 적용한 레이어를 Pre-compose 한 후 Timeline 패널에서 **메뉴〉Layer〉Time〉Time-Reverse Layer**를 적용한다.

학습예제 "Simulation.aep" 프로젝트에서 "Shatter" 컴포지션을 활성화한다.

팝콘.jpg (소스 레이어)   Radial Gradient (보조 레이어)

하트패턴.jpg (보조 레이어)

"Shatter" 컴포지션의 Timeline 패널

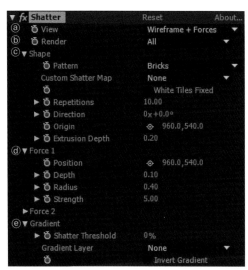

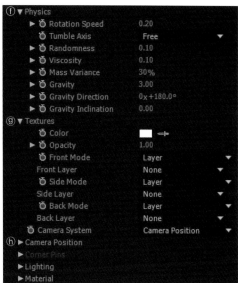

ⓐ View ▼

Rendered	최종 렌더링되는 화면 표시
Wireframe Front View	정면(Front View)에서 와이어프레임 형태로 표시 (원근 무시)
Wireframe	원근을 적용하여 와이어프레임 형태로 표시 (카메라 설정 용이)
Wireframe Front View + Forces	정면 와이어프레임 표시 + 힘이 미치는 범위를 파란색으로 표시
● Wireframe + Forces	원근이 적용된 와이어프레임 표시 + 힘 범위를 파란색으로 표시

View ▼-Rendered

View ▼-Wireframe Front View + Forces

ⓑ Render ▼

'View ▼-Rendered' 설정 시 적용

- **All** : 전체 장면 렌더링 (디폴트)
- **Layer** : 터져 나오는 조각은 제외하고 부서지지 않은 레이어만 렌더링
- **Pieces** : 터져 나오는 조각들만 렌더링

Render ▼-Layer   Render ▼-Pieces

ⓒ Shape

조각의 형태 설정

Pattern ▼ : 조각 형태 선택

  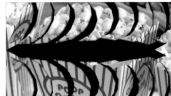

Pattern ▼-Carpenter's Wheel   Pattern ▼-Chevrons   Pattern ▼-Crescents

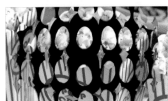  

Pattern ▼-Eggs   Pattern ▼-Glass   Pattern ▼-Herringbone 1

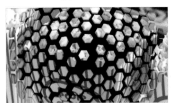  

Pattern ▼-Hexagons   Pattern ▼-Js   Pattern ▼-Octagons & Squares

Pattern ▼-Overlaid Squares   Pattern ▼-Planks   Pattern ▼-Puzzle

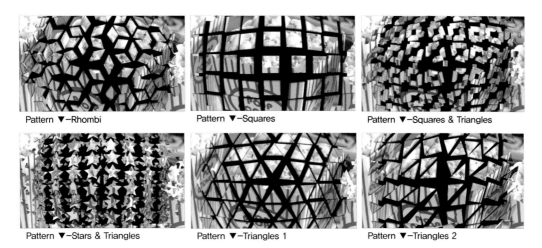

Pattern ▼-Rhombi · Pattern ▼-Squares · Pattern ▼-Squares & Triangles

Pattern ▼-Stars & Triangles · Pattern ▼-Triangles 1 · Pattern ▼-Triangles 2

Custom Shatter Map ▼ : 동일 컴포지션 내에서 조각모양으로 사용할 레이어 선택

TIP _ 원하는 조각모양 만들기

사용자가 균열맵을 직접 만들 경우, Red/Green/Blue/Yellow/Magenta/Cyan/White/Black의 8가지 색상만 활용하여 만들어야 'Shatter' 이펙트가 조각의 경계를 인식한다.

White Tiles Fixed : 체크하면 '**Custom Shatter Map**'으로 설정한 레이어에서 순 흰색인 부분은 부서지지 않는다.

Repetitions : 프리셋 패턴 사용 시 조각 패턴을 얼마나 반복하여 적용할지 설정

→ 값을 늘리면 패턴 사이즈가 줄어들며 더 많은 조각으로 부서진다.

Direction : 프리셋 패턴을 회전시킨다.

Origin : 이펙트가 적용된 레이어의 특정 부분에 프리셋 패턴을 맞추기 위해 패턴의 위치 변경

Extrusion Depth : 조각의 두께 설정 (너무 높게 설정하면 조각끼리 두께가 겹칠 수 있음)

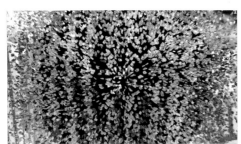

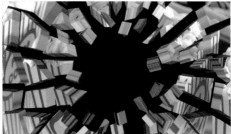

Pattern ▼-Glass + Repetitions 150 · Pattern ▼-Glass + Extrusion Depth 1

TIP

조각의 수와 크기, 움직임 등이 돌변할 수 있으므로 '**Repetitions**', '**Direction**', '**Origin**' 옵션에는 키프레임 설정을 하지 않는 것이 좋다.

ⓓ Force 1, 2

폭발력 설정 (두 종류로 설정 가능)

Position : 폭발의 중심 위치

Depth : 폭발 중심 위치의 Z축(깊이) 설정

→ (+)값을 설정하면 조각들이 화면 뒤에서 앞으로 날아오고, (−)값은 앞에서 뒤로 날아간다.

Radius : 조각이 터져 나오는 폭발 범위(구형)의 반경 설정 ('**View ▼**' 옵션에서 '**Wireframe Front View + Forces**' 또는 '**Wireframe + Forces**' 선택 시 화면에 파란색 원으로 표시)

TIP

원하는 시점에서 폭발이 시작되도록 설정하려면, 첫 프레임에서 'Radius'를 0으로 유지하다가 원하는 시점에 Hold 키프레임으로 'Radius'값을 설정한다.

Strength : 조각이 터져나오는 강도

→ (+)값을 설정하면 조각들이 폭발 중심 위치에서 멀어지고, (−)값은 폭발 중심 위치로 향한다.

▶ 'Strength'를 0으로 설정해도 'Gravity(중력)'값이 지정되어 있으면 조각들이 중력방향으로 향한다.

ⓔ Gradient

특정 레이어의 루미넌스값을 이용하여 조각을 제어

Shatter Threshold : 그래디언트 레이어의 루미넌스값에 따라 힘 반경 내에서 균열을 일으킬 조각의 범위 지정 (흰색부터 균열이 일어나며 검정색이 마지막에 균열된다.)

→ 0%는 균열이 일어나지 않으며, 100%는 힘 반경 내의 모든 조각이 부서진다.

(0%에 가까울수록 그래디언트 레이어에서 흰색에 가까운 영역에 있는 조각들이 부서진다.)

Gradient Layer ▼ : 조각을 제어하기 위한 그래디언트 레이어 선택

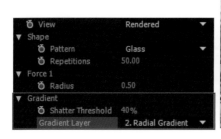

ⓕ Physics

조각에 가해지는 물리적인 힘 설정

Rotation Speed : 조각이 회전하는 속력

Tumble Axis ▼ : 회전축(Free/None/X/Y/Z/XY/XZ/YZ) 설정

→ Z축 회전은 '**Force 1, 2**'가 모두 사용되는 경우에만 적용 가능

Randomness : 조각이 다양한 속도와 다양한 각도로 회전하며 터져나오도록 설정

Viscosity : 마찰력이 높을수록 저항이 크므로 터져 나온 조각의 속도를 빨리 감속시킨다.

▶ 액체 속에서 폭발할 경우 마찰력을 높게 설정하고, 무중력공간에서의 폭발은 낮게 설정한다.

Mass Variance : 조각의 크기에 따라 질량을 가늠하여 작은 조각은 큰 조각보다 멀리 빠르게 날아가도록 설정 가능

→ 30%(디폴트)는 실제와 유사하며, 0%는 크기 구별 없이 동일한 동작을 부여하고, 100%는 크기의 차이를 과장하여 움직임의 차이가 크게 설정된다.

Gravity : 터져 나오는 조각을 끌어당기는 중력값 설정 (값이 클수록 세게 끌어당김)

Gravity Direction : 중력 방향 (180°(디폴트)는 실제와 같이 아래로 향함)

Gravity Inclination : 터져 나온 조각이 Z축 공간상으로 레이어 앞으로 튀어 나오게 할지(+값), 레이어 뒤로 꺼지게 할지(-값) 설정

▶ '**Gravity Inclination**'가 90이나 -90으로 설정된 경우 '**Gravity Direction**' 설정은 의미 없다.

ⓖ Textures

조각에 색이나 투명도, 질감을 매핑

Front/Side/Back Mode ▼ : 조각의 앞면/측면/후면에 각각 어떤 질감을 매핑할지 선택

- Color → 'Color'에 설정한 색상을 해당 면에 적용
- Layer → 'Front/Side/Back Layer ▼'에서 선택한 레이어(텍스처 맵)를 각 면에 적용
- Tinted Layer → 'Color'와 텍스처 맵을 혼합 (레이어 위에 컬러 필터가 있는 느낌)
- Color + Opacity → 'Color'와 'Opacity(불투명도)' 설정값 적용
- Layer + Opacity → 텍스처 맵과 'Opacity' 설정값 적용
- Tinted Layer + Opacity → 'Tinted Layer'에 'Opacity' 설정값 적용

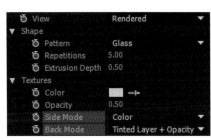

TIP 1

알파 채널이 적용된 레이어에 '**Shatter**' 이펙트를 적용한 경우 조각의 모든 면을 투명하게 설정하려면 텍스처 맵으로 동일한 레이어를 선택한다. (다른 레이어라도 알파 채널이 동일하다면 가능)

TIP 2

'**Front/Side/Back Layer ▼**'로 이펙트들이 적용된 레이어를 사용하려면 Pre-compose 한 후 동일 컴포지션에 Precomp 레이어로 배치하여 선택한다. ('**None**'을 선택한 경우에는 '**Shatter**' 이펙트를 적용한 레이어를 텍스처 맵으로 자동 인식)

ⓗ Camera System P505의 '**Card Dance**' 이펙트의 동일 옵션 참고

Study 7 | Stylize

레이어 이미지의 질감을 바꾸거나, 빛을 주거나, 반복 등을 적용하는 효과 선택

① Brush Strokes
② Cartoon
　CC Block Load
　CC Burn Film
　CC Glass
　CC HexTile
　CC Kaleida
　CC Mr. Smoothie
　CC Plastic
　CC RepeTile
　CC Threshold
　CC Threshold RGB
　CC Vignette

③ Color Emboss
④ Emboss
⑤ Find Edges
⑥ Glow
⑦ Mosaic
⑧ Motion Tile
⑨ Posterize
⑩ Roughen Edges
⑪ Scatter
⑫ Strobe Light
⑬ Texturize
⑭ Threshold

학습예제 소스 파일 : 화분.jpg, Stripe.jpg

"예제\Lec13\sc" 폴더의 "화분.jpg", "Stripe.jpg"를 임포트(= Ctrl + I)하여 새 컴포지션에 다음과 같이 레이어로 배치한 후 다음 학습을 진행한다.

화분.jpg (소스 레이어)

Stripe.jpg (보조 레이어)

보조 레이어의 'Video ◉'를 Off

① 🗋 Brush Strokes

붓터치 효과

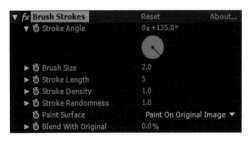

Brush Size 5 + Stroke Length 40
Stroke Density 1 + Stroke Randomness 1.5

Brush Size 5 + Stroke Length 1
Stroke Density 0.5 + Stroke Randomness 2

▷ Stroke Angle 방향으로 레이어 가장자리에 밀림현상 발생

Paint Surface ▼

- **Paint On Original Image** : 레이어 위에 브러시로 페인트 (디폴트)
- **Paint On Transparent** : 레이어를 제외하고 브러시 페인팅만 남김
- **Paint On White/Black** : 화이트/블랙 배경 위에 브러시로 페인트

Blend With Original : 이펙트를 준 결과물과 소스 레이어와의 합성 정도 (100%는 소스 레이어만 표시)

❷ 🔳 Cartoon

색상을 단순화하고 가장자리에 선을 추가하여 만화처럼 보이는 효과

▷ GPU가 장착된 컴퓨터에서는 처리속도 향상

TIP

동영상의 경우 'Cartoon' 이펙트 적용 후 컴포지션의 프레임 레이트(fps)를 줄이거나 **메뉴〉Effect〉Time〉Posterize Time**을 적용하여 만화애니메이션 느낌을 살릴 수 있다.

ⓐ Detail Radius

이미지의 세밀한 부분을 제거하기 위해 블러(Blur)를 적용할 반경 설정

ⓑ Detail Threshold

설정값이 낮으면 이미지에 블러 적용 시 세밀한 부분이 더 유지된다.

ⓒ Fill

엣지 안쪽의 색상 영역 설정

Shading Steps : 값이 작을수록 이미지의 루미넌스를 단순화

Shading Smoothness : 값이 클수록 루미넌스의 그래디언트 유지

Render ▼-Fill + Shading Steps 2

Render ▼-Fill + Shading Smoothness 0

ⓓ Edge

이미지가 구분되는 경계에 선 추가

Threshold : 값이 클수록 가장자리 주변의 더 많은 픽셀들을 가장자리로 인식

Render ▼-Edge + Threshold 1.6

Render ▼-Edge + Threshold 5

ⓔ Advanced

Edge Enhancement : 가장자리를 선명하거나 흐리게 만든다.

Render ▼-Edge + Edge Enhancement -100

Render ▼-Edge + Edge Enhancement 100

Edge Black Level : 값을 낮추면 가장자리의 회색 영역을 더 제거

Render ▼-Edge + Edge Black Level -1

Render ▼-Edge + Edge Black Level 1

Edge Contrast : 회색 영역의 대비를 증감

Render ▼—Edge + Edge Contrast 0.3   Render ▼—Edge + Edge Contrast 0.7

❸ 🖼 Color Emboss

색상을 유지하고 양각으로 표현

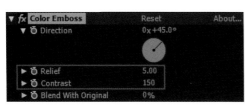

Relief : 도드라짐(부조)의 정도

▶ 가장자리가 밝아지는 폭이 결정된다.

❹ 🖼 Emboss

색상을 억제하고 양각으로 표현

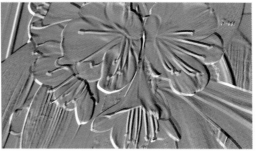

❺ 🖼 Find Edges

이미지의 주요 경계를 자동으로 찾는다.

⑥ 🖼 Glow

이미지의 명도가 높은 부분에 빛이 번지는 효과

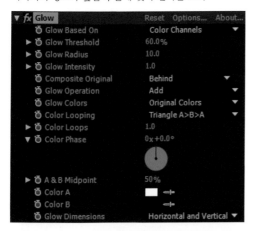

Glow Based On ▼–Alpha Channel : 알파 채널의 투명/불투명 경계에 퍼지는 빛 생성

Glow Based On▼–Color Channels (디폴트)   Glow Based On▼–Alpha Channel

Glow Threshold : Glow 효과가 적용되지 않는 밝은 부분(%) 지정 (낮을수록 Glow 효과가 더 많은 밝은 부분에서 생성)

Glow Radius : 빛이 퍼지는 반경 (값이 클수록 더 넓게 퍼지고, 값이 작을수록 빛이 집중)

Glow Threshold 20%   Glow Radius 50

Composite Original ▼ : 이펙트를 적용한 결과물을 소스 레이어의 합성 설정

- **On Top** : 소스 레이어를 위에 놓는다.
- **Behind** : 이펙트를 적용한 결과물을 위에 놓아 '**Glow Operation ▼**'에서 선택한 방법으로 합성
- **None** : 이펙트를 적용한 결과물만 표시

Glow Operation ▼ : 이펙트를 적용한 결과물과 원본 이미지와의 합성 모드 선택

Glow Colors ▼

- **Original Colors** : 레이어의 색상 사용 (디폴트)
- **A & B Colors** : 'Color A/B'에서 지정한 색상을 그래디언트하여 Glow 색상으로 사용
- **Arbitrary Map** : 'Curves' 이펙트에서 만든 임의 맵 파일(.amp)을 불러와서 선택

Glow Colors▼– A & B Colors

Color Looping ▼ : 'Glow Colors ▼–A & B Colors' 지정 시 그라데이션의 시작/중간/끝 색상 설정
- **Sawtooth A〉B** : A색상에서 시작하여 B색상으로 끝나는 그라데이션
- **Sawtooth B〉A** : B색상에서 시작하여 A색상으로 끝나는 그라데이션
- **Triangle A〉B〉A** : A색상에서 B색상으로, 다시 A색상으로 바뀌는 그라데이션 (디폴트)
- **Triangle B〉A〉B** : B색상에서 A색상으로, 다시 B색상으로 바뀌는 그라데이션

Color Loops : 수치를 2 이상으로 설정하여 색상이 두 번 이상 반복되면 확산되는 빛에 고리형태가 나타난다.

Color Phase : 'Color Loop'로 색상 반복을 시작할 위치 지정

A & B Midpoint : A색상과 B색상이 그라데이션으로 섞이는 중간지점의 위치 설정

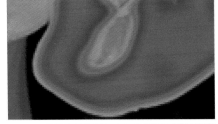

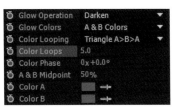

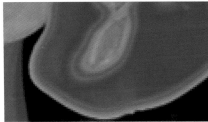

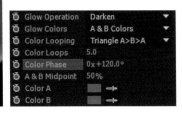

Glow Dimensions ▼
- **Horizontal & Vertical** : 빛이 가로/세로로 동시 확산 (디폴트)
- **Horizontal** : 빛이 가로로만 확산
- **Vertical** : 빛이 세로로만 확산

❼ Mosaic

모자이크 효과

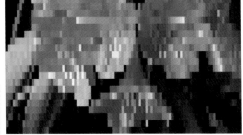

⑧ 📷 Motion Tile

레이어 이미지를 타일 형태로 배치

▶ 레이어 크기의 가로/세로 폭을 줄여서 타일형태로 만드는 방식

TIP

레이어에 'Motion Blur 📷' 스위치를 설정하여 움직임을 더욱 강조할 수 있다.

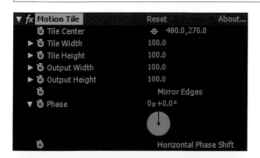

Tile Width 50

Tile Width 50 + Tile Height 50

Tile Width 50 + Tile Height 50
Output Height 50

Tile Width 50 + Tile Height 50
Mirror Edges 체크

Horizontal Phase Shift : 수평으로 타일 위치 이동

Phase 90 °

Phase 90 ° + Horizontal Phase Shift 체크

⑨  Posterize

포스터화처럼 표현

Level : 값이 클수록 원본 이미지에 가까워진다.

Level 4

Level 2

⑩ Roughen Edges

알파 채널의 경계부분을 거칠게 만든다.

▶ 이미지가 부식된 느낌이나 오래된 타자기 글씨 등의 효과에 유용

학습예제 | **소스 파일 : Roughen BG.jpg**

"예제₩Lec13₩sc" 폴더의 "Roughen BG.jpg"를 임포트(= Ctrl + I)하여 새 컴포지션에 레이어로 배치한 후 상위 레이어로 다음과 같이 텍스트 레이어를 추가하고 블렌딩 모드를 '**Vivid Light**'로 설정한다.

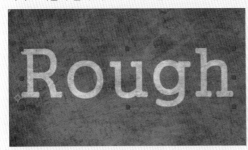

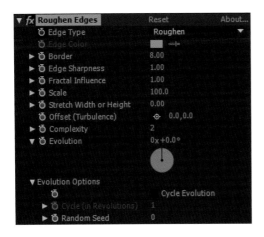

Edge Type ▼ : 가장자리 스타일 선택

Border : 알파 채널의 가장자리에서 안쪽으로 선의 두께가 적용된다.

Edge Type ▼-Roughen + Border 20

Edge Type ▼-Roughen + Border 45

Edge Type ▼-Roughen Color + Border 25

Edge Type ▼-Roughen Color + Border 35

Edge Type ▼-Cut

Edge Type ▼-Spiky

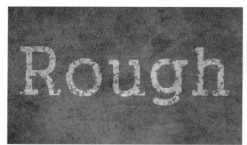

Edge Type ▼-Rusty

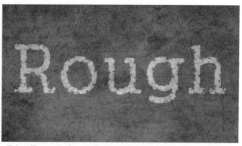

Edge Type ▼-Rusty Color + Border 10

Edge Type ▼-Photocopy

Edge Type ▼-Photocopy Color + Border 10

Fractal Influence : 거친 효과를 적용하는 정도 설정 (값이 작아지면 가장자리의 거친 효과 감소)

Scale : 거친 효과를 만드는 프랙탈의 크기

Scale 10

Scale 200

Stretch Width or Height : 프랙탈의 폭 또는 높이 설정

Offset (Turbulence) : 프랙탈의 위치 이동

Complexity : 프랙탈을 얼마나 더 세분화시킬지 설정

Complexity 10

> TIP
>
> 렌더링 시간이 증가하므로 대체로 'Scale'로 프랙탈의 크기를 줄여
> 서 사용한다.

Evolution : 키프레임을 설정하여 애니메이션이 되면 거친 정도가 끊임없이 변한다.

Evolution Options

　　– **Cycle Evolution** : 시간에 따라 변하는 거친 정도가 한 주기단위로 변한다.
　　　　(한 번 렌더링이 된 주기가 반복되므로 렌더링 시간 절약)

　　– **Cycle (in Revolutions)** : Revolution 단위로 한 주기가 반복되는 시기 결정
　　　　(한 주기가 얼마나 길고 짧은지에 따라 반복되는 시기에 영향을 줌)

　　– **Random Seed** : 미리 정의된 프랙탈 패턴의 랜덤 세팅 지정 (키프레임을 줄 경우 랜덤 세팅이 Hold 방식으로 전환됨)

⑪ 🔢 Scatter

레이어의 픽셀들이 분산되는 효과

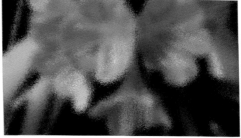

Grain ▼ : 픽셀이 분산되는 방향(Both/Horizontal/Vertical) 선택

Scatter Randomness : 'Randomize Every Frame'을 체크하면 키프레임을 별도로 주지 않아도 프레임이 진행될 때 자동
으로 픽셀들의 분산위치가 변경된다.

⑫ 🔢 Strobe Light

빛이 점멸하는 효과

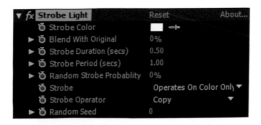

Strobe Duration (secs) : 섬광 지속시간(초)

Strobe Period (secs) : 섬광이 발생하는 간격(초)

Random Strobe Probablity : 섬광이 '**Strobe Duration**'과 '**Strobe Period**'에 설정한 대로 정확히 발생활 확률 (100％일 경우 설정대로 정확히 섬광 발생)

→ 섬광이 랜덤하게 나타나도록 하려면 값을 낮춘다.

Strobe ▼
- **Operates On Color Only** : 레이어에 섬광을 발생시킨다.
- **Makes Layer Transparent** : 섬광 대신 레이어를 투명하게 만든다.

Strobe Operator ▼ : 섬광에 적용될 연산 방법 결정

Random Seed : 미리 정의된 섬광의 랜덤 패턴 지정

⑬ 📙 Texturize

다른 레이어를 텍스처 맵으로 활용하여 레이어 이미지에 적용

Texture Placement ▼
- **Tile Texture** : 텍스처 레이어의 크기가 소스 레이어보다 작은 경우 타일처럼 반복 배치하여 적용
- **Center Texture** : 텍스처 레이어를 소스 레이어의 중앙에 배치
- **Stretch Texture to Fit** : 텍스처 레이어를 소스 레이어의 크기에 맞춤

⑭ 📙 Threshold

명암대비가 높거나 낮은 흑백이미지로 변환

Level : 설정한 임계값보다 밝은 픽셀은 화이트로, 임계값보다 어두운 픽셀은 블랙으로 변환된다.

디폴트   Level 50

 **Text**

자동으로 텍스트 애니메이션 수행

① Numbers
② Timecode

① 🔲 Numbers

날짜나 카운터, 타임코드 등이 연속으로 바뀌며 애니메이션 되는 효과

→ 레이어에 '**Numbers**' 이펙트를 적용하면 먼저 《**Numbers**》 대화창이 오픈된다.

(폰트 설정, 텍스트 입력방향, 글자 정렬 설정)

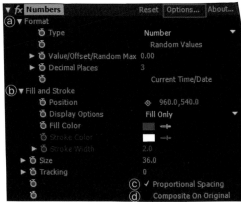

▷ '**Options**'를 클릭하면 《**Numbers**》 대화창 재오픈

ⓐ Format

Type ▼ : 숫자 표기방식 선택

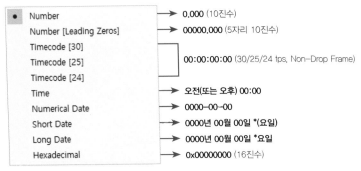

▷ '**Timecode**'는 자동으로 Current Time을 표기

Random Value : 체크하면 '**Type ▼**'에서 선택한 방식의 숫자를 무작위로 표기

Value/Offset/Random Max : 최소 –30000 ~ 최대 30000까지 설정 가능 (디폴트는 0)

→ "Number/ Number [Leading Zeros]/ Hexadecimal"의 경우 숫자를 증감시킨다. (Value)

→ "Time/ Numerical Date/ Short Date/ Long Date"의 경우 시간/날짜가 과거/현재로 밀린다. (Offset)

→ '**Random Values**'를 체크한 경우 랜덤하게 표기할 숫자의 최대범위를 제한한다. (0이면 최대 랜덤범위 사용)

Decimal Places : 10진수 표기 시 소수점 이하 자릿수 지정 (디폴트는 3자리)

Current Time/Date : "Time/ Numerical Date/ Short Date/ Long Date/ Hexadecimal"의 경우에 체크하면 "Value/ Offset/ Random Max"가 0일 때 실제 현재시간/날짜를 표기하고, 체크하지 않으면 "오전 12시/1995년 1월 1일 일요일"을 기준으로 표기

→ '**Value/Offset/Random Max**'의 슬라이더를 왼쪽으로 드래그하면 표기된 시간/날짜 기준으로 과거로, 오른쪽으로 드래그하면 미래로 표기된다.

ⓑ Fill and Stroke

Position : 숫자를 표기할 위치 설정

Display Options ▼ : 글자색(Fill)과 테두리선(Edge) 사용 여부와 둘 중 어느 것을 위에 놓을지 선택

→ 선택에 따라 '**Fill/Stroke Color**'와 '**Stroke Width**(테두리선 두께)' 설정

ⓒ Proportional Spacing

체크(디폴트)되어 있으면 숫자 크기에 따라 숫자 간 폭이 변한다. (숫자 위치가 흔들리지 않고 제자리에 고정되도록 하려면 체크 해제)

ⓓ Composite On Original

이펙트를 적용한 레이어 위에 숫자가 나타나도록 표기

❷ ▣ Timecode

레이어 위에 Feet/Frame/Timecode를 오버랩하여 표시

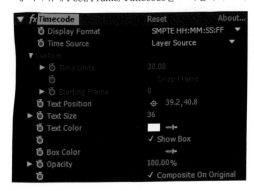

Time Source ▼ : "Layer Source/Composition/Custom" 중 타임코드의 기준으로 삼을 표기방식 선택

Custom ▶ : 푸티지에 입력된 타임코드 또는 AE 프로젝트나 컴포지션에서의 시간 설정과 무관하게 사용자 임의의 시간표시를 할 수 있다. ('**Time Source ▼-Custom**' 선택 시 활성화)

– **Time Unit** : 초당 프레임수(Frame Late, fps) 설정

TIP _ 익스프레션 프리셋으로 현재 Frame/Timecode를 화면에 표기하기

레이어가 선택되지 않은 상태에서 Effects & Presets 패널의 '**Animation Presets ▶ Text ▶ Expressions ▶ Current Time Format**' 더블클릭

→ 자동으로 빈 텍스트 레이어가 생성되면서 CTI가 가리키는 현재 Frame/Timecode를 화면에 표시한다.

→ Frame/Timecode 설정은 〈**Project Settings**〉 대화창과 〈**Composition Settings**〉 대화창에서의 설정을 따른다.

→ 폰트와 컬러 등은 Character 패널에서의 설정을 따른다.

Time

레이어의 시간을 제어하여 다양한 효과 생성

CC Force Motion Blur
CC Wide Time
① Echo
② Pixel Motion Blur
Posterize Time
Time Difference
Time Displacement
Timewarp

[학습예제] 소스 파일 : 주사위.mp4, 두발그네.mp4

"예제₩Lec13₩sc" 폴더의 "주사위.mp4", "두발그네.mp4"를 임포트(= Ctrl + I)하고 새 컴포지션에 레이어로 배치하여
다음 학습을 진행한다.

주사위.mp4

두발그네.mp4

① 🎬 Echo

시퀀스/동영상 푸티지에서 서로 다른 시간대의 화면을 결합하는 효과

▶ 레이어에 키프레임이 설정된 경우에는 먼저 Pre-compose를 한 후 동일 컴포지션에 Precomp 레이어로 배치하여 이펙트를 적용

▼ fx Echo	Reset	About...
▶ ⏱ Echo Time (seconds)	-0.033	
▶ ⏱ Number Of Echoes	1	
▶ ⏱ Starting Intensity	1.00	
▶ ⏱ Decay	1.00	
⏱ Echo Operator	Add	▼

Echo Time (seconds) : 에코 시간 간격(초)

→ (+)값은 이후 프레임으로 에코 생성, (–)값은 이전 프레임으로 에코 생성

Number of Echoes : 에코의 개수 설정

→ 2는 세 군데 시간대의 화면을 섞는다. ("현재시간" ∪ "현재시간 + Echo Time" ∪ "현재시간 + (Echo Time*2)"의 화면)

Starting Intensity : 섞이는 첫 번째 에코이미지의 불투명도

Decay : 'Starting Intensity'의 설정값이 다음 에코이미지에서 감소하는 비율

→ 0.5로 설정하면 다음 에코이미지의 불투명도는 'Starting Intensity' 설정값의 1/2이 되고, 그 다음 에코이미지의 불투
명도는 'Starting Intensity' 설정값의 1/4이 된다.

Echo Operator ▼ : 에코이미지의 결합방식 선택

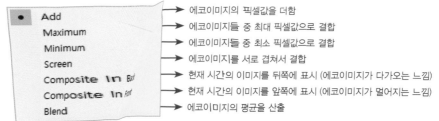

→ 에코이미지의 픽셀값을 더함
→ 에코이미지들 중 최대 픽셀값으로 결합
→ 에코이미지들 중 최소 픽셀값으로 결합
→ 에코이미지를 서로 겹쳐서 결합
→ 현재 시간의 이미지를 뒤쪽에 표시 (에코이미지가 다가오는 느낌)
→ 현재 시간의 이미지를 앞쪽에 표시 (에코이미지가 멀어지는 느낌)
→ 에코이미지의 평균을 산출

Number of Echoes 1   Number of Echoes 3

Echo Time (seconds) 0.5 + Decay 0.5 + Echo Operator ▼—Add

Echo Operator ▼—Minimum   Echo Operator ▼—Composite in Back

Echo Time (seconds) 0.5 + Number of Echoes3 + Decay 0.5

⚙ 📷 Pixel Motion Blur

동영상 푸티지의 움직임을 분석하여 모션 블러 생성 ▶ **After CC**

▼ *fx* **Pixel Motion Blur**	Reset	About...
Shutter Control	Manual	▼
▶ Ŏ Shutter Angle	180.00	
▶ Ŏ Shutter Samples	5	
▶ Ŏ Vector Detail	20.0	

Shutter Control ▼

    - **Automatic** : 〈**Composition Settings**〉(= Ctrl + K) 대화창에서 '**Advanced**' 탭의 '**Motion Blur**' 항목 설정대로 모션 블러 적용
    - **Maunal** : 모션 블러 속성들을 직접 지정

Shutter Angle : 재생속도(Frame Rate)를 기준으로 셔터를 회전시켜 노출 조절
    → 회전값이 클수록 많은 양의 노출로 많은 모션 블러 적용

> 참고사항 _ 노출계산
>
> 노출시간 = Shutter Angle / (360° * Frame Rate)
>   → 30fps 푸티지를 기준으로 180°(360°의 절반)를 설정하면 1/60초(1/30초의 절반)의 노출 생성

Shutter Samples : 값이 높을수록 부드러운 모션 블러 생성

Vector Detail : 얼마나 많은 모션벡터를 사용하여 블러를 계산할지 설정

→ 100으로 설정하면 픽셀당 하나의 모션벡터를 사용하여 블러 계산

▷ **Motion Vector** : 앞뒤 프레임에서 픽셀이 어디로 이동하는지 분석

Shutter Angle 180° + Shutter Samples 5 (디폴트)　　　Shutter Angle 720° + Shutter Samples 10

Study 10 | Transition

위 레이어(이펙트 적용 레이어)에서 아래 레이어로 전환되는 효과

❶ Block Dissolve
❷ Card Wipe
　 CC Glass Wipe
　 CC Grid Wipe
　 CC Image Wipe
　 CC Jaws
　 CC Light Wipe
　 CC Line Sweep
　 CC Radial ScaleWipe

　 CC Scale Wipe
　 CC Twister
　 CC WarpoMatic
❸ Gradient Wipe
❹ Iris Wipe
❺ Linear Wipe
❻ Radial Wipe
❼ Venetian Blinds

(학습예제) **소스 파일 : 농구.jpg, 축구.jpg**

"예제\Lec13\sc" 폴더의 "농구.jpg", "축구.jpg"를 임포트(= Ctrl + I)하여 새 컴포지션에 레이어로 배치한 후 다음 학습을 진행한다.

농구.jpg (1번 레이어, 소스 레이어)　　　축구.jpg (2번 레이어)

TIP _ 화면전환 애니메이션 만들기

공통으로 'Transition Completion(전환 완성도)' 옵션에 0% → 100%로 키프레임을 주면, 선택한 Transition 이펙트에 따라 레이어가 다른 레이어로 전환되는 애니메이션을 만들 수 있다.

1  Block Dissolve

블록으로 조각나면서 이미지가 전환되는 효과

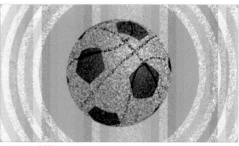

Transition Completion 50%

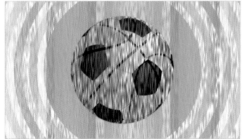

Block Width 2 + Block Height 20
Soft Edges (Best Quality) 체크(디폴트)

Block Width 50 + Block Height 50
Soft Edges (Best Quality) 체크 해제

2 Card Wipe

카드가 뒤집혀 다른 이미지로 전환되는 효과

→ 'Back Layer ▼ (카드 뒷면 레이어)'를 아래 레이어로 바꾸면 'Transition Completion'이 100%에 도달할 때 아래 레이어로 전환된다.

TIP

상황에 맞게 아래 레이어의 'Video 👁 ' 스위치를 On 또는 Off하여 작업한다.

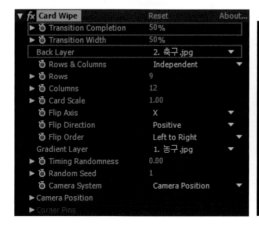

---

fx Card Wipe	Reset	About...
▶ ⏱ Transition Completion	50%	
▶ ⏱ Transition Width	50%	
Back Layer	2. 축구.jpg ▼	
⏱ Rows & Columns	Independent ▼	
▶ ⏱ Rows	9	
▶ ⏱ Columns	12	
▶ ⏱ Card Scale	1.00	
⏱ Flip Axis	X ▼	
⏱ Flip Direction	Positive ▼	
⏱ Flip Order	Left to Right ▼	
Gradient Layer	1. 농구.jpg ▼	
▶ ⏱ Timing Randomness	0.00	
▶ ⏱ Random Seed	1	
⏱ Camera System	Camera Position ▼	
▶ Camera Position		
▶ Corner Pins		

▶ Lighting	
▶ Material	
▼ Position Jitter	
▶ ⏱ X Jitter Amount	0.00
▶ ⏱ X Jitter Speed	1.00
▶ ⏱ Y Jitter Amount	0.00
▶ ⏱ Y Jitter Speed	1.00
▶ ⏱ Z Jitter Amount	0.00
▶ ⏱ Z Jitter Speed	1.00
▼ Rotation Jitter	
▶ ⏱ X Rot Jitter Amount	0.00
▶ ⏱ X Rot Jitter Speed	1.00
▶ ⏱ Y Rot Jitter Amount	0.00
▶ ⏱ Y Rot Jitter Speed	1.00
▶ ⏱ Z Rot Jitter Amount	0.00
▶ ⏱ Z Rot Jitter Speed	1.00

Card Scale : 카드 크기 결정

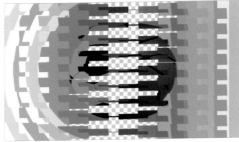

Card Scale 1.5

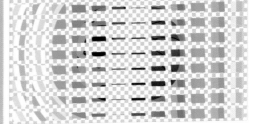

Card Scale 0.7

Flip Axis ▼ : 뒤집히는 카드의 회전 축(X/Y/Random)

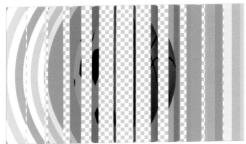

Flip Axis ▼−Y

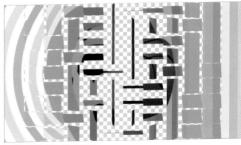

Flip Axis ▼−Random

Flip Order ▼ : 카드가 뒤집히는 순서 선택

　－ **Gradient** : 레이어의 루미넌스에 따라 가장 어두운 영역부터 가장 밝은 영역 순서로 뒤집힌다.

Gradient Layer ▼ : 'Flip Order ▼−Gradient'로 선택한 경우 루미넌스를 활용할 레이어 선택

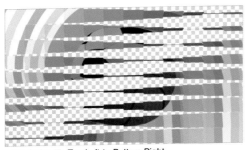

Flip Order ▼−Top Left to Bottom Right

Flip Order ▼−Gradient
Gradient Layer ▼−"축구.jpg"

Camera System　(P 505의 'Card Dance' 이펙트의 동일 옵션 참고)

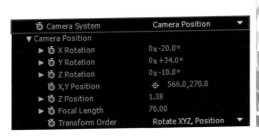

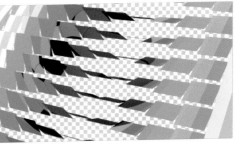

 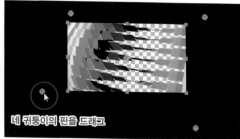

Lighting / Material 〔P503의 공통 옵션 참고〕

Position/Rotation Jitter : 위치/회전값을 흐트러뜨리는 효과 추가

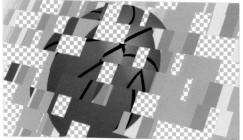

Position Jitter –X Jitter Amount 5

Rotation Jitter –X Rot Jitter Amount 90

❸ 🔢 Gradient Wipe

이미지(Gradient Layer)의 루미넌스를 이용하여 가장 어두운 영역부터 가장 밝은 영역 순서로 지워지며 이미지가 전환되는 효과

▷ 'CC Image Wipe' 이펙트와 유사

Gradient Layer ▼–농구.jpg

Gradient Layer ▼–축구.jpg

Gradient Placement ▼

- **Tile Gradient** : Gradient 레이어가 소스 레이어의 크기보다 작은 경우 이미지를 타일처럼 반복 배치하여 적용
- **Center Gradient** : Gradient 레이어를 소스 레이어 중앙에 배치
- **Stretch Gradient to Fit** : Gradient 레이어를 소스 레이어의 크기에 맞춤

❹ 🔲 Iris Wipe

조리개 형태로 이미지가 전환되는 효과

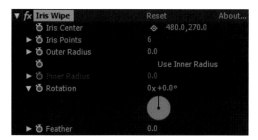

Iris Points 6 + Outer Radius 100

Iris Points 32 + Outer Radius 200

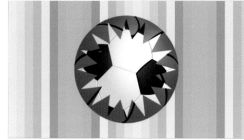

Iris Points 32 + Outer Radius 200
Use Inner Radius 체크 + Inner Radius 120

Iris Points 12 + Outer Radius 200
Use Inner Radius 체크 + Inner Radius 120 + Feather 40

❺ 🔲 Linear Wipe

선형으로 이미지가 전환되는 효과

Wipe Angle 90° (디폴트)

Wipe Angle 160° + Feather 70

⑥ 🔁 Radial Wipe

방사형으로 이미지가 전환되는 효과

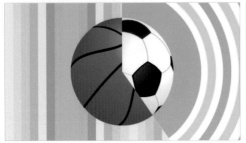

Wipe ▼─Clockwise (디폴트)

Wipe ▼─Both

⑦ 🔁 Venetian Blinds

블라인드 형태로 이미지가 전환되는 효과

▷ 이미지에 줄무늬(Stripe)를 생성할 경우에도 많이 사용

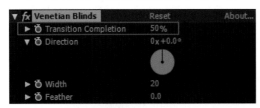

Direction 0° + width 20 (디폴트)

Direction 45° + width 100

자동화
애니메이션

Lesson 1
애니메이션을 쉽게 만드는 기능

Study 1 | 모션 스케치(Motion Sketch)

Selection 툴로 Comp 패널에서 직접 레이어를 움직이면, 경로와 속력을 기록하여 'Position' 속성에 대해 자동으로 키프레임이 생성된 모션 패스 (Motion Path)를 만든다.

▶ 다른 속성의 키프레임에는 영향을 주지 않는다.
▶ 컴포지션에 오디오가 포함된 경우 오디오를 들으면서 동시에 모션 스케치 가능

방법 | 메뉴〉Window〉Motion Sketch로 Motion Sketch 패널 오픈

Capture Speed at : 움직임을 기록하는 속력과 재생속력의 비율
→ 100% : 드래그하는 속력대로 재생 (디폴트)
200% : 드래그한 속력보다 레이어가 2배 느리게 재생 (키프레임 생성시간이 원래보다 2배 늘어짐)
▶ 200%인 경우 패스를 그리는 것과 동시에 오디오는 2배 빠르게 들린다.

Smoothing : 기록 시 매끄러운 패스를 만들기 위해 불필요한 키프레임들은 제거되어 패스가 단순화된다.
→ 수치를 너무 높이면 패스 모양이 지나치게 변형된다.
▶ 'Smoothing'을 설정하면 모션 스케치로 생성된 패스에 스무더를 적용하지 않아도 된다.

Show
- **Wireframe** : 기록하는 동안 움직이는 레이어는 바운딩박스(Bounding Box)로, 모션 패스는 도트로 경로를 표시한다.
  → 체크 해제하면 움직이는 동안 레이어는 보이지 않고, 모션 패스만 도트로 경로가 표시된다.
- **Background** : 스케치의 시작 프레임을 뷰어에 고정으로 표시하여 모션 패스를 드래그 할 때 참고로 삼을 수 있다.

01 Comp/Timeline 패널에서 레이어를 선택하면 [Start Capture] 버튼이 활성화된다.

02 Timeline 패널에서 Work Area를 지정하여 모션 스케치가 적용될 시간('**Start**'와 '**Duration**')을 설정한다. (디폴트로 컴포지션의 Duration이 지정되어 있음)

03 [Start Capture] 버튼을 클릭하고 Comp 패널에서 커서가 '+' 모양으로 바뀌면 레이어를 드래그하여 모션 패스를 생성한다.

04 마우스 버튼을 떼거나 Work Area/Duration의 끝에 도달하면 기록이 멈춘다.
▶ 정해진 Work Area보다 그리는 시간이 길어도 자동으로 기록을 멈춘다.

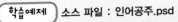 퍼핏(Puppet) 툴

스틸 이미지(벡터 이미지 포함)에 핀을 고정하고 핀을 드래그하여 꼭두각시 인형을 조종하듯 움직임을 자연스럽게 만들 수 있다.

▶ 'Puppet'은 이펙트의 일종이지만 **메뉴>Effect** 범주나 Effects & Presets 패널에서 적용하지 않고 툴의 형태로 작업한다.

> 학습예제 소스 파일 : 인어공주.psd

01 새 프로젝트(= Ctrl + Alt + N)에서 Project 패널의 빈 공간을 더블클릭하여 〈Import File〉 대화창에서 "예제\Lec14\sc" 폴더의 "인어공주.psd"를 임포트 한다. (임포트 시 '**Import Kind ▼**'를 "**Composition – Retain Layer Sizes**"로 선택)

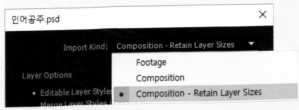

02 Project 패널에서 "인어공주" 컴포지션을 더블클릭하여 Timeline 패널에 활성화시킨다.

퍼핏 툴의 종류

 ▶ 퍼핏툴 선택 및 툴 간 전환 = Alt + P

Puppet Pin 툴 · 이미지 레이어를 움직이거나 고정할 부분에 변형(Deform)핀을 배치

Puppet Overlap 툴 · 핀 고정 후 레이어를 움직일 때 위로 겹쳐져야 할 부분에 오버랩(Overlap)핀을 배치

Puppet Starch 툴 · 레이어를 움직일 때 왜곡이나 변형되지 않아야 할 부분에 스타치(Starch)핀을 배치

Puppet Pin 툴 📌

■ **Puppet Pin 툴의 사용**

01 Comp/Layer 패널의 레이어 이미지 위에서 커서가 📌로 바뀌면 이미지를 움직일 부분과 고정된 상태로 유지할 위치에 클릭한다.

02 변형핀 ●의 움직임은 다른 고정된 핀을 기준으로 움직이므로 커서가 📌+로 바뀐 상태에서 변형핀 ●을 추가로 생성한다.

▶ Comp 패널에 핀이 표시되지 않을 때 Effect Controls/Timeline 패널에서 "Puppet" 이펙트 이름 클릭
▶ Layer 패널에서 변형핀 ●을 뷰어에 표시하려면 패널 하단의 'View ▼'가 "Puppet"으로 선택되어 있어야 한다.

→ Timeline 패널에서 레이어에 '**Effects ▶Puppet ▶Mesh # ▶Deform ▶Puppet Pin #**' 항목이 생성되면서 각 변형핀의 '**Position**' 속성에 첫 키프레임이 자동 설정된다. (CTI 위치에 생성)

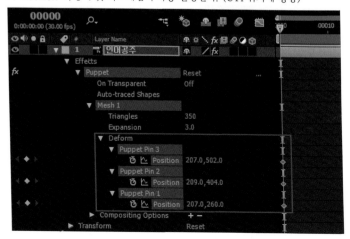

→ Effect Controls 패널에 "**Puppet**" 이펙트 항목이 표시된다.

On Transparent : 퍼핏 툴을 적용한 레이어를 숨기고 투명한 상태에서 작업

Reset : Timeline 패널에서 '**Effects ▶ Puppet**' 오른쪽의 "**Reset**"과 동일한 기능

    → 현재 시간대에서 모든 변형핀을 원래 위치로 초기화

    → 다시 클릭하면 모든 변형핀 삭제

    → 퍼핏 툴을 생성한 시점에서 클릭하면 모든 변형핀 삭제

    ▶ 퍼핏 애니메이션의 끝에서 처음 위치로 다시 돌아가고자 하는 경우 마지막 프레임에서 "**Reset**" 클릭

TIP

■ **핀 선택하기** : 노란색 변형핀 ○ 을 선택하면 핀 모양이 ● 로 바뀐다.

■ **여러 핀 선택하기**

    방법 1 Shift + 클릭하여 다중 선택

    방법 2 메쉬 주변에서 커서가 ⌐ 로 바뀌었을 때(또는 Alt 클릭) 박스 드래그로 선택

■ **핀 삭제하기** : 핀(들)을 선택하고 Delete 키

    ▶ 핀에 여러 키프레임이 생성된 경우에 Delete 키를 누르면 현재 시간대의 키프레임 ◆ 만 지워지므로, 다시 한번 Delete 키를 눌러야 핀이 삭제된다.

■ Puppet Pin 툴 옵션

Mesh : "**Show**"를 체크하면 변형핀 ● 을 생성한 레이어를 삼각형으로 면분할한 메쉬(Mesh)가 표시된다.

▶ Timeline 패널의 레이어 속성에서 '**Effects ▶ Puppet ▶ Mesh #**' 이하 속성을 선택하면 뷰어에 메쉬를 표시한다.

▶ 메쉬 색상은 레이어의 라벨색상과 동일

▶ "**Show**"가 체크되어 있는데 메쉬가 화면에 표시되지 않으면 메쉬 계산 중이므로 잠시 기다린다.

    → 동일한 영역에 다수의 메쉬를 생성하여 다양한 메쉬 변형을 적용할 수 있다.

    → 동일한 메쉬를 복제하려면 Timeline 패널에서 '**Mesh #**' 속성그룹 선택 후 Ctrl + D

    → 퍼핏 툴을 적용한 레이어를 다른 푸티지로 대체하면 메쉬가 업데이트 되지 않으므로 새롭게 퍼핏 툴을 적용해야 한다.

Expansion : 움직임을 줄 때 레이어 이미지가 지나치게 왜곡되지 않도록, 선택된 메쉬의 아웃라인 영역을 확장시킨다.

    ▶ 메쉬가 선택되지 않은 상태에서 옵션값을 변경하면 이후에 생성하는 메쉬부터 새 설정값이 적용된다.

Expansion 3 (디폴트)

Expansion 10

Triangles : 선택된 메쉬를 면분할하는 삼각형의 개수

→ 값이 클수록 이미지 가장자리와 움직임이 부드러우나 렌더링 시간 증가

TIP _ 메쉬 생성 실패

이미지가 너무 복잡하여 "**Mesh Generation Failed**(메쉬 생성 실패)" 메시지가 Info 패널에 표시될 경우, '**Triangles**' 개수를 증가시킨 후 다시 퍼핏 툴을 적용한다.

퍼핏 애니메이션 만들기

■ 직접 키프레임 생성하기

01 변형핀 생성이 끝나면 CTI를 다음 시간대로 이동시키고 **Puppet Pin 툴** 💢이나 **Selection 툴** ▶ 선택 후 Comp/Layer 패널에서 커서가 ▷+로 바뀌면 변형핀 ●을 클릭 & 드래그한다. (변형핀 ●을 다중 선택하여 동시 이동 가능)

→ Comp/Layer 패널에 모션 패스가 나타나고, 핀 주변의 메쉬조각과 연결된 이미지픽셀이 함께 이동한다.

▶ 핀 주변의 메쉬는 직접적으로 변형이 가해지고, 전체적인 메쉬에도 자연스러운 움직임이 발생한다.

(변형핀 ●을 너무 많이 생성하면 많은 부분이 고정되어 자연스러운 움직임을 저해함)

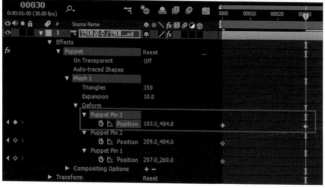

02 CTI를 다시 다음 시간대로 이동시키고 변형핀 ●을 계속 클릭 & 드래그하여 원하는 움직임의 애니메이션을 완성한다.

■ 퍼핏 애니메이션 자동기록

모션 스케치처럼 변형핀(들)의 움직임에 대한 경로(모션 패스)를 자동으로 기록하여 애니메이션 생성

▶ 컴포지션에 오디오가 포함된 경우 오디오를 들으면서 동시에 기록 가능

01 퍼핏 툴 오른쪽의 툴 옵션 중에서 **"Record Options"**를 클릭한다.

→ 〈**Puppet Record Options**〉 대화창 자동 오픈

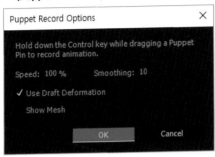

Speed : 움직임을 기록하는 속력과 재생속력의 비율
- 100% : 드래그하는 속력대로 재생 (디폴트)
- 200% : 드래그한 속력보다 레이어가 2배 느리게 재생 (키프레임 생성시간이 원래보다 2배 늘어짐)

Smoothing : 기록 시 매끄러운 패스를 만들기 위해 불필요한 키프레임들은 제거되어 패스가 단순화된다.
→ 수치를 너무 높이면 패스 모양이 지나치게 변형된다.

Use Draft Deformation : 메쉬가 복잡한 경우 기록 중에 표시되는 변형 작업에서 스타치(Starch)핀 ● 설정을 무시하여 작업속도를 향상시킨다.

Show Mesh : 핀을 드래그할 때 디폴트로는 메쉬의 아웃라인만 보이지만, 면분할까지 보이도록 설정

→ 설정이 끝나면 **[OK]** 버튼을 눌러 대화창을 닫는다.

02 기록을 시작할(첫 키프레임을 생성할) 시간대로 CTI를 옮긴 후, Ctrl + **Puppet Pin 툴** 🔧로 레이어의 변형핀 ● 위로 커서를 가져가면 커서가 ▸으로 바뀐다.

> TIP
>
> Ctrl + **Selection 툴** 🔧로도 기록 가능 (커서가 ▸으로 바뀌진 않음)

03 변형핀 ⬤을 클릭 & 드래그하면 핀의 움직임이 기록되기 시작하며, 마우스 버튼을 떼면 기록이 중지된다.

▶ 동작이 기록되는 동안 움직이는 메쉬의 아웃라인이 노란색으로 표시된다.

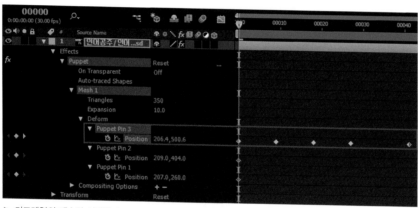

▶ 키프레임의 개수와 시간은 〈**Puppet Record Options**〉 대화창의 '**Speed**'와 '**Smoothing**' 설정에 따른다.

04 프리뷰하여 애니메이션이 마음에 들지 않으면 첫 키프레임 위치로 가서 다시 레코딩한다. (기존 키프레임을 덮어씌우고 새로 기록됨)

→ 새로 기록한 키프레임이 이전 작업시간보다 짧으면 이전에 작업했던 키프레임들이 여전히 남을 수 있으므로 이 경우 남은 키프레임 ◆들은 선택하여 삭제한다.

▶ 모션 패스는 움직임을 준 해당 핀이 선택된 경우에만 표시된다.

TIP

Comp/Layer 패널에서 직접 모션 패스를 수정하여 모션 패스의 움직임을 부드럽게 만들거나, Timeline 패널에서 생성된 키프레임 ◆의 시간대를 옮기는 등의 작업 가능

Puppet Overlap 툴

Puppet Pin 툴 사용 후 레이어를 움직일 때 같은 레이어끼리 겹치는 부분이 발생하면 **Puppet Overlap 툴** 을 선택 후 겹치는 부분 중 위에 나타낼 이미지 부분에 오버랩핀 ●을 배치한다.

01 Puppet Overlap 툴 을 선택하여 커서가 인 상태에서 겹치는 부분 중 위로 나오게 할 부분을 클릭하면 파란색 오버 랩핀 ●이 생성되면서 주변에 흰색 영역이 표시된다. (이미지를 변형하기 전의 초기 메쉬에 적용하도록 한다.)

TIP

Puppet Overlap 툴 을 선택하여 커서가 인 상태에서 추가로 설정할 위치를 클릭하거나, 커서가 인 상태로 오버랩핀 ●을 클릭 & 드래그하여 핀의 위치 이동 가능

→ Timeline 패널에서 레이어에 '**Effects ▶Puppet ▶Mesh # ▶Overlap ▶Overlap #**' 항목이 생성된다.

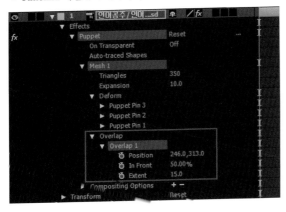

In Front : 수치를 올리면 '**Extent**'로 확장된 흰색 영역이 오버랩핀 ● 위치를 기준으로 불투명도가 높아지면서 해당 영역을 위로 올리는 강도가 세진다. ((−)값을 적용하면 어두운 회색 영역으로 표시되며 해당 영역이 뒤로 감)

▶ 'In Front' 값에 키프레임을 적용하면 **Hold** ■로 적용된다.

TIP

오버랩핀 ●을 비슷한 위치에 여러 개 중복 적용하는 경우에 'In Front' 값을 증가시키면, 메쉬 위에서 중복되는 위치의 강도가 더해져 더욱 강해진다.

→ 선택한 오버랩핀이 다른 오버랩핀의 강도에 영향을 받지 않으려면 'In Front'를 (−)값으로 적용

Extent : 오버랩핀 ●의 영향 범위

→ 수치를 올리면 오버랩핀 ● 주변의 흰색 영역(위로 나타낼 부분)을 확장시킨다. ('**In Front**'가 (−)값인 경우 어두운 회색으로 확장됨)

In Front 80 + Extent 140

02 **Puppet Pin 툴** 📌로 노란색 변형핀 ●을 드래그해보면 오버랩핀 ●을 설정한 흰색 영역이 위로 올라오는 것을 확인할 수 있다.

▶ 오버랩핀 ●의 위치를 조정하거나 흰색 영역을 보려면 **Puppet Overlap 툴** 🔧을 다시 선택한다.

Puppet Starch 툴

레이어의 일정 부분을 고정하여 변형핀 ●의 움직임에 영향받지 않도록 하려면 **Puppet Starch 툴** 을 선택 후 움직이지 않아야 할 부분에 스타치핀 ●을 배치한다.

01 Puppet Starch 툴 을 선택하여 커서가 인 상태에서 움직이지 않아야 할 부분을 클릭하면 빨간색 스타치핀 ●이 생성되면서 주변에 회색 영역이 표시된다. (이미지를 변형하기 전의 초기 메쉬에 적용하도록 한다.)

> TIP
>
> **Puppet Starch 툴** 을 선택하여 커서가 인 상태에서 추가로 설정할 위치를 클릭하거나, 커서가 인 상태로 스타치핀 ●을 클릭 & 드래그하여 핀의 위치 이동 가능

→ Timeline 패널에서 레이어에 '**Effects ▶Puppet ▶Mesh # ▶Stiffness ▶Starch #**' 항목이 생성된다.

Amount : 수치를 올리면 '**Extent**'로 확장된 연한 회색 영역이 스타치핀 ● 위치를 기준으로 불투명도가 높아지면서 변형핀 ●의 움직임에 영향을 받지 않는 부분이 커진다.

> TIP 1
>
> 스타치핀 ●을 비슷한 위치에 여러 개 중복 적용하는 경우에 '**Amount**' 값을 증가시키면, 메쉬 위에서 중복되는 위치의 강도가 더해져 고정되려는 경향이 더 커진다.
> → 선택한 스타치핀이 다른 스타치핀의 강도에 영향을 받지 않으려면 '**Amount**'를 (−)값으로 적용한다. ((−)값 적용시 영역의 색상이 나타나지 않음)
>
> TIP 2
>
> 변형이 과하여 이미지가 찢기는 경우 해당 변형핀 ● 근처에 스타치핀 ●을 추가하고 '**Amount**'를 0에 거의 근접한 수치(0.1 미만)로 적용하면 찢김을 방지할 수 있다.

Extent : 스타치핀 ●의 영향 범위

→ 수치를 올리면 스타치핀 ● 주변의 회색 영역(움직이고 싶지 않은 부분)을 확장시킨다.

Amount 200% + Extent 200

02 **Puppet Pin 툴** 🎯이 적용된 애니메이션을 프리뷰 해보거나 **Puppet Pin 툴** 🎯로 변형핀 ●을 새로 드래그해보면 이전보다 상반신이 덜 움직이는 것을 확인할 수 있다.

▶ 스타치핀 ●의 위치를 조정하거나 회색 영역을 보려면 **Puppet Starch 툴** 🎯을 다시 선택한다.

TIP

같은 종류의 핀끼리만(변형핀만, 오버랩핀만, 스타치핀만) 모두 선택하려면 한 종류의 핀 선택 후 [Ctrl] + [A]

---

03 레이어의 'Transform' 속성에서 'Position'의 Y값에 키프레임을 주어 꼬리를 움직일 때 물에 뜨는 느낌을 추가한다.

TIP

'Continuously Rasterize 🔆' 스위치가 적용된 텍스트/쉐이프 레이어 등의 벡터 레이어에는 퍼핏 툴 적용 시 'Transform' 속성에서 'Position'이나 'Scale'에 애니메이션을 주지 않도록 한다.

→ 이 경우 벡터 레이어를 Pre-compose 한 후 해당 Precomp 레이어에 퍼핏 툴 적용

다양한 패스(Path)를 레이어의 메쉬로 활용하기

■ 마스크 패스를 메쉬로 활용하기

■ 퍼핏 툴 적용 시 레이어의 알파 채널을 자동으로 인식하여 메쉬를 생성하나, 마스크가 적용된 경우 우선적으로 마스크 패스를 기준으로 메쉬가 생성된다. ('**Lock** 🔒' 스위치가 설정되지 않은 닫힌 마스크이어야 함)

■ 마스크가 겹치지 않은 경우 닫힌 마스크마다 각각 Mesh # 생성

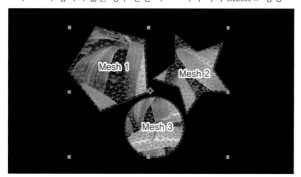

■ 레이어 내에서 여러 마스크가 겹친 경우 겹친 마스크 패스를 하나로 결합하여 하나의 Mesh # 생성

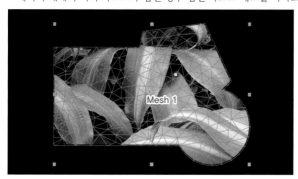

▶ 마스크 패스로 메쉬를 만들고 나면 마스크를 지워도 'Puppet' 이펙트는 남으므로 메쉬는 그대로 레이어에 유지된다.

■ 쉐이프/텍스트 패스를 메쉬로 활용하기

■ 벡터 레이어에 퍼핏 툴 적용 시 닫힌 패스마다 각각 Mesh # 생성

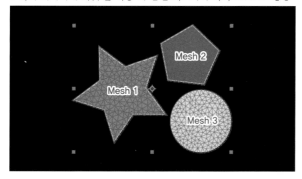

■ 텍스트 레이어의 경우에는 문자(Character) 각각에 대해 면분할 하므로 다른 객체의 메쉬 변형에 영향 받지 않고 객체 각각에 대해 변형이 가능하다.

■ 한 레이어에 분리된 객체가 많은 경우 일단 퍼핏 툴을 사용하고 나면 커서를 레이어 위로 드래그할 때 메쉬를 만들 수 있는 다양한 객체의 외곽선들이 미리 노란선으로 표시된다.

■ 각각 분리된 객체를 하나의 메쉬로 움직이려면, 전체 객체를 둘러싼 마스크를 생성한 다음에 퍼핏 툴을 적용하여 레이어의 마스크 패스를 기준으로 메쉬 아웃라인을 생성시킨다.

■ A, B…같은 유형의 글자는 외곽 패스 기준으로 하나의 메쉬 아웃라인이 생성되고, i, j…같은 유형의 글자는 닫힌 패스마다 각각 메쉬 아웃라인이 생성된다.

■ 쉐이프/텍스트 레이어에 설정된 스트로크(Stroke)를 메쉬 아웃라인 영역 안에 포함시키려면 퍼핏 툴 옵션의 '**Expansion**'을 스트로크 두께를 충분히 덮어 씌울 만큼 확장한다.

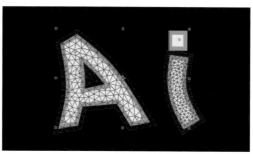

Expansion 3 (메쉬 영역 밖의 여분의 Stroke는 움직이지 않음)　　Expansion 15

■ 하나의 쉐이프/텍스트 레이어 내에서 쉐이프와 텍스트들이 겹쳐져 있을 경우에는 전체 패스를 결합하여 하나의 메쉬 아웃라인으로 생성된다.

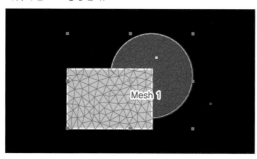

■ 쉐이프/텍스트 레이어에 마스크가 겹친 경우, 마스크가 적용된 모양으로, 또 쉐이프/텍스트 각각의 패스대로, 마스크 패스의 모양대로 Mesh #이 각각 생성된다.

총 5개의 메쉬 생성

■ 페인트 패스(Paint Path)를 메쉬로 활용하기

01 레이어의 Layer 패널에서 **Brush 툴** 　로 스트로크를 그린다.

02 Effect Controls 패널에서 '**Paint**' 이펙트의 "**Paint on Transparent**"를 체크한다. (레이어를 숨기고 페인트 스트로크만 표시됨)

03 Puppet Pin 툴 ⚙로 페인트 스트로크 위에 변형핀 ●을 설정한다.

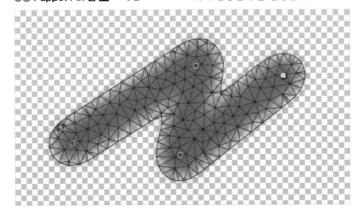

04 변형핀 ●을 움직여 키프레임을 생성하고 퍼핏 애니메이션을 만든다.

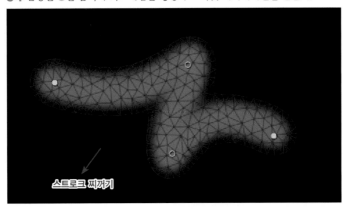

스트로크 찌꺼기

05 화면에 페인트 스트로크의 찌꺼기가 남으면 퍼핏 툴 옵션의 '**Expantion**'값을 더 확장시킨다.

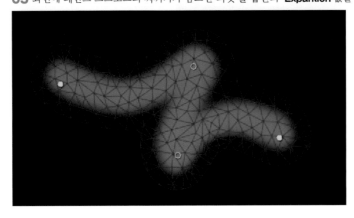

Lesson 2 익스프레션(Expression)

Study 1 | 익스프레션이란?

■ 자바스크립트(JavaScript) 언어를 기반으로 하며, 레이어의 속성에 수많은 키프레임을 일일이 적용하지 않는 대신 간단한 명령 설정을 통해 해당 속성에 대한 애니메이션을 보다 쉽게 만든다.

■ 속성들 간에 링크를 걸어 한 속성의 키프레임을 통해 다른 속성이 자동으로 변하도록 설정한다. (동일 레이어 안의 다른 속성끼리, 또는 다른 레이어의 속성들끼리 링크 가능)

▶ 다른 속성에 적용된 키프레임 설정값을 인풋으로 하여, 그 값을 조정하는 명령을 추가 입력함으로써 새로운 속성값을 생성하는 방식

▶ 'Wiggle' 등의 특정 표현식은 다른 속성값을 가져오지 않고 자신의 속성값을 인풋으로 사용한다.

■ 익스프레션 설정과 무관하게 해당 속성에 별도의 키프레임 ◆을 추가로 적용할 수 있다.

> TIP _ 텍스트 레이어에 익스프레션 설정하기
>
> **메뉴)Animation)Add Text Selector)Expression**으로 텍스트 레이어의 'Animator #' 속성그룹에 'Expression Selector #'를 생성하여 'Amount' 속성에 대한 익스프레션을 설정할 수 있다.

> 참고사항
>
> AE Enhancers 포럼(http://aenhancers.com)에서 익스프레션/스크립트/애니메이션 프리셋에 대한 다양한 정보와 예제를 제공하고 있다.

Study 2 | 익스프레션 적용 및 제거하기

> 학습예제 | 소스 파일 : 풍뎅이.ai

01 새 프로젝트(= Ctrl + Alt + N)에서 Project 패널의 빈 공간을 더블클릭하여 **〈Import File〉** 대화창에서 "예제₩Lec14₩sc" 폴더의 "풍뎅이.ai"를 선택하고 **[Import]** 버튼을 클릭한다.

02 임포트 옵션에서 'Import Kind ▼-Composition'을 선택하여 개별 레이어를 유지하도록 임포트 한다.

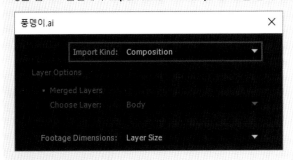

03 Project 패널에 임포트 된 "풍뎅이" 컴포지션을 더블클릭하여 활성화시키고, 〈**Composition Settings**〉(= Ctrl + K) 대화창을 열어 컴포지션의 Duration을 150 frame으로 설정한다.

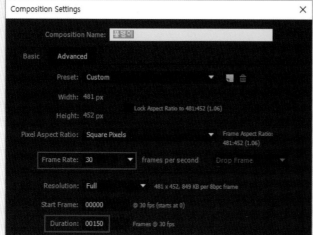

04 **Anchor Point** 툴 ▦을 선택하고 Comp 패널에서 6개의 발 각각의 앵커포인트를 모두 몸통 쪽의 발 끝부분으로 이동시킨다. (발이 잘 보이도록 "Body" 레이어의 '**Video** ◉' 스위치를 임시로 Off하고 작업한다.)

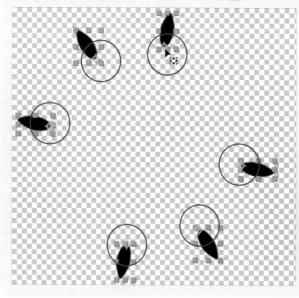

05 CTI를 컴포지션의 첫 프레임으로 이동 후 "Leg L1" 레이어의 '**Rotation**'(= R)의 첫 속성값을 25°로 설정한 다음 **Stopwatch** 🕑를 클릭한다.

06 CTI를 5 frame으로 이동 후 '**Rotation**' 속성의 속성값을 −25°로 변경하여 다리가 앞 뒤로 움직이는 회전 애니메이션 을 설정한다.

익스프레션 적용하기

> **방법1** Timeline 패널에서 Alt + 속성 앞의 **Stopwatch** 🕑 클릭 (이펙트 속성의 경우 Effect Controls 패널에서도 가능)
> **방법2** Timeline 패널에서 레이어의 속성 선택 후 **메뉴〉Animation〉Add Expression** (= Alt + Shift + =)

07 CTI를 컴포지션의 첫 프레임으로 이동(= Home 키)시키고 "Leg L2" 레이어의 '**Rotation**' 속성(= R)을 선택 후 Alt + 속성 앞의 **Stopwatch** 🕑를 클릭한다.

▶ 익스프레션이 적용된 속성값의 수치(Numeric) 부분은 빨강 또는 분홍으로 표시된다.
▶ 익스프레션 필드에 디폴트로 기입되어 있는 내용은 다른 속성에 링크하기 전인 현재 속성을 표시한다.

08 "Leg L2" 레이어의 **Expression pick whip** 🌀을 클릭 & 드래그하여 "Leg L1" 레이어의 '**Rotation**' 속성 위에서 커서를 놓는다.

→ 입력필드에 "Leg L1" 레이어의 '**Rotation**' 속성에 링크되었다는 익스프레션이 자동 표기된다.

▶ Timeline 패널에서 익스프레션이 적용된 속성만 보기 = E E

09 "Body" 레이어의 '**Video 👁**'를 다시 On하고 프리뷰를 해보면 "Leg L1"과 "Leg L2" 레이어가 링크되어 동일하게 움직인다. (나중에 다시 오픈할 수 있도록 "풍뎅이.aep"로 저장한다.)

익스프레션 아이콘

- Enable Expression ▤

  익스프레션이 적용된 상태를 나타낸다.

  → 스위치를 클릭하면 익스프레션이 임시로 적용되지 않는 상태 ▥로 변경

- Show Post-Expression Graph 📈

  클릭 후 Timeline 패널의 '**Graph Editor 📊**' 버튼을 누르면 적용된 익스프레션을 그래프 에디터 모드로 표시

→ 익스프레션이 적용된 속성을 선택하고 그래프 에디터 하단의 '**Graph Type and Options 📶**'에서 '**Show Expression Editor**'(또는 그래프 에디터 안에서 **마우스 오른쪽 버튼〉Show Expression Editor**)를 선택하면 그래프 에디터 하단에 익스프레션 필드가 나타나고 그래프 에디터 내에서 익스프레션 편집 가능

→ 필드영역을 확장하려면 필드 상단에서 커서가 ↕로 바뀌었을 때 클릭 & 드래그하고, 입력된 익스프레션 내용이 많은 경우 필드 우측에서 화살표를 조절하여 볼 수 있다.

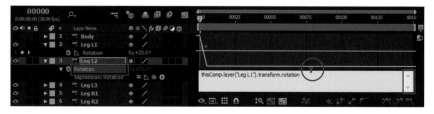

■ Expression pick whip

클릭 & 드래그하여 링크할 다른 속성이나 속성값 위에서 커서를 놓으면 익스프레션 필드에 자동으로 링크된 익스프레션이 입력된다.

→ 익스프레션 필드에 입력된 텍스트의 일부를 선택 후 적용하면 필드의 해당 텍스트를 대체하여 입력된다.

→ 익스프레션 필드에서 구문 뒤에 삽입점 .을 입력 후 적용하면 삽입점 뒤에 링크된 익스프레션이 삽입된다.

→ 필드에 삽입점이 없는 상태에서 적용하면 필드의 모든 구문이 링크된 익스프레션 명령으로 대체된다.

> **TIP** _ 속성 이름이 아닌 X/Y/Z 속성값에 링크하는 경우
>
> 가령, 'Position' 속성의 X 속성값에 **Expression pick whip** 을 드래그하여 놓으면 익스프레션이 적용된 속성의 XY 속성값이 모두 'Position' 속성의 X 속성값에 링크되고 다음과 같이 익스프레션이 표기된다. (X 속성값은 [0], Y 속성값은 [1]로 표기)
>
> temp = thisComp.layer("레이어 이름").transform.position[0];
> [temp, temp]

▶ 〈**Preferences**〉(= Ctrl + Alt + ;) 대화창의 '**General**' 카테고리에서 '**Expression Pick Whip Writes Compact English**' 옵션이 체크(디폴트)되어 있으면, **Expression pick whip** 이용 시 속성 이름을 그대로 사용하는 단순한 영문 익스프레션으로 표기되어 한글 등 다른 언어로 AE를 실행해도 익스프레션이 동일하게 유지되도록 한다. (타 언어와의 프로젝트 공유가 필요치 않으면 체크 해제해도 상관없음)

■ Expression language menu

미리 만들어진 익스프레션 명령어들을 보여주어 익스프레션 필드에 적합한 구문을 참조하거나 익스프레션을 쉽게 입력할 수 있도록 도와준다.

익스프레션 제거하기

방법1 익스프레션 필드를 클릭하여 모든 익스프레션이 자동 선택된 상태에서 Delete 키

방법2 Timeline 패널에서 Alt + 속성 앞의 **Stopwatch** 를 다시 클릭

방법3 Timeline 패널에서 익스프레션이 적용된 레이어의 속성 선택 후 **메뉴**〉Animation〉Remove Expression (= Alt + Shift + =)

Study 3 | **익스프레션 입력하기 : Expression Field**

방법1 'Expression pick whip' 또는 'Expression language menu' 로 익스프레션 필드에 명령어를 자동 기입

방법2 익스프레션 필드를 클릭하여 직접 키보드로 익스프레션 명령어를 입력

방법3 메모장 등에서 먼저 작성하여 복사 후 필드에 붙여넣기

▶ 익스프레션 적용이 잘못된 경우 현재 프로젝트에 익스프레션 에러가 있음을 Comp 패널에 주황색 바로 표시하고, 잘못 적용된 익스프레션 아이콘들 좌측에도 경고 ⚠ 아이콘이 표시된다. (경고 아이콘 클릭하면 경고 알림창 오픈)

> **TIP** _ 에러가 있는 익스프레션 찾기
>
> 다수의 레이어 선택 후 **마우스 오른쪽 버튼**〉Reveal Expression Errors

필드영역 조절하기

■ 익스프레션 입력 후 Enter 키를 클릭하면 다음 줄로 바뀌면서 입력영역이 확장된다.

■ 필드영역의 아래 경계부분에서 커서가 ‡로 바뀌면 아래로 드래그하여 필드 입력영역을 늘릴 수 있다.

익스프레션 표기 방법

필드를 클릭하면 편집 가능한 상태로 전환된다.

→ 전체가 선택된 상태에서 익스프레션을 입력하면 전체 텍스트를 대체

→ 현재 텍스트 뒤에 추가하려면 삽입점 .을 입력한 후 익스프레션 명령어 추가

→ 입력을 마치면 필드 바깥을 클릭하거나 숫자 키패드의 Enter 키 클릭

■ 알파벳 표기

　■ 2개 이상의 단어가 함께 쓰일 때 두 번째부터 입력되는 단어의 첫 알파벳은 항상 대문자로 표기

　　→ thisComp, loopOutDuration, …

　■ 단어간 띄어쓰기는 무시되나 문자열(String) 내에서는 허용

　　→ "Layer 1", "Gaussian Blur", …

■ 입력 순서

　■ 삽입점 .을 기준으로 오른쪽으로 갈수록 하위 속성

　　→ 선택한 레이어의 속성이 동일한 컴포지션에 있는 "Layer 1" 레이어의 'Transform' 속성그룹의 'Scale' 속성변화
를 따르도록 익스프레션을 적용하려면 다음과 같이 입력한다. (어떤 컴포지션의. 어떤 레이어의. 어떤 속성그룹의. 어
떤 세부 속성에 연결되는지)

　　　thisComp.layer("Layer 1").transform.scale

> TIP
>
> Transform 속성그룹 내의 속성을 연결하는 경우 transform 표기는 생략해도 된다.

　■ 문장과 줄을 구분할 때는 세미콜론 ; 입력

　■ 레이어에 적용한 이펙트의 속성이나 마스크, 텍스트 레이어에 추가한 Animator 속성 등을 입력할 때는 괄호 ( ) 사용

　　→ 선택한 레이어의 속성이 동일한 컴포지션에 있는 "Layer 1" 레이어에 적용된 'Gaussian Blur' 이펙트의
'Blurriness' 속성에 링크되도록 익스프레션을 적용하려면 다음과 같이 입력한다. (어떤 컴포지션의. 어떤 레이어의.
어떤 이펙트의. 어떤 속성에 연결되는지)

　　　thisComp.layer("Layer 1").effect("Gaussian Blur")("Blurriness")

■ 레이어/이펙트/마스크 이름 입력

　■ layer("레이어 이름"), effect("이펙트 이름"), mask("마스크 이름")으로 입력

　　→ 이름이 변경될 경우 익스프레션 필드 내의 이름도 자동 변경되나, 간혹 자동 변경되지 않을 경우 직접 수정한다.

　　→ 익스프레션으로 얽혀있는 레이어들 중 일부를 Pre-compose하면 'thisComp' 등의 표현식으로 지정된 레이어의
위치가 변경되어 오류가 발생하므로 복잡한 작업을 진행하는 경우 가급적 comp("컴포지션 이름") 형태의 표현식
을 사용한다.

> **TIP**
>
> 마스크의 경우 'Mask Path' 속성을 쉐이프 레이어나 브러시 스트로크의 'Path' 속성에 익스프레션으로 연결할 수 있다.

■ 다른 언어로 된 AE에서 프로젝트를 오픈할 경우(한글 AE에서 작업 후 영문 AE에서 프로젝트를 오픈한다거나 그 반대의 경우 등) 서로 다른 이름 표기방식으로 인해 입력된 익스프레션을 적절히 수정해야 제대로 작동된다.

■ 이름대신 인덱스 번호 #를 입력할 때는 큰따옴표 " "없이 괄호 ( )안에 숫자만 입력
　　→ 인덱스는 레이어/마스크의 경우 Timeline 패널의 맨 위에서부터, 이펙트의 경우 Effect Controls 패널의 맨 위에서부터 1로 넘버링을 시작한다. (Timeline 패널에서 1번에 배치된 레이어는 layer(1)으로 입력)
　　→ 프로젝트 작업 도중에 레이어/이펙트/마스크를 추가하거나 이동하는 경우 배치된 인덱스 순서가 달라지면 익스프레션 설정을 일일이 변경해야 하므로 가급적 레이어/이펙트/마스크 이름을 사용하는 것이 좋다.

■ Timeline 패널에서 동일한 레이어 이름을 가진 레이어가 여러 개일 때는 익스프레션으로 연결된 레이어 이름 뒤에 자동으로 번호를 오름차순으로 추가한다. (Timeline 패널에 배치된 해당 레이어의 이름도 동일하게 자동 변경됨)

■ **수식연산 입력**

　■ 입력된 익스프레션에 더하기 + , 빼기 - , 곱하기 * , 나누기 / 뒤에 숫자를 붙여서 추가 연산 수행

　■ *-1은 원래 연산의 반대로 연산 수행

　→ position*2 : 링크된 '**Position**' 속성값 결과의 두 배 거리로 이동
　　scale/2 : 링크된 '**Scale**' 속성값 결과의 반절 크기만큼 변화
　　rotation*2 : 링크된 '**Rotation**' 속성값 변화의 2배만큼 더 회전
　　rotation*-1 : 링크된 '**Rotation**' 속성값의 반대로 회전 (30° 회전하는 레이어에 연결하면 -30°로 회전)

　▶ 익스프레션에서 숫자, 배열(대괄호 [ ] 안에 콤마 ,로 구별된 숫자 목록), true/false가 입력된 경우 그 뒤로 다른 표현식을 추가할 수 없으나, 수식연산은 더 추가할 수 있다.

활용예제 | **익스프레션으로 시계 조절하기**
　　　　　- 프로젝트 파일 : 시계.aep (소스 파일 : 시계.ai)

01 파일 탐색기에서 "예제₩Lec14" 폴더의 "시계.aep"를 더블클릭하거나 **메뉴〉File〉Open Project** (= Ctrl + O)로 "시계.aep" 프로젝트를 불러들인다.

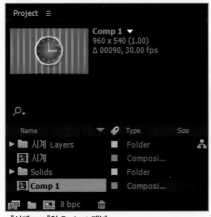

"시계.aep"의 Project 패널

"Comp 1" 컴포지션의 뷰어

02 Timeline 패널에서 "시계" Pre-composition을 활성화 시킨 후 Comp 패널에서 **Anchor Point툴** 로 시침과 분침의 앵커포인트를 시계 중앙으로 이동시킨다.

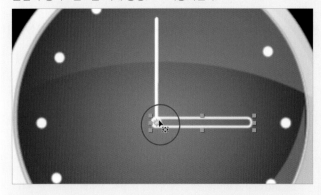

03 시침이 3초(0~89 frames)동안 두 눈금 이동하도록 "Hour" 레이어의 '**Rotation**' 속성(= R)에 다음과 같이 키 프레임을 적용한다.

04 "Minute" 레이어의 '**Rotation**' 속성의 **Stopwatch** 를 Alt + 클릭하여 익스프레션을 설정한다.

05 "Minute" 레이어의 **Expression pick whip** 을 드래그하여 "Hour" 레이어의 '**Rotation**' 속성에 링크시킨다.

06 분침은 시침보다 12배 빨리 회전하므로 자동 입력된 익스프레션 필드 명령어 뒤에 *12를 추가한다.

07 "Comp 1" 컴포지션을 활성화하여 Comp 패널에서 최종 결과를 프리뷰 한다.

■ **다차원 표기**

- **1차원 속성** : Rotation °, Opacity %

  2차원 속성 : Anchor Point [x, y], Position [x, y], Scale [x = width, y = height], Audio Level [left, right]

  3차원 속성 : 3D Anchor Point [x, y, z], 3D Position [x, y, z], 3D Scale [x = width, y = height, z = depth]

  4차원 속성 : Color [red, green, blue, alpha]
  - ▶ 색심도가 8bpc 또는 16bpc인 프로젝트에서 각 색상배열의 값은 (블랙, 투명)~1(화이트, 불투명)까지의 색상 범위를 가진다. (가령, 빨강은 0(색상없음) ~ 1(빨강)의 색상 범위)
  - → 색심도가 32bpc인 프로젝트에서는 0보다 작거나 1보다 큰 값을 사용할 수 있다.

- 대괄호 [ ]와 쉼표 ,를 이용하여 2차원 속성은 [숫자, 숫자], 3차원 속성은 [숫자, 숫자, 숫자], 4차원 속성은 [숫자, 숫자, 숫자, 숫자] 배열 형태로 표기
  - → Anchor Point, Position, Scale 등의 속성은 레이어가 2D인지 3D인지에 따라 배열 개수가 달라진다.
  - → color[0, 0, 0, 0]은 투명한 검정, color[1, 1, 1, 1]은 불투명한 흰색

- 배열 내의 값 하나만 사용하여 표기할 경우 [0]은 X 속성값, [1]은 Y 속성값, [2]는 Z 속성값을 의미한다.
  - → 선택한 레이어의 속성이 동일 컴포지션에 있는 "Layer 1"의 '**Position**' 속성의 Y 속성값에 링크되도록 익스프레션을 적용하려면 다음과 같이 입력한다.

    thisComp.layer("Layer 1").position[1]

  - → 2차원 속성의 x 값은 5로 고정하고, y 값은 '**Position**' 속성의 Y 속성값에 연결되도록 하려면 다음과 같이 표기한다.

    [5, position[1]]

  - → 2차원 속성의 x 값은 "Layer 1"의 '**Position**' 속성의 X 속성값을 따르고, y 값은 "Layer 2"의 '**Position**' 속성의 Y 속성값을 따르도록 하려면 다음과 같이 입력한다.

    x = thisComp.layer("Layer 1").position[0];
    y = thisComp.layer("Layer 2").position[1];
    [x,y]

- 익스프레션 연결 시 특정 배열의 속성값을 지정하지 않으면 속성값 배열 중 첫 번째 속성값이 사용된다.
    - → 1차원 속성인 '**Opacity**'를 동일 컴포지션에 있는 "**Layer 1**" 레이어의 2차원 속성인 '**Scale**'로 연결할 경우

        thisComp.layer("Layer 1").transform.scale[0]

        로 표기되어 기본적으로 '**Scale**' 속성의 X 속성값을 따르도록 연결되나, '**Scale**' 속성의 Y 속성값을 따르도록 연결하려면

        thisComp.layer("Layer 1").transform.scale[1]

        로 변경한다.

    - ▶ 2차원 속성인 '**Scale**'을 동일 컴포지션에 있는 "Layer 1" 레이어의 1차원 속성인 '**Opacity**'로 연결할 경우

        temp = thisComp.layer("Layer 1").transform.opacity ;
        [temp, temp]

        로 표기된다. ('**Opacity**'의 속성값 변화가 '**Scale**' 속성의 XY 속성값에 각각 사용됨)

■ 시간 표기

- 현재 컴포지션의 시간을 기준으로 초 단위로 표기한다.
- valueAtTime(t)은 현재 컴포지션 시간을 기준으로 한다는 의미로 t(시간)를 수정하여 시간상의 변화를 주는 경우가 아니라면 익스프레션에서 생략 가능
    - → 선택한 레이어의 속성이 "Layer 1" 레이어의 1초 전 '**Scale**' 속성값을 입력값으로 받아들이려면 다음과 같이 입력한다.

        thisComp.layer("Layer 1").scale.valueAtTime(time−1)

- time : '**Rotation**' 속성의 익스프레션 필드에 입력 시 1초에 1°씩 회전하고, '**Opacity**' 속성의 익스프레션 필드에 입력 시 1초에 1%씩 불투명도 증가
    - → 'time*25'를 '**Rotation**' 속성의 익스프레션 필드에 입력하면 0°부터 시작하여 1초에 25°씩 회전하고, '**Opacity**' 속성의 익스프레션 필드에 입력하면 0%부터 시작하여 1초에 25%씩 불투명도 증가

■ 주석(Comment) 입력

익스프레션의 기능 등을 설명하여 다른 사용자가 알아볼 수 있도록 표시 (명령에 영향을 주지 않음)

- 한 줄 주석의 경우 : // 표시 뒤에 주석 입력 (// 표시부더 한 줄 끝까지의 텍스트가 주석이 됨)
- 여러 줄 주석의 경우 : 주석 앞에 /* 표시, 주석 끝에 */ 표시를 입력

Expression language menu ▶ 활용하기

미리 만들어진 익스프레션 명령어들을 보여주어 익스프레션 필드에 적합한 구문을 참조하거나 익스프레션을 쉽게 입력할 수 있도록 도와준다.

- ▶ 메뉴 목록에 인수나 인수의 디폴트값이 입력되어 있어 해당 익스프레션을 사용할 때 어떤 요소를 제어할 수 있는지 알 수 있다.

- → 익스프레션 필드에 입력된 텍스트의 일부를 선택 후 메뉴에서 익스프레션 텍스트를 선택하면 필드의 해당 텍스트를 대체하여 선택한 명령어가 입력된다.

- → 익스프레션 필드에서 구문 뒤에 삽입점 .을 입력 후 메뉴에서 익스프레션을 선택하면 삽입점 뒤에 자동으로 선택한 명령어가 삽입된다.

- → 필드에 삽입점이 없는 상태에서 선택하면 필드의 모든 구문이 선택한 익스프레션으로 대체된다.

- → 괄호 ( ) 안에 설명된 인수 대신 수치값을 입력하거나, 등호 = 다음에 수치값을 입력하여 디폴트로 적혀있는 인수들을 대체한다. (다른 수치를 입력하지 않으면 디폴트 수치값이 적용됨)

TIP

가령, 목록에서 'Property ▶wiggle(freq, amp, octaves = 1, amp_mult = .5, t = time)'을 선택하여 익스프레션 필드에 해당 익스프레션이 입력되면, 괄호 안의 인수 중 "freq"와 "amp"에는 실제 수치값을 입력하여 대체하고, "octaves =", "amp_mult =", "t="는 "=" 뒤에 다른 수치를 입력한다. ("t=time"은 디폴트로 Current Time을 적용한다.)

참고사항 _ 유용한 익스프레션

- **position+parent.width** : 위치 속성값에 Parent로 지정한 레이어의 폭(pixel)만큼 더하여 이동

- **random()*100** : 0에서 1 사이의 랜덤한 수에 100을 곱하여 0과 100사이의 숫자로 변환
  random(maxValOrArray) : random(100)은 0부터 100 사이의 숫자 범위 내에서 랜덤한 수치로 속성값이 변한다.
  random(minValOrArray, maxValOrArray) : random(100, 200)은 100부터 200 사이의 랜덤한 수치로 속성값이 변한다.

- **wiggle(5, 20)** : 초당 5번, 변동폭 20 px로 속성값이 랜덤하게 변한다.

- **w = wiggle(5,20);**
  [value[0],w[1]];
  : 2차원 속성에서 Y축으로만 초당 5번, 변동폭 20 px로 속성값이 랜덤하게 변한다.

- **linear(t, tMin, tMax, value1, value2)**
  → t가 시간(time)일 경우 linear(time, 0, 10, 30, 90)은 0초에서 30인 속성값에서, 10초 동안 Linear Interpolation(선형보간)으로 90까지 변환된다.
  → t가 속성값(value)일 경우 linear(value, 0, 100, 20, 80)은 0부터 100까지의 속성값이 20부터 80까지로 속성값 범위가 Linear Interpolation(선형보간)으로 변환된다.

- **[thisComp.width/2, thisComp.height/2]** : 레이어의 'Position' 속성에 적용하면 레이어를 컴포지션의 정중앙에 배치
  [(thisComp.width/2), (thisComp.height/2)] + [Math.sin(time)*50, −Math.cos(time)*50] : 레이어의 'Position' 속성에 적용하여 레이어가 시계방향으로 원을 그리며 회전하도록 한다.

- **loopIn("cycle", 0)** : 첫 키프레임부터 모든 키프레임을 반복 (0을 입력하지 않아도 됨)
  loopIn("cycle", 4) : 첫 키프레임부터 다섯 번째 키프레임 구간을 반복
  loopInDuration("cycle", 1) : 첫 키프레임부터 1초구간을 반복
  loopOut("cycle") : 마지막 키프레임에서 처음부터 다시 반복
  loopOut("cycle", 1) : 마지막 키프레임에서 직전의 키프레임 구간을 반복
  loopOut("pingpong") : 두 키프레임 구간을 왔다갔다 무한반복
  loopOutDuration("cycle", 1) : 마지막 키프레임에서 마지막 1초 구간을 반복

- **clamp(value, limit1, limit2)** : 속성값이 limit1과 limit2 사이의 범위에 속하도록 한계 지정
  → value, limit1, limit2를 숫자나 배열로 대체한다.

- **cam = thisComp.activeCamera;**
  distance = length(sub(position, cam.position));
  scale * distance / cam.zoom;
  : 레이어의 'Scale' 속성에 적용하여 레이어의 Z Position이나 카메라의 줌을 변경하는 동안 뷰어에 레이어의 상대적인 크기를 유지한다.

다른 속성의 익스프레션을 복사해서 붙여넣기

- **키프레임과 익스프레션을 함께 복사해서 붙여넣기**
  방법 익스프레션이 적용된 속성을 Ctrl + C → 다른 레이어나 속성 선택 후 Ctrl + V
  ▶ 다른 레이어(들)를 선택 후 Ctrl + V하면 다른 레이어(들)의 동일 속성에 자동 붙여넣기 되고, 다른 속성(들)에 붙여넣기 하려면 해당 속성(들)을 직접 선택하여 Ctrl + V

- **키프레임을 제외하고 익스프레션만 복사해서 붙여넣기**
  방법1 복사할 속성의 익스프레션 필드 클릭 후 Ctrl + C → 다른 속성의 필드에 Ctrl + V
  방법2 복사할 속성에서 **마우스 오른쪽 버튼**(또는 **메뉴**)Edit)Copy Expression Only
  → 다른 레이어들이나 속성 선택 후 Ctrl + V
  ▶ 익스프레션만 복사하는 경우 복사한 익스프레션을 여러 레이어에 동시에 붙여넣거나, 여러 표현식을 한꺼번에 복사해서 다른 레이어(들)에 붙여넣을 때 유용

- **익스프레션을 제외하고 키프레임만 복사해서 붙여넣기**
  방법 일부/전체 키프레임을 선택한 상태에서 Ctrl + C → 다른 레이어나 속성 선택 후 Ctrl + V

활용예제 앞서 저장한 "풍뎅이.aep" 프로젝트를 다시 오픈한다.

10 풍뎅이의 왼쪽 두 번째 발(Leg L2)의 '**Rotation**' 속성에 적용한 익스프레션 뒤에 .valueAtTime(time−.1)를 추가하여 앞다리의 움직임에서 0.1초 늦게 반응하도록 시간차를 준다.

11 "Leg L2" 레이어의 '**Rotation**' 속성을 선택하여 Ctrl + C (복사)한 다음 "Leg L3" 레이어를 선택하고 Ctrl + V (붙여넣기) 한 후 익스프레션 뒷부분을 다음과 같이 수정한다.

thisComp.layer("Leg L1").transform.rotation.valueAtTime(time−.2)

→ 각각 0.1초의 시간차를 가지고 왼쪽 세 발이 움직이도록 설정되었다.

12 발이 연속적으로 반복해 움직이도록 "Leg1 L1" 레이어의 '**Rotation**' 속성에 Alt + **Stopwatch** 를 클릭하여 익스프레션을 적용한 다음 익스프레션 필드에 다음과 같이 입력한다.

loopOut("pingpong")

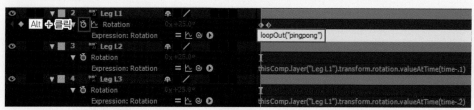

13 오른쪽 첫 번째 발(Leg R1)의 '**Rotation**' 속성에 Alt + **Stopwatch** 를 클릭하여 익스프레션을 적용한 다음 **Expression pick whip** 을 드래그하여 왼쪽 첫 번째 발(Leg L1)의 '**Rotation**' 속성에 연결한다.

14 왼쪽 발과는 반대방향의 회전을 하기 위해 "Leg R1" 레이어의 익스프레션 명령어 뒤에 *−1을 추가한다.

15 왼쪽 두 번째 발(Leg L2)의 '**Rotation**' 속성을 선택하여 Ctrl + C 한 후, "Leg R2" 레이어를 선택하고 Ctrl + V 한 다음 익스프레션 명령어에서 레이어 이름만 "Leg R1"으로 변경한다. (오른쪽 두 번째 발은 오른쪽 첫 번째 발보다 0.1초 늦게 움직이게 된다.)

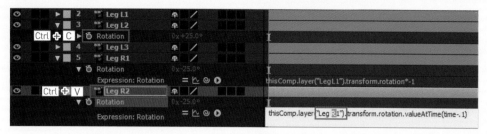

16 왼쪽 두 번째 발(Leg L2)의 '**Rotation**' 속성이 클립보드에 복사되어 있으므로 "Leg R3" 레이어를 선택하고 그대로 Ctrl + V만 한 후 익스프레션을 다음과 같이 수정한다.

thisComp.layer("Leg R1").transform.rotation.valueAtTime(time-.2)

→ 각각 0.1초의 시간차를 가지고 오른쪽 세 발도 움직이도록 설정되었다.

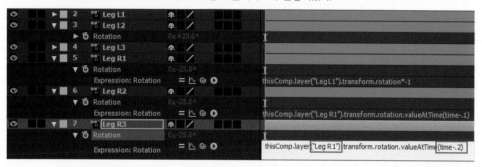

17 레이어들을 모두 선택하거나 어떤 레이어도 선택되어 있지 않은 상태에서 E E 를 클릭하여 컴포지션에 적용된 모든 익스프레션을 표시하고, Comp 패널에서 프리뷰하여 모든 발을 활발하게 움직이는 풍뎅이를 확인한다.

18 Project 패널의 빈 공간을 더블클릭하여 〈**Import File**〉 대화창에서 "예제\Lec14\sc" 폴더의 "잔디.jpg"를 임포트하고 새 컴포지션에 레이어로 배치한 후, "풍뎅이" 컴포지션을 "잔디.jpg" 레이어 위에 Comp 레이어로 배치한다.

19 "풍뎅이" Comp 레이어의 '**Position**' 속성에 대해 150 frame에 걸쳐 다음 모션 패스와 같이 대각선으로 움직이도록 키 프레임을 설정한다.

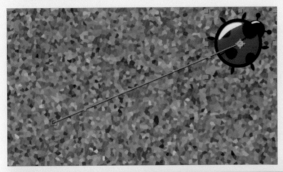

20 "풍뎅이" Comp 레이어의 '**Position**' 속성에 Alt + **Stopwatch** 🕒를 클릭하여 익스프레션을 적용하고 익스프레션 필드에 다음과 같이 입력하여 랜덤한 움직임을 준다.

　wiggle(20, 5)

→ 초당 20번. 변동폭 5 px로 위치가 랜덤하게 흔들리는 애니메이션이 생성된다.

21 "풍뎅이" Comp 레이어에 '**Drop Shadow**' 레이어 스타일(= **메뉴**〉**Layer**〉**Layer Styles**〉**Drop Shadow**)을 추가하여 다음과 같이 그림자를 설정한다.

22 Comp 패널에서 최종 결과를 프리뷰 한다.

Study 4 | 익스프레션 프리셋 활용하기

Effects & Presets 패널에서 'Animation Presets ▶ Behaviors' 폴더 안의 프리셋들은 익스프레션을 사용한 프리셋들이다.

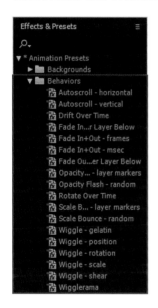

레이어에 익스프레션 프리셋 적용하기

방법1 레이어 선택 후 Effects & Presets 패널에서 'Animation Presets ▶ Behaviors' 폴더 안의 이펙트 이름을 더블클릭

방법2 Effects & Presets 패널에서 'Animation Presets ▶ Behaviors' 폴더 안의 이펙트를 클릭하여 Comp/Layer/Timeline 패널의 레이어나 해당 레이어의 Effect Controls 패널 안으로 드래그 & 드롭

→ Effect Controls 패널에 익스프레션이 적용된 속성을 가진 이펙트로 표시된다.

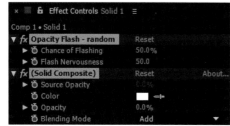

'Opacity Flash – random' 프리셋 적용 예

▶ 'Opacity' 속성값이 랜덤하게 변하여 깜빡거리는 플래시 효과 생성

익스프레션을 프리셋으로 저장하기

- 익스프레션을 Animation Presets으로 저장하여 다른 레이어나 프로젝트에서 재사용할 수 있다. (다른 프로젝트에는 없는 속성에 링크된 익스프레션의 경우는 제외)

- 속성에 키프레임 없이 익스프레션만 설정한 경우 프리셋으로 저장 시 익스프레션만 저장된다.

- 속성에 키프레임과 익스프레션이 함께 설정된 경우 프리셋에 키프레임과 익스프레션이 함께 저장된다.

- Timeline 패널에서 프리셋으로 설정할 레이어의 여러 속성들(익스프레션이 설정된)이나 여러 속성그룹(이펙트 속성그룹 포함) 선택 후

  방법 1 Effects & Presets 패널 하단의 'Create New Animation Preset 🔚'에 드래그하여 놓거나 아이콘 클릭

  방법 2 Effects & Presets 패널의 **패널 메뉴 ☰**〉Save Animation Preset

  방법 3 메뉴〉Animation〉Save Animation Preset

  → **사용자 프리셋 저장 위치** : C:₩Users₩사용자 이름₩Documents₩Adobe₩After Effects CC 2015₩User Presets

  → "파일이름.ffx"로 저장하면 기존의 디폴트 프리셋들은 Effects & Presets 패널의 '**Animation Presets ▶ Presets**' 폴더 안으로 들어가고, "**User Presets**" 폴더가 새로 생성되면서 그 안에 사용자가 저장한 프리셋이 즉시 표시된다.

(Animation Presets에 관한 자세한 설명은 P52 참고)

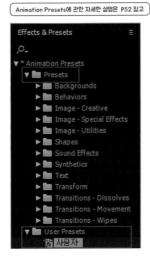

▶ Effects & Presets 패널에 저장한 프리셋이 표시되지 않으면 **패널 메뉴 ☰**〉Refresh List

---

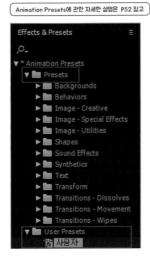

Study 5 | **Expression Controls 이펙트**

레이어가 아닌 익스프레션의 변수를 조절하는 이펙트 (여러 레이어나 여러 속성에 설정한 익스프레션을 하나의 컨트롤에 입력하여 동시에 조절 가능)

▶ 주로 Null 레이어에 적용 (일반 레이어에도 적용 가능)

❶ 3D Point Control : 3D 좌표값(X, Y, Z)을 제어

❷ Angle Control : 레이어의 회전값을 제어

❸ Checkbox Control : 체크박스를 On/Off, 1과 0으로 제어

❹ Color Control : 컬러값 제어

❺ Layer Control : 레이어 선택

❻ Point Control : 2D 좌표값(X, Y)을 제어 ('**Point Control**' 이펙트의 좌표는 2D 레이어의 좌표를 따라감)
→ Null 레이어의 크기의 영향을 받으므로, Null 레이어의 크기를 컴포지션 크기로 바꾸거나 컴포지션 사이즈의 솔리드 레이어를 사용하는 것이 좋다.

❼ Slider Control

익스프레션을 수정하지 않고 변수를 입력하여 키프레임을 설정할 수 있다.

01 Null 레이어에 '**Slider Control**' 이펙트를 적용하고 Effect Controls 패널을 오픈한다.

02 어떤 레이어의 특정 속성에 Alt + **Stopwatch** 🖰를 클릭하여 익스프레션을 적용한 다음 **Expression pick whip** 🔘을 드래그하여 Effect Controls 패널의 '**Slider Control**' 이펙트의 '**Slider**' 속성에 링크한다.
→ 레이어의 해당 속성의 익스프레션 필드에 다음과 같이 입력된다.

temp = thisComp.layer("Null 1").effect("Slider Control")("Slider") ;

[temp, temp]

(레이어 속성이 "Null 1" 레이어의 '**Slider Control**' 이펙트의 '**Slider**' 값에 따라 변함)

03 '**Slider**'의 수치값이 0인 상태에서 레이어를 "Null 1" 레이어에 Parent 한다.

04 '**Slider**' 수치값을 움직일 때 레이어의 해당 속성값에 변화가 생기므로 '**Slider**'에 키프레임을 설정한다.
▶ 슬라이드바 위의 숫자입력란에서는 (−)값과 100이상의 값도 입력할 수 있다.

Study 6 | 익스프레션을 키프레임으로 변환하기

익스프레션을 계산하는 데 시간이 많이 걸릴 경우 사용한다.

방법 익스프레션이 적용된 속성을 선택하고 **메뉴〉**Animation〉Keyframe Assiatanat〉Convert Expression to Keyframes

→ '**Enable Expression** ▤'이 비활성 ▧으로 바뀌면서, 매 프레임마다 키프레임(Auto Bezier) ◖으로 표시된다.

▶ 불필요한 키프레임을 삭제하거나 키프레임을 개별적으로 조절할 수 있다.

Study 7 오디오 볼륨에 맞춰 움직이는 레이어 만들기

소리의 강약에 따라 레이어의 속성에 변화를 준다.

학습예제 소스 파일 : 스피커.ai

01 새 프로젝트(= Ctrl + Alt + N)에서 Project 패널의 빈 공간을 더블클릭하여 〈Import File〉 대화창에서 "예제₩Lec14₩sc" 폴더의 "스피커.ai"를 선택하고 [Import] 버튼을 클릭한다.

→ 임포트 옵션에서 'Import Kind ▼—Composition'을 선택하여 개별 레이어를 유지하도록 한다.

02 Project 패널에 임포트 된 "스피커" 컴포지션을 더블클릭하여 활성화시키고, 〈Composition Settings〉(= Ctrl + K) 대화창을 열어 컴포지션의 Duration을 적당히 설정한다.

03 본 예제 프로젝트에 오디오 파일은 빠져 있으므로 무료 음원 사이트나 http://letscc.net 등에서 저작권 프리의 오디오 파일을 다운로드한 다음 프로젝트 안으로 임포트하여 컴포지션에 레이어로 배치한다.

04 Timeline 패널에서 오디오 레이어를 선택한 다음 **마우스 오른쪽 버튼**(또는 **메뉴〉Animation〉Keyframe Assistant〉Convert Audio to Keyframes**를 적용한다.

→ 오디오 레이어 위에 "Audio Amplitude" 라는 Null 레이어가 생성되고, Comp 패널의 중심에 Null 오브젝트가 표시된다.

→ "Audio Amplitude" 레이어의 'Effects' 속성그룹에 포함된 '**Left Channel**', '**Right Channel**', '**Both Channels**' 이펙트의 각 '**Slider**' 속성에는 매 프레임마다 키프레임이 자동 생성되어있다.

05 사운드의 강약에 따라 움직이길 원하는 이미지 레이어(Speaker1)의 '**Scale**' 속성(= ⑤)을 오픈하고 Alt + **Stopwatch** ⑤를 클릭하여 익스프레션을 적용한 다음 **Expression pick whip** ◎을 "Audio Amplitude" 레이어의 '**Effects ▶Both Channels**' 속성의 '**Slider**' 항목에 드래그하여 링크한다.

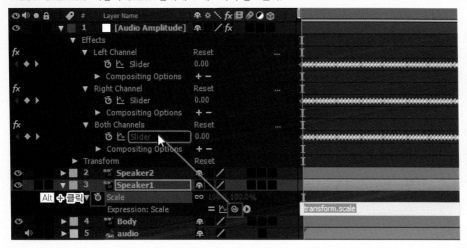

TIP

Expression pick whip 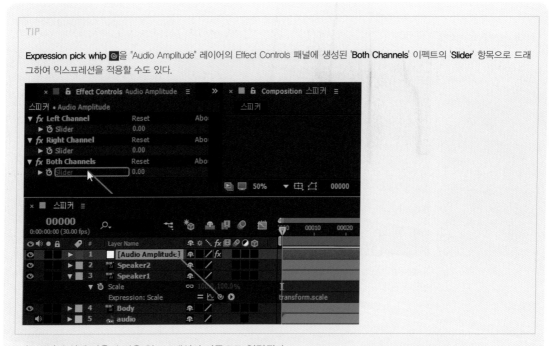을 "Audio Amplitude" 레이어의 Effect Controls 패널에 생성된 **'Both Channels'** 이펙트의 **'Slider'** 항목으로 드래그하여 익스프레션을 적용할 수도 있다.

→ **'Scale'** 속성에 다음과 같은 익스프레션이 자동으로 입력된다.

temp = thisComp.layer("Audio Amplitude").effect("Both Channels")("Slider");
[temp, temp]

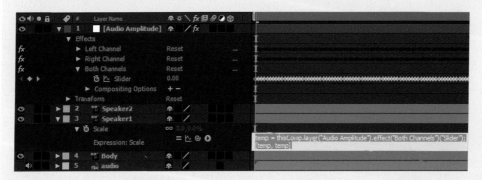

→ 프리뷰를 하면 오디오의 강약에 따라 스피커의 크기가 변하나, **'Slider'**의 범위가 0~100임에 따라 이에 연결된 스피커의 **'Scale'** 속성도 0부터 100까지로 정의된다.

▶ 스피커의 크기가 너무 작거나 사라지기도 하므로 이를 조정해야 한다.

06 "Audio Amplitude" 레이어의 '**Both Channels**' 이펙트에 '**Slider**'의 범위 0~100을 90~135로 수정하는 익스프레션을 적용하도록 한다. (수정 범위는 자신의 오디오 파일 출력에 따라 이미지가 레이어를 너무 벗어나지 않을 정도로 상황에 맞게 수치를 조절한다.)

→ '**Both Channels**' 이펙트의 '**Slider**' 속성에 Alt + **Stopwatch** 🕐 를 클릭하여 익스프레션을 적용하고 익스프레션 필드를 클릭하여 모든 텍스트가 선택된 상태에서 다음과 같이 입력한다.

    linear(value, 0, 100, 90,135)

▶ 스피커의 크기가 보정되었다.

07 "Speaker2" 레이어에도 적용하기 위해 "Speaker1" 레이어의 '**Scale**' 속성을 Ctrl + C (또는 **마우스 오른쪽 버튼**〉Copy **Expression Only**)한 다음 "Speaker2" 레이어를 선택하고 Ctrl + V 한다.

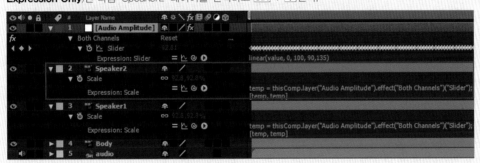

08 Comp 패널에서 최종 결과를 프리뷰 한다.

영상 프로젝트
기획과 관리 _____

Lesson 1 효과적인 프로젝트 관리

Study 1 | 작업 속도 향상 팁

미디어/디스크 캐시 설정

방법 〈Preferences〉(= Ctrl + Alt + ;) 대화창에서 'Media & Disk Cache' 카테고리

Preferences

General
Previews
Display
Import
Output
Grids & Guides
Labels
Media & Disk Cache
Video Preview
Appearance
Auto-Save
Memory
Audio Hardware
Audio Output Mapping
Sync Settings

❶ Disk Cache
   ✓ Enable Disk Cache
   Maximum Disk Cache Size: 19 GB

   Choose Folder...
   C:\Users\ADMINI~1\AppData\Local\Temp

   Empty Disk Cache...

   For improved performance, choose a disk cache folder on a fast hard drive or SSD separate
   from your footage, and allocate as much space as possible.

❷ Conformed Media Cache
   Database: Choose Folder...
   C:\Users\Administrator\AppData\Roaming\Adobe\Common\

   Cache: Choose Folder...
   C:\Users\Administrator\AppData\Roaming\Adobe\Common\

   Clean Database & Cache

❸ XMP Metadata
   Write XMP IDs to Files on Import
   Writes an XMP ID to imported files. This shared setting affects Premiere Pro, After Effects, Encore,
   Audition, Adobe Media Encoder and Premiere Elements. XMP IDs improve sharing of media cache files
   and previews.

   ✓ Create Layer Markers from Footage XMP Metadata

❶ Disk Cache

디스크로부터 읽어온 데이터를 주기억장치의 일부 섹션에 일시 저장하여 CPU가 요구하는 입출력 데이터를 디스크에서 직접 처리하는 것보다 좀 더 빠르게 접근할 수 있다.

▶ AE를 종료하거나 프로젝트 파일을 닫아도 삭제되지 않는다. (로토 브러시 제외)

Enable Disk Cache : 디스크 캐시 사용여부 체크

Maximum Disk Cache Size : 디스크 캐시로 사용할 하드디스크 용량 설정 (디폴트로 총 볼륨의 10% 설정 – 최대 100GB까지 가능)

▶ 충분한 디스크 캐시 공간이 없는 경우(디스크 캐시 용량이 'Maximum Disk Cache Size' 설정값 + 10GB에 미치지 못하는 경우) AE 실행 시 경고창이 뜬다.

[Choose Folder] 버튼 : 디스크 캐시로 사용할 빠른 속도의 하드디스크(SSD 등) 폴더 지정

▶ 디스크 캐시는 AE가 실행되는 루트나 소스 푸티지들이 있는 디스크를 지정하지 않는 것이 좋다.

[Empty Disk Cache] 버튼 : 하드디스크에 저장된 모든 캐시 삭제

다른방법 메뉴〉Edit〉Purge〉All Memory & Disk Cache ▶ After CC

> **참고사항** _ RAM 캐시 / 이미지 캐시
>
> **RAM 캐시**
>
> − CPU가 주기억장치로부터 직접 읽고 기록하는 것의 몇 배 빠른 속도로 접근 가능하도록, 데이터와 명령어들을 일시적으로 저장하는 기억 장소 (캐시의 기억 용량이 클수록 데이터가 이미 캐시에 저장되어 있을 확률이 높으므로 그만큼 성능이 향상됨)
>
> − 편집이나 프리뷰 시 렌더링된 프레임을 RAM에 무압축 상태로 저장 (렌더링 시간이 오래 걸리지 않는 프레임들은 캐싱하지 않음)
>
> − RAM 캐시에 저장된 프레임은 Work Area 하단에 녹색선으로 표시 (Timeline 패널의 **패널 메뉴** ≡>Show Cache Indicators가 체크되어 있어야 표시됨)
>
>   ▶ 디스크 캐시에 저장된 프레임은 프리뷰 시 Work Area 하단에 파란색선으로 표시
>
> − RAM 캐시가 꽉 차면 새로 렌더링되는 프레임이 이전에 캐싱된 프레임을 대체
>
> − AE 종료 시 RAM 캐시는 초기화
>
> − RAM 캐시를 제거하려면 **메뉴**>Edit>Purge>All Memory & Disk Cache (▶ After CC) 또는 **All Memory**
>
> **이미지 캐시**
>
> − 편집이나 프리뷰 시 소스 이미지를 RAM에 무압축 상태로 저장

❷ Conformed Media Cache

동영상이나 음악파일을 불러올 때 캐시 메모리 폴더에 임시 저장

Database : 각 미디어 파일에 대한 링크를 보존하여 캐싱 데이터에 신속하게 접근함으로써 프리뷰 시 빠른 속도로 처리 가능

 ▶ 미디어 캐시 데이터베이스는 Adobe Media Encoder, Premiere Pro, Encore, Soundbooth에서 공유한다. (어느 응용 소프트웨어에서 데이터베이스의 폴더 위치를 변경하면 다른 응용 소프트웨어의 데이터베이스 위치도 자동으로 업데이트)

Cache : 동영상이나 음악파일을 임시 저장할 폴더 지정

 ▶ 캐시 폴더는 각 응용 소프트웨어마다 다른 폴더 지정 가능

[Clean Database & Cache] 버튼 : 미디어 캐시를 제거하기 위해 클릭

❸ XMP(Extensible Metadata Platform) Metadata

Adobe에서 사용되는 메타데이터 표준

Write XMP IDs to Files on Import : 임포트된 파일에 XMP ID를 설정하여 Adobe After Effects, Media Encoder, Premiere Pro, Encore, Audition에서 미디어 캐시 파일 공유와 프리뷰 향상

메모리 관리

방법 ⟨Preferences⟩(= Ctrl + Alt + ;) 대화창에서 **'Memory'** 카테고리 ▶ After CC

▶ CS6 버전은 **Preferences>Memory & Multiprocessing** 카테고리로 표시되고, **'After Effects Multiprocessing-Render Multiple Frames Simultaneously'** 항목을 체크하면 멀티코어프로세서 CPU를 사용 중일 때 프리뷰나 최종 렌더링 시 멀티 CPU를 사용하여 렌더링 가속

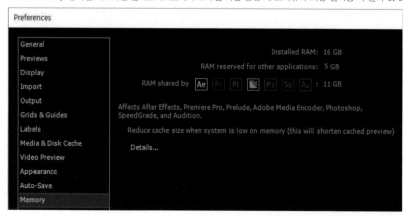

▶ 현재 보유한 RAM 및 Adobe 응용 프로그램이 사용 가능한 RAM 용량을 확인한다.

[Details] 버튼 : 클릭하면 〈**Memory Details**〉 창에서 응용 프로그램의 RAM 사용 상태를 확인할 수 있다.

Memory Details						✕
Installed RAM: 16.00 GB		Current RAM Usage: 7.56 GB		Allowed RAM Usage: 11.00 GB		
Proces... ▲	Application Name	Min Needed Memory	Max Usable Memory	Max Allowed Memory	Current Memory	Current Priority
212	After Effects	1.00	16.00	6.70	5.13	1 - High
8784	aerendercore	0.00	16.00	1.90	2.13	3 - Low
9684	Adobe Media En...	0.50	16.00	2.40	0.29	3 - Low

Pre-render 활용

작업이 끝난 Precomp 레이어를 대신하거나 무압축 AVI 파일로 렌더링하여 프록시로 사용함으로써 컴포지션을 좀 더 가볍게 운용할 수 있다. (P247 참고)

메뉴〉Composition〉Pre-render

프록시(Proxy) 활용

용량이 큰 동영상 푸티지나 복잡한 작업이 수행된 Pre-composition을 한 프레임의 이미지 파일이나 저화질 동영상으로 렌더링 한 프록시 파일로 대체하여 컴포지션을 좀 더 가볍게 운용할 수 있다. (P248 참고)

메뉴〉File〉Create Proxy

Study 2 | 시스템을 효율적으로 사용하기

Sync Settings

〈**Preferences**〉 대화창, 키보드 단축키, Composition Settings 프리셋, Render Settings 템플릿 등을 Adobe Creative Cloud 와 동기화하여 다른 플랫폼에서 사용할 수 있다. ▶ After CC

방법① 워크스페이스 바 우측의 'Sync Settings 🔄' 아이콘 클릭
방법② **메뉴**〉Edit〉"Adobe 가입 ID(이메일 주소)" ▶
→ 동기화 되고 나면 **메뉴**〉Edit〉Sync Settings로 바뀐다.

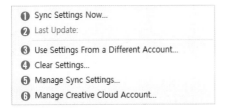

❶ **Sync Settings Now** : 즉시 동기화 설정
→ 〈**Sync Settings**〉 대화창 자동 오픈

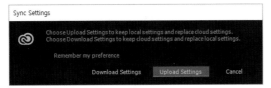

[Download Settings] 버튼 : Adobe Creative Cloud에 업로드된 설정을 현재 컴퓨터에 내려 받아 적용

[Upload Settings] 버튼 : 현재 컴퓨터의 설정을 Adobe Creative Cloud에 업로드하여 동기화

❷ **Last Update** : 마지막으로 동기화된 날짜 및 시간 표시

❸ **Use Settings From a Different Account** : 다른 계정에서 설정을 가져온다.

❹ **Clear Settings** : AE를 종료하고 모든 설정을 리셋 (AE를 다시 실행시키면 디폴트로 초기화)

❺ **Manage Sync Settings** : 〈**Preferences**〉 대화창의 '**Sync Settings**' 카테고리가 자동 오픈되어 동기화할 설정들을 체크 또는 체크 해제

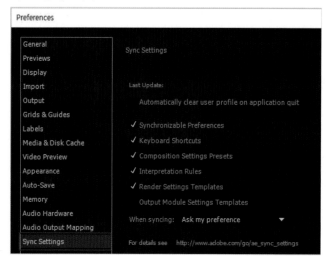

❻ **Manage Creative Cloud Account** : Adobe Creative Cloud 계정에 로그인하여 데스크탑과 동기화하거나 업로드 된 설정 삭제

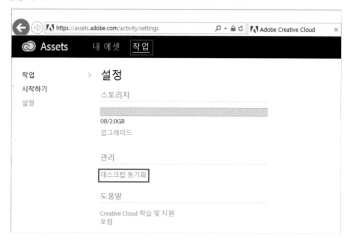

기타 AE 사용 시 시스템 관리

- 동시에 여러 응용프로그램을 실행해놓지 않는다.
- 시스템에 너무 많은 폰트를 설치해놓지 않는다.
- 소스 파일/프로젝트 파일이 있는 드라이브와 렌더링 파일을 저장할 드라이브는 다르게 설정한다.
- 다중 플랫폼에서 동일 프로젝트 진행 시(가령 Mac과 Windows 시스템 간의 호환을 위해) 프로젝트 파일이 저장된 폴더 안에, 또는 해당 폴더의 서브 폴더 안에 푸티지를 저장한다. (**메뉴**〉**File**〉**Dependencies**〉**Collect Files**로 프로젝트에 사용된 모든 푸티지들의 소스 파일 복사본을 하나의 폴더로 모을 수 있다.) P253 참고

Lesson 2 영상 프로젝트 진행하기

Study 1 | 제작 프로세스

상업 영상 제작 프로세스

영상 그래픽 제작은 영상 제작 프로세스의 포스트 프로덕션(Post-production) 단계에서 이루어진다.

1 클라이언트(발주 주체)의 영상 제작 의뢰

실사 촬영이 필요한 대부분의 경우 영상 제작 PD/감독을 주축으로 하는 영상제작 전문 업체(원청)에 우선적으로 발주된다.

2 클라이언트와 영상 제작사 간 사전 미팅

클라이언트의 영상제작 의도/목표/요구사항 등 파악

3 프리 프로덕션(Pre-production) 단계

영상 제작사(PD/감독 + 작가)의 기획 시놉시스/시나리오/콘티 작업 및 포스트 프로덕션 업체(외주 협력사) 선정

4 클라이언트와 영상제작사 간 미팅

기획안 확정

5 프로덕션(Production) 단계

촬영

6 포스트 프로덕션(Post-production) 단계

편집, **영상 그래픽**, 오디오(녹음/믹싱)

7 클라이언트와의 1차 시사

영상이 클라이언트의 의도와 요구사항을 제대로 반영하였는지 검토 후 수정에 대한 의견 조율

8 편집/영상그래픽/오디오 수정

대체하고 보완할 사항에 대한 부문별 수정 작업

9 클라이언트와의 2차 시사

클라이언트와 영상 제작사 간 협의를 통해 수정 작업과 시사가 수 차례 반복될 수 있다.

10 영상 제작 완료 후 납품

클라이언트가 요구하는 포맷으로 최종 완성된 영상 전달

상업 영상그래픽 제작 프로세스

그래픽에 실사 촬영본이 필요치 않은 경우 기획안이 확정되면 프로덕션과 동시에 그래픽 작업에 돌입할 수 있다. 실사 촬영본 위에 그래픽을 합성하는 경우 포스트 프로덕션 단계에서 가편집이 끝난 실사 촬영본을 받아서 그래픽 작업에 들어간다.

1 클라이언트(발주 주체) 및 영상 제작사(원청)의 영상 그래픽 제작 의뢰

그래픽만으로 이루어진 영상의 경우 영상제작사를 별도로 거치지 않고 영상 그래픽 전문업체(또는 프리랜서)에 바로 발주가 되기도 한다.

2 클라이언트 또는 PD/감독과의 미팅

클라이언트의 영상제작 의도/목표/요구사항을 전달받고, 전체 영상 기획안과 레퍼런스에 따라 그래픽 제작에 대한 구체적인 사항 논의 (Tone & Manner, 제작 포맷 등 확정)

3 영상그래픽 기획

PD/감독이 그래픽에 대한 구체적인 지시를 하는 경우도 있으나, 많은 경우 제시된 레퍼런스와 톤 앤 매너 등을 기반으로 영상 그래픽 전문업체(또는 프리랜서)가 나름의 창의력을 발휘해 별도의 영상 그래픽 기획안을 구상한다.

▶ 아무리 훌륭한 아이디어라도 마감시한을 맞추지 못하면 소용이 없으므로 제작기간 내에 제작이 가능한 기획을 하도록 한다.

4 시안 작업

그래픽 기획안이 확정되면 보통 두세 개의 시안을 제시하여 PD/감독이 선택할 여지를 준다. (시안은 특별한 포맷이 정해져 있지는 않으며 제작규모에 따라 스토리보드나 포토샵/파워포인트 등 파일의 형태로 전달된다.)

5 최종 시안 컨펌

제시된 시안 중 최종 시안을 선택하거나, 모두 적합하지 않은 경우 재 시안 작업에 들어간다.

6 영상 그래픽 제작

종편 날짜에 맞추어 작업기간에 따라 소스 제작부터 최종 완성까지의 세부 작업 스케줄을 반드시 미리 검토한 후 제작에 들어가야 마감 직전에 작업이 몰리는 상황을 방지할 수 있다.

▶ 차후 수정이 어려울 것 같은 부분은 PD/감독의 중간 컨펌을 꼭 진행하고 다음 단계로 넘어가야 시사 후 발생할 수 있는 수정 작업 관련 협의에서 유리한 입장을 취할 수 있다. (작업이 완성될 때까지 전혀 중간 컨펌을 진행하지 않는 경우, 모든 수정에 대한 책임을 감내해야 할 수도 있다.)

7 클라이언트 또는 PD/감독과의 1차 시사

그래픽만으로 이루어진 영상이 아니라면 종편(편집+그래픽+오디오 믹싱)을 마친 전체 영상으로 클라이언트에게 보여지게 되며, 의견 조율을 통해 수정한도를 결정한다.

▶ 수정 분량 등으로 시비가 많이 발생하므로, 최종 마감시한 내에 수정이 가능한지 여부를 반드시 검토하여 수정분량을 협의해야 한다.

8 수정 작업

최종 마감시한에 따른 세부적인 수정 작업스케줄을 미리 검토하고 작업에 들어가는 것이 좋으며, 반드시 수정되어야 하는 부분에 우선순위를 주어 작업을 진행해야 시간부족에 따른 부담을 줄일 수 있다.

9 클라이언트와의 2차 시사

경우에 따라 수정작업과 시사가 수 차례 반복될 수 있다.

▶ 합의된 기획안과 시안대로 그래픽 퀄리티가 나오지 않은 경우에는 수정을 감수해야 하나, PD/감독과 합의된 기획이 클라이언트의 요청으로 바뀌어 수정하게 되는 경우에는 수정 기간과 수정 분량에 따라 수정 제작비를 추가로 요청할 수 있다.

10 영상그래픽 제작 완료 후 납품

합의된 아웃풋 포맷으로 최종 완성된 영상그래픽 전달

▶ 상업 영상의 경우 퀄리티 보전 및 편집 작업과의 호환을 위해 무압축 MOV, AVI 동영상 푸맷이나, 이미지 시퀀스 파일 형태로 온라인 서버를 이용해 완성본을 전달한다.

AE 작업 프로세스

1 기획안 + 스토리보드

레퍼런스 검색
Tone & Manner 결정

2 소스 파일 생성 및 취합

포토샵/일러스트/촬영 등으로 소스 파일 생성 (크기, 픽셀 종횡비(Aspect Ratio) 고려)
소스 라이브러리 등에서 검색 및 취합

3 AE에서 프로젝트 생성

시연 매체 특성 고려

4 푸티지 생성

소스 파일임포트

5 컴포지션 생성

아웃풋 포맷 고려

6 레이어 생성

Comp/Timeline 패널에 푸티지 배치

7 애니메이션 작업 진행

변형(Transform)/키잉(Keying)/추적(Tracking)/이펙트(Effect)
키프레임 설정

8 렌더링

아웃풋 퀄리티 고려

9 완성

시사 및 수정

Study 2 ‖ 프로젝트 기획과 시안

영상그래픽 기획 시 주요 고려사항

클라이언트(발주 주체)의 영상 제작의도와 컨셉

최신 트랜드를 분석하되 창의적이고 차별화된 표현을 추구한다.

매체(TV, 스크린, 전시공간, 게임, 인터넷, SNS 등)와 아웃풋 포맷

보는 이의 주의를 끌어 영상에 집중시키고 오래 기억될 수 있는 시각적 표현을 구상한다.

예상 타겟층(영상을 접하는 사람들의 연령대, 지적 수준, 직업 등)

전달하고자 하는 정보를 최대한 쉽게 이해시킬 수 있는 방향으로 구상한다.

Tone & Manner

일관된 Tone & Manner로 들쑥날쑥한 시각적 효과를 배제한다.

기타 유의 사항

■ 아이디어가 구체적이지 않으면 이해되지 않는다.

■ 너무 복잡하거나 추상적이거나 과도한 독해력을 요구하는 영상그래픽은 혼란을 주므로 상업적인 영상그래픽일수록 보편적
인 이해가 가능한 선에서 설득력 있게 기획한다.

■ 시간/스토리 배열이 뒤엉키면 보는 이가 지나친 사고를 하게 되어 집중도가 떨어진다.

■ 텍스트가 포함된 경우 읽는 순서(좌에서 우로, 위에서 아래로)를 고려한다.

■ 같은 효과가 여러 번 반복되면 지루할 수 있다.

시안 작성하기

특정한 포맷이 정해져 있는 것은 아니며, 영상그래픽 기획안을 충분히 표현해낼 수 있는 시안 타입을 선택한다.

▶ **시안이란?**

　– 화면에 무엇이 보일지를 묘사해주는 일련의 이미지와 설명들

　– 클라이언트를 이해시키기 위해, 협업하는 작업자 간의 커뮤니케이션을 위해, 또는 영상 그래픽 제작 프로세스를 컨트롤하기 위해 사용

■ 단순 시안

화면 구성이 단순한 짧은 영상그래픽의 경우

영상 컨셉 또는 타이틀	
Reference Image 1	Reference Image 2
Reference Image 3	Reference Image 4
1. 첫 번째 장면에 대한 간략한 설명 2. 두 번째 주요 장면에 대한 간략한 설명 3. 세 번째 주요 장면에 대한 간략한 설명 4. 마지막 장면에 대한 간략한 설명	

▶ 레퍼런스 이미지(Reference Image)

화면에 어떻게 시각적으로 표현될 지 이해를 돕기 위해 대략적으로 손그림을 그리거나, 포토샵/일러스트 등의 툴로 제작하거나, 유사한 레퍼런스를 검색/합성하여 첨부

■ 스토리보드(Storyboard)

전후 맥락이 있는 연속된 화면과 사진, 동작표현을 구체적으로 묘사

영상 컨셉 또는 타이틀				
Scene #	Reference Image	Video	Text	Audio
1		화면 구성 요소, 화면 전개 스타일, 특수효과 등 구체적인 설명	해당 화면에 나타나는 자막 내용	성우 나레이션, 음악, 효과음 등에 대한 설명
2		다음에 보여지는 주요한 장면에 대한 설명		

/ 핵심 단축키 모음

※ 빨간색 단축키는 필수 단축키로 자주 사용하여 익숙해지도록 한다.

Workspace, Edit 공통

패널 그룹 전체화면 보기 및 원래 크기로 전환	`
푸티지/레이어/컴포지션/속성/이펙트 이름 변경 (Rename)	Enter
푸티지/레이어/컴포지션/속성/이펙트 삭제	Delete
푸티지/레이어/컴포지션/속성/이펙트 복제 (Duplicate)	Ctrl + D
푸티지/레이어/컴포지션/속성/이펙트 모두 선택	Ctrl + A
푸티지/레이어/컴포지션/속성/이펙트 선택을 모두 해제	F2
〈Preference〉 대화창 열기	Ctrl + Alt + ;

Project, Footage

새 프로젝트 생성 (New Project)	Ctrl + Alt + N
기존에 작업했던 프로젝트 열기 (Open Project)	Ctrl + O
가장 최근에 작업한 프로젝트 열기	Ctrl + Alt + Shift + P
프로젝트 저장 (Save)	Ctrl + S
다른 이름으로 프로젝트 저장 (Save As)	Ctrl + Shift + S
오름차순으로 넘버링하며 프로젝트 저장 (Increment and Save)	Ctrl + Alt + Shift + S
파일 불러오기 (Import)File	Ctrl + I
파일들을 연속해서 불러오기 (Import)Multiple Files	Ctrl + Alt + I

Composition / Viewer

빈 컴포지션 생성 (New Composition)	Ctrl + N
푸티지와 동일한 해상도와 재생시간을 가진 컴포지션 생성 (New Comp from Selection)	Alt + \ ▶ CC 2015.2 버전부터 가능
선택한 푸티지/컴포지션을 현재 컴포지션에 추가 (Add Footage to Comp)	Ctrl + / ▶ CC 버전에서 용도 변경
〈Composition Settings〉 대화창 열기	Ctrl + K
뷰어에 화면 잘림 방지선 표시 (Title/Action Safe)	`
뷰어에 그리드 표시 (Show Grid)	Ctrl + `
그리드에 스냅 설정 (Snap to Grid)	Ctrl + Shift + `
뷰어에 가이드선 표시 (Show Guides)	Ctrl + ;
가이드선에 스냅 설정 (Snap to Guides)	Ctrl + Shift + ;
가이드선 고정 (Lock Guides)	Ctrl + Alt + Shift + ;
눈금자 표시 (Show Rulers)	Ctrl + R
뷰어 캡처화면 저장 (Take Snapshot)	Shift + F5 ~ F8
각 키에 저장된 캡처화면 보기 (Show Snapshot)	F5 ~ F8
각 키에 저장된 캡처화면 지우기 (Delete Snapshot)	Ctrl + Shift + F5 ~ F8
〈View Options〉 대화창 열기	Ctrl + Alt + U
〈View Options〉 대화창의 'Layer Controls' 옵션을 뷰어에서 즉시 Show/Hide	Ctrl + Shift + U
뷰어 화면을 즉시 업데이트/프리뷰 하지 않기	Caps lock
뷰어에서 빠르게 RGB/Alpha 채널 간 보기 전환	Alt + 4

Layer

솔리드 레이어 생성 (Solid Layer)	Ctrl + Y
〈Solid Settings〉 대화창 열기	Ctrl + Shift + Y
조정 레이어 생성 (Adjustment Layer)	Ctrl + Alt + Y
레이어를 맨 위에 배치 (Bring Layer to Front)	Ctrl + Alt + Shift + ↑
레이어를 위 레이어로 배치 (Bring Layer to Front)	Ctrl + Alt + ↑
레이어를 아래 레이어로 배치 (Send Layer Backward)	Ctrl + Alt + ↓
레이어를 맨 아래에 배치 (Send Layer to Back)	Ctrl + Alt + Shift + ↓
레이어 분할하기 (Split Layer)	Ctrl + Shift + D
레이어를 상하좌우로 1 픽셀 이동 (100% 보기 상태일 때)	↑ , ↓ , ← , →
레이어를 상하좌우로 10 픽셀 이동 (100% 보기 상태일 때)	Shift + ↑ , ↓ , ← , →
앵커포인트의 위치를 레이어 정중앙으로 이동	Ctrl + Alt + Home

Timeline

CTI를 1 frame 전/후 시간대로 이동	Page Up / Page Down
CTI를 10 frame 전/후 시간대로 이동	Shift + Page Up / Page Down
CTI를 컴포지션의 시작/끝 프레임(Start/End Frame)으로 이동	Home / End
CTI를 작업영역(Work Area)의 시작/끝 지점(Start/End Point)으로 이동	Shift + Home / End
CTI 위치로 레이어의 In/Out Time 이동	[/]
CTI 위치에 레이어의 In/Out Time 설정	Alt + [/ Alt +]
작업영역(Work Area)의 시작/끝 지점 설정	B / N
컴포지션의 Duration을 작업영역(Work Area) 길이로 재조정	Ctrl + Shift + X ▶ CC 2015.2 버전부터 가능

Tools

Selection 툴	V
Hand 툴	H = Space Bar
Zoom 툴	Z (줌인) / Alt + Z (줌아웃)
Rotation 툴	W
Camera 툴 사용 및 Camera 툴 간 전환	C
Pan Behind (Anchor Point) 툴	Y
Shape 툴 선택 및 도형 모양 간 전환	Q
Type 툴 선택 및 가로/세로 쓰기 전환	Ctrl + T

Timeline 패널에서 특정 속성만 보기

선택한 속성(그룹)만 보기	S S
'Anchor Point (앵커포인트의 위치)' 속성만 보기	A
'Position (레이어의 위치)' 속성만 보기	P
'Scale (레이어의 크기배율)' 속성만 보기	S
'Rotation (레이어의 회전)' 속성만 보기	R
'Opacity (레이어의 불투명도)' 속성만 보기	T

하나 이상의 속성이 표시된 상태에서 'Transform' 속성 추가 표시	Shift + A / P / S / R / T
'Audio Levels' 속성만 보기	L
'Waveform' 속성만 보기	L L
마스크의 'Mask Path' 속성만 보기	M
마스크의 'Mask Feather' 속성만 보기	F
마스크의 'Mask Opacity' 속성만 보기	T T
모든 마스크 속성 보기	M M
'Paint(Brush/Clone/Erase)' 속성만 보기	P P
카메라/라이트 레이어의 'Point of Interest' 속성만 보기	A
카메라/라이트 레이어의 'Camera/Light Options' 속성만 보기	A A
3D 레이어의 'Material Options' 속성만 보기	A A
레이어에 적용된 이펙트 속성만 보기	E
익스프레션이 적용된 속성만 보기	E E
키프레임이 설정된 속성만 보기 (Reveal Properties with Keyframes)	U
디폴트 수치가 변경된 속성만 보기 (Reveal All Modified Properties)	U U

Keyframe, Animation

키프레임을 1 frame 이전/이후 시간대로 이동	Alt + ← / →
키프레임을 10 frame 이전/이후 시간대로 이동	Alt + Shift + ← / →
〈Auto-Orientation〉 대화창 열기 (Auto-Orient)	Ctrl + Alt + O

Parent, Pre-Compose, Flowchart

널 오브젝트 생성 (Null Object)	Ctrl + Alt + Shift + Y
Pre-composition 생성 (Pre-compose)	Ctrl + Shift + C
Composition Mini-Flowchart	Tab ▶ CS6 버전은 Shift 사용

Preview

비디오 프리뷰 실행과 중단	Space Bar, Shift + Space Bar, 숫자 키패드 0, Shift + 숫자 키패드 0
오디오 프리뷰 실행과 중단	숫자 키패드 ., Shift + 숫자 키패드 .
비디오/오디오 프리뷰 중단	Esc

Shape, Mask

둥근 사각형(Rounded Rectangle)의 라운딩 증가/감소	그리는 도중 ↑ / ↓
둥근 사각형(Rounded Rectangle)의 라운딩 제거/최대	그리는 도중 ← / →
다각형(Polygon) 및 별모양(Star)의 꼭지점 개수 증가/감소	그리는 도중 ↑ / ↓
다각형(Polygon) 및 별모양(Star)의 꼭지점을 안쪽/바깥쪽으로 라운딩	그리는 도중 ← / →
쉐이프 그룹 생성 (Group Shapes)	Ctrl + G
쉐이프 그룹 해제 (Ungroup Shapes)	Ctrl + Shift + G
마스크패스의 Vertex(들)을 상하좌우로 1 픽셀 이동	↑, ↓, ←, →
마스크패스의 Vertex(들)을 상하좌우로 10 픽셀 이동	Shift + ↑, ↓, ←, →

Text

텍스트 레이어 생성 및 텍스트 쓰기	`Ctrl` + `Alt` + `Shift` + `T`
텍스트 쓰기 종료	`Ctrl` + `Enter` = 숫자 키패드의 `Enter`
Character 패널의 서체 선택필드에서 순차적으로 서체 선택	`↑` / `↓`

Graph Editor, Keyframe Interpolation, Time Remap

Transform Box로 선택된 키프레임들을 1 frame 전/후로 이동	`Alt` + `←` / `→`
Transform Box로 선택된 키프레임들을 10 frame 전/후로 이동	`Alt` + `Shift` + `←` / `→`
그래프 에디터에서 그래프 위치 탐색	`H` = `Space Bar`
〈Keyframe Interpolation〉 대화창 열기	`Ctrl` + `Alt` + `K`
선택한 키프레임 기준으로 느리게 들어왔다가 천천히 나가도록 키프레임 보간 (Easy Ease)	`F9`
선택한 키프레임 기준으로 들어올 때 천천히 들어오도록 키프레임 보간 (Easy Ease In)	`Shift` + `F9`
선택한 키프레임 기준으로 나갈 때 천천히 나가도록 키프레임 보간 (Easy Ease Out)	`Ctrl` + `Shift` + `F9`
레이어의 위치변화 없이 전체 재생시간 역재생 (Time-Reverse Layer)	`Ctrl` + `Alt` + `R`
타임리맵 설정 (Enable Time Remapping)	`Ctrl` + `Alt` + `T`

Rendering, Output

Render Queue 패널 열기	`Ctrl` + `Alt` + `0`
현재 컴포지션을 Render Queue 패널에 추가 (Add to Render Queue)	`Ctrl` + `M`
현재 컴포지션을 Adobe Media Encoder의 렌더링 대기열에 추가 (Add to Adobe Media Encoder Queue)	`Ctrl` + `Alt` + `M`
뷰어에 보이는 한 프레임을 한 장의 이미지파일로 렌더링하여 저장 (Save Frame As)File)	`Ctrl` + `Alt` + `S`

Blending Mode, Paint

Modes 컬럼에서 순차적으로 모드 선택	`+` / `-`
Paint 작업 시 Layer 패널을 2개로 분할하여 보기	`Ctrl` + `Alt` + `Shift` + `N`

3D, Camera, Light

카메라 레이어 생성	`Ctrl` + `Alt` + `Shift` + `C`
라이트 레이어 생성	`Ctrl` + `Alt` + `Shift` + `L`
선택한 레이어들만 뷰어에 꽉 차게 보기 (Look at Selected Layers)	`Ctrl` + `Alt` + `Shift` + `₩`
라이트 레이어나 3D 레이어의 'Casts Shadows' 속성 On/Off	`Alt` + `Shift` + `C`

Effect

Effect Controls 패널 열기	`F3`
직전에 썼던 이펙트를 다시 사용하기 (Last Effect)	`Ctrl` + `Alt` + `Shift` + `E`
가장 최근에 적용했던 애니메이션 프리셋 적용	`Ctrl` + `Alt` + `Shift` + `F`

Marker

마커 생성 (Add Marker)	숫자 키패드의 `*`
넘버링 된 컴포지션 마커 생성	`Shift` + `0` ~ `9`

내 가 알 고 싶 은
애프터이펙트의
모 든 것

1판 1쇄 인쇄 2016년 8월 10일
1판 1쇄 발행 2016년 8월 15일

—

지 은 이 현수진
발 행 인 이미옥
발 행 처 디지털북스
정　　가 30,000원
등 록 일 1999년 9월 3일
등록번호 220-90-18139
주　　소 (04987) 서울 광진구 능동로 32길 159
전화번호 (02)447-3157~8
팩스번호 (02)447-3159

—

ISBN 978-89-6088-186-0(93000)
D-16-11

www.digitalbooks.co.kr